Friedrich Wilhelm Ritschl

Symbola Philologorum Bonnensium in honorem Friderici Ritschelli

collecta

Friedrich Wilhelm Ritschl
Symbola Philologorum Bonnensium in honorem Friderici Ritschelli collecta
ISBN/EAN: 9783744601757

Hergestellt in Europa, USA, Kanada, Australien, Japan

Cover: Foto ©Thomas Meinert / pixelio.de

Weitere Bücher finden Sie auf **www.hansebooks.com**

SYMBOLA

PHILOLOGORVM BONNENSIVM

IN HONOREM

FRIDERICI RITSCHELII

COLLECTA.

FASCICVLVS PRIOR.

LIPSIAE
IN AEDIBVS B. G. TEVBNERI.
MDCCCLXIIII.

LIPSIAE: TYPIS B. G. TEUBNERI.

PROLOGVS AD FRIDERICVM RITSCHELIVM

Laetitiae advenio et hilaritatis nuntius
ex Orco: nimirum huc me qui misit foras
oratum pro re socium communi omnium,
redivivom voluit me esse tuom illum Maccium.
sed ad te quam ob rem venerim ne nescias,
quintum horno lustrum conditamst ab illa die,
quom Septimonti factus ad Rhenum accola,
ubi Musas aiunt habitare apprime bene,
novam latinam aperuisti ac graecam scholam.
ibi tum quos doctis dictis adulescentulos
ad omne officium grammaticum scholasticum
per omne id tempus instituebas plurumos,
i tibi tui nunc merito memores benefici
suis quisque verbis voluere inpertirier
salutem scriptam plane philologissume.
atque hanc ut hodie sisterent salvam tibi
salutigerulam sarcinam, me ab inferis
exsuscitarunt: ita enim visum aequissumumst,
quia sospitator tu esse perhiberis meus,
ut ego vicissim tua in re ne dessem tibi.
haec in mandatis habui, nisi si hoc relicuomst
mihi quod peto abs te et spero me inpetrassere,
ut porro peas, qua tu virtute ac fide

recolere nostram es solitus antehac memoriam,
eadem perpetuo me adiutare et res meas,
ita te di servent et magisterium tuom
tibi discipulisque faustum semper sospitent
per alterum adeo quincuplex quinquennium.
sed satis iam ludos me ipsus feci prologus
tua gratia. si plaudis, addo etiam hoc: vale.

CONTINENTVR HOC FASCICVLO HAE COMMENTATIONES

	Pag.
De Iuvenalis satira sexta disseruit OTTO RIBBECK	1
Divi Claudii ἀποκολοκύντωcιc eine Satire des Annaeus Seneca herausgegeben von FRANZ BÜCHELER	31
De M. Valerio Probo grammatico disseruit HENRICVS KEIL	91
Die Makedonische Anagraphe. Von ALFRED VON GUTSCHMID	101
De fontibus ex quibus Suidas in scriptorum Graecorum vitis hauserit observationes per saturam factae a CVRTIO WACHSMVTH	135
Aristoteles Lehre von der Rangfolge der Theile der Tragödie. Von JOHANNES VAHLEN	153
Kritischer Commentar zur Parodos in Aeschylos Choephoren V. 22—73. Von KARL HEINRICH KECK	185
Bilden die drei Thebanischen Tragödien des Sophokles eine Trilogie? Eine litterargeschichtliche Untersuchung von LEOPOLD SCHMIDT	217
Quaestiones Boetianae. scripsit PETRVS LANGEN	261
Ueber die Spuren einer lateinischen O-Conjugation. Von GEORG CVRTIVS	269
Ueber Strophe 76 der Nibelunge Nôt. Von AUGUST SCHLEICHER	283
De Lucani codice Montepessulano disseruit GVILELMVS STEINHART	287
Zu Aristoteles und Clemens. Von JACOB BERNAYS	301
Coniectanea in poetas Latinos. scripsit HERMANNUS ADOLPHUS KOCH	313
Polyphemos und Galateia. Von WOLFGANG HELBIG	359
De M. Caeli Rufi epistularum libro disseruit BRVNO NAKE	373
Bemerkungen zu Thukydides. Von JOHANN MATTHIAS STAHL	385
Emendationes Silianae. scripsit GEORGIVS THILO	397
Zur Kritik des Aristophanes. Von FRIEDRICH ADOLPH VON VELSEN	411
Ciceronianum non Ennianum. quaestiuncula critica. scripsit HVGO ILBERG	435
Zur Textkritik der Philostratischen Gemälde. Von HEINRICH BRUNN	441
Coniectae criticae et exegeticae. scripsit CAR. CHR. CONR. VOELKER	447

DE
IVVENALIS SATIRA SEXTA

DISSERVIT

OTTO RIBBECK.

Quae quattuor abhinc annis in Iuvenalis satiris castigandis periclitatus sum utrum placuerint peritis iudicibus an displicuerint, publico sive consensus sive dissensus signo nullo fere mihi innotuit; ut suspicer admodum paucos esse, qui vel lectu digna habuerint, pauciores etiam, qui operae pretium esse duxerint inquirere, quo iure quave iniuria adeo sive reformatum sive deformatum poetam ediderim, ut Peerlkampos audacia tantum non superasse videar. Vnum ab amico eodem, cuius olim (in praef. p. VI) adprobationem gloriatus sum, accepi iuvenem strenuum, cui codicis scilicet mei auctoritas imposuisset, novi testis fidem suis argumentis defendere haud infeliciter adgressum esse. Cuius tamen ne credulitate elatus nimis ipse confiderem rationibus meis, venerabilem annis mihique, dum Helvetiae amoenitatibus fruor, collegae nomine coniunctum senem, quem traditae memoriae tenacissimum esse constat, in mutuorum sermonum festivitate memini graviter increpare temeritatem meam, qua ingeniosissimi poetae quantum corruperim pulcritudinem adulescentibus se, ne pravo seducerentur exemplo, in scholis evidentissime demonstrare narrabat. Sed ego, cui tali disciplina uti non contigit, fateor ne nunc quidem vulgati in libris Iuvenalis praestantiam agnoscere me didicisse itaque interim, dum meliora edocebor, praesidium opinionibus meis qualecumque mea opera parare constitui, quod opto ut tua, Ritscheli, arte tuisque praeceptis ne prorsus indignum videatur.

Disputabo autem de satira sexta, qua mulierum vitia exagitantur: cuius sales et lumina et singulas imagines inpense admirati homines docti structuram tamen nullam fere, immo temere aspersorum confusorumque pigmentorum mixturae nescio cui similem quam tabulae prudenter compositae opus esse consentiebant, cum nostra demum aetate C. F. Naegelsbachius extitit, qui in philologi III p. 472 sqq. concinnam et artificiosam quandam dispositionem satirae sextae commendare animum induceret. Atque id profecto rectissime statuit vir elegantissimus, indignam ac prorsus alienam a Iuvenalis ingenio eam opinionem esse, qua nullo ordine servato fudisse tamquam informes carminum fetus, non elaboratas diligentissime singulas partes callide digerere et coligare studuisse poetam rhetorica praesertim disciplina eruditum fingunt. Nec secutum tantum, sed egregie eundem exsecutum esse, ut apto et bene distincto ordine singularum satirarum argumenta absolverentur, exempla luculenta habemus eclogas I. II. III. VII. VIII. IX et resecto prooemio ineptissimo IV, quarum vel in libris tradita tam plana et simplex dispositio est, ut quibus

In V et XI raro utendum erat artis remediis ad luxata membra in locum reponenda nullis omnino illic opus sit, modo filum sententiarum paulo magis intenta mentis acie quam solent interpretes persequaris, inter quos miror vel C. F. Hermannum 'oeconomiae ruditatem' nescio quam in satira IX offendisse.

Cetera igitur quaecumque ab hac norma abhorrent, aut incohata, non absoluta, aut ab alio auctore interpolata vel supposita aut si fieri potest in probabiliorem ordinem coniectura redigenda esse verum est. Atqui non a Iuvenale profectam esse satiram sextam nemo umquam tam insanus erit ut vel sibi, nedum aliis persuadere conetur; non perfectam esse ne putemus, vetat insignis et per singulas quasque partes paucissimis quibusdam pannis exceptis aequabilis elegantia. Relicuum ergo est ut ea poematis forma, quam ab auctore perfectam esse arti eius et rationi consentaneum est, aut interpretando textu librorum eliciatur aut, si id minus contigerit, corrigendo non audacia sed fortitudine tamen remediorum adhibita restituatur. Atque illam viam qui primus iniit Naegelsbachius videamus qualem filum argumenti ex turbida membrorum congerie expiscatus sit.

Capita nimirum totius satirae duo invenisse sibi visus est, quorum altero (vv. 1—285) feminae tamquam maritae, altero (vv. 301—591) maritae tamquam feminae ita adumbrentur, ut medio inter utrumque posito vitiorum muliebrium fonte (286—300) quidquid peccent mulieres et referatur ad eundem in priore, et deducatur indidem in posteriore parte; in utraque autem eam descriptionis gradationem observari, ut profectus a turpioribus vitiis ascendat per minora quaedam ad foedissima quaeque flagitia; summam denique saevitiam qualis in scaena tragicis poetis exponatur, in extrema satira vv. 592—661 tractari.

Quam 'artificiosam', h. e. non sine artificiis quibusdam extorquendam magis quam eliciendam dispositionem recte appellavisse C. F. Hermannus, probavisse tamen ut ab ipso Iuvenale excogitatam minus recte videtur. Nam argumentum totius satirae non tam in enumerandis illustrandisque vitiis mulierum sed in deterrendo amico ab ineundi matrimonii consilio versatur. Inde fit ut a Pudicitia qualis Saturno rege in terris visa fuerit exorsus poeta posita in ipso exordio ingenua montanae uxoris (5) imagine moechos iam argentea aetate fuisse statim in prooemio (21—24) Postumum doceat; illuc non in priore tantum, qualem Naegelsbachius separavit, sed in posteriore quoque parte spectant omnia: ara Pudicitiae noctu polluta siphonibus, quorum lacus 'luce reversa magnos visurus amicos calcare' dicitur Postumus v. 312 ('tu calcas' e. q. s.), porro bonam deam per adulteria celebrantium orgia (329 sqq.) et Clodiorum fraudes iam solitae (345), deinde cohibendae et custodiendae uxoris difficultas insuperabilis (347 sqq.), prodiga Ogulnia (352), eunuchorum amores (366 sqq.), Lamiae pro musico Pollione preces non minus anxiae quam pro viro vel filiolo aegrotante (385 sqq.), vinosa mulier, cuius vomitu 'maritus nausiat atque oculis bilem substringit opertis' (433), doctior matrona quam placere possit 'tibi quae iuncta recumbit' (448), per quam ne soloecismum quidem licet 'fecisse marito' (456), operta faciem medicaminibus et miseri viscans labra mariti (466), quae non domi, sed moecho vult formosa videri (164 sqq.), saeviens adversus ancillas et servos dum ornatur domina, 'si nocte maritus aversus iacuit' (475), nihil omnino curans maritum, nisi quod amicos eius servosque odit rationibusque gravis est (508 sqq.), admissus Isidis sacerdos, qui 'petit veniam, quotiens non abstinet uxor concubitu sacris observandisque diebus' (535 sq.), Iudaea spondens 'amatorem tenerum' (548), de marito et de adultero consulens mathematicum 'Tanaquil tua' (566), docta astrologa, 'quae castra viro patriamque petente non ibit pariter numeris revocata Thrasylli' (575 sq.), abortus flagitia (596), suppositi infantes (602), philtra et venena maritis porrecta (620), denique caedes liberorum et mariti, — nonne haec omnia uno ore conclamant, ne uxorem ducere audeat amicus? Itaque et respondere se fingit tamquam adversanti ac diffidenti amico 136. 142. 161. 286 et totam per satiram ad eum ipsum, quem a consilio insano deterrere studet, verba sua convertit: 26 sqq. 49. 51. 54. 60 sqq. 75. 76. 114 sq. 143. 200 sqq. 231. 261. 264. 276 sqq. 286. 306. 312. 377. 448. 566. 597. 625. Nihil igitur est quod Naegelsbachius statuit, sexus magis quam uxorum vitia in posteriore satirae parte tractari, nec illud verum, quidquid in priore proponitur vitiorum, ad solas uxores pertinere. Quis enim audivit Corneliam vel Nioben (167 sqq.) graviores maritis quam maenades illas (317) vel Caesoniam (616) fuisse, aut quis contendat vetulae graecissantis (194) lasciviam magis officere mutuae coniugum caritati quam vel illius adfectatam eruditionem, 'quae cum discumbere coepit, laudat Vergilium' (434)? Gradationem vero istam, cui studuisse Iuvenalis dicitur, qualem agnoscimus? praeferre scilicet se dicit eam quae cantu et cantoribus insano studio gaudeat (379 sqq.) garrulae et curiosae (398), hanc porro (et merito) furiae oenophorum sitienti (414 sqq.), sed graviorem etiam esse grammaticam feminam (434)! Sed idem profecto et cantorum amicam et taeterrimam baccham (418) eis coloribus depinxit, ut harum turpitudine multo magis quam illarum ineptiis indignari videatur, sanissimo quidem sensu.

Praeterea quod docuit Naegelsbachius, inde a versu 457 demum demonstrari, quae ipsas divitias ultro sequantur vitia, praecedentibus tamen vv. 300—456 quae ex eodem fonte, sed aliis etiam causis intercedentibus oriantur explicari, primum id mirum est, cur si divitiarum mollitiem monstrorum illorum omnium causam propositurus erat poeta non maluerit recto quam inverso ordine uti. Sed re vera nec hoc nec illo usus est: nam Veneris ebriae (300) probra et secreta bonae deae (314) qua alia causa nisi ipso saeculi luxu excitata dicemus? superstitione autem, de qua inde a v. 511 exponitur, tam mediocres et pauperculae quam divites traduntur captae teneri (582 sqq.).

Ceterum cum totam istam dispositionem tum pleraque singulorum membrorum quasi ligamina et coagmenta non Iuvenalis indicavit, sed intulit philosophandi quibusdam argutiis usus Naegelsbachius: velut quod ad v. 242 docuit radicem discordiae inter coniuges ipsius sexus muliebris naturam argui litigiosam, de tali 'radice' nihil significavit Iuvenalis, nec illud ut v. 268 sqq. cum prioribus coniungeret, dixit, turpissimum harum litium genus 'zelotypae moechae' iurgia esse, nec potuit dicere, cum turpior etiam accusatrix coram iudice Manilia (243) sit. Qua denique discriminandi subtilitate vir ingeniosus aliud esse statuerit, ad communem causam referri vitiorum originem, aliud indidem eundem deduci, quaque iudicandi elegantia talem subtilitatem poetae placuisse putaverit, inquirere longum est: nam in textu Iuvenalis talia dialecticorum lumina non reperiuntur.

Paulo simpliciora, quamquam de summa rei cum Naegelsbachio consentiens, protulit C. F. Hermannus, qui quadripertita discriptione singula commodius perspici arbitratus primum (usque ad v. 132) statuit impudicitiam castigari mulierum; deinde ipsorum maritorum levitatem, qua illae elatae vel ultra naturae imperium quibuslibet cupiditatibus atque ineptiis indulgeant (— 285); porro tamquam fontem tantorum flagitiorum universam temporum corruptelam et luxuriam accusari (— 473); denique cotidianam matrum familias crudelitatem et nefandas superstitiones aperiri et in extrema satira Medeas et Clytaemnestras, quales etiam extra scaenam saeviant, produci. Et ultimae quidem huius partis capitula qua argumenti similitudine contineri voluerit, ne ipse quidem Hermannus declaravit: nec debebat medicamina faciei (461 sqq.) tertiae, reliqui cultus speciem (475) inde separatam quartae tribuere. Ceterum in tertia eadem fere composuit quae in altera Naegelsbachius. Quam vero primae vindicavit inpudicitiae descriptionem, tam illa constanter tamque variis coloribus totam per satiram illustratur, ut nulla fere pars huius criminis immunis sit: cf. 140 sq. 193 sqq. 225 sqq. 233 sqq. 276 sqq. 301 sqq. 366 sqq. 422 sq. 464 sqq. 566. 597 sqq. 656.

Praeterea etsi recte dixeris levis ac debilis viri esse licentias uxori dote vendere (137) vel pulcrae rapacitatem donis explere (149) vel imperia perdite amatae patienter tolerare (207), tamen Corneliae Gracchorum vel Niobae supercilium (167) quis umquam maritorum nimiae indulgentiae vel imbecillitati inputare animum induxerit? An patientia eius, qui vel prodigae nummos tamquam e pleno semper acervo (364) suggerit, vel inter convivarum somnum famemque ipse domi expectat grassantem et convomentem marmora fastidit (418), vel Poppaeanis fomentis obtectam faciem exosculatur (463), non uxoria videtur? Verum est gravem ac fortem virum ne ineptias quidem uxoris velut Graeculorum absurdam imitationem (186) non coerciturum esse, sed qua feminae disciplina vel coercendae vel corrigendae sint, praecipere tantum a consilio poetae nostri abhorret, ut ne posse quidem ullis remediis corrupti longo ex tempore aevi sexum a vitiis revocari sentiens hanc ipsam ob causam obsecret amicum ne ducat uxorem, quippe quam aut non amaturus, igitur frustra ducturus (201), aut tamquam servus dominam imperiosam observaturus (207), aut si optima sit, propter ipsarum virtutum fastidiosam consummationem non toleraturus sit (161).

Itaque desperandum esse de coniugali felicitate, quique ea frui videantur, vel ipsos falli vel alios fallere, et prudentissimum quemque maxime a maritorum insania abhorrere — haec summa poematis sententia est, huc redeunt omnia, hinc omnem membrorum dispositionem pendere consentaneum est.

Nec certis quasi articulis corpus poematis destitutum esse voluit poeta, qui ubi nova adgreditur certis formulis transitum parare non neglexerit. Quo pertinent praeter alia haec:

    sed placet Vrsidio lex Iulia. v. 38
    porticibusne tibi monstratur femina e. q. s.? 60
    quid privata domus, quid fecerit Eppia, curas? 114
    optima set quare Censennia teste marito? 136
    cur desiderio Bibulae Sertorius ardet? 142
    nullane de tantis gregibus tibi digna videtur? 161
    quaedam parva quidem, sed non toleranda maritis. 184
    unde haec monstra tamen vel quo de fonte, requiris. 286
    illa tamen gravior e. q. s. 434
    est pretium curae penitus cognoscere e. q. s. 474
    haec tamen et partus subeunt discrimen e. q. s. 592.

Soletque etiam in aliis satiris singulari diligentia commissuras partium perpolire leniique arte cavere ne quid hiet vel fluctuet. Cuius studii exempla praeter alias tertia satira praebet, ubi ne singula explicando longus sim vide quam callide ab adulatoribus ad comoedos (93), et a Graeculorum etiam inter privatorum limina regno ad molestissima et ingrata clientium officia (123) deflectat orationem. Sed plena talium exemplorum omnia, quae ipse composuisse Iuvenalis recte iudicatur, excutienda illa tum, cum data opera de universa Iuvenalis arte disputabimus. Nec minus accurate nostra in satira singulas quasdam partes coagmentatas animadvertimus. Nam Vrsidius, 'moechorum notissimus olim', quod antiquis de moribus uxorem quaerit, movet poetam ut perlustrato maxime theatro et circo pudicam matronam nullam iam reperiri, amari histriones, inprimis vero gladiatores adfirmet, exempla autem instar omnium ex privatis Eppiae, ex imperatoria domo Messalinae ponat. Haec igitur (38—132) tam arte inter se cohaerent, ut nec separari queant nec transponi nec aliis particulis inlatis facile augeri. Nam quod duos post v. 54 versiculos inserui 350 sq., non tam ut hiulcam hic orationem, quae vel sine illis satis bene continuatur, explerem intuli quam ut servarem quae ubi vulgo leguntur tolerari non posse intellexissem. Absurdum

enim erat suadere ut quis paupereulam uxorem, 'silicem pedibus quae
conterit atrum', custodia cohiberet. Versus autem 119. 118. 117 ut
transponerem, non compositionis moverunt, sed orationis quaedam turbae,
quae nec Schurzfleischium nec Hermannum fugerunt, quamquam a neutro
satis probabiliter sanatae sunt. Nam et 'linquebat' verbum v. 119 ac-
cusativum flagitabat, et vitanda intra eiusdem enuntiati ambitum imperfecti
'linquebat' et perfecti 'intravit' (121) copulatio, nec nimis separandus a
nocturnis cucullis (120) galerus (117) erat, nec neglegenda v. 120
Pithoeani aliorumque librorum scriptura 'sed', per quam vulgatae 'et'
fide imminuta conclusam esse conieci habitus nocturni descriptionem
eadem particula *sic*, qua bis similibus locis usus est Vergilius Aen. I 225
et VII 668.

Item firme inter se conexi sunt versus 286—345, quibus ortam
longa ex pace et ex divitiis quae devicto orbe Romam fluxerunt luxuriam
etiam mulierum mores corrupisse et ad orgia illa, quorum duplex imago
vv. 301—313 et 314—345 ponitur, turpissima abripuisse docemur. Dis-
cerpi non posse medicamina faciei (461—473) a dominae, dum ornatur,
insolentia et crudelitate (474—507) supra monui. Quamquam illa pars
quae ad cutis pertinet cultum, minime integra a librariis servata est: nam
praeter quod ternionum 464—466 et 461—463 ordinem invertendum esse
Madvici acumen perspexit, excidit minimum unus versiculus post 470,
quo indicandum erat, quae tandem illa sit, quae 'exul hyperboreum si
dimittatur ad axem' asellas secum comites educere narratur. Nam pri-
vatam mulierem quis credat Iuvenali eodem apparatu uti, quem Poppaeae
Sabinae proprium fuisse testantur Plinius XI 41. 96. XXVIII 12, 50 et
Cassius Dio LXII 28?

Porro continuo capite 511—591 superstitiones mulierum exagitantur.
Sed cum certo ordine excipiat Gallum (512) Aegyptius sacerdos (522),
hunc Iudaea (542), Iudaeam Armenius haruspex (548), claudant denique
agmen peregrinorum vatum Chaldaei (553), quae versum 560 (nam de
561 infra dicemus) secuntur misere confusa sunt. An mediocris illa, quae
in circo sortilegos et μετωποσκόπους et χειρομάντεις consulit (582—584),
ipsa docta est astrologiae ut illa 'quae nullum consulit et iam consulitur',
qualis vv. 569—581 depingebatur? Quod tamen statuere necesse est cum,
qui recte continuari orationem v. 581 et 582 putet, non mutato subiecto
verborum inde a v. 574 usque ad 584. Versu autem 569, ubi vindicata
pronomini demonstrativo eadem pluralis feminini forma, quam ex optimis
libris v. 592 restituit Fleckeisenus musei Rhen. VIII p. 221, Pithoeani
maxime auctoritate pluralis numerus 'haec tamen ignorant' commendatur,
non intellegitur, de quarum multitudine haec accipienda sint, quoniam
vv. 565—568 de una tantum Postumi uxore verba facta sunt. Denique inter
eas, quae cum non ipsae doctrinam vaticinandi adfectent, paulo tolera-
biliores videntur, cur non rettulit poeta totam illam mulierum infimam
hariolorum classem adeuntium turbam minime doctam, quae vv. 582—591

inducitur? Itaque haec non posse sic ut vulgo legimus a Iuvenale composita esse contendo.

Quid autem est, quod ne hic quidem humiliorum tantum mulierum oracula (582—584. 588—591) tanguntur, sed his ipsis responsa divitibus data (585—587), de quibus tamen iam supra (548—568) satis dictum videbatur, inseruntur? Et cur tandem hic Phrygium potissimum augurem et ludos magos et qui fulgura publica condit haruspicem seniorem consulere narrantur divites feminae, quibus Iudaeos et Armenios et Chaldaeos praestolari legebamus? Nimirum hi domum superstitiosarum visere, illi extra domum adiri, hi clam, illi ut barioli illi de circo et aggere (588) palam consuli videntur. Sed haec loci ratio multum abest ut vulgato versuum ordine declaretur, nec eo, quem ipse proposui in editione, satis explanatur.

Primum enim quae spatium lustrat utrimque metarum (582) non minus ex circo fatum repetit quam quae 'ante falas delphinorumque columnas' (590) oraculum adit. Communis ergo utriusque versiculus 588 'plebeium in circo positum est et in aggere fatum' praemittendus erat versui 582. Sed eundem apparet minime pertinere ad divites illas, quae in vulgato textu vv. 585—587 intermixtae sunt.

Tres igitur versus 585. 587. 588 (nam de v. 586 infra dicemus) ante v. 582 removendi erant.

At vel sic desideramus aliquid: praefandum erat, non domi tantum, sed foris etiam atque adeo sub divo superstitiones illas exerceri. Excidisse igitur initio huius capituli vel unum vel paucos versiculos statuendum erat. Praeterea paenitet, quod anaphorae lenocinio quodam inductus versus 565—568 illi 591 adiunxi: minime enim Postumi uxor cum caupona componenda erat, nisi forte haec poetae mens erat, ne vilissimum quidem oraculum a matronis nobilibus sperni, quod tamen declarandum verbis, non divinationi relinquendum erat. Immo mathematicum ut nobilissimum vatem 'Tanaquil' non antiqua illa, sed qualem recens aevum novit, de eis rebus consulere rectissime arguitur, quarum ipsius plurimum interest (568). Dubitari de eo tantum potest, an commodius etiam interrogata illa (565—568) post v. 556 legantur: sed id cum nimis ambiguum indicium sit, relinquo. Itaque redditis suo loco vv. 565—568 et in eius partis, quae de oraculis foris petitis est, initio lacuna indicata relicuorum membrorum ordo hic videtur restituendus esse: 585. 587. 588. 582—584. 589—591.

Ceterum hunc sententiarum nexum si recte expedivi, etiam illud patet, locum de philtris (610—626), qui in libris ineptissime, ut ne subiectum quidem quo referatur verbum 'valeat' 611 adsit, insertus legitur in ea parte, qua quid in liberos peccent uxores exponitur (592—609. 627 sqq.), quamquam recte a me huic de superstitionibus capiti vindicatum (quod vel primis verbis 'hic *magicos* adfert cantus, hic *Thessala* vendit philtra' evincitur), minus apte ad circum et aggerem delatum esse. Erant haec privatorum parietum secreta, et 'adferri' dicuntur et carmina et venena, nec male ad ipsa illa de marito et de adultero oracula (568) proxime adiungi videntur. Quid quod ipsa ἐναργείας figura 'hic magicos adfert c., hic Th. vendit ph.' (610) similis hic locus illis est, ubi 'ecce furentis Bellonae m. d. chorus intrat' (511), et 'cum dedit ille locum ... Iudaea tremens mendicat in aurem' (512) et quae sunt alia. Atque ea quoque, quae mathematicam indoctis mulierculis, consulentibus eam 'quae nullum consulit et iam consulitur' opponunt, ut separanda esse ab eis particulis, quibus vulgo immixta leguntur, etiam nunc persuasum mihi habeo, ita multo aptius non venena amatoria, sed ipsa illa oraculorum consulta secuntur, quorum prudenter poeta humillimum de praeferendo cauponi scrutario (591) ultimum collocavit. Itaque ut colligamus superstitiones mulierum sic disposuisse videtur Iuvenalis, ut primum quid intra privatas domos vanitatum ac deliramentorum fallaciis vatum magorumque committatur, deinde etiam foris et in publico petita oracula, denique earum quae sua ipsae fata libris eruunt odiosam doctrinam exagitet, hoc versuum ordine: 508—568. 610—626, deinde, interposita lacuna 585. 587. 588. 582—584. 589—591. 569—581.

Recte autem haec a nobis composita esse eo quoque probatur, quod quae vv. 592—609 de necatis in ventre ab ipsa matre (—597), de spuriis (—601) et de suppositis infantibus leguntur, optime continuari videntur nothorum odio (627) et privignorum caede (628), denique portentoso Pontiae, quae suis ipsa pueris laeto animo aconita paravit, exemplo (634 sqq.). Cumque locus uterque et qui in libris sequitur v. 591 et quem sequi voluisse poetam conieci 569—581 eisdem verbis 'haec tamen' incipiat, hac ipsa similitudine natam esse suspicor partem turbarum, quibus hanc descriptionem laborare vidimus.

Itaque integra capita, distincte et ordinate contexta praeter ipsum prooemium haec investigavimus, unum de perfidia uxorum 38—132, alterum de luxuria et libidine mulierum 286—345, de cultu ornatuque tertium 461—507, quartum de superstitionibus 511 sqq., quintum denique, quo quales hac aetate matres sint declaratur 592—609 et 627 sqq. Quo confidentius ubi in ceteris solutam compagem offenderimus, de librariorum, non de Iuvenalis neglegentia et oscitantia suspicabimur. Offendunt autem plurima.

Ac primum qui sic interrogat 'nullane de tantis gregibus tibi digna videtur?' (161), ei totum fere mulierum genus iam productum totamque vitiorum muliebrium vim perlustratam esse quis non expectet? Et qui respondet amico nullam se malle uxorem quam vel optimam (167), nonne totam disputationem conclusurus vel abrupturus videtur? Cur igitur quadringentis prope versibus, id est besse totius satirae et reliquas ineptias et probrorum turpissimorum sordes perreptat? Nisi quis forte prodigiosam illam '*Venusinam*' epitrito scilicet primo, non 'Venusinae lucernae' I 51 exemplo ionico dimetiendam v. 167 eo consilio servare volet, ut habeat cui totam istam vitiorum sarcinam inponat: quasi hoc Iuvenalis dicturus fuisset: 'etiamsi omnibus virtutibus ornata uxor reperiri possit, malo tamen Venusinam, sed hanc quoque repudio propter eas, quae infra secuntur, causas.' Sed ego qui scripserim 'malo, malo, *Venus, nullam* quam te, Cornelia mater' numquam concedam alio loco poetam haec posuisse nisi prope finem poematis. Nec magis illud umquam concedam, postquam 'quaedam parva quidem, sed non toleranda maritis' (184) tractavit, eum rursus ad 'monstra' (286) relabi potuisse. Et quae inter parva illa rettulit? Scilicet unicam Graecae linguae adfectationem (185—199); nam inde a v. 200 diversa ac prorsus nova exponi novum quasi capitis exordium 'si tibi legitimis' e. q. s. ostendit. Atque imperiosam crudelitatem et novis semper flammeis sumptis permutandi post paucos menses regna lasciviam incredibilem, cetera denique flagitia quis umquam sanus inter parva rettulerit, si autem rettulerit, nihilo minus 'monstra' nuncupaverit? Itaque quaerendum erit, num forte locus ille de minorum dedecorum importunitate aliunde suppleri possit. Ac statim percutit mentem similitudo imaginis, quae de grammatica Vergilium et Homerum committere docta et facundiae tintinnabulis aures fatigante proponitur vv. 434—456. Cuius loci exordium 'illa tamen gravior' quantum abhorreat a comparatione furiae illius, quae vv. 414—433 describitur, supra monui, quam facile autem ad illa 'parva quidem, sed non toleranda maritis' referatur, patet. Sed ne ipsi versui 199 haec subiungamus alia sunt quae dissuadeant. Revocat enim haec eruditula memoriam astrologae (569—581), cuius vanitatem iniquus sit qui inter monstra et flagitia quam inter muliercularum ineptias numerare maluerit. Et vitandam ut parum tolerabilem, non abominandam ut sceleratam hanc ipsam dicit poeta v. 572 'illius occursus etiam vitare memento.' Secutos igitur vv. 434—456 locum, qui de superstitionibus est, non improbabiliter coniciemus. Ex quibus tamen vv. 445—447 extremos post 456 collocari iubenti Heinrichio non possum non adsentiri. Diversa enim a loquacitate facundae, qualis vv. 440—443 deridetur, nimia eiusdem doctrina, de qua vv. 448—456 sunt: aliena igitur 'nam' particula praemissa v. 445, quam rectius Heinrichius odii (451) causam inferre statuit. Et habet hoc Iuvenalis, ut acumine quodam, quale illud de virili habitu 446 sq., concludat capita sua: cf. 112 sq. 229 sq. 265 sq. 315. 605—609. II 34 sq. 63. III 9. 78 sqq. 112. 189 sq. 230 sq. 238. VII 97. 104. 213 sq. VIII 139. 181 sq. 209 sq. Versiculum 444, quem spurium indicavit Heinrichius, nec non posse tolerari et facile desiderari nec sane insignem ulla antiquitatis virtute sentio; nec aut 'finis' rebus honestis imponendus aut 'sapientis' laus a Iuvenalis acerbitate paulum aliena nimis placet.

Virilis vero habitus et victus ille, qui commendatur eruditulae in extremo capite, tunicas crure tenus medio succingendas et caedendum Silvano, quem pastores et venatores venerantur, porcum et in publicis balneis cum maribus lavationem dico, mirum in modum commonet de Tyriis endromisin et de ceromate viraginis, cuius tirocinia vv. 246—267 tractantur.

Adnexa haec in libris leguntur quattuor versiculis, qui dexteritatem feminarum in causis agendis conspicuam tangunt magis quam illustrant: sed cave ne duplicem aut verbis aut armis certandi libidinem hic a Iuvenale compositam esse putes. Redit enim v. 268 ad lites alternaque iurgia nec de illa studiorum adfinitate quicquam monuit poeta. Lites autem feminarum quo sententiarum ordine explicaverit infra inquiremus. Hic satis sit demonstrasse desiderari posse versus 246—267 ubi vulgo extant, subiunctos vero illi 447 optime sibi constare. Composuisse enim cognoscitur poeta bina, quae virorum propria indecore ac ridicule a feminis adfectantur, studia: eruditionem tam mathematicorum quam grammaticorum rhetorumque et armorum tractationem. Et confinem utramque libidinem et consuetudine aevi pari fere modo receptam in commissura capitum et consilio illo 445 — 447 et interrogandi figura 'endromidas Tyrias et femineum ceroma quis nescit? vel quis non vidit vulnera pali?' optime significatum est.

Nondum tamen exhausta ineptiarum muliebrium copia: videndum quo pertineant, quae superstitionum descriptioni praemittuntur, v. 508:

> nulla viri cura interea, nec mentio fiet
> damnorum: vivit tamquam vicina mariti,
> hoc solo propior, quod amicos coniugis odit
> et servos, gravis est rationibus.

Quae potuisse ad ea, quae in libris antecedunt, adiungi fateor, necessaria hoc potissimum loco fuisse, ut non alia praemitti potuerint, nego. Gravem autem rationibus viri prae ceteris Oguluiam novimus, quae ut spectet ludos conducit omnia athletisque quod superest argenti paterni donat nec sentit pereuntem censum (362) aut reputat quanti sibi gaudia constent (365). Quae cum Eppiam libidine atque impudentia non aequet, inter eas commemoranda erat, quae minus graviter, sed tamen intoleranda peccant. Cum ludorum autem athletarumque amica quae aptius componebatur quam quae cantu gaudet favetque cantoribus, haec quoque artis magis studio quam Veneris pruritu seducta (379—397)? Nam quae vulgo interposita legimus de eunuchis (366—378) prorsus hinc aliena quo loco recte reponenda sint, mox monstrabo. Atqui ut histrionum Haemi et Carpophori (198 sq.) commemoratione commodus ad ludos (352? transitus fit, ita Lamiae (385) de Pollione citharoedo preces indecorae, his poetae indignabundi verbis interpellatae 'quid faceret plus aegrotante viro, medicis quid tristibus erga filiolum?' (388) et maxime extrema huius capitis (396) 'haec de comoedis te *consulit*, illa tragoedum commendare volet, *varicosus fiet haruspex*', ad vates et hariolos, quorum turba v. 511 inducitur, tam prope aspirant, tam recte Lamiae vel Oguluiae similis uxor 'tamquam vicina mariti' vivere (509) arguitur, tamque examussim breviter ut dicam omnia quadrant, ut dubitari a prudente non possit, quin versum 199 exceperint 352—365 et 379—397, hos autem subsecuti sint 508 sqq. (nam quae a v. 398—412 in libris feruntur, procul habenda esse suo loco demonstrabitur).

Restitutum igitur integrum de minoribus vitiis caput quaeritur qua carminis parte collocavisse putandus sit Iuvenalis. Quod tam artis ratione universa quam ipsis exordii (184) verbis probatur nec media satira cum turpioribus criminibus temere confundi nec praemitti eisdem potuisse, sed epilogo propius quam vel prologo vel primariae parti ponendum fuisse. Quodsi reputamus Corneliae et Niobes exempla et ipsa extremae satirae aptissima esse, longe maxima probabilitate commendari videtur ea ratio, qua ipsi epilogo, qui de matrum sceleribus est (592 sqq.), anteposui haec 'nullane de tantis gregibus tibi digna videtur?' (161—177), his autem totam de minoribus vitiis disputationem, cuius singulas particulas iam enucleavimus. Et vide quam egregie cum matrum nobilissimarum Corneliae et Niobes superbia natorum virtute vel numero sumpta componantur nefanda recentioris aetatis matrum moecharum et novercarum probra et flagitia, quibus quae praefatur poeta v. 592:

> haec tamen et partus subeunt discrimen, et omnis
> nutricis tolerant fortuna urguente labores:
> sed iacet aurato vix ulla puerpera lecto.

prorsus similia illis 569 'haec tamen ignorant, quid sidus triste minetur' vulgato ordine servato quo referenda sint valde ambiguum est. Nam cum quae ipsae consulunt hariolos eas ignorare vaticinandi artem per se appareat, tamen totam religiosarum mulierum turbam liberos parere et nutrire quis scire possit? praesertim cum ne hae quidem ab amatoris teneri voto (548) et ab adultero (567) alienae dicantur. An de eis tantum, quarum v. 588. 582—584. 589—591 mentio fit, humili loco natis uxoribus cogitandum sit? quod sane his 'fortuna urguente' commendari videtur: at tamen illam 'quae nudis longum ostendit cervicibus armum' (589), quae consulit oraculum 'an saga vendenti nubat caupone relicto' meretriculam quis matronae muneri satisfacere Romanus dixerit? Contra matrum bonarum laudem Corneliae et Niobae et quae raris illa aetate exemplis harum similes fuerint matronis non denegare Iuvenalem aecum erat. eundem tamen conqueri verum erat, inter nobiles, 'aurato in lecto', vix ullam hodie puerperam inveniri, nutricis vero labores non dignari subire nisi tenui censu coactas.

Itaque reconcinnato altero fere satirae nostrae dimidio aliquanto confidentius ad prioris partis dispersas reliquias colligendas adgredimur. Ad initium igitur ut redeamus, primum matrimonii malum amico proponit Iuvenalis vv. 34—37 turbatam nocte quietem, cum amasius, quocum dormiat, nec lites moveat nec iniqua et importuna postulet. Quibus adversa fronte oppositam imaginem obiurgantis et litigantis in lecto uxoris mirum est multo demum post, sed ut ipsa verba invicem se respicere et flagitare videantur, his 268 sqq. depingi:

semper habet lites alternaque iurgia lectus,
in quo nupta iacet; minimum dormitur in illo e. q. s.

Atqui secuntur haec in libris cum locum qui viraginum militares exercitationes illustrat, nec cum eis qui hunc antecedunt, de causidicis feminis quattuor versiculis nisi satis laxo sententiarum nexu cohaerent, qui qualis re vera fuerit statim videbimus. Nam cum zelotypae moechae impudentia, qua suam ipsa licentiam tamquam et pacto coniugali et naturae iure sibi concessam adversus maritum defendit, post cetera his 284 sq. definiatur:

nihil est audacius illis
deprensis, iram atque animos *e crimine* sumunt,

hinc apparet quam pronum fuerit ad ipsas causas coram iudice actas transire. Itaque subiunctos his 268 — 285 versus 242 — 245 post v. 37 sequi voluisse poetam conicio.

Atqui cum eodem litium capite proxime coniuncta esse concedes, quae his incipiunt 231

desperanda tibi salva concordia socru

et ipsis versibus 242 — 245 antecedunt. Nam et discordiam excitare et adultero favere eiusque tabellis quo modo rescribendum sit docere (233 sq.) quod dicitur, prorsus ad turpis filiolae, qualem v. 268 sqq. expressam habemus imaginem et ad tabellas in scriniis detectas (277) quadrat. Quamquam, ne quid celem, quod socrus et 'docet spoliis nudi gaudere mariti' (232) et 'decipit custodes aut aere domat' (234 sq.), videri potest etiam aliis locis, vel ubi de immensis donis, quae maritum poscere Bibula narratur (149 — 160), vel ubi de cohibenda per custodes uxore disseritur (316 sqq.), inferri potuisse. Aptius tamen neque hic neque illic malae socrus potissimum artes castigabantur, de *concordia* autem *desperanda* multo certe probabilius ibi dici videtur, ubi propter vexatam multimodis intemperantia et malitia uxoris cotidianae vitae pacem ac tranquillitatem quavis morte magis fugiendum esse matrimonium monetur amicus. Vt etiamsi natura ad nequitias illas minus inclinet nupta, tamen ultro corrumpi a matre, nulla igitur viro felicis coniugii spes relicta esse dicatur.

Deterrere porro Postumum expressis verbis studet Iuvenalis his (200)

si tibi legitimis pactam iunctamque tabellis

et relicuis, quibus alterutrum statuitur, aut ut ne ipse quidem amaturus sit uxorem (cuius tamen tanto nuptiarum et caerimoniarum apparatu ducendae causam nullam apparere, quoniam explendae libidinis aliae viae pateant) aut si uni deditus animus sit, ut atrocis dominae iugum ferre paratus sit. His igitur nonne praeclare continuari videntur consilia inchoata? Extant in libris inserta post matronarum superbiam et graecissantium mulierum delicias, ad quas minime pertinent, secuntur quae suo loco reposuimus de socru 231 sqq., de causidicis 241 sqq., de viragine 246 sqq., de nocturnis iurgiis 268 sqq. capitula, nec imperia quamvis saeva uxoris (212 sqq.) monstra, de quorum fonte v. 286 quaeritur, appellari poterant. Vaga igitur suo restitui ordini fas erit continuato versu 241 his 200 sqq., quae usque ad v. 230 plena et integra fluere quis neget, nisi alium pannum misere lacerum et delatum in longe diversam partem animadverterit? Nam inter cantatricem (379—397) et curiosam (398—412) et grammaticam (434—456), quibus locum supra adsignavimus, bacchantis dominae furor, qui nauseam movet, eis coloribus depictus legitur, ut componi cum ineptis et ridiculis, sed minime foedis et immanibus muliereulis nedum minus gravis quam eruditulae loquacitas diri a sano homine nullo modo potuerit. Sed quae innocenti servo crucem poni iubet (219) et deprecanti marito respondet (222):

   o demens, ita servus homo est? e. q. s.

eam, 'si latratibus alti rumpuntur somni' (415), canem dominumque eius vicinum, humilis condicionis hominem rapi et 'fustes huc ocius adferte!' clamare atque adeo ipsam loris concidere solere pauperculos (414 sqq.) eandemque, cuius 'pro ratione voluntas' valet (223), gravem occursu, taeterrimam voltu balnea noctu subire nec interea convivarum somnum famemque curare, denique rubicundulam Falerni dolia infundere rivosque evomere, quis neget convenire nostri poetae stilo, acerrimo illi et ne foedissimos quidem colores detrectanti, sed a natura rectique sensus veritate numquam aberranti? Vxorii autem nec comprimere effrenatam coniugis atrocitatem audentis viri ignaviam quam viva imagine in his extremis 432 sq. expressit: 'ergo maritus nausiat atque *oculis bilem substringit opertis.*'

Atque his demum absoluta imperiosae mulieris descriptione prorsus commode subinunguntur v. 224:

   imperat ergo viro; sed mox haec regna relinquit

et quae de rabiosa eiusdem inconstantia adduntur.

Verum enim vero 'monstra' v. 285, quorum viciniam tam licenter depopulati sumus, quo tandem spectare consentaneum est? nimirum ad foedissima quaeque flagitia et maxime a pudicitia muliebri abhorrentia eisque quam simillima, quae in proximis usque ad v. 345 tamquam orta ex luxuria et monstris eisdem quasi praeludentia proponuntur. Grassantium autem per noctem et dum bonae deae sacra celebrant lenonum ancillas (320) provocantium quae inter omnes similior Messalina, quae dum ultro publica lupanaria nocte frequentat, relicuas omnes superat impudentia? Haec igitur et quae exemplum eius secuta ludium ad Pharon et Nilum comitata est nupta senatori Eppia, haec monstra sunt, quae unde orta sint requirit amicus. Itaque certissimum est, versui 132 adnectendos esse 286—345. Nam de versibus 133—135 quid indicandum sit,

postea significabimus, quae autem v. 136 et 142 interrogantur 'optima
set quare Censennia teste marito?' et 'cur desiderio Bibulae Sertorius ar-
det?' ut nullo necessitatis vinculo cohaerent cum antecedentibus, ita multo
probabilius alibi collocabuntur. Ceterum supplendus etiam locus qui de
lascivia mulierum est. Nam versum 345 dubitari non potest quin rectissime in libris sequantur haec:

> audio, quid veteres olim moneatis amici.
> 'pone seram, cohibe.' sed quis custodiet ipsos
> custodes? cauta est et ab illis incipit uxor.

Quae post tres versiculos, ex quibus 350 sq. rectius post v. 54 in-
seri supra monui, 349 quid fiat, infra indicabo, et Ogulniae exemplum
(352—365), quod suo ordini redditum est, eis (366—378) excipiuntur,
quibus eunuchorum usus tangitur. Atqui hos propter incorruptae fidei
laudem ceteris omnibus servis praelatos, portis igitur et gazis et regum
corporibus custodiendis adhibitos fuisse Herodoti VIII 105, Heliodori
Aethiop. VIII 17, Xenophontis Cyr. VII 5, 60 sqq., Plutarchi Demetr. 25,
Platonis Protag. p. 314, Luciani imag. 2 testimoniis a Beckero in Chariclis
III 27 ed. II collectis constat, eisdemque et imperatores Romani cubicu-
lariis (cf. L. Friedlaender Sittengeschichte Roms I 54) et quas Terentius
eunuchi v. 167 dicit reginae inter delicias servorum uti solebant. Qua in
fabula personato eunucho cum Thais commendet virginem imperetque
578 sqq. ne virum quemquam ad eam adire patiatur, ne abscedat, ut ma-
neat in interiore domus parte solus cum sola, miror quod Beckerus in
Charicle III 273 negavit de gynaeceo ab eunuchis custodito traditum esse.
Apud nostrum vero nihil fortius addi poterat, quam perditam uxorem,
quae nulla sera cohiberi potest quaeque ab ipsis 'incipit' custodibus, cas-
tratorum etiam sibi adpositorum osculis molliculis voluptatem quantum
fieri possit explere. Itaque adnexui versui 348 haec 366—378.

Iam integrum hoc caput, cuius nequitia mulierum argumentum est,
apparet inserendum fuisse ante haec 136:

> optima set quare Censennia teste marito?
> bis quingena dedit: *tanti vocat ille pudicam* e. q. s.

Atqui cum dote recte in libris copulari pulcritudinis beneficium ipsa
exordii similitudine probatur, quod tale est v. 142:

> cur desiderio Bibulae Sertorius ardet?
> si verum excutias, facies, non uxor amatur.

Cave tamen putes absoluta v. 160 esse, quae de formosae mulieris
dum 'calet et regnat' (149) intemperantia narraturus erat poeta. An quis
est, quin de ornandae et servandae formae studio hic potissimum plura
expectet? De quo tamen in libris post grammaticae derisionem et ante
vatum fraudes leguntur quinquaginta versus 457—507, quos cohaerere

supra monui, coniunctos autem cum vicinis, quae inde resecuimus, minime esse satis declaratum est. Contra gemmis et elenchis ornata mulier et sic perfecta forma ceteris omnibus decoris praeceptis se exemptam putans et moecho magis quam marito ut placeat candorem faciei foliatis conservans (457 sqq.) apprime convenit cum ea, cui metuendum est ne 'tres rugae subeant et se cutis arida laxet' (144), quaeque dum placet iuventutis flore, praeter alia emi sibi a marito postulat crystallina et myrrhina (155 sq.) et adamantem, quo olim Berenices digitum Agrippa, Iudaeorum rex, circumdedit (156—160). Componenda igitur haec 457—507 cum v. 160.

Et sic omnia in ordinem redacta. Demonstratum enim, subiectionem 'sed placet Vrsidio lex Iulia' (38) et quae eam secuntur non potuisse alio loco Iuvenalem, nisi postquam edocuit Postumum, non solum de concordia ei, sed de libertate etiam ubi semel 'stulta maritali porrexit ora capistro' (43) desperandum esse, h. e. post ipsum v. 230 inferre, ut ne pudicam quidem ullam aut fidam inveniri cumulatis exemplis probaret.

Iamque dispositionem satirae et simplicem et planam nec a rhetorica disciplina alienam hanc perspicimus, quam mei textus numeris significabo. Nam post exordium (1—24) et causae constitutionem (25—27) statim ad argumentationem rapimur, qua pessimum vitae exitum esse matrimonium esse (28—32) probatur. Quo summa mala tria adferri marito, discordiam (33—67), servitutem (68—115), infamiam denique inconstantia et inpudicitia coniugis conflatam (116—282). Refutationis deinde figura usus percontanti amico de nummorum (283—288) et de pulcritudinis dote (289—357) respondet. Tum minora, sed quae tamen tolerari non possint, mulierum vitia sex enumerantur, graecissandi adfectatio (358—372), propter ludos spectandi libidinem nummorum profusio (373—386), studii erga cantores temeritas (387—405), superstitio (406—502), putida eruditio (503—525), viraginum denique ridicula et indecora ferocitas (526—547). Iam conclusio fit, repudiandum esse totum mulierum genus: nam vel optimarum, quales et Vrsidius ex antiqui temporis memoria finxit et lege Iulia revocare studuerat Augustus, matronarum ferri non posse supercilium (548—564), sed longe plurimas a maternis officiis obeundis abhorrere, immo esse quae in liberos pariter atque in maritos veneno aut ferro saeviant (565—615).

At quadraginta sex versibus miserum Iuvenalem despoliavi: quorum tamen sex (126. 188. 558 sq. 632 sq.) ipsorum librorum testimoniis repudiantur, octo (125 sq. 130. 188. 323. 335 sq. 460) damnati etiam ab aliis viris doctis, quattuor tantum (413 et 133—135) tales sunt qui turbent ordinem nostrum. Relicuos omnes XXXXII etiamsi mordicus suo loco retineas, manet eadem, quam enucleavimus, partium structura, nec huius rationibus ductus ad obelos refugi. Et quamquam de universo interpolationum genere, quibus ita scatent Iuvenalis carmina, ut quod dicunt prae lignis lucum homines non conspexisse videantur, hic disputare in animo non erat, tamen quantum ad integritatem nostri poematis agnoscendam sufficeret, non omittendum esse videbatur. Ac primum ea perlustremus, quorum ipsa librorum auctoritate fides infringitur. Inter quae repudiata ab omnibus et quae post v. 230 in solo Norimbergensi tertio inserta sunt 'si fierent comites citius quam unberet uxor' (quorum inlepidum acumen supposito 'nec' pro 'si' iuvare sibi visus est Achaintrius, nos parum adsequimur), et tres versiculi post 601 in Laurentiano *a*, post 611 in Vrbinate (*h*) et in tribus Achaintrii et in Vallae et Plathneri codicibus interpolati

> semper aquam portes limosa ad dolia, semper
> istud onus subeas ipsis manantibus urnis,
> quo rabidus nostro Phalarim ede dedisti

qui quo spectent quidque sibi velint infra examinabimus. Iuvenali eos vindicare aut in textum inserere nemo tam sordium manu scriptarum admirator fuit ut auderet. Et potest ex aliis satiris comparari vel Arateorum versiculus in II post v. 53 a Mazarinei codicis librario immixtus vel in Pithoeano etiam et in Monacensi post nonae versum 134 alter simillimus vel adeo in XIV eiusdem Norimbergensis post v. 186 emblema. Alia ut V 91 Pithoeani, alia quamquam lecta in Pithoeano et in scholiis interpolatorum qui ab Iahnio dicuntur codicum testimonio et incerti loci indicio reprobantur, ut VIII 7. XI 108. 165 sq. XIV 229.

Ex quo genere in nostra satira quattuor extant exempla: primum inepta ad v. 187. 189 sq. adnotatio:

> cum sit turpe magis nostris nescire Latine

quam omissam in Gaybacensi 2 iam C. Barthius adv. XXIV 5 reiecit; nec posse servari vel sequentia v. 189 sq. docent:

> *hoc sermone* pavent, *hoc* iram gaudia curas,
> *hoc* cuncta effundunt animi secreta,

quae necessario ad v. 187 'omnia Graece' referenda ne possent quidem intellegi, si Latini sermonis commendationem exciperent. Omissos in quibusdam Probi, quem quidem Valla antestatur, et in Pithoeano et sex Achaintrii codicibus, praeteritos in scholiis, additos autem secunda demum manu in Pithoei et in Puteani libro (*g*) duos versus 632 sq.

> mordeat ante aliquis quidquid porrexerit illa
> quae peperit, timidus praegustet pocula papas

II. Paldamus in annalibus litt. antiq. 1838 p. 1143 alienos a Iuvenale esse monuit, quod cum frigore claudicantis post 630 sq. sententiae tum novicio 'papas' vocabulo (633) abunde demonstratur. Paulo felicius Messalinae nequitia his v. 125 sq. amplificata legitur:

excepit blanda intrantis atque aera poposcit
et resupina iacens multorum absorbuit ictus.

Sed versum 126 non habent Pithoeanus et interpolati codices plerique omnes (ω), alii vel post 128 vel post 129, alii denique, Gothanus et Dresdensis, hoc quidem loco, sed mutatum sic 'contineque iacens cunctorum a. i.' exhibent et similem 'contineque iacens multorum a. i.' Perizonianus in margine, ut parum artis criticae peritus videatur, qui tot tamque gravibus indiciis monitus de fide huius versiculi non magnopere dubitet. Accedit quod 'absorberi ictus' proprie non possunt: absorbentur lacrimae vel oscula, exorbentur vires, audacius fortasse viros exorbere Maura dicitur X 223, verum ictus excipiuntur perferuntur sentiuntur sustinentur repercutiuntur. Qui autem antecedit versiculus 125 repetit prostantis imaginem quae v. 122 sq. absoluta est, nec 'resupina iacens' alio habitu fingitur atque ea quae Britannici ventrem ostendere v. 124 dicitur, ut ne copula quidem ulla adiuncta turbent magis quam augeant descriptionem. Itaque haec 'tunc nuda papillis prostitit auratis titulum mentita Lyciscae ostenditque tuum, generose Britannice, ventrem' (122—124) variata a duobus deinceps imitatoribus esse persuasum habeo. Nam lascivisse in exornanda turpitudine interpolatorum ingeniolum hoc ipso loco versus 130 'et lassata viris necdum satiata recessit' exemplo est, quem merito eiecit Hermannus: repetuntur enim atque attenuantur quae praeclare v. 128 sq.

tristis abit et, quod potuit, tamen ultima cellam
clausit adhuc ardens rigidae tentigine volvae

expressa sunt, et solent isti polysyndeto uti in adglutinandis et conglutinandis commentis suis (cf. I 137. II 145 sq. VIII 4 sqq. IX 79. XI 91).

Denique desunt in Pithoeano et Thuaneo (*f*), secunda demum manu et in illo et in Puteani codice (*g*) additi nec in scholiis explicati 558 sq.:

cuius amicitia conducendaque tabella
magnus civis obit et formidatus Othoni,

qui Taciti vel Suetonii non ignarum prodit auctorem. Nam Iuvenalis numquam tam ineptus fuisset, ut Seleuci sive Ptolemaei amicitia Galbam obisse diceret. Othonis quippe, non Galbae familiaris erat mathematicus ille quoquo nomine appellatus, nec quisquam dixerit velut Pyladis amicitia perisse Aegisthum. Praeterea nec 'conducenda' sed 'conducta' tabella Galbae nocuisse Latine dicenda erat (cf. II 114. XV 112), nec formidatum Othoni senem infirmum nisi forte interfectum (Sueton. Oth. 7) accipimus: extimulabat Othonem 'in Galbam ira, in Pisonem invidia. *fingebat et metum*' Pisonis scilicet, 'quo magis concupisceret', ut Tacitus hist. I 21 narrat. Cur autem 'civem' quam principem dicere maluit poeta noster? an quia nullo gradu contingebat Caesarum domum, ut Suetonii Galb. 2 verbis utar? at certe cum obiit, Imperator, non civis fuit. an propter vilico et Dossenno, non principi decoram parsimoniam, cuius exempla Suetonius 11 sq. tradit? nisi forte per ludibrium 'magnum ciuem' appellari statuas, qui 'prope uniuersis ordinibus offensus vel praecipua flagrabat inuidia apud milites' (Suet. 16). Denique haec si coniunxisset Iuuenalis 'praecipuus tamen est horum, qui saepius exul, cuius amicitia' e. q. s. non genus mathematicorum, qui saepius exilium passi essent, sed unicum illum Chaldaeum, qui Othoni 'sceleris instinctor' fuit, quem tamen 'saepius exulem' fuisse nemo tradidit, designauisset; cumque post centesimum demum nostrae aerae annum Traiano imperatore scribere satiras inceperit Iuuenalis (v. praef. nostr. p. VIIII), sextam autem post annum 103 scripsisse Dacici commemoratione v. 205 evincatur (cf. Friedlaender in ann. philol. 1859 p. 781), Seleucus, qui 'olim superstitem Neroni fore spopondisset' Othonem (Suet. 4) quique quaestorio decem per annos prouinciam administranti comes in Hispania fuisset (siquidem idem est, quem Ptolemaeum Tacitus hist. I 22 appellat), post triginta vel quadraginta vel plures adeo annos non vixisse tantum, sed principem inter conducendos a privatis hominibus astrologos locum obtinuisse credendus esset.

Nec his satisfecerunt sibi qui textum poetae ineptis additamentis corrumpere sibi proposuerunt. Nam in eis quae statim adnexa leguntur 560 sq.

      inde fides artis, sonuit si dextera ferro
      laevaque, si longo castrorum in carcere mansit,

quam putidum et claudum ac ne consuetudini quidem veterum conveniens illud 'laevaque'! Neque enim utraque, qui in militari custodia tenebantur, sed dextra tantum manu ita uinciri solebant, ut cum custodis laeva ferro copulati essent (cf. Seneca de tranq. an. 10, 3. epist. 5, 7, quos locos indicavit Lipsius in exc. II ad Tac. ann. III 22): nisi forte ut Petrus apostolus ita mathematicus noster μεταξὺ δύο στρατιωτῶν δεδεμένος ἁλύσεσι δυσὶ (act. apost. 12, 6) fingatur. Ceterum nec 'longus carcer' Latine dicebatur longa custodia, sed aut longo spatio extentus aut fortasse longinquus, nec habet 'mansit' verbum quo referatur nomen subiectum. Itaque versu 561 saltem liberandum esse Iuuenalem certissimum habeo: sed cum reputo et in v. 557 et in 562—564 non de carcere, sed de exilio sermonem esse, et quam apte haec coire videantur:

      praecipuus tamen est horum qui saepius exul:
      nemo mathematicus genium indemnatus habebit,
      sed qui paene perit, cui vix in cyclada mitti
      contigit e. q. s.,

ne alterum quidem 560 obstinatius repugnem si quis eiciendum e textu contendat.

Librorum fides intercedit etiam, ne v. 586 Iuuenali temere tribuatur. Iahnius enim quod edidit:

      divitibus responsa dabit Phryx augur et inde
      conductus, dabit astrorum mundique peritus,

contaminavit interpolatam lectionem cum genuina. Pithoeani quippe et relicuorum codicum plurimorum (ω) auctoritate confirmatur verbi 'dabunt' numerus pluralis, pro quo pauci, Thuaneus et Vrbinas et alii recentiores (*f h* ς) 'dabit' singularem, alii, inter quos Einsidlensis (*c* ς), etiam 'feret' glossam exhibent. Atqui 'dabunt Phryx augur et inde conductus' cum tolerari nullo modo posset, optime confirmatae scripturae 'inde' suppositum in Puteanco aliisque recentioribus libris (*g* ς) 'indus' est. Et hoc 'responsa dabunt Phryx augur et Indus', quod recepit Hermannus, certe melius erat, quam quae nec leguntur in ullo codice nec sententiam commodam praebent a Iahnio in textum iulata. Nam licet concedas, quod non concedo, 'inde conductum' Latine dici posse 'ex Phrygia conductum', tamen prorsus haec otiosa et supervacanea esse nemo negabit. Sed etiamsi 'Indus' legas, additum sive hic sive ut Hermanno placuit ad sequentia 'conductus' temere videtur, quoniam gratis responsa nec divitibus nec pauperibus dari per se intellegitur. Astrologi vero his 'dabit — peritus' inferendi minime hic locus erat, cum de hoc vatum genere poeta iam v. 568 absolvisset. Et proditur interpolatoris stilus vel duobus vocabulis 'astrorum mundique' compositis, quibus unum idemque significatur. Itaque suadent omnia ut resecto v. 586 redeamus ad Pithoeani ceterorumque tantum non omnium codicum congruum testimonium 'responsa dabunt Phryx augur et inde', quod correcto 'Iudi' facile cum v. 587 'atque aliquis senior, qui publica fulgura condit' coniungitur.

Rectissime porro Dobraeus adv. II p. 387 versum 323

palmam inter dominas virtus natalibus aequat

damnavit, quem ut potuit scholiasta explicavit his 'virtutis obscenae palma aequat in nobilitate dominas sive ancillas', quasi scriptum esset 'palma virtutis dominarum natalibus ancillarum condicionem aequat', quod vides quantum distet a perversa versiculi dictione. Qui additus videtur esse ab imperito homine, qui illa 'lenonum ancillas posita Saufeia corona provocat' (320) male intellexerit quasi re vera cum scortillis certamen inierint 'Priapi maenades', quique Medullinam, cuius 'fluctum crissantis adorare' dicitur Saufeia v. 322, talem ancillam fuisse opinatus sit: at nobilem matronam eam quoque habere quis dubitet, qui de Livia Medullina, sponsa Claudii imperatoris, quae 'e genere antiquo dictatoris Camilli' erat, apud Suetonium Claud. 26 legerit? Sed tales sententiolarum ineptias solebant in textum Iuvenalis inferre: cf. I 14. III 113. V 66. 140. VIII 134. 140 sq. IX 79 sq. 118 sqq. IX 99. 108. Et similis in nostra quoque satira v. 460 est

intolerabilius nihil est quam femina dives

quem spurium esse intellexit Paldamus, suspectus ille vel turbato in libris sequentium sex versuum ordine, id quod interpolamentis invectis saepissime usu venisse notum est. Atque illum quoque 460 qui fecit, non ad sequentia, quae aliena a divitiis sunt, sed ad antecedentia 457—495 adscripsisse videtur, quamquam de ipsa divite femina ne his quidem, sed v. 136—141 dictum est. Ceterum 'intolerabile' vocabulum redit in hoc interpolamento 413

nec tamen id vitium magis intolerabile quam quae,

quo parum eleganter vitium cum femina comparatur. Factum id, postquam genuinus partium ordo solutus est, ab eo qui dilacerata atque hiantia aliquo modo consarcinare studebat; nec vereor ne quis resecto hoc panno denudari Iuvenalem ornamentis suis queratur.

Languere sensit Heinrichius v. 335 sq.

atque utinam ritus veteres et publica saltem
his intacta malis agerentur sacra! sed omnes,

nec languent tantum, sed ineptissima iudicanda sunt. Nam praefantur Clodii flagitio, quo bonae deae sacra violata sunt: sed non intacta lasciviae malis eadem mansisse continuis versibus 314—334, qui proxime antecedunt, expositum est. Quasi vero ad sacra haec omnino non pertinerent vel Clodii aetate veteres ritus, hac novi celebrarentur. Nec puto eum qui 'secreta bonae deae' v. 314 nuncupavit, eadem '*publica* sacra' dicturum fuisse; et explendi utcumque versiculi studiosum interpolatorem redolet exitus 'sed omnes', quocum cf. I 137. III 104. 281. IV 78. V 111 sq. VIII 54. 111 sq. IX 99. 118.

Idem praeter alia displicet in satirae nostrae v. 279

sed iacet in servi complexibus aut equitis. dic,

ubi inopiam dictionis interpolator assumpto in fluem ipso sequentis versiculi 280 initio sublevavit, ut genuinis poetae verbis repetitis etiam haec expleta sunt: VII 15. 51. VIII 194. 202. Sed tam invenustos numeros, ut qui post fortem interpunctionem monosyllaba, quae adeo repetatur sequentis versus initio, voce claudantur, per totum quod Iuvenalis nomine venit volumen frustra quaeres. Ad quos quae ceteris propius accedunt exempla partim in eis carminibus reperiuntur, quae a Iuvenale aliena censeo: X 338 'quid placeat dic', sed clausa extremo versu sententia; XIII 225 'rabie, sed'; XV 40 'ducibus, ne'; XVI 24 'tot caligas, tot'. In genuinis haec I 97 'trepidat, ne'; V 129 'usque adeo, quis'; VI 645 'temporibus, sed'; VII 194 'distat enim, quae'; VIII 14 'si cupidus, si'; sed haec omnia continuata post brevissimam pausam oratione excusari vides. Ceterum haec 'sed iacet — dic' ne structurae quidem ratione cum contiguis conciliata sunt: nam post v. 277 sq. 'quae scripta et quot lecture tabellas, si tibi zelotypae retegantur scrinia moechae', quis expectet 'sed' particula inlatam adfirmationem adulterii re vera commissi? vel cui optio inter servum aut equitem quemlibet data ex Iuvenalis consuetudine videatur? Immo continuantur his verbis alia ex eadem fabrica orta 274 sq.

in statione sua atque expectantibus illam,
quo iubeat manare modo. tu credis amorem,

quibus quae brevius et acutius expresserat poeta v. 273 et 276, inani garrulitate circumscripta repetuntur. nam 'tu credis amorem' idem est atque haec 'tu tibi tum curruca places', quae intelleget qui cantilenae, qualem in Shakespearii fabula quadam Schlegelius interpres inseruit, meminerit huiusce (Sommernachtstraum III 1):

> Der Kuckuk, der der Grasemück'
> So gern ins Nestchen heckt,
> Und lacht darob mit arger Tück'
> Und manchen Ehmann neckt.

Priora 'uberibus semper lacrimis semperque paratis' extenta et misere extenuata his sunt 'in statione sua atque expectantibus illam, quo iubeat manare modo', in quibus etiam hiatus 'sua atque' magnopere displicet, qualem semel tantum in X 281 ('bellorum pompa animam') vel iterum in XIV 49 ('sed peccaturo obstet') legimus.

Inani loquacitate etiam haec 209—211 addita sunt

> ardeat ipsa licet, tormentis gaudet amantis
> et spoliis. igitur longe minus utilis illi
> uxor, quisquis erit bonus optandusque maritus,

in quibus quod 'ardere' mariti amore statuitur uxor, ne convenit quidem satis aut cum protervitate qua 'non unus' marito 'rivalis dictatur heres' (218) aut cum inconstantia relinquentis mox regna et flammea conterentis (224 sqq.). Relicua autem partim exaggerata, quod 'tormentis' uxoris gaudere dicitur, partim languida, cum eadem, quae torqueat maritum tortoque gaudeat, detestandum profecto malum, 'longe minus utilis' viro uxor dicatur, partim inania ut 'bonus optandusque maritus' et repetita in versuum 208 sq. exitu 'amanti' et 'amantis', partim hiulca et horrida, cum 'illi qui erit' non 'quisquis' dicendum fuerit.

Nec magis commendatur v. 349

> iamque eadem summis pariter minimisque libido,

ab hoc loco vel ideo alienus, quod inde a v. 286 de opulentarum mulierum, non de humilium lascivia expositum est, nec transitionis causa haec adiecta esse vel eos qui vulgatum ordinem servarunt Ogulnia v. 352 docere debebat, quae nec infimae condicionis muliercula nec impudicitiae rea est. Qui vero componenda esse haec 366 sqq. cum v. 348 intellexerit, concedet eunuchorum osculis opulentas tantum delectari, prorsus igitur otiosam atque ineptam esse de pari summarum minimarumque libidine adfirmationem. In deliciis autem habebat hanc ipsam dictionem interpolator noster, qui I 14 'expectes eadem a summo minimoque poeta', merito illa repudiata a Dobraeo adv. II 387, et in XI satirae prooemio, quod indignum Iuvenalis acumine et elegantia est, haec (35 sq.) 'noscenda est mensura sui spectandaque rebus in summis minimisque' posuit.

Ex eadem autem inanes vocabulorum sonos captantis pusillanimi rhetorum nescio cuius discipuli officina haec quoque sunt 178—183:

quae tanti gravitas, quae forma, ut se tibi semper
inputet? huius enim rari summique voluptas
nulla boni, quotiens animo corrupta superbo
plus aloes quam mellis habet. quis deditus autem
usque adeo est, ut non illam, quam laudibus effert,
horreat inque diem septenis oderit horis?

quo panno ad tragicum Niobes exemplum adsuto gravitas loci misere infringitur, cum sex versibus frigore horridis diluatur quod brevius multoque acutius his complexus est poeta 166 'quis feret uxorem, cui constant omnia?' nisi quis forte illud quod 'septenis horis', h. e. unius horae spatio maiore diei parte maritus horrere et odisse eandem quam laudibus effert dicitur, tamquam praeclarum acumen vindicare Iuvenali instituet. Cui simile unum novi exemplum ex satira XII, ubi qui navi vectus mercator ventis animam committit, v. 59 'digitis a morte remotus' dicitur diligenter numeratis 'quattuor aut septem, si sit latissima taeda'. Singula autem balbutientem tironem, non Iuvenalem produnt: 'huius rari summique boni voluptas' quantum languet post v. 165 'rara avis in terris nigroque simillima cygno', de virtutibus optimae matronae v. 162—164 quam splendide, quam contra pueriliter v. 178 sqq. dicitur, coniunctam cum illis superbiam quam egregie v. 169 poeta Corneliae exemplo illustratam extulit, quam contra nude v. 179 et 180 interpolator elocutus est, ubi haec 'ut se tibi semper inputet' ad V 14 sq. exemplum sumpta videntur ex illis v. 169 'numeras in dote triumphos', 'animo' autem 'corrupta superbo' eadem est quae 'cum magnis virtutibus adferre grande supercilium' v. 169 arguebatur. Quid quod tanta in verborum abundantia desunt tamen quae ad explendam sententiam desiderari vix possunt? nam in his 'ut se tibi semper inputet' cogitandum est 'inpune' vel 'sine taedio'; '*huius* boni voluptas' intellegi videtur coniunctae cum gravitate morum pulcritudinis voluptas; 'deditus' participio v. 181 aut dativus 'uxori' ut v. 206 et IX 71 aut, ut apud Catullum LXI 101 'in mala deditus vir adultera' legitur, 'in uxore' addendum erat.

Tot tamque certis grassantis per satiram nostram interpolationis exemplis prolatis vix mirum videbitur, quod praeter lacinias istas et sententiolas etiam integrum capitulum vv. 398—412 fraude inlatum esse coniei. Quibus quae proponitur curiosae mulierculae descriptio, quamquam potuisse id quoque genus a poeta depingi non negaverim, nimis tamen et salibus et elegantia sermonis destituta est quam ut ipsius satirae auctori longe praestantissimo possit adscribi. Ac novarum rerum aucupium castigari quinto demum versu 402 proditur, cum 'audacia' totam pervolantis urbem et coetus virorum frequentantis et cum ducibus confabulantis viragini potius qualis 246 sqq. depingitur convenire videatur. Quamquam quod 'recta facie *siccis*que mamillis' loqui cum ducibus dicitur, quid esse dicam nescio. Quasi vero puerperam talia magis decerent quam siccam quae nondum peperit, sed tamen maritata est. '*strictis*' vero 'mamillis' recentiorum quorundam librorum (*b c ς*) scriptura recepta impudentiae imaginem ad fastidium usque ineptissime exaggeratam habes. In sequentibus offendunt haec 'quid Seres, quid Thraces agant' (403) miro ordine insertis domesticis secretis (404—406) separata ab Armeniorum Parthorumque eventis (407—411). Sed inter annos p. Chr. n. 79 et 130 ne visus quidem est cometes, qui quod v. 407 instare dicitur 'regi Armenio Parthoque', intellegenda est quae Vespasiano imperatore apparuit stella crinita per iocum ab hoc 'ad Parthorum regem qui capillatus esset' relata (Sueton. Vesp. 23). Nec conspirat cum hac temporis significatione quod vv. 409—411 commemoratur diluvium et terrae motus, quae posse ad annum 117 pertinere in praef. p. X monui. Itaque ex libris, non ex vita sumpta sunt diversissimorum temporum eventa, quorum simul eadem muliercula notitiam et parare et propagare dicitur. Quam si Iuvenalis produxisset, certa nomina et lepidas fabellas, non nuda et inania accepissemus, qualia hic de noverca et puero et adultero et vidua nescio quibus v. 403 sqq. proferuntur. Illa autem concubitus secreta, quae v. 406 tanguntur, ex v. 191 videtur imitator mutuatus esse. Ceterum quis umquam elegans scriptor structura hac usus est: 'cantet potius quam .... *quae pervolet urbem et coetus virorum ferre possit*' e. q. s.? ubi 'quae' pronomen non abundat tantum sed corrumpit et pervertit sententiam, ut vel noviciorum codicum (ς) scriptura 'quam' licet valde molesta facilius tamen videatur tolerari posse. Sed qui v. 413 scripsit 'nec tamen id vitium magis intolerabile *quam quae*' videtur sane hic quoque eadem figura delectatus esse. Itaque his quoque purgandum duxi textum Iuvenalis.

Restant denique tres versus 133—135

> hippomanes carmenque loquar coctumque venenum
> privignoque datum? faciunt graviora coactae
> imperio sexus minimumque libidine peccant,

quos qua tandem causa motus poeta Messalinae nocturnis grassationibus proxime subiunxisse credatur, nemo interpretum explicavit. Ipsane taeterrima Eppiae et 'meretricis Augustae' exempla tam mira Iuvenalem sententia tamque contraria eis quae totam per satiram ipse persequitur, qualis haec est 'minimumque libidine peccant' (135), quasi obliteraturum fuisse? ac ne probavisse quidem uberiore enarratione tam novum argumentum, sed verbo tactum abrupisse subito et ad multo leviora transisse? Quid autem? inter imperium sexus et libidinem quid tandem discriminis intercedere dicemus, ut intellegamus cur ad philtra et carmina amatoria non libidine, sed 'imperio sexus coactae' perduci feminae narrentur? Sed de his ipsis nec non de reliquo venenorum usu ita expositum est versibus 610—626 et 629 sqq., ut in tribus illis versiculis singula quaeque inde excerpta videantur: nam et hippomanes vv. 616—626 tractatur et cantus magici redeunt v. 610 et 'coctum venenum' quando a potione amatoria diversum dicitur, sive ad Agrippinae boletum (620) sive ad adipata quae materno fervent veneno (631) pertinere potest, et privigni caedes v. 628 tangitur, nisi forte datum privigno hippomanes ex his georgicon sumptum est III 282: 'hippomanes, quod saepe malae legere novercae miscueruntque herbas et non innoxia verba' (cf. II 128). Cur igitur illa multo ante praemonuisse putemus poetam praeteritionis adeo figura usum, qua inducuntur lectores ne expectent quae tamen postea copiose enarrantur? Mihi quidem haec quoque ab interpolatore videntur inlata esse, qui complexus ut potuit, quae infra offenderat veneficia mulierum graviora sibi videri quam Eppiae aut Messalinae flagitia adnotavit.

Demonstrare studui, non tantum probabilem, sed necessarium talem fere satirae sextae ordinem esse, qualem in textu meo restitui. Quem si quis perversum vel vulgato non omnibus numeris meliorem vel bono sanoque scriptore non usque quaque dignum esse ostenderit, dabo manus cedamque meliori: sed bene apteque a me potius quam a Iuvenale composita agnoscere qui maluerit, is multo me audacius statuet potuisse ab egregio poeta inventa ingeniosissime elegantissimeque in singulis elaborata non tantum turbulentissime confundi, sed etiam miro casu ita confundi, ut qui ad certa quaedam sententiarum indicia animum advertisset facili opera teres atque rotundum opus transponendis membris posset elimare. Vt non is temerarius indicandus sit, qui explorata prudentissimi scriptoris arte quid non potuerit ab eo scriptum esse edoctus coactusque interpretandi necessitate corruptae librorum memoriae opem, sed qui prava religione ductus verbis sententiisque praeclari poetae vim intulerit. Cumque verum et rectum unum tantum sit, quod persuadendi vincendique facultatem ipsum prae se fert, librariorum contra et bibliopegarum errores et correctorum commenta et infinitorum per saeculorum decursum casuum vicissitudines excogitari ne ab acutissimo quidem critico possint, ne tum quidem fore concedam ut imminuatur probabilitas coniecturae meae, si unde orta sit confusio illa versuum, nulla ratione explicare contingat. At tamen non omnia vestigia saltem perierunt, quibus caute insistentes poterimus fortasse ipsam originem labis paulatim indagare, sed ut fateamur, hic per incerta progressis satis videri si quae potuerint aliquando accidere non inprobabili ratiocinatione assecuti erimus.

Progredior autem inde quod ad satirae VII 129—158 in Pithoeano et Sangallensi (PS) scholia nulla extare Iahnius testatur: exciderant igitur casu aliquo triginta versus in codice Pithoeani archetypo eo, qui scholiis antiquis instructus erat. Eiusdem satirae versus 196 in P et Laurentiano a repetitur post v. 211, unde posterioris manus litura remotus est. Atqui inter 197 et 211 versus numerantur XV, quod est triginta versuum illorum dimidium, ut hic interrupta opera librarius videri possit antecedentis in archetypo suo columnae versum extremum temere repetisse.

Item de Sorano Barea ad I 33 pertinens scholion, quod nunc apud Iahnium p. 176, 1—3 legitur, in *P S* adpositum est ad v. 47: videtur scilicet quod summae paginae adscribere vel neglexerat librarius vel propter spatii angustias non potuerat, imae adiecisse. Atque incepisse in archetypo tertiam columnam versu 33 coniectura minime XXXII qui antecedunt versuum numero refellitur. Nam v. 14 spurium esse perspexit Dobraeus, 24 autem et 25 cum desint in codicibus aliquot (*a v ς*), facile statui possunt casu omissi in textu, additi in margine fuisse, ut qui restant versus XXVIIII adsumpto tituli spatio prorsus in rationes nostras quadrent.

Aberravit etiam in nostra satira scholiasta, a quo quod ad v. 96 adnotatum hodie legitur 'nec se continere possunt, exclamatio in rebus turpissimis', ad v. 64

    Tuccia vesicae non imperat, Apula gannit
  sicut in amplexu subidum et miserabile

referendum esse intellexit Iahnius, qui tamen posse eadem etiam ad v. 65 adscripta putari non inftiabitur. Ergo cum 66—80 et 81—95 bis quindecim versuum efficiant numerum, conicio quod conclusa v. 65 pagina non reperat errore librarii non in proxime sequentis, sed in alterius folii summum marginem delatum esse.

Atque eadem ratione factum est ut interpolamenta quoque falso loco inferrentur. Nam insertus in satirae XIV initio versiculus 'et quod maiorum vitio sequiturque minores' paulo ille melius licet numeris innumeris expressus in cod. Hauniensi 'et quod est maiorum sequitur vitium minores' in aliis libris (*a b c g p*) post versum primum, in Dresdensi post 14 extat. Argumentum scilicet satirae ab aliis in ima, in summa ab aliis pagina adscriptum fuit, prorsus simili modo ut sextae satirae et caput 'quod non sit ducenda uxor' in Pithoeano ad v. 23 adpositum reperitur et trium versiculorum interpolamentum, quod in Vrbinate (*h*) aliisque codicibus post v. 614 inlatum est, in Laur. *a* versum 601 sequitur.

Quamquam nec 'decolor heres' (600) nec amentia aut furor veneno immissus (611 sq.) ansam ad Danaidum dolia taurumque Phalaridis inferenda praebere poterat. Nec videntur tres illi versiculi olim coniuncti fuisse: nam sententiarum aut structurae nexus nullus agnoscitur. Sed circumspicientem alios locos, unde ad interpolamenta facilior transitus fuerit, offendit primum religiosa, quae Isidis aedem ut conspergat,

    ibit ad Aegypti finem calidaque petitas
  a Meroe *portabit aquas* (527 sq.).

Huic profecto indignabundus interpolator videtur imprecatus esse:

    semper *aquam portes* rimosa ad dolia, semper
  istud onus subeas ipsis manantibus urnis.

Corruptus tertius versus ne intellegi quidem poterit, nisi sic emendatus fuerit:

    quo rabidum rostro Phalarim *de rege* dedisti.

in quibus 'rostro' et 'de rege' aliis, 'rabidum' fratri debeo, qui coniectum ab Agrigentinis in taurum aheneum eiusque per rostrum rabidos gemitus edentem regem significari censet: de quo tyranni exitu vide Bentlei dissertationes Phalarideas a Woldemaro vernacule redditas p. 226 sq. Sed ad tauri illius memoriam ut delaberetur interpolator, nullo facilius loco induci poterat quam eo, ubi Osiridis numen ridetur (541). Quod cum in Apim taurum translatum crederetur, de hac fabula ille cogitans Phalaridei tauri mentionem adnotationi suae, cuius ultimus tantum versiculus superest, adicere poterat. Nec praetereundum a v. 527, cui illa 'semper aquam ... urnis' adscripta fuisse vidimus, usque ad v. 541, ubi Osiris commemoratur, XV versus numerari, ut quae in summo et in imo margine adnotata fuerunt, librarii videantur coniuncta alius ante v. 602 post sexaginta versus, h. e. post quattuor, alii post LXXV versus, h. e. post quinque XV versuum columnas ante v. 615 inseruisse.

Gravioribus cum turbis coniuncta alia brevissime ut tangam, versus in secunda satira 99 scholion de Othone, apud Iahnium p. 192, 1—8 editum, omissum, si vere traditur, prima manu Pithoeani, in Sangallensi ad v. 90 adpositum est, et in Pithoeani quoque archetypo certe ibidem collocatum fuisse docent in utroque libro ad v. 99 adscripta haec 'subnotatio huius retro scripta, ubi palma'. Atque post ipsum v. 90, h. e. secundum rationes nostras in columna septima gravem Iuvenalis textus labem contraxit, quam interpositis vv. 110—114 ante 91 et 115 sq. post 92 sanavisse mihi videor. Hisque adsumptis quindecim a 90 usque ad 99 versus efficiuntur.

Porro in septima satira quinque versus 74—78, quos post v. 93 collocavi, videntur a librario in eius paginae, quae vv. 79—93 continebat, margine summo adscripti fuisse, cum vel imae adnecti vel sequentem incipere deberent. Nam a v. primo usque ad 73 habes, si tertii satirarum libri titulo, ut par est, duorum versuum spatium concedis, quindenorum versuum integras columnas quinque.

Satira XIV utrum a Iuvenale scripta sit necne hic non quaero: sed antiquo tempore eam genuinarum eclogarum volumini adiunctam fuisse Prisciani Servii Eutychii testimoniis firmatur. Eius prior pars, quae est usque ad v. 86, cum per has paginas videatur distributa fuisse:

a   v. 1—14 = 14   e   v. 59—72 = 14
b   „ 73—85 = 13   f   „ 44—58 = 15
c
d }   „ 15—43 = 29

soluta compage singula sic confusa esse conieci:

a c d f e b

Et simili casu satirae XIII turbas suspicor ortas esse. Si enim haec in archetypo se excipiebant:

```
b  31— 45 = 15              g  104—118 = 15
c  46— 59 = 14              h  119—133 = 15
d  60— 74 = 15              i  134—148 = 15
e  86— 89. 75—85 = 15       k  149—158 + x
f  90—103 = 14
```

qui in columna *e* littera signata primi debebant esse vv. 86 — 89 librarii incuria ad imam paginam videntur remoti esse; deinde quos inter 59 et 60 interposui 28 — 30 ideo videntur in textu omissi esse, quod cum et v. 28 et 60 incipiat particula 'nunc', statim ad alterum 'nunc' scribae oculi delapsi sunt; omissos vero tres una cum quinque illis (23—27), qui in columna *k* casu nescio quo exciderant, signis adpictis in schedae eius, quae *b* littera signatae anteposita erat, vacuo spatio additos esse suspicor.

Ceterum quibus argumentis motus cum haec tum alia mutaverim, suo loco propediem edisseram: hic satis est adfirmavisse, minime ratiocinationibus illis qualibuscumque me in emendando textu ductum esse, quae licet omnes repudientur, tamen emendationum mearum necessitatem infractam esse non concedam.

Sed quadrant ad illas etiam nostra in satira loci nonnulli, de quibus quo promptior fiat conspectus, hance schedarum tabellam composui, cuius qui intra circulos inclusi sunt numeri ad vulgatum, qui extra positi sunt, ad meum textum pertinent.

```
I      1— 37
II    38— 52 (268—285, om. 274 sq. 279)                       = 15
III   53— 67 (242—245. 231—244)                               = 15
IV    68— 88 (200—223, om. 209—211)                           = 21
V     89—108 (414—433)                                        = 20
VI   109—115 (224—230)                                        =  7
VII  116—209 (38—132, om. 349—351. 119. 118. 125 sq. 130)     = 90
VIII 210—269 (286—348, om. 323. 335 sq.)                      = 60
IX   270—282 (366—378)                                        = 13
X    283—307 (136—160)                                        = 25
XI   308—357 (457—507, om. 460)                               = 50
XII  358—372 (184—199, om. 188)                               = 15
XIII 373—386 (352—365)                                        = 14
XIV  387—405 (379—397)                                        = 19
XV   [398—412]                                                = 15
XVI  406—459. 469—472 (508—568, om. 558 sq. 561)              = 58
XVII 473—489 (610—626)                                        = 17
XVIII 460—468 (585. 587 sq. 582—584. 589—591)                 =  9
XIX  490—502 (569—581)                                        = 13
XX   503—525 (434—443. 448—456. 444—447)                      = 23
XXI  526—547 (246—267)                                        = 22
XXII 548—564 (161—177)                                        = 17
XXIII 565—582 (592—609)                                       = 18
XXIV 583—615 (627—661, om. 632 sq.)                           = 33
```

Habes igitur quindenorum versuum exempla quattuor II. III. XII. XV, quaternorum denorum unum XIII, ternorum denorum duo IX et XIX;

sexaginta, h. e. quater, et nonaginta, h. e. sexies quindeni versus continentur locis VIII et VII. Et adscriptum in Pithoeano ad v. 23 argumentum, quod supra tetigi, etiam de antecedentis schedam II columnae quae vv. 23—37 complexa sit, mensura pari suspitionem movet. Attingit horum numerorum aequabilitatem particula XVI versibus 58, quos tamen adsumptis v. 558 sq., ut 60 fiant, explere nolim, quia in ipso Pithoeano illi manu prima quidem scripti non extant. Item in frustulo XVII conicias ex versibus 624 et 625, quorum uterque eadem vocula 'haec' incipit, alterutrum in textu excidisse, idemque propter similem exitum 'pressit' et 'iussit' in v. 621 sq. evenire poterat, ut duobus versiculis in margine positis relinquerentur in textu 15. Qualia in Iuvenalis codicibus non rariora exempla quam in aliis: cf. I 88. II 24. III 167. VI 147. VIII 160. Eadem causa fuisse potest versuum 565—567 (592—594), quippe qui omissi sint in Puteaneo (g): igitur hic quoque pannus XXIII ad pares numeros redigitur. Et simili modo in eo qui praecedit XXII septendecim versus in eandem columnam potuisse coactos esse quis neget? Quid quod ne 21 quidem versuum summa, quae in IV extat, omni excusatione destituta est? Nam cum et v. 68 (200) et 74 (206) eisdem vocibus 'si tibi' incipiant, non mirum sit si neglegentia librarii priores sex versus in textu praeteriti sint. Porro quinquaginta schedae XI versus redigas ad quadraginta quinque, si transpositos a Madvico sex versus 464—466 et 461—463 diversis locis in margine additos fuisse statuas, unum autem quem deesse supra monui, post v. 479 suppleas. Et quattuordecim saltem versus efficias, si novem hos 513—521 (448—456), quos in frustulo XX inter 512 (443) et 522 (444) interposui, in peculiari schedula, cui similes sint XVIII et VI, adiectos fuisse conicias. Quamquam columnam XVIII suppletam eis, quae ante v. 585 excidisse demonstravi, ne ab integritate quidem aliarum nimis afuisse putaverim. Vt praeter has soli fere restent quattuor loci V. X. XIV. XXI, qui non videantur satis probabiliter conciliari posse cum ratiocinationibus nostris. Itaque equidem sic statuerim: fuisse antiquitus Iuvenalis carmina in schedis conscripta quindenos plerumque singulis columnis versus continentibus, sed eis ab alterutra parte vacuis, quae tamen in margine et in calce et supplementis textus et fortasse scholiis quoque ita oppletae essent, ut horum uberior copia ubi adflueret, post singula capitula etiam medium paginae spatium occuparet. Vnde factum ut minores interdum textus particulae singulas paginas explerent. Ceterum idem qui interpolavit poetae verba panno XV laceratum et confusum schedarum ordinem qui talis fere vulgo traditur: I. VII. X. XXII. XII. IV. VI. III. XXI. II. VIII. XIII. IX. XIV. XV. V. XX. XI. XVI. XIX. XVIII. XXIII. XVII. XXIV, fortasse corrigere aggressus est, quo studio ut recte haec V. X. XIV. XXI reconcinnaverit, ita in componendis aliis partibus, si quidem consilio videntur XVI ad XI, XXIV ad XVII adnexa, falsus sententia est. Schedam XXIII qui adnexuit ad XVIII, cum ad XIX deberet adnectere, exordii in utraque 'haec tamen' similitudine deceptus antiqui nexus indicia quaedam in codice repperisse videtur.

DIVI CLAVDII
ΑΠΟΚΟΛΟΚΥΝΤΩCIC

EINE SATIRE DES ANNAEUS SENECA

HERAUSGEGEBEN VON

FRANZ BUECHELER.

magnae rei, quantulumcunque possederis, fuisse participem non minima est gloria.
Columella.

Das folgende Werkchen ist eine Spottschrift auf den Kaiser Claudius aus Anlass seiner Vergötterung verfasst: phantastisch erfunden, mit Zügen der Wirklichkeit durchwebt, ohne feste Begränzung des Ganzen oder strenge Durchführung des Einzelnen launig behandelt in leichtem und wenig kunstvollem Stil, Prosa und Vers durch einander, ein plötzlicher Erguss tiefinnerlichen Grolles, wie ihn schwere Beleidigung im gemeinen Menschen weckt, aber gedämpft zu jenem ironischen Ton, welcher die giftige Schadenfreude über den beseitigten Feind maskiert mit dem verachtenden Lächeln hochmütiger Gleichgiltigkeit. Schon Scaliger errieth aus der Form, dass die Schrift eine menippische Satire sei, und diese Vermutung bestätigt ihr Titel in der ältesten Handschrift, der beide Male *divi Claudii apotheosis Annaei Senecae per satiram* oder *saturam* lautet. Begründer jener Stilgattung in Rom und ihr fruchtbarster, originellster Bearbeiter war der Antiquar Varro gewesen, und wir wissen wenigstens von einer Satire desselben, welche in ähnlicher Weise aus Anlass eines Ereignisses der Tagespolitik verfasst war, von dem gegen das erste Triumvirat gerichteten Τρικάρανος.

Als Verfasser der Satire nennen die Handschriften Annäus Seneca, was nur der Staatsmann und Philosoph Lucius, nicht dessen Vater sein kann. Indessen ist die Urheberschaft jenes in Zweifel gezogen worden. Erstens stimme der handschriftliche Titel nicht mit dem von Cassius Dio überlieferten. Ich könnte einwenden, dass ja nicht einmal die Handschriften unter einander übereinstimmen, dass die älteste aber zuletzt benutzte den gäng und gäben Titel abgethan hat: allein die Unfehlbarkeit der Aufschrift *ludus de morte Claudii Caesaris* zugestanden, folgt aus ihrer Verschiedenheit von Dio's Betitelung die Verschiedenheit des Inhalts? Zweitens: unserer Satire mangele die künstliche Wortstellung, die concisen Antithesen, die Gedankenblitze, der kurze Gliederbau, die spruchreiche Rede des Philosophen. Gegen dies Urteil hatte ein ebenso gründlicher Kenner Seneca's — wer von beiden verstand ihn weniger, Daniel Heinsius oder Lindemann? — die Sprache der Satire ganz gleich den übrigen Werken des Philosophen genannt, kurz, scharf, mit beschränkten Perioden, in vielem den Declamatoren nachgebildet. Um den Leichtsinn jener allgemeinen Anklage zu erkennen, lese jeder die Schlusscapitel: er wird vielmehr dem Heinsius Recht geben. Könnte denn aber auch eine politische Satire genau in demselben Stil geschrieben sein wie ein moralisierendes Gespräch, ein philosophierender Brief? Ein andrer hat seine

Meinung, die Sprache der Satire sei Seneca's unwürdig, auf sichere Wendungen zu stützen versucht: *volo memoriae tradere, vae me, quod tibi narro* und ähnliches weise nicht auf Seneca hin, nicht auf Nero's Zeit, sondern etwa auf einen Landsmann und litterärischen Verwandten Boilean's. Was von solchen Wendungen wirklich eines erklärenden Wortes bedarf, ist in meinen Noten nicht übergangen worden.

Seneca ist Verfasser der Satire, wie die Handschriften melden. Die Schreibart verräth jene characteristischen Eigenschaften, welche Tacitus, Quintilian, Gellius ihm beimessen: *ingenium amoenum, minutissimas sententias, levem et quasi dicacem argutiam*. Gedichte nennen verschiedene Alte unter Seneca's Arbeiten (Haase III S. 418 und 419), und Verse von Seneca, so glaubte Heinrich, konnten kein anderes Gepräge haben als wir in der Satire finden. Claudius hatte Verbannung über ihn verhängt, ein Schlag welchen er so hart wie Tod und Grab empfunden (Epigramm 1. 3. 4); von Corsica aus hatte er wie ein reuiger Sünder um Gnade gefleht, in elender Kriecherei sich weggeworfen an den Kaiser und dessen mächtige Umgebung mit der Trostschrift an Polybius und jener Bittschrift voll Lobeserhebungen für Messalina und die kaiserlichen Freigelassenen, welche er nachmals selbst aus Schamgefühl vernichtete (Dio LXI 10). Alles umsonst. Je tiefer er sich erniedrigte, um so unversöhnlicher musste in der Stille sein Hass werden gegen den Gewaltigen, welcher ihn zu solcher Erniedrigung gezwungen und auch darauf nicht geachtet hatte. Der Kaiser starb und ward vergöttert, jedermann zum Spott: da trampelte der edelmüthige Löwe auf dem todten Esel herum. Agrippina hatte die Erlaubniss zur Rückkehr aus dem Exil und zugleich die Prätur für Seneca bewirkt, gewiss in der Ueberzeugung, bei ihm eher Hilfe für ihre Anschläge gegen Claudius als Widerstand zu finden, sie hatte ihm die Erziehung Nero's anvertraut. Seneca entsprach ihren Erwartungen. Die Satire, welche die durch Messalina veranlassten Greuelthaten des Kaisers so gerne zur Schau stellt, schweigt von denjenigen welche in den letzten Regierungsjahren Agrippina ins Werk gesetzt; die letzte Hinrichtung, welche namentlich aufgeführt wird, ist die des L. Silanus, und wie sollte die Kaiserin Schuld tragen können an einer Handlung, die erst am Tage ihrer Vermählung mit dem Kaiser vollbracht ward? Seneca hütet sich wohl auf irgend etwas einzugehen, was seit seinem Wiedereintritt in das Staatsleben übles geschehen war; wie schadenfroh aber carikiert er Narcissus, den Gegner Agrippina's, ohne mit einer Silbe dessen gewaltthätige Ermordung anzudeuten! Dass Claudius von seiner Gemahlin vergiftet war, was jeder in Rom mit allen Umständen wusste, weiss natürlich der Hofmann nicht; der Kaiser war eben am Fieber gestorben. Dagegen beugt er sich nach Schranzenart in unterthänigster Anbetung vor dem Knaben, welcher jetzt nach der gestohlenen Krone griff. Die Doppelrolle, welche nach Claudius' Tod der Hof spielte, indem er den Todten zum Schein mit den höchsten Ehren ehrte und in Wahrheit erbärmlich verhöhnte, spielte auch Seneca. *Dicavit caelo Claudium Nero sed ut inrideret* sagt der jüngere Plinius paneg. 11. Während Nero durch den Senat die Apotheose beschliessen, Agrippina zur Priesterin des neuen Gottes einsetzen und einen Tempelbau beginnen liess, witzelte er über die Götterspeise, womit Claudius vergiftet worden, erklärte den Todten für einen Narren und Verrückten, kurz that ihm mit Wort und That jegliche Schmach an (Sueton Nero 33). Seneca hatte kaum die vom jungen Kaiser zu haltende Leichenrede, worin Claudius' Fürsehung und Weisheit gepriesen ward, zu Stande gebracht (Tacitus XIII 3), als er in dieser Satire über die Albernheit und Elendigkeit desselben Claudius triumphirte. Hatte die Rede der öffentlichen Meinung ins Gesicht geschlagen, so war die Satire das wohlfeilste Mittel für den Schriftsteller und Staatsmann sich wieder mit ihr zurecht zu setzen, indem er zugleich dem eigenen Rachegefühl freien Lauf liess und der bei Hof beliebten und vom Hof bezweckten Verachtung des Todten Vorschub leistete. Man muss ausnehmend verblendet sein von Bewunderung des geistreichen Philosophen, um dieser Spottschrift einen moralischen Zweck unterzuschieben, wie dass er die römische Welt von der Lächerlichkeit der Apotheosen habe überzeugen wollen. Ja wenn nur diese Idee nicht allerorts durch das deutlichere Bestreben Claudius an den Pranger zu stellen ganz verdunkelt worden wäre! Seneca benutzt die Komödie der Vergötterung, um den Vergötterten zu verlachen, nicht umgekehrt. Ob es um den Ruf seines Characters im andern Falle viel besser stünde, weiss ich nicht; denn alles spricht dafür dass er als Senator die Apotheose selber beschliessen half. Auf zwei Stühlen aber zu sitzen, das war die Characterfestigkeit Seneca's (Dio LXI 10). Es versteht sich von selbst, dass die Satire im frischen Eindruck des Ereignisses, an welches sie anknüpft, bald nach Claudius' Ende geschrieben ist; sie kennt von weiteren Vorgängen nur Narcissus' Ermordung und die feierliche Beisetzung des Kaisers. Ich glaube daher nicht dass sie erst dem Saturnalienfeste ihre Entstehung verdankte, sondern dass sie in den Anfang Novembers, wenn nicht noch in den October fiel.

Der gewöhnliche Titel der Satire war *ludus de morte Claudii Caesaris*, obgleich die Handschriften, welchen er entnommen ist, ihn in manigfachen Formen variieren: *ludus de morte Claudii Neronis, ludi de obitu Claudii Neronis, de morte Claudii qui dicitur ludus, liber de ludis* oder schlechtweg *ludus* (krit. Anhang I). Aber wie nur mittelalterliche Lateiner eine scherzhafte Schrift über einen Gegenstand haben *ludus de aliqua re* nennen können, so ist auch *de morte Claudii* der oberflächlichen Auffassung eines die Satire nur mangelhaft verstehenden Mönches entsprungen. Denn vom Tode des Kaisers handelt sie zum allerkleinsten Theile oder noch richtiger gesagt, gar nicht; weislich steuert sie an dieser für des Schriftstellers staatskluge Vorsicht und des Lesers mitleidiges Gefühl gleich gefahrvollen Klippe rasch vorbei, um des Einverständnisses mit jedem Theil des römischen

Lesepublicums gewiss über das zu scherzen 'was nachher im Himmel geschah'. Den endgiltigen Beweis dafür, dass jener weder sprachlich noch sachlich der Satire Seneca's angepasste Titel im Mittelalter erfunden ward, liefert diejenige Handschrift auf welcher die Herstellung des ursprünglichen Textes allein beruht. Denn ihr ist er völlig fremd; sie benennt das Schriftchen im Anfang und am Schluss *divi Claudii apotheosis per saturam*, wobei Beachtung verdient dass in der Aufschrift das Wort, welches hauptsächlich in Frage kommt, griechisch geschrieben steht ΑΠΟΘΗΟCIC. Ist nun dieser Titel der ächte Seneca's? Fehlte es an einem anderweitigen Zeugnisse, so würden wir ihn hinnehmen müssen, wenn auch verwundert dass der Schriftsteller, als sei ihm beim Titel aller Witz ausgegangen, den Lesern seinen Aufsatz plump genug als 'satirische Vergötterung des Claudius' dargeboten habe, und verdriesslich über die Abschreiber welche noch ungeschickter eine 'Vergötterung des göttlichen Claudius' daraus gemacht. Solcher Bedenklichkeiten aber überhebt uns der Bericht des epitomierten Dio LX 35: Ἀγριππῖνα δὲ καὶ ὁ Νέρων πενθεῖν προσεποιοῦντο ὃν ἀπεκτόνεcαν ἔc τε τὸν οὐρανὸν ἀνήγαγον ὃν ἐκ τοῦ cυμποcίου φοράδην ἐξενηνόχεcαν· ὅθεν περ Λούκιος Ἰούνιος Γαλλίων ὁ τοῦ Cενέκα ἀδελφὸc ἀcτειότατόν τι ἀπεφθέγξατο· cυνέθηκε μὲν γὰρ καὶ ὁ Cενέκας cύγγραμμα ἀποκολοκύντωcιν αὐτὸ ὥcπερ τινὰ ἀπαθανάτιcιν ὀνομάcαc, ἐκεῖνος δὲ ἐν βραχυτάτῳ πολλὰ εἰπὼν ἀπομνημονεύεται. Also bei Dio eine Schrift Seneca's gegen den todten Claudius 'Verkürbsung wie eine Art von Vergötterung' benannt, in den Handschriften eine Satire desselben auf denselben 'Apotheose' betitelt — wer wollte da zweifeln dass Dio eben auf die erhaltene Spottschrift zielt? In der That erklärten denn auch fast alle Gelehrten, zuerst Hadrian Junius, letztere für identisch mit der Apokolokyntosis. Heute, so darf man hoffen, wird niemand derartigen Paradoxen beipflichten, wie sie von abergläubischer oder ungläubiger Seite allerdings einmal laut geworden sind, dass dem Philosophen ein Spass über dass possierliche Thema nicht genügt habe, oder dass Dio's Zeugniss die ächte Satire Seneca's betreffe, die noch vorhandene aber untergeschoben sei: Verirrungen deren pathologischer Grund in der Unfähigkeit lag, den Titel Dio's mit dem Inhalt unsrer Satire zu reimen. Gelingt uns dies, so werden wir die fernere Auseinandersetzung, wie leicht jener Titel von mittelalterlichen Lateinschreibern entstellt und in das bekanntere *apotheosis* oder das noch bequemere *ludus de morte Claudii* geändert werden konnte, sicherlich uns sparen dürfen.

ἀποκολοκύντωcιc ist gebildet wie ἀποθέωcιc ἀπογυναίκωcιc ἀποθηρίωcιc ἀποξένωcιc ἀποτύφλωcιc ἀπελευθέρωcιc. Alle diese Bildungen drücken Verwandlung, Uebergang in den Begriff des Stammwortes aus: Vergötterung, Verweiblichung, Verwilderung; folglich ἀποκολοκύντωcιc Verkürbsung. Nicht minder seltsam als uns die Uebersetzung klingt, war den Alten jenes griechische Wort, vermutlich ebenso neu, da seine

Restitution bei Hesychios ἀποκολοκαύτωcιc· παρ' Ἰνδοῖc ἡ cυνουcία, οἱ δὲ παρὰ παφλαγόcι τινῶν χριομένων τὰ αἰδοῖα δονεῖν παρέχει die räthselhafte Glosse um nichts verständlicher macht. κολοκύντη, der runde Kürbis, war wegen seiner in die Augen stechenden Üppigkeit im griechischen Sprüchwort ein Bild strotzender Gesundheit, und es bleibt zweifelhaft, ob der Komiker Hermippos (bei Meineke II p. 415) mehr als bloss die Form des Schädels hat andeuten wollen, als er von jemandem sagte: τὴν κεφαλὴν ἔχει ὅcην κολοκύντην· das hindert aber nicht zu glauben, dass der hohle, aufgedunsene und im ganzen unschmackhafte Kürbskopf schon bei den Griechen als symbolische Bezeichnung eines Dümmlings im Schwange war. Für die Römer beweisen dies Appulejus metam. I 15: *nos cucurbitae caput non habemus ut pro te moriamur*, und noch schlagender die nicht anders auszulegende Stelle Juvenals XIV 58: *unde tibi frontem libertatemque parentis, cum facias peiora senex vacuumque cerebro iam pridem caput hoc ventosa cucurbita quaerat?* Auch neuere Sprachen (z. B. die englische) bieten Parallelen für jene Vergleichung dar. Dass der Titel unsrer Satire in diesem Sinne zu nehmen sei, hat gegen das grobe Missverständniss anderer, welche darin eine Anspielung auf das Pilzgericht sahen, womit Claudius vergiftet ward, Daniel Heinsius genügend dargethan: während man eine 'Vergötterung' erwartete, so schreibt er, gab Seneca eine 'Verkürbsung'; nicht in einen Gott verwandelte er den Claudius sondern in den Kürbis nach Art der Dichter, welche Menschen mit Rücksicht auf ihre Eigenschaften in gleichartige Pflanzen oder Thiere metamorphosieren; wie der schöne Hyacinth zur schönen Blume, so wird der fadeste Mensch in das fadeste Gewächs umgewandelt. So weit Heinsius, dessen treffende Erklärung die Nachfolger nicht zu benutzen verstanden. Wenigstens war es ein falscher Schluss Heinrich's in einem Manuscript der Bonner Bibliothek, dass in der Satire die Verkürbsung hätte dargestellt werden müssen. Das eigentliche Ende, sagt er, fehlt ganz; damit dass Claudius bei dem Freigelassenen Henker wird, war das Drama noch nicht beendigt. Vermutlich wurde noch dies und jenes versucht, ihn zu etwas anzustellen; alles misslang, der Taugenichts war absolut zu nichts zu brauchen. So erfolgte die Finalentscheidung, er solle als Kürbis in der Unterwelt bleiben, und nun erst hatte die Satire ihren Zweck erreicht, die Apotheose durch den allerstärksten Gegensatz zu persifflieren. Diese Meinung schiesst über das Ziel hinaus; nicht nur kein äusseres Anzeichen verräth dass die Satire unvollendet sei, sondern der vorhandene Schluss spricht sogar deutlich dagegen, da in den letzten Capiteln die Handlung nur in den Hauptzügen kurz markiert und mit sichtbarer Hast dem Ende zugeführt wird und da schon so der Process Caligula's wie ein durch das Vorhergehende nicht motiviertes, lose angeknüpftes Nachspiel erscheint. Um nun aber die Möglichkeit zu begreifen dass Seneca den fraglichen Titel wählte, ohne in der Schrift wirklich eine so groteske Verwandlung zu vollziehen, bedenke man dass die Satire ja nicht wie ein Geschichtsbuch oder sonstiges Werk eine mit dem Inhalt sich deckende Aufschrift erheischt, sondern um den Leser von vorn herein anzuziehen und zu belustigen, auch hier hinter phantastischem Scherze sich verstecken muss. Daher die Titel in fremder Sprache und wunderlicher Wortbildung bei Varro's Satiren, deren Inhalt uns meistentheils gerade desshalb dunkel bleibt, weil auch der Titel ein Kind der Laune und des Witzes, das Thema in ihm nicht begriffen, oft nur mit verstohlenem Wink angedeutet war. In der alten Satire gleicht der Titel einer humoristischen Randzeichnung: fasst diese nicht alle Motive des Textes auf, so malt sie das aufgenommene doch originell aus. Seneca's Schrift gegen Claudius sollte ein Widerspiel zu dessen Vergötterung sein; darum benannte er sie mit einem Namen welcher augenscheinlich ein Gegenstück von Apotheose ist. Hatte die Apotheosis den Kaiser zum Gott erhöht, so sollte die Apokolokyntosis ihn für ewig zum Kürbis erniedrigen, d. h. im Urteil der Welt vom himmlischen Thron herab setzen an den Platz welcher ihm gebührte, eines einfältigen, rohen, aufgeblähten Erdenklosses. In dieser Weise gedeutet stimmt der Titel ohnstreitig zum Inhalt der Satire.

Ich bin also überzeugt dass das bei Dio erhaltene Wort, welches gewiss schon frühe nicht mehr verstanden ward, in der massgebenden Handschrift durch das verständlichere *apotheosis* ersetzt ist, und habe demgemäss als ächten Titel DIVI CLAVDII ΑΠΟΚΟΛΟΚΥΝΤΩCIC hergestellt. Ob der Zusatz *per satiram* noch dem Seneca gehört, mag eine offene Frage bleiben, aber weil er von der eigentlichen Aufschrift durch den Namen des Autors getrennt zuletzt steht, scheint es gerathener ihn auf die Recension eines Grammatikers zurückzuführen. Einen Doppeltitel nach Varro's Art: ἀποκολοκύντωcιc, *divi Claudii apotheosis per satiram* wird sich wohl niemand einfallen lassen; wenn doch, so kann auch Varro's Art dafür zeugen, dass Seneca im zweiten Gliede *consecratio* geschrieben haben würde. Das Altertum thut unsrer Satire weiter keine Erwähnung, und ich glaube kaum dass sie dem Kaiser Julian vor Augen schwebte, als er seinen Saturnalienscherz verfasste, der durch die Scenerie im Himmel, das freilich schale Gespött über die Kaiserschaar und ein paar kleine Züge immerhin an Seneca erinnert.

Von der handschriftlichen Ueberlieferung und den Grundsätzen, welche die Kritik dieses Schriftchens regeln müssen, handelt ausführlicher der Anhang. Ich glaube diejenigen Punkte der Textesgeschichte, welche wirklich von Belang sind, erläutert und das heute zugängliche Material so weit erschöpft zu haben, dass der Sachverständige nichts Brauchbares vermissen wird. Für die Erklärung standen manche Vorarbeiten, namentlich von Rhenanus, Libertus Fromond in Lipsius' Ausgabe, Ruhkopf, Schusler (Utrecht 1844) zu Gebote. Indessen so wenig ich deren Verdienst zu schmälern Willens bin, zumal der beiden Erstgenannten welche so viel leisteten, als von ihrer Zeit nur gefordert werden kann, so muss ich doch bemerken dass sie regelmässig da, wo man am ersten Belehrung durch andere von Nöthen hat, im Stiche lassen. Indem ich ihre Hilfe im allgemeinen an dieser Stelle gern anerkenne, unterlasse ich es ihre Namen den einzelnen Anmerkungen beizusetzen, welche mir mit ihnen gemein und meist der Art sind, dass sie keinem mit den Quellen für Claudius' Geschichte Vertrauten entgehen. Sind meine Noten hin und wieder geschwätziger als dem kundigen Leser lieb ist, so möge meine Bemühung, nichts was zu besserem Verständniss und klarerer Anschauung dienen könnte zu übergehen, den Schaden vergüten. Schliesslich bezeuge ich meinen Dank denjenigen Herren und Freunden, welche mich bei Beschaffung der kritischen Hülfsmittel gütigst unterstützt haben.

Quid actum sit in caelo ante diem III idus Octobris anno novo initio saeculi felicissimi, volo memoriae tradere. nihil nec offensae nec gratiae dabitur. haec ita vera. si quis quaesiverit unde sciam, primum si noluero, non respondebo. quis coacturus est? ego scio me liberum factum, ex quo suum diem obiit ille qui verum proverbium fecerat aut regem aut fatuum nasci oportere. si libuerit respondere, dicam quod mihi in buccam venerit. quis umquam ab historico iuratores exegit? tamen si ne-

---

1 *Claudius starb am 13 October des Jahres 54,* III idus Octobres Asinio Marcello Acilio Aviola coss. *welchen Zusatz aus Sueton Claudius 45 hier der erste Druck eingefügt hat. Denselben Tag nennen Tacitus XII 69:* tertium ante idus Octobris *und Cassius Dio LX 34:* τῇ τρίτῃ καὶ δεκάτῃ τοῦ Ὀκτωβρίου. *Noch am selben Tag wurden ihm vom Senat* caelestes honores *zuerkannt. Das Jahresdatum brauchte schon darum nicht zugesetzt zu werden, weil die Satire unmittelbar nach dem Tod abgefasst ist.*

1 initio saeculi *Epexegese zu* anno novo; *beide Ausdrücke bezeichnen figürlich die 'neue Aera' welche man sich von Nero's Regierung versprach. Im eigentlichen Sinne redet von* felicitati saeculi instantis *das kurz vor 800 der Stadt, im J. 45 verfasste SC. Hosidianum (Orelli inscr. 3115).*

3 ita] *die Wahrheit wird zugleich bedingt und bestätigt durch das vorausgehende* sine ira et studio. *Die Weglassung von* sunt *steigert das Apodiktische.*

4 liber *um sprüchwörtlich für: ich lasse mich nicht zwingen. Claudius bei Sueton 40* nihil habere se vociferatus est quare vos demereatur; si quem alium, et se liberum esse, *und der freigeborne Knecht bei Petron 117:* nec minus liber sum quam vos.

5 suum *das ist fatalem* suum diem, *volkstümlicher als* supremum diem; *sonst sagte man* diem *wie* mortem obire *und oft bloss* obire.

6 oportere 'man müsse'. μωρῷ καὶ βασιλεῖ νόμος ἄγραφος *war griechisches Sprüchwort nach Porphyrio zu Horaz sat.* II 3, 188. *Claudius war nicht nur das eine sondern beides zugleich,* et rex et fatuus. *Wenn seine Mutter jemanden des Unverstandes zieh, nannte sie ihn dummer als Claudius (Sueton 3; griechisch sagte man* μωρότερος προβάτου), *unter seiner Regierung erschien gegen ihn eine Satire* μωρῶν ἐπανάστασις (*ders.* 38), *ein Grieche sagte ihm* καὶ σὺ γέρων εἶ καὶ μωρός (*ders.* 15), *und Seneca wiederholt dies Prädicat Cap. 7 und 8. Seine Dummheit und seine Tyrannei waren gleich unberechenbar. Seneca's Urteil theilte der Hof und Nero selbst, der* omnibus rerum verborumque contumeliis mortuum insectatus est modo stultitiae modo saevitiae arguens *und* morari eum desisse inter homines *producta prima syllaba* locabatur *nach Sueton Nero 33 (vgl. Plautus glor. 370).*

6 in buccam *'ins Maul'. So Cicero an Atticus VII 10* tu quaeso crebro ad me scribe vel quod in buccam venerit *und ähnlich mehrmals an jenen Vertrauten; elliptisch an denselben XII 1* quid cum coram sumus et garrimus quidquid in buccam? *Bei Petron 43* durae buccae fuit, *was Anständigere* duri oris *nannten.*

7 *Bei der Schätzung standen den Censoren* iuratores *zur Seite, welche die* rationes der Bürger entgegen nahmen (*Plautus Poen. prol.* 50 *und* trinummus 879), *eintrugen* (*Livius XXXIX* 44) *und, wie der Name schliessen lässt, die Richtigkeit der Angaben zu garantieren berufen waren. Davon weicht der Gebrauch des Wortes hier insoweit ab als Eidbürgen verstanden werden die der Historiker selbst zu stellen hat. Aber wie Seneca, so Symmachus im Eingang der Rede für Synesius (p. 52 Niebuhr):* precator potius quam testis adeum - - - opto iurare et mehercule debuissem subire partes dicendi testimonii, nisi eius desiderium recepissem a quo laudatores consuetudo vestra magis exigit quam dubitatores - - - dum Iuratoribus abundat, dum meriti sui certus est, adhibuit petitorem quem testem sibi alius reservasset.

cesse fuerit auctorem producere, quaerito ab eo qui Drusillam euntem in caelum vidit: idem Claudium vidisse se dicet iter facientem 'non passibus aequis'. velit nolit, necesse est illi omnia videre quae in caelo aguntur: Appiae viae curator est, qua scis et divum Augustum et Tiberium Caesa-
5 rem ad deos isse. hunc si interrogaveris, soli narrabit; coram pluribus numquam verbum faciet. nam ex quo in senatu iuravit se Drusillam vidisse caelum ascendentem et illi pro tam bono nuntio nemo credidit [quod viderit], verbis conceptis affirmavit se non indicaturum, etiamsi in medio

Verzeichniss sämmtlicher Abweichungen der St. Galler Handschrift von obenstehendem Texte. Die mit keinem Namenszusatz bezeichnete Schreibung ist diejenige der Handschrift. Der Urheber der Verbesserung ist ausser bei orthographischen Varianten (miron *statt* Myron) *nur dann nicht besonders genannt, wenn die Verbesserung in allen oder den meisten übrigen Handschriften steht.*

3 '*der letzte Buchstab in* illi *undeutlich, weil die frühere Schrift durchscheint; ist es* i, *so ist es anders geschrieben als sonst in der Handschrift; man möchte es für* illa *halten' Usener. Etwa* illu? 6 *nach* se *eine leere Zeile* 7 *mit* Quod viderit, *als Glosse erkannt von Heumann, beginnt eine andere Hand bis p. 44,* 5 temporis

1 *Als Caligula's Schwester Drusilla im Jahr 38 gestorben war und vergöttert ward,* Λίουδός τις Γεμίνιος βουλευτής ἒκ τε τὸν οὐρανὸν αὐτὴν ἀναβαίνουσαν καὶ τοῖς θεοῖς συγγινομένην ἑωρακέναι ὤμοσεν, ἐξώλειαν καὶ ἑαυτῷ καὶ τοῖς παισὶν εἰ ψεύδοιτο ἐπαρασάμενος τῇ τε τῶν ἄλλων θεῶν ἐπιμαρτυρίᾳ καὶ τῇ αὐτῆς ἐκείνης, ἐφ' ᾧ πέντε καὶ εἴκοσι μυριάδας ἔλαβεν (*Dio LIX 11). Derselbe bekleidete nach unsrer Stelle im J. 54 das Amt eines* curator viae Appiae. Λούιος *ist vielleicht aus dem Vornamen* Λούμιος *verderbt; einen im Jahr 32 hingerichteten* Geminius *nennt Tacitus VI 14 als römischen Ritter. Ebenso hatte nach Augustus' Tod der Senator Numerius Atticus geschworen, jenen* euntem in caelum vidisse *und von* Livia *den gleichen Lohn empfangen (Dio LVI 46 u. Sueton Aug. 100).*

2 idem *verbinde mit* iter; *das Subject zu* dicet *ergänzt sich von selbst, während* iter *ausdrücklich als Himmelfahrt bezeichnet werden musste.*

2 non passibus aequis *folgt dem Vater der kleine* Iulus *bei Vergil Aen. II 724: Seneca überträgt es auf den wackeligen, halb lahmen Gang des Claudius. Cap. 5:* pedem dextrum trahere; *Sueton 30:* ingredientem destituebant poplites minus firmi *und 21:* per ambitum lacus non sine foeda vacillatione discurrens. *Schon Augustus fürchtete, da sein Aeusseres so unglücklich wie sein Geist, dass er zum allgemeinen Gespött werde.*

3 *Petron 71:* horologium in medio, ut quisquis horas inspiciet, velit nolit, nomen meum legat. *Plinius paneg. 20:* futuri principes, velint nolint, sciant 'tanti constat'. *Ausonius id. 13 Ende (p. 214 Bipont.):* cui hic ludus noster non placet, ne legerit, aut cum legerit, obliviscatur, aut non oblitus ignoscat; etenim fabula de nuptiis est et, velit nolit, aliter haec sacra non constant. *Vollständiger Galus II 153:* sive velit, sive nolit, omni modo.

4 divum *neben* deos, *weil divus Augustus wie Tiberius Caesar die stehende und so z. B. in Plinius' Encyclopädie regelmässige Benennung ist. Beide Kaiser starben in Campanien, jener zu Nola, dieser bei Misenum, und mussten, da ihre Leichen zu feierlicher Beisetzung nach Rom getragen wurden (Sueton Aug. 100 u. Tib. 73), diese Reise in den Himmel auf der via Appia zurücklegen. Der Ausdruck* isse ad deos (*Vellejus II 75 von* Livia transgressi ad deos sacerdotem) *passt streng genommen nicht auf Tiberius, dem keine göttlichen Ehren ertheilt wurden.*

7 *Zum Dank für eine so harmlose und dem Kaiser und dem Senat bei ihren Uebertreibungen des Drusillacultus willkommene Meldung.* verbis conceptis '*ausdrücklich' unter genauer Formulierung des Wortlauts;* conceptis iuravit verbis *Plautus cistell. I 1, 100 u. trucul. IV 2, 54,* conceptis verbis ius iurandum dabo *merc. 790,* verbis conceptis periuraris *asin. 562, im Superlativ* iurat verbis conceptissimis *Petron 113 u. 133. Seneca hat, um Wiederholung zu vermeiden,* adfirmavit *beigesetzt; desto verdächtiger ist* quod viderit *neben* vidisse *und* vidisset.

foro hominem occisum vidisset. ab hoc ego quae tum audivi, certa clara
affero, ita illum salvum et felicem habeam.

II
    Iam Phoebus breviore via contraxerat ortum
    lucis et obscuri crescebant tempora somni,
    iamque suum victrix augebat Cynthia regnum
    et deformis hiemps gratos carpebat honores
    divitis autumni iussoque senescere Baccho
    carpebat raras serus vindemitor uvas:

puto magis intellegi si dixero: mensis erat October, dies III id. Octob.
horam non possum certam tibi dicere; facilius inter philosophos quam
inter horologia conveniet; tamen inter sextam et septimam erat.

---

3 orbem *Fromond*   5 suam   cinthia   6 spargebat *Bücheler*   7 bacho
9 October · III · id octob *mit Strich durch* d *und* b   10 cetam *und* r *über* e , filossofos

---

1 *Dieselben Begriffe verbunden in der alten Formel bei Livius I 18*: signa nobis certa adclarassis, *dieselben Worte bei Terenz hecyra 841*: ut mi haec certa et clara attuleris, *asyndetisch auch bei Cicero an Att. XVI 13c*: tu mihi de is rebus quae novantur omnia certa clara.

2 *Solche Betheuerungen liebte die gewöhnliche Sprache, daher ihre Häufigkeit in der Komödie, in den Tischreden bei Petron und auf Inschriften* (ita candidatus quod petit fiat tuus et ita perennes scriptor, opus hoc praeteri u. a.). *Meistens wird die Formel mit ita oder sic voran-, und der Gegenstand des Schwurs mit ut nachgestellt, seltener der Gegenstand direct eingeführt und die Formel eingeschaltet oder angehängt. Regel aber ist dass in der Betheuerungsformel das Object, wie illum hier, unmittelbar nach ita oder sic steht.* habeam *nach Analogie von* habeat Venerem iratam *oder* deos propitios *ist weil ironischer als* ita ille sit, *indem es den Verfasser als dabei interessiert hinstellt.*

3 *Vergleiche die vielleicht ebenso der Prosa angereihte Beschreibung des Herbstes bei Petron Fragm. 38*: iam nunc ardentes autumnus fregerat umbras atque hiemem tepidis spectabat Phoebus habenis; iam platanus iactare comas, iam coeperat uvas adnumerare suas defecto palmite vitis; ante oculos stabat quidquid promiserat annus. *Properz IV 20, 4*: Phoebe moraturae contrahe lucis iter. *Seneca meint dass es später tagte und früher Nacht ward, doch ist der Ausdruck* contrahere ortum lucis *so wie* obscurus somnus *schief.*

5 victrix] *Ausonius in der gleichartigen metrischen Umschreibung des Datums epist. XIX p. 266*: iam succedentes quatiebat Luna iuvencas, vinceret ut tenebras radiis velut aemula fratris.

7 iusso] *wo man von* Baccho Alter *gefordert, das heisst wo man den Wein zu* grösserer Reife noch ungelesen gelassen hatte. *Die Aenderung* viso, *wo oder weil* Bacchus zu altern *schien, passt offenbar nicht zu* raras serus. *Die Bauernkalender aus dem Altertum setzen die Weinlese in den October, und Plinius nat. hist. XVIII 31, 319 nennt als* iustum vindemiae tempus *44 Tage vom 24 September bis in die erste Hälfte des November, ab aequinoctio ad vergiliarum occasum. Aber er bemerkt 315*: vindemiam antiqui nunquam existimavere maturam ante aequinoctium, iam passim rapi cerno, *so dass die Lese für gewöhnlich noch im September gehalten ward, womit Columella XI 2 übereinstimmt. Darf man übrigens an diese poetischen Einlagen auch nicht den Anspruch sorgfältiger Ausarbeitung machen, das doppelte* carpebat *in dem einen Satz wäre eine zu auffallende Nachlässigkeit gewesen, und Seneca wird wohl* gratos spargebat honores *(oder* rapiebat*) geschrieben haben.*

9 *Aehnlich führt Ausonius fort p. 267*: nescis, puto, quid velim tot versibus dicere. mediusfidius neque paene ipse intellego, tamen suspicor: iam prima nox erat ante diem XIX kal. Ian. cum redditae sunt mihi litterae tuae.

10 *Dieser Spott über die Philosophen im Munde des Philosophen erklärt sich aus dem Character der Satire; die altrömische Antipathie gegen das* philosophari, *die Klage über die Träumereien und Zänkereien der Philosophen, welche auf der Bühne und sonst oft Ausdruck fand, war nicht nur dem dritten Stand eigen geblieben, welchem* nec unquam philosophum audivit *Zeichen eines gesunden Menschenverstandes war, sondern dauerte zum Theil in den höchsten Klassen fort. Bei den Sonnen-, dann Wasseruhren der Alten konnte von präciser Zeitangabe keine Rede sein.*

11 *Claudius verschied in der Frühe, aber die Bekanntmachung erfolgte auf Rath der*

'Nimis rustice:' inquies 'cum omnes poetae non contenti ortus et
occasus describere [ut] etiam medium diem inquietent, tu sic transibis
horam tam bonam?'

       Iam medium curru Phoebus diviserat orbem
       et propior nocti fessas quatiebat habenas
       obliquo flexam deducens tramite lucem:

Claudius animam agere coepit nec invenire exitum poterat. tum Mercu- III
rius, qui semper ingenio eius delectatus esset, unam e tribus Parcis se-
ducit et ait: 'quid, femina crudelissima, hominem miserum torqueri pateris?
nec umquam tam diu cruciatus exiet? annus sexagesimus [et] quartus
est ex quo cum anima luctatur. quid huic et rei publicae invides? patere
mathematicos aliquando verum dicere, qui illum ex quo princeps factus

---

    1 inquies cum *Schoppe*, *wobei* ut *eingeklammert werden musste*: adquiescunt
conuenti   5 fussas *Böcheler*   6 Obliqua *corrigiert aus* Obliquo   7 eximium,
dann mi unterstrichen und t *übergeschrieben*   Num   10 nec *übergeschrieben*
exiet *Haase*: esset   sexagesimus.quartus, *dann* ɔ *über* q: *die Copula fehlt in der
Pariser Hs.* 8624   11 rei p̄

Astrologen erst medio dici, wo Nero mit dem Commandeur der Prätorianer aus dem Palast trat und der wachthabenden Cohorte als Kaiser vorgestellt ward. Seneca nennt also nach der höfisch-offiziellen Darstellung die Stunde zwischen 11 und 12. Sueton Nero 8: ut de Claudio palam factum est, inter horam sextam septimamque processit ad excubitores.

1 *Nach dem Vorgang der griechisch geschulten und aus dem Griechischen übersetzenden Dichter, unter dem Einfluss der rhetorischen Uebungen scheinen die dichtenden Zeitgenossen Seneca's mit besonderer Vorliebe descriptives Beiwerk verwandt zu haben; ich erinnere nur an Aetnam hunc sollemnem omnibus poetis locum (Seneca epist. 79, 5). Und da periphrastische Schilderungen der Tageszeit von Haus aus ornatus apud poetas frequentissimus sind (Quintilian VIII 6, 60), zeugt von der ausschweifenden Anwendung derselben das Beispiel des Julius Montanus bei Seneca epist. 122, 11—13: tolerabilis poeta et amicitia Tiberii notus et frigore: ortus et occasus libentissime inserebat, über den Pinarius witzelte: paratus sum illum audire ab ortu ad occasum. Eben dort werden Verse aus dessen Umschreibung des Morgens und des Abends (mit obligatem* incipit *und* iam) *mitgetheilt. Er lebte wohl im J. 54 nicht mehr; der im J. 56 von Nero zum Tod gezwungene Julius Montanus senatorii ordinis sed qui nondum honorem capessisset (Tacitus XIII 25 und Dio LXI 9) konnte füglich sein Sohn sein.*

4 *Gewöhnlich folgt auf den Vordersatz mit iam und Imperfectum oder Plusquampefrectum der Nachsatz mit* cum *und meist dem Präsens. Hier ist die Abgerissenheit des Nachsatzes durch den Sprung vom Vers zu Prosa entschuldigt; vgl. Cap. 14 zu Ende.*

8 delectatus] *Es liegt hier schwerlich eine specielle Beziehung zu Grunde, am wenigsten des* facundus nepos Atlantis *zur Redegabe des Claudius, die allerdings Tacitus anerkennt XIII 3, und zu dessen historischen und grammatischen Studien; eher dürfte man auf die Spielsucht des Kaisers und seine Unterstützung des Kornhandels (Sueton 33 und 18) verweisen. Mercur war überhaupt Schutzgott der Krämer und des emporgekommenen Gesindels — Trimalchio nennt und ehrt ihn wie seinen Patron und hat ihn als solchen in seiner Porticus neben Fortuna und den drei Parzen malen lassen — und darum Gönner des Claudius welcher* οὐδὲν ἐλευθεροπρεπὲς ἐκέκτητο (Dio LX 2).

10 exire (*absolut wie in gleichem Sinn* abire) *e vita, wie aus einer Futterkammer: das Wort erinnert an* invenire exitum. *Viele berichteten nach Sueton 44* excruciatum doloribus nocte tota defecisse prope lucem.

10 μετήλλαξε—ζήσας ἑξήκοντα καὶ τρία ἔτη *Dio LX 34;* excessit—sexagesimo quarto aetatis, imperii quarto decimo anno *Sueton 45. Er war im J. 10 v. Ch. am 1 August geboren.*

12 mathematicos *Astrologen. Wie niedere Jünger dieser Kunst hausirend den Aberglauben des Volks ausbeuteten, so trieben die Meister am Hofe und in der vornehmsten Welt Roms ihr gewinnreiches Gau-*

est, omnibus annis, omnibus mensibus efferunt. et tamen non est mirum si errant et horam eius nemo novit; nemo enim umquam illum natum putavit. fac quod faciendum est:

> dede neci. melior vacua sine regnet in aula.'

sed Clotho 'ego mehercules' inquit 'pusillum temporis adicere illi vole- 5
bam, dum hos pauculos qui supersunt civitate donaret.' constituerat
enim omnes Graecos, Gallos, Hispanos, Britannos togatos videre. 'sed
quoniam placet aliquos peregrinos in semen relinqui et tu ita iubes fieri,
fiat.' aperit tum capsulam et tres fusos profert: unus erat Augurini,
alter Babae, tertius Claudii. 'hos' inquit 'tres uno anno exiguis inter- 10
vallis temporum divisos mori iubebo, nec illum incomitatum dimittam. non

---

6 inquid   9 vor Unus Rasur von mehren Buchstaben   10 Babae Muret:
bade   inquid   11 ne Wehle

---

kelapiel; wiederholte Landesverweisungen, auch unter Claudius im J. 52 weil sie um das Lebensende des Kaisers befragt worden waren (Tacitus XII 52), dienten nur dazu ihr Ansehen zu erhöhen, und durch Wahrsagungen über Thronwechsel, Prädestination zum Thron u. s. w. übten sie grossen Einfluss auf die Politik der Kaiserzeit. Claudius valitudine sicut olim gravi, ita princeps prospera usus est excepto stomachi dolore (Sueton 31), aber da er maxima aetatis parte transacta quinquagesimo anno imperium cepit (ders. 10), bei seiner Schwäche und Abhängigkeit, bei mehrfachen Versuchen zum Aufstand, bei Messalina's und nachher Agrippina's Anschlägen auf seine Entthronung und Ermordung begreift sich die Prophezeiung der Astrologen leicht. omnibus annis ebenso üblich wie quot annis (Orelli 736 und Dirksen über jene Inschrift), während quot mensibus nie allgemein geworden. efferunt 'begraben'. horam eius natalem, aus der auch die fatalis gefolgert ward.

2 nemo natum putavit sprüchwörtlich: jemanden als nicht vorhanden betrachten. Petron 58: meliorem noli molestare, qui te natum non putat; Martial VIII 64, 19: natum te Clyte nec semel putabo; N 27: nemo tamen natum te Diodore putat; IV 83: despicis omnes, nec quisquam liber nec tibi natus homo est. Gleichen Sinn hat bei Catullus 93 nec scire utrum sis albus an ater homo, vergleiche Phädrus III 15, 10.

4 Vergil georg. IV 90 von der Bienenkönigin.

5 nusquam scriptum invenire est apud idoneos quidem scriptores aut 'mehercle' feminam dicere aut 'mecastor' virum Gellius XI 6. Die alte Bedeutung des Schwurs war jener Zeit nicht mehr bewusst. So ruft bei Petron 17 Quartilla misereor

mediusfidius vestri, welche Betheuerung ebenfalls den Männern eigen war (Charisius p. 198 Keil).

6 pauculos] Ueber die verschwenderische Ertheilung der Civität sagt Dio LX 17: ἑτέροις αὐτὴν καὶ πάνυ ἀνέδην τοῖς μὲν κατ' ἄνδρα τοῖς δὲ καὶ ἀθρόοις ἐδίδου· ἐπειδὴ γὰρ ἐν πᾶσιν ὡς εἰπεῖν οἱ Ῥωμαῖοι τῶν ξένων προετετίμηντο, πολλοὶ αὐτὴν παρά τε ἐκείνου αὐτοῦ ᾐτοῦντο καὶ παρὰ τῆς Μεσσαλίνης τῶν τε καισαρείων ὠνοῦντο· καὶ διὰ τοῦτο μεγάλων τὸ πρῶτον χρημάτων πραθεῖσα ἔπειθ' οὕτως ὑπὸ τῆς εὐχερείας ἐπευωνίσθη ὥστε καὶ λογοποιηθῆναι ὅτι κἂν ὑάλινά τις σκεύη συντετριμμένα δῷ τινι πολίτης ἔσται· ἐπὶ μὲν οὖν τούτῳ διεσκώπτετο.

6 constituerat] dieser Satz schien mir, zumal des Plusquamperfects wegen, besser als Parenthese Seneca's zu den Worten Klotho's zu fassen.

7 Ohne Rücksicht auf die Provinzenordnung werden die bedeutendsten fremden Nationen genannt. Unter den gallischen Provinzen erhielten die Aeduer und die andern, welche bisher nur civitas sine suffragio besassen, im J. 48 von Claudius auch das ius honorum. Am übertriebensten ist Britannos, da diese erst eben im J. 43 Roms Herrschaft anzuerkennen gezwungen waren. Da übrigens der Census im J. 48 beiläufig 6 Millionen römischer Bürger ergab (Tacitus XI 25), so blieb dem Weltreich Peregrinen-Samen genug. Die Toga war Abzeichen des römischen Bürgers und ihr Gebrauch denen, die nicht Bürger waren, untersagt.

10 Baba, schon durch den Namen an Dummheit erinnernd (babiger u. baburrus), wird als Beispiel eines stultus aus jener Zeit epist. 15, 10 neben einem unbekannten Isio genannt. Nichts mehr wird Augurinus gewesen sein.

oportet enim eum qui modo se tot milia hominum sequentia videbat, tot
praecedentia, tot circumfusa, subito solum destitui. contentus erit his
interim convictoribus.'

   haec ait et turpi convolvens stamina fuso   IIII
5   abrupit stolidae regalia tempora vitae.
   at Lachesis redimita comas, ornata capillos,
   pieria crinem lauro frontemque coronans
   candida de niveo subtemina vellere sumit
   felici moderanda manu, quae ducta colorem
10   assumpsere novum. mirantur pensa sorores;
   mutatur vilis pretioso lana metallo,
   aurea formoso descendunt saecula filo.
  10 nec modus est illis, felicia vellera ducunt
   et gaudent implere manus. sunt dulcia pensa.
15   sponte sua festinat opus nulloque labore
   mollia contorto descendunt stamina fuso.
   vincunt Tithoni, vincunt et Nestoris annos.
   Phoebus adest cantuque iuvat gaudetque futuris
   et laetus nunc plectra movet, nunc pensa ministrat.
20   detinet intentas cantu fallitque laborem.

---

  2 circumfuso 4 stamina 6 comos 8 subtemine *und ein offenes* a *über* e
  9 moderanda *corrigiert aus* moderata 20 intentus

---

3 convictores (*Cap. 14* vetus convictor eius) *hiessen solche, welche ohne bestimmtes Amt oder durch den Rang verliehenen Zutritt bei Hof nach dem Belieben des Kaisers in seine Gesellschaft und an seine Tafel gezogen wurden; Friedländer Sittengesch. Roms I S. 110.*

4 *Diese Verse zeichnen sich wie durch Schmeichelei gegen den neuen Kaiser, worin Seneca's spätere Schriften mehr und mehr nachlassen, so durch Wortgeklingel und Wiederholungen aus, und wenn auch der eine oder andre verderbt und interpoliert sein mag, das Ganze erscheint ziemlich stümperhaft. Klotho wickelt das Lebensgespinnst des Claudius auf der Spindel zusammen und reisst es ab; Lachesis aber und dann die andern Schwestern spinnen den Faden Nero's. Ueber die Manipulationen vergleiche Catullus LXIV 312.* turpi *im Gegensatz zu den* candida subtemina, formosum filum *und den andern Schmuckwörtern unten.* stamina *bei Dichtern öfters wo nur vom Spinnen die Rede ist, weil die gesponnenen Fäden den Aufzug, die Grundlage des* stans tela *bilden. Ebenso brauchen die Dichter und Vers 5 Seneca* subtemen, *was seinen Namen vom Weben unter den Aufzug hat, auch schlechthin von zu spinnenden oder gesponnenen Fäden.*

7 *Sie bereitet sich zum feierlichen Werk durch Bekränzung mit dem apollinischen Lorbeer, dem Symbol der Reinigung und dem Abzeichen der Seher.*

11 *Beim Zupfen wird die Wolle zu Gold, ohne Ende arbeiten sie mit Freuden, und wie von selbst spinnen sich, während die Spindel sich dreht, die weichen Fäden ab.*

17 Tithoni et Nestoris *sprüchwörtlich für hohes Alter. So* Tithoni Priamique Nestorisque *in den Priapeen 57 und 76 und bei Martial (rhein. Museum 19 S. 402);* vita etiam Nestoris brevis est Seneca epist. 77, 20. *Uebrigens gehörte der Vers zu 19 und 20, in die Nähe von* vincunt mortalia tempora vitae; *dass dieser Gedanke schon hier vorweggenommen wird, zeugt von Flüchtigkeit und mangelnder Ueberarbeitung.*

20 Ovid metam. VI 60, *wo Arachne und Minerva um die Wette weben* studio fallente laborem; XIV 121 fallit sermone laborem. *Die Anwesenheit des Phöbus ist der gäng und gäben Vorstellung von Apollon und der Musen Gesellschaft nachgebildet; die Griechen freilich kannten den Gott auch als* Μοιραγέτης. *Daraus erklärt sich* fraterna carmina, *während die 'Brüderlichkeit' zwischen Phöbus und den Parzen wohl im Begriff der Göttlichkeit aufgeht.*

dumque nimis citharam fraternaque carmina laudant,
plus solito nevere manus humanaque fata
20 laudatum transcendit opus. 'ne demite, Parcae,'
Phoebus ait 'vincat mortalis tempora vitae
ille mihi similis vultu similisque decore
nec cantu nec voce minor: felicia lassis
saecula praestabit legumque silentia rumpet.
qualis discutiens fugientia Lucifer astra
aut qualis surgit redeuntibus Hesperus astris,
qualis, cum primum tenebris Aurora solutis
induxit rubicunda diem, Sol aspicit orbem
lucidus et primos a carcere concitat axes:
30 talis Caesar adest, talem iam Roma Neronem
aspiciet. flagrat nitidus fulgore remisso
vultus et adfuso cervix formosa capillo.'

haec Apollo. at Lachesis, quae et ipsa homini formosissimo faveret, fecit
illud plena manu et Neroni multos annos de suo donat. Claudium autem
iubent omnes

---

1 cytharam   12 pronos *Bücheler*   16 fecid, dann t über i geschrieben und d unterpunctiert   17 illud wahrscheinlich zu tilgen

---

5 *Kein Wunder, wenn nach solchen Schmeicheleien eines Seneca und von ganz Rom Nero schliesslich selbst sich Apollo gleich dünkte und als Sonnengott sogar in einem Coloss von Zenodoros darstellen liess. Acclamationen wie* ὁ καλὸς Καῖσαρ, ὁ Ἀπόλλων, ὁ Αὔγουστος, εἰς ὡς Πύθιος, *oder* Νέρωνι τῷ Ἀπόλλωνι *hörte er wenn er im Theater auftrat und sonst vom Volk und am ersten von den Senatoren; Apollo schien ihm eifersüchtig auf seine Stimme (Dio LXI 20, LXIII 20 und 14): dass mächtige Freigelassene an seinem Hofe die Namen* Helius *und* Phöbus *trugen, steht wohl in Verbindung mit dieser Vergötterung des Sol-Nero. Ein Pasquill darauf bewahrte Sueton 39:* dum tendit citharam noster, dum cornua Parthus, noster erit Paean, *ist* ἑκατηβελέτης. *Die citharödische Kunst übte Nero von Jugend auf und trieb seine Vorliebe dafür bis zur Raserei,* quamquam exiguae vocis et fuscae (Sueton 20). Als Mann war er statura prope iusta, corpore maculoso et fetido, subflavo capillo, vultu pulcro magis quam venusto, oculis caesiis et hebetioribus, cervice obesa, ventre proiecto, gracillimis cruribus *(Sueton 51): war in dieser Beschreibung häszliches ist, war beim 13jährigen Jüngling, den Seneca vor Augen hat, schwerlich zu bemerken.* cantus *befasst nicht immer mündlichen Vortrag (z. B.* canere tibiis) *und bezeichnet hier das Citherspiel.*

12 axes, *obwohl nur* ein Wagen *und* eine Achse, *nach Dichtergebrauch wie bei Ovid vom Sonnenwagen* male optatos axes *oder* diurnos currus. *Aber* primos *ist nicht zu erklären ('das Vordertheil der Achse' wäre abgeschmackt) und wahrscheinlich durch* pronos *zu ersetzen, wie bei Ovid met.* X 652 carcere pronus uterque emicat. *Der Vergleich selbst erinnert an Nero's Leidenschaft für die Rennbahn; er schien* Apollinem cantu, Solem aurigando aequiperare *(Sueton Nero 56).*

17 *Zu* illud *ergänzt man* quod Apollo iusserat *und zwar ut* vitam Neroni extenderet; *aber dies ergibt sich aus dem Vorigen nicht von selbst und erheischte einen ausdrücklichen Zusatz. Wehle (rhein. Museum 17 S. 624) schlägt* filum *vor, was sich durch die Analogie von* lanam facere *rechtfertigen lässt; ich möchte lieber* illud *streichen: 'sie verfuhr mit voller Hand'. So Seneca der Vater exc. controv. IV pruef.:* liberaliter hodie et plena manu faciam *und L. Seneca epist. 33, 6:* si tamen exegeris, non tam mendice tecum agam sed plena manu fiet. *Die Worte* plena manu *bedeuten reichlichen Geben, bei Seneca mehrmals (Haase's index), bei Cicero ad Att. II 25, 1 und bei Petron 43* uv plena manu uncta mensa *zu schreiben.* de suo *war allgemein üblich in Verbindung mit Verbis wie* dare, numerare, parare, proferre; *daher die Redensart* de suo sibi *im Volksmund.*

χαίροντας εὐφημοῦντας ἐκπέμπειν δόμων.

et ille quidem animam ebulliit et ex eo desiit vivere videri. expiravit autem dum comoedos audit, ut scias me non sine causa illos timere. ultima vox eius haec inter homines audita est, cum maiorem sonitum emi-
5 sisset illa parte qua facilius loquebatur: 'vae me, puto, concacavi me.' quod an fecerit nescio; omnia certe concacavit.

Quae in terris postea sint acta, supervacuum est referre. scitis enim V optime, nec periculum est ne excidant memoriae quae gaudium publicum inpresserit: nemo felicitatis suae obliviscitur. in caelo quae acta sint au-
10 dite: fides penes auctorem erit. nuntiatur Iovi venisse quendam bonae staturae, bene canum. nescio quid illum minari, assidue enim caput movere; pedem dextrum trahere. quaesisse se cuius nationis esset; respondisse nescio quid perturbato sono et voce confusa. non intellegere se linguam eius; nec Graecum esse nec Romanum nec ullius gentis notae.
15 tum Iuppiter Herculem, qui totum orbem terrarum pererraverat et nosse videbatur omnes nationes, iubet ire et explorare, quorum hominum esset.

1 ΧΑΙΡΟΝΤΑΙϹΕΥΦΗΜΟΙΝΤΑΙϹΕΚΠΕΙΝΔΟϹѠΕѠ, *das erste* I *in* εὐφημοῦντας *unterpunctiert und* Υ *darüber geschrieben: den ganzen Vers stellte Junius her*   5 concauani   6 concauauit   8 que memoriae: *umgestellt in der Pariser Hs.* 8542
9 inpressert *mit Schnörkel über* t: impressit *Rhenanus*   12 Respondisse se

1 *Aus Euripides' Kresphontes bei Nauck Fr. 452:* ἐχρῆν γὰρ ἡμᾶς σύλλογον ποιουμένους τὸν φύντα θρηνεῖν εἰς ὅς᾽ ἔρχεται κακά· τὸν δ᾽ αὖ θανόντα καὶ πόνων πεπαυμένον χαίροντας εὐφημοῦντας ἐκπέμπειν δόμων. *Den letzten Vers übersetzt Cicero Tusc. I 48, 115 so:* hunc omni amicos laude et laetitia exsequi.

2 ebulliit *drastisch gleich* efflavit, *indem die Seele, mitunter auch der ganze Mensch, einer Schaumblase verglichen wird. Ebenso sagen* ebullire animam *die Bauern bei Petron 42 und 62, absolut* ebulliit patruus *der heimlich Murmelnde bei Persius II 9,* rebullire spiritum *Lucius bei Apulejus.*

2 videri *so bitter wie Cap. 6* visus est quasi homo.

3 *Als Claudius schon todt war,* inducti per simulationem comoedi qui velut desiderantem oblectarent *(Sueton 45).*

4 linguae titubantia *bezengt für Claudius Sueton 30, und Seneca spielt weiterhin mehrmals darauf an. Die ganze Bemerkung ist gegen seine* βδελυρία *gekehrt:* dicitur etiam meditatus edictum quo veniam daret flatum crepitumque ventris in convivio emittendi, cum periclitatum quendam prae pudore ex continentia repperisset *(Sueton 32). Darin spiegelt sich der gleiche Adel der Gesinnung ab, welchen Petron seinem Libertinen und dem* mercennarius Corax *geliehen sat. 47 und 117.*

5 vae *mit dem Accusativ statt Dativ selten, aber gesichert durch Plautus asin. 451*

und Grammatiker-Aussage, vermutet bei Catullus VIII 15 und Cicero de rep. I 38, 59.

7 postea *nach Claudius' Tod. Wie die Erzählung bald an mehre* (scitis) *bald an einen* (scis Cap. 1) *gewandt wird, so hatte sie auch nicht denselben Zeitpunkt, die Todesstunde, festgehalten, sondern die Handlung der Parzen unvermerkt (Cap. 3* uno anno exigua intervallis temporum) *in die nächste Zeit rückwärts verlegt.*

10 *Seneca nat. quaest. IV 3, 1:* quod historici faciunt, et ipse faciam: illi cum multa mentiti sunt ad arbitrium suum, unam aliquam rem nolunt spondere sed adiciunt 'penes auctores fides erit'. *So z. B. Sallust Jug. 17 in Bezug auf Africa's Geschichte.*

10 *Sueton Claudius 30:* prolixo nec exili corpore erat et specie caniticque pulcra u. weiter caput cum semper tum in quantulocumque actu vel maximo tremulum. *Ueber den hinkenden Gang sieh zu Cap. 1. Dio LX 2:* τὸ δὲ δὴ σῶμα νοςῶδης ὥστε καὶ τῇ κεφαλῇ καὶ ταῖς χερσὶν ὑποτρέμειν, καὶ διὰ τοῦτο καὶ τῷ φωνήματι ἐςφάλλετο. bene '*tüchtig grau*'. *Dies Adverb steht in kunstlosem Stil häufig ohne Unterschied von* valde *wie bei Verbalbegriffen* (bene potus *oder* bene peculiatus) *so vor Adjectiven u. Adverbien* (bene magna pars *und* bene mane) *gleich dem französischen* bien. *Schütteln des Kopfes ist allgemeines Zeichen der Drohung wie Odyssee π 465 und Horaz sat. I 5, 58.*

tum Hercules primo aspectu sane perturbatus est, ut qui etiam non omnia monstra sustinuerit. ut vidit novi generis faciem, insolitum incessum, vocem nullius terrestris animalis sed qualis esse marinis beluis solet, raucam et implicatam, putavit sibi tertium decimum laborem venisse. diligentius intuenti visus est quasi homo. accessit itaque et quod facillimum fuit 5 Graeculo, ait:

τίc πόθεν εἶc ἀνδρῶν; πόθι τοι πόλιc ἠδὲ τοκῆεc;

Claudius gaudet esse illic philologos homines, sperat futurum aliquem historiis suis locum. itaque et ipse Homerico versu Caesarem se esse significans ait: 10

Ἰλιόθεν με φέρων ἄνεμοc Κικόνεccι πέλαccεν

— erat autem sequens versus verior, aeque Homericus:

---

2 **sustinuerit** *Bücheler:* timuerit 4 **implicitam** *aber* a *über* i: **implicatam** *die anderen Hss.* 7 ΤΙC ΠΟΘΗΝ ΕΙCΑΝ ΔωΝ ΠΟΙ Η ΠΟΛΙCΗΔΕ ΤΟΚΗΕC, *zwischen* Δ *und* ω *in* ἀνδρῶν *das* P *übergeschrieben: den Vers errieth Rhenanus* 8 **filologos** 11 ΙΛΙΟΘΕΝ ΜΕ ΦΕΡωΝΑΝΕΜΟCΚΙΟΝΕCCΙΠΕ ΛΑCCΕΝ: *berichtigt von Junius* 12 **aeque Homericus** *scheint Glosse*

---

2 vidit — vocem ein Zeugma, dessen Härte dadurch gemildert ist dass zwei Objecte voraufgehen welche genau zum Verbum passen. implicatam 'verworren', wie das Getöse eines schnaufenden Seethiers. Schon vom jungen Claudius schreibt August dass er tam ἀcαφῶc spreche (Sueton 4).
4 labores war der übliche Ausdruck für die zwölf Thaten des Hercules, wofern man nicht den griechischen athla beibehielt (wie Varro in den Satiren zweimal, Hygin fab. 30, aber Thesei labores 35. Scholien zu Vergil georg. III 1, Ampelius 2 u. 9). Alterthümlich ist aerumnae Herculi bei Plautus Persa 2 u. Fronto princ. hist. p. 252 N., und mit diesem Wort sucht Trimalchio zu imponieren bei Petron 48.
5 facillimum, denn jedes griechische Kind kannte jene Formel der Odyssee a 170.
8 Weil er einen homerischen Vers hört, glaubt er dass der Himmel voll Gelehrter sei. Die zu verschiedenen Zeiten sehr verschieden gefasste Aufgabe des philologus stellt Seneca epist. 108, 30 dem grammaticus gegenüber als die Beschäftigung mit historisch antiquarischen Fragen hin. Auch Claudius machte Anspruch auf jenen Titel, indem er neben vielen andern Schriften (über seine Neuerungen im Alphabet, für Cicero gegen Asinius Gallus, über die Kunst zu würfeln, eigene Memoiren) ausser zwei römischen Geschichtswerken (von Cäsar's Ermordung ab unvollendet in 2 Büchern u. a pace civili in 41, welche vielleicht die 41 Jahre von Octavians Ernennung zum Augustus bis zu dessen Tod umfassten) noch graecas historias hinterliess, Τυρρηνικῶν viginti, Καρχηδονιακῶν octo: quarum causa veteri Alexandriae musio additum alterum ex ipsius nomine institutumque ut quot annis in altero Tyrrhenicon libri, in altero Carchedoniacon diebus statutis velut in auditorio recitarentur toti a singulis per vices. Sieh Sueton 41 u. 42. Mag auch alles magis inepte quam ineleganter verfasst gewesen sein, den Verlust der etrurischen und der karthagischen Geschichtsbücher müssen wir vom wissenschaftlichen Standpunkt sehr beklagen. Plinius schöpfte aus den kaiserlichen Schriften einzelne, meist geographische Notizen die uns über das Wesen derselben wenig Aufschluss geben; dass Claudius sich mit tuscischer Litteratur näher bekannt gemacht hatte als die meisten Römer, darf man aus seiner Rede auf der Lyoner Tafel schliessen.
9 Homerico] Sueton 42, nachdem er von Claudius' Eifer für die griechische Sprache berichtet: multum vero, pro tribunali etiam, Homericis locutus est versibus (vgl. Dio LX 16). Die hier erwähnten Verse sind aus der Odyssee ι 39 und 40, wo im Anfang des zweiten der Ortsname Ἰcμάρῳ zugefügt ist. Indem Claudius, wie die übrigen Kaiser, den Namen Caesar ererbte, betrachtete er wie ein julischer Gentile Aeneas als Stammvater und Ilium als Heimat seines Geschlechts. Diesen genealogischen Mythus hatte Nero ein Jahr vor Claudius' Tode mit gläubiger Beredsamkeit geltend gemacht um Ilium von allen Staatslasten zu befreien (Tacitus XII 58); Claudius verlas ein Schreiben des römischen Senats und Volks, welches die Einwohner der Stadt consanguineos suos nannte (Sueton 25). Κικόνεccι den Römern, die Claudius hiermit seiner Vorliebe für das

ἔνθα δ' ἐγὼ πόλιν ἔπραθον, ὤλεσα δ' αὐτούς —

et inposuerat Herculi minime vafro, nisi fuisset illic Febris, quae fano
suo relicto sola cum illo venerat: ceteros omnes deos Romae reliquerat.
'iste' inquit 'mera mendacia narrat. ego tibi dico, quae cum illo tot
5 annis vixi: Luguduni natus est, Planci municipem vides. quod tibi narro,
ad sextum decimum lapidem natus est a Vienna, Gallus germanus. itaque
quod Gallum facere oportebat, Romam cepit. hunc ego tibi recipio Lu-

---

1 ΕΝΘΑΔΕΤѠ ΠΟΛΙΝΕ ΠΡΑΘΟΝѠ ΛΕCΛΔΛΥ ΤΟΥC: *berichtigt von Junius*
2 homini minime *Junius*   vafro *Junius:* fabro   3 solatum illo   6 Planci
Gronov: marci

Griechische gemäss wie Barbaren hinstellt. Denselben Vers hat zu einer andern Parodie Automedon verwandt in der palatinischen Anthologie XI 346, 7. Das folgende erat bis αὐτούς *ist Einschaltung des Satirikers.*

2 *Es scheint hiernach, dass officiell als Ursache von Claudius' Tod das sehr viel und sehr wenig sagende Wort 'Fieber' angegeben ward. Diener Dämon war in Rom so alt wie die erste Niederlassung, und seinen Zorn suchte ein Heiligtum auf dem Palatin zu beschwichtigen.* Febris fanum *in Palatio Cicero de d. nat. III 25, 62 und Plinius nat. hist. II 7, 16;* ara vetusta in Palatio Febris *Cicero de leg. II 11, 28. Dies Heiligtum auf demselben Berg, wo Claudius verschied, ist hier gemeint. Valerius Maximus II 5, 6 redet wenig genau von templis zu Ehren der Febris:* quorum adhuc unum in Palatio, alterum in area Marianorum monumentorum, tertium in summa parte vici longi extat.

4 tot annis, *nicht* annos, *hat auch die St. Galler Handschrift; so gleich nachher* multis annis regnavit *oder* epist. 108, 5 multis apud philosophum annis persederint. *Den schon citierten Zeugnissen über Claudius' Körperschwäche reihe ich noch an Sueton 2:* per omne fere pueritiae atque adulescentiae tempus variis et tenacibus morbis conflictatus est.

5 *Claudius war im J. 10 v. Ch. zu Lyon geboren (Sueton 2), wohin seine Mutter Antonia ihrem mit dem gallischen Census, dann mit dem Krieg gegen die Germanen beschäftigten Gemahl Drusus gefolgt war. Während dieser in jenem Jahr gegen die Chatten zu Felde zog, blieb Antonia, grossentheils in Augustus' Gesellschaft, im Lugdunensischen Gallien (nach Dio LIV 36). Lugudunum der vollere, auf Monumenten regelmässige Name der* colonia Claudia Copia Augusta Lugdunensis. *Angelegt war sie 43 v. Ch.* *durch den von Cäsar zum Statthalter bestellten L. Munatius Plancus, dessen Grabschrift erhalten ist Orelli 590. Er pflegt schlechthin* Plancus *genannt zu werden, wie seine Correspondenz mit Cicero zeigt, bei Vellejus nie* anders; *so auch Seneca epist. 91, 14:* Lugdunensis colonia a Planco deducta. *Scherzweise heisst nun der bloss zu Lyon geborene* Planci municeps *(vgl.* municeps meus *bei Cicero und Catull vom Arpinaten und Veroneser oder auf einer Inschrift* M. Nonio Balbo procos. Nucherini municipes sui). *Munati war nicht ebenso leicht verständlich,* Marci *ganz unsinnig.*

5 quod tibi narro *ganz unser 'was ich dir sage', dient dazu, einen vorher ausgesprochenen Satz nachdrücklich zu wiederholen.* Febris *wird als eine zungenfertige giftige Alte characterisiert.*

6 Vienna *Vienne, alte Hauptstadt der Allobroger, zur Zeit des Claudius römische Bürgercolonie, lag unterhalb Lugdunum gleichfalls am Rhonefluss. Es gehörte noch zur narbonensischen Provinz und war seiner Lage nach Nebenbuhlerin der jüngeren schnell emporblühenden lyoner Colonie. Diese* vetus inter Lugdunenses et Viennenses discordia *artete unter Vitellius in förmlichen Krieg aus (Tacitus hist. I 65). Die Entfernung von 16 römischen Meilen, welche Seneca angibt, findet sich auch im itinerarium Antonini (*per compendium mpm XVI, *sonst* XXIII) *und auf der Peutingerschen Tafel, und stimmt zu der heutigen Berechnung auf* $3^{1}/_{2}$ *geographische Meilen.*

7 oportebat, *da die Gallier einst Rom erobert und verwüstet hatten.*

7 recipio 'garantiere'; *so bei Cicero oft, besonders in Bezug auf Künftiges, also gleich* promitto *oder* spondeo, *z. B. an Ampius VI 12, 3:* Pansa mihi non solum confirmavit verum etiam recepit perceleriter se ablaturum diploma.

guduni natum, ubi Licinus multis annis regnavit. tu autem, qui plura loca calcasti quam ullus mulio perpetuarius, [Lugudunenses] scire debes multa milia inter Xanthum et Rhodanum interesse.³ excandescit hoc loco Claudius et quanto potest murmure irascitur. quid diceret, nemo intellegebat. ille autem Febrim duci iubebat illo gestu solutae manus et ad hoc⁵ unum satis firmae, quo decollare homines solebat. iusserat illi collum praecidi. putares omnes illius esse libertos: adeo illum nemo curabat.

1 Licinus *Bücheler:* licinius   2 Lugudunenses *eingeklammert von Bücheler: die andern Hss. schieben et nach* debes *ein*   5 innebat   hoc manusatis: *berichtigt in allen andern Hss.*   6 innserat *bis* praecidi *scheint Glosse*

1 Licinus *von Geburt ein Gallier, Sklave und Freigelassener Cäsar's, dann am Hof des Augustus, der ihn zum procurator Galliae (Lugdunensis) bestellte. Hier wirtschaftete er bis 14 v. Ch. mit der grössten Willkür und Geldgier, indem er unter anderm zur Vermehrung der Abgaben noch zwei auf den December folgende Monate fingierte. Der Strafe für die furchtbaren Erpressungen sich zu entziehen, schenkte er einen grossen Theil seiner Schätze an den Kaiser (Dio LIV 21). Sein Name ward sprüchwörtlich für einen reichen Freigelassenen (Juvenal I 109 und XIV 306) und mit dem des Crassus zusammengestellt (Persius II 36 und Seneca epist. 119, 9). Er baute sich ein riesiges Grabmal von Marmor (Martial VIII 3, 6) an der via Salaria, und ein darüber spottendes Distichon ist noch vorhanden (Meyer lat. Anthol. I 77). In den Handschriften der Prosaiker ist der Name Licinus meist mit* Licinius *verwechselt bei Dio, bei Sueton Aug. 67, bei Seneca epist. 119, 9 u. 120, 19 und hier.*

1 tu autem *nicht Hercules sondern Claudius, weil dessen Anmassung, Ilium statt Lugdunum für seine Heimat auszugeben, hiermit zurückgewiesen und Claudius hierdurch gegen Febris aufgebracht wird. Seneca dachte an den kaiserlichen Feldzug nach Britannien im Jahr 43; die Hinreise erfolgte zu Schiff von Ostia nach Marseille, von da pedestri itinere nach Boulogne, von da über den Canal an die Themse (Sueton 17, Dio LX 21), die Rückreise wohl durch Deutschland und die Po-Gegend und auf dem Hadria (Plinius III 119). Das Gewerbe der Mauleseltreiber gehörte zu den verachtetsten; perpetuarius, ein ausserdem nur aus dem codex Theodosianus angemerktes Wort, scheint derjenige genannt worden zu sein welcher ständig den Fuhrdienst auf einer sicheren Route besorgt, etwa wie Sabinus in den vergilischen Catalecten VIII zwischen Rom und der zehnten Region: Cremona, Brixia, Mantua.*

3 Xanthum *an dem Ilium*, et Rhodanum *an dem Lugdunum lag.*

5 duci iubere *nemlich* ad supplicium, *daher in der Kaiserzeit gewöhnliche Bezeichnung des Befehls zur Hinrichtung. Cap. 13* quos Narcissus duci iusserat; *de ira I 18,* 3 cum iratus duci iussisset eum; *III 22,* 2 quid facilius fuit Antigono quam duos manipulares duci iubere; *III 40,* 4 tantum tibi placebis ut ibi aliquem duci iubeas ubi Caesar est? *Florus II 9 Schluss* quomodo morte damnati duci iubentur, sic damnatam civitatem iussit Sulla deleri.

5 solutae παραλελυμένης, *da er zitterige Hände hatte nach Dio LX 2. Hohe Herren wie der übermütige Pallas (Tacitus XIII 23) ertheilten nur* nutu aut manu *Befehle. Wie jener Gestus des Claudius gewesen, ob etwa* versus pollex, *das Signal zur Ermordung von Gladiatoren, ist nicht überliefert.*

6 decollare den Hals abschneiden, iugulare. *Diese Form der Hinrichtung durch das Schwert der Soldaten ward in der Kaiserzeit üblich,* veteres autem securi caesos dicebant. *Jene Bedeutung von* decollare *findet sich wohl zuerst bei Fenestella (Diomedes p. 365 K.); später bei Seneca dem Vater controv. IX 2 Aufschrift, bei L. Seneca* de ira III 18, 4 und de remediis fort. 3, *bei Petron 51; bei Sueton Calig. 32* miles decollandi artifex *und sonst.*

7 omnes *wir erfuhren nur von Hercules' und Febris' Anwesenheit; hier wird stillschweigend eine grössere Zahl dienender Geister vorausgesetzt. Die Geschichte von Claudius' Regierung ist voll von der Uebermacht und dem frechen Spiel seiner Freigelassenen,* libertina crimina passus non faciendo nocens sed patiendo fuit *sagt Ausonius Caes. 3 nach Sueton 29:* his (den Freigelassenen) uxoribusque addictus non principem se sed ministrum egit, compendio eiusque horum vel etiam studio aut libidine honores exercitus impunitates supplicia largitus est et quidem insciens plerumque et ignarus. *Julian Caes. 6 nennt ihn daher ohne Narcissus und Pallas eine* stumme *Person.* τῆς τραγῳδίας τὸ δορυφόρημα.

tum Hercules 'audi me' inquit 'tu desine fatuari. venisti huc, ubi mu- VII
res ferrum rodunt. citius mihi verum, ne tibi alogias excutiam.' et quo
terribilior esset, tragicus fit et ait:

        'exprome propere, sede qua genitus cluas,
5   hoc ne peremptus stipite ad terram accidas;
        haec clava reges saepe mactavit feros.
        quid nunc profatu vocis incerto sonas?
        quae patria, quae gens mobile eduxit caput?
        edissere. equidem regna tergemini potens
10   longinqua regis, unde ab Hesperio mari
        Inachiam ad urbem nobile advexi pecus,
        vidi duobus imminens fluviis iugum,
    10 quod Phoebus ortu semper obverso videt,
        ubi Rhodanus ingens amne praerapido fluit
15   Ararque dubitans, quo suos cursus agat,
        tacitus quietis adluit ripas vadis.
        estne illa tellus spiritus altrix tui?'

---

4 Exprime: *verbessert in der Wolfenbütteler Hs.*   sede *Rhenanus:* sed   8 capud   9 potens   13 foebus

1 fatuari *in dem Sinn, in welchem Nero morari Claudium sagte, nur hier, wo indessen auch die andere Bedeutung, welche das Wort nach Justin XLIII 1 im Volksmund hatte,* 'orakeln' (*n Fatua*) *mit in Betracht kommt*.
2 *Dies Sprüchwort ist anderswoher nicht bekannt; auf der Insel Gyara sollten einst die Mäuse nach Verjagung der Einwohner Eisen gefressen haben* (Plinius VIII 225). *Hercules meint: wo es anders als im gewöhnlichen Erdenleben zugeht und auch das kleinste fürchterlich wird; er sucht damit den* ἄνσχεται *furchtsamen* (Sueton 35) *Claudius zu ängstigen*.
3 ἀλογίας *'Sottisen' ins Vulgärlatein übergegangen, daher auch in Hermeros' Gekeife bei* Petron 58 non didici geometrias, critica et alogias meras. *Im africanischen Latein behauptete sich der Singular* alogia *im Sinne von 'Ausgelassenheit' und speziell* 'Gelage'; *bei Augustinus* quid est alogia nisi cum epulis indulgetur ut a rationis tramite devietur *und geradezu* alogia domini *für* cena, *und schon früher auf der Grabinschrift einen Numidiers* (bullettino dell' inst. archeol. 1858 S. 116) dii vobis bene faciant, amici et parentes, habeatis deos propitios, salvi huc ad alogiam veniatis hilares cum omnibus.
4 *Wie in dem Vers der Gedichte auf die Musen:* Melpomene tragico proclamat maesta boatu *das letzte Wort, so ist auch* hier *das alterthümliche* cluas *absichtlich gewählt, das Pomphafte des tragischen Stils zu characterisieren. Keule und Löwenhaut gehören zum Bild des Hercules*.
9 *Hercules trieb die fetten Purpurrinder des dreileibigen Königs Geryones* (tergemini nece Geryonae Vergil Aen. VIII 202) *vom westlichen Ocean an der gaditanischen Meerenge zum Eurystheus nach Argos (richtiger nach Mykenä). Der gewöhnliche Mythos führt ihn nicht auf der Hinfahrt, sondern erst bei der Rückkehr durch Gallien*.
14 *Seneca* epist. 91, 10 *von Lugdunum:* civitas uni imposita et huic non altissimo monti. *Nach jenem Brief und unserer Stelle muss der Schriftsteller, dessen Heimat Corduba war, die lyoner Gegend aus persönlicher Anschauung gekannt haben. Die Höhe liegt gegen Morgen über dem Rhodanus und dem Arar (Saône) welcher vom lugenengebirge herab in den Rhodanus fliesst*, inter oder ad confluentes Araris et Rhodani *befand sich die berühmte* ara Augusti, *und in Lugdunum gab es eine Corporation* nautae Ararici et Rhodanici. *Was Seneca über die beiden Flüsse bemerkt, bewerkt durchweg das Alterthum,* z. B. Plinius nat. h. III 33 Rhodanus amnis ex Alpibus se rapiens per Lemannum lacum segnemque deferens Ararim. *Der Ausdruck Seneca's erinnert an Horaz* carm. I 31, 7: non rura quae Liris quieta mordet aqua taciturnus amnis.

haec satis animose et fortiter; nihilo minus mentis suae non est et timet
μωροῦ πληγήν. Claudius ut vidit virum valentem, oblitus nugarum intellexit neminem Romae sibi parem fuisse, illic non habere se idem gratiae: gallum in suo sterquilino plurimum posse. itaque quantum intellegi
potuit, haec visus est dicere: 'ego te, fortissime deorum Hercule, speravi 5
mihi adfuturum apud alios, et siqui a me notorem petisset, te fui nomi-
naturus, qui me optime nosti. nam si memoria repetis, ego eram qui
Tiburi ante templum tuum ius dicebam totis diebus mense Iulio et Augusto. tu scis, quantum illic miseriarum tulerim, cum causidicos audirem
diem et noctem. in quos si incidisses, valde fortis licet tibi videaris, ma- 10
luisses cloacas Augeae purgare. multo plus ego stercoris exhausi. sed
quoniam volo'

---

2 ΑΛΩΡΟΥ ΠΛΗΓΙΝ: *berichtigt von Junius* 3 *haberes eodem* 6 *nomina-
turis, das zweite* i *unterpunctiert und* ν *übergeschrieben* 8 *Tiburi Bücheler:* tibi
9 tulerim *Haase:* contulerim 10 quos *der erste Druck:* quod uideris *und*
a *über* r 11 auge 12 quō nolo non: *das Zeichen der Lücke setzte Ruhkopf*

1 mentis suae non est *hier in Bezug auf
den Mut; anders bei Cicero Pison.* 21, 50:
hic si mentis esset suae, nisi poenas pa-
triae dusque immortalibus cas quae gra-
vissimae sunt furore atque insania pen-
deret — si non acerrime fureret.
2 μωροῦ *als Spottname des Claudius hier
und Cap.* 8 *in Formeln wie man sonst* θεοῦ
hörte. Sprüchwörtlich war Sophokles' Fr. 873:
θεοῦ δὲ πληγὴν οὐχ ὑπερπηδᾷ βροτός. *Er
fürchtet dass der Narr in Jähzorn ihn schlage.*
3 oblitus nugarum *auch bei Petron* 71
und 136 *als ironische Einleitung zu einer
dem handelnden sehr ernsthaft, dem Leser
aber possierlich erscheinenden Thatsache.*
4 gallum *zielt zugleich auf* Gallum *u. die
angeblich gallische Herkunft des Claudius.
Aehnlich witzelte man als Nero durch den
gallischen Aufstand bedrängt ward*, gallos
eum cantando excitasse.
6 notor γνωστήρ, *der einen andern persönlich kennt und für ihn bürgen kann. Seneca epist.* 39, 1: qui notorem dat ignotus
est; *Petron* 92 ne mea quidem vestimenta
ab officioso [capsario] recepissem nisi
notorem dedissem. *Das Wort trat an die
Stelle des früher üblichen* cognitor, *dessen
Gebrauch auf rein gerichtliche Verhältnisse
beschränkt ward.*
8 Sueton 14: ius et consul et extra honorem laboriosissime dixit, etiam suis
suorumque diebus sollemnibus, nonnumquam festis quoque antiquitus et religio-
sis. *Dio LX* 4: καθ' ἑκάστην τε ὡς εἰπεῖν
ἡμέραν ἤτοι γε μετὰ πάσης τῆς γερουσίας
ἢ καὶ ἰδίᾳ τὸ μὲν πλεῖστον ἐν τῇ ἀγορᾷ,
ἤδη δὲ καὶ ἄλλοθι ἐπὶ βήματος ἐδίκαζεν
und weiterhin ὀλίγα παντελῶς τοῖς ἄλλοις
δικαστηρίοις ἐπέτρεπεν. *Seine Leidenschaft
zu Gericht zu sitzen bekunden zahlreiche
Anecdoten und die Abänderung der Gerichts-*

ferien (*Lehmann Claudius und seine Zeit*
S. 142 u. 213). mense Iulio et Augusto,
*wo die Hitze am drückendsten und von Alters
her die Zahl der Gerichtstage am beschränk-
testen; für Juli merken die erhaltenen Kalen-
darien nur einen solchen an* (mense Iulio
quo maxime lites interquiescunt *Plinius
epist. VIII* 21, 2); *am* 1 August *war des
Kaisers Geburtsfest und es folgten im Lauf
dieses Monats mehre dies festi antiquitus
(vgl. Mommsen C. I. L. I p.* 365 *und* 398—
400). *Dass Claudius an den Ferienbusstagen
seiner Töchter Recht sprach, hebt Dio LX* 5
hervor. Seneca kommt auf die Passion Cap.
12 *zurück. Ueber* Tiburi *sieh im Anh. II.*
9 miseriarum *Sueton* 15 *hörte von älteren* adeo causidicos patientia eius soli-
tos abuti ut descendentem e tribunali non
solum voce revocarent sed et lacinia to-
gae retenta, interdum pede apprehenso
detinerent *und berichtet dort ähnliche Fälle
von Unfug der vor Gericht mit ihm getrieben ward. Nach Sueton* 33 passierte es ut
interdiu nonnumquam in iure dicendo ob-
dormisceret vixque ab advocatis de industria vocem augentibus excitaretur.
11 cloacas (cloavaca *und* cluaca *von* clo-
vare *und* cluere, *alten Nebenformen zu* lu-
vare *und* luere, *woher auch die* fossa Cluí-
lia *und* Venus Cloacina *ihren Namen haben*)
*Reinigungscanäle oder Gruben, worin aller
Dreck abgelagert wird. Varro bei Nonius p.*
242: non Hercules potest qui Augeae
egossit κόπρον *wie in Meyer's Anthologie*
595: septimus Augeae stabulum labor
egerit undis; *Hygin fab.* 30: Augeae regis bovile uno die purgavit, maiorem partem Iove adiutore, flumine admisso totum
sterens abluit.
12 *Mit* volo *bricht der Satz ab; es scheint
dass ein Blatt aus dem Archetypus gerissen*

'non mirum quod in curiam impetum fecisti: nihil tibi clausi est. **VIII** modo dic nobis qualem deum istum fieri velis. Ἐπικούρειος θεός non potest esse: οὔτε αὐτός πρᾶγμα ἔχει οὔτε ἄλλοις παρέχει. Stoicus? quomodo potest "rotundus" esse, ut ait Varro, "sine capite, sine praeputio"? ⁵ est aliquid in illo Stoici dei, iam video: nec cor nec caput habet. si mehercules a Saturno petisset hoc beneficium, cuius mensem toto anno celebravit Saturnalicius princeps, non tulisset illud, nedum ab love, quem quantum quidem in illo fuit, damnavit incesti. Silanum enim generum

---

2 ΕΠΙΚΟΥΡΗΟC ΘΕΟC: *berichtigt von Rhenanus*   3 ΟΥΤΕΑΥΤΟC ΠΡΑΓΜΑ ΕΧΙΕΤΟΥΤΕ ΑΛΛΟΙC ΠΑΡΕΧΕΙ: *berichtigt von Rhenanus*. δε οὔτε αὐτός *Fromond*
5 caput   6 mense intoto   7 Saturnalitius *Junius*; saturnalia eius *was Bongars und Lipsius tilgten*   illud, nedum ab Iove quem *Gronov*: illum deum abiovem·qui   8 illos silaunum

---

war. Claudius gelang es den Hercules für sich zu gewinnen und durch ihn in die Curie, den Senat der Olympier, welcher ganz dem römischen nachgebildet ist, eingeführt zu werden. Den Senatoren stand es frei an die zur Sitzung zugelassenen, z. B. Gesandte, Fragen zu stellen; dies Recht benutzt einer der Himmlischen zur nachfolgenden Polemik gegen Hercules und Claudius.
2 *Ein Gott nach Epikur kann Claudius nicht werden, da nach dessen Grundsatz (Laertius X 139)* τὸ μακάριον καὶ ἄφθαρτον οὔτε αὐτό πρᾶγμά τι ἔχει οὔτε ἄλλῳ παρέχει *oder wie Cicero de deorum nat. I 17,45 übersetzt, vere exposita illa sententia est ab Epicuro, quod beatum aeternumque sit, id nec habere ipsum negoti quicquam nec exhibere alteri: Claudius aber hat ja ein Anliegen und plagt damit andere. Noch weniger kann er ein stoischer Gott sein, da Chrysipp Gott im Universum suchte (mundum ipsum animo et sensibus praeditum, rotundum, ardentem, volubilem deum Cicero de d. nat. I 8, 18; 15, 39 und sonst) und der Anthropomorphismus der Götter von den Stoikern als Kinderei bezeichnet ward; Claudius aber hat ja Menschengestalt. Den stoischen Gottesbegriff hat Seneca wohl einer varronischen Satire entlehnt, da die Verbindung sine capite, sine praeputio ein offenbarer Scherz ist, veranlasst durch die gewöhnlichen nur mit Kopf und Phallos versehenen Hermen, und die Worte zwanglos zum iambischen Senar sich gestalten: rotundus est, sine cápite, sine praepútio.*
5 *Ebenso bildlich wollte Cato seinen Witz gegen eine Gesandtschaft verstanden wissen: nec caput nec pedes nec cor habere (Livius Auszug aus Buch I.)*
6 *Saturns Monat ist der December, dessen Hauptfest die Saturnalien sind; daher hier December und Saturnalien als gleichbedeutend genommen werden. Seneca epist. 18, 1:* December est mensis, cum maxime civitas sudat, ius luxuriae publicae datum est, ingenti apparatu sonant omnia: tamquam quicquam inter Saturnalia intersit et dies rerum agendarum: adeo nihil interest ut non videatur mihi errasse qui dixit olim mensem Decembrem fuisse, nunc annum. *Bei Petron 58 Hermeros gegen den ausgelassenen Sklaven:* io Saturnalia! rogo, mensis December est? *Claudius feierte beständig Saturnalien, indem er überhaupt üppig und ausschweifend lebte, dem Schmausen, Zechen und Spielen ergeben (Sueton 32 u. 33: vgl. Petron 44;* populus minutus laborat, nam isti maiores maxillae semper Saturnalia agunt), *dann weil in seinem Haus allzeit das Gesinde die grösste Freiheit hatte und den Herrn machte. Als Claudius zur Beschwichtigung des nach Britannien bestimmten Heeres den Narcissus sandte und dieser vom Tribunal herab reden wollte, riefen die Soldaten* τοῦτο δή τὸ θρυλούμενον Ἰὼ Cατουρνάλια, ἐπειδήπερ ἐν τοῖς Κρονίοις οἱ δοῦλοι τὸ τῶν δεςποτῶν ςχῆμα μεταλαμβάνοντες ἑορτάζουςιν *(vgl. die Marke mit dem claudianischen Digamma und dem Zeichen io Sat in meiner Schrift de Claudio grammatico p. 40). Das Urteil welches Seneca fällt gilt nicht bloss von der Regierungszeit sondern ebenso vom früheren Leben des Claudius; mit gleichem Hohn hatte Tiberius auf seine Bemerkung ums Consulat weiter nichts geantwortet als 'unbei 40 Lunisd'or für die Saturnalien und Sigillarien' (Suetan 5).*
8 *Claudius verdammte auch Juppiter wegen Incests, versichert der Redner, insofern er Silanus hinrichtete, weil dieser gerade wie Juppiter seine Schwester an Weibes Statt hatte. L. Iunius Silanus Appii filius, Augusti abnepos (Cap. 10) ward auf Anstiften Agrippina's, unter Vitellius' Mitwirkung am 19 December 48 die Prätur niederzulegen gezwungen, aus dem Senatorenstand aus-*

suum occidit. oro per * quod sororem suam, festivissimam omnium puellarum, quam omnes Venerem vocarent, maluit Iunonem vocare. "quare" inquit "quaero enim, sororem suam?" stulte, stude: Athenis dimidium licet, Alexandriae totum. "quia Romae" inquis "mures molas lingunt." hic nobis curva corriget? quid in cubiculo suo faciat nescit, et iam "caeli s

---

1 per quod (*in den gewöhnlichen Compendien geschrieben*): *das Zeichen der Lücke setzte Bücheler* 2 *in* Iunonem *nach* o *eine Linie radiert* 5 corriget *Sonntag:* corrigit   nescit *Bücheler:* nescio

---

gestossen, sein *Verlöbniss mit Claudius' Tochter Octavia aufgelöst; zu Anfang des J. 49, am Hochzeitstag des Claudius und der Agrippina, gab er sich selbst den Tod (Tacitus XII 3. 4. 8; Sueton 27 u. 29; Dio LX 31; Zonaras p. 468). Die Anklage, welche ihn zum Tode trieb, war die des Hochverraths* (πείθουσι τὸν Κλαύδιον ὡς ἐπιβουλεύοντά οἱ τὸν Σιλανὸν ἀποκτεῖναι); *was Seneca als Grund der Hinrichtung angibt, war nur das Vorspiel dazu: Vitellius* ferro crimina in Silanum, cuius sane decora et procax soror Iunia Calvina haud multum ante Vitellii nurus fuerat; hinc initium accusationis, fratrumque non incestum sed incustoditum amorem ad infamiam traxit. *Silanus stand in der Mitte der zwanziger Jahre; Calvina, welche gleichzeitig aus Italien verbannt ward und im J. 79 noch lebte (Sueton Vesp. 23), war wohl jünger.* generum *minder genau für* filiae sponsum *wie Cap. 11 oder Sueton 27:* e generis Neronem adoptavit, Pompeium atque Silanum non recusavit modo sed et interemit *oder Tacitus XII 4 und 9.*

2 Venerem *wegen ihrer Reize, vielleicht zweideutig* 'welche jedermann Liebchen nannte'. Iunonem *hier sicher im Sinne von* 'Gemahlin'; *ein ganz gleiches Beispiel finde ich nicht (bei Plautus Cas. II 3, 14 sagt der Alte zu seiner Frau:* heia, mea Iuno, non decet esse te tam tristem tuo Iovi), *aber der Ausdruck erklärt sich daraus dass Juno die eigentliche Ehefrau unter den Himmlischen, der Genius des Weibes und die Schutzgöttin der Ehe ist.*

2 quare] *in der jetzigen Ueberlieferung ist die Beziehung dieser eingehenden Vertheidigung des Silanus nicht ganz verständlich. Doch wissen wir, dass bei der gleichzeitig mit dem Prozess gegen Silanus eingeleiteten Verheiratung des Claudius mit seiner Nichte Agrippina der Faiseur Vitellius im Senat jene unerlaubte Ehe ebenso rechtfertigte, wie hier der himmlische Senator den Incest des Silanus mit seiner Schwester, nemlich durch Berufung auf die Sitte andrer Völker (Tacitus XII 6). Nachdem der Redende es als etwas wunderliches dargestellt, dass Silanus umgebracht ward, weil er mit seiner Schwester Umgang pflog, flicht er einen Einwurf des Claudius ein: 'warum, das will ich wissen, mit seiner Schwester?' und* schlägt ihn nieder: '*Dummkopf, nachgedacht! zu Athen ist es halb erlaubt, zu Alexandria ganz.' In der durch die Assonanz gefälligen Verbindung* stulte stude *bedeutet* studere, *wie so oft in der Kaiserzeit,* studiis liberalibus operam dare; *die Geschichte Kimon's und der Ptolemäer soll ihn lehren dass zu Athen Ehen unter Halbgeschwistern, zu Alexandria unter vollbürtigen Geschwistern rechtmässig sind.*

4 quia] *der Redner wendet sich nach der Abschweifung zu Silanus und der Grobheit gegen Claudius wieder zum Thema und an Hercules, welcher für Claudius' Aufnahme unter die Götter im Verlorenen geltend gemacht zu haben scheint, dass von jenem eine straffere Himmelspolizei zu erwarten stehe. Wie es in lebhaftem Zwiegespräch geschieht, citiert er aus dem Satze des Hercules nur die einschlägigen Worte: du sagst, wir sollen ihn zum Gott machen, weil zu Rom alles rein und fein, alles wie geleckt und in schönster Ordnung ist. Denn so deute ich das unbekannte Sprichwort 'die Mäuse lecken die Mühlen ab' (die Erklärer nehmen* molas *für geschroteten Spelt der den Göttern geopfert ward, wofür Seneca den Singular gewählt haben würde), das heisst: auch von Natur minder Sauberes, wie die stets gebrauchte Mühle, wird wie von selbst, durch das Belecken der Mäuse, sauber. (Anders Rhenanus:* causatur mollitiem Romanorum, ut qui proni sint ad libidinem sed non nisi pulcherrimas sollicitent: mures enim urbani farinam absumunt et delicatissima ad satietatem usque vescuntur. Fromond: quia Romae mures molas lingunt, quod minimi aut nullius delicti, id est ob nulla censurai dignos defectus hic, Claudius censor nobis curva, depravatos mores corrigit. Schuster: quia Romae nimia licentia mures utuntur, ut qui molas nobis destinatus lingunt, eadem hic in nos uti sibi licere putat.) *Gegen jene Empfehlung römischer Zustände sind die folgenden Worte gekehrt.*

5 *Nach Plinius epist. V 9 spotteten viele über ein gestrenges Edict des Prätors:* Iuvenimus qui curva corrigeret; quid? ante hunc praetores non fuerunt? quis autem hic est qui emendet publicos mores? *vgl. den Orakelspruch C. I. L. I 1438* conrigi vix tandem quod curvom est factum crede.

6 *Claudius wusste in der That oft nicht,*

scrutatur plagas"? deus fieri vult: parum est quod templum in Britannia habet? quod hunc barbari colunt et ut deum orant μωροῦ εὐιλάτου τυχεῖν?'

Tandem Iovi venit in mentem, privatis intra curiam morantibus non VIIII licere sententiam dicere nec disputare. 'ego' inquit 'P. C. interrogare vobis permiseram, vos mera mapalia fecistis. volo ut servetis disciplinam curiae. hic, qualiscumque est, quid de nobis existimabit?' illo dimisso primus interrogatur sententiam Ianus pater. is designatus erat in kal. Iu-

---

1 Brittania   2 hunc *Lipsius*: nunc   MωPOYEYEIΛATOYΓYXHIN: berichtigt von *Lindemann* und *Schneidewin*   4 tantum   morentibus   non licere ergänzt von *Haase* der es nach dicere einschob   5 pc.   7 existimauit: verbessert in der Pariser Hs. 8501 A   8 pateris designatur   Kl mit Strick durch l

---

was er in seiner Kammer machte und welch Spiel man mit ihm trieb; vgl. Cap. 11 nescio, inquis? *Sueton 29:* illud omnem fidem excesserit quod nuptiis quas Messalina cum adultero Silio fecerat, tabellas dotis et ipse consignaverit. *Dio XL 28:* als Mnester, in Messalina's Umarmungen festgehalten, nicht auf der Bühne auftrat, θαῦμά τε ὁ Κλαύδιος ἐποιεῖτο καὶ ἀπελογεῖτο τά τε ἄλλα καὶ ὀμνὺς ὅτι μὴ ϲυνείη αὐτῷ· πιϲτεύοντεϲ γὰρ ὄντωϲ ἀγνοεῖν αὐτὸν τὰ γιγνόμενα ἐλυποῦντο ὅτι μόνοϲ οὐκ ᾔϲθετο τὰ ἐν τῷ βαϲιλείῳ δρώμενα ὅϲα καὶ ἐϲ τοὺϲ πολεμίουϲ ἤδη διεπεφοιτήκει.

1 Aus einem sprüchwörtlich gewordenen, *von Cicero* und *Varro* benutzten Vers des Ennius trag. 277 gegen die Zeichendeuter: quod est ante pedes, nemo spectat; caeli scrutantur plagas.

1 In der britannischen Hauptstadt Camulodunum, der durch Claudius mit Veteranen besetzten colonia Victricensis, ward gewiss gleichzeitig mit der Colonisation ein Tempel divo Claudio errichtet, der als religiöser Mittelpunkt für die Provinzialen dienen und von ihnen unterhalten werden sollte, der daher quasi arx aeternae dominationis aspiciebatur. *Tacitus XIV 31.*

2 μωροῦ wie in Cap. 7, abgeändert aus dem ursprünglichen θεοῦ. Im Gegensatz zu diesem Gebet begegnet auf griechischen Verwünschungstäfelchen (rhein. Museum 18 S. 570–573) mehrfach variiert die Formel μὴ γένοιτο εὐειλάτου τυχεῖν Δάματροϲ und μὴ τύχοι θεῶν εὐιλάτων.

4 Der Vorsitzende handhabt die Geschäftsordnung des Senats, wonach nicht in Anwesenheit des Fremden debattiert und abgestimmt werden darf. Claudius wird daher hinausgeschickt, damit die Umfrage beginne. Freilich redet trotzdem August Cap. 11 Claudius an und stellt ihn den Göttern vor wie gegenwärtig; man wird dies nicht spitzfindig zu verstehen haben, als sei der Petent gerade

nur aus dem geweihten Raume der Curie vor die offene Thür gewiesen worden, etwa wie vor Altern die Tribunen, sondern darin einen Sprung der Phantasie, eine kleine Vergesslichkeit des Autors erkennen.

6 wie meras nugas. *Festus:* mapalia casae Poenicae appellantur, in quibus quia nihil est secreti, solet soluto viventibus obici id vocabulum. Es waren länglich runde, einem Hühnerkorb nicht unähnliche Hütten, nach *Sallust Iug. 17* entstanden aus den alten Brauch alveos navium inversos pro tuguriis habere; vielleicht gab diese Anschauung, als wären es inversa tecta (*Probus zu Verg. georg. III 339*), zur bildlichen Verwendung des Wortes Anlass. So sagt *Petron 58* mapalia von Personen, wie wir 'lüderliches Huun'.

8 Nach Gebrauch werden im Senat zuerst die consules designati befragt, hier Ianus pater und Diespiter. Wie in der Kaiserzeit die Consuln öfters lange vorher ernannt wurden, so ist Janus für das nächste Jahr zum suffectus bestimmt, und zwar für den 1 Juli, einen damals gewöhnlichen Termin zum Antritt neuer Consuln. postmeridianus ist spöttischer Ausdruck für consul suffectus, welchen Amt bei seiner gänzlichen Machtunwissenheit unter den Kaisern und der häufigen Ertheilung dieser Ehre selbst für wenige Tage kaum mehr Bedeutung hatte als die eines blossen Titels. Indem die zweite Hälfte des Jahres dem letzten Theile des Tages verglichen wird, welcher nicht zu Geschäften und Amtshandlungen gebraucht sondern der Ruhe gewidmet ward, heisst der für den 1 Juli designierte Janus Nachmittags-Consul. Aehnlich der Tropus *nat. quaest. III praef. 5:* 'maxima parvo tempore molimur' hoc dicerem, si puer iuvenisque molirer, nullum enim non tam magnis rebus tempus angustum est: nunc vero ad rem seriam, gravem, immensam post meridianas horas accessimus.

lias postmeridianus consul, homo quantumvis vafer, qui semper videt ἅμα
πρόccω καὶ ὀπίccω. is multa diserte, quod in foro vivebat, dixit, quae
notarius persequi non potuit, et ideo non refero, ne aliis verbis ponam
quae ab illo dicta sunt. multa dixit de magnitudine deorum: non debere
hunc vulgo dari honorem. 'olim' inquit 'magna res erat deum fieri, 5
iam famam mimum fecistis. itaque ne videar in personam, non in rem
dicere sententiam, censeo nequis post hunc diem deus fiat ex his qui
ἀρούρης καρπὸν ἔδουcιν [aut ex his quos alit Ζείδωροc ἄρουρα]. qui contra hoc senatus consultum deus factus, dictus pictusve erit, eum dedi Laruis et proximo munere inter novos auctoratos ferulis vapulare placet.' 10

1 quantumvis vafer *Rhenanus:* quantum uia sua fert ΑΜΑΠΡΟCCΟΚΑΙΟ-
ΠΙCCω) *berichtigt von Rhenanus*   2 vivebat *Bücheler:* uiuat   6 fecistis *Scheffer:*
fecisti   8 ΑΡΟΥΡΗC ΚΑΡΠΔΟΥCΙΝ: *die 3 ausgefallenen Buchstaben stehen in der
Valencienner Hs.* (ΚΑΡΟΝΕΔΟΥCΙΝ) *und drei Pariser* (ΚΑΡΟΝΘΔΟΥCΙΝ), *das
Ganze hat Rhenanus hergestellt*   aut bis ἄρουρα *als Glosse erkannt von Heinsius
und Scheffer   das t von* aut *wegradiert* ΞΕΙΔωΡΟCΑΡΟΥΡΑ

1 *Ilias* Γ 109 οἷc ὁ γέρων μετέῃcιν,
ἄμα πρόccω καὶ ὀπίccω λεύccει. *Bei Janus' Doppelgesicht gilt dies von ihm ganz eigentlich.*
2 *Leben auf dem Forum bezeichnet vorzüglich die öffentliche Thätigkeit als Redner
und Sachwalter; weil also Janus dort weilt,
muss auch er redegewandt sein und verschmitzt wie ein Advocat. Seneca denkt an
den auf dem Forum befindlichen ianus (alter
Name für* arcus), *einen unter den Schutz des
Janus gestellten Durchgangsbogen, und an
den im Argiletum am Forum gelegenen Haupttempel dieses Gottes, den* Ianus Geminus.
3 notarius, doctus compendia tot litterarum et nominum notare currenti stilo,
quot lingua currens diceret *(Meyer anth. lat.* 1265). *Dieser den Sklavenstand angehörenden Stenographen* (vilissimorum mancipiorum Seneca epist. 90, 25) *bediente sich
ohne Zweifel schon damals der Senat für die
Feststellung der Protokolle. Nach Probus
de litteris singul.* 1 *waren zumeist durch das
Bedürfnis im Senat,* ut celeriter dicta comprehenderent, *die* notae *oder Abkürzungen
von Worten und Namen aufgekommen.*
6 ':zum Kinderspiel'; *die Redensart steht
zur noch bei Cicero an Atticus I* 16, 13:
heus tu, videsne consulatum illum nostrum, quem Curio antea ἀποθέωcιν vocabat, si hic (L. Afranius) factus erit, fabam mimum futurum? *wo wahrscheinlich
richtiger* fabam *überliefert ist. Ich nehme
mit Lambin an dass die Bohne, deren Winzigkeit sprüchwörtlich war* (Plautus aulul. 1'
1, 10: Festus *unter* hilum *und* tam peritquam
extrema (faba), *das Thema eines alten Mimus
bildete (vgl. den* Laserpiciarius mimus) *und
dass dieser* Faba *betitelte Mimus im Volks-*
mund *dazu diente eine ebenso unbedeutende
als lächerliche Sache zu bezeichnen.*
8 *Ilias* Z 142 εἴ τιc ἐccί βροτῶν οἳ
ἀρούρηc καρπὸν ἔδουcιν. *Die Bezeichnung*
Ζείδωροc ἄρουρα *ist bei Homer und Hesiod
sehr gewöhnlich.*
8 *Erst kommt das eigentliche Gebot des
Senates:* de ea re ita censuere; *so Janus,
indem er den zu fassenden Beschluss formuliert:* censeo nequis —. *Dann die Androhung der Strafe für etwaige Uebertretung
des Gebotes:* siquis adversus hoc SC. commiscerit; *so Janus:* qui contra hoc SC. —
9 Laruae *sind die Furien des römischen
Volksglaubens, Rachegeister der Unterwelt
welche die Verstorbenen peinigen. Ihnen als
den Schergen des Götterstaates soll der Verbrecher ausgeliefert* (Iulian Caes. 5 von Caligula: αὐτὸν μὲν ἡ Δίκη δίδωcι ταῖc Ποιναῖc, αἱ δὲ ἔρριψαν εἰc τάρταρον) *und beim
nächsten Festspiel unter den neuen Gladiatoren, die sich anwerben liessen, ausgepeitscht
werden, also in ehrloser Gesellschaft der
entehrendsten Strafe verfallen. Durch den*
Miethacid (auctoramentum) *erklärten sich
die Gladiatoren ausdrücklich bereit* verberari, *und nicht nur bei den Vorübungen und
während des Schaugefechtes wandte man die
Prügelstrafe an, um Neulinge oder Lässige
anzutreiben, sondern aus Petr. 45 ergibt sich
dass mitunter auch das Ende der Vorstellung
in der Durchpeitschung der Fechter bestand,
nicht immer in der Tödtung oder gnädigen
Entlassung. Claudius hatte beim Antritt seiner Regierung Beschränkung der Gladiatorenspiele verfügt* (Dio LX 5), *aber er fand
viel Vergnügen an denselben und verurtheilte
manche* levi subitaque de causa *zu solchen
Kämpfen (*Sueton 34 u. 21, Dio LX 13).

F. BUECHELER: DIVI CLAVDII ΑΠΟΚΟΛΟΚΥΝΤΩΣΙΣ. 57

proximus interrogatur sententiam Diespiter Vicae Potae filius, et ipse
designatus consul, nummulariolus: hoc quaestu se sustinebat, vendere
civitatulas solebat. ad hunc belle accessit Hercules et auriculam illi te-
tigit. censet itaque in haec verba: 'cum divus Claudius et divum Augus-
5 tum sanguine contingat nec minus divam Augustam, aviam suam, quam
ipse deam esse iussit, longeque omnes mortales sapientia antecellat, sit-

---

1 proxim *mit einem x-ähnlichen Ausläufer von* m, *also wohl* proximum   nicae
pote: *geändert in* uice pota *in den Pariser Hss.* S501 A *und* S717   2 num mariolis,
das zweite i *unterpunctiert und* v *übergeschrieben:* nummulariolus *oder* nummulariolus
die andern Hss.   3 uelle: *verbessert in der Pariser Hs.* S501 A   6 **sapientiam**

---

1 Diespiter *anderer Name für* Iuppiter,
bei Dichtern gleichbedeutend mit dieſem, *in*
der altrömischen Religion bestimmt eine ein-
zelne Kraft und Thätigkeit des obersten Got-
tes auszudrücken. Dass Seneca diesen weder
durch allgemeine Verehrung noch sonst her-
vorragenden, überhaupt ohne eigentlichen
Cult gebliebenen Gott hier von Iuppiter unter-
scheidet und mit dem ältesten der Himmli-
schen, Ianus, vor allen übrigen auszeichnet,
kann wohl nur in einer Anspielung auf gewisse
Vorgänge unter Claudius' Regierung begrün-
det sein, vielleicht auf die Erneuerung des
altertümlichen Fetialen-Rituals (Sueton 25
cum regibus Indaciis foedus in foro icit
porca caesa ac vetere fetialium praefatione adhibita, *vgl. das Zeugniss des*
populi Laurentis foederis ex libris Sibul-
linis percutiendi cum p. R. sacrorum prin-
cipiorum p. R. Quirit. nominisque Latini
quai apud Laurentis coluntur *aus Claudius'*
Zeit bei Mommsen inser. Neap. 2211). Denn
Diespiter ist vorzugsweise der Gott der Fe-
tialen (Preller röm. Myth. S. 221), und
seine Beziehung auf das Kriegsrecht verräth
auch der genealogisierende Zusatz: Vicae Potae filius. *Von dieser altrömischen Victoria*
(a vincendo potiundo, *vgl. Cicero de leg. II*
11, 28, griechisch Οὔικα Πότα) *ist bekannt*
dass sie ein Heiligtum sub Velia hatte (Li-
vius II 7; Becker röm. Topogr. S. 249).
Der Witz des Zusatzes scheint darin zu lie-
gen dass nicht blos an kriegerische Sieges-
macht, sondern im Zusammenhang mit dem
Folgenden an privaten Gewinn und Erwerb
gedacht werden soll. Denn Seneca zeichnet
den Diespiter wie einen der kaiserlichen
Freigelassenen, die ihren Einfluss und ihre
Stellung als Befehlshaber oder Statthalter
zum ärgsten Schacher missbrauchten; er ist
eine Art Geldhändler (vgl. de benef. I 9, 4
provincias spoliavit et nummarium tribunal audita utrinque licitatione alteri ad-
dici non mirum, quoniam quae emeris
vendere gentium ius est) *und lebt von pro-*
fessionsmässigem Handel mit Bürgerrecht.

vendere civitates *erklärte Gronov richtig:*
pretio accepto ius civitatis dare, wie bei Ci-
cero Philipp. III 4, 10 und sonst, auch grie-
chisch πιπράσκειν τὴν πολιτείαν. *Das De-*
minutiv drückt den geringen Werth aus wel-
chen die Civität damals nur noch hatte in
Folge ihrer Verschleuderung durch die Frei-
gelassenen, sieh zu Cap. 3 Dio's Zeug-
niss.

3 *Er mahnt ihn durch Zupfen am Ohr-*
läppchen, wie dies auch bei der Antestation
üblich war. Vergil ecl. VI 3: Cynthius
aurem vellit et admonuit, *wozu die Vero-*
nenser Scholien: sicut iis solemus facere
quos admonemus.

4 divus *nennt Diespiter den Claudius,*
der erst deus werden soll, aus Schmeichelei;
wenn nachher Augustus im Eifer sagt dio
mihi dive Claudi, *so ist das wohl Ironie, aber*
auffällig ist dass auch in seinem förmlichen
Votum divus Claudius *steht, was vielleicht*
Abschreiber an die Stelle von Ti. Claudius
gesetzt haben.

5 *Der Vater des Claudius, Drusus, ward*
Augustus' Stiefsohn durch dessen Vermählung
mit Livia; nur böse Zungen machten ihn zum
natürlichen Sohn des Kaisers. Väterlicher
Seits war Claudius also nicht blutsverwandt
mit Augustus, wohl aber durch seine Mutter
Antonia, die Schwestertochter des Augus-
tus.

6 Dio LX 5 *von Claudius beim Antritt*
der Regierung: τὴν τήθην τὴν Λιουίαν οὐ
μόνον ἵππων ἀγῶσιν ἐτίμησεν ἀλλὰ καὶ
ἀπηθανάτισεν ἄγαλμά τέ τι αὐτῆς ἐν τῷ
Αὐγουστείῳ ἱδρύσας καὶ τὰς θυσίας ταῖς
ἀειπαρθένοις ἱεροποιεῖν προστάξας ταῖς
τε γυναιξὶν ὅρκον τὸ ὄνομα αὐτῆς ποιεῖ-
σθαι κελεύσας. Sueton 11.

6 Tacitus XIII 3 *bei Gelegenheit der*
von Nero gehaltenen, von Seneca verfassten
Leichenrede auf Claudius: postquam ad
providentiam sapientiamque flexit, nemo
risui temperare.

F. BUECHELER: DIVI CLAVDII ΑΠΟΚΟΛΟΚΥΝΤΩΣΙΣ.

que e re publica esse aliquem qui cum Romulo possit "ferventia rapa vorare": censeo uti divus Claudius ex hac die deus sit, ita uti ante eum quis optimo iure factus sit, eamque rem ad metamorphosis Ovidi adiciendam.' variae erant sententiae et videbatur Claudius sententiam vincere. Hercules enim, qui videret ferrum suum in igne esse, modo huc modo 5 illuc cursabat et aiebat: 'noli mihi invidere, mea res agitur. deinde tu siquid volueris, invicem faciam: manus manum lavat.'

X   Tunc divus Augustus surrexit sententiae suae loco dicendae et summa facundia disseruit: 'ego' inquit 'P. C. vos testes habeo, ex quo deus factus sum, nullum me verbum fecisse. semper meum negotium ago. 10 set non possum amplius dissimulare et dolorem, quem graviorem pudor

---

1 rep.   uernonti *aber* f *über dem ersten* u   2 ut iamto   3 moeta morfosis   4 sententiam *scheint verderbt*   6 adiebat   8 suo *die Wolfenbütteler Hs.*   9 p̄. c.   11 sed *der erste Druck:* et   grauorem *aber* i *nach* u *übergeschrieben*

---

1 o re publica esse, aestimare *und ähnliche Phrasen waren den votierenden Senatoren besonders geläufig, wie Cicero Philipp. IX 7, 17 oder X 11, 23 und 26; ähnlich Seneca dial. II am Schluss* esse aliquem in quem nihil fortuna possit o re publica est generis humani. *Dem Amtsstil gehört ferner an* ex hac die, *wie in der lex repetundarum (C. I. L. I 198) 66* ex ea die qua tributus factus erit *und 65* ad eam diem donec solutum erit *anstatt des vorherschenden männlichen Geschlechts; dann* ita uti ante eum quis optimo iure, *wie in Wahl- und andern offiziellen Formeln* ut qui optima lege fuerint *(Festus p. 189),* ita utei quoi optuma lege privatus est *(l. l. L. I 200, 27),* ut qui optimo iure eam provinciam obtinuerit *oder* uti quod optimo iure publice sepulcrum datum esset *(Cicero Philipp. XI 12, 30 und IX 7, 17); endlich der Uebergang der Structur von* ut *in einen Infinitivsatz: und das abschliessende* eamque rem, *wie z. B.* eeis rem capitalem faciendam censuere atque utei hoce in tabolam aheniam incoideretis, ita senatus aiquom consuit (C. I. L. I 196, 25) *und* eamque rem senatui populoque Romano gratam acceptamque esse eique honori dignitatique eam rem fore *(Cicero Philipp. XIII 21, 50).*

1 Romulus in caelo cum dis genitalibus aevom degit *sang Ennius, von dem vielleicht auch diese Tradition berührt ward, dass der Gott im Himmel noch sich an der urthlichen altvüterischen Hausmannskost weide, welche Rolle die Rüben in der Erzählung spielen, dass die sumnitischen Gesandten den M'. Curius* rapum torrentem in foco *fanden (Plin. nat. hist. XIX 87). Die gleiche Tradition hat Martial XIII 16:* haec tibi brumali gaudentia frigore rapa quae damus, in caelo Romulus esse solet. *Da Seneca's Worte das Ende eines Hexameters bilden,* rühren sie wohl von einem ältern Dichter her, etwa von Lucilius.

3 adiciendam, *zu* Romulus' *und* Cäsar's *Apotheose und dem Hinweis auf* Augustus' *Vergötterung, womit das Werk schliesst.*

5 *wie sein Eisen geschmiedet ward sprüchwörtlich für* rem suam agi. *Dann* manus manum lavat *wie im Griechischen* χεὶρ χεῖρα νίπτει *(Epicharm* ἀ δὲ χεὶρ τὰν χεῖρα νίζει) *und im Deutschen.*

8 surrexit *um sein Votum ausführlicher zu begründen, während diejenigen Senatoren, welche einem der Vorredner in Kürze beipflichteten, sitzend votierten.* sententiae dicendae *ist Dativ des Zweckes (nicht Genetiv mit sogenannter Ellipse von* causa) *wie bei Tacitus ann. III 31:* Tiberius quasi firmandae valitudini in Campaniam concessit; *es ist dies nur eine Erweiterung des Gebrauchs, wonach bei* esse *oder einem Nomen der dativus gerundii Ziel und Competenz bestimmt, wie* suam oneri ferendo, II viri aedi dedicandae, comitia regi creando u. d. *Vermutlich war* surgere sententiae dicendae *von Alters her im Kreise des Senates eine ebenso ständige Formel wie* scribendo adesse *und ist darum von Seneca nicht abgeändert worden. Aus der senatorischen Geschäftssprache stammt auch das knappe* loco, *wie Cicero zeigt de leg. III 4, 11:* loco senator et modo orato *mit der Erklärung 18, 40:* ut loco dicat id est rogatus, ut modo ne sit infinitus.

9 *Tacitus XIII 3:* Augusto prompta ac profluens quaeque deceret principem eloquentia fuit.

10 *Auch als Gott war er stumm geblieben gleich den Todten all. Oder entschuldigt hiermit August, als pedarius unter den himmlischen Senatoren, seine Theilnahme an der Debatte?*

facit, continere. In hoc terra marique pacem peperi? ideo civilia bella
conpescui? ideo legibus urbem fundavi, operibus ornavi, ut — quid dicam P. C. non invenio: omnia infra indignationem verba sunt. confu-
giendum est itaque ad Messalae Corvini, disertissimi viri, illam sententiam:
5 "pudet imperii." hic P. C. qui vobis non posse videtur muscam excitare, tam facile homines occidebat, quam canis adsidit. sed quid ego de
tot ac talibus viris dicam? non vacat deflere publicas clades intuenti do-
mestica mala. itaque illa omittam, haec referam. nam etiamsi soror mea
Graece nescit, ego scio: ἔγγιον γόνυ κνήμης. iste quem videtis per tot
10 annos sub meo nomine latens hanc mihi gratiam retulit, ut duas Iulias

3 p̄. c. indignatione 5 p̄. c. 7 soror mea *Bücheler:* sornea 9 *das
i in nescit auf radierter Stelle* ΕΝΤΥϹΟΝ ΤΟΝΥΚΝΗΛΙΗϹ *aber so, dass der
fünfte Buchstab als Iota mit Querstrich darüber und der fünftletzte als N von Götzinger
gezeichnet ward: berichtigt von Bücheler. Ueber die andern Hss. sieh im kritischen
Anhang unter I*

1 terra — peperi *der offizielle Ausdruck.
Im Register der Thaten August's (monum.
Ancyr. II) per totum imperium populi
Romani parta erat terra marique pax;
Livius I 19. ab imp.* Caesare Augusto pace
terra marique parta; *Sueton Aug.* 22 terra
marique pace parta: *alle drei Stellen im Zusammenhang mit der Schliessung des Janus
Quirinus.* parta, *nicht* parata *ist auch de
clementia I 9, 4 zu lesen.*
2 *Vergil Aen. VI 810 von Numa:* primam qui legibus urbem fundabit. *Verwandt ist das Lob welches Horaz dem Kaiser ertheilt epist. II 1 im Eingang. Die
Gesetze des Augustus nennen die Historiker,
die vielen theils ganz neuen theils restaurir-
ten oder vollendeten Bauten am vollständigsten das Register von Ancyra IV und am
Ende.*
2 *Aposiopese: August will sagen 'dass so
ein Mensch all meine Mühe zu Schanden
mache', er findet aber keinen hinreichenden
Ausdruck und muss daher, drastisch genug,
eine Aeusserung sich aneignen, womit einer
seiner bedeutendsten Zeitgenossen einmal ihn
selbst verletzt hatte.* Messala Corvinus, *der
grosse Redner, im J. 25 v. Ch. primus prae-
fectus urbis factus sexto die magistratu
se abdicavit incivilem potestatem esse
contestans (Sueton bei Reifferscheid p. 53).
Tacitus' Worte VI 11:* primus Messala
Corvinus eam potestatem et paucos intra
dies finem accepit quasi nesciens exercendi
*lassen durchblicken dass er seinen Abschied
als Stadtpräfect eher erhielt als nahm. Vielleicht war es die hier von August citierte
Aeusserung, worin Messala seinen Missmut
gegen das neue Amt eines Oberpolizeimeisters
Luft machte und welche seine Abdication zur
Folge hatte.*
6 adsidit *scheint mir Anstandsbezeichnung*

für urinam facit. *Plinius nat. hist.* X 177
von den Hunden: existunantur in urina attollere crus fere semestres; id est signum
consummati virium roboris; feminae hoc
idem sidentes. *Ein anderes Sprüchwort in
ähnlichem Sinn, dem Verkehr des Herrn mit
seinen Sklaven entlehnt, bei Petron* 57: iu-
genuum nasci tam facile est quam 'ac-
cede istoc'.
7 domestica] *Seneca hebt geschickt den
viel erwähnten Charakterzug des Augustus
hervor, seine eifrige Sorge für seine Familie,
seinen Schmerz über Unglücksfälle und Zorn
über Schändlichkeiten in seinem Hause. Das
griechische Citat erinnert an seine Gewohnheit, Gnomen und Sittensprüche für Ermah-
nungen sei es der Seinigen sei es von Beamten zu benutzen (Sueton Aug.* 89].
9 γόνυ κνήμης ἔγγιον (tunica proprior
palliost) *ein bekanntes Sprüchwort welches
auch Cicero an Tiro XVI 23 gebraucht; man
sagte es* ἐπὶ τῶν ἑαυτοὺς μᾶλλον ἑτέρων
ἀγαπώντων καὶ τοὺς πλησίους τῶν μα-
κράν, ἐπὶ τῶν τοὺς οἰκείους εὐεργετούν-
των, ἐπὶ τῶν ὀφειλόντων παρέχειν μᾶλλον τοῖς προσήκουσιν ἢ τοῖς ξένοις (*paroemiogr. Gr. II p. 351 106 I p. 57 mit v.
Leutsch's Nachweisen).*
10 nomine, *da der volle Name* Ti. Claudius Caesar Augustus *lautete.*
10 *Sueton* 29: Iulias alteram Drusi, alteram Germanici filiam crimine incerto
nec defensione ulla data occidit. *Beide
fielen durch Messalina's Eifersucht: zuerst
die Tochter des Germanicus, und du dieser
durch Adoption* Ti. Aug. filius divi Aug. nepos *war, Urenkelin August's, die Nichte des
Claudius, welche im J. 41 verbannt ward (mit
ihr Seneca als Theilnehmer an ihren Ausschweifungen) und bald darauf den Hunger-
tod starb. Dann die Tochter des Drusus, des*

proneptes meas occideret, alteram ferro, alteram fame; unum abnepotem
L. Silanum: videris, Iuppiter, an in causa mala, certe in tua, si aequos
futurus es. dic mihi, dive Claudi, quare quemquam ex his quos quasque occidisti, antequam de causa cognosceres, antequam audires, damnasti?
XI hoc ubi fieri solet? in caelo non fit. ecce Iuppiter, qui tot annos regnat, uni Volcano crus fregit, quem

ῥῖψε ποδὸς τεταγὼν ἀπὸ βηλοῦ θεςπεςίοιο.

et iratus fuit uxori et suspendit illam: numquid occidit? tu Messalinam,
cuius aeque avunculus maior eram quam tuus, occidisti. "nescio" inquis: dii tibi male faciant, adeo istuc turpius est quod nescisti quam ту

---

1 pronepotes: *verbessert in der Pariser Hs. 1936*   2 aecuos: *gemischt aus ae-
cus und aequos*   4 *im zweiten* antequem *das zweite* e *unterpunctiert und* a *übergeschrieben*   7 ΡΙΨΕΤΠΟΔΟϹΤΕΤΑΤѠΝΑΠΟΒΗΛΟΥΘΕϹΤΟΤΟ: *berichtigt von Rhenanus*

---

*Sohnes Tiber's, folglich auch Urenkelin Au-
gust's, zugleich Schwestertochter des Claudius, welche im J. 43 von Suillius angeklagt
und hingerichtet ward. Dio LX 8 u. 18: Tacitus XIV 63 und XIII 43. Letztere wird
an dieser Stelle wie von Sueton vorangestellt,
weil sie die ältere und durch dreifache Vermählung (mit Nero Germanicus' Sohn, mit
Sejan, mit Rubellius Blandus) die bedeuten-
dere war.*

1 abnepotem *mütterlicher Seits: er war
der Sohn des Appius Silanus von Aemilia
Lepida, der Tochter des L. Paullus von Julia, der Tochter des M. Agrippa von Julia,
der Tochter August's. Ueber seinen Tod
sieh zu Cap. 8.*

2 videris *eingeflochtene Bemerkung über
Silan's Prozess: sieh du zu,* Iuppiter*, ob es
eine schlimme Sache war, in der mein Nach-
komme hingerichtet ward; jedenfalls, wenn
du billig sein willst, wirst du zugeben dass
dieselbe in deinem Fall war. August denkt
nemlich wie der Redner Cap. 8, dass Silan's
Verurteilung wegen Umgangs mit seiner
Schwester zugleich den* Iuppiter *treffe, und
ruft diplomatisch diesen zum Richter auf, ob
der Anklagepunkt wirklich ein strafwürdiges
Verbrechen gewesen sei.*

4 *Claudius' Parteilichkeit und die Ungerechtigkeit seiner Urteile, welche dies Schriftchen so oft betont, wird durch Sueton 29 und
im einzelnen durch geschichtliche Thatsachen bestätigt. Hierauf zielte auch das gelas-
sene Wort des Crispus Passienus:* malo divi
Augusti iudicium, malo Claudii beneficium *(Seneca de benef. I 15, 5).*

7 *Hephästos' eigene Worte Ilias* A 591.
*Die Legende, dass Zeus seine Gemahlin zur
Strafe im Aether aufhieng, erwähnt die Ilias
N 18.*

8 *Messalina, die Gattin des Claudius, hatte
zum Vater Messala Barbatus, den Vetter
des Claudius, den Sohn der jüngeren Mar-
cella und Enkel der Octavia, der Schwester
August's. Ferner ihre Mutter Domitia Lepida war die Tochter der älteren Antonia
und Enkelin der Octavia, der Schwester August's. Sie hatte folglich väterlicher und mütterlicher Seits Octavia zur Urgrossmutter und
deren Bruder Augustus zum* avonculus maior
oder proavonculus. *Claudius hatte durch
seine Mutter, die jüngere Antonia, jene Octavia zur Grossmutter, mithin August zum
Grossonkel. Dieser heisst nun streng nicht*
maior *sondern* magnus avonculus, *doch wird
auch bei Sueton 3* Augustus des Claudius
avonculus maior *genannt, wie l'àxar bei* Hel-
lejus *II 59 und Sueton Aug. 7* maior avonculus *des Augustus, des Enkels seiner Schwester. Wie also* magnus *und* maior avonculus *von den Schriftstellern nicht genau unterschieden wird, so nennen sie auch den
Grossonkel schlechthin* avonculus, *z. B. Seneca ad Polybium XV 4 wo Claudius spricht*
divi Augusti avonculi mei, *Tacitus ann. II
43 und sonst.*

9 nescio] *während Claudius bei Tisch die
unglückliche zu ihrer Vertheidigung für den
nächsten Tag vorladen liess, stürzte Narcissus heraus und gab der Palastwache Befehl
im Namen des Kaisers Messalina hinzurich-
ten: später meldete man dem tafelnden, sie
sei tot (Tacitus XI 38), Sueton 39 führt
als Beweis für Claudius'* μετεωρία *und* ἀβλε-
ψία *an:* occisa Messalina paulo post quam
in triclinio decubuit, cur domina non veniret requisiit, multos ex is quos capite
damnaverat postero statim die et in consilium et ad aleae lusum admoneri iussit
et quasi morarentur, ut somniculosos per
nuntium increpuit.

F. BUECHELER: DIVI CLAVDII ΑΠΟΚΟΛΟΚΥΝΤΩCIC.   61

quod occidisti. C. Caesarem non desiit mortuum persequi. occiderat ille
socerum: hic et generum. Gaius Crassi filium vetuit Magnum vocari: hic
nomen illi reddidit, caput tulit. occidit in una domo Crassum, Magnum,
Scriboniam, Tristioniam, Assarionem * nobiles tamen, Crassum vero tam
5 fatuum ut etiam regnare posset. hunc nunc deum facere vultis? videte
corpus eius dis iratis natum. ad summam, tria verba cito dicat, et servum me ducat. hunc deum quis colet? quis credet? dum tales deos fa-

  2 generum·e·crassi   uefnit   3 capt *mit Strich über* t   4 *den Singular*
Tristioniam *geben die Valencienner Hs. von zweiter Hand und die übrigen   die
Lücke bezeichnete Bücheler*   nobiles *corrigiert aus* nobilis

  1 C. Caesarem *Caligula, dessen Miss-
handlung nach dem Tode durch Claudius
übertrieben ist. Denn dieser erklärte zwar
alle Regierungsakte seines wahnschaffenen
Neffen und Vorgängern für ungiltig und liess
dessen Bilder vernichten, war auch mit der
Ermordung desselben sehr zufrieden, indessen der leidenschaftlichen Wut gegenüber,
womit der Senat Caligula's Andenken verfolgte, zeigte er sogar Schonung und Mässi-
gung, obwohl er selbst von jenem die schimpf-
lichste Behandlung erfahren hatte. Sueton
11, Dio LX 3 u. 4.*
  1 Sueton *Calig.* 23: Silanum socerum ad
necem secandasque novacula fauces com-
pulit. *Dio LIX* 8: ὁ πενθερὸς αὐτοῦ (*Caligula's*) Μάρκος Cιλανὸς — ἐπειδὴ βαρὺς
αὐτῷ ὑπό τε τῆς ἀρετῆς καὶ ὑπὸ τῆς ϲυγ-
γενείαϲ ἦν καὶ διὰ τοῦτο περιυβρίζετο,
ἑαυτὸν κατεχρήϲατο. *Er war Consul im J.
19 und unter Tiberius hoch angesehen (Tacitus II 59 und III 24); seine Tochter Junia
Claudia, an Caligula im J. 33 verheiratet,
war noch bei Lebzeiten Tiber's gestorben
(Tacitus VI 20 u. 45), so dass die Darstellung Dio's, als hätte Caligula im J. 37 gleichzeitig den Vater getödtet und die Tochter
verstossen, auf einem Irrtum beruht.*
  2 *Claudius tödtete ausser dem Schwiegervater Appius Silanus (s. unten) auch den
Eidam, worunter L. Silanus Appius' Sohn
(s. zu Cap. 8) verstanden ist, da der nächste
Satz die Erwähnung des andern Eidams
Pompejus Magnus nachbringt.*
  2 Sueton *Calig.* 35: ademit Cn. Pompeio
stirpis antiquae Magni cognomen. *Dio
LX* 5: τούτου τοῦ Πομπηίου ὁ Γάϊος τὴν
τοῦ Μάγνου ἐπίκληϲιν περιέκοψεν —
εἰπὼν μὴ εἶναί οἱ ἀϲφαλὲς Μάγνον τινὰ
προϲαγορεύεϲθαι· ὅ γε μὴν Κλαύδιος καὶ
ἐκεῖνο αὐτῷ τὸ πρόϲρημα ἀπέδωκε καὶ τὴν
θυγατέρα προϲϲυνῴκιϲεν. *Cn. Pompejus
Magnus war der Sohn des M. Licinius Crassus Frugi, Consuls im J. 27, von Scribonia
und der Bruder des von Nero gemordeten
Crassus Frugi, des von Galba adoptierten Piso
Licinianus und des Crassus Scribonianus
(Tacitus hist. I 14 u. 48). Claudius hatte ihn*
*mit seiner älteren Tochter Antonia vermählt,
tödtete ihn aber im J. 47 auf Antiften Messalina's (Sueton 29, Zonaras p. 466, zu Dio
LX 29). Wahrscheinlich schloss sich die
Hinrichtung seiner Eltern, Crassus und Scribonia, und andrer aus demselben Hause daran an (Lehmann S. 268). Plutarch irrte
als er Galba 23 schrieb:* Πίςωνα Κράςςου
καὶ Cκριβωνίας ἔκγονον οὓς Νέρων ἀνῃ-
ρήκει *statt* Κλαυδιοϲ. *Im Folgenden verband
man falsch Crassum Magnum, welchen Namen kein Glied jener Familie führte; richtig
trennte Schuster Crassum, Magnum das ist
Vater und Sohn. Letzterer nemlich hiess
schlechthin Magnus wie bei Dio LX 21:* διὰ
τῶν γαμβρῶν τοῦ τε Μάγνου καὶ τοῦ Ϲι-
λανοῦ. *Die Tristionine und Assario sind
gänzlich unbekannt.*
  5 regnare *gemäss dem in Cap. 1 erwähnten Sprüchwort. Wegen seiner Narrheit wird
er unten dem Claudius aufs Haar gleich genannt.*
  5 hunc *der sich durch all diese Gewalt-
thaten des Himmels so unwürdig erwiesen.
Dies vorhin ausgeführte Argument wird nun
noch durch einen Hinweis auf Claudius' kör-
perliche Mängel verstärkt.*
  6 'von den Göttern im Zorn geschaffen'
sprüchwörtlich für 'unglücklich'. Plautus glor.
314 quin magi deis inimicis natust quam
tu atque iratis? *Phädrus II* 20, 15 dis
est iratis natus qui est similis tibi, *Horaz*:
sat. II 3, 8 iratis natus paries dis *u. a.*
  6 ad summam *namentlich von Seneca und
Petron mit Vorliebe gebraucht, wo das Resultat oder entscheidende Moment vorgeführt
wird, um den in Rede stehenden Gegenstand
abzuschliessen, wie sonst denique, 'kurz'
oder 'schliesslich'. Augustus an Tiber bei
Sueton Aug.* 71: frater tuus magnis clamoribus rem gessit (*beim Würfelspiel*), ad
summam tamen perdidit non multum.
Haase miscell. phil. III p. 16.
  6 *vom Redner P. Vinicius, dessen Zunge
einen ähnlichen Fehler hatte wie die des Claudius, sagte Geminus Varius:* tria verba non
potest iungere (*Seneca epist. 40, 9*).

citis, nemo vos deos esse credet.   summa rei P. C. si honeste me inter
vos gessi, si nulli clarius respondi, vindicate iniurias meas.   ego pro sententia mea hoc censeo:' atque ita ex tabella recitavit: 'quandoquidem divus Claudius occidit socerum suum Appium Silanum, generos duos Magnum
Pompeium et L. Silanum, socerum filiae suae Crassum Frugi, hominem 5
tam similem sibi quam ovo ovum, Scriboniam socrum filiae suae, uxorem
suam Messalinam et ceteros, quorum numerus iniri non potuit: placet
mihi in eum severe animadverti nec illi rerum iudicandarum vacationem
dari cumque quam primum exportari et caelo intra triginta dies excedere,
Olympo intra diem tertium.'   pedibus in hanc sententiam itum est.   nec 10
mora, Cyllenius illum collo obtorto trahit [ad inferos] a caelo

---

1 p·c·   me ergänzte Haase   2 gressi aber r unterpunctiert   nulla aber
a unterpunctiert und i übergeschrieben   durius Rhenanus   5 grassum   7 nach
iniri Rasur eines Buchstaben   9 dare   inter   11 ad inferos. a caelo. unde:

---

1 summa rei elliptisch, ohne haec est, wohl nur hier.

3 Wie Decrete und Urteile aufgezeichnet und verlesen wurden (ex tabula recitare Gellius IV 19, 6; ex tabella pronuntiare Sueton Claud. 15), so war es natürlich dass auch Senatoren den Antrag, welcher zum Beschluss erhoben werden sollte, genau formuliert de scripto vorbrachten. Dass daher Augustus so verführ, ist um so begreiflicher als er sich gewöhnt hatte alles abzulesen, sogar wichtige Unterredungen mit seiner Frau non nisi scriptos et e libello zu führen (Sueton Aug. 84).

4 Der Consular C. Appius Silanus ward durch Vermählung mit Domitia Lepida der Stiefvater Messalina's und Schwiegervater des Claudius. Sueton 29 nennt ihn consocer des Claudius, da sein Sohn Lucius verlobt war mit Octavia, Claudius' Tochter. Er ward im J. 42 hingerichtet durch eine Intrigue Messalina's, deren Lüsten er widerstand, und des Narcissus, welche ihn abergläubigen Kaiser überrumpelten. Sueton 37. Dio LX 14. Tacitus XI 29.

5 Crassus Frugi heisst der Vater des Pompejus auch bei Sueton 17 und auf Inschriften (Henzen-Orelli Register p. 95). Den-selben Namen führte sein Sohn, der Bruder des Pompejus, Consul im J. 64 (z. B. Frontin de aquis 102).

6 Cicero acad. pr. II 18, 57: videsne ut in proverbio sit ovorum inter se similitudo? In gleichem Sinn bei Plautus ex uno puteo similior nunquam aqua aquae und neque lac lactis magis est simile, bei den Griechen am geläufigsten ὄκωι ὄκον οὐδέ ἐν οὕτως ὅμοιον oder mit auffallender Kürze ὁμοιότερος ὄκου.

7 Augustus, dessen Politik sich wesentlich auf Erweiterung seines Hauses durch Heiraten stützte, zählt nur die Verschwägerten und die Frau des Claudius einzeln auf; die übrigen Verwandten werden in der 'unzählbaren' Menge einbegriffen.

8 Der Genetiv gibt nicht, wie in militiae vacatio, das Object an von welchem Befreiung eintreten soll, sondern eine allgemeinere Beziehung des Substantivums welchem er beigesetzt ist, wie in den ciceronischen Wendungen aetatis, adulescentiae, rerum gestarum vacatio; wir übersetzen 'Rast für eine gerichtliche Verhandlung'. Die Strafe soll ohne weitere Procedur und ohne dass Claudius eine Vertheidigung im Gerichtstermin vergönnt ist, auf der Stelle vollstreckt werden.

9 Die Unterscheidung zwischen caelum und Olympus ist solchen römischen Beschlüssen nachgebildet, worin der Endtermin, bis wann der Landesverwiesene Rom und bis wann er Italien zu verlassen habe, ausdrücklich bestimmt ward.

11 Nachdem die discessio der Senatoren August's Antrag zum Beschluss erhoben, übernimmt die Execution Mercur, der viator der Götter, der insbesondere auch den Verkehr mit der Unterwelt besorgt als ψυχοπομπός. collo obtorto (bei Plautus auch collo opstricto, bei Cicero Verr. IV 10, 24 obtorta gula wegen des dabeistehenden de convivio) war die stehende Bezeichnung des Handgriffs, womit der ertappte Verbrecher vor den Richter oder der verurteilte zur Strafe geführt ward. Man erklärt es fälschlich so als wäre der Hals mit der Toga oder gar mit einer Schlinge umstrickt worden; es besagt nichts mehr als 'fest beim Schopf packen', wobei ja der Hals des ergriffenen gewaltsam gewandt wird.

'*illuc unde negant redire quemquam.*'

dum descendunt per viam sacram, interrogat Mercurius quid sibi velit ille XII concursus hominum, num Claudii funus esset? et erat omnium formosissimum et inpensa cura, plane ut scires deum efferri: tubicinum, cornicinum, omnis generis aeneatorum tanta turba, tantus concentus, ut
5 etiam Claudius audire posset. omnes laeti, hilares: populus Romanus ambulabat tanquam liber. Agatho et pauci causidici plorabant, sed plane ex animo. iurisconsulti e tenebris procedebant pallidi, graciles, vix animam habentes, tanquam qui tum maxime revivescerent. ex his unus
10 cum vidisset capita conferentes et fortunas suas deplorantes causidicos, accedit et ait: '*dicebam vobis: non semper Saturnalia erunt.*' Claudius ut vidit funus suum, intellexit se mortuum esse. ingenti enim μεγαληγορίᾳ naenia cantabatur anapaestis:

---

die ersten zwei Worte von Bücheler und Wehle eingeklammert, illuc (*an der Stelle von* a caelo) *durch Muret eingesetzt* 3 et in esset *auf radierter Stelle* 4 efferi 5 aeneatorum Rhenanus: senatorum   .concentus *Lipsius:* conuentus   6 populus· R· *mit Schnörkel über* R   8 et tenebris   9 cummaximo *die Pariser Hs.* 8717   12 ΜΕΤΑΛΩΧΟΡΙΚ (*und in neuer Zeile*) ΩΝΕΝΙΑ·CΑΝΤΑΒΑΤUR ΑΝΑ-PΕSTIS: μεγαληγορίᾳ *vermutete Junius*

---

1 *Catull's Vers III 12, woher auch der Verseschmied bei Meyer anth. lat. 1704, 11 sein* unde fata negant redire quemquam *nahm.*

2 *Als Weg vom Himmel zu den Unterirdischen dient passend der 'heilige Weg'*, sacra via, *ohne dass Seneca darum auch bei der himmlischen Verhandlung an irgend eine Localität in Rom gedacht zu haben braucht, wie an den Cälius wo Agrippina den Tempel des göttlichen Claudius zu bauen begann.* descendunt *ist dem Doppelsinne der* sacra via *angemessen, da auch die römische Strasse nach dem Forum und Marsfelde zu bekanntlich abwärts führt. Indem sie dieser Strasse folgen, bemerkt Mercur den, wie immer, über das Forum ziehenden feierlichen Leichenzug des Claudius.*

2 velit *und* esset *nach dem historischen Präsens wie griechisch* τί βούλεται; εἴ εἴη.

3 *Tacitus XII 69:* funeris sollemne perinde ac divo Augusto celebratur aemulante Agrippina proaviae Liviae magnificentiam. *Sueton Nero 9:* Claudium apparatissimo funere elatum laudavit et consecravit.

4 *Horaz sat. I 6, 42:* hic si plostra ducenta concurrantque foro tria funera magna, sonabit cornua quod vincatque tubas.

5 aeneatores *umfasst alle welche aeneis canunt, ausser den* tubicines *und* cornicines *z. B. die* liticines, bucinatores, siticines (*Gellius XX 2). Die Form* aenatores *bei Festus (Paulus p. 20, 7 M.) gehört der ältern Latinität an; in der Kaiserzeit, vor* *der wir das Wort sonst nicht finden, brauchte man jene andere (Seneca epist. 84, 10. Sueton Caesar 32. Orelli inscr. 4059 u. 6662).*

7 *Claudius' Beschränktheit und Willkürlichkeit hatte das schamlos habgierige Treiben der Ankläger und Vertheidiger begünstigt* (nam cuncta legum et magistratuum munia in se trahens princeps materiam praedandi patefecerat) *und die Massregeln dagegen, wozu der Senat den Kaiser im J. 47 genötigt hatte, waren nicht ernst genug um dasselbe zu verhindern (Tacitus XI 5 u. 7). Die causidici hatten also Grund den Tod des Claudius von Herzen zu beklagen (vgl. unten V. 54), als Nero beim Regierungsantritt strenge Gesetzlichkeit verhiess und den Senat beschliessen liess* nequis ad causam orandam mercede aut donis emeretur (Tacitus XIII 5). *Als Repräsentant der Sachwalter gilt hier ein vermutlich dem Proletariat entstammter* Agatho, *keiner der geschichtlichen Namen wie* Suillius *oder* Cossutianus Capito. *Den* causidici *stehen die* iurisconsulti *entgegen, welche zur Zeit des Claudius vergessen waren, da ihre Gesetzes- und Rechtskenntniss bei einer so parteiischen u. eigenmächtigen Rechtspflege keinen Werth hatte.*

11 *Petron 44:* populus minutus laborat, nam isti maiores maxillae semper Saturnalia agunt.

14 naenia *ein von Flöten begleitetes, beim Leichenzug gesungenes Lied zur Verherrlichung des Verstorbenen. Da es unter allen Umständen den Todten loben musste, im Zweck der* laudatio funebris *ähnlich, so er-*

```
        ' fundite fletus,        edite planctus,
          resonet tristi          clamore forum:
       5 cecidit pulchre          cordatus homo,
          quo non alius           fuit in toto
          fortior orbe.        10 ille citato              5
          vincere cursu           poterat celeris,
          ille rebelles           fundere Parthos
      15 levibusque sequi         Persida telis
          certaque manu           tendere nervum,
          qui praecipites      20 vulnere parvo           10
          figeret hostes          pictaque Medi
          terga fugacis.          ille Britannos
      25 ultra noti               litora ponti
          et caeruleos            scuta Brigantas
          dare Romuleis        30 colla catenis          15
```

---

1 *je 2 Dimeter verbindet die Handschrift in einer Zeile, wie oben, doch ohne Zwischenraum; das ganze Gedicht füllt so in 30 Versen auf p. 250 die Columne links, deren 2 unterste Zeilen leer gelassen sind. Cap. 13 folgt dann auf derselben Seite in der breiteren Columne rechts* 3 h in homo *gleich einem* k *geschrieben; ebenso in Zeile* 7 Parthos 5 illi 12 fugicis, *das erste* i *unterpunctiert und* a *übergeschrieben* Brittannos

---

klärt sich dass man in der Kaiserzeit mit dem Wort den Begriff des ineptum et inconditum verband. Ob die Gentilen das Leichenlied sangen oder wer sonst, erfahren wir nicht; nach Augustus' Tod votierte Asinius Gallus funus triumphali porta ducendum canentibus naeniam principum liberis utriusque sexus (Sueton Aug. 100). Gleichwenig lässt sich feststellen, ob die von Seneca gewählte Form anapästischer Dipodien (wie im Heroldsruf bei Julian Caes. 13) in der Wirklichkeit ihr Vorbild hatte.

2 forum, da die naenia auf dem Forum nach der Leichenrede vor dem Zug auf das Marsfeld begann (Appian b. cir. II 146).

3 Ennius ann. 335 egregie cordatus homo catus Aelii Sextus. *Claudius war in Wahrheit vielmehr* vecors.

4 Dieselbe Wendung V. 36; Ovid metam. III 615 Dictys ait quo non alius conscendere summas ocior antennas. *Claudius nihil aeque quam timidus ac diffidens fuit (Sueton 35).*

5 citato] *sein Gang war hinkend, zu Cap. 1.*

7 *Von den Curchen in Armenien und Hiberer, wodurch die Parther zum Einfall in Armenien veranlasst und kriegerische Bewegungen in den nächsten römischen Provinzen unter Claudius hervorgerufen wurden, berichtet Tacitus XII 44—51. Erst nach Nero's Regierungsantritt zogen die Parther vorläufig aus Armenien ab (Tacitus XIII 7). Meder und Perser (*Persida *steht als Syneck-*

docke für Persas) *werden von den Dichtern öfters neben und synonym mit den Parthern genannt.*

9 certa] ταῖc χερcὶν ὑπέτρεμε *nach* Dio LX 2.

11 picta *wegen der buntfarbigen Tracht (*pictae bracae, picta mitra*). Die andere Erklärung Fromond's: quia picta et imaginosa scuta in terga revievant fugientes, hat nichts wahrscheinliches.* fugacis, *weil jene Völkerstämme ebenso gewandt waren durch scheinbare Flucht den Feind zu überlisten als telis arcuque potentes.*

12 *Claudius unternahm, der erste nach Cäsar, die Unterwerfung Britanniens; nach seinem Feldzuge dorthin feierte er im J. 44 einen grossartigen Triumph (Dio LX 23); später stellte er den ausgelieferten Brittenfürsten in Ketten dem römischen Volk zur Schau (Tacitus XII 37). divus Claudius auctor operis transvectis legionibus auxiliisque; domitae gentes, capti reges, redacta paulatim in formam provinciae proxima pars Britanniae Tacitus Agric. 14. Zu diesem Theil gehörten nicht die Brigantes, der zahlreichste Stamm der ganzen Insel, welcher im Norden Englands zwischen beiden Meeren wohnte u. obwohl schon unter Claudius an den Kämpfen mit den Römern betheiligt, doch erst unter Vespasian unterworfen ward (Tacitus Agric. 11). Seneca übertreibt natürlich mit Absicht. Vgl.* Orelli 717, *welche Inschrift Senat und Volk dem Claudius wid-*

iussit et ipsum	nova Romanae
iura securis	tremere Oceanum.
35 deflete virum,	quo non alius
potuit citius	discere causas
una tantum	40 parte audita,
saepe et neutra.	quis nunc iudex
toto lites	audiet anno?
45 tibi iam cedet	sede relicta,
qui dat populo	iura silenti,
Cretaea tenens	50 oppida centum.
caelite maestis	pectora palmis.
o causidici,	venale genus,
55 vosque poetae	lugete novi,
vosque in primis,	qui concusso
magna parastis	60 lucra fritillo.

delectabatur laudibus suis Claudius et cupiebat diutius spectare. Inicit illi XIII

---

3 qui   4 in potuit *zwischen* o *und* t *ein Buchstab radiert*   6 et *ergänzt im ersten Druck*   8 Tibiamcedet   11 maiestis

---

meten [quod] reges Brit[annici cepit] gentesque b[arbaras] primus in diclo[nem suam redegit] *und verschiedene Epigramme über Claudius' britannische Expedition in Meyer's Anthol. 762 — 769, darunter 763:* medio recondita ponto libera victori quam cito colla dedit *und 767:* Oceanus iam terga dedit nec pervius ulli Caesareos fasces imperiumque tulit. *Claudius selbst hatte am Giebel des palatinischen Hauses* navalem coronam *befestigt*, traiecti et quasi domiti Oceani insigne (*Sueton 17*).

4 citius] *Sueton 15:* in cognoscendo ac decernendo mira varietate animi fuit, modo circumspectus et sagax, interdum inconsultus ac praeceps, nonnumquam frivolus amentique similis. *Ueber seine Beständigkeit und Leidenschaft Recht zu sprechen sieh zu Cap. 7.*

10 *Einem solchen Richter wird Minos sofort seinen Richterstuhl abtreten.* tenens ὁ βασιλεύσας. *Nach Homer's* Κρήτην ἑκατόμπολιν *sagte Horaz* centum potentem oppidis Creten *und* centum nobilem Cretam urbibus (*III 27 33 und epod. 9, 29*).

11 *Schliesslich werden diejenigen welche Claudius zu besonderm Dank verpflichtet waren, noch besonders zur Trauer um ihn aufgefordert. In dem Zusatz* venale genus *bricht das persönliche Gefühl des Schriftstellers durch, während das übrige Gedicht ganz im Stil einer ächten* naenia *alles zum Lob des Todten wendet, womit sich Verunglimpfung seiner Umgebung oder Schützlinge wenig verträgt. Jene Worte konnten auch kaum als wirklicher Tadel erscheinen, da selbst die* causidici *senatorischen Standes bei der betreffenden Verhandlung im J. 47 offen und durchaus nicht wie etwas unrühmliches erklärt hatten, die Vertretung vor Gericht galte und diene ihnen als Erwerbsquelle (Tacitus XI 7).*

13 *Der 'den schönen Künsten hartnäckig ergebene' Kaiser, welcher die eigenen Schriften beständig recitieren liess (Sueton 40 u. 41), wird auch den Arbeiten und Vorlesungen der neuen Dichter seine Gunst zugewendet haben (vgl. Plinius ep. I 13, 3). Gehörte er doch selbst, wie August Tiber Nero, zu ihrer Schaar, da er im Beginn seiner Regierung zu Germanicus' Gedächtniss eine griechische Komödie in Neapel aufführte, welcher die Festrichter den Preis zuerkannten (Sueton 11). Als Censor nahm er den Tragödiendichter Pomponius in Schutz gegen den Schimpf und Spott des Theaterpublicums (Tacitus XI 13).*

14 *Sueton 5 vom Privaten:* ex contubernio sordidissimorum hominum ebrietatis quoque et aleae infamiam subiit; *33:* aleam studiosissime lusit, de cuius arte librum quoque emisit, solitus etiam in gestatione ludere ita essedo alveoque adaptatis ne lusus confunderetur; *im Leben des Vitellius 4:* Claudio per aleae studium familiaris.

manum Talthybius deorum [nuntius] et trahit capite obvoluto, nequis eum
possit agnoscere, per campum Martium et inter Tiberim et viam tectam
descendit ad inferos. antecesserat iam compendiaria Narcissus libertus ad
patronum excipiendum et venienti nitidus, ut erat a balineo, occurrit et
ait: 'quid di ad homines?' 'celerius' inquit Mercurius 'et venire nos 5
nuntia.' dicto citius Narcissus evolat. omnia proclivia sunt, facile de-
scenditur. Itaque quamvis podagricus esset, momento temporis pervenit
ad ianuam Ditis, ubi iacebat Cerberus vel ut ait Horatius 'belua centiceps'. pusillum perturbatur — subalbam canem in deliciis habere ad-
sueverat — ut illum vidit canem nigrum, villosum, sane non quem velis 10

---

   1 talthibius   nuntius *tilgte Camden*   8 oratius

   1 Talthybius, *Bote Agamemnon's und der
Griechen vor Troja, ward zum Heros und
ersten Vertreter des Botenstandes. In Plautus' Stichus 305 sagt der eilende Knabe:*
coutundam facta Talthybi contemnamque
omnis nuntios. *Daher hier* Talthybins deorum *Umschreibung von* Mercurius, *wie er
oben* Cyllenius *hiess.*
   1 *Sonst verhüllen Fliehende selbst den
Kopf*-(caput obvolvere, operire, tunicula
obruere) *theils um nicht erkannt zu werden,
theils aus Furcht vor den nahen Schreckniss-
sen. Hier übernimmt Mercur für Claudius
das Geschäft.*
   2 *Ueber die* sacra via *und das Forum gelangen sie ins Marsfeld, durch welches Claudius geschleppt wird bis an dessen nordöst-
liches Ende, zwischen Fluss und* via tecta.
*Diese lag nach Martial III 5 und VIII 75,
wo sie schlechthin* Tecta *heisst, beim Eintritt
in Rom von der via Flaminia her und hatte
ihren Namen wohl von einer dort beflindlichen
Halle, wie die andere von Ovid fast. V 1* 192
erwähnte via tecta *am Marstempel vor porta
Capena. In der Gegend nun aber, wohin Seneca uns weist,* in extremo Martio campo
(Festus p. 329) *nahe beim Tiber (Valerius
Max. II 4, 5)* ἐν Πεδίῳ ὅπῃ στενότα-
τον (*Sibyllenorakel bei Zosimos II 6) lag
das terentinische Feld mit der bekannten* ara
Ditis patris et Proserpinae, *an welche die
Säcularspiele angeknüpft worden, eine Stelle
die der vulcanischen Bodenbeschaffenheit halber den Unterirdischen geweiht war und im
Volksglauben, wie der* Avernus (*Orelli* 6112
profectio ad ifer[os] Averni) *u. andre Oert-
lichkeiten, den Eingang zur Unterwelt bilden
mochte. Schon Becker Topogr. S.* 641 *erkannte dass Seneca das Terentum im Sinne
hatte. Es kann nicht weit vom* mansoleum
Augustorum *gewesen sein, wo Claudius'
Asche beigesetzt ward.*
   3 compendiaria *mit Ellipse von* via (*wie*
Appia, Flaminia) *schon in Varro's Satire
(Nonius p.* 202), *bei Petron* 2, *bei Seneca*
epist. 27, 6. 119, 1, *wonach auch* 73, 12 *te in*

caelum conpendiario voco *zu berichtigen.
Der Weg den Narcissus gieng kürzte ab, da er
jedenfalls nicht wie Claudius den Umweg über
Himmel und Olymp zu machen hatte. Jener so
gewaltige Freigelassene, welcher als Sekre-
tär* (ab epistulis; *ein* Ti. Claudius Augusti
lib. Philologus ab epistulis *bei Jahn spec.
epigr. p. 93* = *Muratori 2043, 2) den Kaiser beherrschte, und nachdem er Messalina
zu Fall gebracht, ein Gegner Agrippina's und
von ihr verdächtigt für das Leben seines
Herrn wachte, ward vor Claudius' Vergif-
tung von seiner Seite entfernt, nach Campanien geschickt* προφάσει ὡς καὶ τοῖς ὕδασι
τοῖς ἐκεῖ πρὸς τὴν ποδάγραν χρησομένου
(*Dio LX* 34) *und nach Claudius' Tod schleu-
nigst umgebracht. Da die Reihenfolge des
tacitëischen Berichtes schliessen lässt, dass
Narcissus vor Claudius' Leichenbegängniss
umkam (XIII 1 Narcissus' Tod, 2 u. 3 Claudius' Consecration und Exequien), so begreift sich Seneca's Darstellung, wonach
Claudius, der auf der Reise in die Unterwelt
seinen Leichenzug in Rom sieht, beim Eingang in dieselbe von Narcissus empfangen
wird.*
   4 *Hora: III 12. 6* Liparaei nitor Hebri,
simul unctos Tiberinis umeros lavit in
undis. *Narcissus' Cur in den Thermen von
Sinuessa (Tacitus XII 66) wird spassig wie
das zur täglichen Toilette und Gymnastik gehörige Baden und Salben behandelt.*
   6 *Vergil Aen. VI 126:* facilis descensus
Averno; noctes atque dies patet atri ianua Ditis.
   8 *Hora: carm. II 13, 33:* carminibus
stupens demittit atras belua centiceps
aures. 50 *Köpfe gab dem Höllenhund Hesiod, andre wie die lateinischen Dichter meist
3. Letztere nennen ihn* nigrum *oder* atrum
*und lassen sein Haar mit Schlangenzotteln
durchflochten sein. Den Unterschied zwischen
diesem Bullenbeisser und Narcissus' Schooss-
hündchen markiert auch der Wechsel des Geschlechts von* canis.
   10 *Aehnlich Juvenal V 53* nigri manus os-

tibi in tenebris occurrere. et magna voce 'Claudius' inquit 'veniet.' cum plausu procedunt cantantes: εὑρήκαμεν, cυγχαίρομεν. hic erat C. Silius consul designatus, Iuncus praetorius, Sex. Traulus, M. Helvius, Trogus, Cotta, Vettius Valens, Fabius. eq. R. quos Narcissus duci iusserat. me-
5 dius erat in hac cantantium turba Mnester pantomimus, quem Claudius decoris causa minorem fecerat ad Messalinam. cito rumor percrebuit Claudium venisse. convolant primi omnium liberti Polybius, Myron, Arpocras, Amphaeus, Pheronactus, quos Claudius omnes, necubi imparatus esset, praemiserat. deinde praefecti duo Iustus Catonius et Rufius Pompei filius.

2 EIPHKAMEN CYNXAIP(ω)MEN: *berichtigt von Faber und Bücheler* C. Silius *Muret:* ē·consilius 3 Iuncus *Sonntag:* Iunius, *das s über der Zeile* Traulus *Lipsius:* trallus 4 Vectius *Lipsius:* tettius eques·R· *mit Strich über* R: *in* Eq. Ro. *corrigiert im ersten Druck* 6 monitorem fecerat Messalinae *Bücheler* 7 miron arporas: *in* Harpocras *corrigiert im ersten Druck (in dessen interpoliertem Text zugleich* Ampyronas *daraus entstanden)* 8 ampheus Pheronactus *Bücheler:* pheroua otus 9 rofius pomfilius *aber* v *über* o *in* rofius

sen Mauri et cui per mediam nolis occur- | auf ihn *Gruter* 615, 1: Ti. Iulio Aug. l.
rere noctem. | Mnevteri, *so dass er Freigelassener des Ti-*
2 *Narcissus' Botschaft empfängt ein Chor* | *berinus war.*
jubelnd mit dem Zuruf, womit bei dem in den | 7 Polybius *des Kaisers Studienrath (ab*
November fallenden Feste heurenis die *Ver-* | *studiis* Sueton 28; Ti. Claudius Lemnius
ehrer der Isis den verlorenen, dann gesuch- | divi Claudii Augusti lib. a studiis *bei Orelli*
ten und wiedergefundenen Gemahl der Göt- | 719 *war vielleicht sein Nachfolger), zugleich*
tin, Osiris, *begrüssten. Hier soll die Schu-* | *Vorstand des Petitionsbureau's (a libellis*
denfreude damit bezeichnet werden; ernstlich | *nach Seneca ad Polyb. 6, 5, welches einfluss-*
meint es Iuvenal VIII 29: salve Gaetulice, | *reiche Amt auch Callistus bekleidete), an be-*
rarus civis et egregius patriae contingis | *kannteren durch die von Seneca aus der Ver-*
ovanti; exclamare libet populus quod cla- | *bannung an ihn gerichtete Trostschrift, deren*
mat Osiri invento, *nemlich* εὑρήκαμεν cυγ- | *sich jetzt, eilf Jahre später, der Verfasser*
χαίρομεν *(Scholion dazu und Firmicus de* | *wohl ungern erinnerte. Auf dem Gipfel sei-*
errore prof. rel. *im Anfang).* | *ner Macht und Anmaassung wurd* Polybius *im*
2 *Absichtlich lässt Seneca den Chor gerade* | J. 47 *durch* Messalina, *obwohl sie auch mit*
aus denen bestehen, deren Ermordung beim | *ihm buhlte, angeschwärzt und umgebracht*
Sturze Messalina's *im J. 48 das Werk des* | (Dio LX 29 u. 31). Myron *gewiss verschie-*
Narcissus *gewesen war.* C. Silius, iuventu- | *den von dem unter den Dienern des kaiser-*
tis Romanae pulcherrimus, *Buhle* Messali- | *lichen Hauses zu* Antium (Orelli 6445) *im J.*
na's *und dann ihr förmlich angetrauter Ge-* | 50 *genannten* Myro Aug. l. pictor. *Beson-*
mahl; durch ihre Gunst war er auch zum | *ders geehrt hatte Claudius* Harpocran cui
Consul designatus, *in welcher Stellung* Taci- | lectica per urbem vehendi spectaculaque
tus XI 5 *ihn schon im J. 47, im Jahre vor* | publice edendi ius tribuit (Sueton 28); *er*
seinem Tode nennt. Von den 7 hier erwähn- | *scheint identisch mit dem bei* Gruter 595, 2
ten, welche mit Sillus *fielen, nennt* Tacitus | *erwähnten:* Iulia Phoebe sibi et Ti. Clau-
XI 35 u. 36 Iuncus Vergilianus senator, | dio Narbo et Arphocrae Aug. libertis pro-
Traulus Montanus eques Romanus, Sau- | curator. coniugibus suis. *Wann und warum*
feius Trogus *und* Vettius Valens; *der letzte* | *jene vier Freigelassenen mit dem Tode bestraft*
war der Stifter einer neuen medicinischen | *wurden, ist nirgends berichtet; vielleicht gab*
Schule und auch als Redner angesehen (Pli- | *die von* Asinius Gallus *assumptis compluri-*
nius nat. hist. XXIX 8). | bus libertis ipsius (des Kaisers) atque ser-
5 Mnester *unter* Caligula *und* Claudius | vis *im J.* 46 *versuchte Erhebung* (Sueton 13)
*sehr beliebter Pantomime (*Sueton Calig. 36, | *den Anlass.*
55. 57) *und gezwungen, weil Claudius ihm be-* | 9 Iustus Catonius, primi ordinis centu-
fahl der Kaiserin in allen Stücken zu gehor- | rio *in den pannonischen Legionen im J.* 14
chen, Buhle Messalina's (Dio LX 22 u. 28), | (Tacitus I 29), *stieg zum Gardecomman-*
trotzdem aber auf Drängen der Freigelasse- | *ten empor und fiel im J.* 43 *durch* Messalina.
nen mit Messalina *hingerichtet ne tot illu-* | Dio LX 18: ὥcπερ καὶ τότε Κατώνιον
tribus viris interfectis histrioni consule- | Ἰοῦcτον τοῦ τε δορυφορικοῦ ἄρχοντα
retur (Tacitus XI 36). *Wahrscheinlich geht* | (praefectum praetorii) καὶ δηλῶcαί τι αὐ-

deinde amici Saturninus Lusius et Pedo Pompeius et Lupus et Celer Asinius consulares. novissime fratris filia, sororis filia, generi, soceri, socrus, omnes plane consanguinei. et agmine facto Claudio occurrunt. quos cum vidisset Claudius, exclamat: πάντα φίλων πλήρη. 'quomodo huc venistis [vos]?' tum Pedo Pompeius: 'quid dicis, homo crudelissime? quaeris 5 quomodo? quis enim nos alius huc misit quam tu, omnium amicorum interfector? In ius eamus: ego tibi hic sellas ostendam.'

XIIII   Ducit illum ad tribunal Aeaci: is lege Cornelia quae de sicariis lata

---

1 das] in saturninus *auf radierter und durchsichtiger Stelle nicht zu lesen* 2 *nach* soceri *ein Buchstab radiert:* socer *Muret* 4 ΠΑΝΤΑ ΦΙΛΩΝ ΠΛΗΡΗ: *berichtigt von Junius* 5 uos: *fehlt im ersten Druck; die Pariser Hs. 8542 setzt es nach* huc, *die übrigen nach* quomodo 8 cacii

---

τῷ περὶ τούτων (*dem Kaiser über ihre Ausschweifungen*) ἐθέλσαντα προδιέφθειρεν. *Der nach Catonius genannte* Rufius *folgte wohl auf ihn in derselben Präfectur, welche dann im J. 47 der später von Nero getödtete* Rufrius Crispinus *mit* Lusius Geta *inne hatte bis zum J. 51 (Tacitus XI 1. XII 42. XVI 17).*

1 *Nach den kaiserlichen Freigelassenen und zum Ritterstand gehörigen Beamten, vor den Anverwandten rangieren in der Hofordnung die 'Freunde', in den Rath und die Gesellschaft des Kaisers berufene Senatoren. Tacitus erwähnt nur* Lusium Saturninum, Cornelium Lupum *XIII 43 unter denen welche Suillius angeklagt und vernichtet hatte. Lupus war consul suffectus im J. 42 gewesen (Gaius III 53* Lupo et Largo consulibus), Ser. Asinius Celer *schon unter* Caligula *(Frontin de aquis II 102, daher* Asinius Celer e consularibus Gaio principe mercatus mullum *Plinius nat. hist. IX 67). Obgleich wir nur* Lupus *und* Celer *als Consulare nachweisen können, so spricht doch die Stellung von* consulares *wie die bei Wahl der Freunde vom Kaiser beobachtete Regel (Friedländer Sittengeschichte Roms I S. 108) dafür dass jenes Prädicat auf alle vier zu beziehen ist. Da sie vor dem J. 47 umgekommen sein müssen, so wird vermutet dass sie in den Prozess des Asinius Gallus, Bruders von Celer, verwickelt waren (Lehmann S. 261).*

2 fratris filia *Julia Germanicus' Tochter.* sororis filia *Julia Livia's Tochter von Drusus.* generi *Magnus Pompejus und L. Silanus. Der Plural* soceri *ist nur richtig, wenn das Wort in dieser rhetorisierenden Zusammenstellung auch die erst später gebräuchliche Bezeichnung* consocer *umfasst, also Schwiegerväter nicht nur des Claudius selbst, sondern auch seiner Kinder verstanden werden. Dann ist ausser Appius Silanus, der als Stiefvater Messalina's* socer *und als Vater des L. Silanus* consocer *des Claudius war, Magnus' Vater und Antonia's Schwie-gervater Crassus Frugi gemeint (Cap. 11).* Auch socrus *wird Plural und von Domitia Lepida, welche als Mutter Messalina's* socrus des Claudius *gewesen war und kurz vor dessen Tod durch Agrippina beseitigt ward (Tacitus XI 37 u. XII 64), dann von Scribonia, welche als Mutter des Magnus* consocrus des Claudius *war (Cap. 11), zu verstehen sein.*

3 consanguinei *bezeichnet hier nach gemeinem, nicht juristischem, Sprachgebrauch natürliche Verwandte und Blutsfreunde überhaupt. In solchem Verhältniss standen zu Claudius die beiden Silani durch ihre Frau und ihre Mutter Aemilia Lepida, eine Urenkelin August's, Crassus und Magnus durch ihre Frau und Mutter Scribonia, welche wir für eine Descendentin von August's Frau und Julia's Mutter Scribonia halten dürfen, Domitia Lepida als* consobrina, *da ihre und Claudius' Mutter Schwestern waren. Also abgesehen von der erst durch Claudius begründeten Affinität hatten sie alle Anspruch darauf, richtige Verwandte des Kaiserhauses zu heissen.*

3 agmine facto '*in Procession*'. *Seneca epist. 104, 19:* nullum est iter quod te extra metus sistat, nut si quod esset, agmine facto genus illuc humana pergeret. *Petron 26:* mulieres longum agmen plaudentes fecerant (*für die* pompa nuptialis).

4 quomodo] in eo mirati sunt homines et oblivionem et inconsiderantiam *Sueton 39; nach Messalina's Ermordung* nullius humani affectus signa dedit iuvitque oblivionem eius senatus *Tacitus XI 38.*

7 sellas *die Sitze der curulischen Magistrate, insbesondere auch der Prätoren (daher öfters verbunden* sella ac tribunal), *hier 'Richterstühle'.*

8 *Die Todtenrichter sind wie römische Prätoren gedacht.* Aeacus, *der nach der gewöhnlichen Anschauung im Eingang der Unterwelt zu Gericht sitzt, ist Vorstand des Gerichtshofes (*quaestio perpetua, *daher auch Vergil Aen. VI 432* quaesitor Minos), *wel-*

est, quaerebat. postulat, nomen eius recipiat; edit subscriptionem: occisos senatores XXXV equites R. CCXXI ceteros ὅϲα ψάμαθόϲ τε κόνιϲ τε. advocatum non invenit. tandem procedit P. Petronius, vetus convictor eius, homo Claudiana lingua disertus, et postulat advocationem.
5 non datur. accusat Pedo Pompeius magnis clamoribus. incipit patronus velle respondere. Aeacus, homo iustissimus, vetat et illum altera tantum parte audita condemnat et ait: αἴκε πάθοι τά τ' ἔρεξε, δίκη κ' ἰθεῖα γένοιτο.

1 snscriptionem 2 XXXV equites R. CCXXI ceteros *Bücheler:* XXX. equites · R · U · caeteros · CC · XXI · 3 Claudius advocatum *Bücheler* p
5 magns 7 ΑΙΚΕΤΤΑΙϹΤΛΕΡΕΞΑϹΛΙΚΗΕΥΘΙΑΤΕΝΟΠΟ: *berichtigt von Curio, Faber und Schneidewin*

chen die vom *Dictator Sulla* gegebene lex Cornelia de sicariis et veneficis *für Aburteilung dieser Verbrechen eingesetzt hatte (Cicero Cluent. 55, 151). Vor ihm wird Claudius als Mörder criminalrechtlich belangt.*
1 *Nach Anmeldung einer Klage und deren Annahme durch den Prätor* (delatio und acceptio nominis) *muss der Ankläger einen förmlichen und genauen Klagelibell aufstellen und unterzeichnen* (iu crimen subscriptio), *wodurch er für den Fall ungerechter Beschuldigung selbst haftbar wird. Weil die Namensunterschrift das Wesentlichste des Aktes war, bedeutet* subscriptio *geradezu Klageschrift; so Seneca de benef. III 26, 2* subscriptionem componere *wie sonst* libellum componere. *Pedo Pompejus scheint, da ihm Seneca die Rolle des Anklägers überträgt, als Redner vor Gericht sich hervorgethan zu haben.*
2 *Sueton 29:* in quinque et triginta senatores trecentosque amplius equites R. animadvertit. *Tacitus XIII 43:* equitum Romanorum agmina damnata omnemque Claudii saevitiam Suillio obiectabant. *Zehn jener Senatoren begegneten uns in diesem Schriftchen: Appius und L. Silanus, Crassus, Magnus, Silius, Juncus, Saturninus Luxius, Pedo Pompejus, Lupus, Celer Asinius. Ausserdem können wir nennen: Camillus Scribonianus (Tacitus hist. II 75), Annius Vinicianus (Dio LX 15), Q. Pomponius (Tacitus XIII 43), Cäcina Pätus (Plinius epist. III 16), Statilius Corvinus dem die Verschwörung sicher den Tod brachte (Sueton 13), Valerius Asiaticus (Tac. XI 3), Statilius Taurus (Tac. XII 59); eingerechnet in jene Summe waren wohl auch M. Vinicius, von Messalina vergiftet (Dio LX 27), und Scribonianus der Sohn, verbannt und ungewissen Todes gestorben (Tacitus XII 52). Viele Senatoren wie Ritter hatten an Camillus' Aufstand Theil genommen, unter vielen andern ward auch ein Prätor deshalb hingerichtet (Dio LX 15).*
2 *Ilias* I 155 οὐδ' εἴ μοι τόϲα δοίη ὅϲα ψάμαθόϲ τε κόνιϲ τε.

3 *Petronius wahrscheinlich identisch mit* P. Petronius, *den Tacitus III 49 und VI 45 in den Jahren 21 und 36 erwähnt.* vetus, *aus der Zeit vor Claudius' Regierung.*
4 advocationem postulare *bezeichnet das Recht des Angeklagten, für welchen hier Petronius eintritt, zur Beschaffung und Berathung eines Rechtsbeistandes* (advocatus) *Vertagung der gerichtlichen Verhandlung zu fordern. Seneca der Vater exc. controv. III praef.:* subinde nanctus eum in ius ad praetorem voco et cum quantum volebam iocorum conviciorumque effudissem, postulavi ut praetor nomen eius reciperet lege inscripti maleficii; tanta illi perturbatio fuit ut advocationem peteret. *Daher* advocatio *mit* petere *oder* dare *verbunden so viel als 'Frist, Aufschub'. Seneca de ira I 18, 1:* ratio utrique parti tempus dat, deinde advocationem et sibi petit ut excutiendae veritati spatium habeat: ira festinat. *III 12, 4:* quaedam ex his quae te praecipitem ferebant hora, non tantum dies molliet, quaedam ex toto evanescent; si nihil egerit petita advocatio, adparebit iam iudicium esse, non iram. *ad Marciam 10, 4:* sine dilatione omne gaudium haurite; nihil de hodierna nocte promittitur; nimis magnam advocationem dedi; nihil de hac hora. *nat. quaest. VII 10, 1:* quid tam incredibile est quam in turbine longior mora? habet suam locus ille vertiginem quae rapit caelum 'sideraque alta trahit celerique volumine torquet'; et ut det eis aliquam advocationem, quod fieri nullo modo potest, quid de his cometis dicetur?
5 *Petron 9:* coepit mihi velle pudorem extorquere. *70:* coeperat Fortunata velle saltare. *99:* si Gitona tuum amas, incipe velle servare. *Der Anfang vom Anfang liegt darin ausgedrückt.*
7 *Aristoteles eth. Nicom. V 5* καίτοι βούλονταί γε τοῦτο λέγειν καὶ τὸ 'Ῥαδαμάνθυοϲ *(also Spruch des Todtenrichters)*· εἴκε πάθοι τά κ' ἔρεξε, δίκη κ' ἰθεῖα γένοιτο *und dazu Michael Ephesius:* ἔϲτι δὲ τὸ ἔποϲ

ingens silentium factum est. stupebant omnes novitate rei attoniti: negabant hoc umquam factum. Claudio magis iniquum videbatur quam novum. de genere poenae diu disputatum est, quid illum pati oporteret. erant qui dicerent Sisyphum *satis* diu laturam fecisse, Tantalum siti periturum nisi illi succurreretur, aliquando Ixionis miseri rotam sufflaminandam. non 5 placuit ulli ex veteribus missionem dari, ne vel Claudius umquam simile speraret. placuit novam poenam constitui debere, excogitandum illi laborem irritum et alicuius cupiditatis speciem sine effectu. tum Aeacus iubet illum alea ludere pertuso fritillo. et iam coeperat fugientes semper tesseras quaerere et nihil proficere. 10

XV
        nam quotiens missurus erat resonante fritillo,
        utraque subducto fugiebat tessera fundo.
        cumque recollectos auderet mittere talos
        lusuro similis semper semperque petenti,
        decepere fidem: refugit digitosque per ipsos 15
        fallax adsiduo dilabitur alea furto.
        sic cum iam summi tanguntur culmina montis,
        inrita Sisyphio volvuntur pondera collo.

apparuit subito C. Caesar et petere illum in servitutem coepit; producit testes qui [illum] viderant ab illo flagris, ferulis, colaphis vapulantem. 20

---

4 Sisyphum satis diu laturam fecisse *Bücheler:* sium diu laturam fecissent 5 succurretur *aber re über rr*   8 speciem *Scheffer:* spes   effectu *Rhenanus:* effectum   aeacus *corrigiert aus* aeaccus   9 pertuso *Rhenanus:* percuso   figientes   11 missurus fratrae sonante   18 sisyfio   19 ē.   Coepit producere testes: *berichtigt in allen andern Hss.* (cepit et producit *in der Pariser 8717*)   20 illum *eingeklammert von Bücheler*

τῶν Ἡσιόδου (*Göttling fragm.* CCXVII). Vgl. Julian Caes. 12 *und die Nachweise v.* Leutsch's *paroemiogr.* Gr. I p. 396.

3 Die durch die lex Cornelia verordnete Strafe *war* insulae deportatio et omnium bonorum ademptio (*Digesten* XLVIII 8, 3).

4 *Sisyphus, der beständig den Felsblock emporwälzt, sei lange genug Lastträger gewesen.* latura (*in den Glossen mit* ἐργάτου φορά *erklärt, heisst das Geschäft eines Trägers. Davon in der Verkehrssprache* laturam facere (*wie* mercaturam, unguentariam, praeconium, topiariam facere) *bei* Augustin *serm.* 345, 3: quaeris qui portet, qui migret: Christus tibi in utroque adest, non faciet imposturam, faciet insuper et latnram, *und* laturarius (*nach* Firmicus humeris ac dorso vitae subsidia quaerens) *bei demselben serm.* 60, 8: quid sunt pauperes quibus damus nisi laturarii nostri per quos in caelum de terra migramus? da: laturario tuo das, ad caelum portat quod das *und öfter. Von so mühseligem Posten sei Sisyphus endlich abzulösen.*

5 *Das unaufhörlich sich drehende Rad des* Ixion *solle zum Stillstand gebracht und an seiner Stelle Claudius darauf gespannt werden.* sufflaminare (*von* sufflamen *Radsperre, Hemmschuh*) *noch bei Seneca dem Vater exc.* controv. IV *praef.:* tauta erat illi velocitas orationis ut vitium fieret; itaque divus Augustus optime dixit 'Haterius noster sufflaminandus est': adeo non currere sed decurrere videbatur.

9 *Die Strafe entspricht der Leidenschaft des Kaisers für das Würfelspiel* (*zu* Cap. 12); *der* pertusus fritillus, *wo der Boden weicht und die zwei Würfel vor dem Wurf durchgleiten, ist dem* pertusum dolium *der Danaiden nachgebildet.*

19 *Obgleich das Drama mit jener Verdammung des Claudius zu ewigem vergeblichem Spiel beendet ist, hat Seneca noch diese Nachspiel eines zweiten Prozesses angehängt, um den Schimpfs und der Schande zu gedenken, womit Caligula den Claudius behandelt hatte:* nam Claudium patruum nonnisi in ludibrium reservavit (*Sueton Calig.* 23. Nero 6.

adiudicatur C. Caesari. Caesar illum Aeaco donat; is Menandro liberto suo tradidit, ut a cognitionibus esset.

1 ö ·

Dio I. X 3). Einzelne Beleidigungen, die ihm an Caligula's Hof widerfahren, erzählt Sueton Claud. 8, darunter auch dass er bisweilen bei Tisch schlafend ferula flagrove velut per ludum excitabatur a copreis. Weil also Claudius von Caligula Misshandlungen erduldet, wie sie nur einem Herrn gegen seinen eigenen Sklaven gestattet waren (denn selbst einen fremden Sklaven durfte man nicht verberare, wenn auch pugno percutere), so lässt der Satiriker ihn von Caligula (isti belaue wie es de ira III 19 heisst) als Eigentum vindicieren.

1 Menander, der Freigelassene des Aeacus, ist kein andrer als der grosse attische Dichter; insofern der Komiker der Mit- und Nachwelt den Spiegel der Wahrheit vorhält, konnte er von Seneca zum Gehilfen des Todtenrichters gemacht werden. Dessen Unterbediente wird Claudius, womit zugleich die Leidenschaft des Kaisers für das Richteramt und der komödienhafte Charakter seiner Urteile persifliert wird. Dem hier zuerst angedeuteten Amt a cognitionibus, für Untersuchungssachen die nicht zum ius ordinarium gehörten, standen bis auf Hadrian kaiserliche Freigelassene vor (Friedländer Sittengeschichte Roms I S. 148), denen, wie unsre Stelle zeigt, wieder Sklaven als Schreiber, Futterknechte oder zu andern Zwecken beigegeben waren. Der vergötterte Kaiser muss in der Hölle, wie er es auf Erden gewohnt war, einem Freigelassenen dienen.

Kritischer Anhang.

1. Ueber die Quellen.

Die Satire Seneca's war, nach den ältesten Abschriften zu schliessen, um die Zeit Karls des Grossen getrennt von den übrigen Schriften des Philosophen, in einem Miscellancodex enthalten, aus dem um die Mitte der Satire, wo ein nicht unerhebliches Stück fehlt, ein Blatt verloren gegangen sein muss. Er war sowohl was Orthographie als was die griechischen Citate betrifft, im ganzen sehr correct geschrieben und zwar in Uncialen (daher Varianten wie uefuit für uetuit S. 61, 2 und frat für erat S. 70, 11). Dieser Codex ist die Quelle der noch heute in grosser Anzahl vorhandenen, aber meist völlig werthlosen Handschriften, aus denen ich die von mir benutzten oder mir näher bekannt gewordenen in Kürze nennen will:

8   1) die St. Galler Nr. DLXVIIII. Sie enthält verschiedene Lebensbeschreibungen von Heiligen, im X und XI Jahrhundert von verschiedenen Händen geschrieben. Darin befindet sich nur ein Quaternio nebst zwei Blättern aus dem Codex, welcher ursprünglich unsre Satire enthielt, jetzt pag. 240—257. Dieser Theil beginnt p. 240 mit [P]hoebo i. soli quadrigam ascribunt illam ob causam, einer Notiz über die Pferde des Sonnengottes, woran sich Glossen über actiua und contemplatiua ulta, eine Aufzählung der Weltwunder und medicinische Fragmente anschliessen; letztere endigen p. 242: Erat autem cibus salomonis per singulos dies XXX choros simile. et LX choros farinae. Decem boues pingues. et XX boues paschuales et C arietes excepta uenatione ceruorum caprearum atq. bubulorum (corr. bubalorum) et auium altalium. Es folgt p. 243:

   DIUI CLA^{V}DII INCIPIT ΑΠΟΘΩCIC ΑΝΝΕΙ ΣΕΝΕCE P SATIRΛ̄

bis p. 251:

   DIUI· CLAUDII· EXPLICIT· APOTHEOSIS·
   ANNEI· SENECAE· PERSATURAM·

Dann p. 252 von derselben Hand: IN $\overline{XPI}$ NOMINE. Incipit liber bemethodi episcopi ecclesiae patrensis et martyris Christi quem de hebreo et greco in latinum transferre curauit Idem de principio saeculi et interregna gentium et finem seculorum. quem illuster uirorum beatus hieronimus in tuis opusculis collaudauit. Methodius endigt p. 257: Vnde nos eripere dignetur qui uiuit et regnat in saecula saeculorum. AMEN. Auf der oberen Hälfte von p. 243 bis quod viderit S. 41, 7 (p. 244 fängt an bei obliquo S. 43, 6) ist das Pergament zum zweiten Mal beschrieben. Jede Seite hat 32 Zeilen, nur einmal p. 250 (aus Anlass der Verse S. 64, 1) zwei Columnen. Die Anfangsbuchstaben der Sätze und Verse und das Griechische ist roth gemalt. Puncte sind zahlreich gesetzt, auch inmitten des Satzes an unrechter Stelle, wie oft in älteren Handschriften, weshalb Cap. 6 aus der Interpunction celebrauit. saturnalia eius. princeps in der Valenciener Hs. (die St. Galler gibt celebrauit. saturnalia ei^s princeps) auf die Unächtheit der zwei mittleren Worte *zu schliessen sehr voreilig ist. Die Worte sind vorwiegend zusammen- oder an einander gehängt, z. B. Cap. 1* historicoiuratoresexegit. *An Compendien fehlt es nicht, so regelmässig* ōms *statt* omnes; *wo es die üblichen Abkürzungen waren, sind sie im Variantenverzeichniss schlechthin aufgelöst.* ae, oe, ę *und* e *sind zu häufig verwechselt, um es jedesmal besonders zu vermerken: so* celum, querlto, letus, ve me, phębus, Romam coepit, rusticę, p̄tioso, *und S. 57, 3* ael *für* et.

Eine genaue Vergleichung dieser Hs. mit Haase's Ausgabe empfieng ich durch besondere Gefälligkeit des Hrn. Dr. Götzinger, Professor an der Kantonsschule in St. Gallen; eine andere, mit bewundernswerther Akribie nach Schusler's Text gefertigte stellte mir Freund Usener freigebigst zur Verfügung, dem man auch die obigen Angaben über die Hs. selbst zu danken hat. Durch Benutzung beider Collationen ist es möglich geworden die Varianten der Hs. so erschöpfend und zuverlässig mitzutheilen, wie sie auch das aufmerksamste Auge eines einzigen Gelehrten kaum bemerkt. Die wenigen Differenzen zwischen Usener einerseits und andererseits Götzinger und Orelli, dessen von Fickert aufgenommene Collation mehr als flüchtig war, liessen sich durch Vergleichung der übrigen Hss. oder sonst testimnt beseitigen. Nur S. 66, 6, wo Usener stillschweigend für prochia *zeugt, Götzinger ebenso mit Orelli für* prochia, *trug ich einiges Bedenken, da die Pariser Hss.* proclina, *aber die Valencienner und Wolfenbütteler* prochinia *geben: für letzteres schien der Sprachgebrauch jener Zeit den Ausschlag zu geben.*

2) *Die Valencienner, ehemals von Junius benutzt, dann von Th. Oehler für V Fickert verglichen, der sie in der Vorrede p. VIII beschreibt. Dass sie noch in das IX Jahrhundert gehöre, fällt mir zu glauben schwer; sollte dies etwa aus dem Namen Hucbald's geschlossen sein, der in folgender Notiz über die Hs. steht (catalogue des manuscrits de la bibliothèque de Valenciennes par J. Mangeart, premier article de M. Léopold Delisle, abgedruckt aus dem journal des savants, juin et septembre 1860, p. 9):* '*190. Marius Plotius de metris cum proverbiis Senecae et cum ludo ipsius de morte Claudii Neronis. Hucbaldus*'? *Ausser dem versificirten Suetonius* de ventis *und anderen metrischen Kleinigkeiten wird aus der Hs. auch* S. in memoria cuiuslam militis *angeführt, vielleicht dasselbe Gedicht, welches in den Pariser Hss. unsrer Satire 6630 und 8717 sich findet und anfängt:* Ille ego Pannoniis quondam notissimus oris *(Burmann AL. II 118). Nach Oehler lautet die Aufschrift der Satire:* Senece Ludus de morte Claudii, *die Unterschrift bildet das Epigramm* Damnabis numquam longum post tempus amicum Mutavit mores sed pignora prima memento.

3) *Die Pariser Nr. 6630 aus dem XIII Jahrhundert, 110 Pergament-* A *blätter in klein Octav. Auf fol. 98 a* L. ANNEI SENECE DE BENEFICIIS LIBRI VII EXPLICIT FELICITER. INCIPIT EIVSDEM SENECE LVDVS DE MORTE CLAVDII CAESARIS. *Auf fol. 103 b* EXPLICIT LVDVS SENCE. INCIPIVNT PROVERBIA EIVSDEM SENECAE PER ORDINEM ALPHABETI. *Die Hs. ist sorgfältig geschrieben und bietet im Vergleich zu anderen nachfolgenden einen wenig verderbten Text; namentlich das Griechische ist sehr fein und treu copiert, mindestens ebenso gut wie in der unter 2 genannten Hs. Als Probe mögen die zwei Verse am Ende von Cap. 5 dienen:* ΙΑΙΩΝΚΝΜΕΦΕΡΟΝΑΝΕΜΟCΚΙΟΝΕCΟΠΕΜΕCΕΝ *und* ΕΝΕΛΛΕΓΩΝΟΛΙΒΕΠΡΑΘΟΘΝΟΛΕCΑΛΑΤΤΟΥC. *Diese und die übrigen Pariser Hss. hatte schon Ruhkopf vergleichen und einsehen lassen, doch ist auf dessen Angaben gar kein Verlass. Ich erhielt eine höchst genaue und vollständige Vergleichung dieser Hs. durch die Güte des Hrn. Alfred Holder aus Rastatt, welcher mit dankenswerther Bereitwilligkeit seine Zeit opferte, um auch von den andern auf der Pariser Bibliothek befindlichen Hilfsmitteln mir die im Folgenden erwähnten Collationen und Notizen zu verschaffen.*

B 4) *Die Pariser Nr. 6389 aus dem Ende des XIII oder Anfang des XIV Jahrhunderts: auf dem letzten Blatt steht:* est michaelis de cuguluo. *Die Satire beginnt fol. 60 a:* Explicit liber Vllus de beneficijs Incipit ludus senece *und schliesst fol. 63 a:* Explicit ludus senece. Inciplunt prouerbia senece per ordinem alphabeti disposita. *Verglichen für Cap. 10 und die 3 ersten Zeilen von Cap. 11, ausserdem für sämmtliche griechische Stellen.*

C 5) *Die Pariser Nr. 1936 aus dem XIV Jahrhundert. Die Satire steht auf fol. 346 a — 358 b zu zwei Columnen nachlässig und fehlerhaft geschrieben, doch ist das Griechische nicht übergangen. Verglichen für Cap. 10.*

D 6) *Die Pariser Nr. 5055 aus dem Ende des XIV oder Anfang des XV Jahrhunderts, italiänische Handschrift auf Papier. Die Satire beginnt fol. 170 a:* Incipit ludus senece *und schliesst fol. 173 b ohne Unterschrift. Verglichen wie die Hs. unter 4.*

  7) *Die Pariser Nr. 8501 A aus dem Ende des XIII Jahrhunderts, 131 Pergamentblätter. Von Quaternio R sind nur noch vier in der Mitte geheftete Blätter übrig, auf deren drittem fol. 130 a die Satire beginnt:* Incipiunt lude (corr. ludi) senece de obitu claudii neronis; *das folgende Blatt geht bis* Noli mihi inuidere S. 58, 6 *womit die Hs. abbricht. Sie ist vollständig verglichen. Hier die Abweichungen von meinem Text zu S. 53,* 8 Silanum — *56, 4 sunt:*
 8 sillanum || *S. 54, 1* per quod || *3* inquid || *studere* || *5* corrigit || nescio eclam celi || *S. 55, 2* nunc || aa·υρογειααχογκκιν || *4* non licere *fehlt* || *6* mapapa || 8 Kl *mit Strich durch* l || *S. 56, 1* quantumulasuafer *mit Rasur, wie es scheint, von* t *vor* qui || aala poeco·κατοκιc·ω || *2* uiuat | *3* non fero

E 8) *Die Pariser Nr. 8717 aus dem Ende des XIV Jahrhunderts. Auf fol. 51 a* Annei lucii senece de morte claudii qui dicitur ludus senece liber incipit, *dann folgt das Epigramm Martials V 42, dann die Satire:* Factum fuit in celo ante diem tertio ydus octobris anno nono initio saeculi felicissimi nolo memorie tradere nichil offerens uel gratiae dabitur. *Diese schliesst fol. 55 b mit* cognitionibus abesset, *worauf das oben erwähnte Gedicht folgt:* Ille ego pannonijs quondam notissimus horis *bis Exempio* mihi sum primus qui talia gessi *und dann erst (fol. 56 a) die Unterschrift:* Annei luci senece de morte claudij liber explicit qui dicitur ludus senece. *Sehr flüchtig und fehlerhaft geschrieben: nur in Cap. 4 ist das Griechische copiert, an den übrigen Stellen Raum gelassen. Vollständig verglichen.*

F 9) *Die Pariser Nr. 8512 aus dem Ende des XIV Jahrhunderts, aus verschiedenen Stücken zusammengesetzt. Die Satire stand ehemals auf einem VI Quaternio, jetzt fol. 185 b — 188 a zu zwei Columnen. Die Aufschrift* Ludus senece *von späterer Hand: nach dem Schluss* cognitionibus abesset *die Anekdote aus dem Rhetor Seneca:* Naso rogatus aliquando ab amicis suis ut tolleret tres uersus inuicem petiuit *u. s. w. Die griechischen Stellen fehlen, aber Raum gelassen. Vollständig verglichen.*

G 10) *Die Pariser Nr. 2389 aus verschiedenen Stücken zusammengesetzt: die Satire fol. 58 a — 64 a aus dem XIV Jahrhundert (nicht XIII, wie der Katalog angibt); unter ihrem Schluss steht* ex libb. Petri Danielis Aurelii 1564. *Die griechischen Stellen fehlen. Verglichen für Cap. 10.*

  11) *Die Pariser Nr. 8544 im J. 1389 geschrieben (laut der Unterschrift auf dem letzten Blatt von* Johannes de vorborch theotonicus*) zu zwei Columnen. Die Satire beginnt fol. 117 a ohne Aufschrift und geht bis* quod nunc profani uocis incerto sonas S. 51, 7 *wo die Seite endigt mit* deogratias explicit; *die folgende Seite fol. 118 a beginnt:* Annei lucii senece de clementia ad neronem liber primus incipit. *Die griechischen Stellen fehlen. Vollständig verglichen. Hier die Abweichungen von meinem Text in Cap. 5 und dem Anfang von Cap. 6:*
 S. 47, 7 Que et In || Sentis enim || *8* quae memorie || *9* inpraesserunt || sunt ||

10 nunciatur ‖ *11* mirari ‖ *12* trahere dextrum ‖ uacionis ‖ *13* quod ‖ intelligere
15 Tunc Iupiter ‖ *16* et *fehlt* ‖ S. 48. 2 timuerit ‖ gentis ‖ *3* set ‖ *4* tercium
6 graculo. Claudius gaudet ‖ *10* ait. Erat autem ‖ *12* eque homericus. Et inposuerat hercuIi nimimo discrimine febres nisi fuisset ‖ S. *49*, *4* narret

12) Die Pariser Nr. *8624* aus dem *XIII* Jahrhundert, *64* Quartblätter, dann angeheftet in klein Octav fol. 65 – 72, dann in etwas grösserm Format fol. 73 und 74, wovon 73 den Anfang der Satire enthält, 74 aber leer ist. Auf fol. 73 Incipit ludus senece de morte claudii neronis; mit oportet enim S. *45*, *1* schliesst Blatt und Handschrift. Ganz verglichen. Hier die Abweichungen von meinem Text in Cap. *1* und 2:

S. *40*, *1* tercio ‖ nono inicIu ‖ 2 fidelissimi ‖ nichil nec gratie ‖ 7 hystorico
S. *41*, *1* qerite ab illo ‖ *3* agantur ‖ *4* tyberium ‖ 7 nuncio ‖ quod niderit
S. *42*, *1* quicum ‖ certe ‖ *4* sompui ‖ *6* hyems ‖ 7 antumpni ‖ bacho ‖ *9* intelligi ‖ octobris. dies ut eiusdem octobris ‖ *11* Cum inter ‖ S. *43*, *1* aquiescunt poete" omnes non ‖ 2 ut ‖ *5* noctis fessus

13) Die Pariser Nr. *6395* aus dem *XIV* Jahrhundert; die Satire fol. 221a — 223b zu zwei Columnen. Aufschrift Incipit liber Senece de ludis. Unterschrift Explicit liber Senece de ludis. Die griechischen Stellen fehlen ganz ohne Lückenzeichen. Weiter nicht verglichen.

14) Die Wolfenbüttler Extr. 299, italiänische Handschrift aus dem W XV Jahrhundert. Die Satire beginnt fol. 2a: Ludus Senece de morte Claudii Neronis foeliciter Incipit und schliesst fol. 16b nach ut cognationibus abesset (so und nicht wie Fickert angibt) mit doppelter Unterschrift: Ludus Senecae de morte Claudi Neronis finit foeliciter und Lucii Annei Senecae Satira de claudio cesare Finit foeliciter. Die griechischen Stellen fehlen, aber spärlicher Raum gelassen. Da Fickert's Collation nicht genau war, habe ich die Hs. abermals ganz verglichen.

Ausserdem schickten mir Hr. W. Froehner und Hr. A. Holder beide eine Vergleichung der Pariser Hs. *10413*, worin Bernard de Montfaucon die Satire nach der Vulgate eingetragen hat um einen Commentar beizufügen, der indessen fehlt: nur 119 Citierzeichen stehen im Text. Eigene Aenderungen hat dieser nirgends erfahren ausser S. 52, 11: exhausi hic Hercules Claudium introduxit, tum DEVS ALIQVIS: Sed .. Quod hoc te Iuferes cum isthoc homine, HERCVLES: quoniam volo. DEVS ALIQVIS: non mirum quod u. s. w.; das ganze Cap. 8 ist dann zum Theil höchst unsinnig als beständig wechselnder Dialog zwischen DEVS ALIVS und DEVS ALIQVIS vertheilt. Endlich gab Hr. Holder nach dem noch ungedruckten Supplementkataloge der kaiserlichen Bibliothek mir Kunde von zwei Handschriften unsrer Satire, von denen die erste unter Nr. Suppl. *1213* noch vorhanden, die zweite aber (XIII Jahrh. cod. Sorbon. 354 Katalog p. *417*) verschwunden sei. Weitere Bemühungen um jene hielt ich für überflüssig, desgleichen um die von Ruhkopf Vorrede p. XX und XXI registrierten Hss. der Marciana zu Venedig und der Vaticana, unter denen eine dem XIII, die anderen dem XIV und XV Jahrhundert zugeschrieben werden.

Ueber den Werth der verschiedenen Hss. für die Kritik kann ich sehr kurz sein. Diejenigen, in welchen die griechischen Stellen fortgelassen sind, kommen gar nicht in Betracht. Unter den übrigen lässt sich keine als das Original nachweisen, dem die andern nachcopiert wären: sie gehen vielmehr alle, S und wahrscheinlich V unmittelbar, die Pariser mittelbar, auf einen verlornen Archetypus zurück. Aber S ist so sehr die getreueste Repräsentantin der Ueberlieferung, dass nur sie dem Texte zu Grunde gelegt werden darf, ja die anderen ihr gegenüber weiter nichts nützen als die Entstehungsgeschichte der zahllosen Fehler in den jüngsten Hss. zu illustrieren. Abgesehen davon dass das Griechische in S am correctesten geschrieben ist, sie gibt allein das nötige und *richtige wo die andern nichts oder verkehrtes haben, z. B. S. 43, 11 (auch V et respondit inuides) oder 71, 1 (selbst in V fehlt Caesari). Wer sich die Mühe nehmen will die Fickert'schen Mittheilungen über V, die zweitbeste Hs., mit unsrem nach S geordneten Texte zusammen zu halten, wird sich auf jeder Seite von der Richtigkeit unsres Urteils überzeugen. Ausser solchen Fehlern in S, wie sie der kopfloseste Schreiber nicht nachschrieb, z. B. sine effectū statt effectu, finde ich nur zwei Stellen, wo ihre Vorzüglichkeit durch die Gesammtheit der andern Hss. in Schatten gestellt wird: S. 50, 5 und 70, 19. Aber wird jemand zweifeln, dass auch ohne ein besseres Original jene Versehen von jedem Mönch berichtigt worden wären, der beim Lesen und Schreiben seine Gedanken beisammen hatte? Während ich es daher einestheils für Pflicht hielt, im Texte ausschliesslich S zu folgen, wie es meistens schon Haase vor mir gethan, und die Varianten von S vollständig zu verzeichnen, mochte ich mich anderentheils nicht entschliessen, diese Ausgabe und den Leser mit dem völlig unbrauchbaren Ballaste sämmtlicher Abweichungen der übrigen Hss. zu beschweren. Dem Sachverständigen wird folgende Probe eines derartigen Verzeichnisses zu Cap. 10 genügen, welche namentlich auch den zu hoch angeschlagenen Werth von V, der zwischen S und den andern in der Mitte stehenden Hs., auf das rechte Mass herabsetzen wird:*

S. 58, 8 Tum F || claudius C || surexit E || suo W || loco *fehlt in Lipsius'* Hs. || dicente E || 9 faconodia BF || ego inquit S: *fehlt in V ABCDEFG W* || patres conscripti F || res castas habes C || *10* meum] et meum meum E || negotium meum *umgestellt* F || negocium AG *und in schwer verständlicher Kürzung* C || *11* et alle || grauorem *von erster Hand* S, gratiorem E || S. 59, 1 ideo] ⊦P *mit Schnörkel darüber* C || 2 conposui F || fundari *von erster Hand* G || opibus C, opib E || ut SV: Et *oder et die übrigen* || quicquid W || *3* patres conscripti F, c. p. BC, pie G || iudignatione S, Indignacōni C, indignacionem G || consudum est C || *4* Igitur F || ad me *vor* ad Mesalae V, a me *doch* a *aus* ad *radiert* W, a me *ABCDEG: die Dittographie fehlt in* SF || corum disi ensimi C || *5* pudet S: praecklet V, pcidit ius *oder* precidit Ius ABCDEFG W || p. c. *fehlt in* F || nobis BCF || posse *non umgestellt* G, non *am Rande zugefügt* W || sed *nach* muscam W || *6* quam] *das* Compendium *von* quando C || canis *fehlt in* E || adsidit S: exsidit ABF, exidit E, excidit VCDG, excindit *mit einem Kreuzchen zum Zeichen der Verderbniss* W, frustum excidit Curio's Codex (frustrum abscidit *der erste Druck*), Rang. leg. quam canis exta edit lego quam canes exed (*das Folgende nicht zu erkennen*) *am Rande* F *von später Hand, vielleicht des Besitzers* Jac. Aug. Thuanus || Set D || quid dicam de W *wo nachher* dicam *fehlt* || 7 ac talibus S: actibus BDFG *und über der Linie* A, acribus VC, artibus E, artibus W || uiri W: *in den meisten nicht zu entscheiden ob* uiris *oder* iuris; *Rasur nach diesem Wort in* A || non *fehlt in* D || modestia B, modesᵗⁱᵃ C || 8 Illaqilla F || co *vor* omittam *ausgestrichen* A || omnittam D || referem V || nam] Illa C || eclamsi G, etiamsi E, esi C || sormea S, formea V, formea F, phormea ABDEGW, phoṛ C, formica Curio's Codex || 9 gresce D || ego nescio D || ενtυcon τοnτκnnαιηc S, εnτυcοnιk nnαιnc V, εnτιcοnτοnτκn·nαιnc A, εnτιconronykrnαι·ηc B, εnʌτουτοnʰιnnαι·ηc C, εnτυconronyknnαιnc D, *fehlt in* EFGW *bei leerem Raum in* FW || iste *fehlt in* E; ista quae C || uideris G || *10* nomine meo *umgestellt* F || docens E || michi D || graciam G || rettulit W, praetulit C || ut *von zweiter Hand übergeschrieben* G || iullias D, sicilias V || amitas suas *setzt* Curio's Codex *zu* (duas amitas suas Rhenanus' *erste Ausgabe*) || S. 60, 1 pronepotes *oder pro* nepotes *alle ausser* C || cecideret W || uude E || adnepotem VABDEW || 2 1. *fehlt in* C || Silandum V, sillanum FW || uides E || Iupiter BCDEFG W || mala *fehlte in* Rhenanus' Hs. || aecuos S, haec uos V, hic inter uos A, huc inter uos C, haec (*in sicherem Compendium*) inter nos E, hic inter nos BDFGW || *3* es S: est *alle andern* || quenequam *B*, quenquam *W'* ‖ res ror ex ausgestrichen *W'* ‖ hils *BCDEG* ‖ quasque] qles *C* ‖ 4 agnosceres *ABDGW'* ‖ antequem ron erster Hand *S* ‖ dampnasti *VABDEFG* ‖ 5 H mit nachgetragenem oc *W'*, haec im Compendium *C* ‖ ubi *S*: fehlt in allen andern ‖ fi° *B* ‖ non sic *CG* Curio's Codex

Es erhellt aus dieser Probe auch das, wie früh schon in den bessern *Hss.* die Entstellung oder das Missverständniss einzelner Worte, z. B. S. 59, 5 pudet und 60, 2 aequos, den Anstoss gab zu ebenso dreisten als abgeschmackten Interpolationen. Es kann daher niemanden Wunder nehmen, dass die Schreiber der jüngeren *Hss.*, wenn sie mit einem an allen griechischen Stellen lückenhaften und sonst oft sinnlosen Original (man vergleiche nur *C*) zu thun hatten, noch ein mehreres wagen zu dürfen glaubten. Fast in allen *Hss.* (auch *W'* ward ror fac *S. 44, 3* tum ille eingeschaltet, eine Folge der Lesung vorher quid huic inuides? et respondit, welche selbst wieder nichts ist als Verderbniss aus quid huic et reip. inuides durch das Medium quid huic et respondit inuides. Ein halbgelehrter Corrector, wie der welcher *F* angefertigt, liess es sich nicht nehmen zur Verschönerung der Latinität *S. 53, 5* est aliquid certe in illo Stoici dei zu interpolieren oder des Gedankens *S. 63, 10* capita conferentes et plangentes et fortunas suas deplorantes. Solche Glossen und Zusätze sind das Vorspiel einer beträchtlichen Reihe von Einschiebseln grösseren Umfanges und erweiternden Inhalts gewesen, welche, obgleich längst verdächtig, doch aus den bisherigen Texten noch nicht ausgemerzt waren. Ja eines derselben behauptete bis jetzt seinen Platz als ächter Gedanke Seneca's ohne alle Anfechtung, der an ziemlich unpassender Stelle *S. 61, 5* zwischen posset und huuc eingeschobene Satz: cogitate P. C. quale portentum in numerum deorum se recipi cupiat. Bei näherer Betrachtung jener Einschiebsel ergibt sich dass die meisten ganz sinn- und sprachwidrig, alle jedenfalls überflüssig sind, und ich konnte im heinischen Museum 13 S. 574 ohne Rücksicht auf ihre äussere Beglaubigung aus inneren Gründen ein gerechtes Verdammungsurteil über sie aussprechen. Jetzt weiss ich dass sie sammt und sonders im ersten Druck eingeschmuggelt worden sind und in keiner einzigen der seit Rhenanus bis heute benutzten *Hss.* sich gefunden haben. Denn Ruhkopf täuscht, wenn er für die S. 44, 7 nach Britannos in Erinnerung Jurenal's interpolierten Worte Sauromatas et si qui ultra glacialem Boream Incolunt Barbari die Hs. des Rhenanus zum Zeugen aufruft. Freilich stehen dieselben in Rhenanus' Ausgaben, und zwar so wie angegeben in der ersten, für die ihm keine Hs. zu Gebote stand; als er aber nachher in den Besitz einer solchen aus Weissenburg kam, merkte er ausdrücklich hier wie bei ähnlichen Fällen im Folgenden an, dass die Worte in seiner Hs. nicht stünden, und erklärte sie für Zusatz eines Gelehrten, der vielleicht eine handschriftliche Lücke habe ausfüllen wollen. Die von Ruhkopf und Fickert nicht gekannte Originalausgabe des Rhenanus, welche dann verändert und vermehrt in die von Erasmus besorgten Seneca-Ausgaben (Basel 1515 und 1529) übergieng, hat als Titelblatt: In hoc opere contenta Ludus L. Annaei Senecae de morte Claudii Caesaris nuper in Germania repertus, cum scholiis Beati Rhenani. Synesius Cyrenensis de laudibus Caluitii, Ioanne Phrea Britanno interprete, cum scholiis Beati Rhenani. Erasmi Roterodami Moriae Encomium, cum commentariis Gerardi Listrii trium linguarum periti: apud inclytam Germaniae Basileam, aber das dritte Schriftchen fehlt und nach der Uebersetzung des Synesius folgen auf der Rückseite Wappen und Notizen des Druckers: Basileae in aedibus Ioannis Frobenii mense Martio anno MDXV. In der Vorrede zur Satire nennt Rhenanus sie Senecae fragmentum nuper in Germania repertum und sagt ferner: ut in Graecis nonnulla diuinando restituimus (nur eine seiner Vermutungen fand handschriftliche Bestätigung) sie quaedam non nisi melioris archetypi subsidio reponenda transire coacti sumus, quod nostrum exemplar Graecorum characterum ne ulla quidem

quantumuis exilia uestigia haberet. *Was dies für ein Exemplar gewesen, ob
Handschrift oder Druck, verräth er nirgends: jedoch merkte er zum Anfang
von Cap. 6, wo sein Text* Et imposuerat Herculi minimo discrimine fabulam *bietet,
später aus der Weissenburger Hs.* fabros an, *wie auch die meisten meiner Hss.
lesen, und setzte hinzu:* eam dictionem doctus aliquis mutarat in 'fabulam' in
editione Romana quam uos primum secuti sumus. *Folglich war eine Hs. unsrer
Satire zu Anfang des XVI Jahrhunderts aus Deutschland nach Italien gebracht und zu Rom veröffentlicht worden, und dieser erste Druck ward von
Rhenanus wiederholt und* scholiis ex Suetonio et Tacito tumultuanter adnotatis
*commentiert, wobei er klagt dass die in früheren Jahren aus Deutschland nach
Rom geschleppten ersten Bücher des Tacitus für ihn noch nicht existierten.*

*Der Reichtum der Münchener Bibliothek und Halms gefällige Vermitte-
lung setzen mich nun in Stand, auch über jene römische Ausgabe, die wirkliche
princeps, Aufschluss zu geben.* In dem Münchener Bande (auct. Graeci 864)
findet sie sich unter verschiedenen Schriften (lat. Uebersetzungen von Plutarch's
und Lukian's Aufsätzen, Erasmus' μωρίας ἐγκώμιον *mit Lister's Commentar,*
Hesiod's ἔργα, *Batrachomyomachie*) *welche zu Rom, Basel und Paris in den
ersten Decennien des XVI Jahrh. gedruckt wurden. Es sind bloss 3 Quater-
nionen. Das erste Blatt trägt den Titel:* Lucii Annaei Senecae in morte Claudii
Caesaris ludus nuper repertus. *Auf dem zweiten beginnt die Dedication:* Alberto
Pio Carporum principi illustrissimo. Imp. Caesaris Maximiliani Augusti legato.
C. Sylvanus Germanicus salutem; *sehr weitschweifig, wie sie ist, meldet sie über
die Herkunft nichts als* hoc opusculum quod In tenebris tot annis paucisque admodum notum fuit; *die Unterschrift lautet:* Romae quarto Nonas Augusti. MDXIII.
woran sich ein glückwünschendes Epigramm reiht: Mariangelus Accursius Syl-
uano. Finge alios post te ludo hoc quaecumque supersunt aedere, iam decus id ce-
dit vtrumque tibi Anneum nam dum properas ab labe veterui asserere, inuitos elicis
inuidulos. *Auf der folgenden Seite nochmals der Titel wie oben (ohne* nuper repertus), *dann der Text:* Quid actum sit in caelo ante diem tertio eidus Octobris,
Asinio Marcello Acilio Aniola Coss. Anno nouo u. s. w. *Schliesst mit* vt a cognitionibus abesset. *Darunter endlich* Lectori. Qualem hunc mecum e Germania Ludum attuli visum est aedere atque impertire studiosis, vt nostrum est Ingenium
prodesse velle plurimis. Quae autem mendosa videbantur paucula pudore nostro
non corrigimus, tum spatium ad excribenda graeca quae desiderabantur linquimus:
vt integrum sit bono cuique meliora et adiicere et iustaurare. *Diese meinen Vorgängern unbekaunte, so gut wie verschollene Ausgabe ist das Exemplar des
Rhenanus, welcher bei seinem Abdruck nur Kleinigkeiten verbessert oder ver-
ballhornt hat (z. B. S. 51, 4* Exprime propere, sed qua genitus dicas *in* Exprome
propere, sed e qua genitus dicas, *oder 59, 10* duas auias suas *in* duas amitas suas),
*mit dem Text im ganzen aber auch sämmtliche Interpolationen herübernahm.
Diese fallen demnach dem Sylvanus (mutmasslich 'Walter') zur Last, oder
vielmehr jener nie wieder zu Tage getretenen Quelle woraus er schöpfte, wahrscheinlich einem mit Interlinearscholien verquickten elenden Manuscript des
XV Jahrhunderts. Auf den Werth der Vulgate wird man daraus schliessen
können, dass eben der erste Druck durch Rhenanus' Wiederholungen desselben
die Basis aller folgenden geworden ist. Erst jetzt habe ich die allerdings zum
Theil schon von den nächsten Herausgebern nach Rhenanus übernommene Aufgabe jene Einschiebsel zu beseitigen consequent durchgeführt; sie einzeln nam-
haft machen hiesse nur eine ohnedies lange Auseinandersetzung nutzlos verlängern. Ein paar Stellen mögen als Beispiel dienen: S. 62, 4* occidit conso-
cerum suum Appium Syllanum: generos duos: Pompeium Magnum Antoniae ex Pe-
tina: L. Syllanum Octauiae ex Messallina: Socerum filiae suae Crassum Frugi.
S. 66, 3 bellua centiceps: sese mouens: villosque horrendos excutiens: pusillum

subperturbatur: vt illum vidit canem nigrum. Nam albam canem in deliciis habere consueuerat: ille autem totus informis est: nec quem velis tibi in tenebris occurrere. Et magna: inquit: voce Claudius Caesar uenit, Ecce extemplo cum plausu procedunt cantantes *mit leerem Raum für das Griechische*. S. 67, 7 Conuolarant primum omnium liberti Myron: Ampyronas: Ampaeus: Pheronas: Possides hasta pura insignis, Felix cum Palante fratre: Harpocras: Polybius: quos omnes Claudius Quaestoriis, Praetoriisque muneribus vbi impertitus esset praemiserat. Deinde praefecti duo Iustus —.

II. Ueber einzelne Stellen

mit Bezug auf beachtenswerthe Abweichungen der Handschriften ausser S und der neueren Ausgaben und zur Rechtfertigung meiner Textesänderungen. Einige kritische Bemerkungen, besonders zu den ersten Capiteln, haben im Commentar Platz gefunden.

S. 41, 1 quaerito *ist besser als die gewöhnliche Lesart* quaerite. *Die dritte Person entspricht dem oben stehenden si quis* quaesiverit, *die futurale Zeitform des Imperativs dem vorausgehenden* si necesse fuerit.

S. 42, 1 quae tum *hatte auch Rhenanus' Hs.:* daraus quae cum *AEF und endlich* quaecumque andere. tum *bezieht sich auf das Eingangs erwähnte Datum:* 'bei Claudius' Tod und Himmelfahrt'.

S. 42, 7 gewöhnlich visoque *nach dem ersten Druck.*

S. 43, 1 inquies cum *scheint mir die dem Sinne angemessenste Verbesserung für* adquiescunt (*schlechtere Hss.* acquiescunt *und* aquiescunt); *nachdem jenes verderbt war, wollte man mit* ut *im Folgenden der Construction aufhelfen. Der erste Druck entstellte* omnes in oneri. *Gronov vermuthete* nimis rustice, inquies, tu nunc: horni poetae non — describere etiam medium diem inquietant, *vorher* nimis rustice, inquis: scilicet noui poetae non — describere etiam medium diem inquietent, *wo er aber in den addendis p. 428 (Gronorii ad Senecas notae Leiden 1649) Schoppe's Aenderung lobt, nur* omnes *für verdächtig erklärt. Derartigen Sprüngen fehlt die sichere Unterlage, auch lässt der Gedanke nichts vermissen. Eine Lücke nahm auch Haase an:* nimis rustice adquiescis; nunc adeo omnes poetae non — describere ut etiam u. s. w., *was nur als Selbsteinwurf gedacht werden könnte. Aber dann durfte auch eine Selbstanrede nicht fehlen, wie in Varro's Bimarcus (Nonius p. 383):* ebrius es Marce; Odyssian enim Homeri ruminari incipis cum* περὶ τρόπων *scripturum te Seio receperis, oder in Claudius' Rede auf der Lyoner Tafel (2e Columne):* tempus est iam Ti. Caesar Germanice detegere te patribus conscriptis quo tendat oratio tua; iam enim ad extremos fines Galliae Narbonensis venisti. *Ohne solche Verdeutlichung des Selbsteinwurfes war er für den alten Leser unverständlich.*

S. 43, 5 fessus *wird öfters von Sachen gebraucht, aber nur von solchen, bei denen sich eine gewisse Lebensmaterie und -kraft voraussetzen lässt, wie* undae, naves, axes, simulacra. *Bei* habenae *wäre der Tropus gar zu kühn. Und passen denn für den Mittag, wo der Sonnenwagen noch in vollem Lauf, wenngleich schon* propior nocti, müde Zügel? *Wie anders Ovid, bei dem* pontus Solis fessus excipit axes metum. IV 634! *Dies gilt auch auch gegen die Lesung* fessus (*in EFW, nicht in A*), *was zudem nach* propior nocti *minder elegant und mit* quatiebat *kaum verträglich. Ich schreibe* fusas: fundere habenas *wie* effusae habenae *begegnet bei Dichtern nicht selten.*

S. 45, 6 redimita comas, ornata capillos *eine rein kindische Tautologie. Vielleicht* at Lachesis mitra canos ornata capillos *wie bei Ovid fast. III 669 Anna Perenna* illa levi mitra canos redimita capillos; *die Parzen werden in der Regel als greise Frauen geschildert.*

S. 46, 16 fecit illa die Pariser Hs. 8501 A, Curio's Codex. fecit id W. fecit et plena orditur manu Lipsius' Hs.

S. 47, 5 unbedingt nötig ist die Umstellung memoriae quae (in F und dem ersten Druck) zwar nicht, da excidere oft allein 'dem Gedächtniss entfallen' bedeutet. Aber sie gewinnt dadurch Schein dass memoriae vom zugehörigen Verbum getrennt steht, während die natürliche Wortstellung diese gewesen wäre: quae gaudium publicum impressit memoriae. Das Compendium inpressert mit Schnörkel über t in S glaubte ich als inpresserit auslegen zu dürfen (etwa wie S. 61, 3 capt mit Strich über t statt caput steht; dagegen wird S. 44, 2 novit abgekürzt zu nou mit Schnörkel über u). Der Conjunctiv hat nichts ungewöhnliches: es wird vom bestimmten Gegenstand abgesehen und der Nebensatz subjectiv verallgemeinert. Die übrigen Hss. geben inpresserunt, V inpresserant mit unterpunctiertem a, die Pariser 8501 A dasselbe Compendium wie S. Den allein richtigen Singular liest man in Rhenanus' erster Ausgabe: inpressit.

S. 47, 15 qui auch die Pariser Hs. 8514: die übrigen quia.

S. 48, 2 das handschriftliche timuerit drückt das gerade Gegentheil von dem aus, was der Relativsatz mit ut qui besagen musste. Die Vermutung domuerit (Dalechamps Codex, Douza) befriedigt nicht: von einem Helden, wenn er auch nicht alle Ungeheuer gebändigt hat, ist doch Furchtlosigkeit zu erwarten. Den Sinn traf eher Orelli: etiam nova Iunonia (oder Iunonis) monstra timuerit. Ich wagte sustinuerit: er wurde bestürzt wie wenn es seine Gewohnheit auch nicht gewesen wäre allen Ungeheuern Stand zu halten. Ein Spott der sich daraus begreift dass in den Vorstellungen jener Zeit fast mehr der weibische und schlemmende Herakles fortlebte als der kämpfende Held. Einen Anflug von Spott zeigt auch das folgende Graeculus.

S. 48, 12 sequens heisst 'der auf den genannten Vers folgende', nicht 'folgender Vers' was lateinisch durch hic ausgedrückt wird. Da also sequens schon einschliesst, dass der nächste Vers ebenfalls homerisch, so sind die Worte aeque Homericus ganz entbehrlich und wuhrscheinlich Glossem.

S. 49, 2 wunderlich ist die Interpolation in allen Hss. ausser SV: Herculi minimo discrimine fabros (febres in der Pariser 8514 und W). Entstand sie durch Dittographie von minime oder liegt darin eine Spur des von Junius zugesetzten homini das man in der That ungern misst? vgl. Cap. 9 homo quantumvis vafer von Ianus pater.

S. 49, 3 ceteros — reliquerat erregt Verdacht, nicht sowohl weil das Sätzchen der ferneren Erzählung widerstreitet, wo die Götter ja im Olymp versammelt sind — solchen Wechsel muss man der Phantasie des Satirikers zu Gute halten — sondern weil es an sich matt, ohne alle Spitze ist. Hiesse es noch nam ceteri omnes di Romae maluerant manere. Oder sollte der Satz dahin zu verstehen sein dass Claudius die alte ara Febris beseitigt habe, während er die übrigen Götter im Besitz ihrer Heiligtümer zu Rom gelassen? Dann stünde was später folgt Febrim duci iubebat noch in besonderer Beziehung zu jenem Factum.

S. 50, 2 Lugudunenses scire debes et multa milia — interesse war eine ganz unerträgliche Redeform. Es musste lauten Lugudunenses nosse debes et scire multa oder Lugudunensis es et scire debes. Durch derartige Ergänzungen aber gewinnt der Gedanke gar nichts. Sieht man dazu dass et in S fehlt, so wird man mit mir Lugudunenses für eine am Rande zum ganzen Passus zugeschriebene Rubrik halten.

S. 50, 6 iusserat illi collum praecidi ist an sich untadelig (wie cervicem und caput praecidere in der Schrift de ira), aber nach dem vorhergehenden duci iubebat und quo decollare homines solebat eitel Wiederholung ohne die geringste neue Nuance. Ich halte daher die Worte für unächt, wie Wehle rhein. Mus. 17

S. 624. Der folgende Satz steht so unvermittelt und abrupt da, dass man glauben möchte, durch das Glossem iusserat — praecidi sei eine Lücke schlecht ausgefüllt worden, oder Seneca habe jenen witzigen Einfall erst hinterher eingeschoben.

S. 51, 1 zwischen tu und desine steht in S ein Strichpunct. tu et desine der erste Druck.

S. 52, 4 sterquilino S nach Götzinger's Zeugniss, nicht sterquilinio. 'semper enim quantum ex metro scimus quadrisyllabum est' Bentley zu Terenz Phormio III 2, 41.

S. 52, 5 Hercule der alte Vocativ wie in Varro's Paradigma: quis vocetur ut Hercules, quemadmodum vocetur ut Hercule, quo vocetur ut ad Herculem und anderwärts.

S. 52, 8 tibi aute templum tuum die Hss. Aber der 'ethische' Dativ stört wegen der Zweideutigkeit, die aus seiner Verbindung mit ius dicebam erwächst, und ich wundere mich nicht dass Scheffer ihn kurzweg streichen wollte. Statt dessen erwartete man eine nähere Bestimmung, welcher Hercules-Tempel gemeint sei. Nun lag aber zu Rom kein solcher an den herkömmlichen Gerichtsstätten, weder am eigentlichen Forum wo Claudius zu richten pflegte (Dio LX 4. Tacitus XII 43. Sueton 18) noch am forum Caesaris noch am forum Augusti (Sueton 33: cognoscens quondam in Augusti foro), und umgekehrt, wo Tempel des Hercules lagen wie im forum boarium oder circus Flaminius, da weiss ich nicht dass Gericht gehalten wurde. Seneca dagegen erwähnt den Ort vor dem Hercules-Tempel wie ein ständiges, nicht momentanes Tribunal. Deshalb änderte ich Tiburi, so dass Claudius hierin wie in andern Stücken August's Beispiel nachahmte, vgl. Sueton Aug. 72: Tibur ubi etiam in porticibus Herculis templi persaepe ius dixit.

S. 52, 9 contulerim die Hss., gew. pertulerim, doch es ist wahrscheinlicher dass das Simplex durch Versehen, etwa indem das Auge zum folgenden cum abirrte, so erweitert als dass pertulerim so verderbt ward.

S. 52, 11 Augeae, nicht Augiae, folgt aus auge worin die Hss. übereinstimmen, nur dass F gere gibt und E das Wort ganz auslässt.

S. 53, 1 das ganze Capitel besteht offenbar aus drei nicht unmittelbar zusammenhängenden Abschnitten, wovon der zweite mit si mehercules a Saturno, der dritte mit quia Romae, Inquis anhebt. Das zwingt uns aber nicht Lücken an jenen Stellen anzunehmen oder diese Bemerkungen wie ein von verschiedenen Göttern unterhaltenes Kreuzfeuer zu betrachten, welcher Ansicht unter andern Schuster war; vielmehr kann die Polemik gegen Hercules und Claudius recht wohl von einem einzigen geführt sein, der mit schlagfertigem Witz einen Punkt nach dem andern zur Erörterung bringt und sich dabei wörtlich auf die verloren gegangene Rede des Hercules bezieht.

S. 53, 3 Hause setzt τι nach ἔχει zu, wohl weil die Hss. dahinter vor οὔτε noch ein Zeichen haben: εχιεττογτв V, εzειτογτε (das letzte ε mit einer Verschlingung rechts sehr ähnlich dem s) A, εzειτογτв' B, εzεγτογτα D, εzεγοιτв die Pariser S501A. Sicherer aber als dass εχιετ aus ἔχει τι sich gebildet habe, scheint mir dass Seneca nur πρᾶγμά τι ἔχει stellen konnte.

S. 53, 3 gefälliger wäre diese Schreibung: Stoicus? quomodo potest esse? rotundus ut ait Varro.

S. 53, 7 überliefert ist celebravit saturnalia eius princeps, gew. werden die mittleren Worte weggelassen nach Lipsius. Und gewiss leicht erklärbar ist eine Glosse Saturnalia zu eulus mensem, weniger leicht das beigesetzte eius. Aber nach Tilgung jener Worte erhält das nackte princeps durch seine Stellung eine Betonung, welche um so weniger zu rechtfertigen ist als privatus Claudius es nicht anders getrieben hatte. Man müsste also auch princeps noch streichen mit *Rutgers* und *Gronov*. Minder gewagt aber und sinniger erscheint mir, was *Junius* vorschlug: *Saturnalicius princeps*, nicht tautologisch mit dem Vorhergehenden, sondern ein zweischneidiger Zusatz 'das ganze Jahr feierte er den *Saturnius-Monat*, der *Saturnalienfürst*' d. h. zugleich der Puppenkönig mit Anspielung auf die bekannte Sitte der Jugend, an den Saturnalien einen König auszuwürfeln (*Tacitus XIII* 15: *Becker-Marquardt* röm. Alt. IV S. 462), der doch wohl *Saturnalicius rex* oder *princeps* benannt ward. Einem solchen König bloss zum Zechen und Spielen gut, konnte Claudius, der Sklav seiner Freigelassenen, füglich gleich gestellt werden.

S. 53, 7 *ione* statt *iouem* nur schon in den übrigen Hss., *quem* statt *qui* schon von *Muret* verbessert.

S. 53, 8 gew. L. *Silanum* gegen die Hss. Da *generum suum* über die Person des *Silanus* keinen Zweifel lässt, ist die Zuthat L. vom Ueberfluss. Ohne Pränomen *Sueton* 24 *Silano filiae suae sponso* und 27 *Octaviam Neroni privigno suo collocavit Silano ante desponsam, aber 29 *Cn. Pompeium maioris filiae virum et L. Silanum minoris sponsum*.

S. 54, 1 *oro per quod* die Hss. worin *Faber* eine Aposiopese sah *oro per* — ! *quod*: gew. *oro propter quid*? nach *Lipsius* gegen den Sprachgebrauch der hier *rogo* statt *oro* befiehlt; und findet sich *propter quid* überhaupt in der Latinität? wenigstens pflegte man *quapropter* statt *dessen* zu sagen. Sachlich wird zwischen *occidit* und *quod* nichts vermisst. Jemand meinte daher *oro per* verbessern zu können durch pr- prx- *praetorem peregrinum*, welches Amt *Silanus* bekleidete wie sein Nachfolger *Eprius Marcellus* (*Orelli* inscr. 3425). Ich halte *oro per* für den Anfang einer Parenthese, eines leidenschaftlichen Ausrufes (vgl. *Horaz* sat. I 7, 33 *per magnos Brute deos te oro, cur non hunc Regem iugulas*?), so dass einige Worte ausgefallen wie *oro per fidem vestram p. c., quare occidit*?

S. 54, 4 gew. *quia bis corrigit* zu einem Satz verbunden als Worte des *Hercules*; richtig wies *Sonntag* hic bis corriget dem Redner zu welcher *Hercules*' Worte widerlegt. *inquis* sämmtliche Hss. ausser W, welche *inquit* hat.

S. 54, 5 *nescit* statt *nescio* fordert der Gegensatz: 'er kennt sein eigenes Haus nicht und spioniert nun die Himmelszonen aus?' *quid faciat* 'was er treibt' begreift auch das *quid se fieri patiatur* ein, und man braucht nicht an *faciant* oder *fiat* zu denken.

S. 55, 2 *nunc* auch die andern Hss., doch fehlt es in E. Was nötig sei, erkannte der Schreiber von F, wo cum steht; eine andere Hand aber unterstrich diese Conjectur und machte am linken Rande ein Kreuz dazu.

S. 55, 5 *Faber* schon vermutete dass *licere* ausgefallen; er meinte, nach *disputare*. *Haase* gab *dicere non licere nec disputare*, eine Stellung welche zwar die Möglichkeit des Ausfalls zu veranschaulichen dient, aber nicht einfach genug ist um dem Autor zugeschrieben zu werden.

S. 56, 2 *vivat* weiss ich nicht zu rechtfertigen. Wollte Seneca dem Motiv subjective Färbung geben, so musste er das Relativpronomen mit dem Conjunctiv anwenden. Zu *quod* passt hier nur der Indicativ *vivebat*, der durch *vivevat* in *vivat* übergieng.

S. 56, 8 *quos alit Ζείδωρος ἄρουρα* unterscheidet sich von *οἳ ἀρούρης καρπὸν ἔδουσιν* wahrlich ganz und gar nicht. Wenn daher auch Seneca, etwa um einen geschwätzigen, weitläufigen Sachwalter zu malen, wofür indessen Janus' Votum keinen Anhaltspunkt bietet, beide homerischen Phrasen vereinigen wollte, so durfte er denn doch nicht *ex his qui* — aut *ex his quos* wie von zwei verschiedenen Kategorien sagen, statt *ex his qui* — ἔδουσιν et *quos* zu verbinden. Weshalb ich mit *Heinsius* und *Scheffer* die zweite Phrase als spieleri-

schen Zusatz eines alten Lesers ansehe. V gibt aut ex quo (3 Buchstaben au
radiert) alit, E aut ex hiis alit, W Ex his quos alit ohne aut.
S. 56, 9 fictus pictusve Junius, wie Plautus asin. 174 neque fictum usquam
neque pictum neque scriptum in poematis.
S. 57, 2 nach consul setzte ich ein Komma, weil et ipse ja nicht auf das
folgende Wort sich erstreckt. consul nummariolus heisst lateinisch 'ein durch
Schacher zum Amt gelangter Consul'; wenn dies auch bei Diespiter der Fall
war, so doch nicht bei Janus, folglich liess sich nicht et ipse designatus consul
nummariolus sagen. Interpungiert man aber nach consul, so muss man auch
aus den übrigen Hss. nummulariolus aufnehmen, weil nur nummularius substan-
tivisch als Bezeichnung des ziemlich verachteten Gewerbes vorkommt, nie das
bloss adjectivische nummarius.
S. 57, 3 belle scheint die richtige Verbesserung; so die Pariser Hs. 8501 A
nach Holder's Stillschweigen und Curio's Ausgabe. Das Wörtchen ward seit
dem Ende der Republik viel gebraucht und missbraucht für 'hübsch, artig,
fein'; hier 'geschickt' so dass er dem Diespiter imponierte.
S. 58, 2 censeo uti: die volle alte Form blieb, wie Inschriften und Schriftsteller lehren, im Curialstil Regel.
S. 58, 4 man sagt sententiam wie iudicium, caussam, sponsionem vincere,
griechisch γνώμην νικᾶν. Aber gerade der Accusativ (in SV: suam E, sententia die andern) lässt noch klarer die Unhaltbarkeit dieser Lesart hervortreten. Claudius sententiam vincit heisst: er siegt in Bezug auf das Votum, setzt
sein Votum durch: es passte also nur wenn Claudius selbst mitvotiert hätte.
videbatur Claudius sententiis vincere, videbatur Diespiter sententiam vincere konnte
Seneca allenfalls schreiben um dan vom Sinn verlangte videbatur Claudius caussam
vincere auszudrücken. Rhenanus' und Muret's Vermutung sententia una vincere
ist ungereimt. Sieht man auf das vorstehende sententiae, so wird man nicht an
eine Wiederholung dieses Wortes in demselben Athemzug denken. Ich vermute
Claudius sane iam vincere.
S. 59, 1 Ideone Ritschl bei Wehle Rhein. Mus. 17 S. 622 der Epanaphora
wegen. Aber in hoc ist so Seneca's Diction gemäss und bei ihm gebräuchlich
(z. B. de ira III 35, 3) dass ich eher im Folgenden ideo anzweifeln würde. In
der That aber erachte ich die genaue Wiederholung desselben Wörtchens nicht
für notwendig. Warum nicht: 'hab' ich zu dem Ende Frieden geschaffen,
darum den Bürgerzwist unterdrückt, darum die Stadt mit Gesetzen aufgebaut,
mit Bauten geschmückt'?
S. 59, 5 indem man pudet statt pudet in der Hs. las, entstand puidet in V,
daraus jcldit, daraus die Interpolation praecidit his in den übrigen. Was Wehle
gegen pudet einwendet, ist von gar keinem Belang: er macht die Lesart schlech-
terer Quelle zum Ausgangspunkt für seine Vermutung pertaedet, die an ener-
gischem Pathos hinter dem in S erhaltenen pudet weit zurücksteht.
S. 59, 6 August gebrauchte gern volkstümliche Redensarten und Sueton hat
uns deren mehrere aufbewahrt, z. B. celerius quam asparagi coquuntur. Dahin wird
auch tam facile quam canis adsidit zu rechnen sein. excidit ist offenbar Conjectur
der Abschreiber, die auch an sich nicht befriedigt. Denn sollte es ein Hieb auf
den Spieler Claudius sein, der dem August nicht eben sehr anstände da er selbst
notatus est ut aleae indulgens (Sueton 70), so hätte mindestens ei zugesetzt werden müssen. Soll es aber eine überhaupt vom Würfelspiel entlehnte allgemeine
Redensart sein, so wage ich erstens die Sache selbst in Zweifel zu ziehen, ob
gerade der 'Hund' so leicht und oft fällt statt der mittleren Würfe, und meine
zweitens dass der Ausdruck dann deutlicher gemacht worden wäre durch ein
beigefügtes in alea oder ludentibus. Wollte doch irgend wer jene Lesart bei der
bezeugten canities des Claudius (Sueton 30) und dem absoluten Gebrauch von

6*

cani (*Petron 126* canos tuos) so verstehen: 'wie er seine grauen Haare verlor.' Rhenanus' Einfall cxta edit war nicht schlechter als die bisherige Vulgate.

S. 59, 8 die Aenderung von sormea in soror mea kann ich nur durch die paläographische Leichtigkeit empfehlen. Dass die von August sehr geliebte Octavia kein Griechisch verstanden haben soll (denn das heisst Graece nescire, z. B. Martial IX 44) klingt freilich unwahrscheinlich. Mir kam in den Sinn, Graece möchte Randbemerkung zum griechischen Citat und zu tilgen sein, dass zu nescit und scio die folgende Lebensregel Object wäre. Diese nemlich hat Octavia in Wahrheit nicht gekannt oder doch nicht befolgt, indem sie mit grosser Selbstverleugnung ihr eigenes und ihrer Kinder Lebensloos den Plänen und Interessen ihres Bruders, des Kaisers, zum Opfer brachte.

S. 59, 9 um die Verderbniss von ἔγγιον minder auffällig zu finden, muss man sich erinnern dass es auch in griechischen Hss. mehr als einmal ἔγγυον geschrieben ist. Hieraus ward ἐϲινοϲ durch verkehrte Anwendung des Lautwechsels welcher S. 67, 2 in der Schreibung ϲυγχαιρωμεν statt ϲυγχαίρομεν erscheint.

S. 60, 2 au in causa mala, certe in tua sit aequus futurus, et dic mihi die letzten Herausgeber durchaus verfehlt. Es handelt sich gar nicht darum ob Claudius annoch billig sein werde, da dem armen Sünder kein Urteil, nur eigene Vertheidigung angemutet wird, höchstens darum an aequus fuerit. Und welches Gewicht hätte dann mala? in einer schlechten Sache unbillig sein wäre doch wohl verzeihlicher als in einer guten, und obendrein hätte sich dann August zu der Insolenz verstiegen, Juppiter's Sache ganz bestimmt eine schlechte zu nennen. Die Stelle, von Schusler mangelhaft interpretiert, legte Gronov richtig aus: 'occidit abnepotem meum L. Silanum. dixerit forsan, iuste, quia in caussa mala erat deprehensus sorore vitiata: tu videris Iupiter, an in caussa mala: certe eadem caussa est tua: quippe et tu sororem fecisti uxorem: et si ille fuit in caussa mala, neque in bona tu es: si ille incestuosus, et tu.' Er befahl nach tua zu interpungieren und schlug, auf die gefälschte Vulgate gestützt, ferner vor: is inter nos futurus est? dic mihi.

S. 61, 2 nachdem C. Caesarem vorausgegangen, ist die wiederholte Bezeichnung desselben durch das blosse Gaius ebenso natürlich als üblich. Die übrigen Hss. geben abermals C. (oder G.) Caesar.

S. 61, 3 caput tulit anstatt abstulit in Prosa jedenfalls seltsam.

S. 61, 4 im jetzigen Wortlaut gibt tamen keinen Sinn, da etwas gegentheiliges, wie es diese Partikel voraussetzt, im Vorigen mit keiner Silbe angedeutet ist. Ich glaube daher dass vor nobiles etwas ausgefallen, eben ein Gegensatz zur Nobilität. Dies ist um so wahrscheinlicher weil dadurch die Nennung so obscurer Persönlichkeiten, als die Schwestern Tristionia und Assario gewesen sein müssen (nicht einmal die Namen selbst kann ich mit einem inschriftlichen oder litterarischen Beispiel belegen), entschuldigt würde. Etwa non quidem splendidissimae dignitatis oder etiamsi non nimis sapientes, nobiles tamen, womit freilich das Aechte nicht getroffen ist. Den Plural Tristionias gewähren S und von erster Hand V; Schusler's Einwand, dass Seneca eine Zahl würde beigefügt haben, halte ich nicht für triftig, da ohne derartigen Beisatz nicht leicht jemand mehr als zwei Personen verstehen wird. cristioniam hat E, tristimoniam W, Bassioniam der erste Druck. Ein Einfall, den ich einst hatte, tris homines assarios (wie bei Petron dupondiarius oder sestertiarius gleich nichtswürdig) überschreitet das erlaubte Mass von Kühnheit.

S. 62, 1 gerere wird absolut nicht gesagt weder für rem noch gar für se gerere (vgl. Peerlkamp zu Horaz sat. p. 92).

S. 62, 2 clarus V, durus AEFW, durus Rhenanus' erste Ausgabe. So leicht diese Aenderung scheint, so nötigt doch nichts dazu; oben sagte August *dass er seit seinem Tod kein Wort geredet.* Möglich dass Seneca auf eine bekannte Gewohnheit des Augustus zielt, wie ja auch unsere hohen Herren in höfischer Zurückhaltung zu flüstern pflegen. *Augustus pronuntiabat dulci et proprio quodam oris sono* nach Sueton 84.

S. 62, 4 Pompeium Magnum *stellte der erste Druck. Die handschriftliche Lesart (vgl. Marini Arvaltafel XIX) war auf keinen Fall anzutasten. Mommsen meint, Pompejus habe, als ihm der Name Magnus wieder bewilligt ward, diesen an Stelle des Pränomens geführt.*

S. 62, 4 gew. Crassum, frugi hominem, tam similem, *obwohl schon der erste Druck diese Abgeschmacktheit beseitigt hatte.*

S. 62, 8 die Hss. ausser S *haben* vocationem, *welche Orthographie ich einst, weil sie bei Fickert auch aus S vermerkt war*, als dem Curialstil angepasst *in Schutz nahm (vgl. Mommsen C. I. L. I p. 71 und meinen Zusatz in Fleckeisen's Jahrbüchern 1863 S. 781). Jetzt muss sie der Autorität von S weichen, wie* tris *S. 44,9 und 10 und* clusi *S. 53, 1, mit welchem Köder die schlechteren Hss. nur Unerfahrene zum Glauben an ihre Vorzüglichkeit locken können.*

S. 62, 11 ad inferos a caelo unde *war offenbar verkehrt; es musste mindestens* a caelo ad inferos unde *heissen. Indessen liegt auf der Hand dass der Zusatz* ad inferos *die ganze Bedeutung des Citates vernichtet, womit eben nur* ad inferos *umschrieben wird. Er ist daher jedenfalls zu tilgen, wie auch Wehle einsah. Dagegen fehlt vor* unde *ein* eo *oder* illuc, *und so wenig man zweifeln kann dass bei Catullus das handschriftliche* illud *richtig in* illuc *verbessert ward, so gewiss wird Seneca auch dasselbe Wort von Catullus herübergenommen haben. So erhalten wir* trahit a caelo illuc unde. *Ich finde keinen zwingenden Grund um mit den Herausgebern, die* ad inferos *bewahren*, a caelo *zu tilgen, als wäre es aus* illuc *verderbt. Möglich ist es immerhin dass wie* ad inferos *so auch* a caelo *Glossem ist und diese Glosseme* illuc *verdrängt haben. Doch* a caelo *ist an sich völlig unantastbar, und für den Ausfall von* illuc *lässt sich auf Cap. 10 verweisen, wo* ego inquit *und am Schluss* ubi *in allen Hss. ausser S ausfiel, oder auf Cap. 9 zu Anfang wo* non licere *zu ergänzen war.*

S. 63, 4 cura plenum ut (ubi *W*) *die Hss. ausser S. Aber* plane ut *ist fast unentbehrlich zur Einleitung einer so absonderlichen Geschichte, des Begräbnisses eines Gottes. Ich leugne hingegen nicht, dass* impensa cura *nackt und abgerissen dasteht; nur erwartet man nicht den Begriff* plenum *dazu, sondern einfach* factum *oder allenfalls* conspicuum.

S. 63, 4 gew. tibicinum. *Flötenspieler wurden bei jedem Leichenbegängniss verwandt; den prachtvollen reichen Leichenzug kennzeichnen die* tubicines.

S. 63, 12 μεγαλοχορικω naenia *V*, μεγαλωχορικοχενια *A*, meta. ωχορικιονεκια *B*, meta. ωχορνκοuenxa *D. Die Lesung* μεγάλω χορικῷ *welche aus S und den Varianten der andern Hss. resultirt, ist doch im Verein mit ingenti undenkbar. Sollte Seneca* μεγαλοχορίᾳ, *ein Wort das freilich sonst nicht vorkommt, geschrieben haben? vgl.* διχορία *und* τριχορία. *Dass* ὑπὸ χορῶν *die* naeniae *für die Kaiser gesungen ward ist bezeugt (Appian b. civ. II 146. Dio LXXIV 4).*

S. 64, 1 nach planctus *schalten die Hss. ausser SV* fingite mugitus *ein, sicher Scherz eines launigen Lesers. Rhenanus machte daraus einen Vers* fingite luctus, *ganz albern da das Lied gerade dadurch komisch wirkt, dass es in allem Ernste Claudius beweint und zu beweinen auffordert, den Todten aus vollen Backen lobend, das etwanige Gute übertreibend, das Verkehrte zum Guten wendend.*

S. 64, 14 *es ist zwar sonst nicht bezeugt dass die Briganter* caerulea scuta *führten, aber wäre es darum nicht glaublich? Scaliger wollte* Scotobrigantas, *von denen Seneca wohl nichts ahnte, Junius* cute Brigantas *ziemlich geschmacklos ob es gleich historisch feststeht.*

S. 66, 8 Lipsius *vermutete* Cerberus triceps vel ut ait Horatius belua centiceps, *Muret und Gronov strichen* Cerberus vel. *Schusler däuchte mit* Cerberus, velut ait Horatius, belua centiceps *allen Schwierigkeiten abgeholfen. Eher dürfte* ubi iacebat canis vel — centiceps *Empfehlung verdienen oder wenn man erst von Interpolation der Stelle überzeugt ist, das blosse* ubi iacebat belua centiceps. *Aber indem ich auf der einen Seite zugestehe, dass der Name Cerberus entbehrlich ist, ja die Wirkung des Citates ein wenig abschwächt, möchte ich doch anderntheils fragen, warum denn nicht Seneca nach Voranstellung des Namens mit spielender Hand noch das grass schildernde Wort Horazens sollte haben zusetzen können, wodurch das Bild furchtbarer und der Eindruck ohne Frage lebendiger wird.*

S. 66, 9 gew. subperturbatur albam, *F* superturbatur, *W* subturbatus. *Gegen das unerhörte, trotzdem von Gronov gebilligte und von den andern beibehaltene* subperturbatur *war einzuwenden dass* sub *und* per *in dieser Composition sich gegenseitig aufheben und dass* sub *tautologisch mit* pusillum *sein würde. Das Rechte gab wieder S:* perturbatur subalbam, *welches Wort 'nahezu weiss' nach Analogie von* subcandidus subfuscus subniger *u. a. auch dann keinem Anstand unterläge, wenn es nicht schon aus Varro in den Lexicis notiert wäre mit den gleichen Bildungen* subalbeus, subalbicans, subalbidus.

S. 67, 1 et *knüpft an den oberen Satz* pervenit — centiceps an, *ohne Rücksicht auf den letzten* perturbatur ut vidit. *Es sieht so aus als ob dieser letzte erst nachträglich geschrieben und lose dem schon fertigen Text eingereiht sei.*

S. 67, 1 Claudius inquit veniet. cum plausu *die Hss. alle, keine* veuit et. *Im Griechischen* cυnxαιpωmεn *V,* cυnxαιpωmεn *A,* cυnxαιτραανεn *B,* cυnxαιpαmεn *D. Ohngeachtet dieser Gewähr für* ω *schrieb ich* cυτxαιpομεn, *wie der Ruf beim Isisfest sonst überliefert ist (sieh den Commentar), weil der Indicativ für die wirklich mit der Göttin jubelnden passender (vgl. Preller röm. Mythol. S. 731) und wegen des rhythmischen Falles zum Singen geeigneter scheint.*

S. 67, 3 Iunius *S und der erste Druck,* unus *die andern Hss. Sonntag's Aenderung ist durchaus wahrscheinlich. Denn da der* Iunii *so viele waren, hätte Seneca bei diesem Namen wohl noch einen zweiten zugesetzt, und was noch mehr wiegt, schwer glaublich ist es dass er bei Aufzählung von Silius' Genossen den von Tacitus erwähnten Senator vergessen hätte. Darf man hieraus die Identität des* praetorius *bei Seneca mit dem* senator *bei Tacitus folgern, so spricht das erstgenannte Moment für die Richtigkeit von* Iuncus, *wie die tacitëische Hs. gibt (davon abgeleitet kommt auch ein Name* Iuncinus *vor), welches unsre Abschreiber in den geläufigeren Namen umsetzten wie bei Vellejus II 42.*

S. 67, 3 *die Identität des* Sex. Traulus *wie die Hss. hier bieten mit* Traulus Montanus *lässt keinen Zweifel. Nun hat aber ein Name* Traulus (τραυλός *wie* Balbus) *mehr Schein als* Trallus (*anders ein Femininum* Trallis *in Mommsen's inscr. Neapol. von der Stadt* Tralles *oder was der erste Druck für* Trallus M. *substituiert,* Trallianus).

S. 67, 3 *die letzten Herausgeber verbinden* M. Helvius Trogus *zu einem Namen, während längst (schon im ersten Druck) richtig getrennt war. Richtig, nicht bloss weil Tacitus* Saufeium Trogum *unter den damals hingerichteten aufzählt, sondern weil Seneca in dieser Schrift nirgends, und überhaupt so wenig wie Tacitus, ein Individuum mit drei Namen aufführt. Helvius fehlt bei Tacitus wie Cotta und Fabius: nannte Seneca jenen etwa aus Verwandtschaftsrücksichten?*

S. 67, 4 eques (*so meine Hss.*) *entstand durch falsche Auflösung der Abkürzung* eq. *Seneca nannte vorab die senatorischen Würdenträger, dann die Ritter zu denen Traulus, Trogus und Vettius Valens gehörten nach Tacitus XI 35, also mit Fabius gewiss auch die übrigen zwei. Tacitus redet von* tot illustribus viris interfectis, *Dio LX 31* sehr vag ὥσπερ εἶχεν εἰcελθὼν ἄλλουc τε πολλοὺc καὶ τὸν Μνηcτῆρα ἐθανάτωcεν.

S 67,6 da im ersten Druck Nec non statt ad stand, interpolierten die Nachfolger Nec non ad Messalinam. Bis heute ward nach fecerat interpungiert und minorem von der Enthauptung verstanden, decus aber entweder weil der Tänzer vielleicht eine 'unanständig' grosse Figur gewesen sei, oder weil er nach Tacitus aus Anstandsrücksichten auf die andern vornehmen Schlachtopfer mit umgebracht worden. Diese so problematischen Erklärungen werden völlig haltlos, wenn man das Folgende betrachtet. percrebuit (percrebruit *A*) konnte nur absolut gesagt werden oder in solcher Verbindung rumor apud inferos percrebuit, sprachwidrig aber ist rumor ad aliquem percrebrescit. Und was that denn Messalina, als sie das Gerücht erfuhr? wozu die Bemerkung dass zu ihr die Kunde drang, wenn alle andern sie sich zu nutze machen, nur gerade sie nicht? Es leuchtet ein dass mit cito ein neuer Satz beginnt: ad Messalinam gehörte zum vorigen. Die verderbten Worte weiss ich nicht mit Sicherheit herzustellen. Curio's Codex soll et uinorem et monitorem gehabt haben, für mich wunderbar genug, da ich ohne Kenntniss davon auf monitorem fecerat Messalinae verfallen war. Messalina hatte sich Mnester beigeben lassen von ihrem Gemahl ὡc καὶ ἐπ' ἄλλο τι αὐτοῦ δεομένη, monitores aber werden als Bedienstete in verschiedenen Ständen und mit verschiedenen Aufgaben erwähnt (z. B. ein aedilis monitor augurum, monitor scaenicorum, monitor als eine Art Nomenclator beim Fürsten und bei Privaten analog dem späteren Hofamt a memoria). Der Kaiser hätte also den Pantomimen Anstands halber zum 'warnenden Hüter' seiner Frau bestellt und durch diese förmliche Ernennung ihres Cicisbeo's unter neuem Titel sich lächerlich gemacht. ad konnte aus fecerat wiederholt werden und die Aenderung Messalinam bewirken, vgl. die Varianten zu *S. 70, 8*.

S. 67,7 venisse statt ventre kann die Erwägung rechtfertigen, dass überhaupt die Fama kommendes und werdendes als bereits eingetreten darzustellen liebt.

S. 67,7 Arpocras ohne Aspiration ist auf Inschriften beinahe Regel (vgl. Gruter's und Mommsen's *indices nominum*), und da diejenige welche unsern Freigelassenen nennt, die Aspiration wenigstens nicht im Anlaut des Namens gibt, wollte ich von der Schreibung sämmtlicher Hss. nicht abgehen. Nicht nur der grosse Haufen, auch die Gebildeten des kaiserlichen Roms haben bei Latinisierung griechischer Namen die Aspiration nach Belieben beibehalten, abgeändert oder unterlassen.

S. 67,8 an zwei Namen Pheronax Otus ist schwerlich zu denken, zumal in *S* das o vor t auf ein Haar wie ein missrathenes c aussieht. pheronattus *VA*, etheronactus *E*. pheronartus *F*, pheronatius *W*. Daher Muret richtig Pheronactes geschrieben haben wird, nur dass die Endung -us (wie λειπογάλακτοc) bewahrt werden muss. Lautete auch ein anderer Name Metronactes, so war dadurch doch die Form auf -us nicht ausgeschlossen, wie man neben einander Eutyches und Eutychus, φιλογύνηc und φιλόγυνοc, a. m. sagte.

S. 67,9 Rufius meine Hss. alle, Ruflius der erste Druck. Unberechtigt ist die Schreibung Rufus, wofür man sich naiver Weise darauf beruft dass dies Cognomen in der gens Pompeia vorkommt. Noch leichtfertiger ist die Vermutung, dieser Rufus sei eins mit dem von Claudius im J. 48 hingerichteten Procurator der kaiserlichen Fechterschule Sulpicius Rufus (*Tacitus XI 35*) welchen Seneca dem Kreise um Mnester beigezählt haben würde. Auffällig ist die Abkürzung in *S*: pomfilius. Auf den ältesten Münzen bedeutet POM sowohl Pompeius als Pomponius, und es gab sowohl Pomponii als Pompei Rufi, auf Inschriften Pomptina (tribu), und es existierten auch Pomptini. Die übrigen Hss. lösen jene Abkürzung auf in Pompeii (Pompei *W*) filius. Ob mit Recht, ist nicht sicher zu stellen, da wir die Notiz auf keinen der bekanntesten Pompei jener Zeit (Magnus Pompeius, A. Pompeius Gallus cos. im J. 49, Pompeius Silvanus cos. suff. im J. 45) zu beziehen im Stande sind. Jedenfalls verdient jene Auflösung den Vorzug vor Hariolationen wie Pompilius oder Pamphilus.

S. 65, 4 die Stellung des Pronomens in quomodo huc venistis vos? ist unleidlich. Die andern Abschreiber suchten zu helfen, indem sie vos nach quomodo oder huc setzten. Ich folgere vielmehr aus jener Stellung dass vos um grösserer Deutlichkeit willen von jemanden hinzugefügt war.

S. 69, 2 nach equites R. geben die Hss. wie S das Zahlzeichen V, W in Buchstaben quinque, E leeren Raum und ul vor ceterus; nach ceteros alle das Zahlzeichen CCXXI. Zwischen ceteros und ὅϲα kann keine Zahl mehr stehen, denn deren Stelle vertritt ja das homerische Citat 'übrige in zahlloser Menge'. Oder sollte jemand glauben wollen, Seneca oder Pedo hätte so unrömisch als nur möglich noch weiter classificiert: ceteros cives CCXXI peregrinos ὅϲα? Auf der andern Seite brauchen wir zu equites R. notwendig eine grössere Zahl als V. Nichts wahrscheinlicher als dass sich die Zahlen verschoben haben. V hinter equites R. gehört noch zu XXX, wodurch der wünschenswerthe, ja nöthige Consens mit Sueton's genauer Angabe erzielt wird. Denn dieser schöpfte, wo nicht aus Seneca selbst, doch aus gleichzeitigen Quellen, und ein mehr oder weniger von 5 Senatoren war zu bedeutend als dass zeitgenössische Schriftsteller darüber ungenau und von einander abweichend berichtet hätten. Die nach ceteros stehende Zahl aber gehört hinter equites R., wobei dahin gestellt bleibe, ob Seneca wirklich die ungerade Zahl CCXXI gesetzt hat oder CCXX oder CCXXV. Dabei ergibt sich im Vergleich mit Sueton, bei welchem trecentosque amplius gelesen wird, eine Differenz von ungefähr 100, welche nach meiner Meinung durch Aenderung des Suetonischen Textes auszugleichen ist (CC que amplius statt CCC que). Denn einmal entspricht, so viel ich sehen kann, die Proportion 1:10 zwischen den getödteten Senatoren und Rittern weniger dem numerischen Verhältniss des ganzen Senatoren- und Ritterstandes als die Proportion 1:7 (so hatten die Triumvirn, wo die Standesverhältnisse nicht wesentlich anders waren als unter den ersten Kaisern, vom Senat gegen 300 und von den Rittern bei 2000 proscribiert nach Appian b. civ. IV 5). Und ferner scheint ein jährliches Durchschnittsquantum von 16, welches man bei Vertheilung von 221 auf die 14 Regierungsjahre des Claudius erhält, übergenug zu sein, wenn man erwägt dass die Anfänge seiner Regierung human und bürgerfreundlich waren und dass selbst bei einem so blutigen Staatsstreich, wie Messalina's Sturz, unsern Nachrichten zufolge nicht mehr als 10 Ritter hingerichtet wurden. Läse man bei Seneca CCCXXI, so betrüge der Durchschnitt die ungeheure Zahl von 23 Opfern aus dem Ritterstande jährlich.

S. 69, 3 nach dem Griechischen, welches fehlerlos in S und ganz kenntlich in den andern Hss. überliefert ist, dünkt mir Claudius ausgefallen. Denn bis dahin war von Pedo die Rede, zu ducit postulat edit allemal Pedo Subject. Darum musste beim Wechsel des Subjects das neue irgendwie bezeichnet sein. Jener Mangel gab auch den Anstoss zu der barbarischen Interpolation im ersten Druck: Exterritus Claudius oculos vndecumque circumfert, vestigat aliquem patronum qui se defenderet.

S. 69, 7 gew. εἴκε: alle meine Hss. bieten ΛΙΚΕ (auch V ΛΙΚΕ), ebenso Julian, der Scholiast zu Aeschylos, Suidas. Zwischen τά und ἔρεξε fehlt bei Seneca in allen Hss. jedes Zeichen: κ' steht an den meisten Stellen wo der Vers citiert ist, γ' in der Coislinschen Sprüchwörtersammlung. Daher Schneidewin τά τ' ἔρεξε, was ich als das grammatisch einfachste und dem Sinn angemessenste bei Seneca aufnahm. δίκῃ κ' ἰθεῖα Aristoteles: die übrigen in Wunschesform δ' ἰθεῖα. Seneca's Bücher weisen alle, obschon zum Theil mit kleineren Ver-

schreibungen, δίκη εὐθῖα *auf, aber* ἰθεῖα *verlangt der epische Sprachgebrauch* (δίκην ἰθύντατα εἰπεῖν *und* ἰθείῃϲι δίκαιϲ *bei Homer und Hesiod*).

S. 70, 2 *gew.* iniquum magis *mit den Hss. ausser S.*

S. 70, 4 si uni dii (di *wie es scheint* V) laturam fecissent *die Hss. ausser S. In dieser ist* sium *aus* sisifum *entstellt. Die Verbesserung, welche ich im rhein. Mus. 13 S. 580 darlegte, war so lange zu finden unmöglich als nach* succurreretur *das Einschiebsel eines stammelnden Latinisten aus dem ersten Druck beibehalten ward:* Nonunquam Sisiphum onere releuari. *Die früheren Vorschläge andrer waren ebenso rohe Sünden gegen Vernunft oder Sprache: am gesundesten noch Curio* si unius diei iacturam fecissent *und Orelli* Tityum iam diu vultures pauisse.

S. 70, 8 spes sine fine effectus *VAEFW, nur dass in F eine andre Hand über* spes *einen Bogen zog. Nemlich* fine *erwuchs aus Dittographie von* sine *und bewirkte dann den Genetiv an Stelle von* effectu. *Schon Rhenanus schlug* specimen sine effectu *vor.*

S. 70, 14 *Wehle verdächtigte den ganzen Vers. Er vermisst zu* petenti *ein Object: wer ergänzt es nicht von selbst? Begründeter ist der Einwurf, man erwarte nicht* lusuro *similis sondern* lusurus. *Aber da Claudius nie über die erste Manipulation, das Schwingen des Würfelbechers hinauskommt, so ist er kein wirklicher Spieler sondern gleicht nur demselben (*similis lusuro *woran kurzweg* petenti *in gleicher Abhängigkeit angeschlossen ward). Ich sollte meinen, auch die Danaiden könne man sowohl* aquam ingerentes in dolium *als* ingerentibus similes *nennen, ersteres als Wasserträgerinnen, letzteres weil die Erfolglosigkeit ihrer Arbeit sie eben von vollkommenen Wasserträgerinnen unterscheidet.*

S. 70, 20 *die Lästigkeit der Wiederholung von* illum *und mehr noch des Nebeneinanders von* illum *und* ab illo *bei verschiedenen Personen wird die Einklammerung rechtfertigen.*

Beendet im August 1863.

In der Anmerkung zu S. 42, 11 lies: zwischen 12 und 1, nicht: zwischen 11 und 12.

Zu S. 73: nach wiederholtem Einsehen der St. Galler Hs. hat Hr. Götzinger noch den letzten Scrupel erledigt: die Hs. hat wirklich proclinia.

S. 76 zum Variantenverzeichniss ist nachzutragen dass S. 59, 9 Graece *in E fehlt.*

DE

M. VALERIO PROBO GRAMMATICO

DISSERVIT

HENRICVS KEIL.

De Probi in Vergilii bucolica et georgica commentario nuper ita disputavit Alexander Riese dissertatione Bonnae a. 1862 edita, ut exemplum exhiberet eum ad laudem studiorum in Bonnensi universitate gnaviter peractorum idoneum tum mihi in primis gratum. nam et rem a me olim, cum Vergilianum commentarium libris manu scriptis emendatum edebam, omissam diligenter tractatam esse gaudebam et delectabat me, quod adulescentem mihi, dum meis scholis operam dat, eadem disciplina, qua me ipsum paratum ad haec studia accedere memini, bene institutum esse videbam. quamquam quod demonstrare conatus est, Probi nomen illi libro inscriptum non ad veterem illum et nobilissimum M. Valerium Probum, sed ad recentiorem aliquem eius nominis grammaticum referendum esse, mihi non persuasit, neque Ottonem Ribbeckium annal. philol. a. 1863 p. 351 sqq. ea de re consentientem habuit. sed quoniam falsa opinione de isto recentiore Probo, quem dicit, non ab ipso primum concepta, sed communi omnium consensu fere probata, ni fallor, in errorem inductus est, de hoc quid mihi videatur explicabo et omisso Vergiliano commentario, in quo si meam operam nunc retractare vellem, multa mihi video emendanda esse, de iis libris, ad quos me nunc cum maxime Latinorum grammaticorum editio ducit, dicam.

Aditum autem ad hanc quaestionem parare placuit iis quae de Probo in praefatione primi voluminis grammaticorum Latinorum p. LI sqq. disputavi, Priscianum et Diomedem grammaticos in iis quae de verbo scripta reliquerunt hoc auctore tamquam communi fonte usos esse. et Priscianus quidem quaecumque ex veteribus Probi libris descripta memoriae prodidit non ex his ipsis petivisse, sed aliis auctoribus et maxime Capro grammatico debere videtur; Diomedem non est cur ipsum Probi libros tractavisse negemus. sed haec cum commentariis utriusque grammatici inter se comparatis probata sint, confirmantur etiam testimoniis recentiorum grammaticorum, a quibus complura quae nunc in Diomedis libro legimus Probi nomine adscripto exhibentur. cuius rei cum olim unum posuerim exemplum, idque per se minus certum, ex Lavantino codice promptum l. c. p. LIV, postea inveni haec, quae indicatis locis Diomedis quibuscum consentiunt infra scripsi. codex Carolirubensis Prisciani vol. I p. 428, 12 H. *Probus. est verbum praeterea hio hias, ex quo frequentativum hiato* (l. *hieto*) *as, inchoativum vero hisco is. sed quanquam ita esse habet* (se habent Diomedes), *tamen plus inesse in eo videtur, quod est hiscere quam hiatare* (l. *hietare*): p. 343, 13. scholia Bernensia in Verg. georg. IV 134 *carpere, carpebat: infinitivo enim imperfecta tempora signi-*

ficat more veterum, ut Probus ait: p. 341, 4. codex Parisinus 7491 saec. X f. 90 *qualitatem autem in modis bipertitam esse Probus adfirmat dicens 'qualitas verborum aut finita aut infinita est. finitiva verbi qualitas est, cum quasi definitiva et simplici utimur expositione ipsa distinctione per se (ipsa dictione per se commendantes sensum* Diomedes) *sine alterius conplexu, ut accuso us at. infinitiva sane qualitas est in qua haec universa confusa sunt, ut legere':* p. 338, 17. ibid. f. 93 *vel secundum Probum activa ea sunt quae dumtaxat* (l. *quae dumtaxat actum nostrum significant*), *cum alio agente sit qui patitur, ut accuso us. extrinsecus enim expectat patientem. sic passiva sunt, cum alio patiente penes alium sit administratio, ut accusor accusaris. expectat enim extrinsecus agentem. neutra sunt quae o littera terminantur. sed secundum Probum* (cf. de differ. p. 201, 15) *neutrum in nomine, neutrale in verbo rectius dicimus:* p. 336, 26. ibid. f. 94 *sed e contrario Probus adfirmat tempus in se (per se* Diomedes) *nullum omnino diremptum est, cum per se in se revolvitur* (l. *revolvatur*) *et sit perpetuum* (l. *perpetuo*) *unitum et individuum. sed quoniam actus noster variatur nec idem semper est, individuo tempore* (l. *tempori*) *per metonymiam partes temporis inponere solemus, non tempus dividentes. etenim aut agimus aut egimus aut acturi sumus. hinc quod agimus in tres partiones* (l. *portiones*) *dividimus et dicimus instans praeteritum futurum. instans est, quod et praesens, cum quid maxime agimus; praeteritum, cum facere desinimus et actum perficimus; futurum, cum non adhuc agere instituimus, sed acturos nos promittimus. in praeterito duo tempora sunt artificalia. artes enim exigentibus fabulis et rebus actis seculi* (l. *saeculo*) *repererunt. inperfectum scilicet, id est non tam* (l. *iam*) *perfectum, ut si aliquid agimus, quod non perficientes agere desinimus, unde hoc tempus inchoativum dicitur; perfectum, hoc est cum facere desinimus et actum perficimus. quod alii absolutivum, alii infinitivum dicunt; plus quam autem perfectum, quod vetustissimum dicunt, cum non solum quid egimus, sed longa intercapedine inveteraverit nobis:* p. 335, 21. codex Leidensis bibl. publ. 135 saec. X f. 143 *item ostendit Probus esse omnes personas, dicens de usurpativis 'usurpativas* (l. *usurpativa*) *species est huius modi, cum dicimus legendo proficiscit* (l. *proficit*), *id est dum legit, legendi causa venit, id est ut legat, legendum tibi est, id est necesse est ut legas. his enim fere casibus usurpantur dicta quod usu exerceri quo modo hoc pacto legitur demonstratur'* (f. *usurpantur, usurpativa dicta, quod usu exerceri quod hoc pacto legitur demonstrant*): p. 395, 30. haec igitur cum propter manifestum Diomedis consensum satis certo iisdem Probi de verbo commentariis, quibus ille usus est, vindicentur, alia, quorum minus certa apud hunc extat memoria, propter ipsam rerum similitudinem recte, opinor, ex eodem fonte repetemus. Servius in Verg. Aen. VII 421 *Probus de temporum conexione libellum conposuit, in quo docet quid cui debeat accommodari. ex quo intellegimus hanc quam facit arduam esse conexionem. nam patiere futuri temporis est, fusos vero participium est praeteritum:* cf. Diom. p. 388, 10. Consentius p. 2051 *quaedam vero talia sunt, ut neutrum horum, sicut Probus vir doctissimus adnotat, admittant, ut algeo aestuo. neque enim, inquit, Latine dicitur volens aut invitus quis aestuat aut alget, cum hoc ex necessitate pro qualitate temporis evenire videatur:* cf. Diom. p. 337, 10. codex Paris. 7491 f. 92 *item sciendum est quod ipsa declinatio inpersonalis, quae in* tur *exit, a neutralibus, ut ait Probus, figuratur, quia ipsa neutra passivum ex se aliter non faciunt:* cf. Diom. p. 398, 31. ibid. *Probus vero in his (gerendi verbis)* actum tamen (l. tantum) *fieri docet excludens passionem. sed notandum quod Probus in his quae a neutro vel a deponenti veniunt merito et recte exclusit, non ab his quae ab activo veniunt. — item, ut ait Probus, haec participia non sunt, sed propria sermonis species. participia enim cum sint alia* (l. talia), *recipiunt et personam et numerum et* (l. ut) *ab his legendis.* eadem fere de gerendi modo praecepta Probo tribuuntur etiam in codice Leidensi 135: cf. Diom. p. 342.

Non illud nunc agimus, ut quam multa Probi doctrinae debeat Diomedes ostendamus, sed post hunc etiam eosdem commentarios Probi nomine inscriptos a grammaticis usurpatos esse constare exemplis supra scriptis existimamus. quid? quod Probi librum de ratione temporum in codice bibliothecae Pontiniacensis extare indicavit Montefalconius bibl. II p. 1334? quae si recte ille indicavit (neque enim aliam eius codicis memoriam superesse novi), ad disputationem de temporibus verborum, quam et a Diomede et a posterioribus grammaticis usurpatam esse probavi, pertinere existimo. neque tamen ita haec disputo, ut incorruptos veteris grammatici commentarios ad extremam Latinarum litterarum aetatem propagatos esse dicam; sed multa posteriore tempore inventa et cum antiquis praeceptis mixta vel a pristina integritate deflexa non mutato veteris auctoris nomine ferebantur. atque etiam ipsum Diomedem, quem quarto saeculo antiquiorem fuisse nondum puto certo demonstratum esse, iam non integros Probi commentarios, sed recentium grammaticorum studiis mutatos habuisse dicemus.

His igitur inventis via munita est ad controversiam de Probi libris, iis quos in quarto volumine grammaticorum Latinorum edidi, diiudicandam. nam catholicon librum ex Bobiensi codice primum a Iano Parrhasio editum et eum qui est de ultimis syllabis ex eodem codice a Parrhasio editus, quem ille Probi instituta artium inscripsit, M. Valerio Probo Berytio, sicut Parrhasius instituerat, olim omnes tribuerunt. sed postquam intellectum est libros, quos quidem nunc habemus, ab illo scribi non potuisse, praesertim cum librum de omni arte grammatica satis verbose scriptum et nimis vulgarem, quem primus ex Vaticano codice Angelus Maius edidit, deinde in analectis grammaticis Vindobonenses repetiverunt, ad eundem auctorem referri viderent, recentiorem quendam Probum grammaticum fuisse statuerunt, a quo haec omnia, quae a veteris illius ratione abhorrerent, scripta esse dicerent. copiose ea de re disputavit Osannus symbol. ad hist. litt. II p. 166 sqq., qui duos institutionum libros, hoc est instituta quae olim dicebantur et catholica, itemque artem grammaticam ineunte fere quarto saeculo a iuniore quem dicit Probo scripta esse volebat atque ab hoc veterem illum Valerii nomine, quo artigraphus usus non esset, discerni statuebat. Osannum omnes qui post eum de Probo scripserunt, Bernhardyus ephem. litt. Hall. a. 1840 n. 87, O. Iahnius proll. in Persium p. 136, Lerschius ephem. antiq. a. 1843 n. 79, Hertzius in Priscianum vol. I p. 171, Riesius de Probi comm. Vergil. p. 8, ut alios omittam, ita secuti sunt, ut, cum de aliis rebus ab eius sententia dissentirent, tamen de artigrapho illo recentiore non dubitarent. sed ut reliqua fere omnia, quae vir eruditissimus magna doctrina atque industria de Latinis grammaticis commentatus est, mihi de hoc genere scriptorum quaerenti non multum utilitatis attulerunt, ita ne hanc quidem de Probo grammatico sententiam quamvis docte et subtiliter disputans mihi probavit. nam quamvis frequens fuisse nomen Probi posterioribus temporibus constet, et conplures etiam qui hoc nomine appellati erant doctrinae laude floruisse sciamus, de quibus cogitare quispiam in hac re possit, tamen grammatici cum et ex veteribus Probi commentariis et ex his libris, quos nunc habemus, satis multa afferant, nullo discrimine facto ita haec ponunt, ut eidem auctori omnia tribuant. neque magis Valerii nomen uni veteri grammatico vindicari potest, siquidem duos libros, eum qui est de differentiis et libellum de nomine, Valerii Probi nomine inscriptos legimus. quorum utrumque quamquam errori grammaticorum vel librariorum tribui posse video, tamen omittendum non putavi, propterea quod in utraque re facta est controversia. nam et de iis quae grammatici adscripto Probi nomine citaverunt saepe dubitatum est, quid Berytio grammatico, quid artigrapho tribuendum esset, et in Valerii nomine tollendo cum alii frustra laboraverunt tum nuper Riesius l. c. p. 29 sqq.

Sed iam de ipsis libris videamus. in quo de catholicis paulo accuratius dicam, brevius de reliquis. prorsus autem ab hac quaestione removendus est liber de ultimis syllabis, quippe qui non auctoritate libri manu scripti Probo tributus sit, sed coniectura Parrhasii, qui cum librum nullo auctoris nomine addito in codice ante catholica scriptum invenisset, hunc ipsum esse institutorum librum in initio catholicorum indicatum parum feliciter coniecit. catholicon igitur librum non sic, ut nunc in uno codice scriptus est, olim compositum esse, sed ex maiore et doctiore commentario excerptum et in conpendium redactum, omnis libri ratio et indoles docet. nam tanta saepe est disputandi brevitas, tam perturbatus interdum sententiarum ordo, ut haec non errore librarii corrupta, sed studio grammatici ea quae ille in uno loco tractata et copiosius exposita invenerat distracta et aliis omissis, aliis inepte repetitis vel additis in hunc ordinem coacta esse videas. et quaedam sane uberius, quam nunc in catholicis legimus, olim tractata fuisse ex Claudio Sacerdote, qui maximam libri partem in suam artem recepit, intellegitur. sed quamvis multa mutata sint, ut ad posterioris aetatis usum liber aptus fieret, tamen plurima veteris doctrinae vestigia, quibus tamquam certissimis indiciis bonum auctorem deprehendimus, relicta sunt. quid igitur? cum Probi nomen et codex manu scriptus prae se ferat et testimonia grammaticorum, qui hoc nomine inscriptum librum usurpaverunt, confirment, utrum recentem quendam eius nominis scriptorem, cuius nulla extat memoria, fingemus, ne haec omnia veteri illi tribuere videamur? an potius ex huius ipsius commentariis, quos quidem diu in manibus fuisse doctorum hominum, quamvis pristina forma vehementer mutata, vidimus, librum collectum esse putabimus?

Accedit vero, quod quaedam Probi praecepta, de quibus aliis auctoribus constat, nunc etiam in catholicis reperiuntur. et verborum quidem catholica, ut ab hac parte proficiscar, de qua quid Probus docuerit Diomede et Prisciano auctoribus certius quam de reliquis constat, et de ea in principio disputationis dixi, haec igitur multo magis contracta et brevius quam nominum catholica concepta sunt. verum tamen in hoc etiam sive brevitatis studio sive neglegentia sunt quae cum Probi doctrina consentiant, p. 34, 21 *relevi*, cf. Priscianus vol. I p. 490, 7; 529, 20 Diom. p. 370, 6: p. 34, 8 et 38, 6 *sorbo sorbeo*, cf. Priscianus p. 491, 13 Diom. p. 366, 27: p. 35, 29 *aio*, cf. Priscianus p. 494, 11; 511, 18 Diom. p. 374, 1: p. 36, 25 *partio partior*, cf. Servius in Verg. Aen. I 194: p. 36, 34 *lavo*, cf. Priscianus p. 471, 2 Diom. p. 381, 12: p. 39, 26 et 40, 7 *necto nexo*, cf. Priscianus p. 469, 12; 536, 8; 538, 2 Diom. p. 369, 16: p. 39, 5 *tollo*, cf. Diom. 372, 4; 380, 9. in quibus quamquam quaedam sunt, in quibus Probi nomen ex catholicis Priscianus, ut videtur, adscripsit, tamen haec quoque a Berytio grammatico tractata esse consensus Diomedis vel uberior ipsius Prisciani disputatio docet. in ea parte quae est de nomine certis testimoniis Probo vindicantur haec, p. 10, 22; 14, 32; 22, 27; 38, 28 de vocabulo *Orchus*, cf. Servius in Verg. georg. I 278: p. 20, 27 de generibus deminutivorum, cf. Priscianus p. 115, 18; p. 8, 25 de nomine *sal*, cf. Priscianus p. 171, 46. sed haud scio an gravius esse dicam illud, quod quae de declinationibus et de generibus nominum in hac parte scripta sunt cum iis quae in quinto et in sexto libro Prisciani leguntur ita consentiunt, ut vix videatur dubitari posse quin multa ex eodem fonte derivata sint. nam etsi Priscianum ipsa catholica quae nunc habemus legisse constat, tamen conplura quae cum his habet consentientia et pleniora exhibet et meliore ordine disposita. qua de re ne longus sim, paura adscribam exempla, p. 3, 14 *die acie*, cf. Priscianus p. 366, 9: p. 6, 25 de nominativo *a* finito, cf. Priscianus p. 199, 14; 143, 14; 201, 18: p. 7, 4 *lac*, cf. Priscianus p. 212, 4: p. 10, 28 *homo*, cf. Priscianus p. 206, 22: p. 13, 8 *acer alacer*, cf. Priscianus p. 152, 18: p. 13, 29 *Gadir*, cf. Priscianus p. 154, 1: p. 16, 11 *pauper*, cf. Priscianus p. 152, 8: p. 20, 3 *scrobis*, cf. Priscianus p. 168, 9: p. 31, 1 *ris*, cf. Priscianus p. 249, 9. iam quamvis non constet, quem auctorem vel quos auctores potius Priscianus secutus sit (nam doctissimorum virorum inventis se usum esse profitetur p. 194, 10), tamen neminem saepius quam Caprum adhibuisse videtur. Caprum porro Probi copiis usum esse scimus. quare, siquid in hoc genere sua natura admodum incerto probabiliter conici potest, idem, quod olim certioribus sane argumentis usus de Diomede docui, de hoc libro statuendum esse arbitror. nam quem ad modum et Diomedis librum et Capro quidem auctore Probi commentarios, quibus Diomedes usus est, Priscianus adhibuit, ita et catholica Probi, quae ab his nostris non diversa habuit, et veteres commentarios, e quibus illa ducta sunt, eodem Capro auctore usurpavisse videtur.

Graviores dubitandi causas habet ille de arte grammatica commentarius, quem artem minorem Vindobonenses editores inscripserunt, nos Priscianum vol. I p. 283, 7 secuti instituta artium diximus. in quo libro adeo omnia ad vulgarem sermonem et recentis aetatis consuetudinem accommodata sunt, ut veteris quidem grammatici praecepta aut nulla aut perpauca videantur inesse. verum tamen de eo ut recte iudicetur, monendum est, id quod facile puto unum quemque vel leviter inspecto libro intellecturum, non ad perfectam artis scientiam haec scripta, sed tironibus instituendis destinata esse. fuit autem hic grammaticorum mos, ut, cum aliter rudibus litterarum, aliter doctioribus scribendum esse intellegerent, aut ipsi artium scriptores duobus libris diverso modo conpositis utrisque consulerent, aut minor celeberrimarum artium editio (nam ita vulgo dicebant) pararetur ab aliis. cuius rei luculentissimum exemplum manibus tenemus artem Donati grammatici, in qua eam partem quae est de octo partibus orationis bis tractatam esse constat. nam praeter ea quae nunc plerumque sola de octo partibus orationis Donati nomine edita leguntur minore etiam arte, quam et Priscianus vol. II p. 466, 28 legebat et interpretes Donati non minus studiose quam maiorem editionem exposuerunt, de iisdem partibus brevius et minus docte disputatum est. simile quiddam igitur de Probo factum esse existimo. cuius cum summa esset apud posteriores grammaticos auctoritas, ea quae scripta reliquerat in artis formam videntur redacta esse. quam artem duobus libris sic dispositam fuisse suspicari possumus, ut priore libro, qui consueto tum nomine instituta artium dicebatur, de litteris et syllabis et de octo partibus orationis exponeretur, altero de catholicis nominum et verborum. nam ea quae dixi singulari libro tractata olim ante catholicon librum posita fuisse argumento sunt ea quae ex illis adferuntur in hoc p. 3, 2; 10, 25; 11, 1; 14, 10; 39, 3; 40, 11. sed cum postea instituta artium ad tironum usum conposita iterum edita essent, haec causa fuit, cur antiquiore libro neglecto hic recentior, quem nunc habemus, solus servaretur. ex his quae dixi iam existimari potest, quo pertineant illa saepissime in hac arte repetita, quod scriptor de iisdem rebus alio loco uberius se et accuratius dicturum esse promittit. nimirum sicut in duabus Donati artibus earumque commentariis factum esse videmus, huic vulgari et pueris destinatae artis expositioni quasi ad perficiendam eruditionem doctiorem illum institutorum librum succedere volebat. quare quamquam ne in hoc quidem libro nomine Probi alium atque veterem illum Berytium grammaticum significari puto neque causam esse video, cur recentem eiusdem nominis grammaticum fuisse dicam, tamen in tali quidem libro praeter ipsum nomen quid ex illius doctrina relictum sit dici vix potest, neque accuratius ea de re quaerere multum interest.

Denique de libellis de nomine et de differentiis Valerii Probi nomine inscriptis quid iudicandum sit, non opus est longiore disputatione explicare. nam de differentiis quidem verborum cum et in veteribus Probi commentariis et in iis libris, quos postea eo nomine servato grammatici conposuerunt, cum multa scripta essent, haec collecta et novis observationibus aucta vetus nomen ipsa quoque retinuerunt. excerpta vero de nomine, quae quidem maximam partem ex maioribus artium institutis collecta esse videntur, quamquam sunt quae recentiore aetate addita esse appareat, tamen non magis quam reliqua a vetere grammatico abiudicanda sunt. certis quidem testimoniis ex eius doctrina quid repeti possit, non inveni, nisi huc referas quae de nomine *sal* scripta sunt p. 209, 6 conlato Prisciano vol. I p. 171. 8.

Quae cum ita sint, non solum ea quae grammatici adscripto Probi nomine memoriae prodiderunt ad unum veterem grammaticum summis laudibus etiam extrema Latinarum litterarum aetate elatum pertinere, sed ne libros quidem qui nunc feruntur ab eo prorsus alienos esse iudico. ab hoc siquis iuniorem quem dicunt Probum distinguere velit, ita quodam modo defendi haec veteris et recentis scriptoris distinctio poterit, ut incorrupta veteris grammatici memoria ab iis quae recentiores adhibitis eius et libris et nomine conposuerunt discernatur. sed tamen ad omnem nobilissimi grammatici rationem recte existimandam ne haec quidem quae recentiorum studiis, quamvis vehementer mutata, debemus omnino sunt neglegenda. nam si recte haec de libris Probi eiusque apud posteros auctoritate disputata sunt, iam certius constare puto, quam late illius studia patuerint. etiamsi enim fides non abroganda est Suetonio de gramm. c. 24, qui Probum ait *multa exemplaria contracta emendare ac distinguere et adnotare curavisse soli huic nec ulli praeterea grammaticae parti deditum*, tamen non ita huic se negotio addixerat, ut reliquas artis grammaticae partes contemneret; sed cum ad libros veterum scriptorum recensendos et emendandos, id quod credendum est Suetonio testi, omne studium dirigeret, propter hanc ipsam rem omnibus grammatici officiis perfunctus est. itaque et de legibus ac rationibus Latini sermonis et de usu dicendi diligenter quaesivit et scriptoribus inde ab antiquissima aetate pervestigatis quid veterum consuetudo ferret, quid recentiori mori conveniens esset vel neotericum, ut ait Servius in Verg. Aen. XII 605, cognovit et exemplis adlatis conprobavit. tam praeclaro autem studio cum firmum sibi praesidium paravit ad criticam artem exercendam, tum de omni arte grammatica largissimam observationum et exemplorum copiam composuit, quae cupide postea a grammaticis expetita est et laudem viri magis etiam quam quod in veterum scriptorum exemplaribus recensendis et adnotandis effecerat propagavit. sed haec accuratius persequi longum est et ab hoc loco alienum. neque illud nunc disputabo, quid his libris de quibus dixi adhibitis maximeque auctoritate catholicorum, quae plurima vetustatis vestigia retinuerunt, in libris Latinorum grammaticorum doctrinae Probi vindicari possit.

DIE MAKEDONISCHE ANAGRAPHE.

VON

ALFRED VON GUTSCHMID.

Die Unmöglichkeit, in der ich mich wegen des Eintretens in einen neuen Wirkungskreis befinde, rechtzeitig eine selbständige Arbeit zu liefern, andrerseits der Wunsch, bei dieser Gelegenheit nicht fernbleiben zu müssen, haben mich bestimmt, den obigen Abschnitt aus einer unvollendeten Schrift über die griechischen Ἀναγραφαί auszuheben, und ich behalte mir vor, denselben beim Erscheinen des ganzen Werkes wieder abdrucken zu lassen.

Zwei werthvolle Ergebnisse sind durch J. Brandis' Untersuchungen über die älteste griechische Zeitrechnung [1]) sichergestellt worden, dass die von den späteren Chronographen erhaltenen Königslisten griechischer Staaten ihrem Kerne nach auf alte officielle Aufzeichnungen zurückgehen, und dass ihnen für den vorgeschichtlichen Zeitraum die Rechnung nach Menschenaltern zu Grunde liegt. Eine von diesem als richtig erkannten Gesichtspunkte ausgehende methodische Prüfung der überlieferten Zahlen und Namen, deren unerlässliche Vorbedingung freilich eine, mehrentheils trockene und dornige, kritische Sichtung der Listen der Chronographen sein muss, kann nicht ermangeln Frucht zu tragen, nicht für Zeitrechnung allein.

Um dies an einem Beispiele nachzuweisen, wähle ich das Makedonische Königsverzeichniss aus, welches, später als alle anderen, in einer Zeit beginnt, in welcher die übrigen griechischen Staaten bereits aus dem geschichtlichen Halbdunkel in das Zeitalter gleichzeitiger Aufzeichnungen [2]) eingetreten sind.

Die Listen der Makedonischen Könige bei den Chronographen scheiden sich in zwei Classen: eine gute, vertreten durch die bei Synkellos (p. 498 ff. ed. Bonn., am Rande ebendaselbst und eine dritte in seinem Texte zu Grunde gelegte) aufbewahrten Listen, die des Diodor bei Eusebios Chron. I p. 322 ff. (ed. Aucher) und in den erhaltenen Büchern, endlich die von Eusebios a. a. O. I p. 324 f. angehängte in ihrer oberen Hälfte bis mit Perdikkas II, und eine schlechte, zu der die Listen der Excerpta barbari (bei Scaliger, Thes. tempp. p. 63 ed. 1606), der Eusebios'schen Series regum (II p. 31 f.), die in seinen Armenischen Kanon aufgenommene, die des Hieronymos, des Χρονογραφεῖον σύντομον (bei Mai, Scriptt. vett. nova coll. I, 2 p. 29 f.), des Malalas (I p. 204. 242 f. 248 ff. ed. Oxon.) und in ihrer zweiten Hälfte von Archelaos an die von Eusebios der Diodorischen angehängte gehören. Die letzteren Listen stammen alle aus einer Quelle, und ihre Differenzen sind blosse Schreibfehler.

---

[1]) Io. Brandis, De temporum Graecorum antiquissimorum rationibus, Bonn 1857. 4.
[2]) Hinsichtlich des Alters dieser Ἀναγραφαί sei mir ein Hinweis auf das gestattet, was ich an die Brandis'sche Schrift anknüpfend in den Jahrbb. f. class. Philol. 1861 S. 20 ff. in Kürze auseinandergesetzt habe.

I.

Ueber die Zuverlässigkeit dieser Verzeichnisse pflegt nicht besonders günstig geurtheilt zu werden. Für ihre Behauptung, dass die sichere Zeitrechnung der Makedonischen Könige erst nach den Zeiten des Perdikkas II und Archelaos beginne, berufen sich K. Müller[3]) und Brandis[4]) auf die abweichenden Angaben hinsichtlich der Regierungsdauer der genannten beiden Könige. Anders der der Wissenschaft zu früh entrissene O. Abel[5]), welcher längst — für mich überzeugend — nachgewiesen hatte, dass die verschiedenen Bestimmungen über Perdikkas II sich aus seiner Geschichte erklären: die Regierung seines ältesten Bruders Alketas II ist in den Listen ganz unterdrückt, die Zeit, während welcher Perdikkas neben seinem anderen Bruder Philippos in einem Theile Makedoniens herschte, ebenfalls nicht berücksichtigt worden, wodurch die 40 — 41 Jahre des Anaximenes, des Nikomedes von Akanthos und der Marmorchronik (epoch. 58. 61), die 35 des Theopompos, die 23 des Marsyas, des Philochoros und der besseren Listen bei den Chronographen sich genügend erklären. Die 28 Jahre, die Hieronymos (nach K. Müller's einleuchtender Bemerkung[6]) der Rhodische Litterarhistoriker) dem Perdikkas gab, finden sich in den schlechteren Listen der Chronographen wieder[7]), in welchen die Regierungsdauer der berühmtesten Nachfolger Alexander's I (Perdikkas II, Archelaos, Amyntas III, Philipp II) erhöht worden ist, um den Ausfall der Regierungen des Alketas II und Philipp zu decken; $\overline{KH}$ wird absichtliche Veränderung eines überlieferten $\overline{KB}$ sein, welche letztere Zahl in der Diodorischen Liste zu finden ist, desgleichen $K\Delta$ beim Archelaos Aenderung von $I\overline{\Delta}$. Für die zweite Regierung des Amyntas III ist irrthümlich die Summe der ganzen Herrschaftszeit, 18 Jahre statt 12 Jahre, angegeben. Philipp II endlich hat statt der 23—24 Jahre, die er nach der richtigeren Ueberlieferung hat, 26 erhalten, welche letztere bei einer im hellsten Lichte der Geschichte stehenden Persönlichkeit, wie es der Vater Alexander's des Grossen ist, schwerlich erfunden sind, überdies auch durch die 25 Jahre des Trogus (Just. IX, 8, 1) gestützt werden. Sie sind vielmehr von dem Zeitpunkte an ge-

---

[3]) Fragmm. histt. Graecc. III, 691.
[4]) In der genannten Schrift p. 18.
[5]) Makedonien vor König Philipp S. 166 ff. Die Abweichungen der Geschichtschreiber sind zusammengestellt von Athenäos V p. 217.
[6]) Fragmm. histt. Graecc. II, 452.
[7]) Die Rücksicht auf die Litteraturgeschichte in diesen Listen offenbart sich auch darin, dass daselbst das Todesjahr des Archelaos das J. 409 v. C. ist, im Widerspruch mit der gleichzeitigen Geschichte, aber in vollkommenster Harmonie mit dem Dialoge Ἀλκιβιάδης δεύτερος, der von seinem Verfasser mehrere Jahre vor 404 gesetzt wird und wo c. 5 p. 141 D der Ermordung des Archelaos gedacht ist. Desgleichen wird der Regierungsantritt desselben mit einem noch ärgeren Anachronismus in das Jahr 433 gesetzt, wiederum im Einklang mit Plat. Gorg. c. 26 p. 471 A. c. 58 p. 503 C, an welchen Stellen Archelaos als König, Perikles als jüngst verstorben erwähnt wird: es betrifft dies gerade den Punkt, der schon den alten Grammatikern Kopfzerbrechen machte (vgl. Ath. V p. 217).

rechnet, wo derselbe bei Lebzeiten seines Bruders ein Makedonisches Theilfürstenthum erhielt.[5]) Die 22 Jahre, die Satyros[6]) diesem Könige giht, führen von selbst auf die Verdrängung des Amyntas IV, die nicht lange nach dem Antritte der vormundschaftlichen Regierung erfolgt ist. Wir haben hier gerade dieselben Differenzen wie beim Perdikkas II zu einer Zeit, in der hoffentlich Niemand kyklische oder sonstwie gemachte Chronologie voraussetzen wird. Mit einem Worte, die Makedonische Königsliste liefert nur einen neuen Beleg für den alten Satz, dass Regentenlisten, die nicht nach einem bestimmten chronologischen Gesichtspunkte angelegt sind, mögen die einzelnen Posten jeder für sich betrachtet noch so richtig sein, doch im Ganzen keine sichere Zeitrechnung ergeben: die Kaiserlisten bei den Byzantinern sind eine passende Analogie hierfür.

Weiter beweist die Makedonische Liste aber auch Nichts. Vielmehr stimmen von Alexander I an die besseren Listen, obwohl sie, wie sich zeigen wird, aus verschiedenen Quellen geflossen sind, so völlig unter sich und, die berührten Interpolationen abgerechnet, mit den schlechteren Listen überein, dass jeder Unbefangene zugeben wird, dass wir hier eine vollkommen sicher historische Ueberlieferung vor uns haben. Dass man die grosse Uebereinstimmung der besseren Listen verkannt hat, rührt im Wesentlichen davon her, dass man die Angaben Diodor's auf eine ganz verkehrte Weise mit denen der Chronographen verglichen und überdies diesen gegenüber ungebührlich überschätzt hat. Man hat nämlich den Amyntas, den die Chronographen zwischen Aeropos und Pausanias aufführen und welchen Diodor übergeht, für den bekannten Vater Philipp's gehalten, obgleich dadurch die Uebereinstimmung im Folgenden ganz aufgehoben wird und Diodor nur von einer einmaligen Vertreibung des Amyntas weiss. Die Listen, welche mehr als die blossen Namen geben, unterscheiden beide Amyntas sehr bestimmt: die Excerpta barbari und das Χρονογραφεῖον cύντομον nennen den Vater Philipp's ausdrücklich Ἀμύντας ἄλλος, und der Eusebios'sche Kanon führt sowohl im Armenischen, wie im Lateinischen Texte die zweite, nach der alten Annahme dritte, Regierung von Philipp's Vater mit 'rursum Amyntas' ein, die vorhergehende mit einem einfachen 'Amyntas'. Es scheint mir klar, dass jener erste Amyntas vielmehr mit dem nach einer von meinem Freunde Emil Müller herrührenden Emendation (Ἀμύντᾳ für Ἀμύντα) bei Aristot. Pol. V, 19 p. 1311 b 14 herzustellenden Amyntas, Bastardsohn des Archelaos, identisch ist; jene Emendation drängt sich mit Nothwendigkeit durch den ganzen Zusammenhang auf[10]), und Abel's Bedenken (S. 196), Geschwisterheirathen seien in dieser Zeit noch nicht aufgekommen, ent-

---

[5]) Ueber diesen vgl. Spensippos' Brief bei Karystion fr. 1 ap. Müller. IV, 357, und Abel S. 228.
[9]) fr. 5 ap. Müller. III, 161.
[10]) Τῶν θυγατέρων... ἔδωκε (ὁ Ἀρχέλαος)... τὴν νεωτέραν τῷ υἱεῖ Ἀμύντᾳ, οἰόμενος οὕτως ἂν ἐκεῖνον ἥκιστα διαφέρεσθαι καὶ τὸν ἐκ τῆς Κλεοπάτρας.

behrt der Begründung, da Ehen zwischen Halbgeschwistern nicht bloss in Makedonien, sondern auch in Athen zulässig waren. Diodor übergeht dessen ephemere Regierung ganz und schlägt sie zu der des vorhergehenden Königs, wie er dies auch bei Orestes gethan hat. Dem Amyntas III gibt er nach den geringeren Listen 24, d. i. 6 + 18 Jahre, verringert aber den Fehler dadurch, dass er die 2jährige Regierung des Argäos II nicht besonders in Rechnung bringt: wer dies nicht anerkennt, ist genöthigt, den Verlust des Reichs durch die Illyrier im J. 383 als eine 4te Vertreibung des Amyntas III anzusehen, während sie nach der berichtigten Auffassung mit der Usurpation des Argäos zusammenfällt.

Bei Weitem besser als Diodor ist der Gewährsmann, dessen Liste Synkellos in dem Texte der Chronographie zu Grunde gelegt hat und die mit dem in Namen und Zahlen sehr verstümmelten Geschichtsauszuge, einen Schreibfehler abgerechnet (4 Jahre des Orestes statt 3), zusammenfällt. Sie hat auch die ältesten Zeugnisse für sich. Wenn nämlich Trogus (Just. XXXIII, 2, 6) von Karanos bis auf den Sturz des Perseus 168 v. C. nicht weniger als 924 Jahre zählt, so weicht dies total ab von der ganzen übrigen Tradition, ist aber mit Leichtigkeit auf ein von dem Römer begangenes Versehen zurückzuführen, der ἐνακόσια für ἑξακόσια las: 624 Jahre führen, den terminus ad quem wie immer mit eingerechnet, auf das Anfangsjahr 791 v. C., und dieses differiert nur um 2 Jahre von dem Alexandrinischen Weltjahre 4701 oder dem 18ten vor Olymp. 1 (den terminus ad quem mitgerechnet), welches Synkellos zum ersten des Karanos macht. Solinus ferner, dessen Abriss der Makedonischen Geschichte Polyh. 9, 12—23 vielleicht aus Trogus geflossen ist, setzt den Antritt des Perdikkas I in Olymp. 22, wiederum in Uebereinstimmung mit Synkellos — und nur mit diesem —, der das Jahr 690 v. C. angibt. Diese Liste also muss als die beste und bestbeglaubigte zu Grunde gelegt werden; Synkellos hat gegen das Ende durch Nichtberücksichtigung überschüssiger Monate, die als Jahre mit hätten verrechnet werden sollen, 3 Jahre eingebüsst und weiss sich nicht besser zu helfen, als dass er die Regierung Alexander's des Grossen zwar zu 12 Jahren angibt, aber stillschweigend zu 15 berechnet. Die Vergleichung Diodor's und der schlechten Listen gibt die sichere Verbesserung an die Hand, die überschüssigen Monate bei Amyntas II, der ersten Regierung des Amyntas III und bei Alexander dem Grossen sind jedesmal als ein Jahr mit in Rechnung zu bringen. Synkellos macht ganz richtig das J. d. W. 5081 = 413 v. C. zum ersten des Archelaos; der einzige Fehler seiner Liste besteht in der ihr mit allen übrigen gemeinsamen Verkürzung der Regierungsdauer des Perdikkas II.

Nach der Liste, welche Eusebios im ersten Theile der Chronik gibt, fällt der Anfang der Regierung Alexander's I in das Jahr 498, der des Perdikkas in 454, und dass diese Daten historisch genau sind, geht ausser anderen Anzeichen auch daraus hervor, dass der Zwischenraum von 454—

413 sich genau auf soviel Jahre beläuft, als nach der Marmorchronik und Nikomedes von Akanthos die Regierung des Perdikkas betrug. Hierin ist der Schlüssel gegeben, warum Eusebios von Archelaos an seine gute Quelle verlässt: das Datum 454 von Perdikkas war ihm überliefert, er sah aber, dass jene Liste zu kurz sei, um den Zeitraum bis Alexander auszufüllen, und statt die Regierung des Perdikkas zu verlängern, ergänzte er die Liste für die folgende Zeit aus seiner zweiten, schlechten Quelle.

Es ist nunmehr möglich, die Chronologie der Makedonischen Könige von Alexander I an mit absoluter Gewissheit zu fixieren.

Diodoros.	Synkellos p. 373 ff.	feste Punkte.[11])	berichtigte Liste.
Alexander I reg. 44 J. 483—439.	Alexander I reg. 44 J. 440—436.	regierte im J. 510 noch nicht, wohl aber zur Zeit des Zugs d. Mardonios (was aus Just. VII, 1, 1 zu folgern ist), also 492, u. noch im J. 464.	Alexander I reg. 44 J. 495—451.
Perdikkas II reg. 22 J. 439—417.	Perdikkas II reg. 23 J. 436—413.	erwähnt 432—411.	Perdikkas II reg. 41 J. 454—413.
Archelaos reg. 17 J. 417—400.	Archelaos I reg. 14 J. 413—399.	erwähnt 410—404.	Archelaos I reg. 14 J. 413—399.
	Orestes reg. 3 J. 399—396.		Orestes reg. 3 J. 399—396.
Aeropos, Vormund des Orestes, 6 J. 400—394.	Archelaos II reg. 4 J. 396—392.	Aeropos reg. im Jahre 394 (Polyaen. II, 1, 17).	Aeropos, König unter dem Namen Archelaos II,[12]) reg. 4 J. 396—392.
	Amyntas II reg. 1 J. 392—391.		Amyntas II reg. 1½ = 2 J. 392—390.
Pausanias reg. 1 J. 394—393.	Pausanias reg. 1 J. 391—390.		Pausanias reg. 1½ J. = 1 J. 390—389.
Amyntas reg. 24 J. (eingerechnet des Argäos II 2jähr. Regierung) 393—369.	Amyntas III reg. 5 J. 390—385.	Amyntas III verlor im J. 383 durch die Illyrier fast das ganze Reich und ward 382 von den Lakedämoniern gegen Olynth unterstützt. Er lebte noch im J. 371.	Amyntas III reg. 6 J. 389—383.
	Argäos II reg. 2 J. 385—383.		Argäos II reg. 2 J. 383—381.
	Amyntas III wieder reg. 12 J. 383—371.		Amyntas III reg. 12 J. 381—369.
Alexander II reg. 1 J. 369—368.	Alexander II reg. 1 J. 371—370.	erwähnt im J. 369.	Alexander II reg. 1 J. 369—368.
Ptolemäos I, Regent 3 J. 368—365.	Ptolemäos I, reg. 3 J. 370—367.		Ptolemäos I, Regent 3 J. 368—365.

[11]) Die Belegstellen findet man, wo nichts Besonderes bemerkt ist, bei Clinton (F. H. II, 235 ed. Krüger.) und bei Abel.

[12]) Aeropos nennen ihn nur Diodor und die fortlaufende Erzählung bei Synkellos, alle übrigen Listen Archelaos, was demnach kein blosses Missverständniss sein kann: der Usurpator wird bei seiner Thronbesteigung des guten Omens halber den Namen seines berühmten Vorgängers angenommen haben, wie Aridäos den Namen Philippos.

Diodoros.	Synkellos.	feste Punkte.	berichtigte Liste.
Perdikkas III reg. 5 J.	Perdikkas III reg. 6 J.		Perdikkas III reg. 5½ J.
365—360.	367—361.		= 6 J. 365—359.
Philipp II reg. 24 J.	Philipp II reg. 23 J.	Der Mai 317 fällt in sein	Philipp II reg. 23½ J.
360—336.	361—338.	13tes Jahr; er ward 336 ermordet.	= 23 J. 359—336.

II.

Können wir für diese Periode keine Spur von künstlicher Chronologie in der Makedonischen Königsliste entdecken, so verhält sich dies allerdings in dem Zeitraume von Perdikkas I bis Amyntas I wesentlich anders, noch mehr in dem ganz mythischen von Karanos bis mit Tyrimmas. Es lässt sich der strengste Beweis dafür führen, dass die den ältesten Königen beigeschriebenen Zahlen ungeschichtlich sind.

Alexander I war im J. 512, als er die übermüthigen Abgesandten des Megabazos erschlug, ein thatkräftiger Jüngling, im J. 479 ein noch rüstiger Mann und lebte noch bis 454; eine Tochter von ihm, Stratonike, heirathete 429 den Thrakischen Thronerben Seuthes, war also kaum früher als 471 geboren: dies Alles weist darauf hin, dass Alexander I gegen das J. 533 geboren war. Sein Vater Amyntas I war im J. 512 bereits ein betagter Mann und starb 498, mag also gegen 572 geboren sein, schwerlich später. Nach den höchsten Angaben, wie sie nur die schlechten Listen bieten, regierte Amyntas I 50 Jahre, also seit 540, seine Vorgänger Alketas 29 und Aeropos 26 Jahre [13]), der letztere begann also 603 zu regieren. Nun hat sich bei Just. VII, 2, 8 die Tradition erhalten, Philipp I sei jung gestorben und habe den Aeropos im zartesten Alter zurückgelassen; die Illyrier seien darauf über das schutzlose Reich hergefallen und hätten die Makedonier in einer Schlacht geschlagen, in einer zweiten sei das Königskind in der Wiege mit gegen den Feind geführt worden und unter diesen Auspicien hätten die Makedonier einen grossen Sieg erfochten. Mag letzteres sagenhafte Ausschmückung sein, der Kern der Tradition ist gewiss glaubhaft. Demnach wäre Aeropos nicht früher als 608 geboren, also nur 36 Jahre vor seinem Enkel Amyntas I: es müssten demnach zwei Könige hintereinander ihren Nachfolger im 18ten Jahre erzeugt haben, was, wenn nicht unmöglich, doch im höchsten Grade unwahrscheinlich ist, namentlich wenn man die ungewöhnlich hohe durchschnittliche Dauer der Generationen in allen Linien des Makedonischen Königshauses in Betracht zieht. Im Hauptstamme der Argeaden sind von der Geburt des Amyntas I bis zu der des Herakles, Alexander's des Grossen ältesten Sohns, von etwa 572 bis 332, in 240 Jahren 7 Generationen, wonach auf jede über 34 Jahre kommen. Ein Nebenzweig

---

[13]) Wenn in den Exc. barbari Philipp I 26 und Aeropos 38 Jahre hat, so erweist sich dies durch die Paralleltexte als eine blosse, wohl unabsichtliche Umstellung, wie weiter unten die 1½ Jahre des Archelaos II und 3 des Amyntas II für 3 + 1½.

der Hauptlinie sind die Ptolemäer, wie der Stammbaum bei Satyros fr. 21 darthut; K. Müller (Fragmm. histt. Graecc. III, 165) hat die richtige Bemerkung gemacht, dass durch Ueberspringung von einem Amyntas auf einen andern Amyntas wenigstens zwei Generationen ausgefallen sind: da in der zweiten Generation nach Amyntas I wirklich ein Amyntas, nämlich der jüngste Sohn des Alexander I und Grossvater des Amyntas III, nachweisbar ist, so lässt sich die Lücke mit ziemlicher Wahrscheinlichkeit so ausfüllen: τοῦ δὲ Ἀμύνταν, [τοῦ δὲ Ἀλέξανδρον, τοῦ δὲ Ἀμύνταν,] τοῦ δὲ Βάλακρον. [14]) Diese Linie nun zählt von Amyntas' I Geburt um 572 bis auf die des letzten Königs Ptolemäos Käsarion 47 v. C. in 525 Jahren 15 Generationen, also jede durchschnittlich zu 35 Jahren. Endlich in der Familie der Antigoniden, deren Zusammenhang mit dem Hauptstamme durch die Fürsten von Elimeia Abel überzeugend dargethan hat[15]), sind von der Geburt des Amyntas I bis auf die des letzten Königs Perseus, von etwa 572 bis 213, in 359 Jahren 11 Generationen, im Durchschnitt also beläuft sich jede auf nicht ganz 33 Jahre. Die unter der Voraussetzung der Authentizität der ältesten Regierungszahlen sich ergebende Generationsdauer von nur 18 Jahren bei Vater und Sohn bildet hierzu den wunderbarsten Contrast.

Ein zweiter Verdachtsgrund ist das Auseinandergehen der Listen, nicht bloss der guten und der schlechten, sondern auch der guten unter sich, die doch für die Zeit von Alexander I an vollkommen harmonieren. Sie trennen sich hier in zwei Classen: die eine ist durch Diodor und das

---

[14]) Noch eine zweite Lücke in dem wichtigen Fragment des Satyros lässt eine sichere Ergänzung zu, ich meine die in den Worten Ἀριάδνης ἀπὸ τῆς θυγατρὸς Μίνω, γυναικὸς δὲ Διονύσου, παιδὸς πατροφίλης τῆς μιχθείσης Διονύσῳ ἐν μορφῇ πρυμνίδι. Hier weist die Charakteristik παῖς πατροφίλη von allen Geliebten des Dionysos bestimmt auf die Erigone hin; also ist nach Διονύσου zu ergänzen: [Ἠριγόνης ἀπ' Ἠριγόνης τῆς Ἰκαρίου] παιδὸς κτλ. Die schmuzige Wendung der Sage — denn dass μορφὴ πρυμνὶς nur ein aphrodisisches Schema sein kann, ergibt der Zusammenhang — wird den ausgelassenen Festgebräuchen bei der αἰώρα ihren Ursprung verdanken.

[15]) Abel, Makedonien S. 155. Eine wesentliche Stütze für diesen Nachweis ist ihm entgangen, nämlich die noch von Niemandem erklärte, von Manchen unbedachter Weise angezweifelte Stelle des Livius (XLV, 9), an der Perseus der 20ste von Karanos genannt wird. Gerade so viel Generationen ergeben sich nämlich nach der von Abel entworfenen Stammtafel der Fürsten von Elimeia: 1. Karanos, 2. Koinos, 3. Tyrimmas, 4. Perdikkas I, 5. Argäos I, 6. Philipp I, 7. Aeropos, 8. Alketas, 9. Amyntas I, 10. Aridäos von Elimeia, 11. Derdas I von Elimeia, 12. Sirras von Elimeia, 13. Machatas von Elimeia, 14. Philipp, 15. Antigonos von Asien, 16. Demetrios I, 17. Antigonos I, 18. Demetrios II, 19. Philipp V, 20. Perseus. Die 30 Könige von Karanos bis Perseus beim Trogus (Just. XXXIII, 2, 6), die Clinton ziemlich willkürlich herausbringt, erklären sich sehr einfach, wenn Trogus mit Diodor die kurzen Regierungen des Orestes und Amyntas II ganz überging und die des Antigonos I, wie dieser selbst es that, vom Tode seines Vaters Demetrios I datierte. So war ihm Amyntas III der 15te, Demetrios I der 25ste König. Die Zwischenkönige nennt er selbst: 16. Alexander II, 17. Perdikkas III, 18. Philipp II, 19. Alexander III, 20. Philipp III, 21. Olympias, 22. Kassandros, 23. Philipp IV, 24. Alexander V, dem Demetrios I das Reich entriss. Wenn bei Vellejus I, 6, 5 Alexander der 17te von Karanos heisst, so sind vermuthlich die Zwischenkönige zwischen Archelaos und Amyntas III übergangen worden.

von Eusebios an den Auszug aus ihm angehängte Verzeichniss vertreten, die andere durch die drei Listen beim Synkellos. Die Verzeichnisse beider Classen gehen dann auch unter sich wieder auseinander. Zwar beschränken sich die Abweichungen bis auf zwei Ausnahmen auf die Einer; man sieht aber doch, dass die Historiker — denn ihnen, nicht den Chronographen ist die Verschiedenheit der Bearbeitungen der Makedonischen Königstafel wenigstens in ihren Hauptumrissen beizumessen — die Ueberlieferung in dieser Periode für so unsicher hielten, dass sie kein Bedenken trugen, sie jeder nach besonderen Gesichtspunkten umzumodeln.

Wie die Ansätze für die ältesten Könige entstanden sind, zeigt am deutlichsten die Liste des Eusebios, die von Karanos bis mit Amyntas I 9 Könige in 300 Jahren zählt, zerlegt in 3 mythische Könige mit 101 und 6 geschichtliche mit 199 Jahren: also, wie so oft, der Herodotische Ansatz der γενεά zu 33⅓ Jahren, wie so oft, Vermeidung der ganz genauen Generationssumme durch Wegnahme, beziehentlich Zulegung, eines Einers. Nach dieser Berechnung fiel Karanos in 798, Perdikkas I in 697. Diodor, der die Regierung des Perdikkas mit den Uebrigen verkürzt, ohne wie Eusebios den Fehler durch Interpolationen in den späteren Regierungen auszumerzen, lässt die 101 Jahre von Karanos bis Tyrimmas unverändert und bestimmt die Zeit der 6 folgenden Könige auf 193 Jahre, wodurch ihm (in Folge des Mehr von 4 Jahren beim Amyntas III) Perdikkas I in 676, Karanos in 777 zu stehen kommt, also dieser 1 Jahr vor, der erstere ein Jahrhundert nach der 1sten Olympiade: offenbar ein beabsichtigter Synchronismus, der in der uns schon bekannten Weise durch das + 1 etwas verdeckt ist. Diese beiden Listen sind für diese Periode die ursprünglichsten, was aus dem Umstande hervorgeht, dass nur sie das Jahrhundert für die 3 γενεαί Karanos, Koinos, Tyrimmas in der Form 101 treu bewahren, alle übrigen es verfälschen. Doch geben auch sie nicht ganz treu die Form der ältesten Ἀναγραφή wieder; durch Vergleichung derselben unter einander und mit den Synkellischen ergibt sich für diese mit ziemlicher Sicherheit folgende Form:

Karanos	. .	30 J.	⎫
Koinos	. .	28 J.	⎬ 101 J.
Tyrimmas	. .	43 J.	⎭
Perdikkas I	.	48 J. (42 J. Diod.)	⎫
Argäos I	.	31 J. (38 J. Eus.)	⎪
Philipp I	.	33 J.	⎬ 192 J.
Aeropos	. .	20 J.	⎪
Alketas I	.	18 J.	⎪
Amyntas I	.	42 J. (49 J. Diod.)	⎭

Demnach fällt Perdikkas I in das von Solinus bezeugte Jahr 690, Karanos in 791. Die Anlage der Liste liegt klar zu Tage: die 42 Jahre des

Amyntas I fand man sicher überliefert vor, auf seine fünf Vorgänger rechnete man anderthalb Jahrhundert, die Generation also zu 30 Jahren. Man vertheilte diese wiederum in der allereinfachsten Weise, indem man dem Perdikkas I, der nach der Tradition ein hohes Alter erreichte (Just. VII, 2, 2), das halbe Jahrhundert zugestand, das von seinen vier Nachfolgern ausgefüllte Jahrhundert aber in 2 mal 30 und 2 mal 20 Jahre zerlegte; dieses ursprüngliche Schema ist durch Wegnahme und Zuthat von höchstens drei Einern gering modifiziert, und auch diese Modifizierung hält an der Abnahme der Regierungsdauer fest.

Von der zweiten Classe der guten Listen kommt die von Synkellos nach Weltjahren berechnete und die damit identische lückenhafte in der fortlaufenden Geschichtserzählung der ursprünglichen Liste noch am nächsten: die Jahre der Könige sind aber nach Proportion um 20 Jahre im Ganzen erhöht, d. i. dem Tyrimmas sind 2, den späteren Königen 18 Jahre zugelegt worden, nämlich dem Argäos I 3, dem Philipp I wieder 2, dem Aeropos wieder 3, dem Alketas aber 10; die Jahre des Amyntas I sind nicht angetastet worden als geschichtlich, die des Perdikkas I nicht, weil sie auch in der Sage begründet sein mochten. Die Erhöhung der Jahre des Alketas mag durch den Widerspruch der kurzen Zahl mit der Sage vom Kinde Aeropos veranlasst sein; die Verlängerung der ganzen Periode um 20 Jahre hängt aber vermuthlich mit der irrthümlichen Herabrückung Alexander's I in 480 statt 498 und der Verkürzung der Jahre des Perdikkas II zusammen: durch jene Erhöhung der früheren Regierungen wird der Ausfall wieder gedeckt und der Regierungsantritt des Perdikkas I kommt genau in dasselbe Jahr 690 zu stehen, in welches ihn die ältere Liste setzte, Karanos wenigstens in fast dasselbe, nämlich in 793 statt 791.

Eine eigenthümliche Bewandtniss hat es mit dem Verzeichnisse, welches p. 498, 9 in beiden Handschriften des Synkellos steht und von diesem offenbar selbst als Ersatz für das lückenhafte im Texte stehende beigeschrieben war; die zahlreichen Fehler desselben lassen sich durch die hinter jeder Regierung stehende Summe der Jahre von Karanos an controliren und ohne Mühe verbessern. Aus derselben Quelle hat Synkellos auch die Zeitbestimmungen p. 501, 19 eingeschaltet, die arg verderbt, aber mit dem im Texte stehenden Verzeichnisse ganz unvereinbar sind; aus dem Marginalverzeichnisse ergibt sich für diese eine leichte Verbesserung: Μέχρι τοίνυν (τοῦ νῦν vulg.) τῆς ἀρχῆς Ἀλεξάνδρου γίνεται χρόνος ἀπὸ μὲν πέμπτης (πρώτης vulg.) ὀλυμπιάδος καὶ αὐτῆς ἀρχομένης. καθ' ἣν Ῥωμύλος Ῥώμην κτίζει, ἔτη υκ', ἀπὸ δὲ Τροίας ἁλώσεως ἔτη ωλα' (ω' vulg.). Ἀλέξανδρος οὖν κτλ. Mitten in einem Abriss der Makedonischen Geschichte kann die 5te Olympiade als Ausgangspunkt der Rechnung nur das Datum für Karanos enthalten; da der Abriss Alexander's Regierungsantritt vier Jahre zu früh ansetzt, nämlich Ol. 114. 1, so erhält man für Karanos das Jahr 760, dasselbe, welches sich auch aus dem Marginalverzeichnisse heraussteIlt. Perdikkas I kommt in das Jahr 657 zu stehen. Es sind nämlich von ihm bis mit Amyntas I 180 Jahre gerechnet, 30 auf die Generation, und die Verkürzung ist dadurch bewerkstelligt, dass Philipp I mit Bezug auf jene Tradition, welche ihn immatura morte raptus werden liess, statt 35 nur 5 Jahre erhalten hat; denn dass λε' blosse Interpolation ist, ergibt sich aus der Jahrsumme 190 von Karanos, die mit den vorhergehenden und folgenden Summen völlig im Einklange ist, unzweifelhaft. Die Sage kann aber nicht der alleinige Grund der Aenderung gewesen sein, da dasselbe viel wirksamer durch eine Erhöhung der Zahl des Aeropos um die seinem Vater abgerechneten Jahre erreicht worden wäre; überdies sind auch in den Regierungen der späteren Könige noch 3 Jahre weggenommen worden, so dass Alexander in das Jahr 477 v. C. heruntergerückt ist. Es muss vielmehr irgend ein Punkt weiter oben sein, den der Urheber dieser Liste für fest hielt und dem zu Liebe er sich jene Aenderungen erlaubt hat. Es ist das Jahr 657 für Perdikkas I. In dieses Jahr fällt der Sturz der Bakchiaden durch Kypselos; von den Bakchiaden aber leiteten sich nach Strabon VII, 7, 8 p. 326 die Könige der Lynkesten ab, und es ist sehr wahrscheinlich, dass ihre Stammsage wie die ihrer Tarquinischen Vettern an die Vertreibung des Geschlechts durch Kypselos anknüpft. Dass nun ein Historiker der ältern Zeit die rivalisierenden Königshäuser der Temeniden und Bakchiaden an ein und dasselbe Anfangsjahr geknüpft, in diesem Falle die unsicheren Anfänge des jüngeren Geschlechts nach dem scheinbar sicheren Ausgangspunkt des älteren, überflügelten bestimmt hätte, wäre schon an sich eine annehmbare Vermuthung. Fast zur Gewissheit aber wird sie durch die Makedonische Stammsage bei Herodot VIII, 137. Die drei Brüder, von denen der jüngste König wird, vertreten nach Abel's Untersuchungen die drei Stämme der Dorier, von denen der jüngste der Hylleer der königliche ist; den Perdikkas betrachtet er mit Recht als den ersten geschichtlichen König von Untermakedonien, mit den Namen der beiden älteren Brüder Gauanes und Aeropos weiss er nichts anzufangen (S. 108). Die Deutung der Dreizahl ist richtig, aber nur nach einer Seite hin ausreichend: die drei Brüder Temenos, Kresphontes und Aristodemos haben auch die Beziehung auf die Dreitheilung des Dorischen Stammes, aber doch nur nebenbei; ihre wesentliche Bedeutung ist die von Vertretern der drei ältesten Dorischen Staaten im Peloponnes Argos, Messenien und Sparta. Genau ebenso verhält es sich mit den drei Makedonischen Brüdern: Aeropos ist gewiss identisch mit dem Aeropos, den ein von Abel S. 106 nachgewiesenes Fragment der Delphika des Melisseus zum ersten König von Lykos und zum Sohn des Emathion macht, Γαυάνης, der älteste Bruder, mit Αλάνης, dem Sohne des Tyrrhenerkönigs Elymas, der nach Steph. Byz. p. 17, 7. 267, 6 nach Makedonien übersiedelte und hier Gründer von Elimeia ward. Die Sage macht also die — nach der Analogie des jüngsten Bruders zu urtheilen historischen — Gründer der drei bis auf die Zeit des Amyntas III in Makedonien neben einander bestehenden Reiche zu Brüdern; aus der Ordnung, in welcher die Sage die Brüder aufführt, lässt sich der sichere Schluss ziehen, dass unter den drei Reichen das am frühesten untergegangene Elimeia, wo schon Amyntas I eine Nebenlinie der Argeaden einschob, das älteste, Lynkos das nächstfolgende, Untermakedonien das jüngste war. Lynkos ward unter Philipp II annectiert, die letzten Sprossen seines Königsgeschlechts von Alexander dem Grossen ausgerottet. Nach dieser Zeit konnte nicht leicht ein Historiker auf den Einfall kommen, das Anfangsjahr der gewaltigen Argeaden nach dem der von der Geschichte weggewehten Bakchiadenkönige zu bestimmen: die abweichende Zeitrechnung, wie sie die Marginalliste des Synkellos bietet, ist also in ihren Grundzügen sehr alt, und da sie zwei ältere Formen der Makedonischen Königstafel voraussetzt, so weist dies deutlich genug darauf hin, dass diese nicht ganz so jung ist, wie man meistens angenommen hat.

Die schlechten Listen stammen alle aus einer Quelle, welche von Karanos bis Perseus 647 Jahre zählte; diese Zahl geben die Excerpta barbari und die Eusebios'sche Series regum ausdrücklich an und die übrigen Exemplare bestätigen sie, nur weichen sie darin von einander ab, dass sie diese Summe bald in 489 Jahre von Karanos bis mit Alexander und 158 von Aridāos bis Perseus zerlegen, wie der Eusebios'sche Kanon in beiden Uebersetzungen, bald in $489\frac{1}{2} + 157\frac{1}{2}$, wie die Series regum, bald in 491 + 156, wie die Excerpta barbari. Das Χρονογραφεῖον σύντομον berechnet den ersten Zeitraum zu 490 Jahren[16]) vom Byzantinischen Weltjahr 4694 = 814 v. C. bis mit 5151 d. W. = 325 v. C., und den zweiten trotzdem zu 158 Jahren, rechnet also ein Jahr zu viel. Die Vergleichung aller übrigen Listen gibt den Exc. barbari, welche dem Argäos II ein Jahr zulegen und dem Antigonos I dafür eines abziehen, Unrecht; es ist klar, dass die Series regum die Zahlen am treuesten bewahrt hat, ebenso aber, dass (da in der guten Zeit über die Zeit Alexander's nicht leicht geirrt werden konnte, so wenig wie über die des Perseus) der Urheber der Liste die Berechnung der Bruchtheile nicht in der Weise, wie Eusebios es macht, angestellt wissen wollte, sondern so, dass er, wie das Χρονογραφεῖον, den ersten Zeitraum zu 490, den zweiten zu 157 Jahren veranschlagte. Diese letztere Zahl gibt Malalas (I p. 250 ed. Oxon.), der, wie immer, aus einer Quelle mit den Excerpta barbari geschöpft haben wird. Trotzdem dass er scheinbar in der Periode vor Alexander gänzlich abweicht, lässt sich dieselbe Annahme auch für diese rechtfertigen. Schon die 28 Jahre, die er dem Κρανάος gibt (denselben Fehler für Κάρανος haben auch die Excerpta barbari), weisen darauf hin; dann lässt er 23[17]) Könige bis auf Philipp regieren, wobei aber, wie oft

---

[16]) Es steht zwar '493 Jahre' geschrieben, was sich indess durch die Berechnung und die Vergleichung der anderen Exemplare dieser Liste widerlegt.
[17]) Kedrenos (I p. 245 ed. Bonn.) hat fälschlich 26.

bei ihm, sowohl dieser als auch der Gründer des Reichs mitgezählt sind. Philipp selbst hat 20, nach Kedrenos[18]) und Ioannes von Antiochien[19]) 21 Jahre: beides Schreibfehler, εἴκοcι ἕν für εἴκοcι ἕξ; dann heisst es bei Malalas p. 243: κατέςχεν οὖν ἡ βαςιλεία ἤτοι τοπαρχία Μακεδόνων ἔτη χβ΄ ἕωc τῆς βαςιλείας τοῦ αὐτοῦ Φιλίππου, καθὼς ὁ cοφώτατος Εὐςέβιος ὁ Παμφίλου χρονογραφεῖ, und endlich kommt Alexander mit der aus dem falschen Kallisthenes genommenen Regierungsdauer von 17 Jahren. Kedrenos sagt dafür (I p. 339): τῆς δὲ τῶν Μακεδόνων βαςιλείας κατας χού-
cης ἀπὸ Κραναοῦ ἕως Ἀλεξάνδρου ἔτη φιη΄; er gibt dem Alexander die historische Zahl von 12½ Jahren, lässt aber ein 4jähriges Interregnum vorhergehen, was auch Ioannes von Antiochien thut: sichtlich eine lächerliche Vermuthung, um die richtige Angabe mit der des falschen Kallisthenes zu versöhnen. Sie lasen also in ihrer Quelle 502 statt 602 Jahre; diese Quelle, ohne Zweifel die Syrische Bearbeitung des Eusebios, identifizierte nach der Weise der meisten Orientalen das Epochejahr der Aera der Griechen mit dem ersten Jahre Alexander's des Grossen: rechnet man von 312/311 jene 502 Jahre zurück, so kommt man mit Karanos in das Jahr 814/813, dasselbe, auf welches die 489½ oder 490 Jahre der zuverlässigsten Exemplare der schlechten Liste führen. Dass Eusebios im Kanon das Jahr 812 zum ersten des Karanos macht, kann hiergegen nicht in Betracht kommen, da er verkehrter Weise das Jahr 166 v. C. als das letzte des Perseus ansieht.

So dreist auch diese Liste die geschichtlichen Zahlen der späteren Könige interpoliert hat, so ist doch schon darauf hingewiesen worden, dass sie aus guter Zeit bezeugt ist. Zu dem Zeugnisse des Hieronymos von Rhodos (aus der Mitte des dritten Jahrhunderts) kommt noch das der Marmorchronik aus derselben Zeit, welche den Perdikkas II in demselben Jahre 461 die Regierung antreten lässt wie die schlechte Liste[20]). Be-

---

[18]) I p. 264.
[19]) fr. 40 ap. Müller. IV, 555.
[20]) Wenn aber Athenäos V p. 217 den Tod des Perdikkas II mit einem ähnlichen Anachronismus wie die schlechte Liste in das Archontat des Epameinon zu setzen scheint, so ist, wie schon Casaubonus bemerkt hat, daran lediglich eine den Text verunstaltende Lücke Schuld. Er hat dem Platon vorgeworfen, dass Perikles zur Zeit, als Archelaos regierte, schon πρὸ πολλοῦ πάνυ χρόνου todt war; wäre der Text heil, so würde er gerade das Gegentheil davon beweisen, nämlich dass Perdikkas in demselben Jahre mit Perikles gestorben wäre. Athenäos sagt, Platon liesse sich auch mit Zugrundelegung der kürzesten Angabe über die Jahre des Perdikkas widerlegen: folglich fand er zwar das Antrittsjahr, nicht aber das Todesjahr des Perdikkas überliefert. Wäre letzteres der Fall gewesen, so wäre die ganze vorhergehende Untersuchung völlig zwecklos. Casaubonus' Aenderung setzt sich ohne Noth mit der beglaubigten Geschichte in Zwiespalt; unter der Annahme, dass ein Homöoteleuton den Ausfall veranlasste, lässt sich der ganze Satz etwa so herstellen: Περικλῆς δ᾽ ἀποθνήςκει ... ἄρχοντος Ἐπαμείνονος, [ἐφ᾽ οὗ ὀκτὼ ἦρξαν ἀπὸ Λυκιμάχου, ἐφ᾽ οὗ τὴν βαcιλείαν Περδίκκας διαδέχεται. ὥςτε Πείcανδρον εὑρίςκεςθαι, τὸν ἑκκαιδέκατον ἄρξαντα ἀπ᾽ Ἐπαμείνονος,] ἐφ᾽ οὗ τελευτᾷ Περδίκκας καὶ τὴν βαcιλείαν Ἀρχέλαος διαδέχεται. Stehen auch die Archontennamen nicht fest, so ist doch so viel sicher, dass Athenäos weder 454 noch 448 als erstes Jahr des Perdikkas angegeben fand; denn dann behielte Platon Recht. Ohne Zweifel schöpfte Athenäos die Angabe des Archontats aus Philochoros.

weisen diese Stellen nur, dass man schon in der frühesten Alexandrinischen Zeit die Chronologie der Nachfolger des Perdikkas II verfälschte, um das durch den Ausfall der Regierungen des Alketas II und seines Bruders Philipp entstandene Deficit zu decken, und sind sie auf die von Eusebios im ersten Theile der Chronik gegebene Liste ebenso gut anwendbar wie auf die schlechte Liste, so ist doch auch für diese in ihrer Totalität ein älterer Gewährsmann da, nämlich Vellejus. Dieser hat I, 6, 5 die 65 Jahre vor Roms Erbauung erfolgte Gründung von Karthago erwähnt. Die Stelle ist abgeschrieben aus Cicero de re publ. II, 23, 42, wo zu den übrig gebliebenen Worten 'sexaginta annis antiquior, quod erat XXXIX ante primam Olympiadem condita' von den Herausgebern mit Recht ein 'quinque et' ergänzt worden ist; denn Cicero setzt in dieser Schrift mit Polybios Roms Erbauung in Ol. 7, 2. Daraus ergibt sich das Datum 815 v. C., welches freilich ein Jahr zu hoch gegriffen zu sein scheint. Dann sagt Vellejus 'circa quod tempus Caranus ... regnum Macedoniae occupavit', und knüpft daran die Erwähnung des Hesiod, der 120 Jahre nach Homer gelebt habe: den Homer aber hatte er kurz vorher 950 Jahre vor Vinicius, also 921 v. C., angesetzt, folglich den Hesiod 801 v. C. Das sich hieraus für Karanos ergebende Datum ist nur mit dem der schlechten Listen, 814 oder 813, vereinbar. Diese zählen von Karanos bis Amyntas I 310 Jahre, mithin nur drei Jahre mehr als die von Synkellos im Texte zu Grunde gelegte Liste; statt aber nach Analogie derselben jene Summe in 100 (statt 103) + 210 Jahre zu vertheilen, verkürzen sie vielmehr den Zeitraum von Karanos bis Tyrimmas zu 78 und erhöhen den von Perdikkas I bis Amyntas I auf 232 Jahre. Und zwar ist letzteres in der Weise geschehen, dass die schon an sich in Verhältniss zur ältesten Liste erhöhten Zahlen der zweiten Stufe der guten Liste alle nach Verhältniss weiter erhöht worden sind. Bei dieser neuen Ueberarbeitung sind auch die auf der zweiten Stufe unverändert beibehaltenen Jahre des Perdikkas I und Amyntas I nicht verschont geblieben: dem Perdikkas I sind 3, dem Argäos I 4, dem Philipp I und Aeropos zweimal 3, dem Alketas 1, dem Amyntas I 8 Jahre zugelegt worden. Diese 22 Jahre sind den drei ersten Königen wieder abgezogen worden, wodurch die Rechnung im Ganzen und Grossen wieder ins Gleiche kam. Der Urheber der schlechten Liste hätte also den Karanos in das Jahr 808 v. C. setzen sollen; er rückt ihn aber vielmehr in das Jahr 814/813, weil er bei seinen Interpolationen in den späteren Regierungen sich nicht begnügt hat, die 18 bei Perdikkas II abhanden gekommenen Jahre wieder einzubringen, sondern 24 Jahre mehr rechnet und den Antritt Alexander's I in das Jahr 504/503 bringt. Er muss sowohl für die eigenthümliche Bestimmung von Karanos' Anfang, wie für die unverhältnissmässige Hinaufrückung der Epoche des Perdikkas I um relativ 22, absolut 46 Jahre bestimmte Gründe gehabt haben. Den letzteren setzt er in das Jahr 736/735, Alexander den Grossen in 337/336, also in das 400ste Jahr nachher; die 399 Jahre aber werden durch 16 Regierungen ausgefüllt, wenn man die drei dem Temenidenhause fremden Könige Aeropos, Pausanias und Ptolemäos ausscheidet: es liegt also der von Herodikos[21]) angenommene Ansatz der γενεά oder (was damit oft wechselt) der Regierung zu einem Vierteljahrhundert zu Grunde. Der Zusammensteller der schlechten Liste hat, wie man sieht, hierin von seinen Vorgängern abweichend, in seine durchschnittliche Berechnung auch die geschichtliche Zeit mit eingeschlossen und die niedrigere Regierungsdauer in der letzteren durch eine um so höhere in der vorgeschichtlichen Zeit ausgeglichen. Woher das Datum 814/813 für Karanos kommt, deutet Vellejus selbst halb und halb an. Es ist dasselbe Jahr, in welchem nach Timäos Rom und Karthago erbaut wurden. Es war in der That kein übler Gedanke, die drei rivalisirenden Grossmächte des Occidents in einem und demselben Jahre entstehen zu lassen, eine zeitgemässe und grossartigere Wiederaufnahme der Idee, die drei im kleinen Makedonien neben einander bestehenden Dynastien von einem gleichen Epochejahre herzuleiten. Ein solcher Gedanke konnte aber nicht leicht vor dem zweiten Punischen und ersten Makedonischen Kriege gefasst werden, ebenso wenig aber wieder nach der Mitte des 2ten Jahrhunderts, weil von da an die Griechen mit der nationalen Aera der Römer ab urbe condita zu bekannt waren, als dass sich ein Festhalten an der irrigen Zeitbestimmung des Timäos bei einem ihrer Gelehrten füglich voraussetzen liesse. Dadurch ist die Entstehungszeit der Liste in die engen Grenzen der 70 Jahre von 215—146 v. C. verwiesen; als Entstehungsort derselben ist wegen der häufigen Bezugnahme auf Platon und die Platoniker ohne Zweifel Alexandrien anzusehen, wo die Litterargeschichte vorwiegend ins Auge gefasst zu werden pflegte.

Die vorliegende eingehende Betrachtung der verschiedenen Listen dürfte den Beweis geliefert haben, dass auch für die Zeit vor Alexander I eine einzige Liste zu Grunde liegt, aus der alle übrigen abgeleitet sind, und dass diese Liste mit der von Diodor und von Eusebios im ersten Theile der Chronik erhaltenen wesentlich identisch war. Nur innere Gründe sind es, wegen deren wir den frühesten Ansätzen derselben keinen Glauben schenken können; die Abweichungen, die sich mit einer einzigen Ausnahme nur auf die Einer erstrecken, haben an sich keine Beweiskraft. Jene Urliste, welche unbekümmert um Griechische, um Lynkestische, um Karthagische Synchronismen auf die 5 ersten Könige 150 Jahre rechnete, hat auch in Bezug auf die Epoche des Perdikkas I glücklich conjicirt. Denn weder das zu hohe Jahr 736 noch die zu niedrigen Jahre 657 und 676 lassen sich ohne Zwang mit der erfahrungsmässigen durchschnittlichen Dauer der Generation im Argeadenhause von 33—35 Jahren vereinigen. Nur die Ausfüllung der Zwischenzeit von Perdikkas I bis zum Jahre 540, in welchem Amyntas I den Thron bestieg, verstösst gegen eine Tradition,

---

[21]) Censorinus 17, 2.

die auf jeden Fall mehr Beachtung verdient als die überlieferten Zahlen, gegen die, nach welcher Philipp I nur kurz regierte und sein Sohn Aeropos als ganz kleines Kind nachfolgte. Hält man an dieser und an der andern fest, dass Perdikkas I ein hohes Alter erreichte, so lassen sich die Regierungen der ersten Könige annähernd, wie folgt, bestimmen.

	durchschnittliche Geburtsjahre.	überlieferte Regierungszeit.	ungefähre wirkliche Regierungszeit.
1. Perdikkas I	741 v. C.	48 J. 690—643	48 J. 707—660.
2. Argäos I	707	31 J. 642—612	15 J. 659—645.
3. Philipp I	673	33 J. 611—579	5 J. 644—640.
4. Aeropos I	640	20 J. 578—559	66 J. 639—574.
5. Alketas	606	18 J. 558—541	33 J. 573—541.
6. Amyntas I	572	42 J. 540—499	42 J. 540—499.

Hierbei habe ich die mittlere Dauer der Generation in den drei Linien der Argeaden von $33_{,1}^{0}$ Jahren zu Grunde gelegt; aus dem Verhältniss, in welchem hier die Generationsdauer zur Regierungsdauer steht, ergibt sich für diese die hohe durchschnittliche Länge einer Herodotischen γενεά, was indess wegen der Analogie der unter ganz ähnlichen Verhältnissen regierenden Spartanischen Königshäuser unbedenklich ist. Im Ganzen tritt dann wieder ein ganz normales Verhältniss ein, von der Geburt des Perdikkas I bis zu der des Perseus sind 16 Generationen in 528 Jahren, wonach auf jede gerade 33 Jahre kommen; ferner sind vom Regierungsantritt des Perdikkas I bis zum Untergange des Perseus 540 Jahre, vertheilt unter 27 Könige, wodurch sich die durchschnittliche Regierungsdauer auf gerade 20 Jahre herausstellt. Eine solche hypothetische Berechnung, wie sie hier angestellt worden ist, hat ihr Gutes; sie lehrt z. B., dass die überlieferten 18 Jahre des Alketas sich nicht halten lassen, ohne dass die Regierungsdauer des Aeropos auf das unwahrscheinlichste erhöht würde. In der Mischliste, welche Eusebios im ersten Theile der Chronik gegeben hat, umfasst die Generationsberechnung den Amyntas I mit, in der Marginalliste des Synkellos ist dasselbe der Fall; in der ältesten Liste aber schloss sie mit Amyntas, seine Regierungsjahre sind historisch, wie die Uebereinstimmung mit der Andeutung Herodot's lehrt, der ihn 512 einen betagten Mann nennt. Diese beiden Punkte beantworten uns die Frage nach der Abfassungszeit der Makedonischen Ἀναγραφή von selbst: sie entstand, als man die Zeit des Amyntas I noch genau kannte, während die Zeiten seiner Vorgänger bereits in Vergessenheit gerathen waren. Dies führt auf die Regierung Alexander's I, der 86 Jahre nach Alketas starb. Und dieser König, der zuerst die Bande zwischen Makedonien und dem eigentlichen Griechenland enger knüpfte, der den ehrenden Beinamen φιλέλλην erhielt, eignet sich mehr als irgend einer seiner Nachfolger zum Urheber eines solchen Unternehmens. Als er bei den Olympischen Spielen am Wettlaufe sich betheiligen wollte, ward er nicht eher zugelassen, als bis er vor den Hellanodiken seine Argivische Abkunft nachgewiesen hatte

(Her. V, 22). Alexander I hatte also eine ganz besondere Veranlassung, sein Ahnenregister in Ordnung zu bringen und eine Ἀναγραφή für seine Dynastie aufzustellen, wie solche längst in allen Griechischen Staaten bestanden. Den Nachweis Abel's[22]), dass das Orestische Argos die Heimath der Makedonier ist, dem man erst später der grösseren Berühmtheit halber das Peloponnesische substituiert habe, halte ich für durchaus gelungen; nur hätte Abel nicht so weit gehen sollen, zu behaupten, Herodot's Erzählung lasse es unentschieden, welches Argos gemeint sei: er macht die Makedonischen Könige zu Abkömmlingen des Temenos, kann also nur das Peloponnesische Argos im Sinne gehabt haben. Unter Alexander I war demnach diese veränderte Localisierung der Stammsage und der erlauchte Stammbaum, der an Temenos anknüpft, bereits vorhanden; die Vermuthung liegt sehr nahe, dass diese tendenziellen Neuerungen ihm und keinem Andern zuzuschreiben sind.

III.

Von der Karanossage, die ich in noch höherem Grade wie Abel als blosse Verdopplung der Perdikkassage auffassen zu müssen glaube, weiss weder Herodot etwas noch Thukydides, und da des Ersteren Berichte einen nicht nur durchaus nationalen, sondern auch, wie man aus der Wiederholung der Temenidischen Herkunft ersieht, officiellen Typus tragen, so wird man daraus schliessen dürfen, dass sie vom Makedonischen Königshause zu seiner Zeit noch nicht anerkannt war. Zu den Zeiten Philipp's II erscheint sie aber bereits als herschend, das beweisen Fragmente des Theopomp[23]) und des Marsyas von Pella[24]). Die ersten Spuren derselben finden sich bei Euripides im Ἀρχέλαος (vgl. Abel S. 91): Archelaos, der Sohn des Temenos, kam, von seinen Brüdern vertrieben, nach Makedonien(?)[25]) zum Könige Kisseus, der von seinen Nachbarn angegriffen ihm Tochter und Reich zusagte, wenn er ihn vor seinen Feinden rettet. Archelaos besiegte diese, aber der König, den sein Versprechen gereute, grub eine Grube, die er mit feurigen Kohlen füllte und leicht mit Reisern bedeckte, dass Archelaos seines Weges gehend hineinfiele. Archelaos, dem ein Sklave den Anschlag verrathen, stürzt den arglistigen Kisseus in die eigne Grube und flieht nun, wie ihm Apollon befiehlt, unter Führung einer Ziege nach Makedonien, wo er die Stadt Αἰγεαί erbaut. Die Karanossage selbst ist uns in zwei Redactionen erhalten. Die kürzere bei Euphorion[26]) und Pompejus Trogus (bei Justin[27]) und wohl auch Solin[28]))

---

[22]) Makedonien, S. 95.
[23]) fr. 30 ap. Müller. I, 283.
[24]) fr. 3 ap. Müller., Scriptt. rerr. Alex. M. p. 42.
[25]) Da Archelaos vom Lande des Kisseus, wie es weiter unten heisst, nach Makedonien flieht, so kann das erste 'in Macedoniam' bei Hyginus fab. 219 nicht richtig sein; ich vermuthe 'in Mygdoniam', denn der Name Kisseus gehört der Phrygischen Bevölkerung des Landes an, deren Hauptsitz Mygdonien war.
[26]) fr. 24 bei Meineke, Analecta Alexandrina p. 50.
[27]) VII, 1, 7.   [28]) Polyb. 9, 14.

lautet so: Karanos, im Begriff eine Kolonie aus dem Peloponnes zu führen, befragte das Delphische Orakel, welches ihn nach Emathien wies und ihm da sich niederzulassen gebot, wo Ziegen sich lagern würden. Karanos zog nach Makedonien und drang, einer Ziegenheerde folgend, die vor dem Regen flüchtete, unbemerkt bei dichtem Nebel in die Stadt Edessa ein, wo er den Sitz seines neuen Reiches aufschlug und welche er den Ziegen zu Ehren Aegä oder Aegeiä nannte. Die früheren Bewohner, den Midas und andre Fürsten, vertrieb er, oder (wie es bei Euphorion heisst) 'die Phryger und Lyder und die, welche mit dem Midas in Europa eingewandert waren'. Die längere Fassung, welcher der Stempel einer Haupt- und Staatsaction aufgedrückt ist, wird am treuesten in den beiden Königslisten des Synkellos (p. 373. 498) wiedergegeben: Karanos, der Bruder des Argeierkönigs Pheidon, wollte sich eine eigne Herschaft gründen und zog mit einem Heere, das theils aus Argeiern bestand, die sein Bruder ihm gestellt, theils aus Geworbenen aus dem übrigen Peloponnes, nach Makedonien oder, wie es in der Geschichtserzählung bei Synkellos p. 498 genauer heisst, in die Gegend oberhalb Makedoniens, wo der König der Orestén ihn um Hilfe gegen die ihn bedrängenden Eordäer bat und ihm als Preis derselben die Hälfte des Landes versprach. In der Geschichtserzählung p. 499 werden die Eordäer nicht genannt, es ist bloss im Allgemeinen von den 'benachbarten Barbaren' die Rede. Pausanias hat aus derselben Quelle IX, 40, 8. 9 eine Erzählung, in welcher ein Sieg des Karanos über den 'benachbarten' König Kisseus erwähnt wird: Karanos habe nach Argeiersitte ein Tropäon errichtet, ein Löwe aber sei vom Olympos herabgekommen und habe es niedergeworfen, zum Zeichen, dass Karanos gegen die 'umwohnenden Barbaren' sich nicht auf den Fuss unversöhnlicher Feindschaft stellen, sie vielmehr durch wohlwollendes Entgegenkommen sich zu unterwerfen suchen solle. Karanos erhielt nach dem Siege vom Orestenkönige dem Abkommen gemäss die Hälfte des Landes (in der Liste p. 373 steht, wie es scheint unrichtig, die Hälfte des eroberten Landes), den Kern des späteren Makedoniens, und erbaute hier dem Orakelspruche gemäss, welcher ihn da sich niederzulassen geheissen hatte, wo er eine Ziegenheerde gelagert finden würde, die Stadt Aegä, wo er den Sitz seines Reiches aufschlug. Diodor[29]), der sonst mit den beiden Synkellischen Listen wörtlich übereinstimmt, lässt den Orakelspruch dem Perdikkas I ertheilt werden und schreibt ihm die Erweiterung des Reichs und die Gründung von Aegä zu. Abel S. 104 hat diese Wendung richtig als einen ungeschickten Versuch charakterisiert, die Perdikkassage neben der Karanossage durch Vertheilung der verschiedenen Sagenmomente zu retten; beiläufig bemerkt, hat Diodor das Unglück gehabt, gerade den Sagenzug dem Karanos abzusprechen, der sich als der einzige ihm wirklich eigenthümliche herausstellen wird. Um die Vergleichung zu

---

[29]) Exc. Vat. 4 p. 3 ed. Mai.

erleichtern, setze ich die Perdikkassage nach Herodot (VIII. 137 f.) daneben. Drei Brüder von Temenos' Stamm, Gauanes, Aeropos und Perdikkas, flohen aus Argos zu den Illyriern; aus Illyrien zogen sie nach Obermakedonien und dienten da um Lohn dem Könige von Lebäa. Da dieser gegen den jüngsten der drei, Perdikkas, der das kleine Vieh hütete, eines Wunders wegen Argwohn schöpfte, so schickte er die Brüder fort, den bedungenen Lohn ihnen vorenthaltend, und wies auf ihre Beschwerden höhnend nach dem Sonnenschein, der durch den Rauchfang fiel: ihn sollten sie als Lohn nehmen. Als der König darauf aufmerksam gemacht worden war, in wie bedeutsamer Weise der jüngste Bruder das Omen angenommen hatte, schickte er ihnen Reiter nach, sie zu tödten: ein Fluss jedoch, den sie bereits hinter sich hatten, schwoll wunderbar an und sicherte sie vor weiterer Verfolgung. Nun zogen sie in einen andern Theil Makedoniens bei den Rosengärten des Midas am Berge Bermion; und dies war der Ausgangspunkt, von welchem aus sie das übrige Makedonien eroberten.

Betrachten wir zunächst die Karanossage in ihrer ausführlicheren Gestalt, so liegt es sehr nahe, in dem Siege über die Eordäer und über den Kisseus nur einen und denselben Vorfall zu sehen, den Kisseus also zum Könige der Eordäer zu machen. Der Ort und die Nationalität Beider bestätigen diese Annahme. Der Löwe kommt vom Olympos herab, wodurch der Sitz des Kisseus in das Thal des Haliakmon verlegt wird, der zwischen den Bergen Olympos und Bermion hindurchfliesst; am westlichen Abhange des Bermion aber sassen die Eordäer, ein Phrygisch-Päonischer Stamm (vgl. Abel S. 63). Ueber Kisseus stellt Abel S. 103 zwei Vermuthungen auf, eine ganz verfehlte (die Combination mit Keissos, dem Sohne des Temenos) und eine zweite, bei weitem annehmbarere, wonach er mit dem Thraker Kisses bei Homer zusammenzubringen sei, welchen Strabon VII fr. 21. 24 als den Klisten der Stadt Kissos in der von Mygdonern bewohnten Landschaft Krusis betrachtet. Da Phryger und Thraker meistens in schwer zu trennendem Zusammenhange erscheinen, so passt dies ganz gut; noch genauer entspricht Kisseus der Phryger, Hekabe's Vater (Apoll. III, 12. 5, 3). Der Name, der wahrscheinlich griechisch und von κισσός, Ephen, abgeleitet ist, kommt auch als Beiname des Dionysos vor (Paus. I, 31, 6) und ist die Personification des den Phrygern eigenthümlichen Dionysosdienstes. Da also Kisseus und sein Volk Barbaren sind, fällt jeder Grund weg, mit Abel S. 103 in der Tradition des Pausanias einen Hinweis auf den Sieg der Dorier über die Makedonier und auf die nach demselben eingetretene Aussöhnung zwischen Herschern und Beherschten zu erkennen: es ist weiter nichts als ein ätiologischer Mythos, zur Erklärung des Umstandes erfunden, dass die Makedonier, hierin von anderen griechischen Stämmen abweichend, keine Tropäen zu errichten pflegten. Die beiden Momente der Karanossage, die Unterstützung des Orestenkönigs um den Preis der Hälfte des Landes und die Besiegung des Kisseus, sind von Euripides in eins verschmolzen worden, ohne Zweifel wegen der vom Drama erforderten Einheit der Handlung; von dem Bruche des Versprechens weiss die Karanossage nichts, bemerkt vielmehr ausdrücklich, der Orestenkönig habe sein Wort gehalten. Dass aber Euripides das Motiv nicht erfunden hat, vielmehr die Vorenthaltung des ausbedungenen Lohns durch einen Barbarenkönig und die vereitelten Anschläge desselben gegen das Leben des Ahnherrn der Makedonier in der Sage eine grosse Rolle spielen, zeigt Herodot's Erzählung vom Aufenthalte des Perdikkas und seiner Brüder beim Könige von Lebäa. Dieser Fürst ist gewiss keine andre Person als Kisseus, als der König der Eordäer. Euripides hat also die beiden Züge der Sage in der Weise verarbeitet, dass er den dem Vater der Makedonier versprochenen und dann vorenthaltenen Lohn eben als die Hälfte des Reichs erklärte und den so gegenstandlos gewordenen Orestenkönig ganz beseitigte. Eine weitere Abweichung des Euripides ist die, dass er dem Helden seines Drama's zwar ebenfalls die Gründung von Aegä zuschreibt, ihn aber nicht Karanos, sondern Archelaos nennt und unmittelbar an Temenos als Vater anknüpft. Er identificiert ihn mit dem jüngsten Sohne des Temenos, der an dem Vatermorde und Schwestermorde der Brüder keinen Theil hatte und den die Dorische Nationalsage, die in zahlreichen insgesammt auf Ephoros zurückgehenden Traditionen erhalten ist, Ἀγαῖος oder Ἀργαῖος nannte. Bei Apollodor II, 8, 4, 3 haben die drei bösen Brüder ganz abweichende Namen, nach K. O. Müller's ansprechender Vermuthung (Aeginet. p. 40) aus Euripides' Temeniden; der älteste heisst Ἀγέλαος, und diesen Namen hat Müller mit unserem Ἀρχέλαος zusammengestellt, aber mit Unrecht: er wird ausdrücklich als Theilnehmer an dem Vatermorde bezeichnet und entspricht vielmehr dem Keissos. Gewiss blieb Euripides sich gleich und gab auch dem jüngsten Bruder einen anderen Namen, nämlich Archelaos: sein Sichfernhalten von den Uebelthaten der Brüder war als Grund angegeben, warum sie ihn vertrieben. Sein und seiner Brüder Namen sind von Euripides willkürlich erfunden. Archelaos sollte offenbar ein Compliment für seinen königlichen Gönner sein; doch kommt er in der Bedeutung dem Namen Λαχάρης, der in dem einen Stammbaum des Karanos bei Synkellos p. 499, 14 als Sohn des Temenos erscheint, ziemlich nahe: es scheint also, dass Euripides diesen vorfand und durch einen ähnlichen, an die Gegenwart bedeutsam anklingenden ersetzte.

Bevor ich an die Deutung dieser Gründungssagen gehe, sind einige Vorbemerkungen nöthig. Ich halte die wesentlichsten Resultate von Abel's Untersuchungen für gesichert; es sind die folgenden: 1) die Makedonier sind ein äolisch-pelasgischer Stamm, der von Doriern unterworfen ward und mit ihnen verschmolz; 2) ihre Ursitze sind Obermakedonien, speciell das Orestische Argos; 3) die Elimioten sind später eingewanderte Epeirotische Pelasger; 4) die Wanderungen der drei Temenidischen Brüder in der Perdikkassage enthalten eine treue Darstellung der Wanderungen des Makedonischen Volkes. Nur in Bezug auf die Herkunft der Oresten bin

Ich abweichender Ansicht. Abel hat sich durch die allerdings richtige Bemerkung, dass sowohl Ὀρέϲτίϲ als Μακέτα oder Μακεδονία Hochland bedeuten, und durch die Notiz bei Strabon VII fr. 38, dass Pelagonien früher Ὀρεϲτία geheissen habe, zu dem Schlusse bewogen gesehen, dass Ὀρέϲτίϲ eigentlich nur Landesname sei, dass es ursprünglich das ganze Obermakedonien bezeichnet habe und dass die Oresten ein Rest der äolisch-pelasgischen Urbevölkerung von Maketa seien. Er nimmt also das Zeugniss von Strabon IX, 5, 11 p. 434, dass Oresten, Pelagonen und Elimioten Epeirotische Völker seien, zwar für die Elimioten an, verwirft es aber für die anderen beiden, und sieht, was noch bedenklicher ist, in der Stelle des Ptolemäos, der III, 13, 4—5. 21—22 im nordwestlichen Epeiros Elymioten mit den Städten Elyma und Bullis und daneben eine Landschaft Orestis mit der Stadt Amantia kennt, zwar eine willkommene Bestätigung für die Epeirotische Herkunft der Elimioten, erklärt aber die Nachbarschaft einer Orestis für reinen Zufall. Die Schwäche einer derartigen Argumentation springt in die Augen. Abel erklärt S. 32 ganz richtig die Epeirotische Ὀρέϲτίϲ für die in den Keraunischen Bergen liegende Landschaft; hier ist es wirklich Landesname: dass aber die Bewohner derselben mit ihren Elimiotischen Nachbaren zugleich nach Obermakedonien zogen und sich hier wie in der Heimath Oresten nannten, nicht aber ein anderes Ὀρέϲτίϲ vorfanden, ist wohl klar. Die intimen Beziehungen, in denen die Makedonischen Oresten beim Beginn des Peloponnesischen Kriegs zu dem Epeirotischen Volke der Parauäer standen (Thuk. II, 80), sind ein Fingerzeig für ihre Epeirotische Stammverwandtschaft; und noch in der spätesten Zeit des Makedonischen Reichs scheint der Umstand, dass sie unter allen Makedonischen Stämmen im zweiten Makedonischen Kriege die einzigen waren, die sich für die Römer erklärten[30]), auf eine von der der eigentlichen Makedonier verschiedene Herkunft hinzudeuten. Bei den Pelagonen sprechen allerdings die stärksten Gründe für altmakedonische Abstammung (Abel S. 32 ff.); die beiden Angaben Strabon's lassen sich hiermit in befriedigender Weise durch die Annahme vereinigen, dass die Oresten als das am weitesten nach Norden vorgedrungene Epeirotische Volk die Pelagonen sich unterwarfen und in Folge davon eine Vermischung beider Stämme eintrat.

In Folge dieser veränderten Auffassung der Stammverhältnisse Obermakedoniens vermag ich in der von Karanos dem Orestenkönig geleisteten Waffenhilfe, deren Preis die Hälfte des Landes ist, durchaus nicht mit Abel eine Erinnerung an die uralte Vereinigung der Dorier mit den äolisch-pelasgischen Makedoniern, sondern nur den Ausdruck einer viel späteren Verbindung der Makedonier mit Epeirotischen Oresten zu erkennen. Diese Verbindung findet auch in der Perdikkassage ihren Ausdruck, welche den ersten König des Epeirotischen Reichs Elimeia zum Bruder

---

[30]) Vgl. Mommsen, Röm. Gesch. I, 684. 692.

der ersten Könige der Makedonischen Reiche Lynkos und Untermakedonien macht. Das Verhältniss der Könige von Orestis und von Elimeia zu einander fasse sich so auf, dass ursprünglich éine Dynastie über beide eng verbundene Stämme herschte, die durch Amyntas I aus Elimeia verdrängt und daselbst durch eine Nebenlinie der Argeaden ersetzt ward; die alten Landeskönige, die von Gauanes abstammten, behaupteten sich aber in Orestis: daher finden wir im J. 429 einen Orestenkönig Antiochos neben dem Könige von Elimeia (Thuk. II, 80), und es scheint, dass erst einer der nächsten Vorfahren des Reichsverwesers Perdikkas mediatisirt ward, dessen königliche Abkunft noch in frischem Andenken war (vgl. Curtius X, 7, 8). Abel hat sich überhaupt bei der Deutung der Karanossage durch scharfsinnige, aber doch irre leitende Combinationen bestimmen lassen. Er vergleicht den Karanos mit dem Lapithen Koronos, gegen den der Dorierkönig Aegimios den Herakles zu Hilfe rief, welcher denn auch den Koronos erschlug und als Preis den dritten Theil des Landes erhielt; des Koronos Vater Käneus werde als Zwitterwesen dargestellt, was wiederum bei Koinos, des Karanos Sohne, im Namen durchspiele. In Folge des Makedonischen Nationalgefühls — meint Abel S. 103 — habe sich Karanos aus dem König der besiegten Altmakedonier in den Helden der ältesten Siege umgewandelt: er sei zum Herakliden geworden, ja zum Herakles selbst, indem er wie dieser für seine Hilfsleistung einen Theil des Landes bekommt. Sind die Quidproquos, zu denen diese Deutung nöthigt, schon an sich misslich genug, so wird ihr durch den Nachweis der nichtmakedonischen Herkunft der Oresten vollends der Boden unter den Füssen weggezogen. Das Einzige, was man Abel zugeben kann, ist, dass die politische Verbindung, welche das spätere Makedonische Staatswesen begründen half, im Munde der Volkssage nach dem Vorbilde der uralten zwischen Herakliden und Doriern modelt ward. In dem Namen des Καινεύς, der erst Frau, dann Mann war, liegt nur, dass er einen neuen Menschen anzog; er hat also mit Κοινός, dessen Namen Marsyas von Pella[31]) gewiss richtig als 'gemeinsam' gedeutet hat, nicht das geringste zu schaffen. Κάρανος[32]) ist allerdings Dorisch für Κάρηνος, kann somit, wie Abel S. 101 annimmt, Häuptling bedeuten. In diesem Falle wäre der Name ein blosser Lückenbüsser. Geht man die einzelnen Züge der Sage von Karanos oder Archelaos durch, so ergibt sich als Kern derselben das Ziegenorakel und die Erbauung oder Benennung von Aegeia; alle übrigen Züge sind ihr mit der Perdikkassage gemeinschaftlich oder lassen sich doch als einfache Ergänzungen der kurzen Fassung der letzteren bei Herodot betrachten. Mit gutem Fug wird man also die kürzere Fassung der Sage bei Euphorion und Trogus, welche nichts als jene zwei Punkte enthält, als die ursprüngliche ansehen dürfen, die erweiterte

---

[31]) fr. 3 (p. 42 ed. Müller).
[32]) Diese Quantität steht durch Euphorion fr. 24 gegen Ausonius epist. 19 fest.

bei Euripides und den Chronographen als eine Verschmelzung der Karanos- und der Perdikkassage. Verbindet man mit jener Beobachtung die Angabe, dass im Kretischen die Ziege καρανώ hiess, so wird man sich unmöglich länger gegen einen Zusammenhang von Κάρανος mit diesem Worte verschliessen dürfen. Es ist aller Grund zu der Annahme vorhanden, dass die Ziege auch in andern Dorischen Dialekten diesen oder einen ähnlichen Namen führte; Abel möchte freilich S. 101 das unbequeme Wort gern den Phönikiern zuweisen: aber wozu, da eine gut griechische Etymologie, von κάρηνον (weil die Ziege mit dem Kopfe stösst), so nahe liegt?[33]) Karanos ist also 'der Ziegner', eine Personification des Lebens der ältesten Makedonier als armer Hirten, welches auch bei Herodot darin ausgedrückt ist, dass Perdikkas das kleine Vieh hütet. Nur kann ich nicht mit Abel S. 109 die Sage von den Ziegen des Karanos als erst aus diesem Zuge der Perdikkassage entstanden ansehen: nennt doch Herodot nicht einmal ausdrücklich Ziegen, sondern allgemein τὰ λεπτὰ τῶν προβάτων. Es lag weiter sehr nahe, den 'Ziegner' zum ἥρως κτίστης der Hauptstadt Aegä zu machen, die man, wahrscheinlich richtig[34]), von den Ziegenweiden herleitete. Ich betrachte also die beiden Züge, welche Abel zwar nicht unbeachtet gelassen, aber doch für nebensächlich gehalten hat, für das einzige Wesenhafte der Karanossage; alle übrigen Züge derselben sind der Perdikkassage abgeborgt und dieser zurückzuerstatten.

Analysieren wir nun die Gründungssagen nach dem Vorgange Abel's. Perdikkas — heisst es bei Herodot — flieht aus Argos; dies ist dasselbe mit dem, was Euripides angibt: der Sohn des Temenos wird von seinen Brüdern vertrieben. Beide bezeichnen dadurch das Verlassen der ältesten Heimath als unfreiwillig, und es ist offenbar eine blosse historisierende Fälschung, wenn die erweiterte Karanossage ihren Helden bei der Ausrüstung seiner Expedition von seinem mächtigen Bruder Pheidon unterstützt werden lässt. Durch Verwandlung des Karanos in Archelaos, den unschuldigen jüngsten der Temenossöhne, erhält allerdings seine Vertreibung durch die Brüder eine besondere Beziehung

---

[33]) Umgedreht ist, wenn Xen. Hell. I, 4, 3 den jüngeren Kyros κάρανον τῶν εἰς Καστωλὸν ἀθροιζομένων betitelt mit der Bemerkung τὸ δὲ κάρανον ἐστι κύριον, eine Ableitung aus dem Griechischen ganz unpassend; die auf der Hand liegende von קרן. Horn, also nach der den Semiten geläufigen Metapher Macht, Machthaber, wird auch von einem griechischen Lexikon bestätigt: τῇ δὲ Cύρων διαλέκτῳ ἀνδρεῖος, πολεμιστής, δυνατώτατος (cf. intpp. l. l.).

[34]) Der Name Αἰγαί wechselt nämlich mit Αἰγεαί; diese Form haben Hyginus fab. 219 (aus Euripides), Pompejus Trogus bei Just. VII, 1, 10 und Solinus Polyh. 9, 14, ferner Plinius N. H. IV, 10, 17 § 33 (wo schon Fleckeisen im Philol. IV, 334 vor Sillig das Richtige hergestellt hat). Abel erklärt freilich S. 113 die Etymologie für abgeschmackt; gegen seinen Vorschlag aber, die Makedonische Stadt wie andre des Namens (indess lauter Ionische) von αἶγες, die Wellen, herzuleiten, erhebt sich das Bedenken, ob dies von anderem als Meerwasser gesagt werden könne. Der Name der älteren Phrygischen Stadt Ἔδεccα scheint allerdings von dem Wasserreichthum der Gegend hergenommen zu sein: βέδυ ist bekannt als das Phrygische Wort für 'Wasser'.

zur Argivischen Sage; das Motiv ist aber doch wohl ursprünglich: die äolisch-pelasgischen Makedonier werden von ihren Brüdern, den Epeirotischen Pelasgern, aus Argos, dem späteren Orestischen Argos, vertrieben; dass ihre Auswanderung durch den Einbruch der Epeiroten veranlasst ward und dass dieser letztere die letzte Welle der Thessalischen Wanderung war, hat Abel S. 108, ohne den bestätigenden Zug der Sage bemerkt zu haben, so gut wie erwiesen. Von Argos zog Perdikkas mit seinen Brüdern nach Illyrien. Den Aufenthalt der Makedonier in Illyrien hat die Karanossage ganz fallen lassen, möglicher Weise in hellenisierender Tendenz; sie führt sie aus Argos direct nach Obermakedonien. Von da zogen sie nach Obermakedonien und hüteten als Knechte das Vieh beim König von Lebäa. Bei Euripides kommt Archelaos als Ziegenhirt zum König Kisseus und leistet ihm gegen Versprechen hohen Lohns seinen Beistand. In der erweiterten Karanossage ist das Dienstverhältniss beim Kisseus, vielleicht durch eine Wirkung des Nationalstolzes, ganz verwischt, dagegen das Hirtenleben in den Vordergrund gestellt. Als die Makedonier aus Illyrien nach Obermakedonien zurückkehrten, fanden sie den Süden und Westen von Epeiroten, den Nordosten von Phrygern besetzt; Ersteres geht daraus hervor, dass Pelagonien einst Orestisches Land gewesen war. Doch scheinen die Phryger damals die Oberhand im ganzen Norden des Thalkessels gehabt zu haben, wahrscheinlich durch die Thraker nach Westen gedrängt, vielleicht auch durch Thrakische Stämme verstärkt: man könnte nämlich hierher das Zeugniss des Melisseus ziehen, dass Lynkos einst Pierisch gewesen sei. Kisseus ist König der Eordäer: entweder ist also seine Hauptstadt Lebäa in Eordäa zu suchen oder, wenn Abel Recht hat, sie nach Lynkos zu versetzen, muss Lynkos damals den Eordäern gehört haben. Eine, wenn auch vorübergehende, Unterthänigkeit unter dem Könige von Lebäa ist auf das unzweideutigste von der Sage ausgesprochen (vgl. Abel S. 209): die Makedonier werden von den Phrygern nur gegen Entrichtung eines Tributs Weideplätze eingeräumt erhalten haben. Der König der Oresten — fährt nun die Karanossage fort — ward von dem der Eordäer bedrängt und versprach dem Karanos, wenn er ihm helfen wolle, die Hälfte des Landes; Karanos gieng darauf ein und überwand den Kisseus. Eugammon's Telegonie[35]) berichtete von einem unglücklichen Kampfe der Thesproter unter Odysseus, der als Stammvater ihrer Könige galt, mit den Brygern (vgl. Abel S. 30); es ist möglich, dass diese Sage mit dem hier Erzählten irgendwie zusammenhängt. Daraus geht klar hervor, dass die Makedonier sich während eines Krieges der Phryger, ihrer Oberherren, mit dem Epeirotischen Stamme der Oresten empörten, sich mit den Letzteren eng verbanden und mit ihnen

---

[35]) Bei Proklos in der Chrestomathie (hinter dem Gaisford'schen Hephästion 1 p. 464).

die Phryger überwältigten. Die Hälfte des Landes, die der Preis ihres Beistandes ist, ist der Norden des Thalkessels von Obermakedonien, der wenigstens zum Theil früher den Oresten gehört hatte. Somit enthält dieses Stück der Sage eigentlich die Gründung des Lynkestenreichs. Dass die Perdikkassage dies Alles ganz übergeht, ist in ihrer ganzen Anlage begründet: da sie die Gründer der drei Reiche Elimeia, Lynkos und Untermakedonien zu Brüdern macht, so durfte sie die Verbindung der Makedonier mit den Epeiroten, die sie als eine von Anfang an bestehende darstellt, nicht noch einmal besonders erwähnen; die Karanossage, die es mit einem Einzigen zu thun hat, konnte es. Doch erkennt auch Herodot's Erzählung dadurch, dass sie den Gauanes zum ältesten der drei Brüder macht, das von ihm vertretene Orestisch-Elimiotische Reich als das älteste, zur Zeit der Wiedereinwanderung der Makedonier bereits bestehende an. Aus Lebäa führt die Perdikkassage die drei Temeniden unmittelbar nach der Errettung vor den Anschlägen des Kisseus in die Gegend der Midasgärten, die Wiege des untermakedonischen Reichs. Ganz so Euripides, nach welchem Archelaos den Kisseus umbringt und darauf an die Stelle flieht, wo er Aegeiä gründet; und nicht anders die Karanossage, die in ihrer einfacheren Fassung nur den Midas kennt, dessen Rosengärten an das Local von Aegeiä und somit an die Sage des ἥρως κτίστης dieser Stadt geknüpft sind. Es ist ganz die Natur der Sage, grosse Zeiträume in eine Spanne Zeit zusammenzuziehen: in Wirklichkeit werden die Kämpfe mit den Phrygern längere Zeit gedauert haben, wird längere Zeit zwischen der Gründung des Reiches Lynkos und der des Reiches Untermakedonien verstrichen sein: dieses muss von Lynkos aus gegründet worden sein, wie ein Blick auf die geographischen Verhältnisse darthut. Dies spricht die Sage auch darin aus, dass sie den Perdikkas des Aeropos jüngeren Bruder nennt.

IV.

Von Karanos sind zwei Stammbäume erhalten[36]): der gewöhnliche, wie ihn die erweiterte Karanossage gibt, macht ihn zum Bruder des Pheidon und leitet beide von Keissos, dem ältesten, vatermörderischen Sohne des Temenos, ab. Der andre weiss nichts von Pheidon und macht Lachares, einen sonst unbekannten Sohn des Temenos, zum Ahnherrn des Königshauses. Für ihn legt Euphorion, also Einer, der die Karanossage in ihrer einfachen Ursprünglichkeit wiedergibt, ein directes Zeugniss ab, indem er den Vater des Karanos Ποιάνθης nennt: in jenem Stammbaume heisst er Ποίας. Ein indirectes stellt Euripides aus, der den jüngsten, am Vatermorde unschuldigen Sohn des Temenos als Stammvater nennt. Da er den Keissos Agelaos, den Phalkes Eurypylos, den Kerynes Kallias

---

[36]) Beide überliefert Diodor bei Synkellos p. 499.

nennt, so kann auch aus dem Namen Archelaos, den er dem jüngsten
Sohne gibt, nicht geschlossen werden, dass er einen von dem mit Lachares anhebenden verschiedenen Stammbaum des Argeadenhauses vor sich
gehabt habe. Vielmehr spricht Alles dafür, dass dieser der ursprüngliche, der mit Keissos anhebende dagegen eigentlich der des Pheidon ist,
der erst dann dem Karanos aufgenöthigt ward, als seine Bruderschaft mit
Pheidon sich festgesetzt hatte. Wir dürfen überzeugt sein, dass es kein
andrer Stammbaum als dieser war, durch den Alexander I vor den Hellanodiken seine echt Argivische Abkunft darthat. Er ist von den bisherigen Bearbeitern der Makedonischen Geschichte, auch von dem trefflichen
Abel, gänzlich bei Seite gelassen worden; noch Niemand hat bemerkt,
dass es eine Urkunde der höchsten Wichtigkeit ist, deren Namenreihe ein
vollständiges und treues Bild der ältesten Geschichte des Makedonischen
Volkes gibt und die kurze Erzählung der Perdikkassage glänzend bestätigt und zugleich erläutert. An der Spitze des Stammbaums steht Τή-
μενος, der erste Heraklidische König von Argos; gerade er ist gewählt,
weil er neben der Heraklidischen Abkunft der Makedonischen Könige auch
das aus einem Orestischen in ein Peloponnesisches metamorphosierte Argos, den Ursitz des Makedonischen Volkes, vertritt. Dessen Sohn ist
Λαχάρης, 'Volksfreude'; er drückt aus, dass die Dorischen Könige dem
äolisch-pelasgischen Volke trotz der verschiedenen Abstammung gefielen,
er ist somit die personificierte Loyalität des Makedonischen Volkes. Es
folgt Δαίβαλος, (so cod. B; Δέβαλλος A), ein offenbar ungriechischer
Name, der uns aber sofort an den Illyrischen Fluss Devol erinnert, durch
dessen Pässe nach einer richtigen Bemerkung Abel's S. 108 die Makedonier nach Illyrien gezogen sein müssen. In der Nähe der Devolpässe hat
Leake, Travels in northern Greece I, 339 aus den Notitiae episcopatuum
Graecorum und der Anna Komnena eine Stadt Deabolis nachgewiesen und
hält sie für älteren Ursprungs; dieser Ansicht scheint auch Kiepert zu
sein, der in seinem Atlas von Hellas, Tafel XV, die Stadt in der Form
Debolia aufgenommen hat, vermuthlich nach einer mir entgangenen antiken Belegstelle. Δαίβαλος ist offenbar derselbe Name und bezeichnet die
ehemaligen Sitze der Makedonier am Flusse Devol und bei der Stadt dieses Namens; wenn aus dem Alterthum für den Fluss der Name Ἐορδαϊ-
κός überliefert ist, so charakterisiert sich derselbe schon durch die Form
eines κτητικόν als nicht ursprünglich. Die nächsten Namen, Εὐρυβιά-
δας, 'der weithin Gewaltige', und sein Sohn Κλεόδαιος, 'der den Ruhm
leuchten lässt', sind Personificationen der Eroberungen der Makedonier
in Illyrien und ihres dadurch erlangten Ruhms. Dann kommt wieder ein
ganz fremdartiger Name, Κροίσης, der den Lydern eigenthümlich ist
und an die Angabe des Euphorion erinnert, dass vor den Makedoniern
Phryger und Lyder und die Unterthanen des Midas Edessa bewohnten.
Aus Illyrien wanderten die Makedonier, wohl durch die immer merklicher
gegen Osten nachdrängenden Illyrier vertrieben, nach Obermakedonien

und unterwarfen sich hier dem Phrygischen Könige von Lebäa, um Weiden für ihre Heerden zu erhalten. Der Repräsentant dieser Unterwerfung unter phrygisch-päonische Herren ist Kroises, der in der Sage als Ahnherr des Κισσεύς gegolten haben muss und schwerlich von Κροῦσις, Mygdon's Sohne, verschieden ist, von dem Steph. Byz. p. 387, 7 den Landesnamen Krusis[37]) oder Krossäa herleitet. Dann kommen wieder zwei Namen, Ποίας, 'der Graser', oder Ποιάνθης, 'grasblühend', und sein Sohn Κάρανος, 'der Ziegner', welche das Weideleben und den kärglichen Heerdenbesitz der Makedonier als Unterthanen der Eordäer bezeichnen. Was die beiden letzten Namen vor Perdikkas betrifft, so ist Abel's Deutung von Κοινός als Καινεύς bereits zurückgewiesen worden; den folgenden Königsnamen Τυρίμμας erklärt derselbe S. 109 für durchaus fremdartig und weist ihn der Illyrischen Periode der Makedonier zu. Dies ist irrig. Τυρίμμας ist uns aus Sophokles im Εὐρύαλος (bei Parthenios narr. 3) als Epeirotischer Name bekannt; ein Thessaler, der in der 80sten Olympiade im Stadion siegte, führt den nur mundartlich davon verschiedenen Namen Τορύμμας (so Euseb. Chron. im Urtexte bei Cramer, Anecd. Paris. II, 145; Τορύλλας, d. i. Τορύμας, Diod. XI, 77; Τορύμβας Dionys. Hal. X, 1). Sophokles erzählt, nach der Ermordung der Freier sei Odysseus um eines Orakelspruchs willen nach Epeiros gekommen, wo Tyrimmas ihn in seinem Hause aufgenommen und freundlich bewirthet habe; Odysseus habe ihm dies aber damit vergolten, dass er seine Tochter Euippe verführte und mit ihr den Euryalos erzeugte. Hieraus geht hervor, dass Tyrimmas ein Name der Epeirotischen Sage war und in der Makedonischen Stammtafel nur das Epeirotische, durch Oresten und Elimioten vertretene Element Obermakedoniens darstellen kann. Der Name Τυρίμμας ist wohl mit τορύνειν, τύρβη in Verbindung zu bringen und bezeichnet 'den Umrührer', 'den Verwirrung Verursachenden' (nämlich im Schlachtgetümmel); seine Tochter Εὐίππη spielt auf den Pferdereichthum der Epeiroten an, den auch die Perdikkassage dadurch ausdrückt, dass Gauanes, der erste König von Elimeia, die Pferde hütet. Wenn der mittelste Bruder Aeropos, der erste König von Lynkos, die Rinder weidet und dem jüngsten nur das kleine Vieh überlassen wird, so wird damit ohne Zweifel angedeutet, dass die Lynkesten die besten Weideplätze für sich behalten und ihren Makedonischen Brüdern nur Berge übrig gelassen hatten, auf denen höchstens Ziegen weiden konnten: wir erkennen in diesem Zuge der Sage die erste Spur der Eifersucht zwischen Lynkesten und Makedoniern, die sich als rother Faden durch die gesammte ältere Makedonische Geschichte zieht; die gegenseitige Abneigung scheint ihren ersten Grund in einer stärkeren Vermischung der Lynkesten mit Illyrischen Elementen gehabt zu haben. Der zwischen Karanos und Tyrimmas stehende Κοινός, 'gemeinschaftlich', kann nunmehr, wo wir den Sinn der

---

[37]) Vgl. die oben angeführte Stelle Strabon's.

beiden anderen Namen verstehen, gar nicht anders gedeutet werden denn als eine Bezeichnung der Gemeinschaft des Makedonischen Hirtenvolkes und des Orestisch-Elimiotischen Volkes, welche in der Karanossage bestimmt ausgesprochen ist.

Hier ist der Ort, auf die eigenthümliche Erzählung des Marsyas von Pella fr. 3 (p. 42 ed. Müller) einzugehen, mit der Abel S. 102 nichts anzufangen gewusst hat. 'Als dem Karanos ein Sohn geboren ward, wollte er ihn nach seinem Vater Kararon (Καράρονα Etym. Gud.; Κιράρονα Etym. M.) nennen; die Mutter widersetzte sich aber und verlangte ihrerseits, das Kind solle nach ihrem Vater benannt werden. Knopis, τὸ γένος Κόλχος, der nach Makedonien zum Karanos gekommen war, ward befragt und entschied dahin, es solle nach keinem von beiden Eltern benannt werden: darum erhielt es den Namen Κοινός.' Wer da weiss, welche Bedeutung sich bei allen Indogermanischen Völkern auf einer primitiven Culturstufe an die Namengebung knüpft, und sich erinnert, wie unendlich oft die griechische Sage Beziehungen von Völkern zu einander durch das Verhältniss von Mann und Frau, Eltern und Kindern ausdrückt, der wird in der Erzählung des Marsyas mehr als ein blosses etymologisches Mährchen erkennen. Wer ist die Mutter des Koinos? Euripides lässt den Kisseus dem Archelaos Tochter und Reich versprechen, wenn er ihn vor seinen Feinden errette; sein Kisseus ist aber eine durch künstlerische Zwecke gebotene Zusammenziehung des Königs der Eordäer und des Orestenkönigs in eine Person; der Letztere ist es, der dem Karanos die Hälfte des Landes anbietet: ist also die Tochter in der Sage begründet, woran kein Grund zu zweifeln ist, so war auch sie eine Orestin. Somit bestätigt sich uns von andrer Seite die Entdeckung, dass Κοινός die Vereinigung der äolisch-pelasgischen Makedonier und der Epeirotischen Oresten ausdrückt. Aus diesem Gesichtspunkte findet sich von selbst eine leichte Verbesserung für das verderbte Καράρονα, nämlich Κάρρονα, die Dorische Form für κρείccονα [38]: das Kind hätte eigentlich 'der Stärkere' heissen sollen, weil der Vater (d. i. die Makedonier) Sohn des 'Stärkeren' (d. i. die stärkeren) war; da die Mutter (d. i. die Oresten) sich aber nicht fügen wollte, so vereinigte man sich dahin, es 'Gemeinschaft' zu nennen. Das Kind ist nach stehender Sagensymbolik das von den Makedoniern unter Mitwirkung der Oresten begründete neuere Staatswesen. Die Koinossage ist nun bereits die dritte Form, in welcher wir die Verbindung der Makedonier mit den Epeiroten ausgedrückt finden: die erste war die Zusammenstellung des Epeirotischen Gauanes und der Makedonischen Reichsgründer Aeropos und Perdikkas als leiblicher Brüder, die zweite der Beistand, welchen Karanos dem Orestenkönig leistet und dessen Preis die

---

[38]) Ist das räthselhafte Λάκωνος des Etym. Havn. für Καράρονα vielleicht Rest einer Glosse, und lautete der ganze Satz dort etwa so: ἀπὸ τοῦ ἰδίου πατρὸς ὀνομάζειν [Κάρρονα· οὕτως δὲ τὸν κρείccονα ὀνομάζουcι] Λάκωνες· ἀνθίcτατο ἡ μήτηρ κτλ.?

Hälfte des Landes ist. Der ungemeine Werth, den nach diesen Anzeichen zu urtheilen die Sage auf jene Verbindung legte, wäre unerklärlich, wenn es weiter nichts als eine vorübergehende Kampfgenossenschaft gewesen wäre. Mochte auch der Makedonische Nationalstolz das Verhältniss nach der von Herakles den Doriern geleisteten Hülfe modeln, immerhin wäre es eine seltene Selbstüberwindung gewesen, wenn sie den Beistand eines auswärtigen Stammes, der doch ihre eignen Thaten nothwendig etwas geringer erscheinen lassen musste, in ihren Traditionen mit so ganz besonderer Vorliebe betont hätten. Nun wissen wir aus Thukydides II, 99, dass zur Zeit des Peloponnesischen Kriegs die Lynkesten und Elimioten zwar ihre eignen Könige hatten, aber zu den eigentlichen Makedoniern im Verhältniss der Bundesgenossenschaft und Abhängigkeit standen (Εὔμμαχα τούτοις καὶ ὑπήκοα). Ich glaube aus den besprochenen Sagen folgern zu dürfen, dass von Anfang an eine förmliche, auf ewige Zeiten geschlossene Symmachie zwischen den Elimioten (Oresten) und den Makedoniern (anfangs den Lynkesten allein, später den Lynkesten und den eigentlichen Makedoniern) bestanden hat, natürlich ursprünglich mit gleichem Rechte der Paciscenten. Diese Symmachie erklärt die ausserordentlich raschen und glänzenden Erfolge der Untermakedonier in ihren Kriegen gegen Päonische und Thrakische Stämme: Erfolge, die es ihnen ermöglichten, das Bundesgenossenverhältniss der beiden obermakedonischen Reiche mit der Zeit in ein Unterthänigkeitsverhältniss umzuwandeln. Die Koinossage schildert also in durchsichtiger symbolischer Einkleidung einen erfolglosen Versuch der Makedonier (d. i. wohl der Lynkesten, von denen sich die Emathischen Makedonier noch nicht abgezweigt hatten), ihre Herschaft über die Epeirotischen Stämme (Oresten und Elimioten) auszudehnen, und die durch einen Schiedspruch herbeigeführte Schlichtung des Streites durch Gründung einer dauernden Symmachie zwischen beiden Völkern. Den Spruch thut Knopis der Kolcher. Auch der lebhaftesten Phantasie dürfte es schwer fallen, eine geschichtliche oder sagenhafte Beziehung zu erdenken, durch die sich ein Kolcher in quasihistorischer Zeit in Makedonien erklären oder auch nur vertheidigen liesse [39]): der Volksname ist gewiss verderbt. Κνωπις ist ein gut griechischer Name; einen Makedonier Κνωπίας kennt Polybios V, 63. Ich vermuthe, dass Κόλχος in Cελλός zu verwandeln ist; für einen ὑποφήτης des Dodonäischen Zeus eignet sich die Prophetenrolle, die Knopis spielt, sehr gut, und der Name Κνῶπις, der von κνώψ 'wildes Thier' abzuleiten ist, erinnert passend an die Homerische Beschreibung der Seller als ἀνιπτόποδες, χαμαιεῦναι. Demnach wäre die Union der Aeolischen und der Epeirotischen Pelasger Makedoniens unter der Aegide des Dodonäischen Orakels zu Stande ge-

---

[39]) Hier mit Hilfe des Kolchisfahrers Iason und des Ionischen Namens Aἰγαί eine Brücke zu schlagen, überlasse ich denen, welche an die Curtius'sche Ionierhypothese glauben.

kommen, das in älterer Zeit der religiöse Mittelpunkt aller Pelasgischen Stämme war.

Werfen wir nun nochmals einen Blick auf den Stammbaum der Argeaden, so springt die organische Gliederung desselben Jedem in die Augen:

```
Temenos, der Heros von Argos, der Herakilde.
   |
 Lachares, die Verbindung der Heraklidischen Könige mit dem
   Makedonischen Volke.
   |
 Dâbalos, das Wohnen bei den Illyriern.
   |
 Eurybiadas  ) das Kriegerleben, das die Makedonier im Illyrier-
 Kleodâos    ) lande führten.
   |
 Kroises, das Wohnen bei den Phrygern.
   |
 Poias (Poianthes)  ) das Hirtenleben, das die Makedonier im Phry-
 Karanos            ) gerlande führten.
   |
 Koinos, die Verbindung der Makedonier mit den Epeiroten.
   |
 Tyrimmas, der Heros der Oresten, der Epeirote.
```

Diese Congruenz der einzelnen Theile, welche allen echten Ἀναγραφαί eigen ist, spricht laut für das höhere Alter des Stammbaums. Die Hellanodiken sind freilich mit demselben wissentlich oder unwissentlich irregeführt worden; mag aber Alexander I der Urheber desselben sein oder mag er sich schon früher gebildet haben, das Werk macht seinem Meister Ehre.

Auf das sicherste stellt sich aus unserer genealogischen Untersuchung das Ergebniss heraus, dass Karanos zwar ein echter, schon zu Alexander's I Zeiten in dem Stammbaum der Argeaden vorkommender Name ist, dass er aber mit seinen beiden Nachkommen keine Sonderstellung erhalten konnte, ohne die innere Symmetrie dieses genealogischen Kunstwerks aufzuheben. In der Zeit zwischen Alexander I und Archelaos kam der durch den Namen veranlasste Glaube auf, Karanos sei der ἥρως κτίστης der alten Hauptstadt Aegä gewesen. So fand Euripides die Sage vor, dessen Archelaosfabel eine Bearbeitung der Karanossage mit Einmischung mehrerer Züge der Perdikkassage ist. Von der Annahme einer Gründung von Aegä durch Karanos bis zu seiner Erhöhung zum ersten Makedonischen Könige war nur ein kleiner Schritt; und dieser Schritt scheint bereits unter Archelaos und wohl durch Archelaos selbst gethan worden zu sein. Die Geschichtschreiber Theopomp und Marsyas von Pella, Zeitgenossen Alexander's des Grossen, kennen den Karanos als ersten König von Makedonien, und, was noch mehr sagen will, um dieselbe Zeit sind

Karanos und Koinos ziemlich häufige Namen, während die übrigen Namen der Stammtafel in der historischen Zeit bei den Makedoniern nicht wieder vorkommen. Karanos, ein Reitergeneral, Alexander's des Grossen, fiel im J. 329 (Arr. IV, 5, 9); Koinos, einer der bedeutendsten Feldherren Alexander's, war im J. 327, in welchem er starb, schon ein älterer Mann (Arrian V, 27, 3. VI, 2, 1), also kaum viel später als 380 geboren. Die Namen müssen um diese Zeit eine ganz hervorragende Stellung in der Tradition eingenommen haben; dass es die officielle war, scheint der Umstand anzudeuten, dass Philipp II seinen jüngsten, wenige Tage vor seinem Tode geborenen Sohn Karanos nannte (Justin XI, 2, 3). In der Zwischenzeit zwischen Archelaos und Philipp, die durch ununterbrochene Thronwechsel und innere Kriege ausgefüllt wird, ist die neue Ausgabe der Makedonischen Ἀναγραφή schwerlich entstanden; dagegen ist Archelaos, der Begünstiger der Litteratur, eine Persönlichkeit, der man am passendsten ein derartiges Unternehmen zuzuschreiben geneigt sein dürfte.

Die ältesten Ansätze für Karanos, Koinos und Tyrimmas zeigen grosse Einfachheit: man gab ihnen 101 Jahre, bei deren Vertheilung in 30 + 28 + 43 die 20 + 18 + 42 Jahre der drei letzten Könige der unsichern Zeit, Aeropos, Alketas und Amyntas I, das Vorbild abgegeben zu haben scheinen. Die zweite Classe der besseren Listen weicht nur darin ab, dass sie durch Erhöhung der Jahre des Tyrimmas die Summe auf 103 Jahre bringt. Gänzlich differiert aber hier die schlechte Liste, in der von dem Jahrhundert 22 Jahre abgezogen sind. Doch auch hier schimmert die Nachbildung der Jahre des Alketas und Amyntas I noch durch: des Karanos 28 Jahre entsprechen den 29, welche Alketas in dieser Liste hat, die 12 + 38 = 50 Jahre des Koinos und Tyrimmas den 50, auf welche die Jahre des Amyntas I gebracht worden sind.

Eine wunderliche Erscheinung ist das Eindringen des Argeierkönigs Pheidon in die Karanossage. Was es mit diesem auf sich hat, hat Abel S. 100 mit glänzendem Scharfsinn nachgewiesen, nämlich dass es der verkleidete Thesproterkönig Pheidon der Odyssee (E 316. τ 287) ist, der bei der manigfachen und unvermeidlichen Berührung, in welcher die Völker von Epeiros und Obermakedonien zu einander standen, in die altmakedonische Geschichte verflochten ward. Da dem Pheidon im Ἀρχέλαος des Euripides die bösen Temenossöhne entsprechen, so kann die Stellung, welche er in der ältesten Makedonischen Stammsage einnahm, nur die des Veranlassers der Auswanderung des Perdikkas oder Karanos aus der Argivischen Heimath gewesen sein; wahrscheinlich war er als feindlicher Bruder dargestellt, der die oder den jüngeren Bruder austreibt: erst durch falschen Pragmatismus ward aus dem feindlichen Bruder ein mächtigerer Bruder, der durch Aussendung einer Colonie die Ausbreitung griechischer Cultur fördert. Da die Form der Karanossage, in welcher Pheidon so auftritt, die ganze Perdikkassage aufgesaugt hat, Lachares aber kaum eine eigne Sage gehabt hat, so wird man den Pheidon dem Perdikkas zurückzuerstatten haben. Er wäre demnach in der Sage der älteste Sohn des Tyrimmas und ältere Bruder des Gauanes und verträte seinem historischen Gehalte nach die Epeirotischen Pelasger, welche die Makedonier aus Maketa verjagten. So bestätigt sich uns auf einem anderen Wege Abel's Vermuthung: **Pheidon ist nach der Sage der König, der die Thesprotischen Thessaler aus Ephyra führt.** Einen starken Beweis für seine Zusammengehörigkeit mit Tyrimmas liefert die Erzählung Homer's: Odysseus sei auf der Heimkehr nach Ithaka zum Pheidon gekommen, der ihn gastlich bewirthet habe, vom Pheidon aber sei er nach Dodona gegangen, um das Orakel über die Art seiner Rückkehr zu befragen. Von dieser Sage ist die Sophokleische vom Tyrimmas, der den Odysseus auf dem Wege nach dem Orakel beherbergt, sichtlich eine blosse Variante, wie die Liebesgeschichte mit der Euippe auch nur eine abweichende Version der Erzählung der Telegonie [40]) von Odysseus und der Thesproterkönigin Kallidike ist. Es ist also in die Makedonische Stammsage eine Reihe Epeirotischer Namen eingedrungen: Tyrimmas als Vater repräsentiert den Epeirotischen Stamm überhaupt, Pheidon als älterer Sohn den Thesprotischen Zweig desselben, welcher an der Spitze der Wanderung nach Thessalien steht, Gauanes als jüngerer Sohn den Orestisch-Elimiotischen Zweig. War einmal das Peloponnesische Argos statt des Orestischen für die Heimath der Makedonier erklärt worden, so ergab sich die Metamorphose des Thesprotischen Pheidon in den Argeierkönig dieses Namens, der zu den berühmtesten Persönlichkeiten der älteren griechischen Geschichte gehörte, ganz von selbst mit Nothwendigkeit; sie vollzog sich wohl schon unter Alexander I oder doch bald nachher: an der chronologischen Differenz, dass Perdikkas 690 zu regieren anfieng, Pheidon's Blüthe aber etwa 70 Jahre früher fällt, nahm man in der älteren Zeit schwerlich Anstoss. Dies geschah erst, als die Makedonische Geschichte in die Hände gelehrter Bearbeiter fiel. Wahrscheinlich war es Theopomp, der zuerst sah, wie schadhaft die Commissuren zwischen der Makedonischen Stammsage und der Argivischen Geschichte waren; sie zu lösen, dazu besass er nicht Kritik genug: er trennte nur das brüderliche Band zwischen Pheidon und Perdikkas, der Schritt für Schritt bereits durch seinen Doppelgänger Karanos expropriiert worden war, und beglückte den Karanos mit Pheidon als Bruder. So passte Alles wunderbar gut: Pheidon bestieg nach den Chronographen 795 den Thron, in sein 5tes Jahr also fiel der Einzug des Karanos in Makedonien, den die von Archelaos vorgenommene Redaction der heimischen Annalen in das Jahr 791 setzt. Noch aber war die Verbesserung der Makedonischen Geschichte nur zur Hälfte vollbracht: der Argeadenstammbaum, dem auch Pheidon einverleibt war, war von dem echten, durch die Argivischen Annalen beglaubigten der Argeierkönige

---

[40]) Bei Proklos (I p. 464 Gaisford).

von Temenos bis Pheidon total verschieden; darum weg mit ihm, und den authentischen an die Stelle gesetzt! So ist es gekommen, dass durch Theopomp's Ansehen das quasihistorische Gewand, welches durch ihn die Makedonische Urgeschichte angezogen hatte, zur allgemeinen Geltung gelangte, unter anderem von den Ptolemäern anerkannt ward, wie wir aus dem früher besprochenen Fragmente des Satyros lernen. Weit entfernt, dass dieser Sachverhalt die Vermuthung H. Weissenborn's [41]), Pheidon's vermeintliche Hinaufrückung um 80 Jahre bei den Chronographen hänge mit der Bruderschaft des Karanos zusammen, bestätigte, lehrt er vielmehr, dass zu Theopomp's Zeit Pheidon's Zeitalter, die erste Hälfte des 8ten Jahrhunderts, für so unumstösslich galt, dass dies der Anlass wurde, die Makedonische Stammsage danach zu verändern [42]).

[41]) Hellen S. 5 ff. 49 ff.
[42]) Höchstens das könnte man zugeben, dass die Alexandriner, um eine grössere Uebereinstimmung der Epochen des Karanos und Pheidon zu erzielen, des letzteren Regierung nach oben verlängert hätten. Die Angabe der Marmorchronik (epoch. 30), Pheidon habe 895 v. C. (ein offenbares Versehen für 795) geblüht, lässt genau denselben Zwischenraum bis zur älteren Epoche des Karanos 791, wie die des Eusebios (Can. lat. no. 1219), welcher den Pheidon in 797 setzt, zu dem später für Karanos angenommenen Anfangsjahr 793. Man könnte also sagen, der erste Urheber der Verbindung des Karanos mit Pheidon habe diesen in das 5te Jahr vorher gesetzt, und Pheidon's Epoche sei nach den verschiedenen Anfangsjahren des Karanos schwankend berechnet worden. Es liegt aber auf der Hand, dass sich gegen eine Umdrehung dieses Satzes ebenso wenig etwas einwenden liesse: wenn Pheidon von Späteren zwei Jahre älter gemacht wurde, so rückte auch Karanos um so viel herauf, und so würde sich die Erhöhung der Jahre des Tyrimmas von 43 auf 45 in der zweiten Classe der ersten Liste erklären, zu der man sonst keinen Grund sieht. Kurz, der Zusammenhang dieser Ansätze bleibt unsicher.

DE FONTIBVS

EX QVIBVS SVIDAS IN SCRIPTORVM GRAECORVM
VITIS HAVSERIT

OBSERVATIONES PER SATVRAM FACTAE

A

CVRTIO WACHSMVTH.

Suidas sive cum appellare mavis Sudam ex quibus fontibus in scriptorum Graecorum vitis hauserit, duabus rationibus licet indagare. potes enim ex rudi indigestaque mole diversissimorum in his vitis coacervatorum testimoniorum ea separare, quae affinitatem quandam artiorem inter se prodant, et ista unde deprompta sint ratiocinationibus aliunde petitis probare itaque ipsos primos fontes investigare nihil nunc curans rivolos et fluvios per quos illi in Oceanum Suidianum influxerint. potes etiam primum de illo auctore cogitare, a quo thesauros suos Suidas ipse mutuatus sit, deinde quaerere, quae subsidia iste adhibuerit, ea subsidia porro unde pendeant atque multifarie his iteratis curis per tot gradus pedetemptim adscendere ad summos montes, in quibus primi fontes sint orti. utramque rationem iam amplexi sunt viri docti, priorem Didericus Volkmann *quaestionibus selectis de Suidae biographicis Bonnae 1861*; alteram cum Godofredus Bernhardy in capite secundo *commentationum de Suidae lexico* § 9 p. LIII sq. tum Otto Schneider in disputatione *de Callimachi operum tabula quae extat apud Suidam* p. 11 sq. atque quamvis per se utraque via fructuosa sit et habeat quo commendetur, omnes tamen vel veritatis vel probabilitatis numeros is demum tulisse videbitur, qui alteram mehercle scabrosam eam et densissimis virgultis interclusam ita teneat, ut priorem semper rationem adsciscat tamquam certissimum et persaepe unicum itineris ducem. noli vero arbitrari me palmam illam captare: quod etsi vellem, ne possem quidem pro temporum angustiis et umerorum imbecillitate, qui haec quoque onera praeter cetera haud levia quae nunc potissimum mihi imposita sint ferre recusent. ego equidem hac oblata scribendi occasione non minus propter pietatem erga praeceptorem egregium exoptata quam inopportuna ob nubem negotiorum urgentium satis habeo per saturam pauca quaedam proposuisse, quae per deserta Suidiana alio consilio spatiando recte observasse mihi visus sim, haud mediocriter contentus, si Volkmannus noster iudicabit, permagni muneris quod exequendum suscepit particula quadam se a me levatum esse.

Auctores quos in re litteraria Graecorum compilaverit Suidas nemo, opinor, erit qui quaerat in indice fontium toti lexico praemisso. licet enim ille generalem prae se ferat inscriptionem: τὸ μὲν παρὸν βιβλίον Σουίδα· οἱ δὲ συνταξάμενοι τοῦτο ἄνδρες σοφοὶ κτλ. et perperam hucusque spretus sit sed multo cum fructu nuper a Mauritio Schmidt in Fleck-

eiseni annalibus 1655 p. 481 sq. usurpatus, glossarum ibi tantum sive λέ-
ξεων auctores exhibentur. contra Suidas ipse s. v. Ἡcύχιοc Μιλήcιoc haec
dicit: ἔγραψεν ὀνοματολόγον ἢ πίνακα τῶν ἐν παιδείᾳ ὀνομαcτῶν, οὗ
ἐπιτομή ἐcτι τοῦτο τὸ βιβλίον. quibus verbis post Maur. Schmidtium Didymi Chalcenteri fragm. p. 17 not. 1 ¹), Bernhardyium l. s. p. LV, Valent.
Roseum de Aristotelis librorum ord. et auct. p. 49 rectissime me iudice
O. Schneider l. s. p. 12 statuit fidem habendam esse et eis significari,
Hesychii ὀνοματολόγον a Suida ubicumque de re litteraria Graeca non
Christiana egerit esse excerptum. modo cum Lehrsio ²) nullam idoneam
causam video, qua cogamur ut verba οὗ ἐπιτομή ἐcτι τοῦτο τὸ βιβλίον
interpolatori cuidam tribuamus. fefellit praeterea opinio Schneiderum in
ratiocinatione primaria, qua ex magno Suidam inter et Hesychii Milesii
quae fertur epitomen consensu et ex fragmento Menagiano (ad Laert.
Diog. I p. 608 sq. ed. Huebner.) Ἀριcτοτέλουc βίοc καὶ cυγγράμματα αὐτοῦ inscripto ³), quod ab Hesychio conscriptum esse putat, colligendum
esse dicit, omnia quae apud Suidam de historia litterarum Graecarum leguntur ex Hesychii onomatologo esse deprompta. personatum enim esse
istum Hesychium Milesium et recentissimis temporibus ex Suida et Laertio Diogene misere conflatum, luculenter nuperrime evicit Lehrsius in novo
museo Rhenano XVII p. 453 sq. neque vero fragmentum Menagianum ab
Hesychio profectum est sed a misello quodam Byzantino, qui Aristotelis
vitam ex Suida simpliciter mutuatus est eiusque librorum tabulam ex indice Laertiano ita petiit ut librorum numeros quos falsos putaret corrigeret et quae ipsi omissa esse viderentur ex sui temporis notitia et lectione
adderet magnam partem pseudepigrapha Byzantina (cf. Rose l. s. p. 50,

---

¹) cum tamen non satis assequor ita loquentem: 'Suidas, quem praeter Eu-
demum rhetorem, Helladium ceteros Hesychii Milesii ὀνοματολόγον compilasse,
id quod dudum suspicatus eram, constat nunc ex anonymi excerptis in codice
Telleriano nunc Paris. 2077 ap. Cram. Anecd. Paris. I p. 11.' quae procul dubio
intellegenda sunt de septima parte codicis quae in catalogo Regio ita describitur: 'excerpta, ubi de Eudemo rhetore, Helladio grammatico, Eugenio, Zosimo,
Caecilio, Longino, Luperco grammatico, Iustino sophista, Pacato Minucio, Pam-
philo grammatico et Hesychio Milesio; nihil autem quod in Suida non legatur.'
ibi igitur quod post grammaticos illos in tabula fontium lexici supra significata
positos, ex quibus Suidam hausisse constat, Hesychius Milesius recensetur, indene
putat apparere, etiam eo usum esse lexicographum?
²) is in nov. mus. Rhen. XVII p. 453 adn. 2 ita inquit: '*Der Ausdruck: Hesychius schrieb ein Gelehrtenlexikon, wovon dieses Buch hier ein Auszug ist, natürlich in
seinem Gelehrtentheil, und ohne dass damit gesagt sein soll, auch dieser Theil sei ganz
allein aus jenem, ist vielleicht nur nicht pedantisch. Sollte er aber auch paullo pin-
guior sein, wie er Herrn Schneider erscheint S. 12, so ist dies doch kein Grund ihn dem
Suidas abzusprechen und ihn einem Interpolator beizulegen. So lange nicht bewiesen ist,
dass der Hauptbestand der Artikel über die griechischen Profangelehrten nicht aus jener Schrift des Hesychius Milesius sei . . . wüsste ich zur Verdächtigung jener Worte
οὗ — βιβλίον keinen Grund.*' ceterum mirum quantum haec verba simpliciter dicta
οὗ ἐπιτομή ἐcτι τοῦτο τὸ βιβλίον torserint viros doctos, quorum incredibiles sententias vides constipatas apud Muellerum fragm. histor. Graec. IIII p. 143 sq.
³) codex Menagianus nunc ubi lateat ignoratur. sed extat eadem dissertatiuncula et in codice chartaceo Patmensi (vide Val. Rose *Aristoteles pseudepigra-
phus* p. 10) et in Ambrosiano chart. saec. XV (vide eundem p. 709).

Arist. pseudepigr. p. 10). recto autem talo stant cetera argumenta, quibus Schneiderus l. s. p. 13 Suidam fere totum ex Hesychio pendere probat. Hesychium igitur Milesium in litteris Graecis unicum fere Suidae auctorem esse cum extra dubitationis aleam et testimonio Suidae ipsius et argumentatione Schneideriana positum sit, iam nostrum erit stamina tenuissima, quae passim servata sunt, contexendo quantum fieri potest texturam Hesychii restituere. atque de ordine quidem ex quo totus liber ὀνοματολόγος conscriptus fuerit coniectura fieri potest ex verbis καὶ αὐτός quae aliquotiens in Suidae vitis adhibita videmus atque eo quo dicta sunt loco prorsus superflua et absona. ea qua ratione intellegenda sint ipse docet Suidas s. v. Ἰοῦστος Τιβεριεὺς ἐπαρχίας Γαλιλαίας ἐπεχείρησε μὲν καὶ αὐτὸς Ἰουδαϊκὴν ἱστορίαν συντάξαι, ubi iam Kusterus intellexit verba καὶ αὐτός ut nunc leguntur supervacanea dormitanter a Suida exscripta esse ex Sophronio cui totam glossam debet, apud quem Iosepho historiae Iudaicae scriptori Iustus hic Tiberiensis subiungitur itaque vere et apte dici potuit ἐπεχείρησε μὲν καὶ αὐτός. ad similem ergo causam revocanda sunt quae leguntur s. v. Ἐπίνικος .. καὶ αὐτὸς κωμικός, s. v. Πολέμων ὁ νεώτερος .. γέγονε καὶ αὐτὸς ἐπὶ Κομόδου, s. v. Ὑπερίδης .. ἀνηρέθη δὲ καὶ αὐτὸς ὑπὸ Ἀντιπάτρου, quae omnia Indicem hominum litteratorum redolere iam Bernhardyio l. s. p. LIIII[4]) visum est et ex onomatologo Hesychiano fluxisse nunc pro certo licet affirmare. atque eis quae s. v. Πολέμων et s. v. Ὑπερίδης leguntur arguitur, in eo onomatologo singulos homines dispositos fuisse ex temporis ratione; Polemonem autem praeivisse censendus erit probabiliter Polydeuces qui vixit Commodo imperatore, Hyperidem Demosthenes qui ἐτελεύτησε .. διὰ τὸν Μακεδόνα Ἀντίπατρον (Suidas s. v.); de Epinico qui floruit inter Ol. CXX — CXXX (cf. Meineke hist. com. Gr. p. 481) certi quicquam conici nequit. ad hunc igitur ordinem chronologicum in libro Hesychii servatum etiam talia retulerim, quae hic illic in Suidae glossis litteratis scripta sunt, qualia extant s. v. Ἀρχίβιος Πτολεμαίου .. γραμματικὸς τῶν ἕως Τραϊανοῦ τοῦ Καίσαρος ἐν Ῥώμῃ παιδευσάντων similia vel s. v. Ἐπαφρόδιτος .. ἐπὶ Νέρωνος καὶ μέχρι Νέρβα, καθ' ὃν χρόνον καὶ Πτολεμαῖος ὁ Ἡφαιστίων ἦν καὶ ἄλλοι συχνοὶ τῶν ὀνομαστῶν ἐν παιδείᾳ pariterque alia multa. praeterea haec omnia vestigia non permittunt solum sed cogunt paene, ut credas non una serie comprehensos esse omnes qui litteris inclaruerint homines sed in diversa litterarum genera distributos. namque Demosthenem oratorem sequitur Hyperides orator, Polydeucem rhetorem Polemo rhetor, alium comicum poetam Epinicus καὶ αὐτὸς κωμικός, grammaticorum qui usque ad Traiani aetatem Romae scholas habuerunt fuisse dicitur Archibius, Epaphroditi denique grammatici aequalis exhibetur Ptolemaeus Hephaestionis f. grammaticus.

---

[4]) quamquam ille de tabula ex litterarum ordine digesta videtur cogitasse et s. v. Πολέμων verba σοφιστὴς καὶ αὐτός copulari perperam iussit.

addo indicem poetarum carminum cinaedicorum qui cum optimae est auctoritatis tum ipse temporis ordinem excedere non videtur [5] s. v. Cωτάδης .. ἐχρήσατο δὲ τῷ εἴδει τούτῳ (κιναίδων) καὶ Ἀλέξανδρος ὁ Αἰτωλὸς καὶ Πύρρος ὁ Μιλήσιος καὶ Θεοδώρας καὶ Τιμοχαρίδας καὶ Ξέναρχος.

Gravior dein oritur quaestio, quibus copiis instructus provinciam suam administraverit Hesychius. qua in re consentaneum est, eum non evolvisse silvam commentariorum de singulis litterarum generibus et de singulis etiam clarissimis scriptoribus compositorum sed adiisse potius generalia enchiridia litterarum Graecarum qualia extitisse nonnulla scimus. eorum autem quae ab Hesychio revera adhibita sint ut indagetur, unitis et contentis viribus est studendum, cum in ea re cardo totius quaestionis versetur. et alia quidem alii invenient: unum procedendo priore illa quam supra significavi via inquirendi in fontes Suidae iam a me repertum esse mihi persuasi, aliis persuadere iam conabor.

Peculiarem sibi quendam et optimum auctorem vindicant narrationes haud volgaris doctrinae de vitis servorum libertorumve in litteris clarorum, quarum amplissimum ecce conspectum:

s. v. Ἄβρων .. γέγονὼς δ' ἐκ δούλων, ὥς φησιν Ἕρμιππος.
s. v. Αἰσχίνης Ἀθηναῖος ῥήτωρ υἱὸς Ἀτρομήτου .. τινὲς δὲ καὶ δούλους τοὺς γονεῖς αὐτοῦ γεγραφήκασιν.
s. v. Αἴσωπος Μιθριδάτου ἀναγνώστης.
s. v. Αἴσωπος Σάμιος .. οἰκέτην δὲ γενέσθαι Ξάνθου τοῦ Λυδοῦ· ἄλλοι ἀνδρός τινος Σαμίου Ἰάδμονος, οὗ τινος καὶ ἡ Ῥοδῶπις δούλη ἦν, ἣν ἑταίραν γενομένην Θρᾷσσαν τὸ γένος Χάραξος ὁ ἀδελφὸς Σαπφοῦς ἔλαβε γυναῖκα καὶ ἐξ αὐτῆς γεννᾷ.
s. τ. Ἀλέξανδρος ὁ Μιλήσιος ὃς Πολυίστωρ ἐπεκλήθη καὶ Κορνήλιος· διότι Κορνηλίῳ Λεντούλῳ αἰχμαλωτισθεὶς ἐπράθη καὶ αὐτῷ παιδαγωγὸς ἐγένετο· εἶτα ἠλευθερώθη.
s. v. Ἀλκμάν .. ἀπὸ οἰκετῶν δέ [6]).
s. v. Ἀντίμαχος Κολοφώνιος .. τινὲς δὲ καὶ οἰκέτην αὐτὸν ἀνέγραψαν Πανυασίδος τοῦ ποιητοῦ πάνυ ψευσάμενοι· ἦν γὰρ αὐτοῦ ἀκουστὴς καὶ Στησιμβρότου.
s. v. Ἀντιφάνης Δημοφάνους .. ἀπὸ δούλων, ὥς τινες.
s. v. Ἀπίων ὁ Πλειστονίκου .. Διδύμου τοῦ μεγάλου θρεπτός [7]).
s. v. Ἀριστογένης Κνίδιος ἰατρὸς δοῦλος Χρυσίππου τοῦ φιλοσόφου.
s. v. Ἀριστοφάνης .. τινὲς δὲ αὐτὸν καὶ ἀπόδουλον ἱστορήκασιν.

---

[5]) nimis lubricae sunt suspitiones a Meinekio anal. Alex. p. 246 de Pyrrho et Theodora prolatae.

[6]) de significatione dictionum ἀπὸ οἰκετῶν, ἀπὸ δούλων, ἀπόδουλος (i. e. libertus) cf. Perizonius in Aelian. XII 50, Kusterus ad v. Ἰάμβλιχος. — ceterum de servitio Alcmanis vide Heraclidis Pontici polit. II 2 (Muelleri frg. hist. Gr. II p. 210) narrationem praeter ordinem adiectam: ὁ δὲ Ἀλκμὰν οἰκέτης ἦν Ἀγησίδα, εὐφυὴς δ' ὢν ἠλευθερώθη καὶ ποιητὴς ἀπέβη, ubi nomen Agesidae a Bernhardyio (gr. Litt. II 1 p.579 edit. alt.) temptatum tuentur nummi Rhodiaci.

[7]) de potestate vocis θρεπτὸς vide M. Schmidtium Didymi frgm. p. 7.

s. v. Διαγόρας Τηλεκλείδου . . ὃν εὐφυᾶ θεασάμενος Δημόκριτος ὁ Ἀβδηρίτης ὠνήσατο αὐτὸν δοῦλον ὄντα μυρίων δραχμῶν καὶ μαθητὴν ἐποιήσατο.

s. v. Διογένης . . γηραιὸς ὢν ὑπὸ πειρατοῦ Cκιρτάλου ἐλήφθη καὶ πραθεὶς ἐν Κορίνθῳ Ξενιάδῃ τινὶ παρὰ τῷ πριαμένῳ διέμεινεν οὐχ ἑλόμενος λυθῆναι ὑπὸ Ἀθηναίων ἢ τῶν οἰκείων καὶ φίλων.

s. v. Ἐπαφρόδιτος Χαιρωνεὺς γραμματικὸς Ἀρχιβίου τοῦ Ἀλεξανδρέως[8]) γραμματικοῦ θρεπτός, παρ' ᾧ παιδευθεὶς ὠνήθη ὑπὸ Μοδέστου ἐπάρχου Αἰγύπτου καὶ παιδεύσας τὸν υἱὸν αὐτοῦ Πετηλῖνον ἐν Ῥώμῃ διέπρεψεν ἐπὶ Νέρωνος καὶ μέχρι Νέρβα.

s. v. Ἐπίκτητος . . δοῦλος Ἐπαφροδίτου τῶν σωματοφυλάκων τοῦ βασιλέως Νέρωνος.

s. v. Ἑρμίας ὁ εὐνοῦχος . . εὐνοῦχος καὶ δοῦλος γενόμενος Εὐβούλου Βιθυνοῦ δυνάστου καὶ φιλόσοφον (sic corr. Bernhardy pro φιλοσόφου) ἀσκηθεὶς παιδείαν παρὰ Ἀριστοτέλει

s. v. Θεόδωρος Γαδαρεὺς σοφιστὴς ἀπὸ δούλων, διδάσκαλος γεγονὼς Τιβερίου Καίσαρος· ἐπεὶ δὲ συνεκρίθη περὶ σοφιστικῆς ἀγωνισάμενος Ποτάμωνι καὶ Ἀντιπάτρῳ ἐν αὐτῇ τῇ Ῥώμῃ[9]) ἐπ' Ἀδριανοῦ Καίσαρος ὁ υἱὸς αὐτοῦ Ἀντώνιος συγκλητικὸς ἐγένετο.

s. v. Ἰάμβλιχος. οὗτος ὥς φασιν ἀπὸ δούλων ἦν.

s. v. Ἴστρος . . Καλλιμάχου δοῦλος καὶ γνώριμος. Ἕρμιππος δὲ αὐτόν φησι Πάφιον ἐν τῷ δευτέρῳ τῶν διαπρεψάντων ἐν παιδείᾳ δούλων.

s. v. Καικίλιος . . ἀπὸ δούλων, ὥς τινες ἱστορήκασι, καὶ πρότερον καλούμενος Ἀρχάγαθος.

s. v. Μεσομήδης . . ἀπελεύθερος αὐτοῦ (Ἀδριανοῦ).

s. v. Μεταγένης Ἀθηναῖος δούλου παῖς.

s. v. Παρθένιος Ἡρακλείδου καὶ Εὐδώρας, Ἕρμιππος δὲ Τήθας φησί. . οὗτος ἐλήφθη ὑπὸ Κίννα[10]) λάφυρον, ὅτε Μιθριδάτην Ῥωμαῖοι κατεπολέμησαν, εἶτα ἠφείθη διὰ τὴν παίδευσιν καὶ ἐβίω μέχρι Τιβερίου τοῦ Καίσαρος.

s. v. Περσαῖος . . μαθητὴς καὶ θρεπτὸς Ζήνωνος τοῦ φιλοσόφου.

s. v. Ῥιανός . . οὗτος δὲ ἦν τῆς παλαίστρας πρότερον φύλαξ καὶ δοῦλος, ὕστερον δὲ παιδευθεὶς ἐγένετο γραμματικός, σύγχρονος Ἐρατοσθένους.

---

[8]) sic coniecit Bernhardy pro Ἀρχίου τοῦ Ἀλεξάνδρου (Ἀλεξανδρέως Ε), probabiliter ex mea sententia, cum Archias grammaticus ignoretur, Archibius autem Alexandrinus (quode cf. Villoisonis praef. ad Apollonium sophistam p. III sq. et Goettling animadv. in Callimachi epigr. et Achillem Tatium Ien. 1811 p. 2 sq.) teste Suida s. v. scripserit τῶν Καλλιμάχου ἐπιγραμμάτων ἐξήγησιν similiter atque Epaphroditus ὑπόμνημα τῶν Καλλιμάχου αἰτίων (cf. Stephan. Byz. s. v. Δωδώνη et schol. Aeschyli Eumen. v. 2).

[9]) recte Bernhardy hic quaedam intercidisse censet, opinor talia fere ἠφείθη διὰ τὴν παίδευσιν καὶ.

[10]) hoc nomen corruptum esse docuit Meineke anal. Alex. p. 266, qui dubitanter de Caecina cogitavit.

s. v. Cιβύρτιoc Θεοδέκτου τοῦ Φαcηλίτου ἀναγνώcτηc καὶ οἰκέτηc, ὃc ἐρρητόρευcεν οἰκετῶν πρῶτοc.

s. v. Τιματένηc βαcιλικοῦ ἀργυραμοιβοῦ υἱὸc Ἀλεξανδρεύc .. ὃc ἐπὶ Πομπηίου τοῦ μεγάλου αἰχμάλωτοc ἀχθεὶc ἐν Ῥώμῃ ὑπὸ τοῦ Γαβινίου ἐξωνήθη ὑπὸ Φαύcτου τοῦ υἱοῦ Cύλλου καὶ ἐcοφίcτευcεν ἐν Ῥώμῃ

s. v. Τυραννίων Ἐπικρατίδου .. ἤχθη δὲ εἰc Ῥώμην ληφθεὶc αἰχμάλωτοc ὑπὸ Λουκούλλου ὅτε κατεπολέμηcε Μιθριδάτην τὸν Πόντου βαcιλεύcαντα· διαπρεπὴc δὲ γενόμενοc ἐν Ῥώμῃ καὶ πλούcιοc κτλ.

s. v. Τυραννίων ὁ νεώτεροc .. αἰχμάλωτοc γενόμενοc καὶ αὐτὸc ἐπὶ τοῦ πολέμου Ἀντωνίου καὶ Καίcαροc ὑπό τινοc Δύμαντοc ὠνήθη τοῦ Καίcαροc ὄντοc ἀπελευθέρου, εἶτα ἐδωρήθη Τερεντίᾳ τῇ τοῦ Κικέρωνοc γυναικί· ἐλευθερωθεὶc δὲ ὑπ᾽ αὐτῆc ἐcοφίcτευcεν ἐν Ῥώμῃ.

s. v. Φαίδων Ἡλεῖοc .. τοῦτον cυνέβη πρῶτον αἰχμάλωτον ὑπὸ Ἰνδῶν (?) ληφθῆναι, εἶτα πραθεὶc πορνοβοcκῷ τινι προέcτη ὑπ᾽ αὐτοῦ πρὸc ἑταίρηcιν ἐν Ἀθήναιc. ἐντυχὼν δὲ Cωκράτει ἐξηγουμένῳ ἡράcθη τῶν λόγων αὐτοῦ καὶ αἰτεῖ λύcαcθαι. ὁ δὲ πείθει Ἀλκιβιάδην πρίαcθαι αὐτόν, καὶ ἦν τὸ ἐντεῦθεν φιλόcοφοc.

s. v. Φιλόξενοc .. οὗτοc ἀνδραποδιcθέντων τῶν Κυθήρων ὑπὸ Ἀθηναίων [11]) ἠγοράcθη ὑπὸ Ἀγεcίλου τινὸc καὶ ὑπ᾽ αὐτοῦ ἐτράφη καὶ Μύρμηξ ἐκαλεῖτο· ἐπαιδεύθη δὲ μετὰ τὸν θάνατον Ἀγεcίλου [12]) Μελανιππίδᾳ πριαμένου αὐτὸν τοῦ λυρικοῦ.

s. v. Φλέγων Τραλλιανὸc ἀπελεύθεροc τοῦ Cεβαcτοῦ Καίcαροc [13]), οἱ δὲ Ἀδριανοῦ φαcιν.

s. v. Φόρμοc .. οἰκεῖοc δὲ Γέλωνι τῷ τυράννῳ Cικελίαc καὶ τροφεὺc τῶν παίδων αὐτοῦ.

s. v. Φρῦνιc .. Ἴcτροc δὲ ἐν τοῖc ἐπιγραφομένοιc μελοποιοῖc τὸν Φρῦνιν Λέcβιόν φηcι Κάμωνοc [14]) υἱόν· τοῦτον δὲ Ἱέρωνοc τοῦ τυράννου μάγειρον ὄντα δοθῆναι cὺν ἄλλοιc πολλοῖc Ἀριcτοκλείδῃ. ταῦτα δὲ cχεδίοιc ἔοικεν· εἰ γὰρ ἦν γεγονὼc δοῦλοc καὶ μάγειροc Ἱέρωνοc, οὐκ ἂν ἐcιώπηcαν οἱ κωμικοὶ πολλάκιc αὐτοῦ μεμνημένοι, ἐφ᾽ οἷc ἐκαινούργηcε κατακλάcαc τὴν ᾠδὴν παρὰ τὸ ἀρχαῖον.

s. v. Χοιρίλοc Cάμιοc .. δοῦλόν τε Cαμίου τινὸc αὐτὸν γενέcθαι εὐειδῆ πάνυ τὴν ὥραν, φυγεῖν τε ἐκ Cάμου καὶ Ἡροδότῳ τῷ ἱcτορικῷ παρεδρεύcαντα λόγων ἐραcθῆναι, οὗ τινοc αὐτὸν καὶ παιδικὰ γεγονέναι φαcίν [15]).

---

[11]) Ἀθηναίων couiecerunt Reinesius et Meinekius frg. com. Gr. IIII p. 635 pro Λακεδαιμονίων.

[12]) Ἀγεcίλου utroque loco correxit Bernhardy pro Ἀγεcύλου, altero loco codex A praebet Ἀγηcιλάου.

[13]) id miro errori Suidae debetur.

[14]) sic scripsit M. Schmidt diatr. dithyramb. p. 89 sq. pro Κάνωποc.

[15]) quibus testimoniis fortasse addere licet ea quae s. v. Ζάμολξιc et Πυθαγόραc de Zamolxide Pythagorae servo leguntur, et corollarii loco haec duo: s. v. Ἀρίcταρχοc .. καὶ παῖδαc μὲν κατέλιπεν Ἀρίcταρχον καὶ Ἀριcτατόραν, ἄμφω δ᾽ ἐγένοντο εὐήθειc (num εὐειδεῖc?), ὥcτε καὶ ἐπράθη ὁ Ἀρίcταρχοc· Ἀθηναῖοι δ᾽ ἐλθόντα παρ᾽ αὐτὸν ἐξωνήcαντο et s. v. Ἰόβαc .. ὃν λαβόντεc καὶ μαcτιγώcαντεc ἐπόμπευcαν οἱ Ῥωμαῖοι, οὐ μὴν ἀνεῖλον διὰ τὴν παίδευcιν.

Horum testimoniorum nonnulla quidem tritissima aliunde petita esse possunt, velut quod de Persaeo et Diogene narratur ex Laertio, quod de Aeschine ex Demosthene (locuto tamen eo de patris solius servitudine); pleraque vero cum ita comparata sint ut accuratis et interdum largissimis narrationibus doceatur, qualis horum hominum litteratorum servitus fuerit et quomodo ei litteris instructi sint et παιδείᾳ excelluerint, cum praeterea casui tribui nequeat in tanta copia scriptorum saepe haud ita notorum tam diligenter agi de eorum servitio, re per se levioris momenti, necessario efficitur, ut fontem eorum communem peculiarem quendam credamus esse librum in quo de servis eruditione claris singulari opera disputatum sit. qualem librum περὶ τῶν διαπρεψάντων ἐν παιδείᾳ eum inscriptum composuit profecto Hermippus Berytius [16]), ipse in locis supra scriptis ter laudatus, semel quidem addito ipsius libri titulo (s. v. Ἴστρος), bis ita ut eundem librum citari pateat (s. v. Ἄβρων et Παρθένιος). quid igitur simplicius vel veri potest statui similius quam pleraeque omnes istas narrationes ab Hesychio haustas esse ex eodem scripto Hermippeo? id quod temporum ratione etiam magis stabilitur: nullus enim per totum Suidae lexicon exhibetur homo litteratus de servili genere qui post Hermippum floruerit [17]), multi vero et praecipua accuratione tractati ex temporibus Romanis. neque difficile postremo est intellectu, cur scriptor libri τῶν ἐν παιδείᾳ ὀνομαστῶν ad auctorem operis τῶν διαπρεψάντων ἐν παιδείᾳ δούλων potissimum confugerit.

Et haec quidem hactenus de Hesychio auctore uno sed eo secundario; alios eosque primarios reperire continget (nisi fallor) attente singula

---

[16]) neque enim Callimacheus ille fuit sed Berytius, quippe qui fuerit ipse libertus teste Suida s. v. Ἕρμιππος Βηρύτιος ἀπὸ κώμης μεσογαίου μαθητὴς Φίλωνος τοῦ Βυβλίου, ὑφ' οὗ ψκειώθη Ἑρεννίῳ Σεβήρῳ, ἐπ' Ἀδριανοῦ τοῦ βασιλέως ἔκδουλος ὢν γένος. eundem autem librum Hermippi ad partes vocari opinor in etymol. magno p. 118 v. 12 s. v. Ἀπάμεια· πόλις Βιθυνίας πρότερον Μυρλέα καλουμένη ἣν λαβὼν δῶρα παρὰ Φιλίππου τοῦ Δημητρίου ὁ Ζήλας μετωνόμασεν Ἀπάμειαν ἀπὸ τῆς ἑαυτοῦ γυναικὸς Ἀπάμας, ὡς (ὡς add. Ι'ᵇ) Ἕρμιππος ἐν τῷ περὶ τῶν ἐν παιδείᾳ λαμψάντων λόγῳ, Hemsterhusio astipulatus ibi pro λόγῳ corrigendum esse δούλων; abhorret certo haec citandi ratio ἐν τῷ περὶ τ. ἐ. π. λ. λόγῳ a constanti usu grammaticorum scholiastarum lexicographorum neque omnino ullum plane simile exemplum memini. potuitque bene de ea re Berytius dicere in vita Parthenii Myrleanei, de quo eum egisse constat (v. supra). quae si recte disputata sunt, corruunt variae de libro περὶ τῶν ἐν παιδείᾳ λαμψάντων prolatae suspitiones, corruit argumentum quo Prellerus in Iahni annalibus XVII (1836) p. 160 aetatem Hermippi Callimachei certis terminis circumscribere studuit; contra non inepte licebit credere, Hermippum Berytium hac quoque in re secutum esse Philonem magistrum, quem traditum est scripsisse libros triginta περὶ πόλεων καὶ οὓς ἑκάστη αὐτῶν ἐνδόξους ἤνεγκε, pariter atque magistri vestigia calcavit in libro περὶ ἐνδόξων ἀνδρῶν ἰατρῶν cf. schol. Oribasii in Mai class. auct. vol. IIII p. 11, quo de loco miram opinionem excogitavit Bernhardy ad Suidam s. v. Φίλων Βύβλιος.

[17]) scrupulus oriri potest solo de Iamblicho, quem etiam Marco Antonino imperatore vixisse demonstrat Photius cod. 94 p. 75ᵇ 33 sq. sed nihil obstat quin credamus Hermippum Iamblichi aequalem fuisse; discipulus enim fuit primum Philonis deinde Herennii Severi, quorum uterque sub Hadriano floruit, hic anno 124 p. Chr. consul creatus est, illo ipsius Hadriani vitam composuit (cf. Suidas s. v. Φίλων Βύβλιος).

litterarum genera perscrutanti. sic nunc lubet acrius considerare vitas virorum grammaticorum. in quibus Suidam totum pendere ab Hesychio eo confirmatur, quod nullus commemoratur grammaticus Hesychio, qui Anastasio imperatore florere coepit sed vixit etiam regnantibus Iustino I et Iustiniano [18]), posterior [19]). rationem autem et indolem singularum de singulis grammaticis notationum si perlustraveris, id statim apparet, eas in diversas quasdam classes sponte seiungi. diligenter enim (ut in universum loquar) veteres grammatici tractantur qui usque ad Hadriani aetatem extiterunt, omniumque accuratissime ei qui primis imperatoribus regnantibus Romae magistri prodierunt, velut Dionysius Glauci f. Alexandrinus, Epaphroditus alii, quorum de vita amplissima copia interdum ne minutissimis quidem rebus spretis narratur. contra quicumque temporibus insequentibus usque ad quintum saeculum vixerunt ei pauci afferuntur, de vita eorum nihil omnino [20]), fere semper [21]) ne de aetate quidem quicquam additur, sola scripta nude enumerantur. postremo largiore memoria rursus agitur de eis grammaticis Byzantinis, quibus aequalis vel suppar fuit Hesychius Milesius, Hermolaum dico, Eugenium [22]), Timotheum, Hyperechium. quae si perpensitas, sponte elucet Hesychium in recensendo grege grammaticorum luculento auctore usum esse Hadriano aequali (sive auctores statuere mavis, auctoribus eius temporis), deinde bona auctoritate destitutum suae demum aetatis homines ex ipsius memoria paululum plenius descripsisse. atque adest manifestum indicium luculenti illius fontis s. v. Ἡρωδιανός. namque de vita Herodiani grammaticorum omnium longe celeberrimi de quo iure tuo pauca certe verba expectes [23]) nihil

---

[18]) quin usque ad primos Iustinianei regni annos historiam suam deduxit; vid. Mueller. frg. hist. Gr. IIII p. 143.
[19]) nam Ioannes Philóponus quem grammaticum appellant philosophus potius et theologus est.
[20]) tantum de Oro Alexandrino additur παιδεύcαc ἐν Κωνcταντινουπόλει, qui vixit fortasse Hesychio aequalis; tamen eo loco cum aliquot verbis vel versibus elapsis duae notationes perperam coaluerint (id quod Ritscheli acumine de Oro et Orione p. 10 detectum esse notum est), omnino certi quicquam sciri nequit.
[21]) aetas breviter significatur solum apud Athenaeum deipnosophistam (auctorem per Byzantina tempora semper industrie lectitatum), Herodianum (quode statim dicetur), Eudaemonem (cύγχρονοc Λιβανίου τοῦ cοφιcτοῦ, πρὸc ὃν καὶ διαφόρωc φαίνεται γράφων; inde igitur temporis notitia fluxit), denique apud Lupercum et Helladium, quorum uterque ut in tabula fontium Suidae positus ita ab eo usurpatus est itaque aliunde facile innotescere potuit Suidae. de Ammoniano autem quae narrantur omnia ad Damascium referenda esse, iam Kusterum non fugit.
[22]) Εὐγένιοc Τροφίμου Αὐγουcτοπόλεωc τῆc ἐν Φρυγίᾳ γραμματικόc. οὗτοc ἐδίδαξεν ἐν Κωνcταντινουπόλει καὶ τὰ μάλιcτα διαφανὴc ἦν, πρεcβύτηc ἤδη ὢν ἐπ' Ἀναcταcίου βαcιλέωc· ἔγραψε κτλ.
[23]) neque si voluisset Hesychius praeter primarium suum auctorem alios diligentius consulere, defuisset quaerenti eventus, cum vel auctor Ἀπολλωνίου Ἀλεξανδρέωc τοῦ γραμματικοῦ βίου (qui in Apollonii syntaxis edit. Sylburg. Francof. 1590 p. 1 impressus doest in Westermanni biographis) haec posset de eo tradere: ἐπαίδευcέ τε (Apollonius) τὸν υἱὸν αὐτοῦ Ἡρωδιανὸν τοcοῦτον ὅcον τὰ τέλη τῆc παιδεύcεωc εἰληφότα ἀποcτῆναι ἀπ' αὐτοῦ διὰ τὸν οἰκεῖον κλῆρον ἢ διὰ τὸ μητρυιὰν αὐτῷ cυναγαγεῖν. ἀφίκετο δὲ ἐc Ῥώμην ἐπὶ Μάρκου Ἀντωνίνου καὶ διέγραψεν ἐκεῖcε τὰ κάλλιcτα καὶ τοcοῦτον ὅcον καὶ φίλοc τῷ Μάρκῳ γέγονεν.

Suidas profert quam haec: Ἡρωδιανὸς Ἀλεξανδρεὺς γραμματικὸς υἱὸς Ἀπολλωνίου τοῦ γραμματικοῦ τοῦ ἐπικληθέντος Δυςκόλου. γέγονε κατὰ τὸν Καίςαρα Ἀντωνῖνον τὸν καὶ Μάρκον, ὡς νεώτερον εἶναι καὶ Διονυςίου τοῦ τὴν μουςικὴν ἱςτορίαν γράψαντος καὶ Φίλωνος τοῦ Βυβλίου. ἔγραψε πολλά. quid igitur voluit Hesychius his verbis somnolente a Suida servatis indicare nisi 'Dionysium et Philonem praecipuos sibi in hac re fuisse fontes atque in eorum operibus Herodiano quoque si propter temporis rationem licuisset locum futurum fuisse iustum atque debitum' [24], nunc vero nihil sese habere, quod de grammatico narraret? atqui Dionysius et Philo, quorum uterque composuit indices litteratos Hesychii usui admodum accommodatos, Hadriano regnante floruerunt ambo; Hadriani aequalem scriptorem tamquam primarium auctorem ipsa notationum Suidaharum natura quasi digito monstrat. haec omnia argumenta salutaria sibi invicem aut egregie fallor aut tam bene inter se congruunt, ut iam nunc magna cum veritatis specie possit sumi Dionysium Halicarnasensem et Philonem Byblium praecipuos Hesychii auctores in grammaticorum vitis fuisse. grammaticorum autem in vitis si adhibuit Philonem Dionysiumque Hesychius, in ceteris quoque de quibus ambo egerunt scriptoribus illos ab eo usurpatos esse profecto consentaneum est. sed potest etiam firmius corroborari opinio.

Ac Philo quidem Byblius [25] teste Suida s. v. duas scriptiones composuit prorsus ad usum Hesychii factas, περὶ πόλεων καὶ οὓς ἑκάςτη αὐτῶν ἐνδόξους ἤνεγκε libros triginta et περὶ κτήςεως καὶ ἐκλογῆς βιβλίων libros duodecim, qui ita dispositi fuerunt ut in singulis libris de singulis litterarum generibus eiusque auctoribus optimis sermo esset, velut novum librum singulari titulo περὶ ἰατρῶν inscriptum in medicis versatum esse scimus ex scholio Oribasii in Mai class. auct. IIII p. 11 collato cum Stephano Byzantio s. v. Κυρτός. cum tamen mitto nunc, cum eius auctoritatis vestigia quae deprehendi haud pauca diligentiore perscrutatione Suidae et Stephani Byzantii magnopere adaugeri posse sperem.

Dionysius autem Halicarnasensis, de quo post Meinekium frg. com. Gr. I p. 16 sq., 608 sq., V p. 1 acute nuper disputavit O. Schneiderus l. s. p. 14 sq., μουςικῆς ἱςτορίας triginta sex libros conscripsit et in eis non de musicis solum sed de omnibus etiam poetis egit, adiecit praeterea grammaticorum eorum memoriam qui commentariis poetas illustraverint. in grammaticis quidem quid eius doctrinae debeat Hesychius,

---

ἔνθα καὶ τὴν μερικὴν (corrige Ὁμηρικὴν) προςῳδίαν καὶ τὴν καθολικὴν (marg. καθόλου) ςυνεγράψατο ὑπὸ τοῦ αὐτοκράτορος παρακληθείς.

[24]) verba sunt Schneideri l. s. p. 15; eandem opinionem iam innuit Bernhardy l. s. p. LV. qua in re id quoque fortasse urgere licet, quod Dionysius dicitur ὁ τὴν μουςικὴν ἱςτορίαν γράψας.

[25]) eius reliquias collegit Muellerus frg. hist. Gr. III p. 560 sq. eiusque liber περὶ πόλεων multum lectitatus nt etiam commodius usurpari posset compendifecit cum Aelius Serenus (cf. Suidas s.v. Cερῆνος, etym. magn. s. v. Ἀρςινόη p. 149, 54 et s. v. Βουκέρας p. 207, 48).

difficile est dictu nisi quod ipse his enim ἐν τῳ λ' τῆc μουcικῆc ἱcτορίαc laudavit s. v. Παμφίλη et Cωτηρίδαc. in poetis vero, in quibus addito nomine laudatur s. v. Ἀντιφάνηc et Ὀρφεύc, ut certius progredi possimus effectum est sagaci disputatione O. Schneideri l. s., qua evicit a Rufo amplissima Dionysii volumina in brevem aliquam summam contracta esse. Rufiani autem libri imaginem quodam modo resuscitare possumus opera Sopatri cuius eclogas Photius bibl. p. 103[b] 16 ita describit: ὅτε πέμπτοc (λόγοc τῶν ἐκλογῶν διαφόρων) cύγκειται αὐτῷ (Cωπάτρῳ coφιcτῇ) ἔκ τε τῆc Ῥούφου μουcικῆc ἱcτορίαc πρώτου καὶ δευτέρου καὶ τρίτου βιβλίου, ἐν ᾧ τραγικῶν τε καὶ κωμικῶν ποικίλην ἱcτορίαν εὑρήcειc οὐ μόνον δὲ ἀλλὰ καὶ διθυραμβοποιῶν τε καὶ αὐλητῶν καὶ κιθαρῳδῶν, ἐπιθαλαμίων τε ᾠδῶν καὶ ὑμεναίων καὶ ὑπορχημάτων ἀφήγηcιν, περί τε ὀρχηcτῶν καὶ τῶν ἄλλων τῶν ἐν τοῖc Ἑλληνικοῖc θεάτροιc ἀγωνιζομένων, ὅθεν τε καὶ ὅπωc οἱ τούτων ἐπὶ μέγα κλέοc παρ' αὐτοῖc ἀναδραμόντεc γεγόναcιν, εἴτε ἄρρενεc εἴτε καὶ τὴν θήλειαν φύcιν διεκληρώcαντο· **τίνεc τε τίνων ἐπιτηδευμάτων ἀρχὴ διεγνώcθηcαν, καὶ τούτων δὲ τίνεc τυράννων ἢ βαcιλέων ἐραcταὶ καὶ φίλοι γεγόναcιν· οὐ μὴν ἀλλὰ καὶ τίνεc τε οἱ ἀγῶνεc καὶ ὅθεν ἐν οἷc ἕκαcτοc τὰ τῆc τέχνηc ἐπεδείκνυτο.** in tria igitur potissimum animum attendit Rufus i. e. Dionysius in pertexenda historia poetarum [26]) et musicorum, quae quisque primus invenerit, dein quibus regibus amicus fuerit, quibus denique in agonibus gloriam sibi comparaverit. et iam vide planum consensum! earundem prorsus rerum rationem cernimus habuisse auctorem Suidae in notationibus de poetis et musicis.

Namque primum ἀρχῶν frequentissima memoria est in tragoedia s. v. Θέcπιc, Φρύνιχοc, Χοιρίλοc, Αἰcχύλοc, Cοφοκλῆc, Πρατίναc, Ἀρίcταρχοc, Νεόφρων, atque in generibus quibusdam poeseos a tragica arte profectis s. v. Ἀλκαῖοc [27]), Ἀπολλόδωροc [28]), Ῥίνθων, in comoedia s. v. Ἐπίχαρμοc, Φόρμοc, Χιωνίδηc, Ἀριcτοφάνηc, Ἀναξανδρίδηc. in poesi lyrica s. v. Λῖνοc, Cιμωνίδηc, Ἱππῶναξ, Τέρπανδροc, Ἀλκμάν, Ἀρίων. Λᾶcοc, Cτηcίχοροc, Μελανιππίδηc, in poesi epica s. v. Κόριννοc et Πείcανδροc,

---

[26]) quamvis in Photinuo loco tantum de poetis tragicis comicis lyricis dicatur, tamen probabiliter potest conici etiam in epicis (de quibus in quarto quintoque libro egit Rufus) eadem quantum licuit animadversa esse.
[27]) s. v. Ἀλκαῖοc Ἀθηναῖοc τραγικόc, ὅν τινεc θέλουcι πρῶτον τραγικὸν γεγονέναι. quae quamquam vel Suidae stultitia vel librariorum neglegentia obscurata sunt, nihilo setius vix dubitari potest, significari eis, Alcaeum scriptorem fabulae Κωμῳδοτραγῳδία (quacum apte Meinekius hist. com. Gr. p. 257 Plauti *tragicomoediam* Amphitruonem contulit) principem fuisse habitum qui disciplinam tragoediae cum arte comica sociaret; vide Bernhardy ad Suidae l. s.
[28]) s. v. Ἀπολλόδωροc Ἀcκληπιάδου .. ἦρξε δὲ πρῶτοc τῶν καλουμένων τραγιάμβων. tragiambos dici cum Bernhardyio ad l. s. credo scrii et gravioris usus senarios, quales in pertractandis doctis argumentis adhibuerunt Apollodorus, Scymnus alii. nam non solum 'graecorum scriptorum, qui historiarum vel geographicarum rerum explanationem iambico carmine complexi sunt, primus quantum hodie sciri potest extitit Apollodorus Athenicusis' (Meineke praef. Scymni et Dionysii p. V), sed omnino eum primum in hoc genere prodiisse docent verba Scymni v. 33 sq.

in arte musica s. v. Ἀμφίων [29]), Μαρcύαc, Ὄλυμποc, Τέρπανδροc, Λᾶcοc, Cίβυλλα, Cαπφώ, Ἴβυκοc, Cιμωνίδηc, Τιμόθεοc, Ἀντιγενίδηc, Διοκλῆc [30]). praeterea (quae addo admodum dubitanter) notatur metrum elegiacum primo a Theocle Naxio adhibitum esse (s. v. ἐλεγείνειν), metrum Boeotiacum et Phrygium a Terpandro inventum (s. v. Μόcχοc ᾄδων), et Simonidem Iulieten reperisse τὴν μνημονικὴν τέχνην et τὰ μακρὰ τῶν cτοιχείων καὶ διπλᾶ (s. v. Cιμωνίδηc Λεωπρεποῦc). Deinde amicitiae quae poetas inter et principes intercesserunt commemorantur s. v. Ἄρατοc, Αἰcχρίων, Εὐφορίων, Λεcχίδηc. Ὀρφεύc, Χοιρίλοc, Αἴcωποc Cάμιοc, Μελανιππίδηc, Μεcομήδηc. Εὐριπίδηc, Νεόφρων, Φερεκράτηc. Postremo de agonibus accuratius ab Hesychii auctore actum esse haec produnt manifesta vestigia:

s. v. Εὔμολποc . . γέγονε δὲ καὶ Πυθιονίκηc· πρὸc λύραν γὰρ ἐπεδείκνυντο οἱ ποιηταί.

s. v. Φρῦνιc . . ὃc ἐδόκει πρῶτοc κιθαρίcαι παρ' Ἀθηναίοιc καὶ νικῆcαι Παναθήναια ἐπὶ Καλλίου ἄρχοντοc.

s. v. Λᾶcοc . . πρῶτοc οὗτοc διθύραμβον εἰc ἀγῶνα εἰcήγαγεν.

s. v. Ἐπίχαρμοc . . ἦν δὲ πρὸ τῶν Περcικῶν ἔτη ϛ' διδάcκων ἐν Cυρακούcαιc· ἐν δ' Ἀθήναιc Εὐέτηc καὶ Εὐξενίδηc καὶ Μύλλοc ἐπεδείκνυντο.

huc porro retulerim, quod quando i. e. qua olympiade vel quot annos natus quis primus fabulas in scaenam commiserit [31], cum quo de praemio certaverit, quotiens et quanto denique vicerit [32] diligenter notatur s. v. Κόριννα, Αἰcχύλοc, Cοφοκλῆc. Εὐριπίδηc, Ἀρίcταρχοc, Ἀcτυδάμαc ὁ

---

[29]) licet verba παλαιᾶς μουcικῆς εὑρετής rectius putes ex Luciani epistolis deprompta esse.

[30]) omnia haec testimonia praeter duo quae supra in adn. 27 et 28 posui excripsit paululum inverso ordine Volkmannus p. 2. 3. 9. 10 sq.

[31]) quodsi Thespis (cf. Welcker gr. Trag. I p. 16), Phrynichus (cf. Welcker l. s. p. 19), Chionides (cf. Meineke hist. com. Gr. p. 27), Posidippus (cf. Meineke l. s. p. 428), Epicharmus (cf. Welcker kl. Schr. 1 p. 285) a Suida traduntur certo anno διδάξαι vel νικῆcαι, id de prima fabula vel victoria dictum esse iam Bentleius Phalarid. p. 287 sq. interpr. Ribbeck. perspexit. ceterum conferas plane similes notationes in marmore Pario ep. 50 Αἰcχύλοc ὁ ποιητὴc τραγῳδίᾳ πρῶτον ἐνίκηcε, ep. 56 Cοφοκλῆc ὁ Cοφίλλου ὁ ἐκ Κολωνοῦ ἐνίκηcε τραγῳδίᾳ ἐτῶν ὢν κη΄, ep. 60 Εὐριπίδηc ἐτῶν ὢν μγ' τραγῳδίᾳ πρῶτον ἐνίκηcε. neque aliter apud anonymum περὶ κωμῳδίαc bonae frugis plenum p. 535 sq. (in Meinekii com. Gr. vol. I) legitur v. 26 Κρατῖνοc Ἀθηναῖοc νικᾷ μετὰ τὴν πε' ὀλυμπιάδα (ubi numerus olympiadis corruptus est, cf. Meineke hist. com. Gr. p. 45), p. 536 v. 11 Φερεκράτηc Ἀθηναῖοc νικᾷ ἐπὶ Θεοδώρου (sic corr. Dobraeus pro θεάτρου, cf. Meineke l. s. p. 66), v. 16 Εὔπολιc Ἀθηναῖοc ἐδίδαξεν ἐπὶ ἄρχοντοc Ἀπολλοδώρου, v. 21 (Ἀριcτοφάνηc) ἐδίδαξε . . πρῶτοc ἐπὶ ἄρχοντοc Διοτίμου (sic corr. Scaliger ad Euseb. p. 128 pro Φιλοτίμου), p. 537 v. 13 Ἀντιφάνηc ἤρξατο διδάcκειν μετὰ τὴν ϛη' ὀλυμπιάδα; cf. etiam p. 538 v. 1. 6. 10.

[32]) contra de fabulis in scaenam commissis non ausim cogitare, ubicunque poeta scaenicus dicitur tot fabulas διδάξαι nec victoriarum numero neque adversariorum nomine nec certaminis tempore addito velut s. v. Ἰοφῶν, Νεόφρων, Φερεκράτηc, Ἕρμιπποc, Θεοδέκτηc, Θεόπομποc, Εὔβουλοc (?), Ἀλέξιc, Φιλήμων ὁ νεώτεροc, Δεινόλοχοc (?). abusum enim esse dictione ἐδίδαξε Suidam suspicor, cum semel aperte neglegentiae in hac re admissae convincatur. s. v. Μάγνηc ille ἐδίδαξε κωμῳδίαc θ' inquit, cum grammaticus fido dignissimus περὶ κωμῳδίαc p. 535 v. 24 ed. Meinekianae haec narret: τῶν δραμάτων αὐτοῦ οὐδὲν cώζεται, τὰ δὲ ἐπιφερόμενά ἐcτιν ἐννέα.

πρεcβύτηc, Ἀχαιὸc Πυθοδώρου, Εὐριπίδηc alter, Εὐφορίων, Θεοδέκτηc, Θέcπιc, Ἴων, Καρκῖνοc, Νικόμαχοc Ἀθηναῖοc. Πρατίναc, Cοφοκλῆc Ἀρίcτωνοc, Cωcίθεοc, Cωcιφάνηc, Φρύνιχοc tragicus, Χιωνίδηc, Μάγνηc, Κρατῖνοc, Εὔπολιc, Φρύνιχοc comicus, Ἄρχιππος, Ἀντιφάνηc, Ἀραρώc, Ἀναξανδρίδηc, Ἀπολλόδωροc, Ποcείδιπποc.

Quae cum ita sint, argumentorum omnium coniuncta vi id effectum esse spero, ut praecipuum Hesychio quem sequeretur in vitis poetarum et musicorum auctorem fuisse Dionysium Halicarnasensem [33]) lubenter sis concessurus. ab eo igitur iure tuo repetes optima quaeque Suidae de illis notationum, prae ceteris tabulas librorum ex litterarum ordine digestas [34]). nec leve momentum quo confirmetur veritas huius ratiocinationis in eo cernitur, quod ordinem alphabeticum non videmus servatum nisi in enumerandis poetarum scriptis [35]) ita ut has tabulas a peculiari quodam et sibi proprio auctore originem ducere liqueat, in poetarum vero notationibus tot vestigia doctrinae Dionysii inesse probatum est. ac bonae auctoritatis esse has tabulas i. e. ex bibliothecarum catalogis petitas, ut statim quisque harum rerum gnarus sibi persuadet ita uno certe exemplo diserte monstrari potest. Suidas s. v. Διογένηc ἢ Οἰνόμαοc has Diogenis exhibet fabulas: Ἀχιλλεύc, Ἑλένη, Ἡρακλῆc, Θυέcτηc, Μήδεια, Οἰδίπουc, Χρύcιπποc, Cεμέλη, ubi septem dramatis quae litterarum seriem tenent octavi Cεμέληc memoria ex Athenaeo (XIIII p. 636) adiecta est [36]) pessime fabulis quae ferebantur Diogenis Sinopensis cum Semele

---

[33]) id quod de comicis haesitanter suspicatus est Bernhardy l. s. p. LIII.
[34]) eandem sententiam iam Schneider l. s. p. 15 proposuit eo nixus argumento quod ipsis eis poetarum generibus, quorum carmina κατὰ cτοιχεῖον ordinata sunt Dionysium studuisse doceat eius lexicon; 'cui ergo rectius putabimus Hesychium singulare istud tabularum genus debere quam Dionysio?'
[35]) duo quae praeterea extant exempla (plura ego non deprehendi) s. v. Ζήνων Τελευταγόρου et s. v. Παλαίφατος Αἰγύπτιος ἢ Ἀθηναῖος ita comparata sunt, ut ordinem alphabeticum casu prodiisse facile credas.
[36]) interpolatum esse haud raro Suidae lexicon ex Athenaeo notum est, sive cum Bernhardyio l. s. cap. III 4 alienis manibus id factum esse, sive cum Volkmanno l. s. p. 36 a Suida ipso credere mavis. similiter potest conici s. v. Φιλωνίδης ante Ἀπήνη, Φιλέταιρος ex Athenaeo suppletam esse Κόθορνοι et s. v. Νικοφῶν post Χειρογάστορες indidem Cειρῆνες, quamquam rem aliter sese habere posse nemo inficiabitur. — de Diogenis tabula aliter iudicavit Volkmannus l. s. p. 30 'neque magis s. v. Διογένης post fabulam Χρύσιππος inscriptam Cεμέλη titulum additum mirabimur, cum drama satyricum fuisse Cεμέλην Welckerus admodum probabiliter coniecerit eamque seorsum fuisse recensitam non absonum videatur, cf. C. Wachsmuth in philologi vol. XVI p. 662, Welcker die griech. Tragödien p. 1036'. sed et unum quod superest Cεμέληc fragmentum tragicum, non satyricam profecto prae se fert speciem nec Welckerus de dramate satyrico cogitavit, immo dicit haec: *Die alphabetische Stellung der Dramen . . lässt vermuthen, dass sie zu einer Zeit verzeichnet worden, wo man noch ziemlich alle Werke des Dichters wissen konnte, nicht einzelne auflas. Nach dieser Stellung ist auch nicht zu erwarten, dass, wenn es zwei Tetralogien waren, die Satyrspiele an ihrer rechten Stelle hinter je drei Tragödien stehen: Helene sowohl als Herakles könnte Satyrdrama gewesen sein*. neque ipse credo nunc dramata satyrica in bibliothecarum catalogis seorsum esse recensita, quod in philologo l. s. fieri potuisse dixi, quia vidi interdum eorum numerum separatim esse exhibitum, velut in vita Euripidis II v. 121 (vol. I p. XX ed. Kirchhoff.) cῴζεται δὲ αὐτοῦ δράματα ΕΖ' καὶ γ' πρὸc τούτοιc ἀντιλεγόμενα· cατυρικὰ δὲ η', ἀντιλέγεται δὲ καὶ τούτων τὸ α' (quae bibliothecae alicuius

tragoedia Diogenis Atheniensis confusis (cf. Meineke philol. exerc. in Athen. I p. 46 sq.). eaedem vero septem tragoediae enumerantur a Laertio VI 80 in vita Diogenis cynici adnexa mentione Satyri, qui eas confectas esse a Diogene negat, contendit a Philisco Aegineta, Diogenis amico. ferebantur igitur iam Satyri aetate in bibliothecis [37]) hae septem fabulae ambiguae auctoritatis.

Reperiuntur vero ad ordinem litterarum dispositae tabulae in notationibus Suidae epicorum, tragicorum, comicorum, poetarum denique μέτρων διαφόρων, desunt lyricorum, quos nemo desiderabit, qui reputaverit et genus lyrices poeseos tali ordini plerumque non esse accommodatum et carmina lyrica a Callimacho in πίναξιν atque a ceteris grammaticis Alexandrinis ex argumento disposita fuisse (vide philol. XVI p. 661 sq.).

Epicorum quidem tria solum extant exempla manifesta haece [38]):
s. v. Ἡcίοδοc .. ποιήματα δ' αὐτοῦ ταῦτα· Θεογονία, Ἔργα καὶ Ἡμέραι, Ἀcπίc, Γυναικῶν ἡρωινῶν κατάλογοc ἐν βιβλίοιc ε΄, Ἐπικήδειον εἰc Βάτραχόν τινα, ἐρώμενον αὐτοῦ, περὶ τῶν Ἰδαίων Δακτύλων καὶ ἄλλα πολλά.
s. v. Νίκανδροc .. ἔγραψε Θηριακά, Ἀλεξιφάρμακα, Γεωργικά, Ἑτεροιουμένων βιβλία ε΄, Ἰάcεων cυναγωγήν, Προγνωcτικὰ δι' ἐπῶν (μεταπέφραcται δ' ἐκ τῶν Ἱπποκράτουc προγνωcτικῶν), περὶ Χρηcτηρίων πάντων (?) βιβλία γ΄ καὶ ἄλλα πλεῖcτα ἐπικῶc.

in utraque tabula libris κατὰ cτοιχεῖον ordinatis praemissa est memoria

---

tabulis deberi iam verbum cώζεται ostendit), vita Aeschyli I v. 15 (p. 6 ed. Dindorf.), ubi scribendum esse duco: ἐποίηcε δὲ δράματα ο΄ καὶ ἐπὶ τούτοιc cατυρικά * (intercidit numerus), ἀμφίβολα πέντε. sed eodem iure poteris et dubebiis conicere seorsum esse enumerata dramata ἀμφίβολα, ἀντιλεγόμενα, νενοθευμένα, νόθα coll. vita Aeschyli l. s. vita Euripidis l. s., utrumque perperam. nam in iudicibus fabularum Aeschylearum codicis Medicei (p. 9 ed. Diudorf.) et Euripidearum in marmore Albano (Winckelmann monum. ined. 168, C. I. G. 6047) et dramata satyrica in ordinem recepta sunt, velut Aeschyli Κίρκη cατυρική, Λέων, Λυκοῦργοc, Πρωτεύc, Cφίγξ, Euripidis Αὐτόλυκοc, Βούcιριc, Εὐρυcθεύc, Κύκλωψ et fabulae suspectae, velut Aeschyli Αἰτναῖαι νόθοι. praeterea cf. Suidas s. v. Πρατίναc .. δράματα μὲν ἐπεδείξατο ν΄, ὧν cατυρικὰ λβ΄, vita Sophoclis p. 12 v. 1 (in Sophoclis Electrae ed. Iahn.) ἔχει δὲ δράματα, ὥc φηcιν Ἀριcτοφάνηc (in commentariis Callimacheorum πινάκων), δράματα ἑκατὸν τριάκοντα, τούτων δὲ νοθεύεται ἑπτά (sic corr. Bergk comm. de vita Sophoclis p. XXXVIIII adn. 156 pro δεκαεπτά), vita Euripidis I v. 31 p. XVII ed. Kirchhoff., anonymus de comoedia p. 535 v. 21 ed. Meinek. pariter apud Suidam s. v. Πλάτων litterarum seriem tenent praeter viginti octo genuinas fabulas (nnmerum Suidae δράματα αὐτοῦ κη΄ tuetur anonymus τῶν τῆc ἀρχαίαc κωμωδίαc ποιητῶν ὀνόματα καὶ δράματα in Duebneri edit. schol. Aristoph. p. XVII Πλάτωνοc δράματα κη΄) duae, de quarum auctoritate ambigebatur (cf. Volkmann l. s. p. 29) Δαίδαλοc et Cκευαί, receptae eae etiam in iudicem duplicem alphabeticum Andronici in Bekkeri anecd. Gr. III p. 1461, cuius in fine titulus Φάων videtur intercidisse.

[37]) Satyrum bibliotheca Alexandrina usum esse coniecerim, cum Alexandrinae eum scholam habuisse probabiliter Heckerus ex ipsius narratione de phylis Alexandrinis apud Theophilum ad Autolycum II 7 effecerit (in philologo V p.432), quamvis recte negaverit Nauckius ibid. p. 696 necessario verbis Theophili singulare quoddam scriptum Satyri de phylis Alexandrinis significari.

[38]) litterarum ordini non repugnant tituli s. v. Πανύαcιc et Εὔμολποc. ceterum quae supra scripsi testimonia epicorum praeter Hesiodum iam congessit Schneiderus l. s. p. 15.

eorum scriptorum quae servata sunt, Hesiodi theogoniae, operum, scuti. Nicandri theriacon et alexipharmacon (cf. Lehrs in novo museo Rhen. XVII p. 453 adn. 1).

s. v. Εὐφορίων . . βιβλία δ' αὐτοῦ ἐπικὰ ταῦτα· Ἡcίοδος· Μοψοπία ἢ Ἄτακτα (ἔχει γὰρ κτλ.), Χιλιάδες (ἔχει δ' ὑπόθεcιν κτλ.) [39]).

Dein tragoediarum ordinem alphabeticum vel integrum servatum vel obscuratum illum et in integrum sua cura restitutum Volkmannus I. s. p. 29 sq. detexit [40]) s. v. Ἀπολλόδωρος, Διογένης, Κλεοφῶν, Λυκόφρων, Νικόμαχος Ἀλεξανδρεύς, Τιμηcίθεος, Φιλοκλῆς. quibus Spintharum (s. v. δράματα δ' αὐτοῦ ἐcτὶ ταῦτα· περικαιόμενος Ἡρακλῆς, Cεμέλη κεραυνουμένη) ideo addiderim, quod hominis paene ignoti (vid. Welckerum griech. Trag. III p. 1034) notitiam a locupleti quodam auctore suppeditatam esse necessarium puto. restat unus Phrynichus tragicus, de quo hae duae notationes leguntur:

1) s. v. Φρύνιχος Πολυφράδμονος . . τραγῳδίαι δ' αὐτοῦ εἰcὶ θ' αὗται, Πλευρώνιαι (sic corr. Bentleius Phalarid. p. 289 interpr. Ribbeck. lapsus tamen in accentu pro Πλευρωνία), Αἰγύπτιοι, Ἀκταίων, Ἄλκηcτιc, Ἀνταῖος ἢ Λίβυες, Δίκαιοι ἢ Πέρcαι ἢ Cύνθωκοι. Δαναίδες.

2) s. v. Φρύνιχος Μελανθᾶ . . ἔcτι δὲ καὶ τῶν δραμάτων αὐτοῦ τάδε· Ἀνδρομέδα, Ἠριγόνη.

quae Leutschius in philologo XIIII p. 187 sq. nimis audacter ita corrigere conatur: [Ἀγκαῖος ἢ] Πλευρώνιαι, Αἰγύπτιοι [ἢ Δαναίδες], Ἀκταίων, Ἄλκηcτιc, [Ἀνδρομέδα], Ἀνταῖος ἢ Λίβυες, [Ἠριγόνη ἢ] Ἰκάριοι, [Μιλήτου ἅλωcιc] ἢ Πέρcαι, [Φοίνιccαι] ἢ Cύνθωκοι. neque enim recte censeo titulos ambarum glossarum inter se confundi, cum similiter duo fabularum indices ita confecti ut nullus unius titulus in altero iteretur nec minus ambo alphabeticum ordinem stricte tenentes quasi diversis duobus poetis adsignantur s. v. Κράτης Ἀθηναῖος κωμικός, οὗ ἦν ἀδελφὸς Ἐπίλυκος et s. v. Κράτης Ἀθηναῖος κωμικός, καὶ αὐτὸς τῆς ἀρχαίας κωμῳδίας [41]). deinde nihil cogit, ut Δαναίδες et Αἰγύπτιοι eandem fuisse fabulam arbitremur; nec conor Δαναίδες de loco suo movere, quippe qui bene teneam, aliis quoque indicibus alphabeticis adhaerere in fine singulos

---

[39]) argumentum librorum, quod hic et saepius in his indicibus titulorum a Suida breviter delineatur, item in catalogis bibliothecarum paucis descriptum esse solebat, cf. Philodemus περὶ φιλοcόφων in vol. Hercul. VIII col. XIII v. 18. ὡc αἵ τ' ἀναγραφαὶ τῶν π[ι]νάκων [αἵ] τε βιβλιοθῆκαι cημαίνουcιν [παρὰ Κλ]εάνθῃ ἐν τῷ περὶ cτο[ᾶc ἐ]c[τιν] Διογένους αὐτὴ ἡ μνήμη, vid. philologum XVI p. 665 sq.

[40]) p. 34 potuit adicere, omnes titulos qui s. v. Χαιρήμων exhibentur pariter uni deberi Athenaeo et eodem ordine quo ab Athenaeo laudantur hic quoque enumerari: Τραυματίας = Athen. XIII p. 562ᶠ, Οἰνεύς = XIII p. 608ᵇ, Ἀλφεcίβοια = p. 608ᵈ, Κένταυρος, Διόνυcος, Ὀδυccεύς = p. 608ᵉ, Θυέcτης et Μινύαι = p. 608ᶠ.

[41]) apte cum his videtur comparari posse comoediarum Platonis apud Andronicum in Bekkeri anecd. Gr. III p. 1461 index bifariam secundum litterarum ordinem divisus, cuius consilium plane se ignorare confitetur Bergkius comm. de vita Sophoclis p. LXI adn. 162; cf. philol. XVI p. 663 sq.

vel plures titulos velut Philyllii tabulae in fine adnectuntur Ἀταλάντη, Ἑλένη. qualia non audeo cum Meinekio hist. com. Gr. p. 259 et Volkmanno l. s. p. 34 nisi alia accesserit causa in suspitionem vocare: immo talia coniecerim profecta esse ex veterum πινακογράφων more, secundum quem libros quibus posteriore tempore emptis bibliotheca aucta erat non in ordinem ceterorum eiusdem auctoris scriptorum recipiebantur sed in fine catalogi alphabetici collocabantur (cf. II. Vsener anal. Theophrast. p. 15 sq.). sed particulae ἢ ante Πέρcαι et ante Cύνθωκοι servatae postulant sibi suum titulum ut simul numerus novem fabularum (τραγῳδίαι δ' αὐτοῦ εἰcὶ θ' αὗται) impleatur. ac Persis respondere Μιλήτου ἅλωcιν Odofredo Muellero de Phrynichi Phoenissis Gotting. 1835 et Nauckio trag. Gr. fragm. p. 558 credo, eidem Muellero et Welckero *gr. Trag.* I p. 26 Phoenissis Cυνθώκουc. ordinem igitur iam nihil turbat nisi primus titulus Πλευρώνιαι. ubi peccatum aliquid esse nullus dubito, verum tamen restitutum esse a Leutschio inaudito titulo Ἀγκαῖοc ficto nequaquam mihi persuadeo. nec minus de Δίκαιοι certi quicquam affirmari potest. nihilo setius rei summa his librariorum erroribus minime infirmatur.

Inter comicos litterarum ordinem aut nulla aut facillima mutatione admissa tenere tabulas Calliae, Cratetis, Nicocharis, Philisci, Philyllii, Phormi, Platonis perspexit Volkmannus p. 34 sq. quibus accedit Cephisodorus (ἔcτιν αὐτοῦ τῶν δραμάτων Ἀντιλαῒc, Ἀμαζόνεc, Τροφώνιοc. Ὕc). de Phrynicho Volkmannus rem in medio reliquit. ibi haec leguntur: δράματα δ' αὐτοῦ ἐcτὶ ταῦτα· Ἐφιάλτηc, Κόννοc, Κρόνοc, Κωμαcταί, Cάτυροι, Τραγῳδοὶ ἢ Ἀπελεύθεροι, Μονότροποc, Μοῦcαι, Μύcτηc, Ποάcτριαι, Cάτυροι (sic!). quae ex limpido fonte fluxisse duplici concluditur argumento: convenit huic tabulae de numero comoediarum cum indice procul dubio ex bibliotheca aliqua orto τῶν τῆc ἀρχαίαc κωμῳδίαc ποιητῶν ὀνόματα καὶ δράματα p. XVII ed. Duebner. (Φρυνίχου δράματα ι') et sola ea plenum titulum fabulae Τραγῳδοὶ ἢ Ἀπελεύθεροι exhibet. omnia autem bene processura essent, si tituli Cάτυροι, Τραγῳδοὶ ἢ Ἀπελεύθεροι in fine indicis essent collocati. atque Cάτυροι profecto in fine iteratur, unde consequens est librariorum socordia perturbatum esse locum. apage igitur ambages! librariorum confusio apertis indiciis deprehensa removenda est pristinusque ordo instaurandus hoc modo: Ἐφιάλτηc, Κόννοc, Κρόνοc, Κωμαcταί, Μονότροποc, Μοῦcαι, Μύcτηc, Ποάcτριαι, Cάτυροι, Τραγῳδοὶ ἢ Ἀπελεύθεροι. pergamus ad Strattidem: τῶν δραμάτων αὐτοῦ ἐcτὶ ταῦτα· Ἀνθρωποραίcτηc, Ἀταλάντη, Ἀγαθοὶ ἤτοι (?) Ἀργυρίου ἀφανιcμόc, Ἰφιγέρων, Καλλιππίδηc, Κινηcίαc, Λιμνομέδων, Μακεδόνεc, Μήδεια, Τρωΐλοc, Φοίνιccαι, Φιλοκτήτηc, Χρύcιπποc, Παυcανίαc, Ψυχαcταί. quae tabula Athenaeo deberi nequit, quamvis in fine addantur nebulonis cuiusdam verba mendacia (omissa tamen ea ab Eudocia), ὥc φηcιν Ἀθήναιοc ἐν τῷ β' βιβλίῳ τῶν δειπνοcοφιcτῶν: namque apud Athenaeum neque Ἰφιγέρων laudatur neque Ἀργυρίου ἀφανιcμόc, sive eo titulo diversa ab Ἀγαθοί comoedia significatur importuna particula ἤτοι sublata (cf. Meineke hist. com. Gr. p. 224) sive eadem ut voluit Bergkius de reliquiis comoediae Att. ant. p. 284 sq. contra tituli Παυcανίαc sedes in offensionem cadit; Μακεδόνεc ἢ Παυcανίαc inscribitur fabula ab Athenaeo XIII p. 589ᵃ (vid. Meineke l. s. p. 231); itaque transponendum in Suidae catalogo Παυcανίαc et revocandum Μακεδόνεc ἢ Παυcανίαc, quo facto integer litterarum ordo restitutus erit. denique de Sannyrione haec notat Suidas: δράματα αὐτοῦ ἐcτι ταῦτα, Γέλωc, Δανάη, Ἰώ, Ψυχαcταί, ὡc Ἀθήναιοc ἐν δειπνοcοφίcταιc, Eudocia: Γέλωc, Ἰνώ, Ἰώ, Cαρδανάπαλοc, Ψυχαcταί. ne multa, Ψυχαcταί ὡc Ἀθήναιοc ἐν δειvοcοφίcταιc ab homine sciolo adsutum neglegenter inspecto loco Athenaei XII p. 551ᵉ (cf. Meineke hist. com. Gr. p. 264), ex Eudocia vero emendes: Γέλωc, Δανάη, Ἰνώ, Ἰώ, Cαρδανάπαλοc. postremo a litterarum ordine non abhorrent tabulae Chionidis (τῶν δραμάτων αὐτοῦ ἐcτὶ καὶ ταῦτα· Ἥρωεc [42]), Πτωχοί, Πέρcαι ἢ Ἀccύριοι), Philonidis et Nicophontis (de quibus supra adn. 36 dixi), Eupolidis (τὰ δὲ δράματα αὐτοῦ Αἶγεc, Ἀcτράτευτοι ἢ Ἀνδρόγυνοι καὶ ἄλλοι [43])), Leuconis (τῶν δραμάτων αὐτοῦ ἐcτὶ ταῦτα· Ὄνοc ἀcκοφόροc, Φρατέρεc), Epicharmi (ἐν δ' Ἀθήναιc Εὐέτηc καὶ Εὐξενίδηc καὶ Μύλλοc ἐπεδείκνυντο), quamquam talia hic illic casu evenisse praefracte negari nequit.

Vltimo loco poetarum διαφόρων μέτρων duo sunt quorum scripta ad litterarum ordinem recensentur. Callimachus (de cuius tabula sagaciter disputavit Schneiderus l. s.) et Parthenius (ἔγραψε δι' ἐλεγείαc [44]) Ἀφροδίτην, Ἀρήτηc ἐπικήδειον τῆc γαμετῆc, Ἀρήτηc ἐγκώμιον ἐν γ' βιβλίοιc καὶ ἄλλα πολλά).

Haec igitur omnia ad Dionysii Halicarnasensis historiam musicam referenda esse sine scrupulo contendo; Dionysius vero ipse unde hauserit investigare nec loci huius neque huius scriptoris est.

---

[42]) sic correxit Meinekius hist. com. Gr. p. 29 pro Ἥρωc.
[43]) putandus est Suidas in describendis titulis ultra primam alphabeti litteram non progressus esse eadem plane pigritia quam sibi indulsit s. v. Παρθένιοc.
[44]) δι' ἐλεγείαc corr. Schneider l. s. p. 15 coll. Suida s. v. Θέογνιc, Cιμωνίδηc, Τυρταῖοc pro δ' ἐλεγείαc.

ARISTOTELES LEHRE

VON DER RANGFOLGE DER THEILE DER TRAGOEDIE.

VON

JOHANNES VAHLEN.

Aristoteles ordnet seine Theorie der Tragödie nach denjenigen Theilen derselben, deren organisches Ineinandergreifen ihr Wesen bedingt (καθ' ἃ ποιά τις ἐστίν). Sechs Theile hat er aufgestellt, nicht etwa so, dass er sie aus der Definition der Tragödie construirte[1]), auch nicht so, dass er die tragische Litteratur durchmusternd eine einzelne Tragödie als Muster der Gattung anatomisch zergliederte; sondern Aristoteles nimmt seinen Standort gleichsam im Zuschauerraume des Theaters und greift mit dem Auge des gewöhnlichen Mannes diejenigen Momente auf, die in ihrem Ensemble das Ganze der Aufführung ergeben. Von dem äusserlichsten, zunächst in die Sinne fallenden geht er aus und schreitet allmählich zu dem Wesentlichen auf: eine scenische Darstellung, in der gesprochen und gesungen wird, in der Personen auftreten, die nach Charakter und Denken so und so geartet sind, und die mit ihrem Thun und Reden das Ganze einer Handlung nachahmend vergegenwärtigen. Das sind die sechs Theile, die der Empiriker der dramatischen Aufführung absieht: ein Theil, der das Wie der Repräsentation enthält, die Scenerie, zwei, welche die Mittel der mimischen Darstellung ergeben, Sprache und Musik, drei Theile endlich, welche das Object der Nachahmung ausmachen, Handlung und Charaktere und Gedanken der handelnden Personen.

Allein bei diesem Ergebniss empirischer Betrachtung bleibt Aristoteles nicht stehen: nicht alle Theile sind von gleicher Bedeutung und Wichtigkeit: einige hängen mehr mit dem innersten Wesen der Tragödie zusammen, andere gehen mehr ihre sinnliche Darstellung an. Kurz, um jener Eintheilung ihren wahren Werth für die Theorie der Tragödie zu leihen, kommt es darauf an, ihre Rangfolge zu bestimmen, die an der wesentlichen Aufgabe der Tragödie zu messen ist, und mit der empirisch gefundenen und schematisch geordneten Reihenfolge sich nicht nothwendig deckt.

Diese Rangfolge ist Gegenstand der folgenden Erörterung: ob sie deren bedurfte, muss die Untersuchung selbst zeigen.

An die Spitze stellt Aristoteles den Satz, der vornehmste Theil der Tragödie sei die Composition der Handlung: c. 6 p. 1450 a 15 μέγιστον

---

[1]) Wie Lodovico Castelvetro S. 123 (der Baseler Ausgabe vom J. 1576) annahm, der übrigens S. 124 f. auch eine andere mit der unsrigen übereinstimmende Auffassung gelten lässt. Jene von der Analyse der Definition ausgehende Darlegung der Theile befolgt auch Th. Sträter in Fichte's Zeitschrift für Philosophie XLI (1862) S. 209.

δὲ τούτων ἐςτὶν ἡ τῶν πραγμάτων cύcταcιc· ἡ γὰρ τραγῳδία μίμηcίc ἐcτιν
οὐκ ἀνθρώπων ἀλλὰ πράξεωc καὶ βίου καὶ εὐδαιμονίαc καὶ κακοδαιμονίαc·
καὶ γὰρ ἡ εὐδαιμονία ἐν πράξει ἐcτί, καὶ τὸ τέλοc πρᾶξίc τιc ἐcτίν, οὐ
ποιότηc. εἰcὶ δὲ κατὰ μὲν τὰ ἤθη ποιοί τινεc, κατὰ δὲ τὰc πράξειc εὐδαίμονεc ἢ τοὐναντίον. οὔκουν ὅπωc τὰ ἤθη μιμήcωνται πράττουcιν, ἀλλὰ
τὰ ἤθη cυμπεριλαμβάνουcι διὰ τὰc πράξειc. ὥcτε τὰ πράγματα καὶ ὁ μῦ-
θοc τέλοc τῆc τραγῳδίαc, τὸ δὲ τέλοc μέγιcτον ἁπάντων. Anfang und
Ende dieses Abschnittes entsprechen sich genau: mit ὥcτε τὰ πράγματα
κτλ. fasst Aristoteles in der Schlussformel zusammen, was er als zu beweisenden Satz vorangestellt hatte. Die Beweisführung selbst aber ist
nicht ebenso klar, wie die Absicht des Aristoteles. Einen Theil der Schuld
daran trägt eine Lücke in der Ueberlieferung, die von der Aldina nur
nothdürftig verklebt ist. Denn was die Ueberlieferung schreibt καὶ βίου
καὶ εὐδαιμονίαc καὶ ἡ κακοδαιμονία ἐν πράξει κτλ. ist unvollständig; und
was statt dessen Aldus mit wenig Respect vor den Handschriften und nach
ihm fast alle späteren Editoren in der obigen Fassung geben, gewährt ebenso wenig Folgerichtigkeit der Gedanken[2]).

Sucht man nach der sonstigen Denkweise des Aristoteles und im Hinblick auf die überlieferten Worte die Beweisform zu construieren, so
möchte sie etwa folgende gewesen sein. 'Das Wichtigste in der Tragödie
ist die Composition der Handlungen: denn die Tragödie ist Darstellung
nicht von Menschen, sondern von Handlung: denn sie ist Darstellung von
Glück und Unglück: Glück und Unglück aber ist Handlung.' Also griechisch μέγιcτον δὲ τούτων ἐcτὶν ἡ τῶν πραγμάτων cύcταcιc· ἡ γὰρ τραγῳδία μίμηcίc ἐcτιν οὐκ ἀνθρώπων ἀλλὰ πράξεωc καὶ βίου· καὶ ⟨γὰρ⟩ εὐδαιμονίαc ⟨καὶ κακοδαιμονίαc· ἡ δὲ εὐδαιμονία⟩ καὶ ἡ κακοδαιμονία ἐν
πράξει ἐcτί, καὶ τὸ τέλοc πρᾶξίc τιc ἐcτίν, οὐ ποιότηc. Diese Ausfüllung
der Lücke hat vor derjenigen der Aldina so viel voraus, dass sie an dem
Erhaltenen nichts ändert und das Wie des Ausfalls augenscheinlich macht.
Hinzugefügt ist ausserdem ein γὰρ vor εὐδαιμονίαc, unter Annahme einer
dem Aristoteles auch sonst geläufigen Construction, die eine Wiederholung
des Prädicates aus dem vorangegangenen Satz erheischt[3]). Oder hält

---

[2]) Mit Uebergehung anderer Besserungsversuche sei nur der neueste Vorschlag von Susemihl erwähnt, der in Fleckeisen's Jahrbüchern (1862 S. 320) die
Worte so anzuordnen räth: ἡ γὰρ τραγῳδία μίμηcίc ἐcτιν οὐκ ἀνθρώπων ἀλλὰ
πράξεωc καὶ βίου καὶ εὐδαιμονίαc. εἰcὶ δὲ κατὰ μὲν τὰ ἤθη ποιοί τινεc, κατὰ δὲ
τὰc πράξειc εὐδαίμονεc ἢ τοὐναντίον· καὶ γὰρ ἡ κακοδαιμονία ἐν πράξει ἐcτί, καὶ
τὸ τέλοc πρᾶξίc τιc ἐcτίν, οὐ ποιότηc· οὔκουν ὅπωc τὰ ἤθη μιμήcωνται πράττουcιν, ἀλλὰ τὰ ἤθη cυμπεριλαμβάνουcι διὰ τὰc πράξειc. Die Gründe, weshalb
mir diese Aenderung nicht glücklich scheint, sind aus der obigen Darlegung leicht
zu entnehmen.

[3]) Belege für diese Construction und Beispiele der Verwischung des γὰρ in
derselben habe ich Zur Kritik Aristotel. Schriften (Wien 1861) S. 8 fg. angeführt.
Hier stehe noch eine Stelle der Rhetorik, die erst durch Einfügung eines γὰρ
die richtige (und eine der obigen ähnliche) Schlussfolge aufweist: 1363 a 3 καὶ
οὗ ἕνεκα πολλὰ πεπόνηται ἢ δεδαπάνηται (sc. ἀγαθόν ἐcτιν)· φαινόμενον γὰρ
ἀγαθὸν ἤδη· καὶ ⟨γὰρ⟩ ὡc τέλοc τὸ τοιοῦτον ὑπολαμβάνεται καὶ τέλοc πολλῶν·
τὸ δὲ τέλοc ἀγαθόν.

man es für glaublich, dass Aristoteles den Beweisgrund parataktisch mit καί dem zu beweisenden angefügt habe?

Den Satz, dass die Tragödie es mit der Darstellung von Glück und Unglück zu thun habe[4]), nimmt Aristoteles als einen zugestandenen (ὁμολογούμενον oder ἔνδοξον), der selbst des Beweises nicht erst bedarf, aus dem aber anderes gefolgert wird. Dass aber die Glückseligkeit und ihr Gegentheil auf Handlung beruht und dass der Endzweck des Lebens (τὸ τέλος), welches die Glückseligkeit ist[5]), Handlung sei, ist einer der Fundamentalsätze der Aristotelischen Ethik und Politik[6]). Ehe jedoch Aristoteles hieraus den bündigen Schluss zieht, dass also die Aufgabe der Tragödie sei, Handlung darzustellen, gewinnt er noch eine Erweiterung seines Beweises durch den Gegensatz der Handlung, die Qualität. Der höchste Zweck des Lebens, die Glückseligkeit, ist Handlung, nicht Beschaffenheit. Dieser Zusatz, so wie er den Begriff der Handlung selbst ins Licht stellt, so dient er als Handhabe für die Anknüpfung des Folgenden. Die Qualität nämlich führt auf die Charaktere, durch welche jene bestimmt wird: τὸ τέλος πρᾶξίς τις ἐστίν, οὐ ποιότης· εἰσὶ δὲ κατὰ μὲν τὰ ἤθη ποιοί τινες, κατὰ δὲ τὰς πράξεις εὐδαίμονες ἢ τοὐναντίον. Der ganze Nachdruck liegt, wie man sieht, auf dem ersten Gliede dieses Satzes; aber wegen des Gegensatzes und der daraus zu ziehenden Schlussfolgerung wird noch einmal hervorgehoben, dass die Menschen, deren Charaktere die Qualität bedingen, glücklich oder unglücklich nach ihren Handlungen seien[7]). Wenn also die Tragödie Glück und Unglück dar-

---

[4]) Angedeutet war dies schon 1450 a 3 κατὰ ταύτας καὶ τυγχάνουσι καὶ ἀποτυγχάνουσι πάντες (treffen und verfehlen alle das Ziel), bestimmter ausgesprochen 1451 a 13; 1452 a 32 und b 2.

[5]) Nikom. Ethik 1176 a 31 λοιπὸν περὶ εὐδαιμονίας τύπῳ διελθεῖν, ἐπειδὴ τέλος αὐτὴν τίθεμεν τῶν ἀνθρωπίνων. b 28 οὐκ ἐν παιδιᾷ ἄρα ἡ εὐδαιμονία. καὶ γὰρ ἄτοπον τὸ τέλος εἶναι παιδιάν, καὶ πραγματεύεσθαι καὶ κακοπαθεῖν τὸν βίον ἅπαντα τοῦ παίζειν χάριν. ἅπαντα γὰρ ὡς εἰπεῖν ἑτέρου ἕνεκα αἱρούμεθα πλὴν τῆς εὐδαιμονίας. τέλος γὰρ αὕτη κτλ. Dieselbe Aeusserung mit Bezug auf die παιδιά Politik p. 1337 b 35 fg. Nikom. Ethik p. 1101 a 18 τὴν εὐδαιμονίαν δὲ τέλος καὶ τέλειον τίθεμεν πάντῃ πάντως. und 1097 b 20 τέλειον δή τι φαίνεται καὶ αὔταρκες ἡ εὐδαιμονία, τῶν πρακτῶν οὖσα τέλος und sonst.

[6]) Dass die εὐδαιμονία auf der πρᾶξις beruhe, dass sie εἰς ἐνέργειαν θετέον und zwar ἐνέργειαν ἀρετῆς (Nikom. Ethik 1176 b 1 ff. Metaph. 1050 a 35 f. Physik 197 b 5), diese und ähnliche Sätze durchziehen Ethik und Politik der Art, dass es in der Kürze nicht möglich ist und sich nicht lohnt, die einzelnen Stellen anzuführen. Hier stehe eine aus der Politik p. 1325 a 21 f. aus der Erörterung, ob das praktische oder nicht praktische Leben vorzuziehen sei, eine Stelle, die zugleich den Aristotelischen Begriff der πρᾶξις erläutert: ἀδύνατον γὰρ τὸν μηδὲν πράττοντα πράττειν εὖ, τὴν δὲ εὐπραγίαν καὶ τὴν εὐδαιμονίαν εἶναι ταὐτόν machen die Einen für sich geltend ὀρθῶς. Gegen die Anderen bemerkt A. 31 τὸ δὲ μᾶλλον ἐπαινεῖν τὸ ἄπρακτεῖν τοῦ πράττειν οὐκ ἀληθές· ἡ γὰρ εὐδαιμονία πρᾶξίς ἐστιν und legt dann b 14 fg. seine eigene Meinnng dar: ἀλλ' εἰ ταῦτα λέγεται καλῶς καὶ τὴν εὐδαιμονίαν εὐπραγίαν θετέον καὶ κοινῇ πάσης πόλεως ἂν εἴη καὶ καθ' ἕκαστον ἄριστος βίος ὁ πρακτικός. ἀλλὰ τὸν πρακτικὸν οὐκ ἀναγκαῖον εἶναι πρὸς ἑτέρους, καθάπερ οἴονταί τινες, οὐδὲ τὰς διανοίας εἶναι μόνας ταύτας πρακτικὰς τὰς τῶν ἀποβαινόντων χάριν γιγνομένας ἐκ τοῦ πράττειν ἀλλὰ πολὺ μᾶλλον τὰς αὐτοτελεῖς καὶ τὰς αὐτῶν ἕνεκεν θεωρίας καὶ διανοήσεις. ἡ γὰρ εὐπραξία τέλος, ὥστε καὶ πρᾶξίς τις· μάλιστα δὲ καὶ πράττειν λέγομεν κυρίως καὶ τῶν ἐξωτερικῶν πράξεων τοὺς ταῖς διανοίαις ἀρχιτέκτονας.

[7]) Die richtige Auffassung dieses Satzes in dem Zusammenhang des Ganzen

stellt, diese aber auf dem Handeln beruhen, nicht auf einer bestimmten Qualität, so sind nicht die Charaktere, sondern die Handlungen ihre Aufgabe. Aber doch auch die Charaktere. Denn der Glückliche und Unglückliche ist dies zwar nicht, insofern er gewisse Eigenschaften besitzt, die er auch haben kann, wenn er schläft oder bewusstlos ist[8]), sondern er ist es, insofern er in bewusster Thätigkeit sich befindet: aber die Charaktere bilden die Grundlage der Handlungen, sie bestimmen nicht bloss die Qualität der Menschen, sondern auch die Qualität der Handlungen[9]). Daher stellt der Dramatiker die Personen nicht handelnd dar, um ihre Qualität und ihre Charaktere an Tag zu bringen, sondern umgekehrt, weil er die Menschen nicht handelnd darstellen kann, ohne zugleich den Grund der Handlungen in der Qualität der Charaktere aufzuweisen, nimmt er die Charaktere mit auf: οὔκουν ὅπως τὰ ἤθη μιμήςωνται πράττ⟨οντας ποι⟩οῦ- cιν ἀλλὰ τὰ ἤθη cυμπεριλαμβάνουcι διὰ τὰς πράξεις. So nämlich, πράτ- τοντας ποιοῦcιν, denke ich, ist zu schreiben statt des überlieferten πράτ- τουcιν. Denn dass als Subject nicht die handelnden Menschen sondern die darstellenden Dichter zu denken sind, zeigt cυμπεριλαμβάνουcι un- widersprechlich, und die Frage ist nur, konnte Aristoteles πράττουcιν sagen in dem Sinne, die Dichter stellen Handelnde dar: ein Beleg würde hier entscheiden, dergleichen mir fehlt[10]). Der Gedanke aber zeigt deut-

---

danke ich der Erinnerung eines scharfsinnigen Aristotelikers in meiner Nähe, dessen Zustimmung zu den übrigen Ergebnissen mich nicht wenig in dem Glauben an ihre Richtigkeit bestärkt.

[8]) Nikom. Ethik 1176 a 33 εἴπομεν δ' ὅτι οὐκ ἔcτιν ἕξις (ἡ εὐδαιμονία)· καὶ γὰρ τῷ καθεύδοντι διὰ βίου ὑπάρχοι ἄν .. καὶ τῷ δυcτυχοῦντι τὰ μέγιcτα. 1095 b 30 fg. 1102 b 5 fg. Dass überhaupt die ποιότης des Menschen εὐδαιμονία nicht ausmacht Nikom. Ethik 1173 a 14 οὐδὲ γὰρ αἱ τῆς ἀρετῆς ἐνέργειαι ποιότητές εἰ- cιν· οὐδ' ἡ εὐδαιμονία. Vgl. insbesondere das schöne Gleichniss 1099 a 1 ff. τὴν μὲν γὰρ ἕξιν ἐνδέχεται μηδὲν ἀγαθὸν ἀποτελεῖν ὑπάρχουcαν, οἷον τῷ καθεύδοντι ἢ καὶ ἄλλως πως ἐξηργηκότι· τὴν δὲ ἐνέργειαν οὐχ οἷόν τε· πράξει γὰρ ἐξ ἀνάγ- κης καὶ εὖ πράξει. ὥςπερ δὲ Ὀλυμπίαcιν οὐχ οἱ κάλλιcτοι καὶ ἰcχυρότατοι cτεφα- νοῦνται, ἀλλ' οἱ ἀγωνιζόμενοι (τούτων γάρ τινες νικῶςιν), οὕτω καὶ τῶν ἐν τῷ βίῳ καλῶν κἀγαθῶν οἱ πράττοντες ὀρθῶς ἐπήβολοι γίγνονται.

[9]) Vgl. Poetik 1450 a 1 διὰ γὰρ τούτων (sc. ἦθος und διάνοια) καὶ τὰς πρά- ξεις εἶναί φαμεν ποιάς τινας. Und so verlangt A. in der Politik 1323 b 3 im Gegensatz gegen die äusseren Güter zur Glückseligkeit vielmehr, dass die Menschen τὸ ἦθος καὶ τὴν διάνοιαν κεκοςμημένοι seien, und b 21 ὅτι ἑκάςτῳ τῆς εὐ- δαιμονίας ἐπιβάλλει τοcοῦτον, ὅcονπερ ἀρετῆς καὶ φρονήcεως καὶ τοῦ πράττειν κατὰ ταύτας.

[10]) Casaubon De Satyrica Gr. poesi (Paris 1605) p. 109 ff. hat mit πράττου- cιν, das er von den Dichtern versteht, aber durch ein allzu sehr verallgemei- nerndes τραγῳδοποιεῖν erklärt, Poetik 1448 a 27 πράττοντας γὰρ μιμοῦνται καὶ δρῶντας ἄμφω und ὅτι μιμοῦνται δρῶντας verglichen, indem er die überlieferten Accusative πράττοντας und δρῶντας in Nominative verwandelt: eine Vermuthung, die neuerdings J. Klein in dem Bonner Gymnasial-Programm von 1856 S. 2 vor- gebracht hat. Ich halte die Vermuthung nicht für richtig: was man vermisste, ist durch den Zusatz καὶ δρῶντας (Handelnde und Agierende) deutlich gemacht, wie kurz vorher (23) πράττοντας καὶ ἐνεργοῦντας verbunden und in der Defini- tion der Tragödie für keinem Missverständnisse ausgesetzter Ausdruck δρώντων gewählt ist. Aber wäre auch die Verbesserung zuverlässig, so ist jene Stelle von der unsrigen doch noch um einiges getrennt. — Mit πράττοντας ποιοῦcιν vgl. 1450 b 7 ἐποίουν λέγοντας nicht richtig: und 1418 b 28. — Eine kleine Nachbesserung, die ich Bonitzens freundlicher Mittheilung verdanke, kann ich noch eben in einer Correcturnote erwähnen, dass nämlich, wie ein Ueberblick des sonstigen Gebrauchs zeigt, nicht cυμπεριλαμβάνουcι sondern cυμπαραλαμβάνουcι zu schreiben sei.

lich, dass diese Folgerung in dem unmittelbarsten Zusammenhang mit dem vorangegangenen Satze steht, und zugleich ist damit nun auch der negativen Hälfte des zu beweisenden Satzes ἡ τραγῳδία μίμησις οὐκ ἀνθρώπων ἀλλὰ πράξεως καὶ βίου[11]) Rechnung getragen: die Tragödie ist Darstellung nicht von Menschen schlechtweg in ihrer Qualität und um dieser willen, sondern sie ist Darstellung dieser nur zum Zwecke der Handlung.

So konnte denn nun Aristoteles die ganze Gedankenreihe abschliessen mit dem Satz: also ergibt sich, dass die Handlungen und deren Verknüpfung zur Einheit einer Handlung, die Fabel, der Zweck der Tragödie ist, und da dasjenige, um dessenwillen alles übrige (τέλος γὰρ οὗ ἕνεκα τὰ ἄλλα Rhetorik 1363 b 17), das Wichtigste von allem ist, so ist die Fabel der vornehmste Theil der Tragödie.

Mit diesem ersten aus der Aufgabe der Tragödie gefolgerten Beweisgrund für die überwiegende Bedeutung der Fabel unter den Theilen der Tragödie begnügt sich Aristoteles nicht, sondern was er auf rationellem Wege (λόγῳ) gefunden, wird auch durch die Thatsachen (τοῖς ἔργοις) bewährt. Also zunächst die Thatsache, dass es Tragödien gibt, denen das charakterhafte Element (ἦθος) mangelt. Tragödien aber ohne Handlung gibt es nicht und kann es nicht geben: ἔτι ἄνευ μὲν πράξεως οὐκ ἂν γένοιτο τραγῳδία. ἄνευ δὲ ἠθῶν γένοιτ' ἄν. αἱ γὰρ τῶν νέων τῶν πλείστων ἀήθεις τραγῳδίαι εἰσί, καὶ ὅλως ποιηταὶ πολλοὶ τοιοῦτοι, οἷον καὶ τῶν γραφέων Ζεῦξις πρὸς Πολύγνωτον πέπονθεν· ὁ μὲν γὰρ Πολύγνωτος ἀγαθὸς ἠθογράφος, ἡ δὲ Ζεύξιδος γραφὴ οὐδὲν ἔχει ἦθος. Die Dichtungen der jüngeren Tragiker sind es, die zumeist an diesem Mangel leiden: gemeint ist die nacheuripideische Tragödie, in welcher mit dem Verschwinden des Ethos, auf dem die Tragödien des Aeschylos und Sophokles ruhten, das rhetorisch-dianoetische Element in den Vordergrund trat: und der hier ausgesprochene Gegensatz der alten und neuen Tragödie wird uns weiter unten b 7 auf verwandtem Gebiete wieder begegnen[12]). Hier wird der

---

[11]) Um einem möglichen Anstoss an βίου (Ritter's Missverständniss lasse ich dabei ausser Acht) zu begegnen, sei noch folgendes bemerkt. Damit die Schlussfolge vollkommen straff sei, hätte es streng genommen heissen müssen: 'Tragödie ist Darstellung von Handlung und Leben: denn sie ist Darstellung von Glück und Unglück: Glück und Unglück aber beruht auf Handlung und Leben.' Dies ist ja ohne Zweifel Aristoteles Gedanke, und so verbindet er z. B. Nikom. Ethik 1098 b 21 τὸ εὖ ζῆν καὶ τὸ εὖ πράττειν τὸν εὐδαίμονα· σχεδὸν γὰρ εὐζωία τις εἴρηται καὶ εὐπραξία. Vgl. Ethik 1095 a 19; Politik 1324 a 24 und sonst. Nichts desto weniger bin ich geneigter dem A. diese kleine Lockerung der straffen Beweisform nachzusehn, als, so leicht es auch wäre, etwa zu ergänzen: ἐν πράξει ἐστί ⟨καὶ βίῳ⟩ καὶ τὸ τέλος κτλ. Denn an erster Stelle aus βίου zu tilgen berechtigt nichts. Vgl. noch Nikom. Ethik 1179 a 19 τὸ δ' ἀληθὲς ἐν τοῖς πρακτοῖς ἐκ τῶν ἔργων καὶ τοῦ βίου κρίνεται — ἐπὶ τὰ ἔργα καὶ τὸν βίον ἐπιφέροντας. De caelo 292 a 21 δεῖ δ' ὡς μετεχόντων ὑπολαμβάνειν πράξεως καὶ ζωῆς. Eudem. Ethik 1219 b 1 τὸ τε γὰρ εὖ πράττειν καὶ τὸ εὖ ζῆν τὸ αὐτὸ τῷ εὐδαιμονεῖν, ὧν ἕκαστον χρῆσίς ἐστι καὶ ἐνέργεια, καὶ ἡ ζωὴ καὶ ἡ πρᾶξις. Und endlich Politik 1254 a 7 ὁ δὲ βίος πρᾶξις, οὐ ποίησίς ἐστιν.

[12]) Diese Uebereinstimmung macht es unzweifelhaft, dass unter οἱ νέοι nicht, wie Düntzer meinte, junge Dichter, sondern dieselben gemeint sind, die Aristoteles später mit οἱ νῦν bezeichnet und den ἀρχαῖοι entgegensetzt.

Unterschied des Ethos und der Aethie durch ein ähnliches Verhältniss unter den Malern erläutert. Polygnotos ist ein tüchtiger Charaktermaler, Zeuxis Malerei fehlt Charakter[13]). Dieser Gegensatz ist nicht auf den des Charakteristischen und Idealen, noch weniger auf den von Porträt und Ideal zurückzuführen. Idealmaler waren beide: vom Zeuxis sagt dies Aristoteles an einer zerrütteten Stelle der Poetik p. 1461 b 12. So weit sich dieselbe auf den Zeuxis bezieht, glaube ich sie richtig ergänzt zu haben (Zur Kritik Aristot. Schriften S. 33) καὶ εἰ ἀδύνατον τοιούτους εἶναι, οἷον Ζεῦξις ἔγραφεν, ἀλλὰ βέλτιον. τὸ γὰρ παράδειγμα δεῖ ὑπερέχειν. Die Figuren des Zeuxis waren also nicht Porträte wirklicher Erscheinungen: aber das ist, sagt Aristoteles, kein Mangel, sondern ein Vorzug: denn das Ideal (παράδειγμα) muss die Wirklichkeit überragen. Der Gedanke ist derselbe mit dem von Platon in der Republik 472 d ausgesprochenen: οἴει ἂν οὖν ἧττόν τι ἀγαθὸν Ζωγράφον εἶναι ὃς ἂν γράψας παράδειγμα οἷον ἂν εἴη ὁ κάλλιστος ἄνθρωπος καὶ πάντα εἰς τὸ τράμμα ἱκανῶς ἀποδοὺς, μὴ ἔχῃ ἀποδεῖξαι, ὡς καὶ δυνατὸν γενέσθαι τοιοῦτον ἄνδρα; Die Weise nun, wie Zeuxis seine Idealgestalten schuf, macht die Erzählung anschaulich, dass ihm, als er die Helena malte, fünf der schönsten Jungfrauen der Stadt als Modelle dienten (Brunn a. O. 80. 88)[14]). Er verfuhr also, um in der Helena ein παράδειγμα weiblicher Schönheit aufzustellen, in der Weise, die Aristoteles Politik 1281 b 11 bezeichnet: τούτῳ διαφέρουσιν οἱ σπουδαῖοι τῶν ἀνδρῶν ἑκάστου τῶν πολλῶν, ὥσπερ καὶ τῶν μὴ καλῶν τοὺς καλούς φασι καὶ τὰ γεγραμμένα διὰ τέχνης τῶν ἀληθινῶν, τῷ συνῆχθαι τὰ διεσπαρμένα χωρὶς εἰς ἕν, ἐπεὶ κεχωρισμένων γε κάλλιον ἔχειν τοῦ γεγραμμένου τουδὶ μὲν τὸν ὀφθαλμόν, ἑτέρου δέ τινος ἕτερον μόριον[15]). Sein Idealbild war sonach von den Schönheiten der Wirklich-

---

[13]) Das Unterscheidende jener beiden Maler haben Welcker Alte Denkm. III 180 ff., O. Jahn in den Berichten d. sächs. Ges. d. Wiss. 1850 S. 105 ff., und in anschaulicher Ausführlichkeit H. Brunn Geschichte d. griech. Künstler II S. 14 ff. 82 ff. erörtert. Vgl. auch Jahn Münch. Vasens. S. CXC. Ich beschränke mich hier auf das für meinen Zweck zunächst Nothwendige, obschon der hiesige Gegensatz durch eine, so weit die Zeugnisse reichen, vollständige Betrachtung des Polygnot und Zeuxis an Deutlichkeit wesentlich gewinnt.

[14]) Darf man damit vergleichen, was Rafael an den Grafen Castiglione schreibt? 'Ich muss viele Frauen gesehen haben, die schön sind, daraus bildet sich dann in mir das Bild einer einzigen.' Sieh Herman Grimm Leben Michelangelo's I S. 364. A. Stahr zu seiner Uebersetzung der Poetik S. 90 führt nach anderen als Parallele zu Polygnot und Zeuxis das Verhältniss von Fiesole zu Rafael und Correggio an. Parallelen dieser Art haben meist nur sehr zweifelhaften Werth, zumal dann, wenn der Vergleichungspunkt nicht mit aller Strenge festgehalten wird: denn was nach einer Seite vergleichbar ist, braucht es nicht nach anderen oder nach allen zu sein. Ohne mir ein Urtheil anzumassen, das mir nicht zusteht, will ich nur bemerken, dass das Bild, welches H. Grimm im Leben Michelangelo's von diesem und Rafael entwirft, mich mehrfach an die hiesige Gegenüberstellung von Polygnot und Zeuxis erinnert hat. Vgl. besonders I 363 ff. und die Schilderung der Michelangeloschen Gemälde an der Decke der Sistina I 320 ff.

[15]) Vgl. Xenophon Apomn. III 10, 2 καὶ μὴν τά γε καλὰ εἴδη ἀφομοιοῦντες, ἐπειδὴ οὐ ῥᾴδιον ἑνὶ ἀνθρώπῳ περιτυχεῖν ἄμεμπτα πάντα ἔχοντι, ἐκ πολλῶν συνάγοντες τὰ ἐξ ἑκάστου κάλλιστα, οὕτως ὅλα τὰ σώματα καλὰ ποιεῖτε φαίνεσθαι;

keit abstrahiert, und enthielt, auf diesem Wege geschaffen, eben so viel Naturwahrheit als Idealität, wie beides Aristoteles Poetik 1454 b 12 von den Dichtern verlangt, dass ihre Personen ὅμοιοι und doch παραδείγματα seien.

Auch Polygnot war Idealmaler, der nach Aristoteles 1448 a 5 κρείττους ἢ καθ᾽ ἡμᾶς malte. Allein sein Ausgangspunkt war ein verschiedener: nicht von der Manigfaltigkeit der äusseren Erscheinung, sondern von dem Grundmotiv der Individualität, von der Idee der darzustellenden Person gieng er aus und dieses ἐναργὲς ἐν τῇ ψυχῇ παράδειγμα, wie Platon sich ausdrückt, suchte er in jedem Zuge seines Bildes zu verkörpern. An Stelle bestechender Naturwahrheit, die bei aller Idealität uns doch immer unseres Gleichen vor Augen führt, sprach daher aus Polygnot's Gemälden die innere Wahrheit, welche den Ausdruck, die Haltung, kurz alle Züge der äusseren Erscheinung als das nothwendige Resultat der alles zur Einheit verknüpfenden Individualität erkennen lässt. In diesem Streben des Polygnot, seinen Gemälden ἦθος, Charakter im höchsten Sinne des Wortes, zu leihen, wurzelte die Richtung desselben auf das Grosse und Grossartige (μεγαλοπρεπές): und ferner, da nur bei dem sittlich tüchtigen und bedeutend angelegten Menschen (dem ϲπουδαῖος ἀνήρ des Aristoteles) ein Grundton des Wesens in allem Handeln und Reden durchklingt und in der äusseren Erscheinung sich manifestiert, so ergibt sich, dass Polygnot auch in dem Sinne ἠθικός war und im Gegensatz zu dem Karikaturmaler Pauson von Aristoteles Politik 1340 a 35 f. so genannt werden konnte, als er ϲπουδαίους darstellte[16]) und diese aus der inneren Idee heraus ἐς τὸ κρεῖττον ausführte.

Wenden wir diese Begriffe auf die Tragödie an, so ist klar, in welchem Sinne Aristoteles an die Personen der Tragödie, wie an die Tragödie im ganzen die Forderung des Charakters stellte, und die Möglichkeit, dass eine Tragödie des Ethos ermangele, zugab, dass sie der Handlung entbehren könne, nicht zugab. Eine Verkettung von Situationen zu einer Einheit ist nothwendig, damit die Tragödie Tragödie d. h. Drama bleibe; allein diese Verknüpfung von Begebenheiten ist möglich, ohne dass dieselbe als das Product der inneren Qualität der handelnden Personen und ihrer Gegensätze erscheint. Dies schliesst nicht aus, dass den Personen äusserlich charakteristische Züge anhaften, und dass die Situationen

---

wo im Folgenden auch die Ethopöie des Malers, wenn auch nicht in dem höchsten Sinne des Ethos, erläutert wird.

[16]) Mit Welcker befinde ich mich nicht im Widerspruch, wenn er Alte Denkm. III 181 bemerkt, ἠθικός an jener Stelle sei 'nicht mit moralisch eins'. Allerdings nicht mit moralisch in dem platten Sinne des Wortes, aber von dem Sittlich-tüchtigen, der ϲπουδαιότης, lässt es sich nicht trennen. Dies zeigt der Zusammenhang der Stelle der Politik unzweifelhaft; zu dem ἦθος in diesem Sinne gehört, wie zu unserem 'Charakter' die Stetigkeit und Gleichmässigkeit (τὸ βέβαιον καὶ ὅμοιον): und diese sind der φαυλότης fremd: ὁ ἀγαθὸς μέν ὅμοιος ἀεὶ καὶ οὐ μεταβάλλεται τὸ ἦθος, ὁ δὲ φαῦλος καὶ ὁ ἄφρων οὐδὲν ἔοικεν ἕωθεν καὶ ἑσπέρας. Eud. Ethik 1239 b 12 vgl. mit Nikom. Ethik 1159 b 8. Brunn dagegen (a. O. 44 fg.), wenn ich anders seine Auffassung richtig verstehe, scheint Fremdartiges d. h. Unaristotelisches einzumischen.

selbst Interesse gewähren und Wahrscheinlichkeit haben, allein die poetische Wahrheit gebricht, die darauf beruht, dass alles Reden und Thun der Personen des Drama aus der Grundanlage ihrer Natur wie mit innerer Nothwendigkeit zu quellen scheint[17]).

Einen dritten Beweisgrund für das Uebergewicht der Fabel nimmt Aristoteles aus dem Vergleich jener mit den Gedanken (διάνοια) und der Sprache (λέξις). a 29 ἔτι ἐάν τις ἐφεξῆς θῇ ῥήσεις ἠθικὰς καὶ λέξεις καὶ διανοίας εὖ πεποιημένας, ⟨οὐ⟩ ποιήσει, ὃ ἦν τῆς τραγῳδίας ἔργον, ἀλλὰ πολὺ μᾶλλον ἡ καταδεεστέροις τούτοις κεχρημένη τραγῳδία, ἔχουσα δὲ μῦθον καὶ σύστασιν πραγμάτων. παραπλήσιον γάρ ἐστι καὶ ἐπὶ τῆς γραφικῆς· εἰ γάρ τις ἐναλείψειε τοῖς καλλίστοις φαρμάκοις χύδην, οὐκ ἂν ὁμοίως εὐφράνειεν καὶ λευκογραφήσας εἰκόνα. Die richtige Deutung dieses Argumentes beruht nicht zum kleinsten Theile auf der Berechtigung des aus der Aldina stammenden, von keiner Handschrift gebotenen οὐ vor ποιήσει. Gegen die Mehrheit der Erklärer, welche die Nothwendigkeit der Negation anerkennen, fällt Vettori's Stimme schwer ins Gewicht, der die Ueberlieferung vertheidigt[18]). Die Sachlage nöthigt uns den Weg durch die Ausdeutung der einzelnen Worte zu nehmen. Wenn jemand, sagt Aristoteles, ethische Reden und schön erfundene Phrasen und Sentenzen hinter einander aufreiht: ἐφεξῆς θῇ, ein Ausdruck, der mit Bedacht gewählt die Verknüpfung der Begebenheiten zur Einheit einer Handlung, die σύνθεσις oder σύστασις πραγμάτων ausschliesst: denn das Hintereinander (ἐφεξῆς) ist noch weit entfernt von der Einheit und Ganzheit (ἓν καὶ ὅλον), welche Aristoteles von der Fabel der Tragödie fordert (s. Kap. 7 u. ff.). Den Gegensatz des ἐφεξῆς und ἕν spricht Aristoteles auf anderem Gebiete Metaphysik 1027 b 25 aus: λέγω δὲ τὸ ἅμα καὶ τὸ χωρὶς ὥστε μὴ τὸ ἐφεξῆς ἀλλ' ἕν τι γίγνεσθαι[19]).

Was für Dinge sind es denn, um deren Aufreihung es sich handelt? Die genannten ῥήσεις ἠθικαὶ καὶ λέξεις καὶ διάνοιαι εὖ πεποιημέναι geben lediglich die beiden Theile λέξις und διάνοια an. An die Charaktere als

---

[17]) Vgl. 1454 a 34 χρὴ δὲ καὶ ἐν τοῖς ἤθεσιν, ὥσπερ καὶ ἐν τῇ τῶν πραγμάτων συστάσει, ἀεὶ ζητεῖν ἢ τὸ ἀναγκαῖον ἢ τὸ εἰκός, ὥστε τὸν τοιοῦτον τὰ τοιαῦτα λέγειν ἢ πράττειν ἢ ἀναγκαῖον ἢ εἰκός καὶ τοῦτο μετὰ τοῦτο γίγνεσθαι ἢ ἀναγκαῖον ἢ εἰκός und sonst.

[18]) Auf Vettori's Seite sind, ohne doch wie es scheint seine ganze Erklärung zu adoptieren, ausser anderen Gräfenhan, Düntzer und neuerdings auch Susemihl getreten, der an die ethische Gattung der Tragödie erinnert.

[19]) Den Begriff der blossen Reihe hat Vettori richtig gefasst, macht aber davon eine Anwendung, die von Aristoteles Gedanken weit abliegt. Aristoteles, meint er, spreche von dem, der ethische Reden u. s. w., aus verschiedenen Tragödien ausgelesen, in eine Reihe bringt. Aristoteles redet vielmehr von dem, der eine Tragödie gemacht zu haben glaubt, wenn er nur jene Dinge, ethische Reden u. s. w. hinter einander aufgereiht hat. Ihn verleitete der Ausdruck ῥήσεις, der allerdings nicht selten aus dem Zusammenhang genommene und selbständig vorgetragene Reden bezeichnet. Dies ist aber nicht nothwendig und an unserer Stelle nicht möglich. Vgl. die von Welcker Griech. Trag. II 822 A. 14 und im Nachtrag dazu angeführten Stellen; und Bernhardy Griech. Litt. II 2 S. 75 und 220.

solche zu denken, darf der Ausdruck ἠθικαί nicht verleiten. Denn der ἤθη d. h. der Qualitäten handelnder Personen bedarf es da nicht, wo Handlung ausgeschlossen ist. Der wahre Gegensatz der ἠθικαὶ ῥήϲειϲ sind διανοητικαί, wie p. 1460 b 4 ἐν τοῖϲ ἀργοῖϲ μέρεϲι καὶ μήτε ἠθικοῖϲ μήτε διανοητικοῖϲ. Die Reden sind (wie eine unten im Zusammenhang zu gebende Erörterung darthun wird) entweder der Ausdruck des ἦθοϲ d. i. des Charakters, der Gesinnung (ἠθικαί), oder sie enthalten das Für und Wider verstandesmässiger Reflexion in der Form des Beweises oder der allgemeinen Behauptung (διανοητικαί). Beide Arten gehen auf in der als besonderer Theil der Tragödie aufgestellten διάνοια, welche die im Drama zum Ausdruck gelangende Gedankenschöpfung umfasst. Dieser doppelartigen διάνοια tritt die λέξιϲ als die sprachliche Form, in welche der Gedankengehalt gegossen wird, an die Seite. Wenn nun Aristoteles neben ῥήϲειϲ ἠθικαί nicht διανοητικάϲ nennt, sondern διανοίαϲ, so hindert dies unsere Auffassung nicht. Denn diese διάνοιαι sind nichts als die vereinzelten Gedankenblitze der Reflexion; ganz so διάνοιαι in ihrer Vereinzelung, wie λέξειϲ nicht die sprachliche Form überhaupt, sondern die einzelnen Phrasen und Floskeln der Rede bezeichnen, und wie endlich die ῥήϲειϲ ἠθικαί selbst, die in dieser ihrer Vereinzelung noch weit entfernt sind, das Ethos zu ergeben, das die Tragödie beherschen soll. Aristoteles Absicht entspricht es vollkommen, statt der umfassenden Theile διάνοια und λέξιϲ die einzelnen Erscheinungen derselben zu nennen: dennoch ist klar, dass nur an diejenigen Aufgaben der tragischen Dichtung gedacht ist, welche in den Bereich dieser beiden Theile fallen.

Was sagt denn nun Aristoteles von dem aus, der charakterhafte Reden, schöne Phrasen und Sentenzen hinter einander aufreiht? Nach der Ueberlieferung ποιήϲει ὃ ἦν τῆϲ τραγῳδίαϲ ἔργον. Unterdrücken wir die erste Verwunderung über die unerwartete Aussage und fragen, was versteht Aristoteles unter ἔργον τραγῳδίαϲ. Allerdings konnte Aristoteles sagen, διάνοια und λέξιϲ seien jedes ein ἔργον der Tragödie, so gut dies, wie er jedes von ihnen ein μέροϲ der Tragödie nennt[20]). Allein nicht von einzelnen ἔργα, sondern von dem ἔργον und zwar, wie ὃ ἦν deutlich macht[21]), von dem bereits bezeichneten ἔργον der Tragödie ist die Rede. Was nun die Aufgabe der Dichtung überhaupt ist, μιμεῖϲθαι πρᾶξιν, das ist auch die erste Aufgabe der tragischen Dichtung, und dies ist nicht möglich ohne Mythos und Composition. An die Wirkung der Tra-

---

[20]) Man sehe z. B., wie er aus den ἔργα des Staates die μέρη desselben gewinnt Politik 1328 b 5 f., obwohl beides nicht nothwendig zusammenfällt.

[21]) Das Imperfectum haben manche alte und neue Erklärer nicht beachtet oder missdeutet. Diese kürzeste Form der Hinweisung auf früher Erörtertes ist übrigens dem A. geläufig: aus vielen Beispielen mögen hier wenige stehen, aus der Rhetorik: 1363 a 9 οὗ γὰρ πάντες ἐφίενται, τοῦτ᾽ ἀγαθόν ἦν mit Bezug auf 1362 a 23. und 1380 b 18 οὗ γὰρ ἔτι παρὰ τὸ προϲῆκον οἴονται πάϲχειν, ἡ δ᾽ ὀργὴ τοῦτο ἦν. De gener. 314 b 25 und 357 a 22.

gödie, die κάθαρcιc παθημάτων, ist nicht gedacht[22]). Denn ist auch der Mythos eine Voraussetzung derselben (οὐ ἄνευ οὐκ ἔcτι), so entspringt sie doch erst aus der besonderen Beschaffenheit desselben: von dieser aber ist hier nicht die Rede, sondern nur davon, dass die Tragödie überhaupt Mythos und Composition habe. Allein auch in jenem Sinne konnte sich Aristoteles auf seine früheren Sätze berufen. Kann er denn nun aber sagen, dass wer ohne Handlung, ohne Composition bloss Reden, Phrasen und Sentenzen aneinanderreiht, das thue, was die Tragödie zu thun habe? Stände er da nicht auf gleicher Linie mit jenem von Platon belächelten Tragiker, der meinte, zur tragischen Dichtkunst sei es genug, über geringfügiges lange Tiraden (παμμήκειc ῥήcειc) und über grosses kurze und bald mitleiderregende bald furchteinflössende Reden zu dichten?[23]) Und wo bliebe Aristoteles mit der eben erst ausgesprochenen Behauptung ἄνευ πράξεωc οὐκ ἂν γένοιτο τραγῳδία, wenn auch das ἐφεξῆc θεῖναι ῥήcειc schon die Aufgabe der Tragödie erfüllte?[24])

[22]) Vettori denkt an die Wirkung der Tragödie (vgl. A. 21) und Ad. Michaelis de auctoribus quos Hor. in A. P. secutus sit S. 24 umschreibt die Aristotelischen Worte οὐ ποιήcει ὃ ἦν τῆc τραγῳδίαc ἔργον durch οὐ δι' ἐλέου καὶ φόβου περανεῖ τὴν τῶν τοιούτων παθημάτων κάθαρcιν. Ich leugne nicht, dass ἔργον τραγῳδίαc dies bedeuten könne, nur hier kann dies der Sinn nicht sein: dies zeigt besonders die andere Hälfte des obigen Satzes. Mit dem hiesigen Gebrauch von ἔργον ist dagegen 1451 a 36 zu vergleichen: οὐ τὸ τὰ γενόμενα λέγειν, τοῦτο ποιητοῦ ἔργον ἐcτίν, ἀλλ' οἷα ἂν γένοιτο. Und was Aristoteles c. 13 i. A. schreibt, ὧν δεῖ cτοχάζεcθαι καὶ ἃ δεῖ εὐλαβεῖcθαι cυνίcτανταc τοὺc μύθουc καὶ πόθεν ἔcται τὸ τῆc τραγῳδίαc ἔργον, ist, obwohl hier nicht von dem Mythos überhaupt, sondern von der Beschaffenheit des Mythos geredet wird, dennoch nicht sowohl von der Wirkung als von der Aufgabe der Tragödie zu verstehen. Vgl. noch 1462 b 13.

[23]) Phädros 268 d Τί δ' εἰ Cοφοκλεῖ προcελθών καὶ Εὐριπίδῃ τιc λέγοι, ὡc ἐπίcταται περὶ cμικροῦ πράγματοc ῥήcειc παμμήκειc ποιεῖν καὶ περὶ μεγάλου πάνυ cμικράc, ὅταν τε βούληται, οἰκτρὰc καὶ τοὐναντίον αὖ φοβερὰc καὶ ἀπειλητικάc, ὅcα τε ἄλλα τοιαῦτα, καὶ διδάcκων αὐτὰ τραγῳδίαc ποίηcιν οἴεται παραδιδόναι; Ist dies nicht, nach Lessing's Ausdruck, 'der schale Kopf, der schimmernde Tiraden für die höchste Schönheit des Trauerspiels hält'? Vgl. auch Plutarch de glor. Athen. 347 f.

[24]) Dass Aristoteles nicht sagen könne, mit jenen Dingen allein werde die Aufgabe der Tragödie erfüllt, sah auch Vettori ein: allein festhaltend an seiner Auffassung der ῥήcειc als aus dem Zusammenhang der Tragödien herausgenommene und selbständig vorgetragene Reden, glaubt er, dass diese, die nicht Tragödie sind, zwar nicht die Wirkung der Tragödie, aber doch eine tragische d. h. furcht- und mitleiderregende Wirkung haben könnten, zumal es leicht sei, die einzelne ῥῆcιc im Zusammenhang des Mythos und der Tragödie sich vorzustellen. Dass dies Aristoteles Meinung nicht sein kann, auch abgesehen von den ῥήcειc, hat hoffentlich die obige Darlegung ausser Zweifel gestellt. Uebrigens mag Susemihl zusehen, wie er mit Vettori, auf den er sich beruft, fertig wird, um seine ethische Tragödie in Sicherheit zu bringen. Vettori erkennt hier keine Tragödie, also auch keine ethische. Ueber die ethische Tragödie, über die hier in der Kürze nicht gehandelt werden kann, sei nur so viel bemerkt, dass dieselbe nur zu begreifen ist in dem Gegensatze der pathetischen, und dass sie sich zu einander verhalten, wie ἦθοc zu πάθοc, d. h. wie ruhige, gleichmässige Stimmung zu dem Erregten des Affectes: eine Unterscheidung, die von der Tragödie auch auf die Komödie übertragen wordon und auch in Urtheilen römischer Grammatiker widerklingt (Jahn Leipz. Ber. 1859 S. 113 f. vgl. auch Rhetorik 1413 b 10). Wenn nun auch, um ein Urtheil Diderot's (bei Lessing Dramaturgie S. 202) von den verwickelten und einfachen Stücken auf die pathetischen und ethischen Tragödien zu übertragen — wenn, sage ich, in jenen das Interesse mehr die Wirkung des Planes als der Reden, in diesen mehr die Wirkung der Reden als des Planes

Also bleibt es bei der Vulgata ἐάν τις ἐφεξῆς θῇ ῥήςεις ἠθικὰς κτλ., ⟨οὐ⟩ ποιήςει ὃ ἦν τῆς τραγῳδίας ἔργον[25]). Allein Aristoteles lässt es nicht bei der Negation bewenden. Nicht nur, dass Reden und Sentenzen an einander gereiht die Aufgabe der Tragödie nicht erfüllen, sondern — doch lassen wir den Aristoteles selbst reden: ἀλλὰ πολὺ μᾶλλον ἡ καταδεεςτέροις τούτοις κεχρημένη τραγῳδία, ἔχουςα δὲ μῦθον καὶ ςύςταςιν πραγμάτων. Nichts kann unsere Auffassung der Worte ἐφεξῆς θῇ sicherer bestätigen als dieser Gegensatz: nicht wer Gedanken und Phrasen, und wären sie an sich noch so schön und poetisch, an einander fügt, wird die Aufgabe der Tragödie erfüllen, sondern umgekehrt eine Tragödie, die Handlung und Composition hat, auch wenn jene Dinge mangelhafter sind, ist Tragödie und thut, was die Tragödie soll. Aristoteles sagt nicht 'wenn sie fehlen', sondern wenn sie mangelhafter (καταδεεςτέροις)[26]) d. h. so vollkommen nicht sind als sie sein sollten. Denn fehlen können sie nicht, wenn die Composition der Handlung in die Erscheinung treten, zur tragischen Dichtung werden soll. Allein fordert nicht dieser Gegensatz, fordert nicht insbesondere der Ausdruck ἀλλὰ πολὺ μᾶλλον, dass auch der vorangegangene Satz nicht negativ, sondern positiv sei? Wenn eine Tragödie, die bei mangelhafter Sprache u. s. w. doch Handlung und Composition hat, viel mehr die Aufgabe der Tragödie erfüllt, so muss ja auch wohl die Verknüpfung von Reden und Sentenzen ohne Handlung bis zu einem gewissen Grade diese Aufgabe erfüllen. Auf dieses πολὺ μᾶλλον stützte Vettori (und andere nach ihm) nicht zum kleinsten Theil die Verwerfung der Negation vor ποιήςει. Allein abgesehen von den Sachgründen, welche die Negation fordern, konnte auch sprachlich πολὺ μᾶλλον (d. i. nicht bloss *multo magis* sondern auch *multo potius*) sich an die einfache Negation anschliessen, ebenso gut hier, wie z. B. Politik 1341 a 21 οὐκ ἔςτιν ὁ αὐλὸς ἠθικὸν ἀλλὰ μᾶλλον ὀργιαςτικόν, Poetik 1453 a 36 ἔςτι δὲ οὐχ αὕτη ⟨ἡ⟩ ἀπὸ τραγῳδίας ἡδονή, ἀλλὰ μᾶλλον τῆς κωμῳδίας οἰκεία und oftmals. Dazu kommt, dass Aristoteles allerdings nicht sagen will, dass eine Tragödie, welche Fabel und Composition bei Mangelhaftigkeit in Sprache und Gedanken hat, ihre Aufgabe erfüllt; denn auch die Tragödie soll, wie er es vom Epos (1459 b 12) sagt, τὰς διανοίας καὶ τὴν λέξιν ἔχειν καλῶς: seine Meinung ist vielmehr die, dass

---

ist, so ist doch Handlung, Plan und Composition der einen wie der anderen Art nothwendig, und die Unterscheidung überhaupt nur relativ zu nehmen, wie Vischer Aesthetik IV 1123 fg. sehr richtig ausführt. Dann aber kann doch an unserer Stelle an ethische Tragödie nicht gedacht werden.

[25]) Der Ausdruck ποιεῖν (ἀποτελεῖν) τὸ αὑτοῦ (αὑτῆς) ἔργον ist dem A. sehr geläufig, und immer bezeichnet er damit die einem Dinge vornehmlich oder wesentlich zukommende Thätigkeit, das was dasselbe zu thun hat, z. B. Politik 1326 a 13 ἔςτι γάρ τι καὶ πόλεως ἔργον, ὥςτε τὴν δυναμένην τοῦτο μάλιςτ' ἀποτελεῖν, ταύτην οἰητέον εἶναι μεγίςτην. Rhetorik III 2 i. A. ςημεῖον γάρ ἐςτιν ὁ λόγος, ὥςτ' ἂν μὴ δηλοῖ, οὐ ποιήςει τὸ ἑαυτοῦ ἔργον. Aehnlich ἔργον τῆς ἀρχῆς, τύχης, ἐπιςτήμης, ἔργον τῆς διαλεκτικῆς, πολιτικῆς, ῥητορικῆς, χρηματιςτικῆς u. a. Vgl. auch Platons Republik 352 c.

[26]) Vgl. O. Schneider zu Isokrates 9, 13 und Krüger zu Thukydides II 35, 2.

eine so geartete Tragödie um vieles eher Anspruch hat Tragödie zu sein als ein Gedicht, das bei allen sonstigen Schönheiten der Handlung entbehrt[27]).

Das nun folgende Gleichniss wird, wenn ja noch ein Zweifel übrig geblieben, ihn beseitigen helfen: παραπλήσιον γάρ ἐστι καὶ ἐπὶ τῆς τραφικῆς· εἰ γάρ τις ἐναλείψειε τοῖς καλλίστοις φαρμάκοις χύδην, οὐκ ἂν ὁμοίως εὐφράνειεν καὶ λευκογραφήσας εἰκόνα[28]). Was der Tragödie die λέξις und διάνοια, mit einem Wort die Reden sind, nach ihrem Inhalt und ihrer Form, das sind dem Gemälde die Farben, und was in diesem die Zeichnung, sind jener die Situationen und Charaktere[29]). Nur so gefasst hält das Gleichniss Stand, und schon dies allein könnte genügen, ihm hier seinen Platz anzuweisen: nimmermehr würde Aristoteles behauptet haben, die Charaktere verhielten sich zur Handlung wie die Farben zur Zeichnung. Allein das Gleichniss ist auch in jedem kleinen Zuge in Uebereinstimmung mit der Behauptung, der es an dieser Stelle dient. Denn ist nicht ἐναλείφειν φαρμάκοις χύδην genau das, was in der Tragödie ἐφεξῆς θεῖναι ῥήσεις κτλ., und schliesst nicht jenes so gut wie dieses Plan und Composition aus?[30]) Und dieser Planlosigkeit des Ganzen

---

[27]) Vgl. damit Lessing's Bemerkungen über den Richard von Weiss (Dramaturgie 333 fg.): 'Wenn ihm schon die Schönheiten der Tragödie mangelten, so könnte er doch sonst Schönheiten haben . . Poesie des Ausdrucks, Bilder, Tiraden, kühne Gesinnungen' u. s. w. Aber, fügt er hinzu, 'ein Dichter kann viel gethan, und doch noch nichts damit verthan haben. Nicht genug, dass sein Werk Wirkungen auf uns hat; es muss auch die haben, die ihm vermöge der Gattung zukommen; es muss diese vornehmlich haben, und alle anderen können den Mangel auf keine Weise ersetzen.'

[28]) Die Umstellung dieser Worte, die in den Handschriften hinter a 39 τὰ ἤθη stehen, rührt von Castelvetro her: vollendet aber hat die glückliche Conjectur G. Hermann, indem er das nach Entfernung jener Worte unverständliche τε b 3 in γάρ veränderte. Weniger glücklich ist der Versuch von Daniel Heinsius, der das Gleichniss von der Malerei hinter a 35 ἀναγνωρίσεις stellt und auch unten b 2 weitere Aenderungen vornimmt. Von den neueren Erklärern und Uebersetzern haben wenige die Aenderung gebilligt: auch Spengel Münch. Gelehrte Anz. 1839 S. 401 nimmt an der überlieferten Wortfolge keinen Anstoss: so wenig als Vischer, der im übrigen das Gleichniss selbst (Aesthetik IV 1395) sehr gut erläutert. Vielleicht gelingt es der obigen Ausführung einiges zur Sicherung der Umstellung beizutragen.

[29]) Lessing Bd. VI S. 208 fg. 'Charaktere und Situationen sind die Contours des Gemäldes; die Sprache ist die Colorito; und man bleibt ohne diese nur immer die Hälfte von einem Mahler, die Hälfte von einem Dichter.' Aber Lessing würde auch keinen Anstand genommen haben, diese Hälfte für die bessere Hälfte zu erklären.

[30]) Dass χύδην die Einheit des Planes ausschliesst, zeigt der Gebrauch des Wortes auf anderem Gebiet bei Aristoteles Politik 1324 b 5 διὸ καὶ τῶν πλείστων νομίμων χύδην ὡς εἰπεῖν κειμένων παρὰ τοῖς πλείστοις, ὅμως εἴ πού τι πρὸς ἓν οἱ νόμοι βλέπουσι, τοῦ κρατεῖν στοχάζονται πάντες. Vgl. Rhetorik 1409 b 7, wo A. der durch das Metrum begrenzten und gebundenen Sprache τὰ χύδην d. i. die prosaische Rede gegenüberstellt wie Platon Gesetze VII 811 d. Isokrates 12, 24 ὅμοιος ἂν εἶναι δόξαιμι τοῖς εἰκῇ καὶ φορτικῶς καὶ χύδην ὅ τι ἂν ἐπέλθῃ λέγουσιν. Mit ἐναλείψειε φαρμάκοις (inlinere coloribus), das hier ohne Object steht, da εἰκόνα nicht wohl dazu zu ziehen ist, vgl. man de gener. anim. p. 743 b 23 ἅπαντα δὲ ταῖς περιγραφαῖς διορίζεται πρότερον, ὕστερον δὲ λαμβάνει τὰ χρώματα . . ἀτεχνῶς ὥσπερ ἂν ὑπὸ Ζωγράφου τῆς φύσεως δημιουργούμενα· καὶ γὰρ οἱ γραφεῖς ὑπογράψαντες ταῖς γραμμαῖς οὕτως ἐναλείφουσι τοῖς χρώμασι τὸ ζῷον.

tritt in beiden die Vollkommenheit der Einzelschönheiten gegenüber, in der Malerei in φαρμάκοις καλλίστοις, in der Tragödie in den λέξεςι καί διανοίαις εὖ πεποιημέναις. Also wer ohne Handlung und Composition poetische Phrasen und Sentenzen an einander fügt und damit eine Tragödie geschaffen zu haben meint, ist vergleichbar dem Maler, der ohne Zeichnung nur die schönsten Farben aufträgt und damit ein Gemälde geliefert zu haben wähnt. Beiden Zweck und Mittel verwechselnden Arbeitern setzt Aristoteles dort den Tragiker entgegen, dem es mit der sprachlichen Ausführung nicht · zur Vollkommenheit gelingt, der aber seine Handlungen und Situationen gut durchgeführt hat: hier den Maler, der nicht durch Farben besticht, aber in genauer Zeichnung ein wohl componiertes Bild liefert[31]). Wie nun von jenen beiden Dichtern der eine die Aufgabe der Tragödie nicht, der andere viel eher erfüllt, so wird auch von den Malern der bunte Farbenreiz des ersteren nicht in gleicher Weise[32]) wie des anderen nur in Contouren ausgeführte Composition erfreuen. Beide lassen von zwei nothwendigen Requisiten das eine vermissen, aber jener das, was den Zweck seiner Kunst ausmacht, dieser, was dem Zweck zu dienen und die Wirkung zu erhöhen berufen ist.

Aristoteles geht zu einem neuen Argument über, das mit dem eben erörterten im engsten Zusammenhang steht. Wie der Mangel der Fabel durch keinen anderen Theil der Tragödie ersetzbar ist, so liegen dagegen in der Fabel und Composition selbst die wirksamsten Mittel, die Tragödie fesselnd und interessant zu machen: a 33 πρὸς δὲ τούτοις τὰ μέγιςτα οἷς ψυχαγωγεῖ ἡ τραγῳδία τοῦ μύθου μέρη ἐςτίν, αἵ τε περιπέτειαι καὶ ἀναγνωρίςεις. Peripetien und Erkennungen, die Theile der Fabel sind, verleihen der Tragödie am meisten Reiz. Nun sind freilich Peripetien und Erkennungen der Tragödie nicht unbedingt nothwendig: sie bedingen die

---

[31]) Dies muss ja wohl der Sinn der Worte λευκογραφήςας εἰκόνα sein, wobei freilich auf letzteres ein besonderer Nachdruck zu legen ist. Bei λευκογραφήςας darf man an das, was Plinius N. H. XXXV 9, 36 von Zeuxis anführt, erinnern: *pinxit et monochromata ex albo*, worunter Brunn Griech. Künstler II 81 Darstellungen versteht, 'wie die Italiener sie chiaroscuri, wir als grau in grau gemalt bezeichnen.' Vgl. Welcker Alte Denkm. II 179. Dasselbe Gleichniss vom Gegensatz der Farbe und Zeichnung wendet Dionysios von Halikarnass de Isaeo 4 S. 591 auf die Redner Lysias und Isäos an: εἰςί δή τινες ἀρχαῖαι γραφαί χρώμαςι μὲν εἰργαςμέναι ἁπλῶς καὶ οὐδεμίαν ἐν τοῖς μίγμαςιν ἔχουςαι ποικιλίαν, ἀκριβεῖς δὲ ταῖς γραμμαῖς καὶ πολὺ τὸ χάριεν ἐν ταύταις ἔχουςαι· αἱ δὲ μετ᾿ ἐκείνας εὔγραμμοι μὲν ἧττον, ἐξειργαςμέναι δὲ μᾶλλον ςκιᾷ τε καὶ φωτὶ ποικιλλόμεναι καὶ ἐν τῷ πλήθει τῶν μιγμάτων τὴν ἰςχὺν ἔχουςαι. Vgl. Welcker Alte Denkm. IV 242. Dass auch in dieser Beziehung ein Gegensatz zwischen Polygnot und Zeuxis bestand, indem die Kunst jenes wesentlich auf der Zeichnung, der Reiz dieses auf der Farbenwirkung beruhte, erörtert Brunn Griech. Künstler II 91 fg. Vgl. Jahn Münch. Vasens. CXC.

[32]) οὐχ ὁμοίως d. h. die Farben, χύδην aufgetragen, werden nur als solche, eine bloss stoffartige Wirkung üben. Dieses οὐχ ὁμοίως übertrage man ja nicht auf die vorangegangene Stelle zur Rechtfertigung des ποιήςει. Denn dass er ein gewisses, wenn auch geringeres Wohlgefallen erwecke (εὐφραίνειν), hätte A. auch wohl von dem sagen können, der ethische Reden u. s. w. an einander fügt, nur nicht dass er τὸ τῆς τραγῳδίας ἔργον erfülle. Vgl. die A. 27 angeführten Worte Lessing's.

verflochtene Tragödie, und obwohl diese dem Aristoteles als die schönere und kunstvollere gilt (1452 b 32), so lässt er doch daneben auch die einfache bestehen (1452 a 13), die der Peripetie und Erkennung entbehrt. Aber die verflochtene Tragödie macht es recht handgreiflich, dass das Interesse, das eine Tragödie uns einflösst, nicht sowohl auf anderen Theilen derselben beruht, als vielmehr an die Situationen und deren Composition geknüpft ist [33]). Charaktere, Sprache, Gedanken, noch so vollkommen ausgeführt, vermögen doch dem Eindruck nicht gleich zu kommen, den eine richtig angelegte, mit Peripetien und Erkennungen verflochtene Fabel hervorbringt. Damit ist aber der Vorzug des Mythos überhaupt gegeben. Denn des Aristoteles nicht ausgesprochene Schlussfolgerung ist doch wohl diese. In welchem unter den Theilen der Tragödie die wichtigsten und wirksamsten Mittel der Spannung und des Interesses liegen, der muss überhaupt der wichtigere Theil sein. Nun fesselt aber in der Tragödie nichts so sehr als Peripetien und Erkennungen, und diese sind Theile der Fabel. Auf die Fabel also und ihre Composition muss der tragische Dichter seine vornehmste Kraft verwenden [34]).

Allein sowie die gute Composition der Fabel das höchste Ziel des Tragikers sein soll, so ist es zugleich das letzte, das er erreicht: und auch dieses spricht für den Vorzug des Mythos vor allen anderen Theilen: a 35 ἔτι cημεῖον ὅτι καὶ οἱ ἐγχειροῦντες ποιεῖν πρότερον δύνανται

---

[33]) Ueber ψυχαγωγεῖν hätte sich gegen die Belehrung im Rhein. Mus. XVIII 156 (vgl. 473) Susemihl ebenda 471 nicht so sträuben sollen: denn sie ist ja unwidersprechlich. Nicht darauf kommt es zunächst an, dass 'Seelenleitung' ein viel zu feierlicher Ausdruck ist für das griechische ψυχαγωγεῖν, sondern darauf, dass diese 'Seelenleitung' zu dem Gedanken an die specifisch tragische d. h. kathartische Wirkung leicht verleitet, wie sie Susemihl wirklich dazu verleitet hat. Daran aber ist hier nicht zu denken, so wenig wie oben bei ἔργον an die specifische Wirkung der Tragödie zu denken war. Dass die durch Peripetien und Erkennungen bewirkten überraschenden Lösungen am meisten Eindruck machen, begreift sich auch ohne dass man von kathartischer Wirkung weiss; auch rechnet A. die περιπέτειαι an sich und im Leben zu den ἡδέα: Rhetorik 1371 b 10 (ἡδέα) καὶ αἱ περιπέτειαι καὶ τὸ παρὰ μικρὸν cώζεcθαι ἐκ τῶν κινδύνων· πάντα γὰρ θαυμαcτὰ ταῦτα. Es ist daher etwas von selbst einleuchtendes, dass überraschende Vorgänge, wie sie in Peripetien und Erkennungen liegen, auch in der Tragödie am meisten spannen und fesseln. Uebrigens haben auch viele der alten und neuen Erklärer ψυχαγωγεῖν in jener viel einfacheren Bedeutung des 'Eindruckmachens' gefasst, die begreiflicher Weise je nach den Objecten ein wenig variiert und einen verschiedenen deutschen Ausdruck verlangt. Ein paar Stellen, wie sie mir gerade zur Hand sind, mögen den Sinn des Wortes, wenn es dessen noch bedarf, aufhellen: Xenoph. Apomn. III 10, 6 ὃ δὲ μάλιcτα ψυχαγωγεῖ διὰ τῆc ὄψεωc τοὺc ἀνθρώπουc, τὸ ζωτικὸν φαίνεcθαι, πῶc τοῦτο ἐνεργάζῃ τοῖc ἀνδριᾶcιν; Lykurg g. Leokr. 33 τίναc δὲ δυνατὸν εἶναι δοκεῖ τοῖc λόγοιc ψυχαγωγῆcαι καὶ τὴν ὑγρότητα αὑτῶν τοῦ ἤθουc τοῖc δακρύοιc εἰc ἔλεον. προαγέcθαι; und dazu Mätzner p. 141. Isokrates 9, 10 ὅμωc αὐταῖc ταῖc εὐρυθμίαιc καὶ ταῖc cυμμετρίαιc ψυχαγωγοῦcι τοὺc ἀκούονταc. Achilleus Tatios VIII 4, 4 τῶν ἔργων τῶν παρελθόντων ἡ διήγηcιc τὸν οὐκέτι πάcχοντα ψυχαγωγεῖ μᾶλλον ἢ λυπεῖ. Ebd. II 35, 1 und V 8, 2.

[34]) Susemihl's Behauptung, dass an dieser Stelle Definitionen der περιπέτεια und ἀναγνώριcιc gestanden, auf welche A. sich 1452 a 23 und 35 beziehe, wage ich nicht zu widersprechen, obwohl damit die Schwierigkeiten der zweiten Stelle noch nicht gehoben sind, und es an sich auch nicht erforderlich war, jene Ausdrücke mit einer Erläuterung zu versehen.

τῇ λέξει καὶ τοῖς ἤθεσιν ἀκριβοῦν ἢ τὰ πράγματα cυνίcταcθαι, οἷον καὶ οἱ πρῶτοι ποιηταὶ cχεδὸν ἅπαντες. Den Anfängern in der Dichtkunst gelingt es eher in dem poetischen Ausdruck und der Charakteristik den strengen Anforderungen der Kunst zu genügen (ἀκριβοῦν) als in der Composition der Situationen. Aristoteles hebt es 1453 a 18 und 1454 a 9 hervor, wie die tragischen Dichter erst allmählich diejenigen Mythen, die für die Tragödie die passendsten waren, aufzulesen und dasjenige in deren Composition hineinzuarbeiten lernten, was am meisten die Wirkung der Tragödie versprach. Und wenn er an unserer Stelle die ersten Dichter beinahe alle in der Verknüpfung der Begebenheiten im Rückstande findet, so ist dies der klarste Beweis für die grösseren Schwierigkeiten, welche die Composition der Fabel zu überwinden bietet[35]). An wen er bei den ersten d. h. ältesten Dichtern[36]) insbesondere denkt, ist nicht mit Bestimmtheit zu sagen: aber so viel ist gewiss, dass ihm Sophokles und Euripides, wie in anderem, so auch in der Composition der Situationen und ihrer Lösungen höher standen als Aeschylos und dessen Vorgänger. Und in der That liegt ja Aeschylos Grösse in anderen Dingen mehr als in dem, was Aristoteles die cύcταcιc πραγμάτων nennt. Diese aber misst er nur an der einzelnen Tragödie, und die architektonische Kunst trilogischer Composition bildet kein Moment in der Theorie des Aristoteles[37]).

Nachdem Aristoteles so von allen Seiten den Vorzug der Fabel vor den übrigen Theilen der Tragödie begründet hat, schliesst er mit dem gewichtigen Satz: also ist der Mythos das Princip und die Seele der Tra-

---

[35]) An der Composition der Fabel also bewährt sich nach Aristoteles Meinung vorzüglich die Kraft des Dichters. Nicht ganz in Uebereinstimmung hiermit schreibt Vischer Aesthetik IV 1387 f.: 'Das Talent der Charakterschöpfung ist an sich bedeutender als das der Fabelschöpfung, aber angesichts der specifischen Forderung der Dichtungsart ist das letztere das strenger geforderte und so allerdings das vorzüglichere.'
[36]) οἱ πρῶτοι ποιηταί kann nur dies bedeuten, nicht wie man erklärt hat, die angehenden Dichter: das wäre ja nur eine Wiederholung des οἱ ἐγχειροῦντες ποιεῖν. Auch zeigen die beiden angeführten Stellen, dass die Entwickelung der griechischen Tragödie lange Zeit brauchte, bis sie in der Fabelcomposition das Richtige zu treffen lernte.
[37]) Diese Behauptungen erheischen eine eingehendere Begründung, als sie hier der Raum gestattet. Nur eine Bemerkung gegen Ad. Schöll stehe hier. Schöll's tetralogische Theorie führte auf Dramen, welche blosse Anfangs- oder blosse Endstücke sind d. h. welche entweder bloss Schürzung (Exposition) oder bloss Lösung enthalten. Aristoteles aber fordert Anfang, Mitte und Ende, sowie Schürzung und Lösung von der einzelnen Tragödie. Um nun seine Constructionen mit dem grossen Theoretiker auszugleichen, fasst Schöll (Gründl. Unterr. S. 27 und 148) den Ausdruck τραγῳδία nicht von der einzelnen Tragödie, sondern von der tragischen Aufführung, die immer tetralogisch war. Allein der Vergleich mit κιθαρῳδία ist nicht stichhaltig, da jene niemals eine bestimmte einzelne Dichtart bezeichnete wie τραγῳδία und κωμῳδία. Und die Ausdrücke, in denen τραγῳδία allerdings collectiv gebraucht ist, wie ποιητὴς τῆς τραγῳδίας, ὁ τὴν τραγῳδίαν ποιήcac u. ähnl. (vgl. Welcker Griech. Trag. III 989 u. sonst), sind himmelweit verschieden von der τραγῳδία des Aristoteles und den Forderungen, die er an sie stellt. Auf Aristoteles Einverständniss kann sich daher Schöll's Theorie nicht berufen, aber damit allein bricht sie auch noch nicht zusammen und verdiente jedenfalls eine gründlichere Würdigung als sie z. B. von Kolster in Fleckeisen's Jahrbüchern gefunden hat.

gödie: a 38 ἀρχὴ μὲν οὖν καὶ οἷον ψυχὴ ὁ μῦθος τῆς τραγῳδίας, δεύτερον δὲ τὰ ἤθη· ἔςτι γὰρ μίμηςις πράξεως καὶ διὰ ταύτην μάλιςτα τῶν πραττόντων. Das Nächste aber nach dem Mythos sind die Charaktere. Dass sie diesen Platz verdienen, hatte sich schon aus dem ersten Beweisgrund für den Vorrang der Fabel ergeben, und darum genügt auch hier die knappe Hinweisung, dass die Handelnden nur der Handlung wegen da sind, und also auch die Charakteristik jener nur zum Zweck der Composition dieser dient.

Der dritte Bestandtheil sind die Gedanken, die διάνοια, die sich zunächst dem ἦθος anschliesst: denn da die Handlung (πρᾶξις) sich durch handelnde Personen (πράττοντες) verwirklichen soll, diese aber im Charakter und im Denken ihre besondere Qualität haben (1449 b 37 οὓς ἀνάγκη ποιούς τινας εἶναι κατά τε τὸ ἦθος καὶ τὴν διάνοιαν), so geben Charaktere und Gedanken für die Darstellung der Handlung selbst die nothwendige Voraussetzung ab. Die Gründe also, dass die διάνοια an dieser Stelle folgt, sind in Aristoteles früheren Sätzen deutlich ausgesprochen; hier kam es insbesondere darauf an, sie selbst noch schärfer zu bestimmen und in ihren Unterschieden aufzuweisen: b 4 τρίτον δὲ ἡ διάνοια. τοῦτο δ' ἐςτὶ τὸ λέγειν δύναςθαι τὰ ἐνόντα καὶ τὰ ἁρμόττοντα, ὅπερ ἐπὶ τῶν λόγων τῆς πολιτικῆς καὶ ῥητορικῆς ἔργον ἐςτίν· οἱ μὲν γὰρ ἀρχαῖοι πολιτικῶς ἐποίουν λέγοντας, οἱ δὲ νῦν ῥητορικῶς. ἔςτι δὲ ἦθος μὲν τὸ τοιοῦτον ὃ δηλοῖ τὴν προαίρεςιν ὁποία τις· διόπερ οὐκ ἔχουσιν ἦθος τῶν λόγων ἐν οἷς μηδ' ὅλως ἔςτιν ὅ τι προαιρεῖται ἢ φεύγει ὁ λέγων. διάνοια δέ, ἐν οἷς ἀποδεικνύαςί τι ὡς ἔςτιν ἢ ὡς οὐκ ἔςτιν, ἢ καθόλου τι ἀποφαίνονται [36]). Die διάνοια, sagt Aristoteles, ist das Vermögen τὰ ἐνόντα καὶ τὰ ἁρμόττοντα zu reden. Diese Definition ist verschieden von der oben 1450 a 6 und der unten b 11 gegebenen. Aber Aristoteles hat aus gutem Grunde an dieser Stelle der Definition der διάνοια die weitesten Grenzen gegeben, deren sie fähig ist. Alles, was die Personen im Drama (einschliesslich des Chores) reden, ist διάνοια, nicht sofern es Worte sind, sondern sofern es Gedanken sind: das ganze Gebiet der Gedankenschöpfung ist διάνοια. Da es aber in dem Drama nicht auf das Denken der Gedanken, sondern auf das Aussprechen derselben ankommt, darum kann Aristoteles sagen, διάνοια nenne ich im Drama τὸ λέγειν δύνα-

---

[36]) Die ganze Stelle ist arg missverstanden worden, so sehr, dass Ritter und der jüngst in Ritter's Fussstapfen getretene Sträter (Fichte's Zeitschr. a. O. 209) nur müssige Wiederholungen erkennen, von denen Aristoteles durch einen herzhaften Schnitt zu befreien sei. Susemihl (Fleckeisen's Jahrb. 1862 S. 425 f.) glaubte durch folgende nicht eben gelinde Umstellungen und Ergänzungen Licht und Ordnung wiederzugewinnen: τρίτον δὲ ἡ διάνοια. ἔςτι γὰρ διάνοια, ὥςπερ εἴρηται, ἐν οἷς ἀποδεικνύαςί τι ὡς ἔςτιν ἢ ὡς οὐκ ἔςτιν, ἢ καθόλου τι ἀποφαίνονται. τοῦτο δ' ἐςτὶ ἐπὶ τῶν λόγων τὸ λέγειν δύναςθαι τὰ ἐνόντα καὶ τὰ τοῖς ἤθεςιν ἁρμόττοντα, ὅπερ τῆς πολιτικῆς καὶ ῥητορικῆς ἔργον ἐςτίν· ἔςτι δὲ ἦθος μὲν τὸ τοιοῦτον ὃ δηλοῖ τὴν προαίρεςιν ὁποία τις· διόπερ οὐκ ἔχουσιν ἦθος τῶν λόγων ἐν οἷς μηδ' ὅλως ἔςτιν ὅ τι προαιρεῖται ἢ φεύγει ὁ λέγων. Warum ich mich mit diesen Aenderungen auf keinem Punkte im Einverständnis befinde, wird die Darlegung im Texte deutlich machen.

cθαι³⁹). Ebenso weit wie die Thätigkeit der διάνοια ist auch das Object derselben gefasst: τὰ ἐνόντα καὶ τὰ ἁρμόττοντα d. i. das was sich (nach den Umständen) sagen lässt und das Angemessene⁴⁰).

An diese sehr weit gefasste, aber in jedem Zuge richtige Definition der διάνοια schliesst Aristoteles die Bemerkung, dass hiermit (nämlich dem λέγειν δύνασθαι) eben das gemeint sei, was (ὅπερ = *id ipsum quod*) bei den Reden oder in der Beredsamkeit⁴¹) Sache der Politik und Rhetorik sei. Auf die Rhetorik, deren eigenstes Gebiet die Erörterung der διάνοια d. i. der rhetorischen *inventio* ist, verweist daher auch Aristoteles Kap. 19 l. A., wo die Specialbehandlung dieses Theiles folgen sollte: τὰ μὲν οὖν περὶ τὴν διάνοιαν ἐν τοῖς περὶ ῥητορικῆς κείσθω. und in wiefern ausser der Rhetorik auch die Politik einen Antheil daran habe, zeigt die Bemerkung p. 1356 a 27. Allein wenn die Gedankenschöpfung, wie sie dem Redner noth thut, in der Rhetorik erörtert wird, wem fällt dann diejenige διάνοια, die der Dichter und insbesondere der dramatische gebraucht, anheim? Unstreitig der Poetik. Da aber Beweisen und Widerlegen, Urtheilen und Schliessen, Affect erregen und Gesinnung verrathen, alles Dinge, die in der διάνοια eingeschlossen sind, im Theater nicht anders als auf der Rednerbühne geschieht, so kann Aristoteles allerdings für die specielle Theorie der Gedankenschöpfung den Dramatiker an die Rhetorik verweisen, die gerade hieraus und hieraus allein ihr Geschäft macht.

---

³⁹) Die Bedenken, die Susemihl gegen die Fassung dieser Definition vorbringt, sind mir nicht klar. Allerdings definiert A. nicht sowohl das μέρος der Tragödie als die Fähigkeit, auf welcher jenes beruht. Aber macht es denn einen so grossen Unterschied, ob er sagt, διάνοια ist der Theil der Tragödie, in welchem Gedanken ausgesprochen werden, oder διάνοια ist die Fähigkeit Gedanken auszudrücken? Man vgl. doch, wie er z. B. 1355 b 26 die ῥητορική definiert als δύναμις τοῦ θεωρῆσαι τὸ ἐνδεχόμενον πιθανόν und 33 ἡ ῥητορική δοκεῖ δύνασθαι θεωρεῖν τὸ πιθανόν. Und in der Politik 1257 b 6 ἔργον αὐτῆς (sc. χρηματιστικῆς) τὸ δύνασθαι θεωρῆσαι πόθεν ἔσται πλῆθος χρημάτων. Vgl. 1324 b 24. Damit erledigen sich auch die Erwägungen, die den Vinc. Madius S. 115 seiner mit Barthol. Lombardus gemeinschaftlich besorgten Ausgabe zu einer verunglückten Conjectur veranlassten. Dass aber A. sagt, die διάνοια ist das λέγειν, ist in bester Harmonie mit der Bemerkung 1456 a 36 ἔςτι δὲ κατὰ τὴν διάνοιαν ταῦτα, ὅσα ὑπὸ τοῦ λόγου δεῖ παρασκευασθῆναι, u. d. folg. Und endlich darf man auch noch erinnern an die enge Verknüpfung, in welcher Denken und Sprechen, διάνοια und λόγος, von Aristoteles wie von Platon immer gedacht ward. Die λέξις als sprachliche Form ist davon noch genügend getrennt. Ueber diese Verhältnisse sieh jetzt Steinthal's scharfsinniges Buch 'Geschichte der Sprachwissenschaft' S. 187 ff. und 140 f.

⁴⁰) Welcker Griech. Trag. I 87 beschreibt die διάνοια im Sinne des Aristoteles als 'den Reichthum an Gedanken, die den Personen und Umständen angemessen aus ihnen entwickelt werden, in ihnen selbst liegen müssen'. Susemihl verengt durch den Zusatz τοῖς ἤθεσιν unnöthigerweise den Begriff von ἁρμόττοντα. Für ἐνόντα vgl. Demosthenes π. στεφ. 256 εἰς τοιούτους λόγους ἐμπίπτειν ἀναγκάζομαι, οἷς ἐκ τῶν ἐνόντων ὡς ἂν δύνωμαι μετριώτατα χρήσομαι. Isokrates 5, 110 νῦν δ' ἐπελθὼν ἐπ' αὐτῶν καὶ κατιδὼν τὸ πλῆθος τῶν ἐνόντων εἰπεῖν. Und 7, 77 mit O. Schneider's Anm.

⁴¹) Es ist ein Irrthum Susemihl's, wenn er glaubt, ἐπὶ τῶν λόγων könne an dieser Stelle wegen des folgenden Satzes nur von den Dialogen des Drama verstanden werden.

Also die διάνοια ist das Vermögen, das von den Umständen Gebotene und Angemessene zu reden, eben das, was für die Beredsamkeit Sache der Politik und Rhetorik ist. Denn — οἱ μὲν γὰρ ἀρχαῖοι πολιτικῶς ἐποίουν λέγοντας, οἱ δὲ νῦν ῥητορικῶς. Wer sind die Alten und die Neuen, von denen Aristoteles redet? Nur die Dichter kann er meinen, wie ἐποίουν λέγοντας augenscheinlich macht, und die Geschichte des griechischen Drama bestätigt das ausgesprochene Urtheil. Allein welche Brücke vermittelt den Uebergang von dem vorigen zu diesem Satze? Politik und Rhetorik haben das Gebiet der διάνοια für die Beredsamkeit zu behandeln: denn die alten Tragiker liessen ihre Personen πολιτικῶς, die jüngeren lassen die ihrigen ῥητορικῶς reden. Hier ist ein Riss, den keine Künstelei der Erklärung verhüllen kann [42]). Doch verfolgen wir vorerst das Weitere. Ohne irgend sichtbaren Zusammenhang werden an das Bisherige Definitionen des ἦθος und der διάνοια angefügt, Definitionen, die unter sich eng verknüpft sind, nicht bloss durch die Klammern des μέν und δέ, die, so sichtbar sie sind, dennoch haben übersehen werden können, sondern durch die ihnen gemeinsame Beziehung auf λέγειν und λόγοι. Oder zeigt es nicht Aristoteles deutlich, dass er nicht das ἦθος schlechtweg, sondern das ἦθος der λόγοι definieren will? ἔστι δὲ ἦθος τὸ τοιοῦτον ὃ δηλοῖ τὴν προαίρεσιν ὁποία τις· διόπερ οὐκ ἔχουσιν ἦθος τῶν λόγων ἐν οἷς μηδ' ὅλως ἔστιν, ὅ τι προαιρεῖται ἢ φεύγει ὁ λέγων [43]). Diese Definition des Ethos ist, wie man sieht, enger und begrenzter als die 1450 a 5 gegebene τὰ δὲ ἤθη καθ' ἃ ποιούς τινας εἶναί φαμεν τοὺς πράττοντας. Und schon damit ist der Gedanke abgeschnitten, Aristoteles bringe an unserer Stelle nur die Definitionen des zweiten und dritten μέρος nach, zu deren Anknüpfung es daher nichts weiter bedurft hätte. Wie die Definition des Ethos enger ist und nur das Ethos der Reden (λόγοι) berücksichtigt, so ist auch die hiesige Definition der διάνοια enger als die vorhin aufgestellte, so eng, dass sie sowohl gegen das

---

[41]) Wenig möchte es fruchten an γάρ zu deuteln oder dieser Partikel eine andere zu substituieren: um so weniger, da durch die Betrachtung des folgenden der Gedanke an Auslassungen allzunah gelegt ist.
[42]) Die hiesige Combinierung von ἦθος und διάνοια ist daher nicht auf gleiche Linie zu stellen mit der Verknüpfung beider 1449 b 37. Dort sind διάνοια und ἦθος, Intelligenz und Charakter, Verstand und Wille, zusammengefasst als die beiden Seiten, in denen die geistige Qualität des Menschen überhaupt aufgeht (οὓς ἀνάγκη ποιούς τινας εἶναι κατά τε τὸ ἦθος καὶ τὴν διάνοιαν) und die daher die Grundlage (τὰ αἴτια) abgeben für das Handeln des Menschen. Dieser Verknüpfung von ἦθος und διάνοια begegnet man oft in der Ethik und Politik (wie 1281 b 7 πολλῶν γὰρ ὄντων (ἐνδέχεται) ἕκαστον μόριον ἔχειν ἀρετῆς καὶ φρονήσεως, καὶ γίνεσθαι συνελθόντας ὥσπερ ἕνα ἄνθρωπον τὸ πλῆθος πολύποδα καὶ πολύχειρα καὶ πολλὰς ἔχοντ' αἰσθήσεις, οὕτω καὶ περὶ τὰ ἤθη καὶ τὴν διάνοιαν. 1323 b 3 τὸ ζῆν εὐδαιμόνως . . . ὅτι μᾶλλον ὑπάρχει τοῖς τὸ ἦθος μὲν καὶ τὴν διάνοιαν κεκοσμημένοις), und beruht ja darauf auch der Unterschied der ethischen und dianoetischen Tugenden. Ganz etwas anderes ist es, wenn ἦθος und διάνοια als unterscheidende Charakterismen des Denkens und Redens gefasst werden: denn obwohl dieser Unterschied auf jenem basiert, so ist doch der Gesichtspunkt der Betrachtung ein anderer, und auf diesen kommt es an, um die kleinen Unterschiede in der Definition von ἦθος und διάνοια im 6n Kapitel zu begreifen.

Ethos der Reden sich abgrenzt als mit diesem zusammen unter die obige weitere Definition der διάνοια subsumiert werden kann. Denn um es kurz zu sagen, dieses ist das Verhältniss. Die διάνοια im weitesten Sinn umfasst die gesammte Gedankenschöpfung, sofern sie im Drama Ausdruck im Worte erhält: sie ist das λέγειν δύνασθαι τὰ ἐνόντα καὶ τὰ ἁρμόττοντα. Die Gedankenschöpfung aber und der Gedankenausdruck, kurz diese διάνοια, ist zwiefach, entweder ἠθική oder διανοητική, d. h. entweder offenbart sich in ihr Charakter (ἦθος) und Wollen (προαίρεςιc) des Redenden, oder es verräth sich darin die intellectuelle Fähigkeit des Menschen zu urtheilen und zu schliessen: διάνοια, ἐν οἷς ἀποδεικνύαcί τι ὡc ἔcτιν ἢ ὡc οὐκ ἔcτιν, ἢ καθόλου τι ἀποφαίνονται[44]). Diese Unterscheidung der Reden ist echt Aristotelisch. Sie begegnet uns in der schon früher angeführten Stelle der Poetik selbst 1460 b 2 τῇ δὲ λέξει δεῖ διαπονεῖν ἐν τοῖc ἀργοῖc μέρεcι καὶ μήτε ἠθικοῖc μήτε διανοητικοῖc· ἀποκρύπτει γὰρ πάλιν ἡ λίαν λαμπρὰ λέξιc τά τε ἤθη καὶ τὰc διανοίαc[45]). In der Rhetorik 1417 a 15 ist sie auf die διήγηcιc angewendet: ἠθικὴν δὲ χρὴ τὴν διήγηcιν εἶναι. ἔcται δὲ τοῦτο, ἂν εἰδῶμεν τί ἦθοc ποιεῖ. ἓν μὲν δὴ τὸ προαίρεcιν δηλοῦν, ποιὸν δὲ τὸ ἦθοc τῷ ποιὰν ταύτην· ἡ δὲ προαίρεcιc ποιὰ τῷ τέλει. διὰ τοῦτο οὐκ ἔχουcιν οἱ μαθηματικοὶ λόγοι ἤθη, ὅτι οὐδὲ προαίρεcιν· τὸ γὰρ οὗ ἕνεκα οὐκ ἔχουcιν. ἀλλ' οἱ Cωκρατικοί· περὶ τοιούτων γὰρ λέγουcιν. ἄλλα ἠθικὰ τὰ ἑπόμενα ἑκάcτῳ ἤθει... καὶ μὴ ὡc ἀπὸ διανοίαc λέγειν, ὥcπερ οἱ νῦν, ἀλλ' ὡc ἀπὸ προαιρέcεωc... τὸ μὲν γὰρ φρονίμου τὸ δὲ ἀγαθοῦ κτλ.[46]). Und in Bezug auf die rednerische Bewährung überhaupt schreibt Aristoteles 1418 a 16 οὐδ' ὅταν ἠθικὸν τὸν λόγον, οὐ δεῖ ἐνθύμημά τι ζητεῖν ἅμα· οὐ γὰρ ἔχει οὔτε ἦθοc οὔτε προαίρεcιν ἡ ἀπόδειξιc. a 3S ἔχοντα μὲν οὖν ἀπο-

---

[44]) Diesen Unterschied in den Reden hat Hartung richtig gefasst, wenn er S. 127 seiner Poetik schreibt: 'Wie sich das ἦθοc zur διάνοια verhalte, gibt A. genau an. Beiderlei Schilderungen werden durch die Reden vollzogen. Alle Reden nämlich wollen entweder belehren und überzeugen, und sind somit Erzeugnisse unseres Denkens, oder sie drücken unsere Empfindungen und Stimmungen aus, und quellen somit aus dem Herzen.' Was jedoch Hartung's Meinung von meiner Auffassung trennt, ist klar: erstlich unterlässt er die Subsumtion dieses ἦθοc und dieser διάνοια unter die allgemeine διάνοια, sodann geht ihm das ganze ἦθοc in den Reden auf, und endlich nimmt er an der Verknüpfung der Sätze überhaupt keinen Anstoss.

[45]) An diese Stelle erinnert Schiller im Briefwechsel mit Goethe Nr. 381 d. 2n Ausg. 'Ist der Inhalt sehr poetisch bedeutend, so kann eine magere Darstellung und eine bis zum Gemeinen gehende Einfalt des Ausdrucks ihm recht wohl anstehen, da im Gegentheil ein unpoetischer gemeiner Inhalt, wie er in einem grösseren Ganzen oft nöthig wird, durch den belebten und reichen Ausdruck poetische Dignität erhält. Dies ist auch meines Erachtens der Fall, wo der Schmuck, den Aristoteles fordert, eintreten muss, denn in einem poetischen Werke soll nichts Gemeines sein.'

[46]) Diese Stelle bietet, was den Zusammenhang der Sätze betrifft, Schwierigkeiten, die hier in der Kürze nicht erledigt werden können: auch hindern sie den Gebrauch derselben für unseren Zweck nicht. Ebensowenig macht der Umstand, dass diese und die folgenden Stellen dem dritten Buch der Rhetorik entlehnt sind, ihre Benutzung zweifelhaft. Denn die neulich von verschiedenen Seiten geltend gemachten Anstösse reichen noch lange nicht hin, um dieses Buch (oder gar die ganze Rhetorik), das durchweg den Stempel Aristotelischer Anschauungs- und Ausdrucksweise trägt, für unaristotelisch zu erklären.

δείξεις καὶ ἠθικῶς λεκτέον καὶ ἀποδεικτικῶς. ἐὰν δὲ μὴ ἔχῃς ἐνθυμήματα, ἠθικῶς· καὶ μᾶλλον τῷ ἐπιεικεῖ ἁρμόττει χρηστὸν φαίνεςθαι ἢ τὸν λόγον ἀκριβῆ.

Jetzt wird klar sein, warum Aristoteles 1450 b 5 der Definition der διάνοια so weite Grenzen setzte: sie musste Raum haben für die beiden Unterarten, das ἠθικῶς (ἀπὸ προαιρέσεως) λέγειν und das ἀπὸ διανοίας λέγειν. So wäre also das ἦθος nur eine Unterart der διάνοια und sollte diesem doch in der Reihenfolge vorangehen? Das ἦθος der λόγοι, nicht das ἦθος schlechthin ist eine Unterart der διάνοια [47]). Denn das ἦθος, καθ' ὃ ποιοί τινες οἱ πράττοντες, wie Aristoteles 1450 a 6 definiert, ist nicht auf die Reden beschränkt, sondern bezeichnet die Qualität der Personen, die nicht bloss im Reden, sondern auch im Handeln sich offenbart; daher Aristoteles 1454 a 18 schreibt ἕξει δὲ ἦθος μὲν ἐὰν ποιῇ φανερὰν ὁ λόγος ἢ ἡ πρᾶξις προαίρεσίν τινα. Das ἦθος also nimmt mit Recht die zweite Stelle, zunächst der Handlung, ein, ihm aber muss nothwendig die διάνοια als das dritte Glied sich anschliessen. Diese aber ist eine zwiefache, eine weitere und eine engere, eine ὅλη διάνοια d. i. τὸ λέγειν δύναςθαι, und eine διάνοια ἐν μέρει d. i. τὸ ἀποδεικνύναι. Die letztere Bedeutung, wonach die διάνοια die begrifflichen Operationen des Beweisens und Widerlegens umfasst, ist die gemeine; daher sie Aristoteles früher 1450 a 7 nur in diesem Sinne definierte [48]).

---

[47]) Dass übrigens das ἦθος überhaupt, das in der προαίρεσις besteht, auf die διάνοια zurückleitet, ist einleuchtend und ergibt sich aus Aristotelischen Sätzen, wie Nikom. Ethik 1112 a 15 ἡ γὰρ προαίρεσις μετὰ λόγου καὶ διανοίας. 1139 a 33 οὔτ' ἄνευ νοῦ καὶ διανοίας οὔτ' ἄνευ ἠθικῆς ἐστὶν ἕξεως ἡ προαίρεσις. Physik 197 a 7 ἡ γὰρ προαίρεσις οὐκ ἄνευ διανοίας. Denn die προαίρεσις, die auf das Handeln geht (Eth. III 4), beruht auf der βούλευσις, die in das Gebiet der διάνοια gehört: die προαίρεσις ist nämlich βουλευτικὴ ὄρεξις τῶν ἐφ' ἡμῖν (1113 a 10) oder ὀρεκτικὸς νοῦς ἢ ὄρεξις διανοητική (1139 b 5). Die διάνοια, welche die gesammte Denkthätigkeit umfasst (vgl. Trendelenburg de an. p. 453), ist entweder θεωρητική oder πρακτική (1139 a 27): was in jener κατάφασις oder ἀπόφασις, das ist in dieser δίωξις oder φυγή. Nikom. Ethik 1139 a 21 ἔστι δ' ὅπερ ἐν διανοίᾳ κατάφασις καὶ ἀπόφασις, τοῦτ' ἐν ὀρέξει δίωξις καὶ φυγή κτλ. Vgl. π. ψυχῆς 431 a 9. 432 b 28. 433 a 18. Dieses auf die λόγοι angewendet, zeigt, wie die in den ethischen Reden ausgesprochene προαίρεσις (δίωξις) oder φυγή entsprechend ist der durch die dianoetischen Reden vermittelten ἀπόδειξις ὡς ἔστιν ἢ ὡς οὐκ ἔστιν.

[48]) Bemerkenswerth ist, dass A. 1456 a 37, wo er die διάνοια als das definierte, ὅσα ὑπὸ τοῦ λόγου δεῖ παρασκευασθῆναι, unter den μέρη derselben das ethische Element, das in dem δηλοῦν προαίρεσιν besteht, nicht erwähnt: μέρη δὲ τούτων τό τε ἀποδεικνύναι καὶ τὸ λύειν καὶ τὸ πάθη παρασκευάζειν, οἷον ἔλεον ἢ φόβον ἢ ὀργὴν καὶ ὅσα τοιαῦτα, καὶ ἔτι μέγεθος καὶ μικρότητα. In der Rhetorik, auf die er sich an jener Stelle bezieht, hat er indessen neben ἀπόδειξις und πάθη als dritte Art der Bewährung die ἤθη nicht bloss erwähnt, sondern auch behandelt. Noch ein Umstand, der widersprechend scheinen kann, soll wenigstens nicht mit Stillschweigen übergangen werden. A. nennt als Bestandtheile der begrifflichen διάνοια die ἀπόδειξις und die ἀπόφανσις καθόλου. Bei letzterem denkt man an die γνώμη, die Aristoteles in der Rhetorik 1394 a 22 mit diesen Worten definiert. Nun aber bezeichnet er die γνώμη und das γνωμολογεῖν wiederholt als etwas, wodurch man die Rede ethisch machen könne: 1395 b 13 ἠθικοὺς γὰρ ποιεῖ (τὸ γνωμολογεῖν) τοὺς λόγους· ἦθος δ' ἔχουσιν οἱ λόγοι ἐν ὅσοις δήλη ἡ προαίρεσις. αἱ δὲ γνῶμαι πᾶσαι τοῦτο ποιοῦσι διὰ τὸ ἀποφαίνεσθαι τὸν τὴν γνώμην λέγοντα καθόλου περὶ τῶν προαιρετῶν, ὥστ' ἂν χρησταὶ ὦσιν αἱ γνῶμαι, καὶ χρηστοήθη φαίνεσθαι ποιοῦσι τὸν λέγοντα. Vgl. 1418 a

Wenn es nun hiernach klar ist, dass die Definitionen des ἦθος und der διάνοια an unserer Stelle der allgemeinen Bezeichnung der διάνοια als der Fähigkeit zu reden (δύνασθαι λέγειν) untergeordnet sind, so vermisst man nichts desto weniger eine äussere Anknüpfung jener Definitionen: denn damit diese sich folgerichtig anschliessen können, müsste doch gesagt sein, dass das λέγειν δύνασθαι zwiefach, entweder in dem ἦθος oder der διάνοια (im engeren Sinne) begründet sei. Angedeutet ist diese Zweitheilung der διάνοια allerdings, angedeutet nämlich in dem Satze, dass die alten Dichter ihre Personen πολιτικῶς, die jüngeren ῥητορικῶς sprechen liessen. Denn was ist dieses ῥητορικῶς anders, als die oft hervorgehobene Hinneigung der Euripideischen und nacheuripideischen Tragödie zum dialektisch-rhetorischen Raisonnement, zur verstandesmässigen Reflexion und zur Sentenz, kurz das Vorwiegen derjenigen διάνοια, die nach der hiesigen Definition in dem ἀποδεικνύναι und dem ἀποφαίνεσθαι καθόλου besteht [49])? Aber was bedeutet πολιτικῶς λέγειν [50]), welches Aristoteles von den alten Dichtern, also dem Sophokles und Aeschylos aussagt? Auf einem Umweg lässt sich bestimmen, was damit gemeint sein müsse. Die jüngeren Tragiker, von denen das ῥητορικῶς λέγειν gilt, sind unstreitig dieselben, denen Aristoteles oben 1450 a 25 das ἦθος aberkannt hatte. Die Thatsache ist bekannt und oftmals ausgesprochen, dass mit dem Zurücktreten und Verschwinden des Ethos in der jüngeren Tra-

---

18. Dies steht im Widerspruch mit der Unterordnung der Gnomen unter die engere (begriffliche) διάνοια. Allein dass die Gnome, die ethisch ist, es nicht nothwendig immer ist, geht doch anderseits aus dem Verhältniss derselben zum Enthymem hervor, als dessen Unterart sie Rhet. 1394 a 27 f. erscheint. Auch umfasst zwar das ἀποφαίνεσθαι καθόλου das γνωμολογεῖν, ist aber nicht nothwendig identisch damit, wie 1394 a 22 zeigt. Wie es sich mit 1450 a 8 verhalte, wo Aristoteles ἀποδεικνύασί τι ἢ καὶ ἀποφαίνονται γνώμην verbindet, ist nach Bernays Bemerkungen (Rhein. Mus. VIII 575) zweifelhaft. Vgl. Zur Kritik Arist. Schriften S. 12.

[49]) Das rhetorisch-dianoetische Element in der späteren Tragödie kann hier nicht erörtert werden: doch sei an zwei Dinge wenigstens erinnert, erstlich an die Liebhaberei des Euripides, die Formen des Processes und der Gerichtsscenen in die Tragödie hineinzutragen, wie im Palamedes (vgl. Ad. Schöll Beiträge S. 41 ff. und O. Jahn Palam. 14 u. 16) und in anderen Stücken. Vgl. Welcker Griech. Trag. II 517. 713. O. Jahn Telephos und Troilos S. 33. Und zweitens an die Thatsache, dass unter der jüngeren Gruppe der Tragiker sich eine Reihe solcher findet, die von der Rhetorik zur Tragödie übergegangen, oder doch in beiden thätig waren: mehrere derselben nennt Welcker Gr. Tr. III 1067 f. Vgl. 921. Inwiefern diese Eigenthümlichkeit der neuen Tragödie auch in der antiken Kunst reflectirt, darüber die treffenden Bemerkungen von Jahn Münch. Vasens. CCXXVI.

[50]) Bei πολιτικῶς denken die meisten Erklärer an die schlichte Rede des gewöhnlichen Mannes, im Gegensatz gegen die Künstelei der Rhetorik, wie der Ausdruck allerdings gebraucht wird z. B. von Isokrates 9, 10. Andere legen zu grossen oder nicht richtig gewendeten Nachdruck auf den Staat und was ihn angeht. Ungleich richtiger Welcker Gr. Tr. III 920 f. 'die andere alte Klage ist, dass die Neueren die Personen, wie die Poetik sagt, mehr rhetorisch als politisch, das heisst nicht in der einfachen Sprache des vornehmen, handelnden, in der natürlichen Beredsamkeit des grossartigen Menschen, sondern in der durch die rhetorische Schule künstlich gebildeten und zugestutzten Sprache reden liessen.' Vgl. dens. I 90. Auch G. Hermann denkt bei πολιτικῶς mehr an das, was dem Staate frommt, als an die Gesinnung des Redenden, worauf doch alles ankommt.

gödie das stärkere Hervortreten jener dialektisch-rhetorischen διάνοια naturgemäss zusammenhieng. Die alten Tragiker aber, oder die von ihnen gedichteten Personen hatten das Ethos, und wenn wir dies richtig gefasst haben als die unverrückbare, in allem Reden und Handeln widerklingende Individualität [51]), so kann ja unter πολιτικῶc λέγειν nichts anderes gemeint sein, als dass sie jenem ἦθοc entsprechend denken und reden, und statt verstandesmässig Gründe und Gegengründe abzuwägen, ihre Gesinnung und ihr Wollen (προαίρεcιc) offenbaren. Dieses ἠθικῶc λέγειν, das wir mit πολιτικῶc λέγειν identisch setzen, gilt dem Aristoteles als das bessere: wie er Rhet. 1417 a 24 sagt καὶ μὴ ὡc ἀπὸ διανοίαc λέγειν, ὥcπερ οἱ νῦν, ἀλλ' ὡc ἀπὸ προαιρέcεωc .. τὸ μὲν γὰρ φρονίμου τὸ δὲ ἀγαθοῦ· φρονίμου μὲν γὰρ ἐν τῷ τὸ ὠφέλιμον διώκειν, ἀγαθοῦ δὲ ἐν τῷ τὸ καλόν, und 1418 b 1 ἐὰν δὲ μὴ ἔχῃc ἐνθυμήματα, ἠθικῶc· καὶ μᾶλλον τῷ ἐπιεικεῖ ἁρμόττει χρηcτὸν φαίνεcθαι ἢ τὸν λόγον ἀκριβῆ. Zugleich zeigt die erste dieser beiden Stellen, dass der von Aristoteles hervorgehobene Unterschied der alten und neuen Tragiker auch die alten und jungen Redner trennte: eine Parallele, die nicht wenig beiträgt auch den Gegensatz der Dichter aufzuhellen.

Allein die Frage bleibt noch zu beantworten: konnte denn Aristoteles jenes ἠθικῶc λέγειν durch πολιτικῶc λέγειν ausdrücken, und ferner, wenn wir den Gegensatz des πολιτικῶc und ῥητορικῶc mit Recht auf den andern von ἦθοc und διάνοια zurückgeführt haben, wird sich diese Zurückführung auch auf die in dem vorangegangenen Satze genannten πολιτική und ῥητορική ausdehnen lassen? Allerdings muss, trotzdem zwischen beiden Sätzen ein Riss ist, dennoch die Entsprechung eine solche sein, dass πολιτική und πολιτικῶc einerseits und ῥητορική und ῥητορικῶc anderseits beidemal in gleichem Bezug genommen werden, und die Deutung der πολιτική und ῥητορική wird der Prüfstein für alles Bisherige sein. Die schon oben citierte Stelle der Rhetorik 1356 a 28 erhält erst hier ihre volle Bedeutung für unseren Zweck. Nachdem nämlich Aristoteles die drei Arten rhetorischer Bewährung aufgestellt, die in dem Beweis, dem Charakter des Redenden, den Affecten der Hörer gegebenen, bemerkt er, dass diese Bewährungen sich anzueignen Sache desjenigen sei, der Schlüsse zu bilden verstehe, der über die Charaktere (ἤθη) und Tugenden, und drittens, der über die Affecte, ihre Arten und

---

[51]) Auch die Erklärung der hiesigen Stelle beruht zu einem guten Theil auf der richtigen Auffassung des ἦθοc. Ich bringe daher hier noch eine Aeusserung Hegel's aus der Aesthetik III 505 nach, in welcher das Ethos der tragischen Personen, wie mir scheint, treffend bezeichnet ist: 'Das dramatische Individuum muss an sich selber durch und durch lebendig, eine fertige Totalität sein, deren Gesinnung und Charakter mit ihrem Zweck und Handeln übereinstimmt. Hiebei macht die Breite particularer Charakterzüge nicht die Hauptsache aus, sondern die durchdringende Individualität, welche alles zu der Einheit, die sie selber ist, zusammenfasst, und diese Individualität im Reden wie im Handeln als den einen und gleichen Quellpunkt darthut, aus welchem jedes besondere Wort, jeder einzelne Zug der Gesinnung, That und Weise des Benehmens entspringt.'

ihre Genesis sich Klarheit verschafft habe: daraus ergebe sich denn, dass die Rhetorik als ein Nebenschoss der Dialektik und der Untersuchung über die Charaktere (ἤθη) angesehen werde, welche letztere man von Rechtswegen Politik nennen könne[52]). Also das ethische Moment in der Beredsamkeit ist es, welches die Rhetorik mit der Ethik in Berührung bringt. Diese aber verhält sich zu der Politik, wie das Einzelleben des Menschen zu dem Gesammtleben derselben im Staate: was das Ziel jenes ist, die εὐδαιμονία, und die Wege, die zu demselben führen, erhalten Anwendung und Verwirklichung erst in diesem. Die Politik ist die Ethik des Staates, der Politiker, wie Bernays sich ausdrückt, ein Ethiker im grossen. Und umgekehrt leitet die Ethik in die politische Pragmatie hinein, indem sie den Menschen, der von Natur ein ζῶον πολιτικόν ist, in seiner Bestimmung für die staatliche Gemeinschaft in Betracht zieht. Wenn nun Aristoteles für das Redenkönnen im Drama auf die Politik und Rhetorik verweist, so haben wir jetzt auf Grund seiner eigenen festen Anschauungs- und Ausdrucksweise das Recht, die Politik in die Ethik oder in die πολιτικὴ περὶ τὰ ἤθη umzusetzen, und können das indirect gewonnene Ergebniss, πολιτικῶς λέγειν sei nicht verschieden von ἠθικῶς λέγειν, auch positiv durch Aristoteles Art zu denken und zu reden belegen. Diese führt uns aber noch einen Schritt weiter. Gäbe es nämlich nur éine beste πολιτεία, so fiele das Ethos des Menschen mit dem Ethos des Staates zusammen, die ἀρετή jenes wäre auch die ἀρετή dieses und der ἀγαθὸς ἀνήρ und ἀγαθὸς πολιτικός wären identisch. Dann würde der

[52]) ἐπεὶ δ᾽ αἱ πίστεις διὰ τούτων εἰσί, φανερόν ὅτι ταύτας (so ist zu schreiben; ταῦτα oder ταῦτα τὰ τρία die Ausgaben) ἐστὶ λαβεῖν τοῦ συλλογίςασθαι δυναμένου καὶ τοῦ θεωρῆκαι περὶ τὰ ἤθη καὶ τὰς ἀρετὰς, καὶ τρίτον τοῦ περὶ τὰ πάθη .. ὥστε ςυμβαίνει τὴν ῥητορικὴν οἷον παραφυές τι τῆς διαλεκτικῆς εἶναι καὶ τῆς περὶ τὰ ἤθη πραγματείας, ἣν δίκαιόν ἐστι προσαγορεύειν πολιτικήν. (Der folgende Tadel, dass manche Rhetoren die Rhetorik in das Gewand der Politik und sich in das der Politiker kleiden, hat mit der Aristotelischen Auffassung der πολιτική nichts zu thun, und erhält seine Erklärung aus der Nikom. Ethik 1181 a 12 f.) Vgl. 1359 b 10 ὅπερ γὰρ καὶ πρότερον εἰρηκότες τυγχάνομεν, ἀληθές ἐστιν, ὅτι ἡ ῥητορικὴ ςύγκειται μὲν ἔκ τε τῆς ἀναλυτικῆς ἐπιστήμης καὶ τῆς περὶ τὰ ἤθη πολιτικῆς. Den Zusammenhang der Ethik und Politik, und dass die erstere den Grund legt für die zweite, spricht A. gleich im Eingang der Nikomachischen Ethik deutlich genug aus, und nicht minder bestätigen ihn die Rückbeziehungen auf jene in der Politik. Vgl. 1094 a 25 πειρατέον τύπῳ γε περιλαβεῖν αὐτὸ τί ποτ᾽ ἐστί (sc. τἀγαθὸν καὶ τὸ ἄριστον) καὶ τίνος τῶν ἐπιστημῶν ἢ δυνάμεων. δόξειε δ᾽ ἂν τῆς κυριωτάτης καὶ μάλιστα ἀρχιτεκτονικῆς. τοιαύτη δ᾽ ἡ πολιτικὴ φαίνεται. 1095 a 14 ἐπειδὴ πᾶσα γνῶσις καὶ προαίρεσις ἀγαθοῦ τινος ὀρέγεται, τί ἐστιν οὗ λέγομεν τὴν πολιτικὴν ἐφίεσθαι καὶ τί τὸ πάντων ἀκρότατον τῶν πρακτῶν ἀγαθῶν. Vgl. noch 1105 a 12 und 1152 b 1 und den Schluss der Nikom. Ethik. Ganz Aristotelisch, obwohl in einer nichtaristotelischen Schrift, ist das Verhältniss von Ethik und Politik im Eingang der grossen Ethik ausgesprochen p. 1181 a 24 f. ἐπειδὴ προαιρούμεθα λέγειν ὑπέρ ἠθικῶν, πρῶτον ἂν εἴη σκεπτέον, τίνος ἐστὶ μέρος τὸ ἦθος. ὡς μὲν οὖν συντόμως εἰπεῖν, δοκεῖ οὐκ ἄλλης ἢ τῆς πολιτικῆς εἶναι μέρος. ἔστι γὰρ οὐδὲν ἐν τοῖς πολιτικοῖς δυνατὸν πρᾶξαι ἄνευ τοῦ ποιόν τινα εἶναι, λέγω δ᾽ οἷον σπουδαῖον. τὸ δὲ σπουδαῖον ἐστί τοῦ τὰς ἀρετὰς ἔχειν. δεῖ ἄρα, εἴ τις μέλλει ἐν τοῖς πολιτικοῖς πρακτικὸς εἶναι, τὸ ἦθος εἶναι σπουδαῖος. μέρος ἐστὶν ἄρα .. καὶ ἀρχὴ ἡ περὶ τὰ ἤθη πραγματεία τῆς πολιτικῆς· τὸ δ᾽ ὅλον καὶ τὴν ἐπωνυμίαν δικαίως δοκεῖ ἄν μοι ἔχειν ἡ πραγματεία οὐκ ἠθικὴν ἀλλὰ πολιτικήν.

Redende, indem er seiner sittlichen Willensrichtung (προαίρεcιc) und seinem Charakter Ausdruck lieh, zugleich ἠθικῶc und πολιτικῶc reden. Das Ziel und was zum Ziele führt (τέλοc und τὰ πρὸc τὸ τέλοc) wären für ihn nicht verschieden von der προαίρεcιc und dem τέλοc des Staates. Allein die Wirklichkeit weist mehrere πολιτεῖαι auf, die in ihren Zwecken und Zielen und daher in ihrem ἦθοc von einander abweichen. Damit nun der Redner ἠθικῶc spreche, d. h. durch den Ausdruck seines eigenen ἦθοc auf die Ueberzeugung der Hörer wirke, muss er das Ethos derjenigen Staatsform kennen und im Auge behalten, in welcher er spricht. Thut er dies, erscheint seine προαίρεcιc mit der προαίρεcιc des Staates in Uebereinstimmung, so wird er gleicher Weise ἠθικῶc und πολιτικῶc reden. Dieses für die Auffassung der Stelle, von der wir ausgiengen, wichtige Ergebniss beruht wesentlich auf einer anderen Stelle der Rhetorik 1366 a 10 ἐπεὶ δὲ οὐ μόνον αἱ πίcτειc γίνονται δι' ἀποδεικτικοῦ λόγου ἀλλὰ καὶ δι' ἠθικοῦ (τῷ γὰρ ποιόν τινα φαίνεcθαι τὸν λέγοντα πιcτεύομεν, τοῦτο δ' ἐcτὶν ἂν ἀγαθὸc φαίνηται ἢ εὔνουc ἢ ἄμφω). δέοι ἂν τὰ ἤθη τῶν πολιτειῶν ἑκάcτηc ἔχειν ἡμᾶc· τὸ μὲν γὰρ ἑκάcτηc ἦθοc πιθανώτατον ἀνάγκη πρὸc ἑκάcτην εἶναι. ταῦτα δὲ ληφθήcεται διὰ τῶν αὐτῶν· τὰ μὲν γὰρ ἤθη φανερὰ κατὰ τὴν προαίρεcιν, ἡ δὲ προαίρεcιc ἀναφέρεται πρὸc τὸ τέλοc [53]). Machen wir nun hiervon die Anwendung auf die Stelle der Poetik, so ist klar, dass uns auch auf diesem Wege die πολιτική auf die ἠθική zurückleitet, mit derjenigen in der Sache wie in der Theorie des Aristoteles begründeten Erweiterung, dass sie nicht bloss die ethische Wissenschaft als solche sondern auch die specielle politische Wissenschaft, die Lehre von den Staatsformen und deren je nach dem τέλοc einer jeden verschiedenen ἦθοc umfasst. Und das πολιτικῶc λέγειν beruht zwar darauf, dass der Redner sein ἦθοc, seine Gesinnung und sein Wollen kundgebe, allein die προαίρεcιc ist nicht von dem ἀγαθὸν ἁπλῶc sondern dem ἀγαθὸν τῇ πόλει bedingt. Dadurch aber erhält das Ethos der tragischen Personen, das in den Reden zum Ausdruck kommt, erst seinen concreten Gehalt, die Individualität gewinnt ihre scharfen, von den äusseren d. h. staatlichen Verhältnissen bestimmten Umrisse.

[53]) Den Anstoss, den Thurot observ. crit. sur la rhét. d'Aristote S. 21 an dieser Stelle nimmt, habe ich vielleicht nur nicht richtig gefasst, wenn ich ihn für unbegründet halte. Mir scheint in der Stelle alles gesagt zu sein, was man zum Verständniss braucht. Zur Erläuterung dient Politik 1337 a 14 δεῖ γὰρ πρὸc ἑκάcτην πολιτεύεcθαι. τὸ γὰρ ἦθοc τῆc πολιτείαc ἑκάcτηc τὸ οἰκεῖον καὶ φυλάττειν εἴωθε τὴν πολιτείαν καὶ καθίcτηcιν ἐξ ἀρχῆc, οἷον τὸ μὲν δημοκρατικὸν δημοκρατίαν, τὸ δ' ὀλιγαρχικὸν ὀλιγαρχίαν κτλ. Inwiefern der cπουδαῖοc oder ἀγαθὸc ἀνήρ mit dem cπουδαῖοc (ἀγαθὸc) πολίτηc identisch ist oder sein kann, und wodurch sie nicht zusammenfallen, erörtert Aristoteles Politik III 4 p. 1276 b 16 ff. Vgl. insbesondere 1293 b 5 ἀριcτοκρατίαν μὲν οὖν καλῶc ἔχει καλεῖν περὶ ἧc διήλθομεν ἐν τοῖc πρώτοιc λόγοιc· τὴν γὰρ ἐκ τῶν ἀρίcτων ἁπλῶc κατ' ἀρετὴν πολιτείαν, καὶ μὴ πρὸc ὑπόθεcίν τινα ἀγαθῶν ἀνδρῶν, μόνην δίκαιον προcαγορεύειν ἀριcτοκρατίαν· ἐν μόνῃ γὰρ ἁπλῶc ὁ αὐτὸc ἀνὴρ καὶ πολίτηc ἀγαθόc ἐcτιν· οἱ δὲ ἐν ταῖc ἄλλαιc ἀγαθοὶ πρὸc τὴν πολιτείαν εἰcὶ τὴν αὑτῶν. Vgl. 1288 a 38.

Da also das πολιτικῶc d. i. ἠθικῶc λέγειν der Ethik des Staates (ἡ περὶ τὰ ἤθη πολιτική) anheimfällt, so bleibt für die Rhetorik das auf der begrifflichen διάνοια basierende ῥητορικῶc λέγειν. Und obschon Aristoteles drei Arten der rhetorischen Bewährung aufstellt und behandelt, so kann doch kein Zweifel sein, dass ihm als die vornehmste und eigentlichste Aufgabe der Rhetorik die durch den Beweis (ἀπόδειξιc) vermittelte Bewährung, also die διάνοια im engeren Sinne galt. Dies bezeugt, um aus vielen Belegen einen anzuführen, 1355 a 5 f. φανερόν ἐcτιν ὅτι ἡ μὲν ἔντεχνοc μέθοδοc περὶ τὰc πίcτειc ἐcτίν, ἡ δὲ πίcτιc ἀπόδειξίc τιc, ἔcτι δ' ἀπόδειξιc ῥητορικὴ ἐνθύμημα καὶ ἔcτι τοῦτο ὡc εἰπεῖν ἁπλῶc κυριώτατον τῶν πίcτεων κτλ.

Also ἦθοc und ἀπόδειξιc (διάνοια) sind die beiden Glieder des in der διάνοια im weiteren Sinne zusammengefassten Gegensatzes. Da sie beide Arten des Redens umfasst, die ethische und dianoetische, so ist sie an die πολιτική und ῥητορική gewiesen, an jene, weil sie das ἦθοc des Menschen und das ἦθοc des Staates erörtert, an diese, weil sie die begrifflichen Operationen des Beweisens und Widerlegens für den praktischen Gebrauch feststellt. Dieser Gegensatz des Redens, wie er in der Beredsamkeit sich geltend machte, so trennt er in der Geschichte der Tragödie die alten und die neuen Dichter. So schlingt sich diese Zweitheilung durch den ganzen Abschnitt hindurch, und verleiht ihm eine innere Verknüpfung, die jedes Rücken und Rütteln verbietet. Vermittelungen, Bänder, die den innerlichen Zusammenhang auch äusserlich anzeigten, vermisst man freilich, und man muss es dem Excerptor, aus dessen Händen wir die Poetik haben, noch Dank wissen, dass er das Knochengerüste gelassen, an dem wir den Organismus errathen. Denn um schliesslich den Gedankenfortschritt des Aristoteles zu bezeichnen, so möchte folgende Paraphrase, die auf Ergänzung der Worte keinen Anspruch macht, von der Wahrheit sich nicht zu weit entfernen. 'Der dritte Theil der Tragödie ist die Gedankenschöpfung: darunter verstehe ich die Fähigkeit, das was zu sagen ist und sich schickt, zu reden, eben dasselbe, was für die Beredsamkeit Sache der Ethik des Staates und der Rhetorik ist. Denn man kann zwiefach reden, entweder politisch oder rhetorisch: die alten Redner sprachen politisch, die jüngeren sprechen rhetorisch. Und ebenso in der Tragödie: die alten Dichter nämlich dichteten politisch, die jüngeren rhetorisch redende Personen. Ich verstehe aber unter politisch das worin sich Charakter zeigt (τὸ ἀπὸ ἤθουc λέγειν), unter rhetorisch das verstandesmässige Reden (τὸ ἀπὸ διανοίαc). Charakteristisch aber ist dasjenige, was das sittliche Streben des Redenden offenbart: weshalb auch Charakter solchen Reden fehlt, in denen nichts ist, was der Redende erstrebt oder flieht. Verstandesmässig aber nenne ich das, worin man beweist dass etwas ist oder nicht ist, oder einen allgemeinen Satz ausspricht.'

Die drei bisher erörterten Theile der Tragödie, Fabel, Charakter,

Gedanken, gehören mehr zu der inneren Arbeit des Dichters: die Begebenheiten seiner Darstellung müssen sich ihm zu der Einheit einer Handlung verknüpft, die Personen, ohne welche Darstellung einer Handlung nicht möglich, sich zu festen Gestalten herausgebildet, und die Gesinnungen und Gedanken, mit welchen sie vor sich und vor anderen ihr Handeln motivieren sollen, sich abgeklärt haben: dann erst kann er daran gehen, seine Schöpfung in die materiellen Vehikel der Dichtung hineinzutragen. Diese drei Theile sind daher durch ein engeres Band unter sich verknüpft, wie sie auch 1450 a 11 als die Objecte der μίμησις zusammengefasst werden. Ihnen treten die noch übrigen drei Theile, gleichfalls unter sich enger verbunden, gegenüber. Sie haben gemeinschaftlich den Zweck der Versinnlichung des dichterischen Gedankens, und zwar vermitteln λέξις und μελοποιΐα die Hörbarmachung, die ὄψις die Sichtbarmachung der tragischen Dichtung. b 12 τέταρτον δὲ τῶν μὲν λόγων ἡ λέξις· λέγω δέ, ὥσπερ πρότερον εἴρηται, λέξιν εἶναι τὴν διὰ τῆς ὀνομασίας ἑρμηνείαν, ὃ καὶ ἐπὶ τῶν ἐμμέτρων καὶ ἐπὶ τῶν λόγων ἔχει τὴν αὐτὴν δύναμιν. τῶν δὲ λοιπῶν πέντε ἡ μελοποιΐα μέγιστον τῶν ἡδυσμάτων. Dass Aristoteles λέξις und μελοποιΐα, wie er sie 1449 b 33 und 1450 a 11 zusammengefasst hat, auch hier zusammengefasst wissen will, zeigt die von ihm gewählte sprachliche Form τέταρτον τῶν μὲν λόγων ἡ λέξις, τῶν δὲ λοιπῶν ἡ μελοποιΐα[54]). Es sind ihm die beiden wie ein Paar zusammengehörige Arten der Versinnlichung für das Ohr, die sich wie Sagen und Singen zu einander verhalten und nicht wie die übrigen organischen Theile durch das Ganze der Tragödie hindurchgehen, sondern nach der festen Gliederung derselben in Gesprochenes und Gesungenes sich auch räumlich sondern. Diese Gliederung hat Aristoteles schon 1447 b 28 angedeutet und hat sie der Tragödie für so wesentlich gehalten, dass er sie selbst in die Definition der Tragödie (1449 b 25 ἡδυσμένῳ λόγῳ χωρὶς ἑκάστῳ τῶν εἰδῶν ἐν τοῖς μορίοις) mit aufgenommen[55]) und in den jener angefügten Worterklärungen scharf und bestimmt

---

[54]) Die richtige Auffassung dieses grammatischen Verhältnisses ergibt mit Nothwendigkeit die von Spengel ausgesprochene Athetese des πέντε nach λοιπῶν, das seinen Ursprung aus einem Missverständniss dieses deutlich verräth.
[55]) Bernays, dessen Katharsiserklärung jedem Widerspruch, solange philologische Hermeneutik in Ehren bleibt, Trotz bieten wird, hat doch in Nebendingen, die darum nicht unwichtig zu sein brauchen, hier und da das Ziel verfehlt. So schreibt er S. 185 der berühmten Abhandlung: ‹Lessing behauptet freilich: ‹Es ist unstreitig, dass A. überhaupt keine strenge logische Definition von der Tragödie geben wollen. Denn ohne sich auf die bloss wesentlichen Eigenschaften derselben einzuschränken, hat er verschiedene zufällige hineingezogen, weil sie der damalige Gebrauch nothwendig gemacht hatte.› Aber dass A. absichtlich eine Definition, die er überdies als einen ὅρος τῆς οὐσίας ankündigt, in ungenügender Weise habe abfassen ‹wollen›, ist doch statt ‹unstreitig› zu sein, vielmehr unglaublich; und möglich bliebe nur, dass ihm sein Vorsatz, eine gute Definition zu geben, misslungen und er hier einmal, was ihm freilich selten begegnet, nicht im Stande gewesen sei, das Wesentliche vom Zufälligen zu sondern. In welchem Gliede der Definition Lessing ‹Zufälliges› gefunden habe, vermag ich in der That nicht zu sagen, da er ja seine, allerdings zufällige moralische Katharsis

bezeichnet hat: 1449 b 29 λέγω δὲ ἡδυςμένον μὲν λόγον τὸν ἔχοντα ῥυθμὸν καὶ ἁρμονίαν καὶ μέτρον [56], τὸ δὲ χωρὶς τοῖς εἴδεςι τὸ διὰ μέτρων ἔνια μόνον περαίνεςθαι καὶ πάλιν ἕτερα διὰ μέλους. Wenn daher Aristoteles sagt 'viertens für die Dialoge (τῶν λόγων) die sprachliche Form, für das übrige (τῶν λοιπῶν) die Melopöie', so kann kein Zweifel sein, was er unter dem 'übrigen' nach Ausschluss der Dialoge versteht. Was die λέξις, der Ausdruck durch Worte für die Dialoge ist, das ist die in der μελοποιΐα gegebene sprachlich-musikalische Form für die lyrischen Partien. Denn wie das μέλος nach Platon's Ausdruck (Rep. III 398 d) aus λόγος, ἁρμονία und ῥυθμός besteht, so umfasst auch die μελοποιΐα den poetischen Text sammt der musikalischen Composition, was ja auch

nicht meinen kann. Alles Scenische, das A. für unwesentlich erklärt, ist von der Definition geradezu ausgeschlossen, und sogar dem Chor, der in der gewöhnlichen griechischen Vorstellung gewiss ein wesentliches Stück der Tragödie ausmachte, ist in δρώντων und den Worten χωρὶς ἑκάςτῳ τῶν εἰδῶν κτλ. nur ein Raum gelassen, wo man neben vielem Andern auch ihn unterbringen kann, ein eigentlicher Platz jedoch ist ihm nirgends angewiesen.' Ich will nicht betonen, dass Bernays mit Lessing nicht ganz nach Recht umgeht, aber dass er gegenüber so deutlichen und noch dazu hinterher näher erklärten Worten nur halbwegs und fast wider Willen zugestehen will, dass Aristoteles dem Chor einen Platz in der Definition der Tragödie eingeräumt habe, lässt sich wohl nur aus Bernays Neigung erklären, den A. von allen Schranken nationaler Anschauung möglichst frei zu erklären, ein Vorurtheil, das ihn auch in einer anderen die Poetik angehenden Frage in die Irre geführt hat. Aristoteles hat seinen ersten Unterschied der dichterischen Künste auf die Nichtanwendung oder die totale und partiale Anwendung des Chores gegründet 1447 b 24 f. und verlangt von dem Chor, dass er ein μόριον τοῦ ὅλου sei, und vergleicht den Missbrauch des Agathon ἐμβόλιμα zu singen damit, wenn einer eine Rede oder einen Act aus einer anderen Tragödie entlehnen wollte: 1456 a 27 f. Ueber diese Stelle schreibt Welcker Gr. Tr. III 1000 f. 'Nur insofern die Tragödie ohne Chor, wie sie dem A. unbekannt war, so auch überhaupt nicht anerkannt würde, könnte man ihm darin beistimmen, dass auch die langen Reden der Personen und ganze Scenen ebenso leicht als Chorlieder entlehnt, eingelegt, aus einem Mythus auf den anderen übertragen werden möchten.' Ganz richtig: nur ist zuzugestehen, dass A. die Tragödie ohne Chor, wie er sie nicht kannte, auch nicht anerkannte. Wenn aber A., wie kein Unbefangener leugnen kann, den Chor in der Definition der Tragödie deutlich genug bezeichnet hat (denn mit dem 'vielen Andern', was sich bei den betreffenden Worten denken lasse, wird es so crust nicht gemeint sein), so hat er allerdings Unwesentliches d. h. nur für den Hellenen Wesentliches in den ὅρος τῆς οὐςίας aufgenommen. Ueber das Hellenische und Nichthellenische in Aristoteles überhaupt und in der Poetik insbesondere vgl. man jetzt die Bemerkungen und Anführungen von Bernays in der glänzenden Schrift über Aristoteles Dialoge S. 134 f.

[56]) So καὶ μέτρον hat Vettori, wie ich glaube, richtig gebessert statt des überlieferten καὶ μέλος, das mit ἁρμονία sich deckt (vgl. 1447 b 25). Spengel Z. f. d. AW. 1841 S. 1263 hält das eine wie das andere für unzulänglich. Denn durch ῥυθμὸν καὶ ἁρμονίαν καὶ μέτρον würden die Chorgesänge, durch καὶ μέλος die bloss metrischen Wechselgespräche ausgeschlossen. Allein dies ist nur insofern begründet, als man ἡδυςμένον μὲν λόγον τὸν ἔχοντα κτλ. abgetrennt von χωρὶς τοῖς εἴδεςι κτλ. für sich nimmt. Beides gehört wie in der Definition so auch hier zusammen. Aristoteles nennt zuerst die drei Elemente des ἡδυςμένος λόγος, und fügt sofort hinzu, dass nicht alle nothwendig immer verbunden sein müssen, sondern nach den μόρια der Tragödie sich so vertheilen, dass das eine nur das μέτρον, das andere das μέλος (d. i. ῥυθμός und ἁρμονία) habe. Es ist hier dasselbe Verhältniss wie 1447 a 22 ἅπαςαι μὲν ποιοῦνται τὴν μίμηςιν ἐν ῥυθμῷ καὶ λόγῳ καὶ ἁρμονίᾳ, τούτοις δὲ ἢ χωρὶς ἢ μεμιγμένοις κτλ. Daher kann ich mich auch mit Susemihl's Versuchen an jener Stelle nicht befreunden, so wenig als mit des scharfsinnigen Tyrwhitt von Spengel gebilligter Athetese.

in der Praxis der griechischen Dichter verknüpft war. Nur so gefasst bildet die μελοποιΐα als das formale Element der lyrischen Stücke den rechten Gegensatz zu der λέξις, der bloss sprachlichen Form in den Dialogen[57]).

Die λέξις nun definiert Aristoteles mit ausdrücklicher Beziehung auf seine frühere Definition als ἡ δι' ὀνομασίας ἑρμηνεία d. i. die Mittheilung, Aeusserung durch Worte: in völliger Uebereinstimmung mit der richtig verbesserten Definition 1449 b 34 λέγω δὲ λέξιν μὲν αὐτὴν τὴν τῶν ὀνομάτων cύνθεcιν. Durch diese Definition wird die λέξις von der διάνοια, welche den Gedankengehalt der Reden umfasst, scharf abgegrenzt, und zugleich greift sie so sehr nur das Wesen der Sache auf, dass sie auf jede Art von λέξις, die metrische so gut wie die prosaische, Anwendung leidet: ὃ καὶ ἐπὶ τῶν ἐμμέτρων καὶ ἐπὶ τῶν λόγων[58]) ἔχει τὴν αὐτὴν δύναμιν. Damit ist allerdings angedeutet, dass die metrische λέξις noch ein Element mehr als die prosaische habe. Allein darauf kommt es dem Aristoteles nicht an, wie die λέξις sein müsse, sondern nur darauf, was sie ist. Und das Was liess sich in der That nur durch die ἑρμηνεία διὰ τῆς ὀνομασίας oder was dasselbe ist die cύνθεcιc ὀνομάτων bezeichnen[59]). Nun fordert Aristoteles allerdings für die Tragödie, wie für die Dichtung überhaupt, die metrische Rede. Denn so sehr er es einschärft, dass das Versmass nicht den Dichter mache, und nicht jeder Versmacher ein Dichter sei (c. 1 p. 1447 b 10 f. und c. 9 p. 1451 b 1 u. 28), so weiss er anderseits so gut wie die moderne Aesthetik, dass die Dichtung zur metrischen Rede hindrängt und jede Dichtung nach ihrer besonderen Natur ihr besonderes Versmass erheischt (1449 a 22; 1448 b 31 und besonders

---

[57]) Diese mit Spengel übereinstimmende Auffassung von λόγων und λοιπῶν bestreitet Susemihl (Fleckeisen's Jahrb. 1862 S. 425), der λόγων von den Worten, dem Texte, in den Dialogen wie in den Chorliedern deutet, was dann aber unter τῶν λοιπῶν gemeint sei, 'begreift sich' keineswegs so 'von selbst' wie Susemihl behauptet: vielmehr wird dieser Ausdruck, der im Gegensatz gegen die λόγοι (Dialoge) seine volle Bestimmtheit hat, unklar und unbestimmt. Aristoteles hätte τῶν μελῶν (d. i. Chorgesänge) schreiben können, die den genauen Gegensatz zu den Dialogen (λόγοι) bilden (vgl. Probl. 920 a 11 διὰ τί οἱ περὶ Φρύνιχον ἦcαν μᾶλλον μελοποιοί; ἢ διὰ τὸ πολλαπλάcια εἶναι τότε τὰ μέλη ἐν ταῖc τραγῳδίαιc τῶν μέτρων;). Und für die μέλη ist doch die μελοποιΐα genau das, was für die λόγοι die λέξις. Aber da in der Tragödie nur der einfache Gegensatz zwischen λόγοι und μέλη existiert, so war λοιπῶν ebenso klar wie jenes.

[58]) ψιλῶν λόγων, das Susemihl verlangt, ist nicht nothwendig: denn der Gegensatz τὰ ἔμμετρα und οἱ λόγοι wird nicht minder als der andere οἱ ἔμμετροι und οἱ ψιλοὶ λόγοι vom Sprachgebrauch des Aristoteles und anderer wie des Dionysios von Halikarnass gutgeheissen. Von jenem vgl. Rhet. 1404 b 12 f. und 1405 a 7 f. Dionys. de comp. 4, 29 τὰ μέτρα καὶ τοὺς λόγους.

[59]) Ueber ἑρμηνεία d. i. Mittheilung oder sprachliche Mittheilung vgl. Steinthal Gesch. d. Sprachwiss. 230 f. und Schäfer zu Dionys. de comp. p. 11. Und bezüglich der ὀνομαcία Dionys. de comp. 3, 17 ὥcπερ οὐδὲν ὄφελος διανοίας ἐcτὶ χρηcτῆς, εἰ μή τις αὐτῇ κόcμον ἀποδώcει καλῆς ὀνομαcίας. Susemihl's Verbesserung 1449 b 34 λέγω δὲ λέξιν μὲν αὐτὴν τὴν τῶν ὀνομάτων διὰ μέτρων (oder ἐν μέτρῳ) cύνθεcιν scheint mir nicht glücklich: denn von anderem abgesehen, wäre dies ja nicht eine Definition der λέξις, sondern eine Definition der ἔμμετρος λέξις, dergleichen A. nicht hat geben wollen.

c. 24 p. 1459 b 33 ff.). Nichts desto weniger bedurfte es nicht, das μέτρον als besonderen Theil der Tragödie neben λέξις aufzuführen. Denn es ist kein μέρος, sondern nur eine Art der λέξις. die entweder ἔμμετρος oder ἄμετρος sein kann (1408 b 22).

Die andere Hälfte der formalen Ausführung der Tragödie, die Melopöie, ist ihm das wichtigste der ἡδύσματα⁶⁰): woraus nicht folgt, dass sie der Tragödie entbehrlich sei. Der ἡδυσμένος λόγος ist als wesentlich der Tragödie in die Definition mit aufgenommen, und so wird auch das was am wirksamsten ist ἡδύνειν τὸν λόγον, nicht als beliebige Zuthat gelten dürfen, dessen die Tragödie eben so gut oder besser entbehre. Dennoch hat Aristoteles für die Specialbehandlung der Melopöie innerhalb der uns erhaltenen Poetik keinen Raum gefunden; auf sie zurückzukommen hatte er bei der lyrisch-chorischen Dichtung Veranlassung, die in dem uns verlorenen zweiten Theile der Pragmatie über die Dichtkunst sicherlich behandelt war. Gleichwohl machen es hier nicht zu reproducierende Combinationen wahrscheinlich, dass er gleich an dieser Stelle die Erörterung der Melopöie dahin verwiesen habe, von wo sie ihre Principien zu entlehnen hat, an die Musik⁶¹). Wie er die διάνοια in die Rhetorik verweist (1456 a 34 τὰ μὲν οὖν περὶ τὴν διάνοιαν ἐν τοῖς περὶ ῥητορικῆς κείσθω) und verschiedene in dem Abschnitt von der λέξις berührte Fragen der Metrik oder den Metrikern überlässt (1456 b 34 περὶ ὧν καθ' ἕκαστον [ἐν] τοῖς μετρικοῖς προσήκει θεωρεῖν und ebend. b 37), so entschlägt er sich auch gleich hier der specielleren Untersuchung der Melopöie, und konnte daher c. 19 allerdings beginnen περὶ μὲν οὖν τῶν ἄλλων ἤδη εἴρηται, λοιπὸν δὲ περὶ λέξεως καὶ διανοίας εἰπεῖν.

Endlich erübrigt noch das Scenische, die ὄψις, die der Sichtbarmachung der tragischen Dichtung dient: b 16 ἡ δὲ ὄψις ψυχαγωγικὸν μέν, ἀτεχνότατον δὲ καὶ ἥκιστα οἰκεῖον τῆς ποιητικῆς· ἡ γὰρ τῆς τραγῳδίας δύναμις καὶ ἄνευ ἀγῶνος καὶ ὑποκριτῶν ἐστιν· ἔτι δὲ κυριωτέρα περὶ τὴν ἀπεργασίαν τῶν ὄψεων ἡ τοῦ σκευοποιοῦ τέχνη τῆς τῶν ποιητῶν ἐστίν. Die bisher erörterten Theile gehen die tragische Dichtung als

---

⁶⁰) Die Worte μέγιστον τῶν ἡδυσμάτων sind schwerlich von A. in unmittelbarer grammatischer Verbindung mit μελοποιία geschrieben worden. Denn soll die Anm. 54 angedeutete grammatische Fügung zur vollen Geltung kommen, so müssen sie, da sie zu ἡ λέξις nicht auch gezogen werden können, von μελοποιία losgelöst und entweder als Apposition dazu gefasst, oder durch ein τοῦτο δὲ damit verknüpft werden: τέταρτον τῶν μὲν λόγων ἡ λέξις· λέγω δὲ κτλ. — τῶν δὲ λοιπῶν ἡ μελοποιία· ⟨τοῦτο δὲ⟩ μέγιστον τῶν ἡδυσμάτων. Daran konnten dann nach Bernays Vermuthung (Rhein. Mus. VIII 576) die Worte des Excerptes π. κωμ. sich anschliessen: μέλος δὲ τῆς μουσικῆς ἐστιν ἴδιον· ὅθεν ἀπ' ἐκείνης τὰς αὐτοτελεῖς ἀφορμὰς δεήσῃ λαμβάνειν. — Ueber ἡδύσματα von dem Musikalischen vgl. Politik 1340 b 16 ἡ δὲ μουσικὴ φύσει τῶν ἡδυσμένων ἐστίν. Platon Rep. 607 a εἰ δὲ τὴν ἡδυσμένην μοῦσαν παραδέξει ἐν μέλεσιν ἢ ἔπεσιν. Plutarch Erot. 769 c λόγῳ ποίησις ἡδύσματα μέλη καὶ μέτρα καὶ ῥυθμοὺς ἐφαρμόσαςα. Und de glor. Ath. 347 f. γλώσσας δὲ καὶ καταχρήσεις καὶ μεταφράσεις καὶ μέλη καὶ ῥυθμοὺς ἡδύσματα τοῖς πράγμασιν ὑποτίθεται. Strabon p. 818, 52.
⁶¹) S. A. 60. Ebenso verweist A. für die Musik, die ein wesentliches Stück der politischen παιδεία ausmacht, an die Musiker von Fach: Politik 1341 b 28 f. und sonst.

solche und die Arbeit des Dichters an: die scenische Darstellung derselben ist dagegen noch an andere Künste und Künstler gewiesen. Daher fällt dieser Theil an sich nicht mehr in den Bereich der Theorie der Dichtkunst (ἄτεχνον), sondern kommt nur insoweit auch hier in Betracht, als der tragische Dichter die äusseren Bedingungen der Aufführung, für welche die Dichtung bestimmt ist, bei seiner eigenen Arbeit im Auge behalten muss, damit er nicht in sie hineinlege, was der Bühnendarstellung widerstrebt. Aristoteles verkennt nicht den Reiz (ψυχαγωγικόν), den eine künstlerische Bühnenausstattung hat, und dass die scenische Darstellung fürs Auge eine grosse Wirkung habe (1453 b 1): allein je näher es darum lag, die Hauptwirkung der Tragödie in das Schauspiel statt in die Composition zu legen, um so mehr schärft er es ein, dass die Tragödie ihre specifische Wirkung auch ohne Schauspiel haben müsse, wofern ihr Sujet den Bedingungen der tragischen Dichtung entsprechend ausgeführt sei (1453 b 4 f. und c. 26 wiederholt). Nicht als ob Aristoteles Tragödien mehr zum Lesen als zum Sehen geschrieben wissen wollte: sondern nur auf die richtige Erfassung des Verhältnisses zwischen Dichtung und Aufführung kommt es an; ähnlich wie in der Tragödie selbst zwar beides, Fabel und Charakter, nothwendig, aber jenes wesentlichere Forderung ist als dieses; und wie ferner die Dichtung nicht im Versemachen besteht, aber doch die metrische Form verlangt, so ist die Tragödie, was sie ist, nicht erst durch die Aufführung, drängt aber doch zugleich zur Aufführung hin. Daher wird denn auch der Dichter bei der Ausführung des tragischen Sujets (c. 17 Anf. und 1460 a 13 f.), bei der Charakteristik der Personen (c. 15 am Ende) und sonst die Bedingungen der äusseren Darstellung nicht ungestraft ausser Acht lassen, und insofern kommt denn allerdings auch das Scenische für die Theorie der Dichtung mittelbar in Betracht. Als μέρος der Tragödie aber kann die ὄψις nicht in gleichem Sinne wie die übrigen organischen Bestandtheile angesehen werden, und es ergeben sich daher, da λέξις und μελοποιία ein Ganzes bilden, vier Theile, welche den Organismus der Tragödie ausmachen: die Fabel, die Charaktere, die Gedanken, die sprachlich-musikalische Form, die in dieser Rangfolge aus der wesentlichen Aufgabe der Tragödie hervorgehen.

KRITISCHER COMMENTAR

ZUR

PARODOS IN AESCHYLOS CHOEPHOREN
V. 22—73.

VON

KARL HEINRICH KECK.

Die kritische Behandlung der Choephoren hat ihre eigentümlichen Schwierigkeiten, doch eben darum auch ihre besonderen Reize. Denn die einzige Quelle, aus welcher die Ueberlieferung dieser Tragödie fliesst, ist der codex Mediceus. Vollkommen erwiesen ist wenigstens dass der cod. Guelpherbytanus in der Orestee und den Hiketiden nur eine Abschrift des Med. enthält; und auch jene alte Handschrift, aus der Robortelli seine Ausgabe geschöpft hat, weicht so unbedeutend ab vom Med., dass, wenn sie nicht etwa gar mit diesem identisch ist (so dass die angeblichen Abweichungen nur auf Irrtümern des Herausgebers beruhen würden), sie jedenfalls für dem Med. nahe verwandt, am wahrscheinlichsten für eine Copie desselben gehalten werden muss. Die Ueberlieferung dieses einzigen Codex leidet aber bekanntlich an den schwersten Schäden, und zwar rühren diese grösstenteils, wie ich in meiner Ausgabe des Agam. S. 203 — 206 erwiesen zu haben glaube, von einer starken äusserlichen Beschädigung der Urhandschrift her. Auch die Scholien, welche sich im Med. finden, tragen keineswegs durchweg zur Berichtigung des schwer verdorbenen Textes bei: sie enthalten entweder ganz aus byzantinischen Köpfen entsprungene widersinnige Deutungen verkehrter Lesarten, oder byzantinische Ueberarbeitungen älterer Scholien, die den Zweck haben die alte Anmerkung mit dem inzwischen verdorbenen Texte einigermassen in Einklang zu bringen. Zuweilen freilich ist diese Uebereinstimmung nur eine scheinbare, und in solchem Fall gelingt es wohl, durch Restitution des ursprünglichen Scholion die echte Lesart wieder zu ermitteln; auch findet sich hin und wieder noch ein wohlerhaltener Kern alexandrinischer Weisheit zwischen den tauben Nüssen byzantinischer Impotenz: aber im ganzen gewähren doch die Scholien eine nur überaus geringe Ausbeute für die Wiederherstellung des ursprünglichen Textes.

Bei dieser Verschlemmung der so spärlich fliessenden Ueberlieferung der Choephoren würde nicht die geringste Aussicht vorhanden sein in dieser Tragödie den klaren Strom äschylischer Rede wiederzugewinnen, wenn wir den Dichter und seine Ueberlieferung bloss aus den Choephoren kennten. Aber auch hier manche schwere Corruptel zu heilen gewährt uns das Studium der andren Tragödien des Aeschylos und die Vergleichung der sie überliefernden Handschriften zwei bedeutende Hülfsmittel. Das erste ist die genaue Kenntniss der tiefen aber auf wenige Objekte sich beschränkenden religiös-ethischen Speculation unseres Dichters, seiner genial erfundenen aber im wesentlichen sich immer gleichbleibenden dramatischen Technik, seines grossartigen und erhabenen und doch zugleich kindlich einfachen Stils, seines instinktiven Dranges zu einer auch bis ins kleinste Detail gehenden Symmetrie der Kola im Recitativ wie in den lyrischen Partien, seiner kerngesunden und nie verkünstelten Grammatik, endlich seiner wundervoll harmonischen aber zugleich streng einfachen und consequenten Rhythmik. Viel ist in der Aufspürung und Ergründung dieser Eigentümlichkeiten, die namentlich in den gleichzeitig geschaffenen und auf der Höhe äschylischer Vollendung stehenden drei Stücken der Orestee ein festes und constantes Gesetz befolgen, noch zu leisten übrig: aber aus dem vielen, was bereits mit Sicherheit erkannt worden ist, lässt sich schon ein bedeutender Gewinn für die Wiederherstellung der Choephoren ziehen. Das zweite Hülfsmittel aber gewährt uns die Vergleichung der Handschriften in den anderen Tragödien; wir erkennen daraus die Ursachen und die Geschichte der äschylischen Corruptelen überhaupt (vgl. meine Ausgabe des Agam. S. 203—206) und insbesondere die Eigentümlichkeit des Schreibers des Mediceus. Von diesem wissen wir also dass er ein äusserst gewissenhafter Mann gewesen ist, der mit der peinlichsten Genauigkeit jeden Buchstaben des von ihm unverstandenen Textes abgemalt, natürlich also aller selbständigen Conjecturen sich enthalten hat; zugleich aber wissen wir dass er in seinem Unverstande häufig übergeschriebene Glossen oder Conjecturen anderer, darunter selbst die leichtfertigsten (Agam. 2), als vollgültige Verbesserungen in den Text gesetzt und dadurch unvorsätzlich zur Verschlechterung der Ueberlieferung beigetragen hat (vgl. meine Ausgabe des Agam. S. 199. 200).

Bringen wir also diese beiden Hülfsmittel in strenger Methode zur Anwendung, so lassen sich, wie ich glaube, durch das einträchtige und neidlose Zusammenwirken vieler geschmackvoller Kenner des Dichters so viele Schäden in der Ueberlieferung der Choephoren heilen, dass wir in nicht allzu langer Zeit eine Herstellung des Textes erwarten dürfen, die nicht weit mehr von der ursprünglichen Gestaltung entfernt ist.

Beispielsweise soll das hier an der auch in ihrer Verstümmelung noch schönen Parodos gezeigt werden. Möge mich dabei, damit zum schönen Tage eine nicht unwürdige Gabe dargebracht werde, der Geist des Mannes begleiten, dem diese Blätter gleichsam als farbige Reflexe des von ihm ausstralenden Lichtes angehören, der durch die seltene Verbindung eindringlichster Geistesschärfe mit gewissenhaftester Genauigkeit den stolzen Wahlspruch seiner Jugend *Nil tam difficilest quin quaerendo investigari possiet* als einen κόμποc πᾶc ἀληθείαc γέμων hingestellt hat.

Bevor ich aber an die Kritik der Parodos gehe, muss ich zur Orientierung einige Bemerkungen über die Scenerie der Tragödie und über die Personen des Chors vortragen. Wie nötig diese zum Verständniss der Parodos sind, wird sich im Verlauf der Untersuchung ergeben.

Die Scenerie der Choephoren ist erst durch Hartung (Ausgabe 1853) und unabhängig von ihm, wie es scheint, durch Schönborn (Skene der Hellenen 1858) in das rechte Licht gestellt worden. Indem man früher allgemein annahm dass die im Mittelstück der Trilogie vorgeführte Lokalität sich von derjenigen im Agam. nicht unterschieden habe, dass also das ganze Drama hindurch die Hinterwand den Atridenpalast vorstelle, verwickelte man sich in unlösbare Widersprüche: denn mochte man nun mit Genelli Droysen O. Müller u. a. das Grab Agamemnons in der Thymele der Orchestra sehen, so musste man die Schauspieler gegen alles Herkommen in die Orchestra eintreten lassen, ja das ganze Stück spielte dann bis V. 638 nur in dieser, und das Logeion blieb bis dahin unerhörter Weise völlig leer; oder aber, wenn man mit Hermann das Grab an den Rand des Proskenion setzte, so blieb es unerklärlich, wie Klytämnestra dazu gekommen wäre, sich und den anderen Palastbewohnern das Grab des ermordeten so vor's Auge zu rücken, oder wie der Chor in die Orchestra gelangt sein könnte, vollends aber hätte die Ankunft des Orestes und sein Todtenopfer, seine Begegnung mit Elektra, seine Verabredung mit ihr und dem Chor, lauter Dinge, die der Königin möglichst verborgen bleiben sollten, auf keinen Fall in solche Nähe des Palastes verlegt werden dürfen. Sehr einfach dagegen löst Hartungs und Schönborns Annahme alle Schwierigkeiten. Daraus dass in der ganzen Grabesscene bis V. 638 nicht eine einzige Hindeutung auf den Königspalast als einen in der Nähe befindlichen vorkommt, dagegen von V. 638 an nirgends auf das Grab des Königs hingewiesen wird, ziehen sie den bündigen Schluss, dass in dieser Tragödie ebenso wie in den Eumeniden eine doppelte Scenerie angewandt worden sei. 'Verlegt man' sagt Schönborn mit überzeugender Einfachheit 'die Handlung des ersten Aktes (bis V. 638) in eine dem Palast fernere Gegend, dann hindert nichts dass der Chor dort seinen Abscheu vor der Greueltat ausspreche; die Scenen am Grabe erwecken keinerlei Beanstandung, und die Lage des Grabes ist so, wie man erwarten muss dass sie durch Klytämnestra werde bestimmt worden sein; dann kann es auch nicht auffallen, dass die Handlung des zweiten Aktes (der vor dem Palaste spielt) die Scenerie des ersten ignoriert.'

Darnach kann es denn nicht mehr fraglich sein[1]) dass die Scene des ersten Aktes (bis V. 638) eine öde Gegend, fern von dem königlichen Palaste, darstellt. Argos und die Atridenburg sind wohl nur auf der rechten Periakte in weiter Ferne sichtbar; Agamemnons Grab aber liegt im Vordergrunde der mit Bäumen und Gebüsch besetzten Bühne, entweder genau in der Mitte oder (wahrscheinlicher) etwas nach links hin. Dass die Gegend hügelicht sei vermutet Schönborn ohne Gründe dafür anzugeben: mir scheint für diese Hypothese namentlich der Höhenunterschied

---

[1]) Zwar Borchard in seiner commentatio de Aesch. Choeph. parodo (Berlin 1862) folgt noch in Betreff der Scenerie der Annahme Hermanns, doch fördert diese Abhandlung überhaupt in keiner Weise die Kritik und Erklärung der Parodos.

zwischen Orchestra und Bühne zu sprechen, ein Unterschied der sonst mit der Natur der Dinge nicht übereinstimmen würde.

Orestes und Pylades treten also von links her auf dem Proskenion auf, jener weiht dem Grabe seines Vaters die abgeschnittene Locke, und da er gewahrt dass von der Stadt her ein Zug von Frauen in Trauerkleidern naht, verbirgt er sich mit seinem Freunde hinter einer Baumgruppe, dem Grabmal nahe genug, um alle dort gesprochenen Worte zu hören. Darin aber irrt Schönborn, wenn er in Orestes Glauben (V. 16) dass auch Elektra dem Grabe nahe eine Täuschung sieht, in die ihn der Dichter verfallen lasse. Denn wenn Orestes sagt καὶ γὰρ Ἠλέκτραν δοκῶ cτείχειν ἀδελφὴν τὴν ἐμὴν πένθει λυγρῶ πρέπουcαν und nachher nirgends die Rede davon ist dass er sich getäuscht habe, vielmehr V. 74 Elektra wirklich da ist und zu sprechen anhebt, so ist es nicht anders möglich, als dass er seine Schwester wirklich in der Ferne gesehen hat. 'Aber' wirft Schönborn ein 'Elektra kann doch nicht während der ganzen Parodos stumm und müssig auf der Bühne verweilt haben.' Freilich kann sie das nicht, aber wie Orestes in der Ferne sie erblickt, geht sie, die in ihrem Schmerz versteinte Herrin, natürlich allein und langsam, so dass, während der Chor V. 22 im Einklang mit den raschen und stürmischen Rhythmen und mit der Leidenschaft seiner Klage schnell und eilig durch die rechte Parodos hereinzieht, Elektra erst gegen das Ende des Chorliedes langsam und feierlich durch den rechten Seiteneingang der Bühne an das Grab Agamemnons herantritt und sich in stummem Schmerze an die Stufen desselben setzt.

Ob der Chor aus zwölf oder fünfzehn Personen besteht, darüber hat sich mir bisher aus der Tragödie selbst noch kein sicheres Indicium ergeben; da er aber im Agamemnon, wie ich in meiner Ausgabe erwiesen habe, zwölf Personen zählt, so kann ich mich nicht mit O. Müller (Eum. S. 79) überreden dass die Frage über die Zahl der Choreuten in den Choephoren und den Eumeniden noch eine offene sei: der Sinn für jenes Ebenmass, welches wir bei unserem Dichter auch im unbedeutendsten Detail finden, würde ihm schwerlich erlaubt haben, innerhalb derselben Trilogie, welche in den lyrischen Partien der drei Tragödien einen einheitlichen rhythmischen Charakter bewahrt, eine buntscheckige Gestaltung der Chorfiguren vorzuführen. Demnach bin ich sehr geneigt zu glauben dass der conservative Aeschylos, wenn er auch der notwendigen Fortentwicklung der dramatischen Technik insoweit folgte, dass er die Dreizahl der Schauspieler annahm, dennoch auf die nicht wesentliche sondern nur dem Auge schmeichelnde Neuerung des Sophokles, fünfzehn Choreuten vorzuführen, überall gar nicht eingegangen ist, sondern bis zu Ende sich mit zwölf Choreuten für jede Tragödie begnügt hat. Demnach würde das Scholion zu Eum. 575 — πολλαὶ μέν ἐcμεν] τοῦτο οὐ πρὸc τὰc τρεῖc ἀλλὰ πρὸc τὸν χορόν· ιε΄ γὰρ ἦcαν — auf einem leicht begreiflichen und entschuldbaren Irrtum beruhen, wie das Scholion zu Arist. Rittern 586 in Bezug auf den Chor im Agamemnon sicherlich eine falsche Angabe macht.

Dass der Chor aber nicht, wie man früher gemeiniglich annahm, aus gefangenen Troerinnen besteht, hat Weil in seiner Ausgabe S. 4 lichtvoll dargetan. Da der Dichter selber die Frauen auf Troja oder auf Kassandras Weissagungen nirgends hinweisen lässt, so dürfen wir ihm nicht eine Fiction unterlegen, die, wenn er sie gehabt hätte, schlecht von ihm benutzt worden wäre. Dazu kommt dass V. 165 die Frauen sich ausdrücklich als Greisinnen bezeichnen, und doch waren seit der Einnahme Trojas, bei der natürlich nur blühende Jugend gefangen genommen war, erst sieben Jahre vergangen. Endlich aber hätte aus dramatischen Rücksichten der Dichter die Frauen gar nicht als Troerinnen darstellen dürfen; er hätte sich damit des höchst wirksamen Motivs, dass der Chor so warme Anhänglichkeit für Agamemnon und seine Kinder fühlt, völlig beraubt: denn wie hätten Troerinnen für den Zertreter ihrer Stadt Liebe hegen können? Wir haben uns also zu beruhigen bei dem, was Aeschylos selbst über die Choreuten sagt: es sind greise Frauen, die, vor sehr langer Zeit aus eroberten hellenischen Städten in die Sklaverei geführt, an dem Schicksal des Herscherhauses denjenigen warmen Anteil nehmen, den lange Gewöhnung und alte Gemeinsamkeit der Leiden und Freuden zu erzeugen pflegen.

Die erste Strophe lautet nun nach dem Med. :

>   ἰαλτὸς ἐκ δόμων ἔβη
>   χοὰς πρόπομπος ὀξύχειρι cυνκύπτωι·
>   πρέπει παρηὶς φοινιccαμυτμοῖc
>   ὄνυχος ἄλοκι νεοτόμῳ,   25
>   δι᾽ αἰῶνος διοιγμοῖcι βόcκεται κέαρ.
>   λινοφθόροι δ᾽ ὑφαcμάτων
>   λακίδες ἔφλαδον ὑπ᾽ ἄλγεcι
>   πρόcτελνοι cτολμοὶ πέπλων ἀγελάcτοις
>   ξυμφοραῖc πεπληγμένων.   30

Aber schon im ersten Verse hätte man sich nicht mit Turnebus ἰαλτὸς und Robortellis ἔβην oder Dindorfs ἔβαν zufrieden geben dürfen. Die ganze Situation fordert dass der Chor, wie regelmässig in der Parodos geschieht, seine Bedeutung dem Zuhörer offenbare; da man nun aber nicht sehen kann, woher er kommt, sondern der Zuschauer aus Orestes Worten nur weiss dass der aufgeschüttete Hügel Agamemnons Grab ist, so muss der Chor sogleich hervorheben dass er vom Hause dem königlichen Grabe nahe. Also muss δόμων hervorgehoben, das beiläufige ἰαλτὸς dagegen in die Mitte genommen werden. Demnach ist zu vermuten dass Aeschylos geschrieben hat δόμων ἰαλτὸς ἐξέβαν (die zwei Male, wo ἐκβαίνω sonst bei unserem Dichter vorkommt, Ag. S73 und 998, ἔκβαιν᾽ ἀπήνης τῆcδε, ist es gerade so construiert), und was wir im Med. lesen, ist nichts anderes als die ganz unverdorben überlieferte Schollasten-umschreibung [φηcὶν ὅτι] ἰαλτὸς ἐκ δόμων ἔβη, die, weil sie metrisch pas-

send war, in den Text geriet. Dass aber die Scholiasten es nicht unter
ihrer Würde gehalten haben Strukturen wie δόμων ἐξέβαν zu umschreiben,
illustriert Heimsoeth (die Wiederherstellung der Dramen des Aesch.)
durch genügende Beispiele. Eine merkwürdige Bestätigung meiner Vermutung
wird sich aus der Betrachtung der Gegenstrophe ergeben.

Im Folgenden ist der Accent von πρόπομπος von Victorius gebessert;
aber χοὰς προπομπὸς ist eine grammatische Unmöglichkeit, die von Hermann
nicht so hätte verteidigt werden dürfen, als ob der Acc. von dem
Adj. abhienge: nie kann ein solches die verbale Kraft so behalten, dass es
wie das Verbum mit einem wirklichen äusseren Objekt verbunden werden
dürfte (vgl. meine Ausg. des Agam. S. 374). Victorius liest χοᾶς, doch
würde dieser Singular gegen den constanten Gebrauch der Tragiker verstossen.
Hermann schreibt daher nach Casaubonus χοᾶν, und diese Aenderung
würde, wie wenig sie auch diplomatisch wahrscheinlich ist, als
sprachlich richtig sich empfehlen, wenn nicht die ganze Situation des
Chors zu einer viel einfacheren Emendation führte. Man bedenke dass
die greisen Frauen des Chors nicht selbst die Spenden zu vollziehen haben,
sondern dies einzig und allein der Elektra zukommt, wie V. 77 deutlich
zeigt: die Frauen geleiten also nicht jetzt schon die Spenden mit
lauter Wehklage, sondern indem sie die langsam nachfolgende Fürstentochter
erwarten, sind sie hier für das Todtenopfer, sie sollen dies erst
bedienen. Es ist also mit leichtester Aenderung zu schreiben χοαῖς und
dieser Dativ ist an ἐξέβαν heranzuziehen: 'ich gieng aus dem Todtenopfer
zuliebe'. Die Choen sind als sinnlich belebt zu denken, gerade wie es
Ag. 96 heisst λαμπὰς ἀνίσχει φαρμασσομένη — πελάνῳ μυχόθεν βασιλείῳ
'für den köstlichen Opferfladen'.

Ob nun aus dem handschriftlichen cυνκόπτωι herzustellen ist cὺν
κτύπῳ (Arnaud Hermann) oder cὺν κόπῳ (Pauw Dindorf Weil), wage ich
nicht zu entscheiden; auch ist es unwesentlich, ob der Schlag hier genannt
wird oder der durch den Schlag hervorgebrachte Schall: die Erklärung
des Scholiasten cὺν κοπετῷ scheint für κόπῳ zu sprechen, aber viel zu
viel behauptet Weil, wenn er dies 'vocem huic loco unice aptam' nennt;
heisst es doch Eurip. Ilik. 87 τίνων γόων ἤκουcα καὶ cτέρνων κτύπον
und Phön. 1351 λευκοπήχεις κτύπους χεροῖν. Im Zweifel folge ich demnach
den Schriftzügen des Med. und lese cὺν κτύπῳ.

Der dritte Vers ist im Med. verdorben, doch glaubte man seit Stanley
das echte gefunden zu haben in πρέπει παρηὶς φοινίοις ἀμυγμοῖς, einer
katalekt. iamb. Hexapodie, wie auch die Gegenstrophe sie gibt. Allein
Hermann behauptet mit vollstem Recht dass, weil in der ganzen Parodos
nur reine Iamben vorkommen, auch hier der Spondeus im dritten Fuss
nicht geduldet werden kann. Gerade der Sturm der Klage fordert dass
die Iamben 'wie rasche Pfeile' dahinfliegen. Wenn er aber nun selber
schreibt πρέπει παρῇcι φοίνιος διωγμός 'conspicua est in genis cruenta vis
unguium', so legt er dem Worte διωγμός eine Bedeutung bei, die es

nicht haben kann, und πρέπει müsste in dieser Verbindung nach äschylischem Gebrauch heissen 'es ziemt den Wangen'. Dies spricht auch gegen Rossbachs Conjectur (die bereits früher von Hartung vorgebracht war) πρέπει παρῇcι φοινίοιc ἀμυγμός. Der überlieferte Nom. παρηίc ist also vollkommen richtig; vgl. V. 12 τίc ποθ' ἥδ' ὁμήγυριc cτείχει γυναικῶν φάρεcιν μελαγχίμοιc πρέπουcα und V. 18 ἀδελφήν τήν ἐμήν πένθει λυγρῷ πρέπουcαν und Sieben 117 ἑπτά δ' ἀγήνορεc πρέποντεc cτρατοῦ δορυcόοιc cάγαιc. Auch ist der überlieferte Dativ ἀμυγμοῖc nicht anzutasten. Das beweisen die folgenden Worte. Denn da es V. 26 heisst δι' αἰῶνοc δ' ἰυγμοῖcι (nach Canters evidenter Emendation) βόcκεται κέαρ, so können diese bisher noch nicht genügend erklärten Worte, die mit der officiellen Trauer der Choephoren gar nichts zu thun haben, nur so die rechte Deutung finden, dass sie, wenn auch in poetischer Diction aus der Syntaxis als selbständiger Satz herausgelöst, logisch doch als dem vorhergehenden untergeordnet gefasst werden. Die Frauen sagen also: 'die Wange erscheint blutig von Rissen, eben gegrabener Nägelfurche, während das Herz freilich zeitlebens sich von Weh nährt.' Sie unterscheiden also die jetzige officielle Trauer von dem Weh, das sie immer tragen, und in chiastischer Zuspitzung der Gegensätze entspricht dem νεοτόμῳ sogleich δι' αἰῶνοc, während dem entfernteren ἀμυγμοῖc das folgende ἰυγμοῖcι gegenübersteht. Da also dieser Gegensatz durch den Chiasmus und den Gleichklang der Wörter vom Dichter so deutlich hervorgehoben ist, so ist auch der Dativ ἀμυγμοῖc unzweifelhaft echt. Endlich ist das Asyndeton, welches πρέπει παρηίc einführt (freilich haben sich die bisherigen Interpreten nicht darum bekümmert), durchaus nicht anstössig: es ist summativ ('also blutet die Wange') und als solches sehr schön, indem es die Hast des leidenschaftlichen Schmerzes ausdrückt. So bleiben als verdächtig nur die das Metrum störenden Buchstaben φοίνιcc, aber dies hat der peinlich sorgfältige Schreiber des Med. nicht aus φοινίοιc, sondern, wie auch der Accent beweist, aus φοίνιοc herausgelesen. Vergleichen wir nun aber V. 12, wo der Scholiast πρέπουcα durch κοcμηθεῖcα erklärt, offenbar um den Dativ bei πρέπειν 'in die Augen fallen durch etwas', der dem Aeschylos so eigentümlich ist, zu mildern, so kann es auch nicht zweifelhaft sein, dass φοίνιοc eine nur übergeschriebene Glosse ist, die den mit Attribut versehenen Dativ ἀμυγμοῖc erklären sollte, vom Schreiber des Med. aber als Verbesserung aufgefasst ward und so das zu ἀμυγμοῖc gehörige Adj. verdrängte. Aeschylos schrieb also wohl πρέπει παρηίc ἀγρίοιc ἀμυγμοῖc 'auf der Wange sind wütende Risse zu sehen'; wenigstens wird es schwer halten, einen passenderen Ersatz für das unleugbar verloren gegangene Adj. zu finden. An dieses ἀγρίοιc ἀμυγμοῖc schliesst sich nun vortrefflich die Apposition ὄνυχοc ἄλοκι an, während die Conjecturen Hermanns und Rossbachs die wunderliche Verbindung von 'Rissen mit der Nägelfurche' geben würden.

Im nächsten Satze schreibt Porson richtig ὑπ' ἄλγεcιν, und Turnebus stellt aus πρόϲτέλνοι den richtigen Begriff πρόϲτερνοι her. Auch erklärt Hermann λινοφθόροι ὑφαϲμάτων sehr gut durch φθείρουϲαι τὰ τῶν ὑφαϲμάτων λίνα, aber wenn er weiter λακίδεϲ λινοφθόροι ὑφαϲμάτων als Prädikat zu πρόϲτερνοι ϲτολμοί fasst 'das Brustgewand zerriss zu gewebefädenverderbenden Fetzen', so lässt sich für Kenner des Aeschylos zuversichtlich behaupten dass der Dichter nicht so pretiös das umfangreiche Prädikat dem Subjekt vorangestellt hätte, wenn nicht auf dem letzteren ein gewaltiges Gewicht ruhen sollte. Ein solches Gewicht aber können die πρόϲτερνοι ϲτολμοί nicht vertragen, also ist die von Hermann angenommene Struktur unstatthaft. Namentlich aber ist πέπλων ξυμφοραῖϲ πεπληγμένων nicht zu dulden. Denn, wie Hartung treffend bemerkt, bei Schmerzensschlägen der Trauer trifft man doch nicht das Kleid, sondern den Leib, und ohnehin wird πλήϲϲειν von solchem *planctus* nicht gebraucht: in den letzten Worten müsse also, meint Hartung, der Grund der Trauer im allgemeinen angegeben sein, und es sei zu schreiben δόμων ἀγελάϲτοιϲ ξυμφοραῖϲ πεπληγμένων. Hierin folgt ihm Heimsoeth (die Wiederherstellung S. 298), aber weiter sieht dieser dass vorher zu lesen ist προϲτέρνων ϲτολμῶν (abhängig von λακίδεϲ) und dass gerade zu dieser echten Lesart jenes πέπλων übergeschriebene Glosse ist, die in den Text geraten das rhytbmisch nun überhängende δόμων verdrängt hat. Diese Entdeckung wird glänzend bestätigt durch die unverständige Lesart des Med. πρόϲτέλνοι ϲτολμοί: denn der doppelte Accent über dem ersten Worte beweist nach vielen Analogien dass der Schreiber des Med. in seinem Original gefunden hat πρόϲτέλνων ϲτολμων: ein Gelehrter hatte, da ϲτολμῶν neben der eingedrungenen Glosse πέπλων nicht zu ertragen war, über die Genetivendungen ein οι gesetzt und demgemäss das erste Wort zum Proparoxytonon gemacht ohne den schon vorhandenen Accent zu radieren, der Schreiber des Med. aber nahm in seiner Einfalt beide Accente als richtig an. — Hat nun aber auch Heimsoeth, der von Hartung gefundenen Spur folgend, den vom Dichter gegebenen Gedanken entschieden richtig hergestellt, so ist es doch zu verwundern, dass er sich mit dem unmetrischen δόμων, das dem Spondeus der Gegenstr. nicht entspricht, begnügt hat: natürlich ist dafür οἴκων zu lesen. Demnach lautet der Schluss der Strophe: λινοφθόροι δ' ὑφαϲμάτων | λακίδεϲ ἐφλαδον ὑπ' ἄλγεϲιν | προϲτέρνων ϲτολμῶν, οἴκων ἀγελάϲτοιϲ | ξυμφοραῖϲ πεπληγμένων. Der dumpfe Gleichklang der Endung —ων im vorletzten Verse ist nicht nur nicht unschön, sondern er malt das Grauen des Chors bei dem Gedanken an das nächtliche Gespenst, das die Atridenburg heimsucht. Vgl. Agam. 1292—94 und 1298—1300. Ist nun aber, wie Kenner des Aeschylos zugeben müssen, die Hand des Dichters hiermit hergestellt, so leuchtet sofort ein dass das Scholion τὸ ἑξῆϲ, οἱ δὲ ϲτολιϲμοὶ τῶν ὑφαϲμάτων πρὸϲ τοῖϲ ϲτέρνοιϲ λινοφθόροι λακίδεϲ ἐρράγηϲαν erst sehr späten byzantinischen Ursprungs ist und wahrscheinlich erst dem

Gelehrten, der die Conjectur πρόcτερνοι cτολμοί vorbrachte, seine Entstehung verdankt.

Die Gegenstrophe lautet nach dem Med.:

> τορὸc γὰρ φοῖβοc ὀρθόθριξ   31
> δόμων ὀνειρόμαντιc ἐξ ὕπνου κότον
> πνέων ἀωρόνυκτον ἀμβόαμα
> κε
> μυχόθεν ἔλαχε περὶ φόβῳ,
> γυναικίοιcιν ἐν δώμαcιν βαρὺc πιτνῶν.   35
> κριταὶ τῶνδ' ὀνειράτων
> θεόθεν ἔλαχον ὑπέγγυοι
> μέμφεcθαι τοὺc γᾶc νέρθεν περιθύμωc
> τοῖc κτανοῦcί τ' ἐγκοτεῖν.

Hierin wird also ausgeführt, worin die ξυμφοραὶ οἴκων bestehen, aber wie deutlich auch der Gedanke hervortritt, dass Klytämnestras Gewissensangst ihr schreckliche Träume eingeflösst und sie in einem solchen einen gellenden Schrei ausgestossen hat, so fehlt doch noch sehr viel, dass die Hand des klaren und korrekten Dichters wiederhergestellt wäre. Aus v. 31 machte Heath, um die nötige iambische Tetrapodie wiederherzustellen, τορὸc γὰρ ὀρθόθριξ φόβοc, aber Hermann fertigt diese Conj. richtig mit der Bemerkung ab, dass mit diesem φόβοc das sogleich folgende περὶ φόβῳ sich nicht verträgt. Wenn er aber selber nach Bamberger mit Entschiedenheit behauptet, Aeschylos habe geschrieben τορὸc δὲ φοῖτοc ὀρθόθριξ, so beweist schon das für γάρ gesetzte δέ dass er sich irrt: eben das überlieferte γάρ gibt, nachdem am Schluss der Strophe die ξυμφοραὶ οἴκων erwähnt sind, die einzig passende, ja notwendige Anknüpfung der Gegenstrophe. — Nach der Bemerkung des byzantinischen Scholiasten ἐκ τῶν τῆc καρδίαc μυχῶν περιccῶc τῷ φόβῳ ἀναλακεῖν καὶ βοῆcαι τὴν Κλυταίμνηcτραν ἐποίηcεν ὁ cαφὴc φόβοc δι' ὀνείρων μαντευόμενοc ist es evident dass er gelesen hat τορὸc γὰρ φόβοc ὀρθόθριξ, dass aber der Schreiber des Med. in seinem Original über φόβοc ein οι gefunden hat, woraus er, seinem System getreu, dann φοῖβοc machte. Diese Spur hat Schneidewin (Göttinger gel. Anz. 1842 S. 13) auf das vom Dichter gegebene Wort geführt: statt φοῖβοc oder φόβοc setzt er richtig οἶcτροc, sich auf Hesychios Glosse οἶcτροc .... φόβοc berufend. Das ist, wie auch der Scholiast zu Soph. Ant. 989 οἴcτρῳ durch μανία erklärt, der einzig hier passende Begriff: der Wahnsinn des verstörten Gewissens, aber als dämonisches Wesen gedacht, wirft sich Nachts mit aller Wucht auf Klytämnestra und presst ihr den Angstschrei aus. Aber eben weil er sich, wie die Dämonen pflegen (Ag. 1134), auf das Weib stürzt und nach des Dichters Vorstellung den Schrei von ihr erzwingt, so muss er als Person gefasst und Οἶcτροc geschrieben werden. Dazu passen nun vortrefflich die individuellen Züge ὀρθόθριξ, ὀνειρόμαντιc, ἐξ ὕπνου κότον πνέων: der Dämon der wahnsinnigen Angst trägt selber gesträubtes Haar, weissagt durch Träume (vgl. V. 917), schnaubt selbst im Schlafe noch Zorn.

Aber durchaus nicht stimmt τορός dazu. Weder der Begriff 'durchdringend' noch 'hell' oder 'deutlich' vereinigt sich mit dem Wahnsinnsdämon. Des Scholiasten ὁ σαφὴς φόβος beweist allerdings dass er schon τορός gelesen hat, aber seine unhaltbare Erklärung ist überhaupt nur byzantinische Ueberarbeitung eines älteren Scholion, welches an dieser dunklen Stelle der Nachwelt das Licht ansteckte, dass hier von Klytämnestras Angst die Rede sei. Wären die Buchstaben τορός echt, so müsste jedenfalls τορῶς geschrieben und dies mit μυχόθεν ἔλακε verbunden werden; aber jeder sieht, wie unmotiviert diese Trennung der eng zusammengehörigen Begriffe wäre. Ich muss daher τορός für durchaus corrupt halten. Aber es gibt auch noch andere Indicien dafür dass hier schwere Zerrüttungen stattgefunden haben. Nach der jetzigen Versabteilung müsste πνέων, zu Anfang der neuen Zeile stehend, aber dem Sinne nach zur vorhergehenden gehörig, auf das stärkste betont werden (in diese Stelle bringt jeder echte Dichter nur ein auf das mächtigste hervorzuhebendes Wort), aber das wäre hier völlig ungereimt, nicht einmal κότον könnte diese starke Betonung vertragen. Ausserdem ist in der Strophe am Ende der zweiten Zeile eine schwache Interpunktion; des Dichters Sinn für genaue Symmetrie macht es also höchst wahrscheinlich dass er in der Gegenstrophe dieselbe kleine Pause statuiert hat. Nach diesen Indicien vermute ich dass der Dichter geschrieben hat δόμων γὰρ Οἶστρος ὀρθόθριξ | ὀνειρόμαντις, ἐξ ὕπνου κότον πνέων κτλ. Dass δόμων so vorantritt, erklärt sich aus der Situation des Chors: er weist auf den in weiter Ferne sichtbaren Palast hin und sagt: 'denn dieses Hauses eigentümlicher Traumprophet, der Wahnsinn'. Zugleich bestätigt diese Emendation meine Voranstellung von δόμων in V. 22. Aber, fragt man, woher das überlieferte τορός? Es erklärt sich einfach aus der Schreibung δόμων γὰρ οἶστρος mit übergeschriebener Glosse φόβος. Man las daraus irrtümlich δόμων γὰρ οι τορος und schrieb nun, die Glosse in den Text ziehend, δόμων γὰρ φόβος τορός, die ganz unverstandenen Buchstaben οι aber setzte man wieder (wie von solcher Umkehrung die Handschriften die vielfältigsten Beispiele geben) über φόβος. Ein silbenzählender Metriker stellte daraus dann τορος γὰρ φοβος ὀρθόθριξ | δόμων her, und indem er das letzte Wort in den folgenden Vers zog, musste πνέων in den dritten hinüberwandern und hier die vielleicht verblichenen Anfangssilben verdrängen.

Denn es fehlt jedenfalls V. 33 ein eigenes Verbum, von dem das Objekt ἀμβόαμα abhängen könnte. Man construiert zwar gewöhnlich: οἶστρος ἀμβόαμα μυχόθεν ἔλακε περὶ φόβῳ, aber von dem Dämon kann es nicht heissen dass er vor Angst geschrieen habe, dies Prädikat könnte nur auf Klytämnestra passen. Die Worte μυχόθεν ἔλακε περὶ φόβῳ dürfen also nur als Parenthese, wie Aeschylos solche so gern in einem eige-

nen Verse einschiebt, aufgefasst werden: 'er (der Schrei) ertönte vor
Angst aus dem Schlafgemach der Königin.' Denn dass unter μυχόθεν
der μυχὸς θαλάμου zu verstehen ist und der byzantinische Scholiast mit
seiner Erklärung ἐκ τῶν τῆς καρδίας μυχῶν sich schwer irrt, bezweifelt
heute wohl niemand mehr; zu περὶ φόβῳ vgl. Perser 697 περὶ τάρβει.
Es fehlt demnach zum Subjekt οἶςτρος ein Verbum, das vielleicht in
ἔκλαγε' gefunden ist: bei Aeschylos und Pindar hat dies Wort häufig die
Bedeutung 'ertönen lassen'. So schreibe ich, Victorius Verbesserung γυναικείοιcιν annehmend und den Accent in πιτνῶν verbessernd, die erste
Hälfte der Gegenstrophe: δόμων γὰρ Οἶcτρος ὀρθόθριξ | ὀνειρόμαντις, ἐξ
ὕπνου κότον πνέων, | ἔκλαγΕ' ἀωρόνυκτον ἀμβόαμα | — μυχόθεν ἔλακε
περὶ φόβῳ — | γυναικείοιcιν ἐν δώμαcιν βαρὺc πιτνών. Bleibt hierin auch
namentlich die Ergänzung von ἔκλαγΕεν unsicher, so haben wir jetzt doch
äschylische Gedanken in klassischer Form: 'denn des Hauses Traumprophet, der Dämon des Wahnsinns, der auch im Schlafe noch Grimm
schnaubt, liess einen mitternächtigen Schrei ertönen (dieser erscholl vor
Angst aus dem Schlafgemach der Königin), indem er wuchtig sich auf die
Frauenwohnung stürzte.' Die δώματα können nicht γυναικεῖα genannt
sein, weil sie, wie der Scholiast sagt, ἐςτερημένα τοῦ κουριδίου ἀνδρός
seien, sondern die Worte bezeichnen einfach die Frauenwohnung, in deren Mitte der Thalamos lag, so dass der Chor V. 517 von dem Traum Klytämnestras und ihrem Entsetzen sagen kann: οἶδ', ὦ τέκνον, παρῆ γάρ.

V. 36 verlangen Sinn und Rhythmus gebieterisch die Einschaltung
von δέ nach κριταί (so Schütz, Porson schreibt weniger gut κριταί τε).
Aber ἔλαχον hätte man nicht so allgemein nach Turnebus Conj. in ἔλα-
κον verwandeln sollen: der gefeilte Dichter hätte sicherlich nicht nach
dem eben vorhergegangenen ἔλακε dasselbe Verbum gebraucht. Aber zu
rechtfertigen weiss ich ἔλαχον nicht, die orakelhafte Note R. Merkels
(im Programm von Schleusingen 1863) 'das ἔλαχον der Handschrift möchte
nicht zu ändern, sondern auf ein Würfelorakel zu deuten sein' gibt mir
durchaus kein Licht, und so zweifle ich kaum dass ἔλαχον ein höchst
einfacher Schreibfehler für ἔχανον ist. χανεῖν bezeichnet eben das feierliche Sagen, das hier zu dem Inhalt von V. 38 und 39 vortrefflich stimmt;
vgl. Arist. Wespen 342 τοῦτ' ἐτόλμης') ὁ μιαρὸς χανεῖν ὁ δημολογοκλέων;
und Soph. Aias 1206 cὲ δὴ τὰ δεινὰ ῥήματ' ἀγγέλλουcι μοι τλῆναι καθ'
ἡμῶν ὧδ' ἀνοιμωκτὶ χανεῖν: An beiden Stellen erklärt es der Scholiast
durch εἰπεῖν.

Bis zu Ende der Gegenstrophe hängt nun alles vortrefflich zusammen,
ein Gedanke folgt mit Notwendigkeit aus dem anderen. Aber hier beginnt eine grosse Verwirrung. Unmittelbar nachdem vom Zorn der Todten
die Rede gewesen ist (V. 39), sollte der Chor fortfahren τοιάνδε χάριν
ἄχαριν .... μωμένα μ' ἰάλλει δύcθεος γυνά? Unmöglich. Es ist noch
von keinem Mittel zur Beschwichtigung der Todten gesprochen, das τοιάνδε hat also gar keine Beziehung im vorhergehenden. Zuerst, soviel

ich weiss, macht Merkel a. a. O. S. 2 auf diesen Mangel, der jedem sogleich auffallen müsste, aufmerksam, aber seine Interpretation von τοιάνδε χάριν durch 'deswegen' ist aus vielen Gründen falsch: es bleibt der klaffende Riss zwischen V. 39 und 40. — Und merkwürdig: nachdem am Schluss von Antistr. β' V. 53—56 vom Walten der Gerechtigkeit die Rede gewesen ist, dass sie die einen früh, die anderen spät ereile, womit sich der Chor offenbar die tröstliche Aussicht auf den endlich doch unvermeidlichen Fall der Mörder eröffnet, folgen nun, wo wir bei dem Blick in die Zukunft eben beruhigt sind, die gleichsam wie ein Erinyenpäan klingenden Worte δι' αἵματ' ἐκποθένθ' ὑπὸ χθονὸς τροφοῦ κτλ. V. 58—65, die von der Unsühnbarkeit der Blutschuld in so leidenschaftlich stürmischen Rhythmen reden, dass es des Hörers Mark erschüttert. Und da wir eben in diesen Wirbelsturm der Empfindung hineingerissen worden sind, folgt in der Epodos ganz unmotiviert die fast nüchterne Reflexion des Chors über sein eigenes Loos. In der That, das ist ein Auf- und Abwogen des Gefühls und ein Durcheinander der Gedanken, wie es von Aeschylos nicht herrühren kann. Hier hat eine überaus schwere Corruptel stattgefunden. Aber alle Schwierigkeiten sind mit einem Schlage gehoben, wenn wir das dritte Strophenpaar vor das zweite stellen. Dann folgt auf die Erwähnung vom Zorn der Manen der Todten (V. 39) unmittelbar der Erinyenpäan von der aus dem Blut des Ermordeten erstehenden Rache, die unablässig den Mörder von Schuld zu Schuld treibt und durch alle Ströme der Erde, die als Spenden fliessen, nicht gesühnt werden kann (V. 65). Daran schliesst sich dann klar und sicher τοιάνδε χάριν (V. 40), 'eine solche Gunst' d. h. 'eine ebenso vergebliche Abwaschung der Schuld durch Todtenopfer', und nachdem der Chor sich bei dem Gedanken an das Walten der Dike beruhigt hat (wie auch Agam. 235 und 741 der Chorgesang jedesmal mit einem Hinblick auf Dike schliesst), erzählt er in einfacher Weise, warum er wider Willen diese χάρις ἄχαρις dem Todten dennoch bringe. So hängt alles aufs schönste zusammen, und zugleich ist in Bezug auf formelle Symmetrie viel gewonnen: die kurzen, aber furchtbaren Inhalt kündenden Strophen V. 58—65 bilden nun das Centrum des ganzen Gesanges, vorgetragen im Stand um die Thymele, und sind eingefasst von zwei einander ganz ähnlich gebauten und gleich langen Strophenpaaren, welche die Märsche um die Orchestra begleiten. Die Strophen des ersten Paars zerfallen in je 5 und 4, die des letzten in je 4 und 5 Verse.

Die Vorteile der von mir empfohlenen Umstellung sind, wie mir scheint, so einleuchtend, dass man selbst dann auf sie eingehen müsste, wenn auch die Ueberlieferung der Choephoren im ganzen die gesündeste wäre. Nun aber krankt sie anerkanntermassen an den schwersten Fehlern, und noch dazu trägt sie in sich selber ein merkwürdig sicheres Kriterium für die von mir statuierte Corruptel. V. 58—65 sind nämlich so verdorben auf uns gekommen, dass erst Erfurdt sie in Strophe und

Gegenstrophe geschieden hat, in den früheren Ausgaben wurden sie mit zur Epodos gezogen. Aber gerade dieser Mangel an Responsion in der Ueberlieferung erklärt, warum die Byzantiner diese Verse 58—65 nicht hinter V. 39 gelassen haben: natürlich glaubten sie hier nicht eine Mesodos annehmen zu dürfen, und so schoben sie den scheinbar responsionslosen Teil an die Epodos heran. Wie zum Ueberfluss aber wird meine Emendation vollends bestätigt durch den wunderbaren Vers τοὺϲ δ' ἄκραντοϲ ἔχει νύξ, den der Med. aus V. 57 hinter V. 61 wiederholt. Noch niemand hat diese Wiederholung, die trotz dem Scholion τοῦτο ὥϲπερ ἐπᾳδόμενόν ἐϲτι so abgeschmackt wie möglich ist, genügend erklärt: aber aus meiner Emendation leuchtet sofort die Entstehung dieses ungehörigen Zusatzes ein. Als die Verse 58—65 noch an ihrem Platze hinter V. 39 standen, schrieb ein Byzantiner an den Rand der Mitte dieser Partie die Worte τοὺϲ δ' ἄκραντοϲ ἔχει νύξ, um zu bezeichnen dass sie hinter diesen V. 57 gehöre, ebenso schrieb er wohl hinter V. 57 δι' αἵματ' ἐκποθένθ' ὑπὸ κτλ.: der folgende Abschreiber aber, vielleicht der Urheber des Med., jenes Gelehrten Intention ausführend, versetzte zwar die Verse 58 —65, aber mit dem an V. 61 haftenden Anhängsel, zu welchem die Note τοῦτο ὥϲπερ ἐπᾳδόμενόν ἐϲτι wohl erst von anderer Hand hinzugefügt ward.

So glaube ich denn dass kaum ein Zweifel mehr übrig bleiben kann über die richtige Stellung der Verse 58—65, und um den Gedankengang des Dichters in sicherem und klarem Fortschritt zu verfolgen, behandle ich jetzt zunächst diese schwer verdorbene Partie. Die Strophe lautet im Med.:

   δι' αἵματ' ἐκποθεν ὑπὸ χθονὸϲ τροφοῦ
   τίταϲ φόνοϲ πέπηγεν οὐ διαρρύδαν·
   διαλγὴϲ ἄτη διαφέρει   60
   τὸν αἴτιον παναρκέταϲ νόϲου βρύειν.

Hierin ist von Schütz mit Sicherheit ἐκποθεν in ἐκποθένθ' verwandelt (dass im Urcodex das letzte θ nur durch äusserliche Beschädigung verloren gegangen ist, beweist das Fehlen des Accents im Med., der sonst gerade in Bezug auf die überlieferten Tonzeichen eine ängstliche Sorgfalt bewährt: die Beschädigung hatte offenbar auch den Acut des Wortes verwischt), ebenso διαρρύδαν von Lobeck in διαρρύδαν. Aber wenn man nun erklärt: 'infolge des von der Mutter Erde aufgesogenen Blutes gerinnt unvertilgbar ein Blutfleck als Rachemal', so thut man nicht nur dem Worte τίταϲ, das durchaus auf eine Person gehen muss, Gewalt an, sondern auch φόνοϲ könnte nie die hier ihm vindicierte Bedeutung 'Blut' haben. Denn so oft auch φόνοϲ metonymisch für den Begriff 'Blut' gesetzt wird, so heisst es doch immer nur 'Mord': nie aber könnte 'ein rächender Mord' für 'ein rächendes Blutmal' gesetzt werden. Aber auch der ganze Gedanke taugt nichts: man hat sich zu seiner Anerkennung wohl durch die mittelalterlich-deutsche Vorstellung bewegen lassen, dass ein von Mord herrührender Blutfleck auf dem Estrich nie weggewaschen werden könne. Aber infolge des von der Erde aufgesogenen Blutes gerinnt nicht ein Mal: zu diesem Zweck müsste das Blut eben nicht aufgesogen sein, sondern als Lache auf dem harten Boden stehen, ja selbst dann würde der Regen sie verwaschen. Und wollte man auch diesen handgreiflichen Widerspruch zwischen ἐκποθέντα und dem Rachemal für zu spitzfindig erklären, so wäre dennoch der Gedanke nicht äschylisch: der unvertilgbare Blutfleck kann wohl ein unverlöschliches Andenken an den Mord sein, aber nie ein Rächer desselben. Ohne Frage ist also das Wort φόνος corrupt (wie denn auch Heimsoeth S. 348 τίτας φόνου vermutet), aber die Heilung ergibt sich von selber aus der Erklärung der Corruptel. In den Text ist das Wort aus einem Scholion gekommen, das wir zu dem folgenden διαλγὴς ἄτα lesen: τοῦτ' ἐcτὶν ὁ φόνος. Aber unmöglich kann hier das Lemma richtig sein, nie hätte jemand διαλγὴς ἄτα so positiv durch φόνος erklären können: das Scholion gehört vielmehr zu τίτας mit dem verloren gegangenen Wort, für das sich φόνος einschlich. Wir haben also einen Begriff zu suchen, der in Verbindung mit τίτας zur Not durch φόνος erklärt werden konnte und der zugleich zum Verbum πέπηγεν passt. Nach allgemeinem Volksglauben der Griechen entstand aus dem Blut des Erschlagenen ein Rachedämon, der den Mörder verfolgte (vgl. Ukert über Dämonen, Heroen und Genien S. 169—70): an unserer Stelle deutet also der Umstand dass die Erde τροφός heisst klar darauf hin, dass zu einem solchen Rachedämon durch die aufgesogenen Blutstropfen, gleichsam den Samen des Mordes, ein Keim im Schooss der Mutter Erde entstand. Und zu diesem Begriffe des Rächerkeimes (τοῦτ' ἐcτὶν ὁ φόνος) stimmt ausgezeichnet πέπηγεν οὐ διαρρύδαν: die Blutstropfen, der Same, krystallisieren sich gleichsam zu einem Rächerembryon. Wie hier die Erde als Nährerin des Keimes τροφός heisst, so wird von der Aphrodite, welche im Schaum des Meeres entsteht, der Ausdruck τῷ δ' ἐνὶ κούρη ἐθρέφθη gebraucht (Hes. Theog. 192). Zwar finde ich kein Beispiel, wo πέπηγεν sonst von der Empfängniss eines Keimes gebraucht wäre, aber seinem Begriff nach stimmt es so zu der Natur dieser Dinge, dass ich nicht glaube dass der Dichter ein passenderes Wort hätte finden können. Es wird also zu lesen sein τίτας γόνος oder τίτας cπόρος, und weil dieser eben den Mord vollführen sollte, so mochte ein Scholiast leicht hinzusetzen τοῦτ' ἐcτὶν ὁ φόνος. Nun haben wir den des Dichters wahrhaft würdigen Gedanken gewonnen: 'infolge der vom Mutterschooss der Erde aufgesogenen Blutstropfen ist ein Keim zu einem Rächer entstanden, ein Keim, der nicht mehr zerrinnt', und dieser Gedanke, das Centrum des ganzen Chorliedes, schliesst sich mit erklärendem Asyndeton herlich an μέμφεcθαι τοὺς τᾶς νέρθεν περιθύμως τοῖς κτανοῦcί τ' ἐγκοτεῖν ἄν.

Im nächsten Satze ist es nun erstlich gewiss, dass wir der Verbindung mit dem vorhergehenden nicht entbehren können: denn durch alle Corruptelen drängt sich unwidersprechlich der Gedanke hindurch, dass bis zur Reife des Rächers der Wahnsinn oder die Betörung den Schuldigen hinreisst, um die Sünde in voller Blütenpracht zu sehen. Der Satz ist also durch δέ oder τέ an den vorhergehenden anzuknüpfen, ich möchte mich aber für das letztere entscheiden, weil dadurch der Zusammenhang ein innigerer wird und diese Verbindung derjenigen der antistrophischen Glieder entspricht. Ferner halte ich für sicher Heimsoeths (S. 35) Emendation für das sinnlose διαλγής: nach dem Scholion ἡ διαιωνίζουσα ἄτα schreibt er διαρκής ἄτα 'der andauernde Wahnsinn'. Die Corruptel aber erklärt sich wohl nicht, wie Heimsoeth meint, aus dem ähnlichen Schreiberzuge von ρκ und λγ, sondern daraus dass der Schreiber des Med. in seinem Original über διαρκής ein Δ und ein Τ (Conjecturen um die Verbindung der Sätze herzustellen) vorfand, daraus aber ΛΓ las und dies als Verbesserung des ρκ in διαρκής deutete. Endlich trägt Heimsoeth zur Herstellung des äschylischen Rhythmus bei, indem er statt Hermanns διαλγὴς δ' ἄτα διαφέρει | τὸν αἴτιον παναρκέτας νόσου βρύειν, worin der erste Vers unrhythmisch ist und der Trimeter die Strophe unpassend schliesst, schreibt διαρκής ἄτα διαφέρει τὸν αἴτιον | παναθλίας νόσου βρύειν. Dann ist der erste Vers zusammengesetzt aus zwei iambischen Tetrapodien ⏑ ⏑ ⏑ ⏑ ⏑ | ⏑ ⏑ ⏑ ⏑ ⏑ ⏑ und es folgt eine gleiche Tetrapodie ohne alle Synkope. Aber auch das ist noch kein äschylischer Rhythmus: nach der ersten Tetrapodie, worin dreimal die Thesis synkopiert ist, verlangen wir durchaus zum vollen Ausklingen des Verses eine doppelte Tetrapodie, so dass auch die letzte mit ihm eine Einheit bilde, es muss also die erste Thesis in der dritten Tetrapodie ebenso wie in der zweiten synkopiert sein. Vergl. z. B. Agam. 418 und 419 ὁ χρυσαμοιβὸς δ' Ἄρης | cωμάτων καὶ ταλαν'τοῦχος ἐν μάχῃ δορός oder Sieben 275 und 76 ὑπερδέδοικεν λεχαίων δυcευνάτορας | πάντροφος πελειάς. Nie dagegen lautet bei Aeschylos eine iambische Strophe auf eine Hexapodie oder Tetrapodie ohne alle Synkope aus, und natürlich, weil damit kein beruhigender Abschluss gegeben wäre; vielmehr wenn eine Tetrapodie den Schluss bildet, ist jedesmal wie V. 30 in ξυμφοραῖc πεπληγμένων die erste Thesis synkopiert, so dass der iambische Rhythmus in den trochäischen umschlägt. Also auch an unserer Stelle verlangen wir statt des Heimsoethschen Schlusses παναθλίας νόcου βρύειν einen Vers von der Form ‒ ⏑ ‒ ⏑ ‒ ‒ oder, da, wie in der vorhergehenden Tetrapodie, die erste Länge aufgelöst sein könnte, ⏑ ⏑ ⏑ ‒ ⏑ ‒ ‒. Schon aus diesem Grunde ist das überlieferte παναρκέτας νόcου βρύειν unhaltbar; aber mit Recht hat Lobeck die ganze Wortbildung παναρκέτας bedenklich gefunden, und auch der Sinn desselben würde hier in keiner Weise passen, denn die Ironie des Ausdrucks 'der Sünder soll erst von einer Krankheit, woran er genug hat, strotzen' würde dem Ton des ganzen Erinyenpäans widersprechen. Was nun aber für παναρκέτας an die Stelle zu setzen ist, lässt sich finden, wenn wir sorgfältig den ganzen Gedankenzusammenhang beachten. Vergleichen wir Sieben 667 μήτε cε θυμοπληθὴc δορίμαργοc ἄτα φερέτω, so wird es klar dass διαρκὴc τ' ἄτα διαφέρει τὸν αἴτιον bedeutet 'und inzwischen (bis zur Reife der Rache) reisst andauernder Wahnsinn den Schuldigen unablässig fort.' Das ist ein echt äschylischer Gedanke, dass die Strafe zunächst in der Bethörung besteht: βροτοὺc θραcύνει γὰρ αἰcχρόμητιc τάλαινα παρακοπὰ πρωτοπήμων. (Der byzant. Scholiast erklärt διαφέρει ganz widersinnig durch διαcπαράccει, er hat offenbar an διαφορεῖ gedacht.) Aber auch die Struktur des Inf. νόcου βρύειν 'sie reisst ihn hin um von Krankheit zu strotzen' ist eine echt poetische. Welches Attribut aber nun der Dichter der Krankheit gegeben hat, lässt sich aus βρύειν ersehen. Dies Verbum bedeutet überall das üppige Hervorsprossen aus dem Inneren an die Oberfläche; darnach ist es also unzweifelhaft dass der Dichter sich hier als die Krankheit, die zu voller Blüte kommen soll, den Aussatz oder die Flechten denkt. Wie gerade diese die Strafe und das äussere Symbol des geistigen Aussatzes sind und als solches unmittelbar von den Erinyen aus der Erde stammen, zeigt Ch. 277. Wunden aber oder Schwären der Haut, die in Fäulniss übergehen, heissen ἄγριαι, z. B. Bion 1, 16 ἄγριον ἄγριον ἕλκοc ἔχει κατὰ μηρὸν Ἄδωνιc. So heisst Soph. Phil. 173 und 265 die Krankheit des Helden ἀγρία νόcοc, so hat Hesychios die Glosse ἀγριοψωρία νόcοc, καὶ ἀγριολειχῆναι, und Ch. 277 heisst es von dem Aussatz cαρκῶν ἐπαμβατῆραc ἀγρίαιc γνάθοιc λειχῆναc ἐξέcθονταc ἀρχαίαν φύcιν. Darnach ist hier zu lesen πανάγριαc νόcου βρύειν ⌣⌣–⌣–⌣–– 'damit der Frevler erst von Schwären des Aussatzes strotze, ehe er fällt.'

Leider wissen wir nichts genaues über die Versabteilung des Med. (eine sorgfältige Copie der Choephoren, wie sie Merkel zu veröffentlichen verspricht, wäre im höchsten Grade dankenswert), doch möchte ich glauben dass sich in der Handschrift noch Spuren von der Einteilung der Verse 60 und 61 in die drei Tetrapodien finden. Denn nun erst ist der Vers διαρκὴc τ' ἄτα | διαφέρει τὸν αἴτιον | πανάγριαc νόcου βρύειν ein echt äschylischer: die Hauptbegriffe 'der andauernde Wahnsinn' sind mächtig hervorgehoben durch die Bindung der drei Thesen, erschütternd wirken diese unvermittelt an einander rückenden Arsen, aber in voller Eurythmie verläuft dann der bisher gleichsam aufgestaute Strom der Empfindung in zwei unbehinderte Tetrapodien, in welchen gerade die Auflösung der ersten Arsis die Volubilität des nun mächtig dahin strömenden Gefühls ausdrückt.

So ist der Strophe, wie ich glaube, ihr ursprünglicher Glanz wiedergegeben, aber noch schwieriger ist die Wiederherstellung der Gegenstrophe. Sie lautet im Med.:

οἴγοντι δ' οὔτι νυμφικῶν ἑδωλίων   62
ἄκοc πόροι τε πάντεc ἐκ μιᾶc ὁδοῦ
βαίνοντεc τὸν χαιρομυcῆ
φόνον καθαίροντεc ἰοῦcαν ἄτην.   65

Im ersten Verse bedürfen wir statt οἴγοντι ein iambisch anlautendes Wort, man liest daher ziemlich allgemein nach Stephanus θιγόντι und folgt nun in freien Variationen der Erklärung des Scholiasten: τὸ γυναικεῖον αἰδοῖον λέγει· ὥσπερ τῷ ἐπιβάντι νυμφικῆς κλίνης οὐκ ἔςτιν ἴαςις πρὸς ἀναπαρθένευςιν τῆς κόρης, οὕτως οὐδὲ τῷ φονεῖ πάρεςτι πόρος πρὸς ἄκεςιν τοῦ φόνου. Man sieht also in dem ersten Satz ein Gleichniss: 'sowie für den Ehrenräuber eine Sühnung unmöglich ist, so auch für den Mörder.' Aber grammatisch und sachlich spricht alles gegen diese Erklärung, zu der man sich von dem höchst materiellen Scholiasten und von germanischer Sentimentalität hat verführen lassen. Erstlich hätten, wenn hier eine Vergleichung vorläge, beide Sätze durch τὲ —τὲ verbunden sein müssen, wie Sieben 565 τροφῆς τε πηγὴν τίς κατασβέσει δίκη; πατρίς τε γαῖα cῆς ὑπὸ cπουδῆς δορὶ ἁλοῦca πῶς coι Εὐμμαχος γενήςεται; 'sowie es kein Recht gibt, das die Quelle des Lebens (die Mutter) versiegen lassen wird, so kann auch dir das besiegte Vaterland nicht verbündet sein.' Sodann sind die νυμφικὰ ἑδώλια, wie aus Vergleichung von Sieben 435 hervorgeht, weder τὸ γυναικεῖον αἰδοῖον, wie der Scholiast meint, noch 'ein fremdes Brautgemach', wie Droysen übersetzt um einen irgendwie annehmbaren Sinn zu gewinnen, sondern einfach 'die Frauenwohnung', und wer diese 'berührt', kann doch nicht ein unsühnbarer Verbrecher heissen. Endlich hätte in diesem Sinn οὔτι sich niemals zwischen θιγόντι und νυμφικῶν ἑδωλίων schieben können, es hätte vielmehr heissen müssen θιγόντι δὲ νυμφ. ἑδ. οὔτι ἄκος. Aber wollten wir sogar das unmögliche zugeben, dass die Worte heissen könnten 'für den Ehrenräuber gibt es keine Sühnung', so wäre dennoch das Bild so unglücklich wie möglich gewählt, denn gerade in Attika war die Strafe für gewaltsame Verletzung der Frauenehre merkwürdig gering, vgl. K. F. Hermanns griech. Privatalt. § 29, 4 und 60, 21. Wunderbar also, dass erst Merkel a. a. O. S. 4 sich entschieden gegen diese landläufige Erklärung ausspricht und eine neue (freilich durchaus nicht befriedigende) Interpretation aufstellt. Sicherlich ist in der ganzen Gegenstrophe ohne alle Vergleichung von dem Mörder die Rede, und es ist zu verbinden οὔτι νυμφικῶν ἑδωλίων ἄκος in dem Sinne dass ἑδωλίων Gen. possess. ist: 'die Frauenwohnung gewährt keinen Schutz', wie Agam. 365 οὐ γὰρ ἔςτιν ἔπαλξις πλούτου 'denn nicht gibt es im Reichtum eine Schutzwehr.' Vergegenwärtigen wir uns nun dass die Frauenwohnung und speciell der Thalamos ein für Fremde nicht zu betretendes Heiligtum war, und vergleichen wir Solon El. 3, 28, wo es von dem δημόςιον κακόν heisst dass es in jedes Haus dringt, ὑψηλὸν δ' ὑπὲρ ἕρκος ὑπέρθορεν, εὕρε δὲ πάντως, εἰ καί τις φεύγων ἐν μυχῷ ᾖ θαλάμου (Merkel citiert diese Stelle ohne den rechten Gebrauch davon zu machen), so wird es höchst wahrscheinlich dass der Dichter vom Blutschuldbeladenen gesagt hat: φυγόντι δ' οὔτι νυμφικῶν ἑδωλίων ἄκος 'und glaubt er zu entspringen, so findet er auch im sichersten Versteck, in der Frauenwohnung,

keinen Schutz, auch dahin folgt ihm der Rachedämon', wie es denn auch
V. 35 vom Οἶστρος hiess, dass er wuchtig sich auf die Frauengemächer
stürzte. Dieser ganze Gedanke, wie der aus Solon angeführte, wird eben
darauf beruhen, dass die Weiberwohnung vollkommen fest verschlossen
war, so dass ein naiver Volksglaube meinen mochte, dahin könnten die
Dämonen nicht gelangen.

Von allen Vorschlägen, die zur Besserung der folgenden Worte vorgebracht sind, erweisen sich nur zwei als probehaltig: Scaligers μάτην
(μάταν) für ἄτην und Porsons χερομυσῆ für χαιρομυσῆ. Unverkennbar
zwar ist der schöne Gedanke 'und alle Ströme der Welt bespülen vergebens den Blutschuldbeladenen', aber βαίνοντες τὸν χερομυσῆ ist von
Lachmann und Hermann sicherlich nicht geheilt, wenn sie schreiben διαί-
νοντες τὸν χερομυσῆ. Diese Conjectur ist vielmehr unbedingt zu verwerfen, und zwar aus dem Grunde, weil die Silben -τες τὸν logisch und
vokalisch viel zu schwach wären, um die Hauptarsen des Verses darzustellen: man vergleiche das strophische διαρκής τ' ἄτα und man muss
sich überzeugen, dass diesen gewichtigen Worten und Klängen das διαί-
νοντες τὸν in keiner Weise das Gleichgewicht halten kann. Aber man
hat ausserdem noch ein sehr wesentliches übersehen, dass nämlich πόροι
unmöglich schon an und für sich die Flüsse bezeichnen kann: πόρος ist
immer nur 'der Durchgang', 'der Durchweg' oder was wir bei Flüssen
'die Adern' nennen. Sowenig aber wie wir sagen könnten 'alle Adern
werden umsonst den Mörder bespülen' statt 'alle Flussadern', so wenig
wäre dem Griechen hier das blosse πόροι verständlich gewesen. Gewiss
also steckt in dem τὸν ein Rest von παγῶν, mit welchem erst vereinigt
πόροι den Begriff 'der Quellströme' gibt. Für βαίνοντες also ist ein dem
διαρκής genau entsprechendes Wort zu suchen, dies aber glaube ich gefunden zu haben in Hesychios Glosse βατήρ· βαίνων, so dass zu schreiben
ist πόροι τε πάντες ἐκ μιᾶς ὁδοῦ | βατῆρες παγῶν 'alle Quellströme, aus
einem Gusse kommend'. Ganz ähnlich heissen V. 277 die λειχῆνες, die
Flechten, ϲαρκῶν ἐπαμβατῆρες.

Nun fehlt zur Vervollständigung der zweiten iamb. Tetrapodie neben
χερομυσῆ noch ein Wort, das eine iamb. Dipodie darstellt, und dies muss
in φόνον liegen. Denn dass dies verdorben ist, zeigt schon der Zusammenhang: nicht von Bespülung des Mordes, sondern des Mörders ist die
Rede. Also schreibe ich χερομυσῆ τὸν ἐκ φόνων oder lieber χερομυσῆ
μιαιφόνον, denn hieraus erklärt sich vielleicht die wunderliche Lesart des
Med. χαιρομυσῆ: nachdem μι verblichen oder zerfressen war, wusste man
aus αιφόνον nichts zu machen und schrieb φόνον, ein sorgfältiger Corrector aber schrieb das ausgelassene αι über die Zeile und so entstand
durch die Einfalt des Schreibers des Med. χαιρομυσῆ. Dass aber die Begriffe χερομυσῆ und μιαιφόνον sich wohl mit einander vertragen, beweist
schon dieselbe Zusammenstellung in Eur. Andr. 335 μιαιφόνον μὲν οὐκέτ'
ἂν φύγοι μύϲοϲ.

Für die dritte Tetrapodie (mit Synkope der ersten Thesis und Auflösung der ersten Arsis) bleibt nun noch übrig καθαίροντες ἰοῦσαν ἄτην: alle bisherigen Conjecturen sind schon darum zu verwerfen, weil sie eine iambische Hexapodie, einen unmöglichen Strophenschluss, herstellen wollen. Aber auch ich masse mir nicht an, hier, wo der Urcodex so furchtbar beschädigt gewesen sein muss, dass jeder Weg und Steg der Ueberlieferung verschwunden ist (das byzantinische Scholion zu dieser Stelle ist so toll, dass es sich nicht verlohnt es herzuschreiben) sichere Emendationen geben zu wollen: ich deute nur an, was mir wahrscheinlich dünkt. Zunächst ist wohl gewiss, dass das recht prosaisch klingende und unrhythmische καθαίροντες nur Glosse ist, die ebenso wie βαίνοντες in den Text drang, weil der Abschreiber des Urcodex verzweifelte hier etwas zu entziffern: ähnliches haben wir z. B. Agam. 1133 beobachtet. In ἰοῦσαν ἄτην wird dann enthalten sein -coυc' ἀεὶ μάταν. Ich schreibe also die dritte Tetrapodie κατακλύcουc' ἀεὶ μάταν 'sie werden ihn ewig umsonst bespülen'. Eine ähnliche Hyperbel ist die bei Soph. KO. 1227 οἶμαι γὰρ οὔτ' ἂν Ἴστρον οὔτε Φᾶcιν ἂν νίψαι καθαρμῷ τήνδε τὴν cτέγην. Wie aber καθαίροντες als Glosse zu κατακλύcουcι hinzugeschrieben werden konnte, mag diese Stelle aus Platons Timäos 22[d] beweisen: ὅταν οἱ θεοὶ τὴν γῆν ὕδαcι καθαίροντες κατακλύζωcιν.

An diesen Begriff der vergeblichen Sühnungsversuche schliesst sich nun, wie schon bemerkt, V. 40 vortrefflich an. Die Strophe, welche bisher als β' aufgeführt ward, lautet nach dem Med.:

  τοιάνδε χάριν ἄχαριν ἀπότροπον κακῶν,   40
  ἰὼ γαῖα μαῖα, μωμέν αμιλλεῖ
  δύcθεοc γυνά· φοβοῦμαι δ' ἔπος τόδ' ἐκβάλλειν.
  τί γὰρ λυτρὸν πεcόντος αἵματος πέδῳ;
  ἰὼ πανοϊζὺς ἑcτία,
  ἰὼ κατασκαφαὶ δόμων.   45
  ἀνήλιοι βροτοcτυγεῖc
  δνόφοι καλύπτουcι δόμους
  δεcποτῶν θανάτοιcι.

Vers 40 ist unrhythmisch, doch ist dieser Fehler längst von Elmsley verbessert, indem er ἀχάριτον statt ἄχαριν liest. Weil schlägt zwar in neuerer Zeit vor τοιάνδε χάριν ἄχαριν ἀναπότροπον κακῶν, weil sonst der Vers τί γὰρ λύτρον πεcόντος αἵματος πέδῳ keine Beziehung habe; aber diese ganze Auffassung beruht nur auf dem Missverständniss, das Weil in Bezug auf die Worte φοβοῦμαι δ' ἔπος τόδ' ἐκβαλεῖν mit dem Scholiasten teilt. Dieser bemerkt nämlich: δεῖ νοεῖν ὅτι τὸ «δύcθεος γυνά» ἠρέμα πως ἐφθέγξατο· διό φηcι «φοβοῦμαι γὰρ ἔπος τόδε ἐκβάλλειν»: aber wie sollte der Chor in dieser Einöde, wo niemand ihn beobachtet, aus Menschenfurcht seine Gesinnung verbergen? Spricht er sich sonst doch offen und entschieden genug gegen die Mörder aus, ja V. 519 nennt er Klytämnestra wieder ohne alle Scheu δύcθεος γυνή. Dass aber im ersten Vers ἀπότροπον κακῶν das richtige ist, beweist μωμένα: die Königin trachtet natürlich nicht einfach nach einer vergeblich dem Todten zu erweisenden Huld, sondern sie trachtet darnach als nach einem Mittel zur Abwehr der Plagen, die der Rachedämon bereitet: ἀπότροπον κακῶν ist also Prädikat zu τοιάνδε χάριν ἀχάριτον. Im übrigen sind die handschriftlichen Fehler der ersten Hälfte der Strophe alle glücklich verbessert: μωμέν αμιλλεῖ von Stanley in μωμένα μ' ἰάλλει, ἐκβάλλειν von demselben in ἐκβαλεῖν, λυγρὸν von Canter in λύτρον. Die wundervollen Rhythmen sind von Heimsoeth (S. 122) schön charakterisirt, und die alte Einteilung der Verse gegen unberechtigte Neuerungen verteidigt. Aber um die ganze Partie gegen fernere Conjecturen, wie sie noch neuerdings von Merkel vorgebracht sind, sicher zu stellen, bedarf es einer gründlicheren Interpretation des einzelnen.

Das vom Med. überlieferte ἰὼ γαῖα μαῖα ist von Hermann mit der Bezeichnung '*illud ineptum*' abgefertigt und dafür Robortellis ἰὼ γαῖα γαῖα aufgenommen. Aber gerade das Wort μαῖα, das mit schmeichelndem Laut die traute Mutter Erde anruft, ist hier einzig passend: nach ἀπότροπον κακῶν macht der Chor einen Versuch in Klytämnestras Auftrag die furchtbare Erdgöttin, die zürnende, zu besänftigen, und eben dazu diente der schmeichelnde Anruf, wie es z. B. Hik. 865 heisst μᾶ γᾶ, oder wie die Erinyen als Eumeniden angerufen werden, wie der Gott der Unterwelt Εὐβουλεύς oder Πολυδέγμων heisst. Solche Namen eben waren νερτέροις μειλίγματα. Aber kaum hat der Chor sich besonnen dass die Spende von dem gottlosen Weibe kommt, als er auch schon mit der Anrufung innehält und fortfährt: 'nein! nein! mich schaudert, ich wage das Wort γαῖα μαῖα nicht auszusprechen', woran mit natürlicher Motivierung sich der Gedanke knüpft: 'denn die Unterirdischen können nicht versöhnt werden nach begangener Blutschuld.' Und nun brechen die Frauen, statt 'o liebe traute Mutter Erde' zu rufen, in klagende Verzweiflung aus mit den Worten: 'o Herd des Jammers, o du untergrabenes Haus! dir scheint kein Sonnenstral der Versöhnung, dich umgibt ewige Nacht!'

Aber in dieser zweiten Hälfte der Strophe sind noch einige wesentliche Fehler zu berichtigen. V. 45 steht δόμων, V. 47 wieder δόμους. Diese Wiederholung ist ohne rhetorischen Zweck, sie stört daher entschieden, also kann sie nicht von Aeschylos herrühren. Für δόμων, vermutlich eine Glosse, schreibe ich darum cτεγῶν. Ein schlimmerer Fehler aber steckt in dem letzten Verse. Das überlieferte δεcποτῶν θανάτοιcι deutet man 'weil der Herr ermordet ist', aber diese Erklärung leidet an einem dreifachen Gebrechen: 1) bezeichnet der Dativ bei Aeschylos, soweit ich sehe, niemals die entferntere Ursache, die wir mit 'wegen' einführen; 2) heisst θάνατος an und für sich nicht Ermordung, sondern immer nur Tod; 3) wäre der Plural zur Bezeichnung Agamemnons ganz unangemessen, vielmehr kann man nach natürlicher und einfacher Interpretation unter δεcπόται, wenn auf bestimmte Herren hingewiesen werden soll, hier nur Aegisthos und Klytämnestra verstehen, sie sind jetzt die

Herren der Greisinnen, vgl. V. 757, wo der Chor, von Aegisthos sprechend, ihn einfach δεcπότης nennt. Mehr sprachgemäss würde daher die Erklärung sein: 'Finsterniss umhüllt jedesmal, wenn die Herren sterben, das Haus', aber diese allgemeine Reflexion würde in diesen Schmerzensruf des Chors, der V. 44 und 45 so bestimmt den Atridenpalast im Auge hat, nicht hineingehören. Ich sehe daher kein Mittel zu einem gesunden und hier passenden Gedanken zu kommen, als dass wir mit δνόφοι καλύπτουcι δόμουc den Satz abschliessen, und nun in einem Asyndeton, das den jäh hervorbrechenden Rachewunsch so schön bezeichnet, folgen lassen δεcποτῶν θανάτοιc φῶc 'nur durch den Tod der Herren (Aegisthos und Klytämnestras) kommt Licht'. Das ist ganz derselbe Gedanke, den wir V. 797 und 98 finden (δόc —νιν ἐλευθερίαc λαμπρὸν ἰδεῖν φῶc φιλίοιc ὄμμαcιν ἐκ δνοφερᾶc καλύπτραc, so nach Weil): dieser Gedanke allein bildet den passenden Uebergang zu der Gegenstrophe. Die Ellipse von γίγνεται oder ἔcται ist nicht härter als z. B. in dem bekannten δράcαντι παθεῖν. Dazu ist die Corruptel aus der Beschaffenheit des Urcodex leicht erklärt: war φῶc verwischt, so machte ein Metriker natürlich aus θανάτοιc der Responsion wegen θανάτοιcι. Aber welch eine andere Responsion haben wir jetzt gewonnen! Nicht nur bildet, wie in der Gegenstrophe, die letzte Zeile jetzt einen selbständigen Satz, sondern auch dem einsilbigen νύξ, womit die Gegenstrophe so gewichtig schliesst, entspricht hier das nachdrucksvolle φῶc, und V. 48 ist jetzt ebenso gut wie V. 57 (in Uebereinstimmung mit V. 47 und 56) eine logaödische Tetrapodie, worin nach der dritten und vierten Arsis die Thesen synkopiert sind.

Gerade nun durch die so jäh hervorgebrochene Sehnsucht nach dem Tode der Herren ist der Gedanke der Gegenstrophe cέβαc δ' ἄμαχον κτλ. motiviert. Mit einer Wehmut, in die sich herbe Bitterkeit mischt, besinnt sich der Chor, welch ein Unterschied zwischen dem früheren geliebten Herscher und den jetzigen Tyrannen ist: sonst wohnte Majestät im Palaste, jetzt die blosse Macht, vor der man zittert. Die Ueberlieferung der Gegenstrophe lautet:

   cέβαc δ' ἄμαχον ἀδάμαντον ἀπόλεμον τὸ πρὶν
   δι' ὤτων φρένεc τε δαμίαc περαῖνον   50
   νῦν ἀφίcταται· φοβεῖται δέ τιc· τὸ δ' εὐτυχεῖν,
   τόδ' ἐν βροτοῖc θεόc τε καὶ θεοῦ πλέον.
   ῥοπὴ δ' ἐπιcκοπεῖ δίκαν
   ταχεῖα τοῖc μὲν ἐν φάει,
   τὰ δ' ἐν μεταιχμίῳ cκότου   55
   μένει. χρονίζοντ' ἄχη βρύει.
   τοὺc δ' ἄκραντοc ἔχει νύξ.

Hierin ist ἀδάμαντον von Hermann in ἀδάματον gebessert, φρένεc τε von Victorius in φρενόc τε, das μ, welches im Med. eine andere Hand über ά in ἀφίcταται geschrieben hat, ist offenbar nur eine schlechte Conjectur, die ein Objekt μέ ausdrücken wollte. Den Sinn des ersten Satzes deutet Heimsoeth (S. 121) richtig so, dass er cέβας nicht als Ehrfurcht des Volkes fasst, sondern als die dem rechten geweihten Herscher innewohnende Majestät: das beweisen nicht bloss die gehäuften nachdrücklichen Epitheta ἄμαχον ἀδάματον ἀπόλεμον, sondern auch das δι' ὤτων φρενός τε δαμίας περαῖνον, das, wie Heimsoeth treffend bemerkt, den von oben kommenden Befehl bezeichnet. Fraglich aber ist noch, ob wir das folgende φοβεῖται δέ τις mit dem Scholiasten (τοῦτο δὲ θέλει εἰπεῖν, ὅτι ἡ αἰδὼς ἦν περὶ Ἀγαμέμνονος εἶχον οἱ δῆμοι νῦν εἰς φόβον ἐτράπη) auf die Furcht des Volkes vor dem Tyrannen Aegisthos oder mit Heimsoeth auf Klytämnestras Gewissensangst beziehen sollen. Auf die Königin deute, meint dieser geistvolle Interpret, schon das anonyme τίς, aber hier, in der Einsamkeit, hätte der Chor nicht den mindesten Grund die verhasste Tyrannin so dunkel und zweideutig zu bezeichnen; und wenn es nun weiter heisst τὸ δ' εὐτυχεῖν τόδ' ἐν βροτοῖς θεός τε καὶ θεοῦ πλέον, so scheint mir auch dieser Gedanke viel schöner die Furcht des Volkes (der Scholiast erklärt τίς durch ἕκαστος) zu motivieren als die Angst der Klytämnestra. Stanleys Auffassung von φοβεῖται δὲ τίς; als Fragesatz hat, wie mir scheint, jede Brücke zum Verständniss des folgenden abgebrochen. So müssen denn die Worte φοβεῖται δέ τις 'man fürchtet sich aber' die Tyrannenfurcht des Volkes bezeichnen, und in diesem Sinne stehen sie ausserordentlich passend hier, um zu erklären, warum die verhassten Herscher trotzdem dass alle Majestät fern ist noch immer im Palaste schalten. In natürlicher Motivierung dieser Tyrannenfurcht tritt dann der Gedanke hinzu: 'denn Wohlbefinden ist den Menschen der Güter höchstes.' Im höchsten Grade aber ist es befremdlich, dass, während sonst in der ganzen Parodos die genaueste Responsion zwischen Strophe und Gegenstrophe herscht und namentlich an dieser Stelle das φοβεῖται mit vorhergehender Interpunktion dem strophischen φοβοῦμαι so genau entspricht, dennoch hier schon nach τίς ein Punktum eintritt, dagegen in der Strophe erst am Ende des Verses. Das ist eine Unebenheit, an der es unmöglich ist nicht Anstoss zu nehmen. Rossbach und Weil lesen nun zwar φοβεῖται δέ τις τόδ' εὐτυχεῖν· | τὸ δ' ἐν βροτοῖς θεός τε καὶ θεοῦ πλέον, aber ich verstehe nicht, was in dieser Situation des Chors τόδ' εὐτυχεῖν sein und wie dies als Objekt zu φοβεῖται construiert werden könnte. Es wird vielmehr zu lesen sein φοβεῖται δέ τις τὸ δυστυχεῖν· | τὸ δ' εὖ βροτοῖς θεός τε καὶ θεοῦ πλέον 'man fürchtet aber das Missgeschick (und darum wagt man keinen Kampf gegen die Tyrannen), denn das Wohlbehagen ist den Menschen ein Gott und mehr als das'. Die Aenderung ist so gering und setzt eine so gewöhnliche Corruptel voraus, dass man lieber sie als die Unebenmässigkeit der Interpunktion in Strophe und Gegenstrophe sich gefallen lassen wird. τὸ εὖ findet sich bei Aeschylos öfter als Substantivum gebraucht.

Wenn nach diesem Gedanken nun aber der Blick des Chors sich auf Dike richtet, so kann er unmöglich etwas anderes sagen wollen, als dass die gerechte Strafe die Frevler, wenn auch spät, so doch gewiss einstmals erreichen wird. Unbegreiflich verkehrt deutet daher Hermann den Schluss der Strophe (er liest ῥοπὴ δ' ἐπισκοπεῖ δίκας | ταχεῖα τοὺς μὲν ἐν φάει, | τὰ δ' ἐν μεταιχμίῳ σκότου | μένει χρονίζοντ' ἀτυχῆ, | τοὺς δ' ἄκραντος ἔχει νύξ) also: '*Sed conversio iustitiae subita respicit hos in luce (i. e. iustitia subito se convertit in hos qui in luce versantur: Clytaemnestram et Aegisthum intellegit); alii inter lucem et tenebras infelices morantur (infelix exilio Orestes); alios (Agamemnonem) cassa nox tenet.*' Wären die Worte wirklich so zu verstehen, so verdiente der Dichter für die Hinzufügung der beiden letzten Sätze, die mit dem von dem Chor ersehnten Walten Dikes gar nichts zu thun haben, den schärfsten Tadel. Nicht minder unglücklich ist Nägelsbach in seinen Emendationes et explicationes Aeschyleae (1857), indem er behauptet: '*discernit poeta tria poenarum tempora:* ῥοπὴ δίκης τοὺς μὲν ἐν φάει *(in vita)* ἐπισκοπεῖ, ὅταν ᾖ ταχεῖα, τοὺς δ' ἐν μεταιχμίῳ σκότου *(in tenebrarum et lucis confiniis),* ὅταν χρονίζῃ· τοὺς δ' ἐπισκοπεῖ καὶ ἀποθανόντας.' Allerdings sind diese Gedanken an und für sich vernünftig und hier nicht absolut unpassend, aber trotz gewaltsamer Aenderung des überlieferten sind sie unmöglich aus dem von Nägelsbach statuierten Text zu gewinnen. Erst Heimsoeth (S. 120) hat klar erwiesen dass vor allem hier nicht drei Fälle, sondern nur zwei zu unterscheiden sind, und dass V. 54 den ersten hier nicht näher zu berücksichtigenden Fall kurz berührt, den nämlich, wo der Frevler rasch von der Strafe ereilt wird, die drei letzten Verse dagegen den hier für Klytämnestra und Aegisthos in Betracht kommenden Fall, dass die Strafe, je länger sie im geheimnissvollen Dunkel lauert, desto furchtbarer wird. Nur so schliesst sich die zweite Hälfte der Strophe sicher und fest an die erste an. Aber Heimsoeth hätte noch weiter gehen und die frühere Unterscheidung zwischen drei Fällen als sprachlich falsch nachweisen sollen. Sie beruht nämlich auf der Deutung von μεταιχμίῳ σκότου als 'Mitte zwischen Licht und Finsterniss' d. h. als 'Dämmerung'; aber diese Interpretation ist eine Sünde gegen die Logik. τὸ μεταίχμιον ist eigentlich der neutrale Zwischenraum zwischen zwei Heeren, dann, in einer nicht auffälligen Verallgemeinerung des Begriffes, die Mitte zwischen zwei Dingen; folglich kann τὸ μεταίχμιον σκότου nur die Mitte der Finsterniss sein, etwa das was wir die tiefste Finsterniss nennen, wesentlich also dasselbe wie ἄκραντος (ἄκρατος) νύξ. Man beruft sich vergebens auf Arist. Vögel 187, wo ἐν μέσῳ δήπουθεν ἀήρ ἐστι γῆς ebenso stehen soll für γῆς καὶ οὐρανοῦ: dort sind eben die Götter genannt, und von ihrem vom Sprechenden noch immer festgehaltenen Standpunkt aus ist allerdings die Luft in der Mitte für das von der Erde ausgehende, jedenfalls aber liegt in der aristophanischen Stelle, wenn sie unverdorben ist, eine Nachlässigkeit des Ausdrucks, die keinenfalls uns berechtigen könnte bei Aeschylos μεταίχμιον σκότου für μεταίχμιον σκότου καὶ φάους zu nehmen.

Haben wir uns so die Wege geebnet, so wird es nicht schwierig sein auch das einzelne des Textes festzustellen. Der Med. gibt ῥοπή δ' ἐπιcκοπεῖ δίκαν, woraus man nach dem Scholiasten mit Turnebus δίκαc gemacht hat, ohne die diplomatische Unwahrscheinlichkeit einer solchen Aenderung zu bedenken und ohne einen irgendwie gesunden Gedanken herzustellen, denn wie könnte die ῥοπή jemanden 'ins Auge fassen'? Es ist vielmehr mit Voranstellung des gewichtigsten Begriffes, auf den hier alles ankommt, zu lesen Δίκα δ' ἐπιcκοπεῖ ῥοπάν, und die Corruptel daraus zu erklären, dass im Kopf eines flüchtigen aber gewandten Abschreibers, der die ganze Zeile mit einem Blick auffasste, die Formen Δίκα — ῥοπάν in ῥοπά — Δίκαν umsprangen. Aehnliche unwillkürliche Verdrehungen habe ich in meinem Comm. zum Agam. S. 202 besprochen. Nun haben wir also den echt äschylischen Gedanken: 'Dike aber gibt Acht auf das Zünglein ihrer Wage' (Agam. 235 Δίκα δὲ τοῖc μὲν παθοῦcιν μαθεῖν ἐπιρρέπει) d. h. 'sie beobachtet den rechten Zeitpunkt, wo die Strafe einzutreten hat', und von hier an werden zwei Fälle gesondert: bald kommt sie schnell, bald langsam. Wir dürfen also jetzt V. 54 das überlieferte ταχεῖα τοῖc μὲν ἐν φάει, worin man sonst seit Turnebus allgemein τοὺc schreibt, nicht ändern: 'den einen nabt sie schnell und in klarem Licht, so dass man ihr Heranschreiten deutlich sehen kann.' Der Gegensatz folgt nun mit den Worten, die nach dem Med. lauten τὰ δ' ἐν μεταιχμίῳ cκότου μένει. χρονίζοντ' ἄχη βρύει (nach Merkel a. a. O. S. 2 stände dort κρύει, worauf er die unglaublichste Conjectur gründet, aber Franz, welcher diese Stelle genau bespricht, erwähnt nichts von dieser Lesart, es ist also bei Merkel wohl ein Irrtum anzunehmen): Heimsoeth weist jedoch nach dass ἄχη nur eine in den Text gedrungene Glosse und nach Ausstossung derselben zu lesen ist τὰ δ' ἐν μεταιχμίῳ cκότου | μένει, χρονίζοντα βρύει 'was dagegen im Schooss der Nacht noch lauert, das schwillt durch die Zögerung an' d. h. 'je länger die Leiden der Strafe (daher die Glosse ἄχη) auf sich warten lassen, desto schwerer kommen sie'. Dieser Gedanke ist eine Consequenz des äschylischen Satzes 'dass bis zum Eintreten der Rache die Betörung den Menschen in immer grössere Sünde hinreisst, also schwererer Strafe entgegenführt'. Dazu stimmt auch vollkommen die in einen Wust von Unverstand eingehüllte Bemerkung des Scholiasten ὅcα δὲ ὑπερτίθεται, ταῦτα cὺν τε μεγάλῳ ἀπέτιcαν, offenbar ein spärlicher Rest alexandrinischer Weisheit, die noch nichts von ἄχη im Texte weiss.

Sehr schwierig aber ist noch der letzte Vers τοὺc δ' ἄκραντοc ἔχει νύξ, welches ein ohne Zweifel byzantinischer Scholiast durch αἰώνιοc θάνατοc erklärt. Aber ἄκραντοc heisst immer 'unerfüllt', weshalb Dindorf mit vollstem Recht schreibt ἄκρατοc — νύξ 'dichte undurchdringliche Nacht'. Sollten wir nun aber mit Heimsoeth (S. 120) erklären 'diese aber (bei denen die Zögerung der Strafe eintritt) trifft dann endloses Verderben', so würde der Dichter dem schweren Tadel unterliegen, dass er in zwei unmittelbar auf einander folgenden Sätzen mit dem Bilde der Finsterniss zuerst die Verborgenheit und Unsichtbarkeit der von fern heranrückenden Strafe, sodann aber mit demselben Bilde (νύξ) die Strafe selber bezeichnet hätte. Ein solcher Stilfehler ist aber bei Aeschylos unmöglich, also müssen cκότοc und νύξ im wesentlichen hier dasselbe 'die Verborgenheit der Strafe' bezeichnen. Es ist demnach in genauer Correspondenz mit V. 54 ταχεῖα τοῖc μὲν ἐν φάει zu lesen τοῖc δ' ἄκρατοc ἔχει νύξ 'jenen aber (der Chor deutet auf den Palast hin), Aegisthos und Klytämnestra, verhüllt tiefe Nacht sie (Dike), so dass sie vorläufig in scheinbarem Glück dahinleben, aber einst desto schwerer getroffen werden'. Das ist der einzig hier passende Gedanke, und ihn gewinnen wir durch eine Aenderung die kaum den Namen verdient; zugleich aber wird diese Erklärung auf das merkwürdigste durch ein Scholienbruchstück bestätigt. Nämlich der letzte Teil jenes den Sinn der ganzen Stelle zusammenfassenden Scholion lautet jetzt: ἄλλουc δὲ cκότοc καλύπτει ὡc μηδ' ὁρᾶcθαι ὑπ' αὐτῆc. Das ist so, wie es dasteht, vollkommen unverständlich und kann auch zu dem Text des Med. nicht als Erklärung hinzugeschrieben sein. Aber wie ist die Bemerkung denn entstanden? Sie ist nichts anderes, als eine von den Byzantinern ausgegangene und sich notdürftig und äusserlich an die spätere Textcorruptel anlehnende Ueberarbeitung eines echten alexandrinischen Scholion, das vollkommen richtig den echten Text erläuterte. Nämlich zu τοῖc δ' ἄκρατοc ἔχει νύξ war hinzugeschrieben: ἄλλοιc δὲ (Αἰγίcθῳ καὶ Κλυταιμνήcτρᾳ) cκότοc καλύπτει (δίκην) ὡc μηδ' ὁρᾶcθαι ὑπ' αὐτῶν 'anderen verhüllt Nacht die Strafe, so dass diese nicht von ihnen gesehen wird': als aber τοῖc in τοὺc corrumpiert war, änderten demgemäss die Byzantiner auch im Scholion ἄλλοιc in ἄλλουc und αὐτῶν in αὐτῆc.

Der Sinn der ganzen Stelle also, mit welcher der Chor seine Betrachtungen abschliesst, ist dieser: 'Dike aber schaut auf das Züngleìn ihrer Wage, den einen schnell und sichtbar nahend; die Strafe aber, welche noch im Schooss der Finsterniss auf sich warten lässt, wird durch die Verzögerung schlimmer; jenen dort verhüllt undurchdringliche Nacht sie.'

Es folgt die Epodos V. 66—73, in welcher die Frauen des Chors ihre eigene Stellung zu den Mördern charakterisieren. Und zwar knüpfen sich diese mehr nüchternen Bemerkungen ungezwungen an das vorhergehende an. Nachdem gesagt ist: 'die Majestät ist aus dem Palaste entschwunden, aber die Mörder hausen noch als Herren darin, denn sie regieren durch Furcht; aber Dike kommt, wenn auch spät, desto furchtbarer, für jene Mörder freilich in undurchdringliches Dunkel gehüllt' — ist nun die Frage so natürlich, warum denn diese Frauen sich nicht auflehnen gegen das Gewaltregiment, sie, denen doch das Wohlleben nicht der Güter höchstes ist. Auf diese Frage geben sie Antwort in der Epodos: sie sind Sklavinnen und müssen ohnmächtig sich fügen; das einzige, was sie für die gute Sache thun können, ist, dass sie an Elektras Kummer aufrichtig teilnehmen.

Die Ueberlieferung der Epodos lautet:

ἐμοὶ δ' (ἀνάγκαν γὰρ ἀμφίπτολιν   66
θεοὶ προςήνεγκαν· ἐκ γὰρ οἴκων
πατρῴων δούλιον ἐς ἄγον αἶςαν)
δίκαια καὶ μὴ δίκαια πρέποντ' ἀρχὰς βίου
βίᾳ φερομένων αἰνέςαι, πικρῶν φρενῶν   70
ςτύγος κρατούςῃ, δακρύω δ' ὑφ' εἱμάτων
ματαίοιςι δεςπόταν
τύχαις, κρυφαίοις πένθεςιν παχνουμένην.

Die Versabteilung ist hier nach Hermann gegeben, obgleich sie am Schlusse erweislich falsch ist; es ist hier wiederum zu bedauern, dass wir die Zeilen des Med. nicht kennen. Gewiss aber ist es zunächst dass nach äschylischem Brauch die Parenthese V. 3 mit dem Schluss der Zeile zu Ende gehen muss. Sie enthält den einfachen Gedanken: 'ich bin willenlos, denn ich bin Sklavin.' Aber was ist ἀνάγκαν ἀμφίπτολιν? Weder des Scholiasten τὴν ἐκ διαφόρων πόλεων ἀνάγκην noch Hermanns 'duplicis sedis necessitas' genügt zur Erklärung: denn abgesehen von dem unklaren und nebelhaften Ausdruck, wer könnte dem Aeschylos die Tautologie zutrauen 'die Götter führten mich durch Krieg oder Belagerung aus meiner Heimat, denn sie führten mich in die Sklaverei'? Es muss im ersten Satze vielmehr, damit der zweite als Erklärung hinzutreten kann, gesagt sein: 'denn die Götter lassen mir keine Wahl, mich umgibt nur Zwang.' Diesen Gedanken aber stellt allein Hartungs Emendation her: ἀνάγκαν γὰρ ἀμφ' ἄπτολιν | θεοὶ προςήνεγκαν, die so einfach und sprachgemäss ist, dass ich mich wundere, wie der feinfühlige Weil sie hat bei Seite liegen lassen können. Eine ganz ähnlich prägnante Struktur finden wir Soph. Ant. 1223 τὸν δ' ἀμφὶ μέςςῃ περιπετῆ προςκείμενον und Aias 1064 ἀμφὶ χλωρὰν ψάμαθον ἐκβεβλημένος. Die Corruptel aber erklärt sich vielleicht aus einem zur Erläuterung über ἀμφ' geschriebenen ἐπί.

V. 68 gibt der Med. πατρῴων δούλιον ἐς ἄγον αἶςαν, was durchaus unrhythmisch ist. Heimsoeth (S. 292) vermutet daher πατρῴων δούλιόν μ' ἐς ἄγον αἶςαν, aber wie richtig auch der düambische Anlaut ist (das zeigt die Analogie der anderen Reihen), so wäre der ganze Vers doch beispiellos, eine katalektische iambische Heptapodie. Besser ist der von Hermann hergestellte Rhythmus: er erklärt δούλιον als Glosse von τάνδε und schreibt πατρῴων τάνδ' ἐςᾶτον αἶςαν. Allerdings ist darin das μὲ unter der Voraussetzung von Hartungs Emendation entbehrlich, es ergänzt sich aus dem vorhergehenden leicht ἄπτολιν als Objekt: aber die Frauen haben ja noch nirgends gesagt dass sie Sklavinnen sind, gerade dies also müssen sie hier sagen, und so würde das blosse τάνδ' — αἶςαν unverständlich sein, der Zuschauer müsste ja fragen 'in welches Loos?' So bleibt denn wohl kaum etwas anderes übrig als zu lesen πατρῴων δουλίαν ἐςᾶγον 'sie führten (die heimatlose) aus dem elterlichen Hause in die Knechtschaft'. Pindar gebraucht δουλία für δουλεία. Die Abschreiber mochten es aber für ein Adjectiv halten und deshalb αἶςαν hinzu-

fügen, worauf sich denn auch bald die gewöhnliche weibliche Form des
Adj. δούλιον durchsetzte. — V. 67 und 68 sind nun rhythmisch einander
völlig gleich und malen mit der wiederholten katalektischen Hexapodie sehr
schön die trübe Resignation der Frauen.

Aber schrecklich geht Hermann mit dem folgenden Verse um. Mit
Ausstossung des zweiten δίκαια liest er in einem unerträglichen Trimeter
δίκαια καὶ μὴ 'μαῖς πρέπον τύχαις βίου 'meinem Loose ist es anständig
gerechtes und ungerechtes zu billigen'. Aber auch abgesehen von der
rhythmischen Form (dass der Spondeus im dritten Fuss unstatthaft ist beweist die Analogie des ganzen Chorgesangs) hat Heimsoeth (S. 291) vollständig Recht, wenn er behauptet dass der Begriff des Gerechten und
seines Gegenteils unmöglich hier durch δίκαια καὶ μὴ gegeben werden
könne, sondern dass dazu das überlieferte δίκαια καὶ μὴ δίκαια nötig sei.
Auch hat er mit seinem feinen Ohr den Rhythmus des Verses herausge-
funden: δίκαια καὶ μὴ δίκαι- ist eine iambische Tetrapodie mit gebundener
dritter Thesis, daran aber kann sich regelrecht nur eine zweite iambische
Tetrapodie mit Synkope der ersten Thesis anschliessen, also verläuft der
Vers bei der letzten Silbe des zweiten δίκαια arsisch weiter und daran
müssen sich noch drei reine Iamben reihen. Aehnliche Verse wie dieser
◡ — ◡ — ⏓ — ◡ — ◡ — ◡ — ◡ — finden sich überaus zahlreich in Aeschylos iambischen Strophen. Dadurch ist das sinnlose ἀρχάς als verdorben indiciert,
aber wenn Heimsoeth nun liest δίκαια καὶ μὴ δίκαια πρέπον τύχας βίου
(sc. αἰνέσαι), so verstehe ich platterdings nicht, wie er δίκαια mit τύχας
zusammenbringen will. Statt ἀρχάς ist vielmehr das seltnere τέλη zu
lesen, wofür die Glosse ἀρχάς eindrang (vgl. Lukianos Nekyom. 21 τέλη
καὶ ἀρχὰς ἐπισκοπεῖν. Hesych. τέλεια καὶ τέλη — τὰ συνέδρια τῶν ἐν ἀρχῇ
und τέλος· τάγμα neben ταγαῖς· ἀρχαῖς. Sieben 1009 τοιαῦτ' ἔδοξε τῷδε
Καδμείων τέλει mit dem Scholion τοιαῦτα ἤρεσε τούτῳ τῷ τάγματι πάντων τῶν Θηβαίων καὶ πλήθει), der Anfangsbuchstab aber von τέλη hat
sich noch erhalten in πρέποντ', wofür natürlich πρέπον zu lesen ist.
Denn der Schreiber des Med. fand vor πρέποντ' ἔλη mit übergeschrie-
bener Glosse ἀρχάς, woraus er denn natürlich den jetzigen Text machte.
Aeschylos schrieb also ἐμοὶ δ' — — δίκαια καὶ μὴ δίκαια πρέπον τέλη βίου
— — αἰνέσαι, was in klarer und rhythmisch schöner Form den Gedanken gibt: 'mir aber (denn ich bin Sklavin) ziemt es, das Regiment über
mein Leben, ob es gerecht oder ungerecht ist, gutzuheissen.'

Im folgenden Vers ist πικρῶν von Victorius in πικρόν verbessert, aber
wenn nun die Worte βίᾳ φερομένων αἰνέσαι, πικρὸν φρενῶν einen iambischen Trimeter bilden sollen, so wundere ich mich, wie selbst der im Rhythmus so feinfühlige Heimsoeth sich diesen Vers hat gefallen lassen können.
Denn die Auflösung der Arsis, die einzige in der ganzen Epodos, würde
deren rhythmischen Charakter, welcher der einer ruhigen und stillen Resignation ist, völlig zerstören, und der Spondeus im dritten Fusse würde
der einzige seiner Art in der ganzen Parodos sein. So verursachen die

Worte βίᾳ φερομένων hier einen entsetzlichen Missklang. Aber die überlieferten Zeichen sind auch sinnlos. Man erklärt entweder mit dem byzantinischen Scholiasten, der in dieser ganzen Partie schon den zerrütteten Text vor sich gehabt hat, τὰ τῶν πρὸς βίαν κεκτημένων, in dieser Bedeutung wäre aber das Part. Praes. φερομένων sprachlich falsch; oder man fasst das Part. als passivisch 'derer die gewaltsam dahingerissen werden', das wäre aber eine unklare Phrase zur Bezeichnung der Tyrannen. Wer sich nun vollends überzeugt hat, dass meine Emendation πρέπον τέλη βίου die Hand des Dichters wiederherstellt, der muss unbedingt das βίᾳ φερομένων als ganz beziehungslos fallen lassen. Aber die Heilung dieser verdorbenen Zeichen liegt zum Glück auch so nahe, dass man sich wundern muss, wie nicht längst das ursprüngliche hergestellt ist: Aeschylos schrieb βίᾳ μενῶν αἰνέσαι 'ich muss das Regiment trotz meiner Zornesregungen gutheissen' (Hesych. μενέων· δυνάμεων προθυμιῶν und μένεος· ὀργῆς und μένος· δύναμις ὀργή), ein Erklärer aber setzte über die erste Silbe von μενῶν die Buchstaben φρε, um die Interpretation von φρενῶν anzudeuten, und daraus las der Abschreiber des Urcodex φερομένων. — Nun bildet also dieser Vers analog mit allen übrigen der Epodos eine iambische Reihe, worin die dritte Thesis gebunden ist.

Klar ist jetzt πικρὸν φρενῶν | ςτύγος κρατούςῃ, aber der Schluss der Epodos ist wieder sehr übel von Hermann behandelt worden, während doch durch die leichteste Aenderung die Hand des Dichters sich mit Evidenz herstellen lässt. Was zunächst die Rhythmen betrifft, so gibt der Med. mit ςτύγος κρατούςῃ δακρύ'ω δ' ὑφ' εἱμάτων ματαίοισι δεσπόταν τύχαις ganz untadelliche Verse, die dem Charakter der Epodos vollkommen angemessen sind: nämlich drei mit einander zusammenhängende iambische Tetrapodien, von denen die erste die dritte Thesis, die beiden anderen die erste gebunden haben. Dieser Vers ∪–∪–±–∪– | ±–∪–∪– | ±–∪–∪– ist ein bei Aeschylos so gewöhnlicher und namentlich dem Schluss des zweiten Strophenpaars und dem V. 69 so conformer, dass Hermann gleichsam mit Blindheit geschlagen gewesen sein muss, als er die Bemerkung niederschrieb: '*Corrupta haec esse vidit Porsonus ad Eur. Med. v. 1218. Non potest enim dubitari quin trimeter iambicus restituendus sit. Scribendum* δακρύων ὑφειμάτων, *qui genitivi pertinent ad* πένθεσιν.' Diese Neuerung bedarf also keiner Widerlegung. Aber wenn man Weil nach dem Med., wie angeführt ist, liest, dann aber den letzten Vers κρυφαίοις πένθεςιν παχνουμένην mit Turnebus ändert in κρ. πένθ. παχυνουμένη, so sind die Widersprüche in dem so gewonnenen Gedanken doch wirklich handgreiflich. Der Chor soll sagen: 'ich heweine verstohlen den Herrn in seinen μάταιοι τύχαι, indem ich von zurückgedrängtem Kummer erstarrt bin', und doch hat dieser Chor während der ganzen Parodos auf das leidenschaftlichste seinen Schmerz geäussert. Nein, das hätte längst allen, die sich mit dieser Stelle gründlich befassten, sonnenklar sein müssen, dass das κρυφαίοις πένθεςιν παχνουμένην (αν), wie es der Med. gibt, vollkommen gesund ist, aber einzig und allein auf die im Gegensatz zum Chor in ihrem Schmerz erstarrte Elektra sich bezieht, und diese Gewissheit hätte weiter darauf führen müssen, dass statt δεσπόταν mit leichtester Aenderung zu lesen ist δεσπότιν 'die Herrin' d. h. Elektra. Indem nämlich während der Epodos die langsam von rechts her schreitende Fürstentochter herangekommen ist und sich still ohne eine Aeusserung des Schmerzes an das Grab gesetzt hat, blickt der

Chor jetzt auf sie (gerade so wird Agam. 240 am Ende des Chorliedes auf die nahende Klytämnestra Rücksicht genommen), und sie den Zuschauern gleichsam vorstellend sagt der Chor: 'ich weine aber verstohlen um die Herrin dort, welche in ihrem verhaltenen Kummer wie versteint ist.' Dazu stimmt nun aber nicht ματαίοιcι — τύχαιc (das jedoch auch neben δεcπόταν oder δεcποτᾶν sinnlos war). Aeschylos schrieb vielmehr ταγαίοιcι δεcπότιν τύχαιc 'ich weine um die Herrin in ihrem Sklavenloos, in ihrer Herabwürdigung'. Hesych. ταγαῖοc· ὁ ἐξ ἐπιταγῆc τι ποιῶν. Der Ausdruck bezieht sich darauf dass Elektra, in welcher der Zuschauer doch sogleich die Fürstentochter erkennen soll, in ärmlicher Kleidung auf Befehl ihrer Mutter die Todtenspende bringt; so sagt sie selber V. 128 κἀγὼ μὲν ἀντίδουλοc.

So glaube ich denn die Parodos von manchen hässlichen Flecken der Ueberlieferung gereinigt zu haben, aber von dem Meister, dem diese kleine Arbeit gewidmet ist, habe ich auch gelernt dass nur Beschränktheit und Vermessenheit meinen kann, auf einem Gebiete, wie diesem, nur unbedingt sichere Resultate zu liefern. Natürlich glaube ich dass namentlich an den Stellen, wo ich mich über die Restitution zweifelhaft ausgesprochen habe, noch mancher bessere Vorschlag gemacht werden kann: möge denn dazu dieser Commentar nur die Anregung geben. Um jedoch die disiecti membra poetae, die in meiner Behandlung oft gewaltig aus einander gezerrt sind, wieder zu einem schönen Ganzen, wie ich es verstehe, zusammenzufügen, gebe ich hier noch übersichtlich meinen Wiederherstellungsversuch und eine metrische Uebersetzung des von mir ermittelten oder angenommenen Textes.

Erste Strophe.

Δόμων ἰαλτὸc ἐξέβαν
χοαῖc προπομπὸc ὀξύχειρι cὺν κτύπῳ·

πρέπει παρηὶc ἀγρίοιc ἀμυγμοῖc,

ὄνυχοc ἄλοκι νεοτόμῳ,
δι' αἰῶνοc δ' ἰυγμοῖcι βόcκεται κέαρ.

λινοφθόροι δ' ὑφαcμάτων
λακίδεc ἔφλαδον ὑπ' ἀλγεcιν
προcτέρνων cτολμῶν, οἴκων ἀγελάcτοιc

ξυμφοραῖc πεπληγμένων.

Vom Hause schickt man uns, Geleit
Dem Todtenopfer, dass die Brust von
  Schlägen dröhnt:
Die Wange blutet, seht, von grimmen
  Rissen
(Frischer Nägelfurche zwar,
Doch unaufhörlich nährt herzzerreissend
  Weh die Brust.)
Die Fetzen meines Busentuchs,
Wie flattern sie im Sturm des Leids!
Ha! fahr' hin, Leinwand! trifft doch ja
  die Schickung
Grauenvoll die Fürstenburg!

Erste Gegenstrophe.

Δόμων γὰρ Οἶcτροc ὀρθόθριξ
ὀνειρόμαντιc, ἐξ ὕπνου κότον πνέων,

ἔκλαγξ' ἀωρόνυκτον ἀμβόαμα —

μυχόθεν ἔλακε περὶ φόβῳ —
γυναικείοιcιν ἐν δώμαcιν βαρὺc πιτνών.

κριταὶ δὲ τῶνδ' ὀνειράτων
θεόθεν ἔχανον ὑπέγγυοι
μέμφεcθαι τοὺc γᾶc νέρθεν περιθύμωc

τοῖc κτανοῦcί τ' ἐγκοτεῖν.

Des Hauses Traumprophet, der Alp,
Der auch im Schlafe grimmig schnaubt,
  gesträubten Haars,
Er liess ertönen mitternächt'gen Angst-
  schrei
(Aus dem Ehebett erscholl's):
Des Vorsaals festen Bau hatte seine
  Wucht zersprengt.
Der Deuter aber solches Traums,
Vom Gotteshauch beseelet, rief:
'Ha! voll Ingrimm glühn dort unten die
  Todten,
Ihren Mördern grollen sie!'

Zweite Strophe.

Δι' αἵματ' ἐκποθένθ' ὑπὸ χθονὸς τροφοῦ	Sobald die Mutter Erde Tropfen Blutes saugt,
τίτας φόνος πέπηγεν οὐ διαρρύδαν	Empfängt sie einen Rächerkeim, der nicht zerrinnt,
διαρκὴς τ' ἄτα	Des Wahnsinns Herrschaft
διαφέρει τὸν αἴτιον	reisst indes den Sünder fort,
παναγρίας νόσου βρύειν.	bis er ganz von Räude strotzt.

Zweite Gegenstrophe.

Φυγόντι δ' οὔτι νυμφικῶν ἑδωλίων	Und will er fliehn, so birgt der Frauen Schlafverliess
ἄκος πόροι τε πάντες ἐκ μιᾶς ὁδοῦ	Ihn nicht, und aller Quellen Adern, bildeten
βατῆρες παγῶν	Sie auch ein Strombett,
χερομυσῆ μιαιφόνον	spülen ewig doch umsonst
κατακλύσουσ' ἀεὶ μάταν.	blutbefleckte Mörder ab.

Dritte Strophe.

Τοιάνδε χάριν ἀχάριτον ἀπότροπον κακῶν,	In solcher lieblosen Liebe suchet sie
ἰὼ γαῖα μαῖα,	Mich hersendend Sühnung —
μωμένα μ' ἰάλλει	Traute Mutter Erde! —
δύσθεος γυνά· φοβοῦ- μαι δ' ἔπος τόδ' ἐκβαλεῖν.	Sie, die gottvergessne! nein! nein! ich bebe vor dem Wort:
τί γὰρ λύτρον πεσόντος αἵματος πέδοι;	Denn welche Sühne gibt es für vergossnes Blut?
ἰὼ πάνοιζυς ἑστία,	O Herd, wie bist du jammerreich!
ἰὼ κατασκαφαὶ στεγῶν.	O stolzes Dach, wie stürzest du!
ἀνήλιοι βροτοστυγεῖς	Den Menschen scheusslich, sonnenlos
δνόφοι καλύπτουσι δόμους·	Umhüllt des Wehs Dunkel die Burg:
δεσποτῶν θανάτοισι φῶς.	Nur im Tode der Herrn tagt's!

Dritte Gegenstrophe.

Σέβας δ' ἄμαχον ἀδάματον ἀπόλεμον τὸ πρίν	Die Herscherwürde, sonst so heilig, hoch und hehr,
δι' ὤτων φρενός τε	Dem Volksohre dröhnend,
δαμίας περαῖνον	Jedes Herz bezaubernd,
νῦν ἀφίσταται· φοβεῖ- ται δέ τις τὸ δυστυχεῖν.	Ach! wo ist sie heute? — ja! ja! man bebt vor Missgeschick:
τὸ δ' εὖ βροτοῖς θεός τε καὶ θεοῦ πλέον.	Der Güter höchstes dünkt der Welt Behaglichkeit.
Δίκα δ' ἐπισκοπεῖ ῥοπάν	Doch Dike will ein volles Maass,
ταχεῖα τοῖς μὲν ἐν φάει,	Den einen schnell in klarem Licht;
τὰ δ' ἐν μεταιχμίῳ σκότου	Doch was im Schooss des Dunkels harrt,
μένει, χρονίζοντα βρύει·	Das wuchert allmählich heran:
τοῖς δ' ἄκρατος ἔχει νύξ.	Jenen birgt das Gericht Nacht!

Epodos.

Ἐμοὶ δ' (ἀνάγκαν γὰρ ἀμφ' ἄπτολιν	Doch ich (die Gottheit verlieh keine Wahl
θεοὶ προσήνεγκαν· ἐκ γὰρ οἴκων πατρῴων δουλίαν ἐσᾶγον)	Der vaterlandslosen, aus der Heimat In's Sklavenjoch führten ihre Wege)
δίκαια καὶ μὴ δίκαι- α πρέπον τέλη βίου	Ich muss die Herrn meines Seins, ob gerecht ob ungerecht,
βίᾳ μενῶν αἰνέσαι, πικρὸν φρενῶν	Mit Murren gutheissen, meinen bittern Hass
στύγος κρατούσῃ, δακρύ- ω δ' ὑφ' εἱμάτων ταγαί- οισι δεσπότιν τύχαις	Besiegend. Ach! leise doch wein' ich um die Herrin dort, die man hält wie eine Magd:
κρυφαίοις πένθεσιν παχνουμέναν.	Versteint schaut, ach! sie von verhaltnem Gram!

BILDEN DIE DREI THEBANISCHEN TRAGŒDIEN DES SOPHOKLES EINE TRILOGIE?

EINE LITTERARGESCHICHTLICHE UNTERSUCHUNG

VON

LEOPOLD SCHMIDT.

Einleitung.

Ist die emsige Mühe, mit welcher die Gegenwart an dem Trümmerbau der griechischen Litteraturgeschichte arbeitet, nicht eine vergebliche? Wäre es nicht dankbarer die vorhandenen Erzeugnisse des geistreichsten Volkes des Alterthums in ihrem reinen Dasein auf sich wirken zu lassen und in ihr Verständniss sich zu vertiefen als über die Bedingungen ihrer Entstehung mit den unzulänglichen Mitteln unserer Erkenntniss in einer Weise nachzuforschen, bei welcher so oft nur grössere oder geringere Wahrscheinlichkeiten gewonnen werden, so oft nur neue Räthsel an die Stelle der alten treten? So fragt mancher, und wir wollen dem Fragenden nicht unbedingt widersprechen, wenn er uns auch ein unaustilgbares Bedürfniss des menschlichen Geistes einigermassen zu verkennen scheint. Aber von seinem Zweifel bleibt eine zahlreiche Klasse von litterargeschichtlichen Problemen unberührt, ja sie gewinnt ihm gegenüber eine erhöhte Berechtigung: wir meinen diejenigen, welche Schriftwerke betreffen, deren künstlerische Würdigung mit der Einsicht in die Formen ihres Inslebentretens unlösbar verbunden ist. Zu diesen ist in besonderem Grade die in den letzten Jahren mit erneutem Eifer erörterte Frage zu rechnen, ob die sophokleischen Tragödien trilogischen Kompositionen angehörten oder nicht, eine Frage, welche mit Nothwendigkeit gelöst werden muss, wenn die Kenntniss der Antike für unser Kunstverständniss wahrhaft fruchtbringend sein soll. Denn wenn wir darüber im Dunkeln sind, ob der König Oedipus oder die Antigone als ein in sich ruhendes Ganzes oder als der Bestandtheil einer Dramengruppe zu betrachten ist, so rühmen wir uns mit Unrecht, dass diese herlichen Werke zum Eigenthum der modernen Bildung geworden seien.

Bekanntlich hat ein Forscher der Gegenwart es sich recht eigentlich zur Lebensaufgabe gestellt dem Satze von der trilogischen Komposition des Sophokles Anerkennung zu verschaffen. Zuerst 1842 in seinem Leben des Sophokles[1]); dann 1856, 1857 und 1860 in den Vorreden zu

---

[1]) Sophokles, sein Leben und Wirken, dargestellt von A. Schöll (Frankfurt a. M. 1842), s. besonders S. 169—232. Vorsichtiger hatte sich S. in den Beiträgen zur Kenntniss der tragischen Poesie der Griechen (Berlin 1839) S. 167—170 geäussert.

seinen Uebersetzungen sophokleischer Dramen[2]); am ausgeführtesten in seinem 1859 erschienenen 'gründlichen Unterricht über die Tetralogie des attischen Theaters'[3] hat Adolf Schöll die Thesis verfochten, Sophokles habe die drei oder vier Tragödien, welche er jedesmal bei einer Festfeier nach einander zur Aufführung brachte, nicht weniger eng verbunden als dies von Aeschylos geschehen sei; damit verknüpft sich die Behauptung, dass der König Oedipus, der Oedipus auf Kolonos und die Antigone Glieder einer Trilogie bilden und nur durch diese Zusammengehörigkeit ihr rechtes Licht erhalten. Die häufigen Wiederholungen, die Uebertreibungen, die Schwankungen des Urtheils, die geschmacklose Polemik entziehen den Schöll'schen Ausführungen sehr vieles von dem Eindruck, den sie bei einer reineren Form machen würden; allein dem näher Prüfenden entgeht nicht, dass sie manchen treffenden Gedanken, manchen beherzigenswerthen Gesichtspunkt enthalten. Nur findet man die beste Darstellung des Schöll'schen Systems merkwürdiger Weise nicht bei ihm selbst, sondern in der beistimmenden Anzeige Friedrich Theodor Vischer's[4]), der den eigentlichen Kern desselben mit Geschick und Glück aus seinen Umhüllungen losgeschält hat.

Ein nur flüchtiger Einblick in die Litteratur des geführten Streites kann leicht die Meinung erzeugen, als sei derselbe ein Principienstreit zwischen der Philologie und der Aesthetik und als leiteten die aus der historischen Ueberlieferung geschöpften Gründe auf die Verwerfung, die aus der inneren Beschaffenheit der sophokleischen Dramen geschöpften auf die Annahme der trilogischen Komposition. Wäre dies richtig, so würde der Verfasser dieser Blätter in dem vorliegenden Falle sehr geneigt sein sich auf die Seite der Aesthetik zu stellen, so wenig er im übrigen gewillt ist das gute Recht der historischen Methode der Subjektivität aprioristischer Konstruktionen zu opfern. Denn die Quellen der Ueberlieferung für die litterargeschichtlichen Thatsachen, auf welche es hier ankommt, sind wenigstens zum grossen Theil von so zweifelhaftem Werth, dass bloss ihnen zu Liebe kein Besonnener dem Sophokles eine unharmonische statt einer harmonischen Komposition beilegen wird; ja es würde dies ein kaum besseres Verfahren sein als wenn man um der Autorität einer alten Handschrift willen Abgeschmacktes und Sinnloses in dem Text eines Dichters stehen lassen wollte. Allein näher angesehen ist jene Auffassungsweise des Streites überhaupt eine irrige. Es muss darauf aufmerksam gemacht werden, dass derselbe auf zwei verschiedene

---

[2]) Sophokles' Werke verdeutscht und erklärt von A. Schöll, Bd. I—IV, Stuttgart 1856—1860.
[3]) Gründlicher Unterricht über die Tetralogie des attischen Theaters und die Kompositionsweise des Sophokles von A. Schöll, Leipzig 1859.
[4]) 'Zur Vermittlung der classischen Philologie und der allgemeinen Bildung' von F. Th. Vischer, in der Beilage zur Augsburger Allgemeinen Zeitung 1861 Nr. 186—189.

Fragen gerichtet ist und dass die Antwort auf die eine die auf die andere durchaus nicht nothwendig bedingt. Sophokles könnte sehr wohl die für Aeschylos feststehende trilogische Zusammenfügung der Dramen sei es regelmässig, sei es vorherschend beibehalten haben, ohne dass deshalb gerade die drei thebanischen Tragödien Glieder einer und derselben Trilogie zu sein brauchen; er könnte eben so wohl die trilogische Form im allgemeinen verlassen, es aber doch in einem einzelnen Falle einmal vorgezogen haben die an demselben Theatertage zur Aufführung kommenden Stücke näher mit einander zu verbinden und sie in dieser Verbindung erst ihr rechtes Licht gewinnen zu lassen. Von den hiernach zu unterscheidenden Fragen ist die nach dem allgemeinen Verhalten des Sophokles eine ausschliesslich historische, dagegen die nach dem Zusammenhange der thebanischen Tragödien wenigstens zum grossen Theil eine ästhetische, und hiernach gestalten sich auch die Wege der Lösung ungleich. Bei der Entscheidung über die erste wird man der Ueberlieferung die gewichtigste Stimme einzuräumen haben; für die zweite ist die innere Beschaffenheit der drei Dramen so sehr die Hauptsache, dass im Widerspruche damit nur Zeugnisse der allersichersten Art aufkommen könnten.

Hierdurch ist der Gang unserer Untersuchung vorgeschrieben. Es leuchtet ohne weiteres ein, dass auf die erste jener Fragen sich nur eine mehr oder minder bedingte Antwort wird geben lassen, da schwer zu glauben ist, dass Sophokles vom Anfang seines Auftretens an bis zu seinem Tode eine völlig unveränderte Praxis bewahrt habe, und da auch unter der Annahme durchgängiger trilogischer Komposition sehr manigfache Abstufungen der Zusammengehörigkeit möglich sind. Hingegen erfordert die zweite, die mit der künstlerischen Würdigung der in Rede stehenden Werke untrennbar verknüpft ist, ein bestimmtes Ja oder Nein. Wir haben darum ihre Beantwortung, wie das auch die Benennung dieser Abhandlung ausdrückt, zum Hauptthema gemacht und schicken eine Besprechung der ersten nur als nothwendige Grundlage voraus.

Sophokles und die Trilogie.

Bekanntlich brachte die stehende Sitte des attischen Theaters es mit sich, dass wenigstens bei den städtischen Dionysien als dem wichtigsten der Theaterfeste jeder tragische Dichter, der als Bewerber um den Preis auftrat, vier Stücke zur Aufführung brachte, von welchen das letzte der ursprünglichen Regel nach ein Satyrspiel, seit Sophokles jedoch auch häufig eine Tragödie war. Nach der strengen Terminologie des Aristarchos und Apollonios, wie wir sie aus den Scholien zu Aristophanes' Fröschen V. 1124 kennen, fand die Benennung Trilogie Anwendung, wenn nur die drei Tragödien inhaltlich verbunden waren und das Satyrspiel davon unabhängig dastand, während dagegen, wenn alle vier Stücke zusammenhiengen, der ganze Dramenkomplex Tetralogie hiess.[5]) Diese Bedeutung des letzteren Wortes liegt auch der Uebertragung zu Grunde, welche nach Diogenes Laertios III 56 der Grammatiker Thrasyllos auf die platonischen Dialoge machte: wo von einem solchen Zusammenhange abgesehen wird, scheint einzig der Name der Didaskalie zu passen.[6]) Bei der Frage, die uns hier beschäftigt, muss im Grunde genommen eben so wohl von tetralogischer wie von trilogischer Komposition die Rede sein; jedoch genügt der Kürze halber die letztere Bezeichnung, da es für die Hauptsache nur auf die Aufführung inhaltlich verbundener Dramen im Gegensatze zu frei neben einander stehenden ankommt. Freilich lässt sich auch eine inhaltliche Verbindung wieder sehr verschieden gestaltet denken: denn abgesehen von dem ungleichen Grade des Zusammenhanges kann das Verknüpfende eben so wohl in der Verwandtschaft der Gedankenmotive als in dem Stoffe bestehen, wie beides auch in den auf einer und derselben antiken Vase vereinigten Malereien häufig sich findet. Der Phineus, die Perser und der Glaukos Pontios des Aeschylos bieten das bekannteste Beispiel einer solchen Thementrilogie, wie sie zum Unterschiede von der Fabeltrilogie passend genannt worden ist: hat doch die durch Welcker gewonnene Einsicht in ihre innere Bezüglichkeit die Thatsache ausser Zweifel gesetzt, dass Aeschylos die trilogische Komposition durchgängig bewahrt hat. Dem gegenüber erhebt sich die schwierige Frage, in welcher Weise und in welcher Ausdehnung Sophokles Neuerungen einführte. Eine eigenthümliche Notiz bei Suidas im Artikel Sophokles sagt aus, er habe angefangen im Wettkampf mit Drama gegen Drama aufzutreten, aber nicht mit einer Tetralogie, was jedenfalls nicht mit Schöll[7]) für eine blosse Erfindung des Lexikographen oder eines andern späten Grammatikers gehalten werden kann, sondern auf einen älteren Litterarhistoriker als Quelle schliessen lässt. Zunächst ist damit allerdings noch kein Maassstab für den Werth der Nachricht gewonnen: denn im allgemeinen bliebe die Möglichkeit offen, dass jener Litterarhistoriker nicht einer bestimmten Ueberlieferung, sondern dem Eindruck der sophokleischen Tragödien als einzeln stehender Gebilde gefolgt ist, wir es also nicht mit einem wirklichen Zeugnisse, sondern mit einem Stück antiker Aesthetik zu thun haben. Wohl aber fällt der Umstand in die Wagschale, dass die auf Tragödie und Komödie bezüglichen Angaben in den Biographieen des Suidas allem Anschein nach durchweg aus Aristoteles geschöpft sind[8]), was für die hier in Rede stehende die Präsumption eines gleichen Ursprunges so lange begründet, als nicht entscheidende Momente

---

[5]) Vgl. Kolster in Fleckeisen's Jahrbüchern 1861 S. 112. 113.
[6]) Vgl. H. Planck de Euripidis Troica didascalia (Göttingen 1840) p. 3; Kolster a. a. O. S. 106.
[7]) Gründlicher Unterricht S. 29—38.
[8]) S. den von D. Volkmann de Suidae biographicis (Bonn 1861) p. 1—9 geführten Nachweis.

dagegen sprechen. Können sonach jene Worte auf die Geltung eines Zeugnisses vom allerersten Range Anspruch machen, so bleibt doch ihre Bedeutung und Tragweite zu untersuchen. 'Auch machte er selbst den Anfang damit im Wettkampf mit Drama gegen Drama aufzutreten, aber nicht mit einer Tetralogie'[9]): daraus geht zunächst jedenfalls so viel hervor, dass Sophokles in seiner Neuerung Nachfolge fand, wenn auch nicht nothwendig darin zu liegen braucht, dass sie sogleich zur ausschliesslich giltigen Regel wurde. Wie hat man sich nun diese Neuerung zu denken? Unmöglich kann der grosse Dichter die durch den Cultus geheiligte Festordnung wenigstens der städtischen Dionysien umgeworfen und ihren Glanz so sehr herabgesetzt haben, dass er eine Einrichtung herbeiführte, vermöge deren von jedem Dichter statt einer Vierzahl von Stücken nur ein einziges verlangt wurde; auch sind uns aus Zeiten, die unzweifelhaft später fallen, mehrfach die Namen von zusammen aufgeführten Dramen angegeben. Nach der Hypothesis zur Alkestis erhielt Euripides im zweiten Jahre der 85sten Olympiade mit den Kreterinnen, dem Alkmeon, dem Telephos und der Alkestis den zweiten, nach der Hypothesis zur Medeia im ersten Jahre der 87sten Olympiade mit der Medeia, dem Philoktetes, dem Diktys, den Schnittern den dritten, nach Aelian (v. hist. II 8) im ersten Jahre der 91sten Olympiade mit dem Alexandros, dem Palamedes, den Troerinnen, dem Sisyphos den zweiten Preis: bei dem dritten dieser Fälle werden auch die vier Stücke des ersten Siegers Xenokles genannt, nämlich Oedipus, Lykaon, Bakchen und das Satyrspiel Athamas. Wäre die von Böckh[10]) aufgestellte Vermuthung richtig, die Neuerung des Sophokles habe nur die Festordnung der Lenäen betroffen und die der grossen Dionysien unangetastet gelassen, so hätte sie gerade die bedeutendsten Werke in ihrem Verhältnisse zur Trilogie gar nicht berührt, so dass man sich billig wundern dürfte, weshalb Aristoteles, der doch als der Urheber der Nachricht angesehen werden muss, sie überhaupt mitzutheilen nöthig fand. Andrerseits aber würde eine bloss innere Umwandlung der Kompositionsweise unter Beibehaltung aller äusseren Einrichtungen durch die Worte des Suidas, die von einem 'Auftreten mit Drama gegen Drama' reden, nur sehr ungenau ausgedrückt sein. Darum ist die weitaus natürlichste Auslegung die, dass Sophokles eine Bestimmung einführte, nach welcher bei der richterlichen Entscheidung über die Leistungen der aufführenden Dichter nicht die gesammten vier Stücke des einen gegen die gesammten vier Stücke des andern, sondern das einzelne Stück des einen gegen das einzelne Stück des andern abgewogen werden sollte, was selbstverständlich nur im Wege eines von ihm beantragten und zur Annahme gelangten Gesetzes geschehen sein kann. Das von Schöll hiergegen erhobene prak-

---

[9]) καὶ αὐτὸς ἦρξε τοῦ δρᾶμα πρὸς δρᾶμα ἀγωνίζεσθαι, ἀλλὰ μὴ τετραλογίαν.
[10]) Index lectt. Berol. hib. 1841—42 p. 11.

tische Bedenken, dass bei einer so zerlegten Urtheilssprechung kein für die Preisvertheilung maassgebendes Gesammtresultat habe herauskommen können, erledigt sich mit Leichtigkeit, indem, wie Kolster[11]) sich mit Recht ausdrückt, nur zu geschehen brauchte, 'was in jedem Examen geschieht um ein Gesammtresultat über die Leistungen des Examinanden zu finden.' Wurden die Ergebnisse der einzelnen Abstimmungen zusammengezählt, entschied in dem gewiss seltenen Falle einer dadurch herbeigeführten Gleichstellung zweier Dichter das Loos oder eine zweite Abstimmung, so war die geeignete Abstufung zwischen den Konkurrenten gewonnen.

So einleuchtend dies erscheint, so bleibt dennoch eine Frage übrig, welche zu beantworten die Ueberlieferung kein Mittel bietet. Sollten nämlich die Richter Drama gegen Drama einzeln abschätzen, so musste es wenigstens sehr zur Erleichterung ihrer Aufgabe dienen, wenn ihnen die zunächst konkurrierenden Stücke unmittelbar hinter einander vorgeführt wurden, und dies scheint die Vermuthung nahe zu legen, es habe die Abänderung auch die Vertheilung auf die Tage des Festes umfasst, indem an einem Theatertage nicht mehr die vier Dramen eines der auftretenden Dichter, sondern je eines von jedem derselben zur Vorstellung kam. War dies der Fall, wie es K. F. Hermann in seiner Behandlung der Sache[12]) ohne weiteres als sicher angenommen hat, so war die Tragweite der neuen Bestimmung eine sehr bedeutende: denn sie schloss eine zeitliche Erweiterung des Festes, eine Vermehrung der für die tragischen Aufführungen bestimmten Tage von dreien auf vier in sich, und zugleich machte sie die gänzliche Auflösung des trilogischen Verbandes fast zur Nothwendigkeit, da ein Zusammenhang zwischen Stücken, deren scenische Darstellung jedesmal um 24 Stunden aus einander lag, der Mehrzahl der Zuschauer kaum verständlich sein konnte. Und gerade dies ist wohl geeignet Zweifel zu wecken. Denn dass Sophokles seine eigene auf Vereinzelung der Dramen gerichtete Weise den Kunstgenossen durch ein solches Mittel sollte aufgezwungen haben, stimmt nicht recht zu dem sonst bekannten Charakter des Mannes und ist um so weniger glaublich, da sich Spuren der Dramenverknüpfung bis in die zweite Hälfte des peloponnesischen Krieges verfolgen lassen. Wenn schon die Titel der Tragödien Alexandros, Palamedes und Troerinnen, mit denen Euripides Ol. 91, 1 auftrat, auf einen Zusammenhang des Inhalts schliessen lassen, so redet die Nachricht des Aelian (v. hist. II 30) von einer von Platon in seiner Jugend ausgearbeiteten tragischen Tetralogie noch deutlicher, und hiernach entbehrt denn auch die Vermuthung Schöll's[13]) nicht der Wahrscheinlichkeit, die von dem Tragiker Meletos in demselben Jahre mit den Störchen des Aristophanes zur Aufführung gebrachte Oe-

---

[11]) A. a. O. S. 108.
[12]) Jahrbücher f. wiss. Kritik 1843 Bd. I S. 836—838.
[13]) Gründlicher Unterricht S. 23.

dipodeia[14]) sei eine Trilogie oder Tetralogie gewesen, indem die Namensform an Oresteia und Lykurgeia erinnere. Demnach hat die Neuerung wohl nicht in so durchgreifender Weise die Festordnung verändert. Sie scheint vielmehr nur die Richter verpflichtet zu haben das erste Stück eines Dichters mit dem jedesmal ersten seiner beiden Nebenbuhler, das zweite mit dem jedesmal zweiten, überhaupt die entsprechenden Stücke mit einander gesondert zu vergleichen, erst aus den so gewonnenen Einzelurtheilen das Gesammtresultat zu ziehen.

Ist hiermit der Inhalt der von Sophokles ausgegangenen Anordnung richtig getroffen, so sollte dieselbe zunächst nicht sowohl der Thätigkeit der Dichter als der der Preisrichter zum Korrektiv dienen. Sie war ein Versuch, vielleicht einer unter mehreren, bei ihnen die Subjektivität der Maassstäbe zu beschränken und ihr Urtheil an feste Normen zu binden. Auch ist namentlich das leicht denkbar, dass häufig die beiden letzten Theile einer Didaskalie ihr Urtheil am meisten bestimmt hatten, die beiden früheren nur wenig in die Wagschale gefallen waren, ein Uebelstand, dem auf die angenommene Weise am leichtesten gesteuert werden konnte. Andrerseits aber lässt sich nicht verkennen, dass, als sie eingeführt wurde, das Vorhandensein eines inneren Zusammenhanges der Art, wie ihn die Orestee und die Prometheustrilogie des Aeschylos zeigen, unmöglich als ein streng festzuhaltendes Erforderniss gelten konnte: denn sonst hätte sie eine wichtige Seite der dichterischen Bewährung, die Kunst der Verknüpfung, dem Urtheil entzogen. Eine häufige Lockerung des trilogischen Verbandes war weniger ihre Folge als ihre Voraussetzung: es ist glaublich, dass Sophokles sie erst beantragte, als er an Ansehen und Einfluss schon hoch stand und mit seiner Kunstweise Geltung und Beifall gefunden hatte. Auch darf es nicht Wunder nehmen, dass die Stelle des Suidas als Gegensatz zu dem für sich zu betrachtenden Drama die Tetralogie, nicht, wie man erwarten sollte, die Didaskalie nennt: denn was in dieser abgerissen überlieferten Notiz auffällt, konnte in dem Zusammenhange ihrer ausführlicheren Quelle durch Bezugnahme auf die Entstehung des früheren Gebrauches hinreichend motiviert sein.

Nach dem bisher Dargelegten haben wir alles Recht die Angabe derselben für historisch zu halten, aber kein Recht auf Grund davon dem grossen Dichter einen gewaltsamen Eingriff in die Thätigkeit seiner Kunstgenossen zuzuschreiben. Wohl aber macht sie es wahrscheinlich, dass er persönlich auf die Dramenverknüpfung keinen entscheidenden Werth legte und schon vor jener Neuerung in seinen eigenen Werken den trilogischen Verband gelöst oder doch gelockert hatte. Dadurch ist ein gelegentliches Eingehen auf die Form der Trilogie, besonders etwa während seiner früheren Lebensperiode, durchaus nicht ausgeschlossen.

---

[14]) S. die Scholien zu Platons Apologie p. 18 b.

Es lässt sich ohne weiteres annehmen, dass er in dieser Richtung nicht allein stand. Nicht genug, dass einer Autorität wie der seinigen mit Nothwendigkeit manigfache Nachahmung folgte, dass die meisten erhaltenen Dramen des Euripides ebenfalls für sich zu bestehen scheinen; am entscheidendsten ist die Betrachtungsweise des Aristoteles in der Poëtik. Es kommt hierbei nicht bloss auf den oft hervorgehobenen Umstand an, dass die Trilogie in dieser Schrift nicht erwähnt wird, was sehr leicht in dem trümmerhaften Zustande, in welchem sie auf uns gekommen ist, seinen Grund haben könnte. Aristoteles bezeichnet als eines der nothwendigsten Requisite der Tragödie im Gegensatze zum Epos die knappe Beschränkung des Stoffes, wie namentlich die Worte des 18ten Kapitels lehren: 'Man muss aber, wie häufig gesagt worden ist, sich auch daran erinnern, nicht eine epopöenartige Zusammensetzung zur Tragödie zu machen: epopöenartig aber nenne ich das Stoffreiche, wie wenn einer den gesammten Stoff der Ilias behandeln wollte.'[15]) Mit ihnen stimmt eine Aeusserung im fünften Kapitel überein, welche neben einer näheren Vorschrift über die erlaubte Zeitgrenze eine sehr beachtenswerthe Hinweisung darauf enthält, wie die Einsicht in die Nothwendigkeit jenes Unterschiedes sich geschichtlich entwickelt hat: 'Ferner aber (unterscheiden sich Epopöe und Tragödie) durch die Länge: denn die eine strebt so viel wie möglich unter einen Umlauf der Sonne zu fallen oder wenig darüber hinauszugehen, die Epopöe aber ist in Hinsicht auf die Zeit unbeschränkt und unterscheidet sich dadurch. Gleichwohl machten sie dies Anfangs in den Tragödien eben so wie in den epischen Gedichten.'[16]) Die letztere Bemerkung bezieht sich augenscheinlich auf die bei Aeschylos und seinen Zeitgenossen beliebte Gewohnheit die dramatische Entwickelung in eine Mehrheit von Tragödien zu verlegen, die einzelnen nur als Akte zu behandeln, also auf die Form der eigentlichen Fabeltrilogie. Diese betrachtet Aristoteles nur als eine Uebergangsstufe aus dem Epos, nicht als eine selbständig berechtigte dramatische Bildung, was unmöglich wäre, wenn sie in dem Zeitalter des Sophokles und Euripides noch häufige Anwendung gefunden hätte. Dazu kommt die scharfe Betonung der nothwendigen Abgeschlossenheit der Handlung innerhalb der Tragödie im sechsten und siebenten Kapitel[17]), bei der sich ohne Gewaltsamkeit nicht an einen zur Einheit zusammengefügten Dramenkomplex denken lässt. Kam also die trilogische Ver-

---

[15]) χρὴ δέ, ὅπερ εἴρηται πολλάκις, μεμνῆcθαι καὶ μὴ ποιεῖν ἐποποιικὸν cύcτημα τραγῳδίαν· ἐποποιικὸν δὲ λέγω τὸ πολύμυθον, οἷον εἴ τις τὸν τῆς Ἰλιάδος ὅλον ποιοῖ μῦθον.

[16]) ἔτι δὲ τῷ μήκει· ἡ μὲν γὰρ ὅτι μάλιστα πειρᾶται ὑπὸ μίαν περίοδον ἡλίου εἶναι ἢ μικρὸν ἐξαλλάττειν, ἡ δὲ ἐποποιία ἀόριcτος τῷ χρόνῳ, καὶ τούτῳ διαφέρει. καίτοι τὸ πρῶτον ὁμοίως ἐν ταῖc τραγῳδίαιc τοῦτο ἐποίουν καὶ ἐν τοῖc ἔπεcιν.

[17]) Auf diese hat auch Kolster a. a. O. S. 104. 105 mit Recht Gewicht gelegt.

knüpfung in der nachäschyleischen Periode überhaupt noch häufiger vor, so kann sie doch nur selten der Art gewesen sein, dass das einzelne Stück nicht vollkommen auf sich ruhte, einzig durch den Zusammenhang mit seinen Genossen die rechte Beleuchtung erhielt; eher mochte ein geistreiches Spiel des Witzes die Fäden leichter Beziehungen von dem vorhergehenden zu dem nachfolgenden flechten, wie dies besonders bei der Thementrilogie denkbar ist.

Die drei thebanischen Tragödien.

An dem von Sophokles in der Regel befolgten Verfahren kann nach allem diesem kein Zweifel sein, auch wenn sich etwa unter den erhaltenen Stücken die eine oder andere Ausnahme finden sollte; wohl aber muss uns jetzt die Frage beschäftigen, ob die drei thebanischen Tragödien vermöge eines in ihnen nachweisbaren trilogischen Zusammenhanges eine solche Ausnahme bilden. Wäre es der Fall, so müsste jede von ihnen erst durch Hinzunahme der beiden andern verständlich werden und es dürfte zwischen ihnen auch in den Details der Ausführung keinerlei Widerspruch zu entdecken sein. Zugleich ist von vorn herein darauf aufmerksam zu machen, dass eine bloss stoffliche Hinweisung in einem Stücke auf den in einem der beiden andern behandelten Theil der Fabel für die Zusammengehörigkeit niemals etwas beweisen kann. Die Zuschauer des Sophokles waren mit den Hauptzügen der auf ihrer Bühne eingebürgerten Mythen vertraut genug um eine gelegentliche Erinnerung an Ereignisse, die vor dem Anfange oder jenseits des Endes einer Tragödie lagen, leicht zu verstehen und natürlich zu finden. Ihr Interesse heftete sich an die poetische Behandlung, nicht an das Materielle der Fabel. So wird in einem Chorliede der Elektra (V. 504—515) die mythische Geschichte des Pelops zur Erklärung der Erlebnisse seiner Nachkommen angezogen, wo an eine Ausführung in einem vorhergehenden Stücke zu denken unmöglich ist; so stösst im Aias V. 1389—1392 (um die angezweifelten Verse 839—842 nicht zu erwähnen) Teukros über die beiden Atriden Verwünschungen aus, welche offenbar an die sagenhaften Schicksale Agamemnon's erinnern sollen, ohne dass doch diese den Inhalt des sonst wohl anzunehmenden Folgedrama's gebildet haben können. Dasselbe gilt von mehreren Aeusserungen des Philoktetes über das ihm verhasste Brüderpaar. Jeder Zuschauer des Königs Oedipus kannte die attische Sage von dem wunderbaren Heimgange des Oedipus, an welche seine Verehrung als Ortsheros von Kolonos sich knüpfte; jeder Zuschauer des Oedipus auf Kolonos wusste von dem Wechselmorde des Eteokles und Polyneikes und der Bestattung des letzteren durch Antigone.

1. König Oedipus.

Die kunstvolle Verwickelung, die unaufhaltsam sich steigernde Spannung des Königs Oedipus ist von jeher beachtet und bewundert worden, namentlich auch von Aristoteles, der unter anderm hervorhebt (Poetik Kap. 14), dass man alle sinnlichen Darstellungsmittel davon entfernt denken könnte und die Wirkung des reinen Inhalts dennoch eine überwältigende sein würde. Für unseren Zweck sind zwei andere Aussprüche des Philosophen von Stagira noch wichtiger, von denen der eine, im 11ten Kapitel der Poetik, diese Tragödie als Muster der von ihm besonders empfohlenen Verbindung von Peripetie und Anagnorisis hinstellt, der andere, im 15ten Kapitel, ihr deshalb Beifall spendet, weil das Irrationelle (ἄλογον) der Fabel nicht in ihre dramatische Handlung aufgenommen, sondern ausserhalb verlegt sei. Beide Bemerkungen beruhen offenbar auf der Voraussetzung, dass sie zu ihrem Verständnisse weder ein Vorher noch ein Nachher erfordert: denn auch eine Peripetie der angegebenen Art kann doch nur dann ihre Wirkung üben, wenn sie zugleich die dramatische Anlage abschliesst. Schon dies muss gegen die Meinung, dass der König Oedipus einer Trilogie angehört habe, bedenklich stimmen.

Die Neueren hat am meisten die Frage beschäftigt, ob nach der Absicht des Dichters das Leiden des Oedipus bloss ein Ausfluss des ihm von den Göttern aufgelegten Verhängnisses oder zugleich auch eine Folge eigener Verschuldung sei. Das Erstere entspricht mehr dem ersten Eindrucke des heutigen Lesers, das Letztere der natürlichen Forderung, welche das moralische Gefühl nicht bloss der Modernen an das Drama stellt: denn bereits Aristoteles erklärt es in einer bekannten Stelle für grässlich, wenn man einen braven Mann aus Glück in Unglück versinken sieht. Eine gewisse Scheu in den Dichter nicht willkürlich die eigenen Vorstellungen hineinzutragen hat jene Ansicht eingegeben; diese beruht auf der Grundregel aller Hermeneutik unter den möglichen Deutungen eines Schriftwerkes diejenige auszuwählen, durch welche dasselbe den besten Sinn und die grösste innere Uebereinstimmung erhält. Es wäre nicht wunderbar, wenn die Verfechter jener in der Annahme eines nahen Zusammenhanges mit dem Oedipus auf Kolonos eine Stütze suchten und sich auf die mildernde Wendung beriefen, welche das Schicksal des Helden in diesem Stücke erfährt; allein darin zeigen sich die Rollen unter den jüngsten Bearbeitern des Problems seltsam vertauscht. Bernhardy, der die trilogische Verknüpfung leugnet, spricht sich für eine gemässigt fatalistische Auffassung aus, während der Hauptvertreter der Trilogieentheorie die Schuld des Oedipus auf das schärfste betont.

Wenn die Frage nach der Schuld oder Nichtschuld eines tragischen Helden aufgeworfen wird, so müssen bei ihrer Beantwortung zwei Dinge nicht ausser Acht gelassen werden. Das erste ist, dass die Aufgabe der

Tragödie nicht mit der eines Kriminalprocesses verwechselt werden darf, wie es von Seiten moderner Aesthetiker so häufig geschehen ist. Wenn die Folgen menschlicher Verirrung der Grösse der begangenen Schuld nur als eine angemessene Strafe entsprechen, so kann ihre Darstellung wohl unser Gerechtigkeitsgefühl befriedigen, nicht aber jenes Mitleid in uns rege machen, welches die Seele der tragischen Dichtung ist. Mit grosser Weisheit hat Aristoteles nach dieser Seite weiter nichts gefordert als dass 'eine gewisse Verirrung' (ἁμαρτία τις) den Umschlag in dem Schicksale des Helden motivire, und wir übertragen seine Anschauung durch unsere Ausdrucksweise auf das Leben, indem wir es als ein tragisches Verhängniss bezeichnen, wenn wir einen edlen Menschen für einen anscheinend geringfügigen Fehltritt, der vielleicht mit dem besten Theile seines Wesens nahe zusammenhängt, eine nach unserm Urtheil unverdient harte Busse leiden sehen. Das zweite ist die Nothwendigkeit, der Bestimmung und Abmessung der tragischen Schuld die ethischen Begriffe des Zeitalters zu Grunde zu legen, in welchem die Dichtung entstanden ist. Ein Muttermörder könnte uns nur ein Gegenstand des Widerwillens, nicht wie Orestes den Athenern ein Gegenstand der tragischen Theilnahme sein; die Schuld der Desdemona bleibt unserm Gefühl unverständlich, weil wir uns gewöhnt haben über die Bedeutung der väterlichen Autorität über die Kinder laxer zu denken als die Zeitgenossen Shakspeare's. Dies vornehmlich ist für die richtige Schätzung des Königs Oedipus von Wichtigkeit.

Bevor Sokrates die in dem Griechenvolke lebenden sittlichen Vorstellungen auf die Basis einer festen Erkenntniss zurückzuführen unternahm, bildete ein bestimmtes Gefühl den Mittelpunkt der Urtheile und Anforderungen desselben, die Abneigung gegen die Hybris. Das Verlassen der dem Menschen gesetzten Schranke, das Hinausgreifen über das eigene Rechtsgebiet, das Pochen auf Glück und Kraft, die vermessene Zuversicht in Wort und That waren dem Sinne der Griechen auf das tiefste zuwider, wie so viele Aeusserungen ihrer Dichter und Denker von den ältesten Zeiten an erkennen lassen. Darum mussten die Zuschauer des Sophokles von einem Charakter, wie sein Oedipus ist, höchlich verletzt werden. Die Raschheit, mit der er auf den oberflächlichsten Argwohn hin zuerst gegen Teiresias, dann besonders gegen Kreon die härtesten Anklagen schleudert, ist mehr als ein blosser Temperamentsfehler, sie hat ihren Grund in einem ungezügelten Glauben an sich selbst und einer damit zusammenhängenden Neigung zur Missachtung Anderer. Wendet sie sich doch gegen Personen, von denen die eine durch ihr Amt, die andere durch ihr dem Zuschauer leicht erkennbares Gesammtverhalten gegen eine so leichtfertige Verurtheilung geschützt sein müsste, und springt doch die darin wirkende Vermessenheit mehr und mehr in die Augen, indem es immer deutlicher zu Tage tritt, wie viel Mahnendes und Warnendes bereits die bisherige Lebensführung des Oedipus enthalten

hatte. Das Erschütternde der über ihn hereinbrechenden Katastrophe
aber beruht nur zum kleineren Theile auf dem Inhalte dessen, was ihn
betrifft, zum grösseren Theile dagegen auf der Plötzlichkeit, mit welcher
der Boden seiner falschen Sicherheit unter ihm zusammenstürzt und nicht
bloss die von ihm gegen den Mörder des Laios ausgestossenen Drohungen,
sondern auch die harten Beschuldigungen gegen Teiresias und Kreon sich
zu Waffen gegen ihn selbst verkehren: auch ist gerade dies des Dichters
eigenstes Werk. Obwohl das Verständniss der Poesie so gut wie das
der Geschichte nur selten durch die Anwendung des Wörtchens Wenn
gefördert wird, so ist es doch gerade hier sehr belehrend sich den sophokleischen Oedipus einmal durch einen andern ersetzt zu denken. Ein
Mann von geringerem Selbstvertrauen und schärferem Gefühl für die Unsicherheit des Menschenlooses wäre durch das ihm gegebene Orakel vielleicht schon früher zu grösserer Vorsicht bei allen seinen Schritten ge-
stimmt worden, er würde vielleicht vor dem Kampfe mit Laios, vor der
Verbindung mit Iokaste ahnungsvoll zurückgebebt sein, wie es denn eine
der bedeutsamsten Abweichungen des Sophokles von den früheren Darstellungen der Sage ist, dass er den Oedipus vor dem Abentener in dem
Dreiwege sein Geschick in Delphi erforschen lässt.[18]) Die Hauptsache
indessen ist das Auftreten innerhalb des Stückes, nach welchem ein tra-
gischer Held immer in erster Linie beurtheilt werden muss. Setzt man
hier einen Oedipus von anderer Sinnesart an die Stelle, so bleibt freilich
auch dessen Schicksal ein gar bejammernswerthes, aber die jähe Gewalt,
mit welcher es über ihn hereinbricht, kommt nothwendig in Wegfall.
Ein solcher müsste jedenfalls schon durch die Worte des Teiresias, nicht
erst durch die Mittheilungen der Iokaste zum Nachsinnen über die Vergangenheit und zum Zweifel veranlasst werden, so dass die schreckliche
Entdeckung ihn vorbereiteter träfe. Vollends aber würde sein Benehmen
innerhalb der Katastrophe ein anderes sein: denn auch in dieser richtet
der sophokleische Oedipus dieselbe maasslose Wuth, die er früher gegen
Andere gewandt hatte, gegen sich selbst. In dem blinden Glauben an
die Allmacht des Menschenwillens und der Menschenkraft befangen übertreibt er die Vorstellung seiner Schuld nur nichts weniger als er vorher
seine Zuversicht übertrieben hatte, und stellt sich völlig einem bewusst
und freiwillig handelnden Verbrecher gleich, weil für den Gedanken einer
gottverhängten Schickung in seinem Vorstellungskreise kein Platz ist. So
will er denn auch die verwirkte Strafe durchaus selbst bestimmen: er
beraubt sich sofort mit eigenen Händen des Augenlichtes und verlangt
als Folge seiner früheren Aussprüche gegen den Mörder des Laios, dass
Kreon ihn ohne weiteres des Landes verweise. Dass dieses auch im

---

[18]) Vgl. hierüber die Bemerkung Schneidewin's: die Sage vom Oedipus S. 42,
und über das Gesammtverhalten des Oedipus in den der Tragödie vorausliegen-
den Begebenheiten die sehr einsichtige Auseinandersetzung Kolster's in den
sophokleischen Studien S. 245—254.

Unglück fortgesetzte Gestelltsein auf den eigenen Willen dem Sinne des Dichters nicht gemäss ist, lässt schon die leise Missbilligung der Blendung, welche der Chor ausdrückt, den Leser erkennen, noch viel deutlicher aber das Verhalten des Mannes, der überhaupt als ein Muster maassvoller Besonnenheit in dem Drama dasteht, des Kreon. Wie dieser nichts selbst anordnet, sondern die Entscheidung des delphischen Gottes einholt, so würde auch Oedipus nach der Katastrophe seine Zukunft in stiller Ergebung einem höheren Willen anvertrauen, wenn er nicht Oedipus wäre. Die Härte dessen, was der thebanische Held erleidet, war durch die überlieferte Sage gegeben, aber die Potenzierung dieser Härte durch die Folgen der ihm beigelegten Sinnesweise ist die tief tragische Schöpfung des Sophokles.

Wir dürfen nicht verschweigen, dass der Antheil, den der Charakter des Oedipus an der Entwickelung des Drama's hat, kaum von einem der bisherigen Behandler eindringlicher dargestellt worden ist als von Adolf Schöll. Er bespricht S. 238 — 241 seines 'gründlichen Unterrichts' klar und überzeugend das maasslose Selbstvertrauen, den Eigenwillen, den Anspruch auf Sittlichkeit des 'die Einleuchtung der Schuld bis zum äussersten von sich abhaltenden' Helden und fasst das Resultat in die Worte zusammen: 'Das ist das Grauen dieser Handlung, dass der Heros durch sein Bewusstsein in das Unbewusste, mit seinem Willen in das Ungewollte, mit seinem Anspruch auf Sittlichkeit in grässliche Unsittlichkeit gefallen ist. Das ist aber auch die Grösse der Handlung, dass nur die Stärke seines sittlichen Selbstbewusstseins den Kampf so spannt, selbst der Wahn dazu dient, es um so unterschiedener leuchten und den Willen der Wahrheit um so brennender durchschlagen zu machen.' Bis hierher können wir uns ihm unbedingt anschliessen, aber wir müssen uns von ihm trennen, wenn er in den nachfolgenden Sätzen die Selbstbestrafung des Oedipus in das Licht einer gebotenen sittlichen Nothwendigkeit zu rücken sucht und sagt: 'Ist das Ende schauderhaft, so richtet ihn doch niemand als er selbst, und nicht grösser ist seine Qual als dieses sittliche Selbstbewusstsein, dessen Unveräusserlichkeit an ihrer Tiefe gemessen wird. Das ist die Versöhnung dieses peinlichen Gerichts, dass Oedipus verlangt, aus der Gesellschaft ausgestossen zu werden. Damit ehrt er durch Selbstopferung seines befleckten Daseins die allgemeine Sittlichkeit und gibt ihr aus eigenem sittlichen Willen die Reinheit, die er wider Willen beleidigt, zurück. Weigert er dies Opfer, so hat er sich der Sittlichkeit entäussert. — Am Schlusse des König Oedipus wird dies Opfer hingehalten.' Die bei dieser Verschiebung des Standpunktes waltende Absicht wird noch deutlicher, wenn man die entsprechenden Aeusserungen Schöll's in der Einleitung zu seiner Uebersetzung des Drama's vergleicht. Er sagt dort (S. 13): 'Das Einschreiten des gerechtfertigten, seine Macht erbenden Kreon, den Oedipus mit dem Geständniss seines Unrechts gegen ihn und demüthiger Anerkennung empfängt, kann nichts Anderes verfügen und einleiten, als was Oedipus selber bescheidet. Die in der Rechtlichkeit hier noch merklicher anlautende Selbstgefälligkeit des Kreon zeigt denselben schon im leisen Anfang seines eigenen künftigen Schuldverhängnisses, welches die Wünsche für ihn und Bitten an ihn aus Oedipus' Mund vorbedeutend berühren.' Es ist ihm daran gelegen theils den König Oedipus als in der Handlung unfertig darzustellen, theils die Differenz zwischen dem Charakter des Kreon in dieser Tragödie und in dem Oedipus auf Kolonos auszugleichen: aus ersterem Grunde wird auf die verlangte Form der Strafe, d. h. auf die Verbannung, ein entscheidendes Gewicht gelegt und ihr Nichteintreten innerhalb des Stückes als ein Mangel an Abschluss gefasst; aus letzterem wird das Verhältniss zwischen Kreon und Oedipus in dem letzten Theile sittlich verschoben. Dass weder das eine noch das andere dem Sinne des Dichters entspricht, überzeugt man sich leicht. Nachdem die innere Sühnung an Oedipus vollzogen war, bedurfte es einer weiteren Ausmalung der äusseren Gestalt seiner Zukunft um so weniger, als diese für ein mit der Fabel bekanntes sophokleisches Publikum keinen Reiz haben konnte, gerade die Anheimgebung seines Schicksals an das Orakel aber als die letzte und entscheidende Beugung seines Eigenwillens den vollkommenen ethischen und psychologischen Abschluss enthielt. An einer geheimnissvollen Hindeutung auf die Art seines Endes (V. 1455—1457) fehlte es ohnedies nicht. Ebenso liegt in dem Auftreten Kreon's während der letzten Scene nichts, was ihn über die Bestimmung hinausführte, durch maassvolle Milde und fromme Gottergebenheit dem Helden des Stückes als Gegenbild gegenüberzutreten. Auch dass er den Befleckten nicht lange am Lichte der Sonne will weilen lassen, dient nur zur Charakteristik seines religiösen Sinnes; dass er auf sein Verhalten auch einmal selbst hinweist (V. 1476), ist dramatisch nothwendig um den Kontrast der Wirklichkeit gegen den früheren Argwohn des Oedipus hervorzuheben.

Allem diesem gegenüber ist das einzige Moment, in welchem ein innerer Zusammenhang des Königs Oedipus mit dem Oedipus auf Kolonos gefunden werden kann, die Vorliebe, welche der geblendete Held in der Schlussscene für seine Töchter ausspricht, ohne jede Beweiskraft für die trilogische Zusammengehörigkeit. Bei dem, was die durch Aeschylos ausgestaltete Sage über die späteren Verhältnisse der Kinder berichtete, lag es für den Dichter überaus nahe ihm diese Eigenschaft beizulegen und für eine ergreifende dramatische Wirkung zu benutzen.

Fast als wolle er auch bei der Nachwelt keinen Zweifel daran hinterlassen, dass die tragische Handlung mit dem König Oedipus abschliesst, entlässt Sophokles sein schauendes und lesendes Publikum am Ende des Stückes auf unverkennbare Weise, indem er ihm die durch das Ganze sich aufdrängende Lehre in Worte gefasst vorlegt. Das Gewicht der dabei gewählten trochäischen Tetrameter, einer von ihm nur ausnahmsweise und immer mit besonderer Absicht gebrauchten Versart [19]), erhöht ihre Wirkung und lässt ihren Zweck noch mehr empfinden. Wenn aber jene Lehre in einer Form auftritt, welche den in uns geweckten Eindruck nicht ganz genau wiedergibt, so hat das seinen Grund lediglich in der Verschiedenheit zwischen dem ethischen Bewusstsein der Griechen und dem unsrigen. Sie leiteten die Erfüllung der ethischen Forderungen in erster Linie aus der Erkenntniss ab: darum erschien ihnen die Seite des Oedipus, die wir als Eigenwilligkeit und Uebermaass des Selbstvertrauens bezeichnen, in ihrer Wurzel als ein Mangel an Einsicht in die Unsicherheit des Menschenlooses.

2. Oedipus auf Kolonos.

Der König Oedipus war, wie wir aus der dazu erhaltenen Hypothesis erfahren, in den alten Didaskalieen einem früheren Aufführungsjahre zugewiesen als der Oedipus auf Kolonos, so dass wir bei der Güte der angezogenen Quelle hier wohl von einer historisch beglaubigten Notiz reden dürfen. Es hat durchaus keine Wahrscheinlichkeit, dass dabei ein Irrthum oder Missverständniss untergelaufen ist: gesetzt aber auch man behauptete ein solches, wie Schöll thut, so würde dadurch zu Gunsten der Trilogieentheorie im allgemeinen noch nicht einmal etwas gewonnen sein. Denn dazu muss zunächst angenommen werden [20]), dass die Zusammensteller der Didaskalieen die Gesammtbezeichnung der Trilogie bei dem Jahre ihrer ersten und eigentlichen Aufführung mit dem Titel des Königs Oedipus verwechselten, was einen Mangel an Vertrautheit mit solchen trilogischen Namengebungen bei ihnen voraussetzt, wie sie nur bei sehr seltenem Vorkommen derselben denkbar ist. Und sollten ausserdem ihre Quellen so dürftig gewesen sein, dass sie, wie es dazu ferner gehören würde, die Wiederaufführung des Oedipus auf Kolonos, die der Enkel des verstorbenen Dichters bei dessen Gedächtnissfeier veranstaltete, für die erste Aufführung halten konnten? Den zwischen der Abfassung des einen und der des andern Drama's verflossenen Zeitraum näher zu ermitteln möchte indessen kaum möglich sein. Hinsichtlich des Oedipus auf Kolonos beweist das oft erzählte Geschichtchen, wonach Sophokles als Greis durch das Vorlesen eines Chorliedes daraus seine Richter von der ungeschwächten Fortdauer seiner Geisteskräfte überzeugt haben soll, so sehr es im übrigen die Litteraturanekdote verräth, wenigstens so viel, dass ihn die Alten übereinstimmend als ein Produkt der späteren Jahre ansahen, wovon man ihnen wohl die richtige Kunde zutrauen kann. Sonst möchte von den aufgestellten Combinationen die Böckh'sche [21]), nach welcher das Drama Ol. 90, 1 bald nach dem Frie-

---

[19]) Vgl. de parodi in tragoedia graeca notione p. 13; p. 32.
[20]) S. Schöll Sophokles, sein Leben und Wirken S. 168—170 Anm.
[21]) Im index lectt. Berol. aest. 1826.

den des Nikias verfasst ist, bei weitem den Vorzug verdienen, weil sie sowohl jenen Umstand als den Antagonismus zwischen Athen und Theben, der ihm augenscheinlich zu Grunde liegt, berücksichtigt. Die Datierung des Königs Oedipus ist vollends unsicher: denn der Einfluss, den die grammatische Tragödie des Kallias auf die Behandlung des Technischen in ihm sowie in der Ol. 87, 1 verfassten Medeia des Euripides gehabt haben soll, steht weder auf sich fest noch würde er zu dem Schlusse berechtigen, dass diese beiden Stücke kurz nach einander entstanden sind. Höchstens lässt die ungewöhnliche Häufigkeit der Elision am Schlusse des Trimeters [22]) an etwas wie eine frische Freude an dem neu entdeckten und später sparsamer angewandten Mittel, dem Dialog an geeigneten Stellen einen rascheren Fluss zu geben, denken, obwohl immerhin auffallend bleibt, dass schon die Antigone ein Beispiel davon aufweist (V. 1031); dass aber die Dichter die Entdeckung dieses Mittels dem Kallias verdankten, dies nehmen wir nach den gewichtigen Bedenken Welcker's [23]) Anstand dem Klearchos von Soli [24]) zu glauben. Noch weniger führt das Aufspüren politischer Anspielungen in dem König Oedipus zu einem Ergebniss, obgleich man nach dieser Seite nichts unversucht gelassen und sowohl auf Perikles als auf Alkibiades, sowohl auf die athenische Pest als auf die sikelische Expedition Beziehungen zu finden gemeint hat. Zu poetischen Darstellungen und Aussprüchen von unvergänglicher Wahrheit werden sich immer unter den verschiedensten Verhältnissen Analogieen im Leben bieten: nicht leicht wird auf unsern Theatern Wilhelm Tell aufgeführt, ohne dass einzelne Stellen beklatscht würden, und doch wird hoffentlich kein Philologe der Nachwelt den Beweis unternehmen, dass dieses Drama den sechsziger Jahren des neunzehnten Jahrhunderts seinen Ursprung verdanke.

Auf die Frage ob entscheidende Gründe der inneren Beschaffenheit vorhanden sind, welche das Recht geben könnten die aus den Didaskalieen geflossene Notiz in Zweifel zu ziehen, ist die Antwort eigentlich schon in dem Obigen gegeben: denn wenn, wie gezeigt wurde, der König Oedipus in sich abgeschlossen dasteht, so bedarf er keines nachfolgenden Stückes als Ergänzung. Aber auch der Oedipus auf Kolonos enthält Momente, welche seine Zusammengehörigkeit mit jener früheren Tragödie undenkbar machen. Vor allem ist dies die abweichende Charakteristik des Kreon, der hier ein so völlig anderer ist, dass jeder Versuch, von seiner Behandlung dort zu seiner Behandlung hier Brücken zu schlagen, nothwendig misslingen muss. Dieser Mann, im König Oedipus so maassvoll, so uneigennützig, so gottergeben, ist im Oedipus auf Kolonos ein heim-

---

[22]) S. G. Hermann Opuscula I 143. 144.
[23]) Im rhein. Museum I (1832) S. 149—155. Vgl. auch W. Dindorf in Soph. tragoediae superstites (ed. III) vol. VIII p. LVI—LVIII.
[24] Bei Athenäos X 453 e.

tückischer Ränkeschmied, das gerade Gegenbild des edlen Theseus.[25]) Auch in den Voraussetzungen der Handlung fehlt wie absichtlich jede Anknüpfung an das frühere Drama. Am Schlusse dieses wird die weitere Bestimmung über das Schicksal des Oedipus dem delphischen Gotte überlassen; der Oedipus auf Kolonos geht davon aus, dass er noch eine Reihe von Jahren nach der Blendung, in welcher seine vier Kinder heranwuchsen, unangefochten in Theben gelebt hat und darauf unter stillschweigender Conivenz seiner Söhne von der Bürgerschaft verbannt wurde. Bestände ein Zusammenhang, so könnte jener ältere Orakelspruch hier nicht unerwähnt bleiben, sei es nun dass Oedipus sei es dass Kreon sich auf ihn beriefe; nimmt man mit Schöll an, er sei zweideutig gewesen, so wäre sogar eine Bezugnahme Beider auf ihn natürlich. Statt dessen finden wir einen offenbar späteren Verkehr zwischen den Thebanern und dem Orakel erwähnt, der dem Oedipus verheimlicht, aber durch Ismene's Bemühungen für ihn ausgekundschaftet wurde und der erst seinen Anfang genommen haben kann, als jene sich des alten Königs zu entledigen suchten.[26])

So ist die Zusammengehörigkeit des Königs Oedipus mit dem Oedipus auf Kolonos nicht bloss unerweislich, sondern für jeden, der den grössten Tragiker des Alterthums nicht tief herabsetzen, ihm nicht schwere Widersprüche in der Charakteristik wie im Sachlichen aufbürden will, positiv unmöglich. Dies schliesst selbstverständlich nicht aus, dass Sophokles bei der Abfassung des späteren Drama's das frühere im Auge hatte, ähnlich wie in der Regel der nachfolgende Bearbeiter eines Gegenstandes auf seinen Vorgänger bestimmte Rücksicht nimmt. Der Labdakidenmythos musste für einen auf ethische Vertiefung ausgehenden Dichter etwas besonders Einladendes haben, weil er der äusserlichen Betrachtung nur das grausame Walten eines blinden Schicksals zeigte. Aeschylos behandelte ihn, wie aus der stofflichen Zusammensetzung seiner durch die Didaskalie bezeugten Laiostrilogie abzunehmen ist, unter dem Gesichtspunkte fortschreitender Zerstörung des Gefühls für die natürlichen Bande. Hatte der Laios des ersten Stückes sich von derselben wilden Lust, die ihn zum Raube des Chrysippos getrieben hatte, zu einer Zeugung hinreissen lassen, von welcher ihn die eindringliche Warnung des delphischen Gottes hätte zurückhalten müssen, so ist als Frucht dieser Sünde des Vaters bei dem Oedipus des zweiten die Stimme des Blutes so sehr erstickt, dass er ohne eine widerstrebende Regung an den Vater die Hand

---

[25]) Man hat ihn wohl mit dem Odysseus im Philoktetes verglichen, jedoch mit Unrecht: bei diesem steht überall das Bewusstsein im Vordergrunde, dass das öffentliche Interesse, dem er ganz uneigennützig dient, seine Handlungsweise zur unvermeidlichen Nothwendigkeit macht, während bei Kreon, der überdies an der thebanischen Staatsgewalt persönlich betheiligt ist, nichts der Art angedeutet wird.

[26]) Vgl. Kolster sophokleische Studien S. 263 fgg.

legen und die Verbindung mit der Mutter eingehen kann[27]), und das erhaltene dritte zeigt die Söhne desselben sogar von einer krankhaften Lust an ihrer gegenseitigen Vernichtung beherrscht, obwohl sie wissen, dass sie Brüder sind: denn nur auf diese Weise kann ein richtiges Verhältniss der drei Theile gedacht werden. In den beiden Darstellungen des Sophokles ist die Geschichte des Laios nur als ein dunkler Hintergrund für das benutzt, was das poetische Interesse ausschliesslich in Anspruch nimmt, die Erlebnisse des Oedipus, so dass diese aufhören an der Schuld jenes ihr oberstes Motiv zu haben; aber das Verhältniss zwischen dem persönlichen Charakter und den Schicksalen des Helden, auf das nun das entscheidende Gewicht fällt, ist beide Male unter ganz verschiedene Gesichtspunkte gestellt. In dem früheren Stücke sind die Leiden desselben durch seine Gemüthsart wo nicht herbeigeführt, so doch sehr wesentlich verschärft; in dem späteren haben sie die Bedeutung einer durch den Willen der Götter über ihn verhängten Lebensführung, denn er selbst hebt es darin dreimal nachdrücklich hervor, dass das Geschehene ihn wohl zu einem unglücklichen Befleckten, aber nicht zu einem schuldbeladenen Verbrecher gemacht hat, da er nicht mit Bewusstsein und Absicht frevelte. Es ist wohl begreiflich, dass ein reiferes Lebensalter den Dichter dahin brachte das Providentielle in den Vordergrund zu stellen, wie dies ähnlich auch in dem gleichfalls spät entstandenen Philoktetes fühlbar wird.

Um die Selbständigkeit des Oedipus auf Kolonos darzuthun, bleibt uns noch der Nachweis zu führen übrig, dass derselbe eben so wenig eine nachfolgende Tragödie zu seiner Ergänzung verlangt, wie er eine vorangehende zur Voraussetzung hat. Natürlich ist in dieser Hinsicht der Umstand, dass die von Oedipus über Kreon und die Söhne ausgesprochenen Flüche innerhalb des Stückes nicht mehr ihre thatsächliche Erfüllung finden, von sehr geringer Bedeutung: er fällt in die Kategorie jenes häufigen Zurückgreifens in den früheren oder Vorgreifens in den späteren Verlauf der Fabel, von dem oben die Rede gewesen ist. Ganz ähnlich ist die Aeusserung des Oedipus gegen den Schluss des früheren Stückes (V. 1455), dass er nicht durch Krankheit umkommen werde, zu beurtheilen. Nur darauf kann es ankommen, ob in dem Oedipus auf Kolonos ein innerer Konflikt enthalten ist, der erst jenseits desselben seine Lösung findet.

Schöll behauptet dies, indem er von der Voraussetzung ausgeht, dass in unserm Drama die Schuld des Oedipus sich fortwährend steigere, ihre Sühnung durch seine Nachkommenschaft in der Antigone gegeben sei. Darum betrachtet er seine dreimalige Betheuerung, das von ihm geschehene

---

[27]) Das Motiv, welches hier für das zweite Stück vorausgesetzt werden muss, entspricht auf das genaueste einem bei Calderon wiederholt vorkommenden: vgl. die Schauspiele Calderon's von F. W. Val. Schmidt S. XXX Anm.

Schreckliche sei nicht das Werk seines freien Willens, nur als eine Erneuerung jener Selbstgerechtigkeit, welche an dem Helden des früheren Stückes verletzt, ohne die laut redende Thatsache zu berücksichtigen, dass Oedipus mit dieser Auffassung nicht allein steht, sondern seine Umgebung von ihrer Richtigkeit überzeugt. Das erste Mal, wo er den seinem Vater geleisteten Widerstand — denn das Verhältniss zur Mutter ist hier so gut wie gar nicht berührt — in längerer Rede rechtfertigt, V. 258—291, macht er damit auf den Chor, der sich vorher noch ihm abgeneigt geäussert hatte (V. 254—257), einen sichtlich umstimmenden Eindruck (s. V. 292—295); das zweite Mal in dem melischen Gespräche V. 510—548 verhält sich derselbe Chor, der nach Aufklärung über die zu ihm gedrungenen Gerüchte verlangt, lediglich aufnehmend; das dritte Mal nach der Entgegnung an Polyneikes V. 960—1013 bricht er in eine ausdrückliche Anerkennung des Fremden aus und nennt ihn selbst trefflich, seine Schicksale aber furchtbar (V. 1014. 1015). Nicht weniger bemerkenswerth ist der Fortschritt, der sich in dem Inhalte der Ausführungen zeigt. An den beiden ersten Stellen nämlich wird das Geschehene nur durch äussere Momente erklärt, die Tödtung des Vaters durch das Gebot der Nothwehr, die Verbindung mit der Mutter durch das Verlangen der thebanischen Bürgerschaft; erst an der dritten, in der Rede des Polyneikes, hebt Oedipus zugleich den Willen der Götter als das oberste Leitende in seinen Schicksalen hervor, und das nicht etwa im Tone des Vorwurfs, sondern im Tone der Ergebung, wie man namentlich in der leisen Erwähnung ihres Zornes gegen sein Geschlecht fühlt. Das ist keine wachsende Verstocktheit; das ist vielmehr ein Hinaustreten der allmählich gewonnenen inneren Klarheit. Es kommt hinzu, dass er in allen drei Fällen nur gezwungen und ungern von jenen Vorgängen redet, namentlich die Verbindung mit seiner Mutter mit sichtbarer Scheu berührt: wäre seine Stimmung die von Schöll behauptete, so müsste er die Gelegenheit dazu suchen, nicht fliehen.

Mit nichten also zeigt sich bei dem Helden des Drama's eine überhebende Selbstbeurtheilung, in welcher sich das fortsetzte, was ihn in dem König Oedipus schuldig erscheinen liess. Aber wie steht es mit der ferneren Meinung Schöll's, dass in seinem Verhalten gegen Kreon und Polyneikes eine neue Schuld liege? In Beziehung auf Kreon bedarf dies kaum einer Widerlegung, da dessen heimtückisches und gewaltsames Verfahren nichts Anderes verdiente und da wir ihm gegenüber sowohl den Chor als den edlen Theseus durchaus auf Oedipus' Seite stehen sehen. Gerade eine Vergleichung mit den entsprechenden Situationen des ersten Stückes lässt die tiefe Verschiedenheit in die Augen springen: denn dort überhäuft Oedipus den Kreon mit den aus der Luft gegriffenen Vorwürfen eines ungerechten Argwohns, hier durchschaut er mit vollkommener Klarheit das Truggewebe desselben und spricht dies aus. Nicht ganz so einfach ist das Verhältniss zu Polyneikes. Es bedarf der ganzen Ueberredungskraft des Thesens und der Antigone um Oedipus dahin zu bringen, dass er den Sohn nur anhört; es bedarf neuer Anstrengungen der Antigone und des Chores um ihn zu einer Antwort auf dessen Reden zu bewegen. Dabei hat das erste Auftreten des Polyneikes, der mit Thränen in den Augen dem Vater naht und sich selbst wegen seines Benehmens gegen ihn anklagt, etwas für eine oberflächliche Betrachtung Bestechendes, freilich auch nur für eine solche. Denn das Mitleid mit dem Vater, das er an den Tag legt und dessen momentane Aufrichtigkeit allerdings nicht in Zweifel gezogen werden kann, bezieht sich nur auf das Alleräusserlichste, auf den an der Kleidung schon erkennbaren Mangel, den derselbe in der Fremde leidet. Dass ihm dieser erst jetzt auffällt, dass er früher noch keinen Gedanken dafür gehabt hat, gerade das beleuchtet auf das grellste die furchtbare Gleichgiltigkeit, mit der er den blinden Greis in die Verbannung gehen sah: es war also nicht fehlender Einfluss, wie sein moderner Vertheidiger meint, sondern Lieblosigkeit und verzehrende Herschsucht, was ihn und seinen Bruder dem Ausweisungsbeschlusse des thebanischen Volkes ruhig zuschauen liess. Von hier aus gewinnt auch die Verwünschung[28]), welche Oedipus damals über die beiden ausstiess, erst ihre rechte Bedeutung. Indem er erklärte, dass diese Söhne nicht mehr seine Söhne seien, gab er nur einer innerlich bereits vollzogenen Thatsache Worte, und indem er ihnen gegenseitige Feindschaft anwünschte, sprach er nur die unvermeidliche Folge ihrer Sinnesart aus: denn die alles überwiegende Lust an der Herschaft, welche sie gezeigt hatten, musste sie mit zwingender Nothwendigkeit unter einander in Zwist bringen und die Vernachlässigung der heiligsten Pflichten auch ihr gegenseitiges Verhältniss untergraben. In der Scene des Oedipus auf Kolonos, wo Polyneikes für die Durchsetzung seines Erstgeburtsrechtes gegen den jüngeren Eteokles die Unterstützung des Oedipus fordert, ist an dem Kerne seiner Gesinnung nichts verändert: denn die Feindseligkeit gegen den Bruder und das Verlangen nach der Königsgewalt sind geblieben, und nur aus Nützlichkeitsgründen wendet er sich dem Vater zu. Wohl ist sein Recht, so weit sich wenigstens aus der Darstellung des Dichters schliessen lässt, ein besseres als das des Eteokles; allein innerhalb der hier geschilderten völlig zerrütteten Verhältnisse, die dem Zweifel Raum geben, ob nicht das Successionsrecht der Familie überhaupt verwirkt ist (vgl. V. 367—370) oder ob nicht etwa der noch lebende Oedipus über den Thron zu verfügen hat, kann dieser juristische Maassstab nicht der ausschliesslich entscheidende sein. War Polyneikes der Stammhalter des Geschlechts, so war auch sein Frevel gegen den Vater um so grösser, und dieser würde sich einer Ungerechtigkeit schuldig machen, wenn er,

---

[28]) Wir wählen mit Kolster (soph. Studien S. 263) diesen milderen Ausdruck, ohne damit gerade seiner scharfen Unterscheidung von Verwünschung und Fluch, die in der griechischen Terminologie wohl kaum Anhaltspunkte hat, beitreten zu wollen.

der Rührung eines schwachen Augenblicks folgend, ihm vergeben und in
der Feindseligkeit gegen Eteokles beharren wollte. Wir dürfen nicht vergessen, dass nach den auch später in Griechenland nicht aufgegebenen
Begriffen des Heroenzeitalters der Vater in allen Angelegenheiten des Familienrechtes das Richteramt übt. Der daraus für ihn entspringenden
Pflicht würde Oedipus untreu werden, wenn er die von den Söhnen verwirkte Strafe nicht behauptete; sein Strafmittel aber ist kein anderes als
der Fluch. Wie das Alterthum hierüber dachte, darüber genügt es an
die Aeusserung des Atheners in Platon's Gesetzen Buch XI S. 931 b zu
erinnern.[29]) Aber gerade unser Stück zeigt, dass ein solcher Fluch mit
der Weissagung nahe verwandt ist: denn in dem nachfolgenden Gespräche
zwischen Antigone und Polyneikes werden die Androhungen des Oedipus wiederholt als Weissagungen bezeichnet (s. V. 1425. 1426. 1428).
Der eine wie die andere beruhen auf einer augenblicklichen Identifikation
des menschlichen Denkens und Wollens mit dem göttlichen, welches die
Gesetze der Weltordnung aufrecht hält.

Das Verhalten der Antigone gegen Polyneikes ist von dem des Oedipus durchaus verschieden. Sehr natürlich: hat sie doch kein Richteramt
zu üben, folgt sie doch einem echt weiblichen Zuge der Milde, und liegt
ihr doch zugleich der Gedanke nahe, dass sie nach dem Ableben des
Vaters einer Stütze bedürfen wird. Als Oedipus Anfangs den Sohn gar
nicht vor sich lassen will, ist sie es, die ihn im Anschluss an das vorangegangene Zureden des Theseus durch ihre eindringlichen Worte umstimmt, indem sie ihm vorhält, wie das Uebermaass seines Zornes ihm
schon einmal verderblich gewesen sei. Soweit sie dadurch im Verein mit
Theseus einen mässigenden Einfluss auf ihn ausübt, entspricht dies nur
der Stellung der Charaktere; allein auffallend ist ein Ausdruck, durch
welchen sie das oben aus der antiken Anschauung gerechtfertigte Princip
seines Richterberufes anzufechten scheint. Sie sagt V. 1189—1191:

> Du zeugtest ihn: deshalb, o Vater, wenn er auch
> Der schwersten Frevel schwersten selbst an dir verübt,
> Geziemt es dir nicht, wieder ihm ein Leid zu thun.

Wohl kannte das Alterthum im ausgedehntesten Maasse die Schönheit des
Vergebens, allein die Pflicht des Vergebens schloss seine Ethik doch in
viel engere Grenzen ein als die unsrige; daher können diese Worte unmöglich die eigene Meinung des Dichters aussprechen. Vielleicht sind sie
bloss eine momentane Uebertreibung, bestimmt das ganz in Verwandtenliebe aufgehende Gemüth der Jungfrau zu charakterisieren; indessen wird
man geneigt sein darin noch eine weitere Beziehung zu suchen, wenn
man die dialektische Feinheit bedenkt, mit welcher Sophokles einem all-

---

[29]) Von neueren Behandlungen sei auf Lasaulx's Studien d. klass. Alt. S. 164.
165 und Nägelsbach's nachhomerische Theologie S. 349. 350 verwiesen.

gemeinen Satze, den er aussprechen lässt, fast immer eine wenn auch
versteckte Anwendbarkeit auf die Handlung gibt. Da nämlich, wie aus
den nachfolgenden Reden des Polyneikes und des Oedipus deutlich hervorgeht (vgl. V. 1323. 1369. 1383), der Fluch mit der Erklärung verbunden ist, dass das Sohnesverhältniss aufhört, so fällt durch ihn die
Vorbedingung weg, an welche Antigone ihre Behauptung knüpft, und
sie behält auf eine von ihr nicht beabsichtigte Weise Recht.[30]) Nachher
äussert sie sich noch einmal im Zwiegespräche zu Polyneikes und lässt
hier erkennen, dass sie weniger in ihrem Urtheil als in ihren Hoffnungen
von dem Vater abweicht: denn nachdem jener seine Zwecke und Gesinnungen enthüllt hat, ist sie weit entfernt seine Partei gegen den abwesenden Eteokles zu nehmen, sondern macht nur eine äusserste Anstrengung
ihn zur Versöhnung und zum Aufgeben seines Unternehmens zu bewegen. Dramatisch hat die Scene zugleich die Bestimmung den Zuschauer
zu überzeugen, dass das Schicksal der beiden Brüder unabwendbar ist
und dass Oedipus die Nothwendigkeiten der Zukunft klar erkannt hat.
Dass für diesen ein ähnlicher zweifellos vergeblicher Versuch völlig unstatthaft gewesen wäre, versteht sich von selbst.

So begreiflich hiernach das Verfahren des greisen Königs gegen Polyneikes in der Hauptsache ist, so bedarf doch seine anfängliche Weigerung ihn zu sehen und seine spätere ihm eine Antwort zu geben noch
einer näheren Beleuchtung. Obwohl die Furcht gewaltsam weggeführt
zu werden dabei einigermassen mitwirkt, so haben doch beide, wie sowohl er selbst (V. 1173. 74; V. 1177. 78) als Antigone (V. 1192 fgg.)
ausspricht, ihren tieferen Grund in einem heftigen Wiedererwachen seines Zornes, in einer unerträglichen Schmerzempfindung bei dem Erscheinen des Sohnes. Erst allmählich beruhigt er sich so weit, dass er im
Stande ist sein Stillschweigen zu brechen, aber noch bleibt in den Worten, die er an Polyneikes richtet, die leidenschaftliche Gemüthserregung
in hohem Grade fühlbar. Sie zeigt, mit wie unwiderstehlicher Gewalt in
ihm die Stimme der Natur redet, wie wenig noch eine stumpfe Gleichgiltigkeit gegen sein Blut in sein Inneres eingekehrt ist. Gerade dies
führt in den Gedankenmittelpunkt des Drama's. Es ist die Bestimmung
dieses Oedipus, sich von seinen zerstörten natürlichen Verhältnissen frei
zu machen und an ihre Stelle andere treten zu lassen, die auf menschlich sittlichem Grunde ruhen. Statt des Vaterlandes, das ihn verstossen
hat, muss er in der Fremde eine neue Heimath gewinnen; statt der
Söhne, die ihn verlassen haben, an die Töchter sich anschliessen, deren
treue Liebe ihm jene ersetzt. Um den letzteren Zug zu verstehen, müssen wir uns erinnern, wie das Alterthum auf die männliche Nachkommen-

---

[30]) Böckh (index lectt. Berol. hib. 1825—26 p. 6) vermuthet, dass Sophokles
bei diesen Worten sein eigenes Verhältniss zu Iophon im Auge gehabt habe; jedoch muss die Bedeutung, die sie für die Handlung und die Charaktere haben,
in jedem Falle von einer solchen Nebenbeziehung unberührt bleiben.

schaft den höchsten Werth legte und dieselbe als dem Vater um vieles näher stehend betrachtete, daher auch hierin das zunächst Naturgemässe sich umkehrt. Die Rede des Oedipus V. 337—360, welche dies ausspricht, ist deshalb für das Verständniss von grosser Bedeutung. Auch die heftigen Klagen, in die Antigone und Ismene bei der Nachricht von seinem Tode ausbrechen, und die am wenigsten als Beweis dafür hätten benutzt werden sollen, dass ihr Vater auch für sie zu einem Fluchdämon geworden ist[31]), sollen noch zum Schlusse die Innigkeit des Verhältnisses recht ergreifend darstellen. Die Gesammtwirkung der Tragödie aber beruht auf dem Schmerze, den das Lösen seiner ursprünglichen Beziehungen dem greisen Könige verursacht. Die Trennung von Theben war, wie er V. 769 eingesteht, trotz alles dort Erlebten für ihn nicht leicht; während eines grossen Theiles des Stückes erscheint er mit dem ganzen Elende der Verbannung behaftet, bis ihm endlich das edle Benehmen des Theseus das Gefühl heimathlichen Wohlseins in Attika gibt; noch um vieles tiefere Gemüthskämpfe aber kostet ihn die wirkliche innere Losreissung von seinen Söhnen. Nachdem auch sie vollzogen ist, ist er reif zu sterben und geht in den Tod.

Die Schuld der Ungerechtigkeit gegen Kreon und Polyneikes, welche Schöll dem Oedipus beimisst, ist bei näherer Betrachtung nicht haltbar; aber wie ist auf dem Boden antiker Sittlichkeit sein Verhalten gegen sein Vaterland zu beurtheilen? Dies ist eine nicht ganz leicht zu beantwortende Frage: denn Oedipus begnügt sich nicht sich von Theben loszusagen, sondern vermacht auch Athen seinen Leichnam mit der Bestimmung, dass er es im Falle eines Kampfes zwischen beiden Staaten schützen solle, indem er das Blut der Thebaner trinke. Die dabei maassgebende religiöse Vorstellung hat Schmalfeld in seiner Abhandlung über den **Oedipus auf Kolonos**[32]) unter Verweisung auf Plut. Thes. 36; Herod. I 67; Eur. Herakl. 1026—1044 einsichtig nachgewiesen; sie lautet mit seinen Worten: 'Wenn ein Heros in fremder Erde begraben liegt, so trifft sein Vaterland manches andere Unheil, hauptsächlich aber in dem Lande im Kriege Unglück und Niederlagen, in welchem sich sein Grab befindet: das Blut, welches dabei von Seiten der Besiegten fliesst, ist das dem Heros in seiner Heimath versagte Todtenopfer.' Die Berechtigung des Oedipus aber einen solchen Zustand absichtlich herbeizuführen entspringt daraus, dass Theben ihn zwar den Athenern entziehen, ihm aber die Grabesehren nicht zu Theil werden lassen will, deren er bedarf um im Tode Ruhe zu finden: darum hat sein Thun nichts mit dem des Polyneikes gemein, der bloss aus Herrschsucht fremde Waffen gegen sein Vaterland herbeiführt, obwohl auch dies in dem Stücke nirgends hervorgehoben

---

[31]) S. Schöll Einleitung zu der Uebersetzung S. 44.
[32]) Einige Bemerkungen zum zweiten Oedipus des Sophokles, Eisleben 1861, S. 23.

wird.³³) Nehmen wir hinzu, dass Sophokles als Athener fühlte und für Athener dichtete, dass er nichts versäumt hat um den Gegensatz zwischen der arglistigen und engherzigen Politik Theben's und der grossartigen und menschenfreundlichen Athen's in ein recht scharfes Licht zu setzen, so muss jeder Zweifel daran schwinden, dass für ihn und sein Publikum das Verhalten des Oedipus nichts Anstössiges haben konnte. Immerhin bietet die Grundanschauung, welche das während des peloponnesischen Krieges entstandene Drama nach dieser Seite offenbart, eine Illustration zu dem, was Thukydides (III 82) als zur Signatur jener Geschichtsperiode gehörig anführt: τὸ εὐγενὲς τοῦ ἑταιρικοῦ ἀλλοτριώτερον ἐγένετο.

Schöll hat selbst gefühlt, dass nicht Weniges in dem Oedipus auf Kolonos seiner Auffassung widerspricht, und sich deshalb genöthigt gesehen wichtige Partieen desselben für unächt zu erklären, überhaupt eine sehr ausgedehnte verändernde Ueberarbeitung durch den jüngeren Sophokles anzunehmen.³⁴) Vor allem verwirft er die Scene im ersten Theile, in welcher auf Geheiss des Chores Oedipus sich anschickt sich den Erinyen gegenüber durch Reinigungsgebräuche zu entsühnen, die dann von Ismene für ihn vorgenommen werden (V. 461—509); denn mit seinem Bilde des durch immer wachsende Schuld in einen Fluchdämon sich verwandelnden Greises ist der Gedanke der Entsühnung nicht verträglich. Eine unbefangene Auffassung der Gesammtanlage ergibt aber die Nothwendigkeit jener Scene, die im allgemeinen bestimmt ist den Zuschauer zu überzeugen, dass Oedipus nicht mehr unter dem Banne einer Befleckung steht, welche ihn von dem Verkehre mit den Göttern, zumal mit den strengen Erinyen, ausschliessen müsste, wenn es auch für uns einigermassen dunkel bleibt, ob sie die gänzliche Entlastung davon schon voraussetzt oder noch mit herbeiführt.³⁵) Sie geht dem zweiten Gespräche des Oedipus mit dem Chore über seine Vergangenheit vorher und trägt mit dazu bei die darin bemerkbare Veränderung in der Haltung des letzteren zu erklären; noch wichtiger ist, wie sie die spätere Situation bei dem Erscheinen Kreon's vorbereitet. Es liegt nämlich, um für die charakteristische Erscheinung den von Thirlwall eingeführten Ausdruck zu brauchen, eine ächt sophokleische Ironie darin, dass, während Kreon

---

³³) In der Rede des Oedipus an Polyneikes ist jede Hindeutung darauf vermieden; denn die Worte γῆς ἐμφυλίου V. 1385, an welchen Schöll eben deshalb Anstoss nimmt, enthalten nur einen einfachen Gegensatz gegen die nachfolgende Bezeichnung τὸ κοῖλον Ἄργος, keinen versteckten Tadel.

³⁴) Einleitung zu der Uebersetzung S. 46—63.

³⁵) Für das Erstere sprechen die eigenen Worte des Oedipus ἥκω γὰρ ἱρὸς εὐσεβής τε V. 287 sowie der Umstand, dass er bereits den delphischen Gott über seine Zukunft befragt hat; für das Letztere der von dem Chore V. 466 gewählte Ausdruck θοῦ νῦν καθαρμὸν τῶνδε δαιμόνων. Dieser enthält nämlich vielleicht einen absichtlichen Doppelsinn: denn zunächst kommt es hier nur auf eine Versöhnung der Göttinnen (einen ἱλασμός) wegen des Betretens ihres Haines an, deren Gebräuche indessen ganz wohl zugleich eine kathartische Wirkung haben können: in diesem Falle wäre die Reinigung des Oedipus eine successive, und seine vorher angeführten Worte enthielten eine gewisse Anticipation.

dem Oedipus wegen der an ihm haftenden Unreinheit die Rückkehr in die Heimath und die Bestattung auf thebanischem Boden versagt, dieser von jener Unreinheit religiös befreit dasteht. Hierbei drängt sich die Bemerkung auf, dass, was oft fälschlich geleugnet worden ist, das Bewusstsein des Dichters die Begriffe der formalen Befleckung und der sittlichen Verschuldung in Bezug auf Oedipus bestimmt aus einander hält. Eine Erinnerung an die erstere, die nicht ohne tiefe Spuren an ihm geblieben ist, spricht er in den rührenden Worten an Theseus V. 1132—1134 aus, während er die letztere überall leugnet.[36])

Ein Zweites, was in Schöll's System nicht passt, ist das Auftreten der Ismene in unserm Drama, das von dem in der Antigone so sehr abweicht; darum behauptet er, dass der Dichter ihr auch hier eine ganz untergeordnete Stellung gegen ihre Schwester gegeben habe, die Veränderung ihrer Rolle aber von dem Ueberarbeiter herrühre. Zur Unterstützung beruft er sich auf die vielbesprochene Schwierigkeit, welche das Stück in seiner gegenwärtigen Gestalt der Rollenvertheilung bietet: allein ohne dass wir behaupten wollten, dass unter den bisher gemachten Versuchen hierüber Klarheit zu gewinnen einer ganz befriedigte[37]), wird man gewiss zugeben, dass Sophokles bald nach dem Frieden des Nikias eine solche Schwierigkeit leichter zu überwinden vermochte als sein Enkel in der an Kunstmitteln so viel ärmeren Zeit nach dem Ende des peloponnesischen Krieges. Für die Idee des Drama's ist die gleichberechtigte Nebeneinanderstellung der Antigone und Ismene unentbehrlich, indem die beiden treuen Töchter des Oedipus nicht bloss zu den beiden argen Söhnen in Gegensatz stehen, sondern auch zu einander eine nothwendige Ergänzung bilden, welche Oedipus selbst V. 344—356 charakterisirt. Ist Antigone die unzertrennliche Führerin und Pflegerin des blinden Greises, so vermittelt Ismene alle seine Beziehungen nach aussen, daher ihr auch die Vornahme der Reinigungsceremonie bei den Erinyen folgerichtig zukommt. Dass sie, die ihren Wohnsitz in Theben behalten hat um daselbst das Interesse des Vaters wahrzunehmen, in ihrer Lebensweise einen gewissen Anstand bewahren muss, ist natürlich, und das wollte der Dichter wohl andeuten, wenn er sie in Begleitung eines Dieners im thessali-

---

[36]) Die V. 548 gebrauchten Worte νόμῳ καθαρός sind augenscheinlich ein dem Kriminalrecht, das in der Behandlung des Mordes ganz von religiösen Grundlagen ausgieng, entlehnter formelhafter Ausdruck: in Beziehung auf die Sache hat Schneidewin mit Recht an Apollodor II 4, 9 erinnert.

[37]) Das Urtheil muss nothwendig verschieden ausfallen, je nachdem man das hauptsächliche Gewicht darauf legt, dass jede Rolle von einem Schauspieler durchgeführt wird, oder darauf, dass die Thätigkeit des Hilfsschauspielers (des παρασκήνιον) in den engsten Grenzen bleibt: im ersteren Falle wird man die Rollenvertheilung vorziehen, welche nach dem Vorgange Lachmann's F. Ascherson (im Philologus XII 750—754) angegeben hat, im letzteren die von Schöll (Sophokles S. 62) vorgeschlagene (etwas modificirt von Teuffel im rheinischen Museum IX 136—138). Für die Schöll'sche erklärt sich auch G. Freytag (die Technik des Drama's S. 133. 134).

schen Reisehut und auf einem ätnäischen Reitpferde ankommen liess, während er ihre Schwester ohne Zweifel auch in ihrer Kleidung zur Gefährtin der Dürftigkeit des Vaters machte. Fragen, weshalb Ismene nicht lieber ihr Pferd verkauft um diesen aus dem Erlöse zu unterstützen, oder wie sie es angefangen hat dem in der Fremde Umherirrenden ihre Botschaften zukommen zu lassen[38]), heisst von dem grossen Lapidarstile des antiken Drama's die ängstliche Detailmotivierung eines modernen Romans verlangen.

Schöll's Vertheidiger Vischer gesteht seine Skepsis gegen die Annahme so ausgedehnter Umarbeitungen ein[39]), ohne zu bemerken, dass dieselbe eine für das übrige Gebäude unentbehrliche Stütze ist. Ebenso erkennt er in Schöll's ungünstiger Auffassung von Oedipus' Charakter die Uebertreibung an, hält aber das Substantielle in ihr wenigstens nach der Seite fest, dass er die Flüche gegen Polyneikes als nicht gerechtfertigt ansieht. Er sagt[40]): 'Polyneikes, zwar rechtswidrig vom Bruder des Thronrechts beraubt und vertrieben, war der eigentliche Vollzieher der Verbannung des Vaters, und ist entschlossen die eigene Vaterstadt zu bekriegen. Das alles rechtfertigt nicht die grimmen Flüche, und gewiss ist Antigone's schöne rührende Mahnung, dass der Vater dem Sohne nicht Böses mit Bösem vergelten, dass er nicht aufs Nächste, sondern die eigene Vergangenheit blicken solle, dass böses Ende böser Heftigkeit erwachse: gewiss ist dies vom Dichter selbst eine Mahnung an uns den fluchenden Greis nicht für einen sanften Dulder zu nehmen; aber wir müssen immer beides, das Milde und das Wilde, das Grosse und das Böse in der Feuernatur des gewaltigen Mannes zusammenfassen' und überträgt so nicht bloss die Ansprüche moderner Ethik auf eine Welt von anderen Begriffen, sondern verkennt auch die in der Heftigkeit des Zornes nachwirkende Vaterliebe, wie nach dem oben Dargelegten nicht weiter ausgeführt zu werden braucht. Wohl hat er, dafern nur auf den Begriff der Rachegöttinnen kein falsches Gewicht gelegt wird, Recht, wenn er fortfährt: 'Und der Tod im Eumeniden-Hain ist von ebenso zweiseitiger Bedeutung. Die Rachegöttinnen ziehen ihn hinab, aber sie thun es auch weil sie ihm, den sie so schwer verfolgt, der zu viel gelitten, endlich Ruhe, einen feierlichen Tod schuldig sind; Apollo selbst hatte ihm diesen Tod als Erlösung angekündigt, er selbst sehnt sich hinab, und wir stellen uns schliesslich in unserm Urtheil auf die Seite des edeln wohlwollenden Theseus': nur fällt mit dieser Betrachtungsweise auch die Nothwendigkeit, ja gewissermassen die Möglichkeit einer Fortsetzung der Handlung weg. Die Schicksale des Oedipus finden ihren Abschluss, das der Söhne ist mit unfehlbarer Sicherheit vorausbestimmt, die Fürsorge

---

[38]) S. Schöll Einleitung zu der Uebersetzung S. 57.
[39]) Beilage zur Allg. Ztg. 1861 S. 3086.
[40]) A. a. O. S. 3071.

für die Töchter dem Theseus anheimgegeben: wo ist hier noch ein Innerer Konflikt, der seiner Lösung harrte? Der einzige denkbare Anknüpfungspunkt dafür läge in der V. 1769—1772 ausgesprochenen Absicht Antigone's, mit Ismene nach Theben zu eilen um dort den Ausbruch des Bruderkampfes wo möglich noch zu verhindern, wenn man sich nämlich als Inhalt des nachfolgenden Drama's diesen Versuch der Schwestern und den schliesslichen Untergang der Brüder ausmalen wollte. Allein theils ist dies nicht die Meinung derer, die eine trilogische Composition behaupten, theils hätte ein solches Drama kein spannendes Interesse mehr für Zuschauer haben können, welche unmittelbar vorher aus dem Oedipus auf Kolonos die Gewissheit hatten entnehmen müssen, dass an dem Loose der beiden Brüder nichts mehr zu ändern sei. In der That hat jenes Wort der Antigone, dem natürlichen Bedürfnisse des weiblichen Herzens entströmend, die viel einfachere Bestimmung die Gedanken der Schwestern durch das Eröffnen eines neuen Zieles von der Klage um den Tod des Vaters abzuleiten: so dient es in Verbindung mit der bereitwilligen Zusage des Theseus zur Herbeiführung eines beruhigenden Schlusses.'

3. Antigone.

Obwohl die Annahme, dass die Antigone eine Fortsetzung des Königs Oedipus und des Oedipus auf Kolonos sei, im wesentlichen schon durch das Bisherige widerlegt ist, so verdient sie doch um einer Autorität willen, auf die sie sich berufen kann und die augenscheinlich auch auf Schöll Einfluss gehabt hat, genauer in Betracht gezogen zu werden. Es ist keine geringere als die Goethe's, welcher an Rochlitz schreibt[41]): 'Eins scheint mir unerlässlich, dass Sie sich nun auch die gleiche Mühe mit Oedipus, und Oedipus auf Colonus geben: denn eigentlich thut Antigone nur den vollkommnen Effect im Gefolg von jenen beyden Stücken.' Macht diese Tragödie, für sich betrachtet, wirklich den Eindruck nicht vollkommener Selbständigkeit, oder ist selbst ein Goethe hier der Versuchung erlegen, die Vertrautheit des attischen Publikums mit den auf seiner Bühne eingebürgerten Sagenkreisen zu vergessen und den stofflichen Motiven im Verhältniss zu den ethischen und psychologischen ein ungebührliches Gewicht einzuräumen?

Indem wir das Letztere behaupten, legen wir keinen sonderlichen Werth auf die vielbesprochene chronologische Tradition, nach welcher die Antigone beträchtlich vor der Zeit entstanden ist, in die auch der König Oedipus gemeinhin gesetzt wird. Der Beifall, den sie fand, soll die Veranlassung gewesen sein, dass Sophokles im samischen Kriege mit der Strategie betraut wurde, was nach Böckh's sorgfältiger Untersuchung auf Ol. 84, 3 führen würde; allein die Quelle dieser Nachricht, die unter dem Namen des Aristophanes auf uns gekommene Inhaltsangabe, drückt

---

[41]) Goethe's Briefe an Leipziger Freunde herausgegeben von O. Jahn S. 304.

selbst den Zweifel an ihrer Richtigkeit aus, indem sie sie als ein litterargeschichtliches Gerücht bezeichnet (φαcὶ δὲ τὸν Cοφοκλέα ἠξιῶcθαι τῆc ἐν Cάμῳ cτρατηγίαc, εὐδοκιμήcαντα ἐν τῇ διδαcκαλίᾳ τῆc Ἀντιγόνηc), und obwohl die Wahrscheinlichkeit nahe liegt, dass ein solches Gerücht mit der aus den Didaskalieen bekannten Aufführungszeit nicht zu sehr im Widerspruche stand, so ist dies doch bei der Anekdotensucht der ältesten griechischen Litterarhistoriker immerhin bloss eine Wahrscheinlichkeit. Die fernere Notiz jener Inhaltsangabe, dass Antigone das zweiunddreissigste Stück sei, ist mehr von scheinbarer als wirklicher Bedeutung, indem weder das zu Grunde liegende Zählungsprincip feststeht[42]) noch bekannt ist, wie sich die verschiedenen Lebensalter des Dichters in Beziehung auf Produktivität zu einander verhielten. Eher fast möchte die oft hervorgehobene Reinheit der Trimeter als Beweis für eine im Verhältniss zum König Oedipus frühe Abfassung anzuführen sein; indessen ist auch sie nicht entscheidend, da von Sophokles schwerlich behauptet werden kann, dass seine metrische Strenge in einer stetigen Abnahme begriffen gewesen ist.[43])

Was für die Zusammengehörigkeit der Antigone mit den beiden andern Tragödien geltend gemacht wird, ist am übersichtlichsten von Vischer zusammengefasst, welcher sagt[44]): 'Die Saat der Flüche auf Kreon und Polyneikes muss aufgehen in der Niederlage des Heeres der Sieben, im Wechselmord des Polyneikes und Eteokles, in der Zerrüttung des Hauses Kreon's. Im Oedipus auf Kolonos hat Polyneikes, in den gewissen Tod gehend, die Schwester Antigone gebeten dass sie für seinen Leichnam und seinen Todtenfrieden sorge. Die Tragödie beginnt damit dass sein Leichnam auf Kreon's Geheiss unbeerdigt liegt; Antigone ist zu dem "frommen Verbrechen" der Beerdigung entschlossen. Wie Kreon auftritt, zeigt Schöll sinnvoll die Symmetrie mit dem Auftreten des Oedipus in der ersten Tragödie; "er tritt in dessen Würde und in dessen Fluch ein"; wahrlich nicht schuldlos, sondern er ist ihm auch ähnlich an Richteifer, ungerechtem Argwohn, herrischem Hüten der eigenen Würde, Wuth des Rechthabens: aber auch zu dem Oedipus auf Kolonos steht er in derselben symmetrischen Analogie: er stösst einen bittenden Sohn zu-

---

[a]) Vgl. Welcker griech. Tragödien 1 85.

[42]) Wollte man hieraus das ausschliessliche Kriterium entnehmen, so müsste man die Antigone auch älter als den Aias setzen, der nicht bloss mehr Auflösungen, sondern auch einige Beispiele der Vertheilung des Trimeters unter zwei Personen (der ἀντιλαβή) enthält, während solche in der Antigone ganz fehlen, die freilich andrerseits schon einmal eine Elision am Schlusse des Trimeters zeigt (vgl. oben S. 234): diese Meinung aber entspräche schwerlich der Wahrheit, da die Gesammtheit der in Frage kommenden Gesichtspunkte auf eine frühere Entstehung des Aias führt. Vielmehr kann als das Richtige nur das betrachtet werden, dass Sophokles die Antigone auch in dieser Beziehung sorgfältiger ausgearbeitet hat als irgend ein anderes Stück.

[44]) A. a. O. S. 3072 fgg. Vgl. Schöll Einleitung zu der Uebersetzung S. 6 — 16; gründlicher Unterricht S. 206—209.

rück wie dieser, Hämon geht in den freiwilligen Tod durch eigne Hand, wie Polyneikes in den gewissen durch Bruderhand. Derselbe Seher verkündigt ihm die nahe Strafe wie dem Oedipus, seine Gattin tödtet sich wie Iokaste, er steht am Schluss als Zerstörer seines Geschlechts wie der königliche Greis. Allein in diesem gleichgemessenen Leiden des von Oedipus verfluchten Mannes geht noch eine andere tragische Saat auf: Kreon erleidet die Folgen seiner Härte; aber diese Härte hat die geliebte Tochter des Oedipus vernichtet, und Ismene steht verwaist wie Oedipus. Die Töchter allein hatte Oedipus gesegnet, und er hat sie nichtwollend mitverflucht. Das ist eine volle und runde Wechselergänzung der zwei, und ebenso der drei Tragödien. Dieser Zusammenhang schon führt zu einer andern Auffassung der Antigone als der seit Hegel verbreiteten, wornach sie einen reinen Principienconflict zwischen Staat und Familie, Gesetzlichkeit und Pietät darstellt. . . . . . . Antigone geht vielmehr unter, "weil das Erhabene, Unwiderstehliche, Allgemeine, die Heiligkeit des Todtenfriedens und die Unverbrüchlichkeit der Geschwisterliebe, eins ist mit dem ganzen Leben ihrer Seele, weil sie daher nicht anders kann als dem Verbot entgegenhandeln." Das Urtheil das sie trifft ist "ruchlos", streitet gegen das ewige Gesetz der Pietät, "das auch unser unveräusserliches Selbst ist". Schön und tief heisst es weiter: "Sie kann das widersprochene Unwidersprechliche anders nicht behaupten als dass sie es mit ihrem Leben vom Widerspruch losreisst; es ist das Heilige, das unverbrüchlich Liebende, was, aus ihr selbst wirkend, das einzige ihr gebliebene Wirkliche, das seinen unbedingten Anspruch anerkennt, ihr Leben hinnimmt. Dies ist es wodurch der tragische Untergang ebenso erhebend als erschütternd wirkt, dass in seiner Anschauung das unbedingte Wesen des Menschen, wie es das Leben erschöpft, am Mitgefühl dieser Erschöpfung in unserer Brust gegenwärtig wird als concrete Macht, nicht als abstracter Hausmoralsatz." Wir werden Schöll unsere Stimme nicht versagen können: Antigone hat Recht gegen Kreon; diesmal konnte und sollte der Staat dem rein Menschlichen, worauf er selber ruht, ein einzelnes Gesetz, ja nicht einmal Gesetz, nur Befehl zum Opfer bringen. Nicht ganz fehllos ist darum Antigone, durch Herbe und Leidenschaftlichkeit reizt sie Kreon's Eigenwillen, es ist etwas vom Fluchgeist ihres Vaters in ihr, aber das ist nur ein schwacher Schatten von Schuld, wirklich nur der Schatten des herlichen Lichtes, die unendlich tiefere Schuld trifft Kreon und vernichtet sein ganzes menschliches Dasein.'

Wir übergehen, was sich in den Anfangssätzen auf den bloss stofflichen Anschluss der Antigone an den Oedipus auf Kolonos bezieht und von Schöll sehr viel stärker hervorgehoben worden war: indem Vischer es nur einleitend berührt, scheint er es selbst als bedeutungslos für die aufgeworfene Frage anzuerkennen. Es versteht sich von selbst, dass eine Tragödie, welche das Ende der Antigone zum Gegenstande hat, gelegentliche Rückblicke auf die vorangegangenen Theilstücke der Sage, auf den Wechselmord der Brüder, den über sie verhängten Fluch, die Schicksale des Oedipus enthalten musste, ebenso wie in dem Oedipus auf Kolonos jener Fluch nicht fehlen konnte, eine Hindeutung auf die spätere Bestattung des Polyneikes wenigstens natürlich war. Einer näheren Beleuchtung aber bedürfen drei Punkte der dramatischen Behandlung, um welche sich das Wesentliche der mitgetheilten Auseinandersetzung dreht, nämlich erstens die angebliche Schuldverkettung des Unterganges der Antigone mit dem letzten Thun des Oedipus, zweitens der Parallelismus zwischen mehreren Scenen der Antigone und solchen der früheren Stücke, namentlich des Königs Oedipus, drittens die Stellung Ismene's.

Was den ersten derselben betrifft, so ist die Meinung der Vertheidiger des trilogischen Zusammenhanges die, dass der Untergang der Antigone seine tragische Rechtfertigung nur finde, wenn er als Sühne für die in dem Oedipus auf Kolonos zur Anschauung gebrachte Schuld ihres Vaters gefasst werde, indem ihre eigene Schuld eine verschwindend geringe sei. In dem, was sie zur Begründung beibringen, können wir eine gute Strecke Weges mit ihnen zusammengehen, ohne dass wir uns ihr Schlussresultat aneignen, wobei von der Differenz in der Auffassung des Oedipus auf Kolonos für jetzt ganz abzusehen ist. Allerdings nämlich vermögen auch wir uns mit der häufigen Vorstellung nicht zu befreunden, dass Antigone ein warnendes Exempel sträflicher Auflehnung gegen die rechtmässige Obrigkeit sein solle. Denn die blosse Thatsache, dass sie in der Wahrung des für sie allein heiligen Familienrechts mit der Staatsgewalt in Konflikt geräth, und zwar mit dem vollen Bewusstsein der für sie entspringenden Folgen in Konflikt geräth, genügt, so tadelnswerth sie auch den bedächtigen Chorgreisen erscheint, doch keineswegs um uns mit ihrem Schicksal zu versöhnen oder, wie die moderne Aesthetik dies auszudrücken liebt, eine tragische Schuld zu begründen. In der That vertritt jene Staatsgewalt näher angesehen nicht einmal ein reales Interesse des Gemeinwesens, sondern nur das ganz formale Autoritätsprincip, das in seiner theoretischen Allgemeinheit einer weiblichen Seele nothwendig unverständlich bleibt. Mochte Kreon's Verbot auch dem Kriegsgebrauche der Heroenzeit nicht zuwider sein, wie Thirlwall in seiner Abhandlung über die Ironie des Sophokles[45]) zu seiner Vertheidigung geltend gemacht hat, dem feineren und namentlich im Punkte des Gräberkultus sehr empfindlichen Sinne der Athener erschien es als ein unerlaubter und unerträglicher Eingriff in die Heiligkeit des Todtenfriedens, sowie auch am Schlusse des Aias das entsprechende Verbot Agamemnon's nicht anders beurtheilt wird. Es darf aber zum vollen Verständnisse der Antigone nicht übersehen werden, dass die Anschauungen der darin auftretenden

---

[45]) Philologus VI 268—271. Ueber den Gebrauch der Heroenzeit, die Grablosigkeit der Leiche als Strafe zu verhängen, vgl. auch Welcker kleine Schriften II 332.

Personen durchweg die der Zeit des Sophokles sind, was man namentlich auch an den politischen Raisonnements bemerkt, die auf die monarchischen Zustände der geschilderten Heroenzeit nicht einmal recht passen. Ueberhaupt lässt der Dichter Alles zusammenwirken um in dem Hörer die Ueberzeugung zu wecken, dass das bei weitem tiefere Unrecht von Anfang an auf Seiten des Königs ist: die Haltung des Chores zeigt nur eine äussere Unterwerfung unter seinen Willen, keine innere Zustimmung; die Rede des Teiresias gibt uns die Gewissheit, dass seine Handlungsweise den Göttern missfällig ist; die Worte Hämon's belehren uns über das allgemeine Urtheil; die das Ganze beschliessende Chorsentenz hat ihre nächste Beziehung auf ihn; und zudem büsst er ohne Vergleich viel schwerer als Antigone hat büssen müssen. Ja, wenn es sich nicht von selbst verstände, so würde man aus diesem Drama lernen können, dass auch dem Griechen schon vor Sokrates das Gebot Gott mehr zu gehorchen als den Menschen mit zwingender Gewalt an das Gewissen treten konnte: denn ein solcher Fall ist der der Antigone. Nichtsdestoweniger bedarf es zur tragischen Rechtfertigung ihres Unterganges keines Zurückgreifens auf den Oedipus auf Kolonos, dafern man nur sowohl nach der ästhetischen als nach der ethischen Seite die Maassstäbe des Alterthums festhält, d. h. nach jener nichts weiter fordert als dass der Leidende nicht schuldlos sei, nach dieser sich vergegenwärtigt, wie verletzend für die Griechen jede Art von Hybris war. Und in der Art, wie Antigone ihr Wollen zur Geltung bringt, liegt eine sehr starke Beimischung von Hybris. Ihre Selbstgefälligkeit und Hoffahrt reizt nicht bloss Kreon und entfremdet ihr nicht bloss den Chor, sondern lässt sie auch das individuelle Recht verkennen, das Ismene's abweichender Auffassung der Schranken der Weiblichkeit zur Seite steht. So tritt sie dieser lieblos und ungerecht gegenüber und verleugnet im Verhältniss zu ihr dasselbe Princip, das ihr heroisches Handeln beseelt: dadurch verdient sie die Verkennung, von der sie selbst betroffen wird und die die herbste Seite ihres Schicksals ist. Wenn aber der Chor in dem Wechselgesange, der den ganzen Gegensatz der Anschauungen zwischen ihm und ihr enthüllt, ihr Thun und ihr Loos als ein Erbtheil ihres Vaters bezeichnet (V. 856), so soll das in seinem Munde eine den vorausgehenden harten Tadel einigermassen mildernde Erklärung sein, nimmermehr aber die eben so stark behauptete Schuld von ihr abwälzen. Auch darf man wohl fragen: wenn, wie die Vertheidiger der Zusammengehörigkeit meinen, das Schicksal der Antigone durch die Handlung des Oedipus auf Kolonos bedingt wäre, wäre es denkbar, dass Sophokles uns in dieser Tragödie selbst ohne eine Andeutung gelassen hätte, dass die Flüche des blinden Greises nicht bloss die Söhne erreichen werden, gegen die sie gerichtet sind, Sophokles, der sonst so gern durch versteckte Wendungen und doppelsinnigen Ausdruck dem Zuschauer eine Klarheit über die Situation gibt, welche den handelnden Personen abgeht?

Was den ferner hervorgehobenen Parallelismus der Scenen betrifft, so kann von einem solchen zwischen der Antigone und dem Oedipus auf Kolonos nicht die Rede sein. Die Situation zwischen Kreon und Hämon hat mit der zwischen Oedipus und Polyneikes nichts weiter gemein als dass ein Vater und ein Sohn entzweit sind; alles Uebrige ist verschieden. Dagegen fällt die Aehnlichkeit des Gegenüberstehens von Oedipus und Teiresias im König Oedipus und von Kreon und Teiresias in der Antigone allerdings sehr in die Augen; überhaupt haben die Charaktere und selbst die Schicksale des Oedipus dort und des Kreon hier nicht wenig Verwandtes. Allein dies berechtigt doch noch keineswegs zu dem Schlusse, dass die beiden Dramen zur Aufführung an demselben Theatertage bestimmt waren. Auch der erfindungsreichste Dichter kann nicht alle Wiederholungen vermeiden, nicht aller Vorliebe für bestimmte Motive sich entschlagen: so scheint es, dass den Anschauungen des Sophokles sowohl der Charakter eines eigenwilligen und argwöhnischen Herschers als auch der Gegensatz zwischen Königthum und Priesterthum besonders nahe lag, daher er denn in beiden Tragödien davon Gebrauch machte. Aehnlich wiederholt sich der Gegensatz der Antigone und Ismene in Elektra und Chrysothemis.

Der Punkt, an welchem die Unhaltbarkeit der Schöll'schen und Vischer'schen Annahme am deutlichsten erkennbar wird, ist das Verhältniss der Ismene. Soll Oedipus nach seinem Tode noch gestraft werden, indem der Fluch, mit dem er nur seine Söhne hatte treffen wollen, wider seinen Willen zur Zerstörung seiner ganzen Nachkommenschaft führt, so kann das Verhängniss nicht bei Antigone stehen bleiben, sondern muss auch Ismene zu seinem Opfer machen. Darum meint Schöll [46]) unter Zustimmung Vischer's, die Tetralogie des Sophokles habe statt eines Satyrspiels noch eine vierte Tragödie enthalten, deren Gegenstand der Untergang Ismene's gewesen sei. Er sucht einen mythischen Anknüpfungspunkt dafür in dem von Adrastos und Theseus zum Zwecke der Bestattung der gefallenen Heerführer unternommenen Zuge gegen Theben, den auch die Schutzflehenden des Euripides behandeln, und sieht eine Hindeutung darauf in dem gewöhnlich für unächt gehaltenen Ausspruche des weissagenden Teiresias V. 1080—1083, wonach die durch den Leichengeruch befleckten Städte sich feindselig gegen Kreon erheben werden. Dieser Theil der thebanischen Sage kann nun schon deshalb nicht den Stoff der angenommenen Fortsetzung gebildet haben, weil in unserm Drama überall nur von dem Leichname des Polyneikes, nie von denen seiner Kampfgenossen die Rede ist; überhaupt aber macht dasselbe es nichts weniger als wahrscheinlich, dass eine Darstellung von Ismene's Tode darauf folgen soll. Denn diese verschwindet während der ganzen zweiten Hälfte von der Bühne, und obwohl sie bei ihrem letzten Auftreten den

---

[46]) Einleitung zu der Uebersetzung S. 46—50.

Wunsch mit der Schwester zu sterben ausdrückt (besonders V. 566), liegt dagegen auf das ihr in Wirklichkeit beschiedene Ende in keinem Worte eine Hinweisung, während doch solche Andeutungen des weiteren Verlaufes der Handlung der Gewohnheit des Sophokles sonst so gemäss sind. Dazu kommt nun die im Frühern schon erwähnte verschiedene Art der Gegenüberstellung beider Schwestern im Oedipus auf Kolonos und in der Antigone, welche Schöll selbst durch die Annahme anerkennt, in der ursprünglichen Gestalt jenes Stückes sei die Rolle der Ismene eine völlig andere gewesen. Lässt man die Antigone als Einzeldrama gelten, so sind alle diese künstlichen Hülfsmittel überflüssig. Die Bestimmung Ismene's innerhalb des tragischen Organismus braucht dann nicht mit der verglichen zu werden, welche ihr im Oedipus auf Kolonos zufällt: an sich ist sie einfach und leicht verständlich. Diese Jungfrau bildet das ergänzende Korrektiv der Antigone wie in anderer Weise Chrysothemis das der Elektra bildet; daher tritt sie von dem Augenblick an nicht mehr auf, wo ihre Schwester in den Tod geht, weil ihre dramatische Aufgabe erfüllt ist.

Im Zusammenhange mit dem bisher Ausgeführten möge zum Schlusse noch darauf aufmerksam gemacht werden, dass der Kreon des Oedipus auf Kolonos durch ganz andere Eigenschaften verletzt als der der Antigone, so dass auch nach dieser Seite die beiden Tragödien sich nicht wohl in einander fügen. Ja selbst eines der Momente, in denen sie sich stofflich an einander schliessen, ist auf eine Weise behandelt, die einer aufmerksamen Betrachtung einen Grund gegen die Zusammengehörigkeit bietet. Würde nämlich Antigone es wohl unterlassen sich auf die ausdrückliche Bitte um dereinstige Bestattung zu berufen, die Polyneikes im Oedipus auf Kolonos (V. 1410) an sie gerichtet hat, wenn dieses Stück eben vorangegangen wäre? Von der kleinen Incongruenz, die in der faktischen Angabe der Verse 900—902 liegt, sehen wir dabei ganz ab.

Anhang.

Die vier übrigen erhaltenen Tragödien des Sophokles.

Obwohl nach dem früher Ausgeführten das Verhältniss der drei thebanischen Tragödien zu einander, welches den Gegenstand unserer Untersuchung ausmachte, nichts über die allgemeine Frage entscheidet, ob Sophokles die bei seinem Vorgänger Aeschylos beliebte Form trilogischer und tetralogischer Verbindung selten oder häufig angewandt hat, so ist es doch auch nach dieser Seite ein bemerkenswerthes Resultat, dass die kleinere Hälfte seiner erhaltenen Werke von Spuren solcher Verbindung nichts erkennen lässt. Im Anschlusse daran ist es immerhin von Interesse auch noch auf die übrigen einen Blick zu werfen und zuzusehen, ob sie gleichfalls der Annahme vorherschender Dramenvereinzelung günstig sind. Die bloss aus Fragmenten bekannten Tragödien können dabei billig unberührt bleiben, da bei ihnen über mehr oder minder ansprechende Vermuthungen doch nicht hinauszukommen ist und selbst die etwa sich ergebende Wahrscheinlichkeit, dass die eine oder andere von ihnen einer Trilogie angehörte, uns ohne Einblick in Art und Kunst der Verknüpfung lassen würde.

Die Betrachtung beginnt am natürlichsten mit der Elektra, bei welcher das Urtheil an der Vergleichung mit den Choephoren des Aeschylos eine bestimmte Grundlage hat. Da diese das Mittelstück einer Trilogie sind, so meinte Schöll das gleiche Verhältniss auch auf das sophokleische Drama übertragen zu können: wie in den Eumeniden die That des Orestes gesühnt wird, so sollen in einer Fortsetzung der Elektra beide Geschwister ihre Strafe gefunden haben. Da man dem Sophokles nicht gern ein geringeres Maass sittlicher Feinfühligkeit zutrauen wird als seinem Vorgänger, bei dem doch nur der Sohn an dem Muttermorde betheiligt ist, so kann diese Annahme auf den ersten Blick bestechen, aber eine nähere Prüfung erträgt sie nicht.

Die sehr lehrreiche Vergleichung zwischen den Choephoren und unserer Elektra ist oft durchgeführt worden.[47]) Wir brauchen hier nicht auf den Nachweis zurückzukommen, wie viel detaillierter bei Sophokles Alles motiviert und wie viel reicher die Charaktere gestaltet sind; nur der Unterschied in den sittlichen Voraussetzungen berührt uns. Dieser muss ohne vorgefasste Meinung seinem ganzen thatsächlichen Umfange nach erkannt und gewürdigt werden, wobei es vorläufig dahingestellt bleiben muss, wie er zu erklären ist. Bei Aeschylos hat die Person der Elektra überhaupt nur eine vorbereitende, keine selbständig eingreifende Bedeutung, aber um so beachtenswerther ist es, dass sie im Anfange des Stückes den Gedanken an Abwehr und Vergeltung noch nicht einmal ernsthaft gefasst hat. Erst der Chor muss sie veranlassen um das Erscheinen eines Rächers zu beten, und sie thut es mit dem Zweifel, ob ein solches Gebet auch erlaubt sei (V. 113). Orestes selbst folgt nur dem zwingenden und unter Androhungen ihm kundgethanen Geheiss des Gottes und vollführt den Mord der Mutter nicht ohne Zaudern, ja es bedarf der Mahnung des Pylades, um ihn nicht dennoch davor zurückweichen zu lassen. So beunruhigen ihn, während er die That vorbereitet, die Zweifel des Gewissens fortwährend; ihre Qual steigt, nachdem er sie vollbracht hat, und lässt ihn im Wahnsinn die grausen Erinyen schauen, woran die Handlung des folgenden Stückes sich naturgemäss anschliesst. Ganz anders in dem Drama des Sophokles. Hier ist Rache und Beseitigung des unerträglich gewordenen Zustandes zwischen beiden Geschwistern längst

---

[47]) S. besonders Westrik de Aeschyli Choephoris deque Electra cum Sophoclis tum Euripidis, L. B. 1826; Gruppe Ariadne S. 1—36; Schneidewin in der Einleitung.

verabredet, und die Ausführung bloss noch eine Frage der Zeit. Was der Chor und Chrysothemis an Elektra tadeln, ist nicht ihre Gesinnung, sondern der Mangel an Vorsicht, womit sie ihre Feindseligkeit gegen Aegisthos und Klytämnestra zur Schau trägt; sonst aber theilen sie mit ihr die Sehnsucht nach dem Erscheinen des erhofften Befreiers, wie der Chor an vielen Stellen, Chrysothemis besonders in der mit V. 871 beginnenden Scene zu erkennen gibt. Als dann Elektra, durch die falsche Nachricht von dem Tode des Orestes getäuscht, das Rachewerk selbst in die Hand zu nehmen beschliesst, ist ihre Schwester nur entgegen, weil sie es für Frauenkräfte übersteigend hält, während der Chor seine volle Beistimmung ausdrückt. Orestes aber hat an der Richtigkeit der beabsichtigten Handlung so wenig Zweifel, dass er den Rath des delphischen Gottes nur über das Wie der Ausführung einholt (s. V. 33), und Klytämnestra selbst erwartet nichts Anderes von ihm, denn sie sieht in seinem Tode die Rettung ihres Lebens (s. V. 768). Auch lässt sich nicht etwa sagen, dass die ursprünglichen Anschläge der Geschwister bloss auf die Tödtung des Aegisthos ausgiengen, indem zu deutliche Aussprüche Elektra's die Nothwendigkeit der Rache überhaupt betonen, bei der Klytämnestra nicht ausgeschlossen sein konnte (s. besonders V. 247. 248; V. 1154—1156).*) Wenn sie in dem Augenblicke ihres kühnen Entschlusses bloss von Aegisthos spricht (s. V. 955 fgg.), so wirkt dabei wohl der Gedanke an die Gefahr, die das Unternehmen gegen den mächtigen Mann zur entscheidenden Hauptsache macht, mit einem noch vorhandenen Etwas von natürlicher Empfindung zusammen. Dieses, das nur verschwindend leise angedeutet werden konnte, steht dem Reste von Muttergefühl, den die Nachricht von Orestes' Tode in Klytämnestra weckt, ergänzend gegenüber: dass die Stimme des Blutes auf beiden Seiten nur in so flüchtigen Regungen vernehmbar wird, zeigt am meisten, wie tief sie erstickt ist.

Wollten wir uns die Elektra durch ein Drama von ähnlichem Inhalte wie die Eumeniden fortgesetzt denken, der dadurch bewirkte Eindruck könnte nur ein überaus seltsamer sein. Eine Handlung, die in dem früheren Stücke in voller Gemüthsruhe vorbereitet wurde, über deren Nothwendigkeit bei allen Theilen Uebereinstimmung herrschte, sollte ohne irgend eine Vermittelung nachträglich eine ganz andere Seite herauskehren, in dem Lichte eines vorher von niemand bemerkten Frevels erscheinen? Wahrlich, dies wäre nicht bloss ein beispielloser Rückschritt gegen Aeschylos, ein freiwilliges Verzichten auf jede tiefere Motivierungskunst, sondern auch ein launenhaftes Spielen mit den Empfindungen des Zuschauers: wer es annimmt, gibt die Dichterweisheit des Sophokles preis, in der Meinung dadurch seine sittlichen Anschauungen zu retten. Und wie dürftig müssten dennoch diese Anschauungen gedacht werden, wie

---

*) Vgl. Westrik a. a. O. p. 162—166.

wenig hervortretend jenes Einwirken der göttlichen Vorsehung auf die menschlichen Geschicke, welches sonst in allen sophokleischen Schöpfungen fühlbar wird? Wohl behält die Thatsache, dass die der **Elektra** zu Grunde liegenden Voraussetzungen den Muttermord als etwas ganz Natürliches gelten lassen, ihr Räthselhaftes, und kaum möchten wir es unternehmen sie mit Zuversicht zu erklären; das Wahrscheinlichste indessen möchte Folgendes sein. Je mehr das attische Publikum durch die Bühne mit den alten Sagenstoffen vertraut wurde, desto geläufiger wurden ihm die in ihrer Entstehung wirkenden sittlichen Vorstellungen, auch wenn sie den seinigen entgegenliefen, so dass der Dichter von diesen aus ohne weitere Vermittelung die Handlung motivieren, seinen Helden mit dem Kostüm zugleich die Denkweise des Epos beilegen konnte. Dass dies in der **Elektra** seine Absicht war, offenbart sich auch darin, dass die Heldin gegen den Schluss ihren Bruder auffordert den Leichnam des Aegisthos unbeerdigt zu lassen (V. 1488), was auf der Basis attischer Sitten höchst anstössig sein würde.[49] Für Aeschylos war es noch eine Aufgabe von deutlich erkennbarer Schwierigkeit seinen Zuschauern die That des Orestes verständlich zu machen; Sophokles stellt sich einfach auf den Standpunkt der Odyssee, in welcher der treue Sohn wiederholt belobt wird, freilich nicht ohne diesen Standpunkt mit grosser Absichtlichkeit als den aller in dem Drama handelnden Personen hervortreten zu lassen. Der Zwiespalt zwischen zwei göttlichen Lebensmächten, auf welchem die Trilogie jenes Vorgängers beruhte, wäre seinem Sinne ohnedies nicht gemäss gewesen. Sollte er vielleicht auch schon die der äschyleischen Behandlungsweise näher stehende **Elektra** des Euripides vor sich gehabt haben, was wir mit Kolster[50] für wahrscheinlich halten, ohne uns gerade alle von diesem Forscher angeführten Gründe aneignen zu wollen, so würde es vollends begreiflich sein, dass er einen neuen Weg einschlug: ist doch die Art, wie bei diesem Dichter Apollon für die That des Orestes verantwortlich gemacht wird, geradezu widerwärtig. Für die Beurtheilung des Sophokles selbst ist es von Interesse, sein abweichendes Verfahren in der **Antigone** zu vergleichen, in welcher er allen Anschauungen den Stempel seiner Zeit aufgedrückt hat, den politischen wie den religiösen.

Ein Anstoss freilich bleibt auch so noch in der sophokleischen **Elektra**, den wir nicht verschweigen dürfen. Die Voraussetzungen des Stückes lassen die That des Orestes und die Unterstützung, welche Elektra ihr leiht, als eine gebotene Pflicht erscheinen; allein sie rechtfertigen nicht den wilden Ausbruch dieser bei der Ermordung der Klytämnestra, die frohlockende Aufforderung an den Bruder zum zweiten Male zuzustossen. Es würde nicht eben sehr gewagt sein ihr Bild durch bescheidene Anwendung eines Mittels, von dem Schöll im Interesse seiner Theorie einen ohne

---

[49] Vgl. oben S. 248.
[50] Sophokleische Studien S. 117—188.

Vergleich viel ausgedehnteren Gebrauch gemacht hat, von diesem verletzenden Zuge zu reinigen, indem man jenen Zuruf (d. h. die Worte παῖcον, εἰ cθένειc, διπλῆν, V. 1415) auf Rechnung eines Ueberarbeiters setzte, dem es um einen grellen Theatereffekt zu thun war. Dennoch sind wir in Zweifel, ob wir dadurch nicht statt des Textes den Dichter korrigieren, der uns zu der Annahme kein Recht gegeben hat, dass er in seiner Heldin ein fleckenloses Muster reiner Tugend aufstellen wollte. Legen wir das als Maassstab an, was Aristoteles im 13ten Kapitel der Poetik in vollem Einklange mit der unveränderlichen Natur des menschlichen Empfindens als das Bewusstsein des Alterthums über die tragische Kunst ausspricht, so durfte der Dichter einen Umschwung aus Unglück in Glück, wie er hier bei Orestes und Elektra Statt findet, keinem Schlechten (μοχθηρός) zu Theil werden lassen, war aber durch nichts verpflichtet ihn auf den unbedingt Reinen zu beschränken. Im Gegentheil. Da, wo der Philosoph auf die in der Elektra vorliegende Art der Katastrophe zu reden kommt, vermöge deren der eine Theil der handelnden Personen Lohn, der andere Strafe empfängt und die er deshalb mit dem Ausgange der Odyssee vergleicht, unterscheidet er nicht etwa zwischen den Guten und den Schlechten, sondern zwischen den 'Besseren' (βελτίονες) und den 'Schlechteren' (χείρονες), zum deutlichen Zeichen, dass er von jenen keine eigentliche Fehlerlosigkeit verlangt. Es hängt dies mit dem, was er bei Gelegenheit der von ihm für schöner erklärten und darum ausführlicher behandelten Art, der der einfachen Verwandlung von Glück in Unglück, über die Charaktere auseinandersetzt, nahe zusammen. Er lässt dabei deutlich erkennen, dass er unter allen Umständen einem Helden den Vorzug gibt, der weder vollkommen trefflich (ἐπιεικής oder ἀρετῇ διαφέρων καὶ δικαιοσύνῃ) noch ganz schlecht (cφόδρα πονηρός) ist, weil einem solchen sich der Zuschauer am meisten verwandt fühlt, ihm seine Theilnahme am natürlichsten zuwendet. Auch wird niemand behaupten wollen, dass die Gesammtwirkung unserer Tragödie, die Befriedigung über den Sturz der Sündenwirthschaft am Königshofe und über die Erlösung der ungerecht Unterdrückten, dadurch verringert wird, dass Elektra von heftiger Leidenschaft nicht frei ist. Vielmehr ist gerade diese Leidenschaft eine der Ursachen, aus denen sie eine ungleich grössere Theilnahme einflösst als ihr bloss aus Pflichtbewusstsein handelnder, psychologisch viel weniger entwickelter Bruder, zumal da dieselbe mit ihren vorangegangenen Schicksalen in dem engsten Zusammenhange steht. Jener unheimliche Zuruf während der Mordscene vergegenwärtigt dem Zuschauer lebendiger als irgend eine der in den früheren Partieen angeführten Einzelnheiten die furchtbare Kette von Leiden und von Demüthigungen, welche das Herz der Tochter der unnatürlichen Mutter so weit entfremden konnten. Wie Sophokles die Handlung angelegt hatte, musste er Elektra bei dem Morde ihrer Unterdrückerin mitwirken lassen, aber er hat, sehr verschieden von Euripides, das ganze Stück hindurch Alles gethan um uns vergessen zu machen, dass diese Unterdrückerin ihre Mutter ist.

Ueber die Trachinierinnen möchte es kaum nöthig sein ein Wort zu verlieren, da Schöll den Versuch, ihnen einen Platz innerhalb einer trilogischen Composition anzuweisen, gar nicht ernsthaft gemacht, vielmehr seine dahin gerichtete frühere Zusage [51]) ungelöst gelassen hat. Selbst der Titel Iolaos, den er für die nächste Fortsetzung in Anspruch nimmt, ist ohne Gewähr, da das im Scholion zu Aristophanes' Rittern V. 498 und bei Pollux X 39 erwähnte Drama vielmehr Iokles heisst. [52]) Wohl mag man den Trachinierinnen mit Recht manche Schwächen vorwerfen, aber nicht leicht wird doch behauptet werden können, dass es ihrer Handlung an Abschluss fehle oder dass sie Motive enthalten, welche zu ihrem Verständniss das Vorhergehen einer andern vorbereitenden Tragödie erheischen.

Den Philoktetes fortgesetzt zu denken scheint ein äusserer Anlass in der Thatsache zu liegen, dass Sophokles einen Philoktetes in Troja verfasst hat, von dem einige Bruchstücke erhalten sind. [53]) Hält man es indessen als Ausgangspunkt fest, dass er die Theile einer Trilogie, wenn er einmal diese Form wählte, auch innerlich verknüpft haben wird, so wird die Annahme unwahrscheinlich, ja unmöglich. Am Schlusse des uns bekannten Drama's ist der Konflikt zwischen List und Ehrlichkeit gelöst, der Trotz des Helden gebrochen, über die Gestaltung seiner Zukunft durch einen unfehlbaren Götterspruch entschieden: so behält der Zuschauer auch nicht die leiseste Frage auf dem Herzen, die eine neue Verwicklung einleiten könnte. Sollte daher der Dichter den Philoktetes in Troja dennoch an demselben Theatertage zur Aufführung gebracht haben, so hätte er nur zwei seiner Stücke durch eine gewisse Gleichartigkeit des Interesses in Beziehung gesetzt, er wäre einer spielenden Laune gefolgt, keiner künstlerischen Nothwendigkeit, und die Sache spräche vielmehr gegen als für die Trilogieenthesis. Eher könnte die Frage aufgeworfen werden, ob nicht die Voraussetzungen unseres Philoktetes durch die Annahme einer vorbereitenden Tragödie, in welcher eine das nachherige Leiden motivierende Verschuldung des Helden vorkam, an Deutlichkeit gewinnen würden. Dass eine solche Verschuldung, an welche mehrere Forscher gedacht haben, ursprünglich in der Fabel lag, ist sehr wohl möglich; allein es lässt sich nicht sagen, dass sie für das sophokleische Drama als Motiv nothwendig ist. Für dieses ist das Leiden des Philoktetes ein Gegebenes, die Gesammtheit seiner Schicksale die Folge einer gött-

---

[51]) Sophokles S. 236.

[52]) S. Nauck Tragicorum graec. fragmenta p. 155.

[53]) Vgl. Schöll Sophokles S. 340. Er fügt dort zweifelnd die Vermuthung hinzu, dass der Peleus das dritte, die Hermione das vierte Stück der Komposition gewesen sei.

lichen Lebensführung ⁵⁴), nicht anders als wie in dem gleichfalls den späteren Jahren angehörigen Oedipus auf Kolonos die des Oedipus als eine solche angesehen werden. So weist das Stück eben so wenig hinter sich zurück, wie es über sich hinausgreift.

Ganz anders als über die bisher betrachteten Tragödien stellt sich das Urtheil über den Aias, dessen letzter Theil unter allen Umständen etwas sehr Auffälliges hat. Gewiss durfte zu einem befriedigenden Abschlusse weder die Genugthuung fehlen, die dem Helden nach seiner Selbstopferung durch das Begräbniss zu Theil wird und die allerdings nur durch den anfänglichen Widerstand der Atriden ihr rechtes Licht erhält, noch die Verwandlung des Odysseus aus seinem heftigsten Feinde in seinen Vertreter; aber der unversöhnt bleibende persönliche Streit zwischen Teukros und Menelaos stört die dadurch hervorgebrachte Wirkung eher als dass er sie vermehrt und ist in dieser Form durch das Frühere keineswegs bedingt. Die Anbequemung des Dichters an den Geschmack seines Publikums für das Eristische, durch welche man ihn erklärt, ist freilich nicht undenkbar, jedoch wird man bei einem Sophokles gern einer Erklärung den Vorzug geben, welche die reine Vollendung seiner Kunst nicht beeinträchtigt. Eine solche scheint nun kaum anders gewonnen werden zu können, als wenn man in jenem Streite den Anfang einer neuen Verwicklung sieht, die sich in einem folgenden Drama fortsetzte, eine Auffassung, die früher als Schöll schon Osann ⁵⁵) gehabt hatte und die jetzt auch von G. Wolff ⁵⁶) und Bergk ⁵⁷) getheilt wird. Am vollständigsten aber ist sie von Schöll durchgeführt worden, dem wir gern beipflichten, wenn er sagt ⁵⁸): 'So schön und rührend die Genugthuung ist, die dem Helden durch die gerechte und reinmenschliche Verwendung seines ärgsten Feindes für die Ehre seiner Reste zu Theil wird, so sichtbar diese Fügung als Schlussmoment dem Prolog in sinnigem Contrast entspricht: so ist doch, was zwischen ihr und dem Tod des Ajas liegt, keineswegs bloss für diesen Zweck berechnet. Wenn der Schlussauftritt des Odysseus durch seine Form bis in's Aeussere sich als antithetisches Glied gegen den Anfang und so für die Haupthandlung dieser Tragödie als beendigender Abschnitt klar ausspricht: so lassen sich die ihm vorhergehenden ebenfalls in ihrer Form zur Gestalt eines Gliedes an, welches über diesen relativen Schluss hinüber mit einem neuen Zusammenhang correspondiert, dessen Anfang sie bilden' und seine weiteren Ausführungen zuletzt in folgende Sätze zusammenfasst ⁵⁹): 'Die Gründung einer neuen Scene, die Einfüh-

---

⁵⁴) Vgl. G. Dronke die religiösen und sittlichen Vorstellungen des Aeschylos und Sophokles S. 67. 68.
⁵⁵) Ueber des Sophokles Ajas, Berlin 1820.
⁵⁶) Sophokles für den Schulgebrauch Th. I S. 138.
⁵⁷) Sophoclis tragoediae, praef. p. XXXV. Vgl. Schöll Soph. Werke verdeutscht Bd. IV S. 113.
⁵⁸) Beiträge zur Kenntniss d. trag. Poesie der Griechen S. 522.
⁵⁹) A. a. O. S. 534.

rung neuer Personen, die Anlage einer besonders durchzufechtenden Streitfrage, den Aufwand von Leidenschaft in ihrer Führung, den Ausdruck über ihr Ende hinausgreifender Sehnsucht nach Frieden und Heimath, die Erkenntniss der dort bevorstehenden Anfechtung und den Fluch über die Feldherren: ich fasse dies zusammen und ich erkenne, nicht einen Fehler des Dichters, sondern die besonnenste Absicht. Alles ist darauf berechnet, aus dem Pathos des Ajas, das in seinem Tode sich erschöpft, und in der Bestätigung, die dieser Erschöpfung erkämpft wird, ein neues Pathos eines neuen tragischen Helden, des Bruders Teukros, hervorzutreiben und den Aufgang desselben im Niedergang von jenem des Ajas grauen und anheben zu lassen.' Da unter den uns bekannten Titeln sophokleischer Dramen ein Teukros und ein Eurysakes vorkommen, so macht er es wahrscheinlich, dass der Aias mit diesen beiden zusammen eine Trilogie bildete.

Der an Aeschylos erinnernde Bilderreichthum und die metrische Sauberkeit lassen in dem Aias eines der älteren Dramen des Sophokles erkennen, wozu namentlich noch der von Schneidewin hervorgehobene Umstand kommt, dass der grösste Theil des Dialogs von zwei Schauspielern geführt wird, der dritte nur ausnahmsweise eingreift. [60]) Dadurch verliert die Meinung, dass der Dichter durch jene überhängenden Scenen dem Zeitgeschmack nachgegeben habe, um so mehr an Glaublichkeit, während auf die Gesammtheit seiner Entwickelung ein willkommenes Licht fällt, wenn die trilogische Auffassung des Stückes festgehalten wird, das für uns wohl das einzige Ueberbleibsel einer früheren, der Entstehung der Antigone um etwas voraufliegenden [61]) Periode seiner Thätigkeit ist. Wahrscheinlich schloss er sich während derselben noch vorherrschend der trilogischen Compositionsweise des Aeschylos an und nahm erst allmählich jene Richtung, die in der von ihm ausgegangenen Gesetzesänderung ihren Ausdruck gefunden hat, die Richtung auf Vereinzelung der Dramen. Freilich aber war diese letztere eine nothwendige Consequenz der vollen Ausbildung seiner Kunstart, die durchweg das Interesse an den Charakteren zum Ausgangspunkt nahm, die stoffliche Seite der Fabel dagegen bloss als eine gegebene Grundlage benutzte, auf der sich dieselben handelnd oder leidend entfalten konnten [62]). Es liegt am Tage, dass sie noch mit

---

[60]) Auf die Reihenfolge der Tragödien im Laurentianus, die Schneidewin gleichfalls als Beweisgrund benutzt, indem Aias darin das erste Stück ist, möchten wir weniger Gewicht legen.
[61]) Vgl. oben S. 216.
[62]) Schöll's (gründl. Unterr. S. 146) Polemik gegen O. Müller, der im wesentlichen wohl dies gemeint hat, trifft im Grunde nur dessen unglücklich gewählten Ausdruck 'Seelengemälde', nicht den Kern seiner Auffassung. Aristoteles hebt im 6ten Kapitel der Poetik die Wichtigkeit der dramatischen Handlung im Gegensatze zu einer sententiösen Ethopöie hervor (wobei wie auch sonst öfter der pädagogisch-didaktische Zweck der Schrift mitwirkt), legt aber keineswegs Gewicht auf den überlieferten Mythenstoff, den er vielmehr überall als etwas sehr Gleichgiltiges behandelt.

einer andern unterscheidenden Eigenthümlichkeit des Sophokles auf das engste zusammenhängt, mit der Concentration der stofflichen Anlage, einer Seite des Dichters, welche wir wohl am besten mit den Worten G. Freytag's charakterisieren, der in seiner 'Technik des Dramas' (S. 135 fgg.) bei Gelegenheit einer Vergleichung der sophokleischen Tragödie mit der modernen sagt: 'Das Theilstück der Sage, welche Sophokles für seine Handlung verwendet, hat eigenthümliche Voraussetzungen. Sein Drama stellt, im ganzen betrachtet, die Wiederherstellung einer bereits gestörten Ordnung dar: Rache, Sühne, Ausgleichung, die Voraussetzung desselben ist also die ärgste Störung, Verwirrung, Missethat.... Immer ist, was vorausgeht, ein grosser Theil dessen, was wir in die Handlung einschliessen müssten. Aber wenn uns von sieben erhaltenen Stücken auf mehr als hundert verlorene ein vorsichtiges Urtheil erlaubt ist, scheint diese Behandlung der Mythen auch bei den Griechen nicht allgemein, sondern für Sophokles charakteristisch zu sein. Dass Aeschylos in seinen Trilogien grössere Theilstücke der Sage: Unrecht, Verwickelung, Lösung, verwerthete, erkennen wir deutlich; bei Euripides wenigstens, dass er zuweilen über die abschliessenden Endstücke der Sage hinausgegangen ist.'

Inhalt.

	Seite
Einleitung	219
Sophokles und die Trilogie	221
Die drei thebanischen Tragödien	227
1. König Oedipus	228
2. Oedipus auf Kolonos	233
3. Antigone	245
Anhang. Die vier übrigen erhaltenen Tragödien des Sophokles	251

QVAESTIONES

BOETIANAE

SCRIPSIT

PETRVS LANGEN.

Cum ante hos paucos menses Boeti de consolatione philosophiae libros perlegerem Theodori Obbarii editione usus, nonnullis locis offendi, quibus ordo sententiarum turbatus et disputandi ratio plane perversa esse mihi videretur. In qua re expedienda cum codices ab Obbario collati nihil adiumenti praeberent, adii bibliothecam gymnasii Treverici, ubi inter antiquiores libros manu scriptos asservatur codex, quo praeter Prudenti carmina, C. Caecili Seduli paschale carmen, Aratoris carmen de actis apostolorum, collectionem fabularum Aviani, disticha quae vocantur Catonis etiam Boeti de consolatione philosophiae libri continentur. Codex est membranaceus, forma maxima, scriptus saeculo undecimo, versus habet in singulis paginis tricenos novenos. Inter Prudenti carmina, quae primo loco scripta sunt, et Boeti de consolatione libros intercedunt tria folia, in quorum primi pagina versa legitur vita (vel vitae) Boeti a manu paullo serioris aetatis scripta cum hac inscriptione: *Incipit expositio in libro Boetii de consolatione phylosophiae Remigii Autisiodorensis magistri*, persimilis illa quidem vitae ab Obbario e codice Gothano editae, nisi quod singulae partes alio ordine scriptae sunt. In alterius folii pagina versa a manu prima haec scripta leguntur: *Quaeri a nonnullis solet cuius temporibus boetius fuerit. quibus respondendum. quod tempore teodorici regis claruit. sicut in libris romanorum repperimus. virtuteque sua consul in urbe fuit. Cum vero theodoricus tirannidem coepisset exercere in urbe. ac bonos quosque ex senatu removere et insuper neci dare. boetius eius dolos effugere gestiens. clam litteris ad grecos missis. Nitebatur urbem et senatum ex impia eius tirannide eruere. Et quidam dicunt potius sub grecorum subdere defensioni. Dum ergo accusaretur quasi reus maiestatis et quasi nicromantiae operator dolorumque* (membrana perforata est ante *dolorumque*) *cultor. Falsa tamen accusatione exilio religatus est.*[*)] *Vbi hos quinque libros per satiram edidit. imitatus felicem capellam qui prius de nuptiis philologiae et mercurii eadem specie conscripserat. Sed iste longe nobiliore materia et facundia praecellit. Quippe qui nec tullio in prosa Nec virgilio in metro*

[*)] Jourdain in libro quom inscripsit *de l'origine des traditions sur le christianisme de Boèce* (Paris. 1861) ex codice bibliothecae Parisinae haec verba attulit: *Cum accusaretur quasi nichromantiae operator et quasi idolorum cultor multisque aliis criminibus infulsaretur, apud Ticinum exilio relegatus est.*

inferior claruit aequiperandus homero. Scripsit autem quinque libros philosophiae consolationis. quos XXVII varietatibus carminum respersit, ut opus illius gratius legentibus foret qui musicae suavitatis dulcedine delectantur.

Additus est conspectus metrorum partim in eodem folio, partim in tertii folii pagina recta. Denique in pagina versa tertii folii scriptum est Gerberti in Boetium carmen, editum ab Henrico Meyero in Anthologia Latina 394, in cuius quarto versu pro *lumen* repperi *lucem* et in nono versu scripturam vulgatam *summas qui praegravat artes*. Iam sequuntur verba ipsa Boetii, quinquaginta foliis scripta, quorum vicesimi tertii pagina recta scriptura vacat, in pagina versa scholia a manu paullo recentiore scripta sunt. Item margines scholiis oppleti paucis foliis exceptis, quorum margines aut toti aut ex parte abscisi sunt. Inter versus additae sunt singulorum verborum interpretationes permultae, in quibus nonnullae vernacula lingua scriptae, velut I 3, 7 et 5, 19: *boreas nordostan*; I 5, 20: *zephyrus vaestan*.

Huius igitur libri cum scripturae discrepantiam excriberem, statim intellexi in eum idem valere, quod Obbarius de ceteris libris antiquioribus adhuc collatis dixit in praefationis pag. 51: *Omnes qui adhuc extant codices ex uno fonte manasse quovis pignore contenderim, propterea quod omnes et ante ab interpretibus et nunc a me ipso collati in lectionibus aliquot falsis consentiunt.* Quo fit ut fere nihil ex codice Treverico discere possimus, quod non Obbarius iam ex ceteris libris melioris notae attulerit. Quae autem cognatio inter Trevericum ceterosque intercedat, tamdiu inutile mihi videtur quaerere, quamdiu antiquissimorum librorum bibliothecae Parisinae collationibus caremus. Sed horum codicum ope quamquam adhuc sumus destituti, tamen nonnullos locos aperte quidem corruptos, ab Obbario autem neglectos satis probabili coniectura emendare posse mihi videor.

Quorum primus legitur in libri primi capite tertio p. 5 editionis Obbarii: *An, inquit illa, te alumne desererem nec sarcinam, quam mei nominis invidia sustulisti, communicato tecum labore partirer? Atqui Philosophiae fas non erat incomitatum relinquere iter innocentis, meam scilicet criminationem vererer, et quasi novum aliquid acciderit, perhorrescerem?* Verba *atqui Philosophiae fas non erat incomitatum relinquere iter innocentis* supposticia esse compluribus argumentis demonstratur. Primum animadvertendum est Boetium nusquam toto libro tali modo loquentem Philosophiam inducere, ut tertia verbi persona utatur; sed ut largiamur aliis locis ferri posse tertiam personam, hoc certe loco magnam habere debet offensionem, quod in eadem continuatione verborum Boetius et tertia et prima persona utitur. Accedit, quod in codice Treverico enuntiatum *meam scilicet criminationem vererer et quasi novum aliquid acciderit perhorrescerem* ad marginem adscriptum est, ut genuina adulterinis loco mota esse videantur; nam ea quidem, quae in margine scripta leguntur, supposititia esse non possunt. Sed ne a sententia quidem eis quae Boeti esse negamus quicquam defensionis parari potest. Etenim hae duae sententiae *an te alumne desererem nec sarcinam communicato tecum labore partirer* et *atqui Philosophiae fas non erat incomitatum relinquere iter innocentis* fere idem significant, ut haec ad illam interpretandam addita nec ad disputationem absolvendam necessaria esse videatur, tum verba quae sequuntur *meam scilicet criminationem vererer*, quae cum ironia dicta esse apparet, recte explicari non possunt nisi coniunguntur cum verbis *an te alumne desererem*. Boetius enim cum miratus, Philosophiam caelo relicto in carcerem venisse, quae esset causa eius rei, quaesiverit, num ideo venisset, ut secum falsis criminationibus agitaretur, Philosophia paullum indignata ad priorem quidem Boeti interrogationem respondet: num desereret alumnum; ad alteram: suam scilicet criminationem vereretur et perhorresceret, quasi novum aliquid acciderit! Id vero ineptum ei videtur, quia tum non primum ab improbis sapientia sit lacessita. Sic verba aptissime cohaerent, ut Boetius ad duas res, quas ex Philosophia quaesivit, duo ferat responsa. Iam consideranti mihi hunc Boeti librum per medium aevum in omnium ut ita dicam manibus fuisse atque iam antiquissimis temporibus saepissime descriptum esse et explicatum, non potuit non veri simillimum videri, hoc loco interpretationem primo ad marginem adscriptam postea ut fit in contextum verborum irrepsisse. Quare expungenda puto verba supra iam indicata.

Leniore medicina sanari potest locus qui est in libri tertii capite secundo p. 42 ed. Obb.: *Omnis mortalium cura, quam multiplicium studiorum labor exercet, diverso quidem calle procedit, sed ad unum tamen beatitudinis finem nititur pervenire. Id autem est bonum, quo quis adepto nihil ulterius desiderare queat. Quod quidem est omnium summum bonorum cunctaque intra se bona continens, cui si quid aforet, summum esse non posset, quoniam relinqueretur extrinsecus, quod posset optari. Liquet igitur esse beatitudinem statum bonorum omnium congregatione perfectum.* Postquam Philosophia omnem mortalium curam ad unum beatitudinis finem ut pervenirent niti dixit, definitionem quid sit beatitudo sequi necesse est; at scripta legimus haec: *id autem est bonum, quo quis adepto nihil ulterius desiderare queat.* Bonum autem et beatitudinem idem esse Boetius antea non dixit. Illis verbis statim subiungit: *quod quidem est omnium summum bonorum*, quasi vero quod sit bonum, idem summum omnium bonorum sit cunctaque bona intra se contineat. Nam ita quidem sententiam explicare non licet, ut statuamus *boni* vocabulum singulari numero adhibitum esse ad significandam ipsius boni speciem, quae omnia singula bona intra se contineat, cum hoc quidem loco quia eadem vox statim repetita diversam vim habet, Boetio necessario dicendum fuerit *rerum bonum* vel *bonum ipsum* vel tale quid. Prorsus alia est ratio loci qui infra sequitur in eodem capite: *plurimi vero boni fructum gaudio laetitiaque metiuntur*, quod ex ipsis verbis summum bonum intellegi etiam *summi* vocabulo non addito apparet. Denique non potest probari conclusio haec: *liquet igitur esse beatitudinem statum bonorum omnium congregatione perfectum*, quod quomodo ex eis quae praecedunt effici possit, cum tota definitione de beatitudine nihil sit dictum, equidem non video. Quae cum ita sint, scribendum puto: *id autem est beatum, quo quis adepto* e. q. s. Philosophos *beatum* dicere pro *beatitudine* non mirum esse debet, cf. Ciceronis de fin. V 28, 84: *quippe, inquiet, cum tam docuerim gradus istam rem non habere quam virtutem, in qua sit ipsum etiam beatum*, et Tusc. disp. V 15, 45: *quod si ita est, ex bonis, quae sola honesta sunt, efficiendum est beatum.*

Duobus prioribus locis cum verbis aut eiciendis aut mutandis sententiae laboranti opem ferre conati simus, tertia accedat emendandi ratio, ut transponendis pristinam Boeti verborum conformationem restituere periclitemur in libri quarti capite quarto p. 82 ed. Obb.: *P. Quid si eidem misero, qui cunctis careat bonis, praeter ea quibus miser est malum aliud fuerit adnexum, nonne multo infelicior eo censendus est, cuius infortunium boni participatione relevatur? B. Quidni? inquam. P. Habent igitur inprobi cum puniuntur boni quidem aliquid adnexum, poenam ipsam scilicet, quae ratione iustitiae bona est: iidemque cum supplicio carent, inest eis aliquid ulterius mali, ipsa inpunitas, quam iniquitatis merito malum esse confessus es. B. Negare non possum. P. Multo igitur infeliciores inprobi sunt iniusta inpunitate donati quam iusta ultione puniti. Sed puniri inprobos iustum, inpunitos vero elabi iniquum esse manifestum est. B. Quis id neget? P. Sed ne illud quidem, ait, quisquam negabit, bonum esse omne quod iustum est: contraque quod iniustum est, malum esse liquet. B. Tum ego: Ista quidem consequentia sunt eis quae paullo ante conclusa sunt. Sed quaeso, inquam, te, nullane animarum supplicia post defunctum morte corpus relinquis?* Horum verborum sententiam perscrutatus in tot tantasque difficultates delapsus sum, ut ordine supra scripto verba a Boetio posita non esse persuasum habeam. Philosophia enim, ut ab hac re initium faciam, demonstrare conatur quod paullo ante dixit (p. 82): feliciores esse inprobos supplicia luentes, quam si eos nulla iustitiae poena coerceat. Itaque argumentandi finem faciunt verba: *multo igitur infeliciores inprobi sunt iniusta inpunitate donati quam iusta ultione, puniti*, nec quo spectent ea quae sequuntur ullo modo intellegi potest. Tum quae dicit Boetius: *ista quidem consequentia sunt eis quae paullo ante conclusa sunt* accuratius sententiam consideranti quam maxime inepta esse apparebit. Etenim quod Philosophia antea contendit bonum esse omne quod iustum sit contraque quod iniustum sit malum esse liquere, cum ex ipsis boni insti mali iniusti notionibus sequitur tum supra prorsus nihil dictum est, ex quo id quidem consequi possit. Deinde qui dicere licet Philosophiae confessum esse Boetium impunitatem improborum iniquitatis merito (i. e. quia iniqua sit) malum esse, cum supra ne verbo quidem huius rei mentio sit facta? At vero postea confitetur Boetius impunitos elabi improbos iniquum vel iniustum ob eamque rem malum esse, puniri improbos Iustum itaque bonum, ut ex his demum verbis effici possit, quod perverso ordine iam antea falso concluditur: *habent igitur inprobi cum puniuntur boni quidem aliquid adnexum, poenam ipsam scilicet, quae ratione iustitiae bona est* e. q. s. Ex eis quae disputata sunt satis lucide apparere puto, singulas sententias per se quidem spectatas probari posse, sed pristinum earum ordinem esse turbatum. Facili autem negotio, ut omnes quas commemoravi difficultates tollantur, verba disponi possunt hoc modo: *P. Quid si eidem misero, qui cunctis careat bonis, praeter ea quibus miser est malum aliud fuerit adnexum, nonne multo infelicior eo censendus est, cuius infortunium boni participatione relevatur? B. Quidni, inquam? P. Sed puniri inprobos iustum, inpunitos vero elabi iniquum esse manifestum est. B. Quis id neget? P. Sed ne illud quidem, ait, quisquam negabit, bonum esse omne quod iustum est, contraque quod iniustum est, malum esse. B. Liquet, inquam. P. Habent igitur inprobi cum puniuntur boni quidem aliquid adnexum, poenam ipsam scilicet, quae ratione iustitiae bona est: iidemque cum supplicio carent, inest eis aliquid ulterius mali, ipsa inpunitas, quam iniquitatis merito malum esse confessus es. B. Negare non possum. P. Multo igitur infeliciores inprobi sunt iniusta inpunitate donati quam iusta ultione puniti. B. Tum ego: Ista quidem consequentia sunt eis quae paullo ante conclusa sunt. Sed quaeso, inquam, te, nullane animarum supplicia post defunctum morte corpus relinquis?*

Sed pauca etiam addenda esse video ad eam rationem explicandam, qua commotus *liquet inquam* verba ante *habent igitur* collocata Boetio tribuerim. Libros manu scriptos quos quidem novissemus omnes ex uno codice iam paullum depravato manasse supra dictum est. Is igitur qui hunc codicem confecit, postquam *quidni inquam* verba scripsit, a priore ad posteriorem *inquam* vocem oculos errantes avertit, ut scribere pergeret *habent igitur inprobi* e. q. s. Postea aut ab ipso, cum errorem animadvertisset, aut a correctore ea quae omissa erant ad marginem adscripta sunt paullo infra eum locum quo scribi debuerunt, qua re factum est ut perverso ordine ab eis, qui archetypum illum describebant, in continuationem verborum reciperentur. Iam cum tali modo conexa verba legerentur: *contraque quod iniustum est malum esse liquet inquam tum ego ista quidem* e. q. s., *liquet* verbum ad priorem sententiam referebatur, unde nonnulli librarii *liquere* scribendum esse putaverunt, quod est in Lipsiensi, Zwiccaviensi priore, Treverico. Quo facto cum *inquam* initio enuntiati collocatum appareret non esse ferendum, aut prorsus omissum aut *respondi* scriptum est. Hanc argumentandi viam si probaverimus, qua ratione et ordo sententiarum sit permutatus et scripturae etiam meliorum librorum discrepantia, quam commemoravi, extiterit, mea quidem sententia optime intellegi poterit. Denique silentio praetereundum esse non arbitror quod Obbarius in adnotationibus dixit p. 152, valde languere illud *inquam* post *sed quaeso* positum neque usquam apud Boetium ita collocatum inveniri. Hoc quidem verissime observavit, sed num langueat illud *inquam*, dubitari potest, cum ad sententiam prorsus novam eis verbis Boetius progrediatur, quod nescio an *inquam* vocabulo apte significetur, ut hoc loco scriptor a consuetudine ratione singulari ductus recessisse putandus sit. Sed utcumque de hac re iudicatum erit, neque si *inquam* post *sed quaeso* collocatum probaveris neque si cum Obbario post *Tum ego: Ista quidem* transposueris, de eis quae supra a me disputata sunt quicquam mutabitur.

UEBER DIE SPUREN

EINER

LATEINISCHEN O-CONJUGATION.

VON

GEORG CURTIUS.

Unter den Eigenthümlichkeiten, welche dem Griechischen und Lateinischen ihr besonderes von den übrigen verwandten Sprachen gemeinsam verschiedenes Gepräge geben, steht in erster Reihe die übereinstimmende Spaltung des alten A-Lautes in den Dreiklang a e o. Und wiederum tritt diese Uebereinstimmung nirgends so klar und entschieden hervor als in der Declination der Nomina. Nur die Griechen und Römer haben es zu einer in ihrer ursprünglichen Einheit zwar leicht erkennbaren, aber doch scharf geschiedenen Zweiheit der vocalischen Declination, haben es zu einer A- und O-Declination gebracht. Dieser qualitative Unterschied, der an die Stelle des älteren bloss quantitativen trat, greift nach allen Seiten auf das tiefste in den Bau der Sprachen ein und trägt nicht am wenigsten dazu bei diesen ihren eigenthümlichen Klang zu geben. Auf ihm beruht namentlich ausser der Gestaltung zahlreicher Substantiva fast die gesammte Adjectiv- und damit auch ein grosser Theil der Participialbildung. Und nicht bloss in der Thatsache der Vocalspaltung, sondern auch in der Art ihrer Durchführung herscht wesentliche Uebereinstimmung. Gleichmässig in beiden Sprachen tritt im Vocativ der O-Declination der schwächere E-Laut hervor: λύκε *lupe*, während im Nom. Acc. Pl. der Neutra *a* als Vertreter eines ursprünglichen *ā* zu betrachten ist: δῶρα *dōna*. Das ᾱ des Femininums erhalten nur die Dorier und Aeolier mit grosser Consequenz, die Römer schliessen sich ihnen in der strengen Festhaltung der Qualität, wenn auch nicht der Quantität des Vocals an. Die Ionier trüben den A-Laut vielfach zum E-Laut, während die Osker denselben im Nom. Sing. (*riú = via*) nach Art der Gothen (*gibō*) verdumpften. Eine geringe Verschiedenheit zwischen Griechen und Italikern entsteht dadurch, dass in einer historisch nachweisbaren Zeit das *o* der O-Declination im Nom. und Acc. Sing. zu *u* herabsinkt, wodurch eine Vermischung der O- und U-Declination herbeigeführt wird, die in der Declination von *domu-s* ihren Gipfel erreicht. Im ganzen aber braucht man z. B. nur einen Blick auf Schleicher's Tabellen in seinem Compendium S. 660 ff. zu werfen, um sich zu überzeugen, wie scharf die beiden südeuropäischen Sprachfamilien sich in der Nominalflexion durch die hier berührte Gemeinschaft von allen übrigen unterscheiden.

Dem gegenüber fällt es auf, dass im Verbum die Uebereinstimmung bei weitem nicht so gross ist. Der Bindevocal zwar gestaltet sich im Lateinischen und Griechischen nicht wesentlich verschieden. Da wir für jedes lateinische *i* ein älteres *e*, für jedes *u* ein *o* voraussetzen dürfen, so gleichen sich nicht bloss λέγω und *lego*, sondern auch λέγεις d. i. λεγ-ε-ςι und *legi-s* d. i. *leges*, λέγει d. i. λεγ-ε-τι und *legi-t* d. i. *leg-e-t*, λέγετε und *leg-i-tis* d. i. *leg-e-tes*, dor. λέγοντι und *leg-u-nt* d. i. *leg-o-nt*. Verschieden bleiben nur λέγ-ο-μεν und *leg-i-mus*, wahrscheinlich aber nicht von Alters her, da *rol-u-mus* noch den dumpferen Laut hat, dem hier gewiss wie in *maxu-mu-s*, *optu-mu-s*, wo er sich viel länger erhielt, die Priorität gebührt. Aber ein ganz andres Bild zeigt sich uns in den abgeleiteten Conjugationen. Wir haben im Griechischen dem Dreiklang der Vocale entsprechend eine A-, O- und E-Conjugation. Alle drei haben ihre Quelle in einer einzigen vorgriechischen, in welcher *ajá-mi* dem αω, οω, εω entspricht. Es ist durchaus wahrscheinlich, dass, wenigstens nach der ursprünglichen Intention der Sprache, das *a* in diesen Verben sich dann in seinem Laute unverändert erhielt, wenn wie in κομά-ω ein Nominalstamm auf α zum Grunde lag, sich dann in ο verwandelte, wenn das Verbum von einem O-Stamm herkam wie ἰcό-ω, dann der Schwächung zu ε verfiel, wenn weder das eine noch das andre der Fall war. Mit dieser Voraussetzung lässt sich auch die Bedeutung dieser Verba einigermassen in Einklang bringen. Von einem consequent durchgeführten Gebrauchsunterschiede dieser drei Verbalclassen kann zwar, wie Lobeck zu Buttmann's ausf. Sprachlehre II 384 f. andeutet, nicht die Rede sein. Aber dennoch lassen sich für die Verba auf -αω und -οω zwei vorherschende Gebrauchsweisen erkennen, die zu der vorausgesetzten Entstehung sehr wohl passen. Bei den Verben auf -οω überwiegt die factitive Bedeutung. Diese mochte sich bei den zahlreichen Verben dieser Art, welche aus Adjectivstämmen hervorgehen, z. B. bei ἀϊcτόω, ἀλαόω, γυμνόω, δηλόω. θοόω, ἰcόω, κακόω, κυρτόω, μονόω, οἰόω, ὁμοιόω, ὀρθόω, cαόω, χηρόω wie von selbst einstellen. Dagegen bezeichnen die Verba auf -αω vorherschend die Ausübung einer Thätigkeit, das Vorhandensein eines Zustandes, ein Gebrauch der sich ebenso leicht aus den abstracten Substantiven auf -α ergab, welche vielen dieser Verba zu Grunde liegen, z. B. für αἰτιά-ο-μαι, ἀγορά-ο-μαι, ἀρετά-ω, ἀνιά-ω, ἀπατά-ω, βροντά-ω, ἠβά-ω, θεά-ο-μαι, τολμά-ω, πλανά-ο-μαι und für die Verba eines körperlichen oder geistigen Siechthums oder Strebens, welche, wie ψωράω, ναυςιάω, ὠχριάω — κλαυςιάω, ςτρατηγιάω, τυρανυιάω, entweder von solchen Substantiven direct abgeleitet sind, oder dergleichen wenigstens ideell voraussetzen. Ueberall ist es ja die Art der Sprache, dass sich sofort ebensowohl für die Bedeutung wie für die lautliche Gestaltung Analogien bilden. So mochten also jenen aus Adjectivstämmen gebildeten Verben auf -οω andre nachgebildet werden, denen trotz des verschiedenen Ursprungs eine ähnliche Bedeutung anhaftete, wie δουλόω, πληρόω, χρυcόω, cτεφανόω, γεφυρόω, während die auf -αω sich ebenfalls vorzugsweise in der Sphäre der eben erwähnten hielten, wie etwa ἱεράομαι, ὠχράω. Freilich dürfen wir dabei nie die Kraft der Sprache übersehen auch ursprüngliche Intransitiva zur Energie der Transitiva zu erheben. τιμάω mochte anfangs nur Ehre üben bedeuten, gelangte aber von da zu dem Gebrauche Ehre an einem üben. Immer aber blieb zwischen ἀτιμᾶν und ἀτιμοῦν ein wesentlicher Unterschied. Diese unwillkürlich entstandene Analogie des Gebrauchs konnte aber schon deshalb niemals vollständig zur Geltung kommen, weil sie in vielen Fällen mit der Analogie der Laute in Widerspruch gerathen musste. Denn immer erhielt sich in der Sprache das Gefühl, dass die O-Conjugation zur O-Declination, die A-Conjugation zur A-Declination gehöre, und erzeugte Verba wie ἱδρό-ω, die bloss lautlich, nicht nach der allmählich herausgebildeten Begriffsanalogie zu dieser Conjugation gezogen wurden. Durch die Kreuzung dieser beiden Tendenzen erklärt sich wohl ein grosser Theil der Unregelmässigkeiten.

Wie seltsam ist es nun aber, dass bei dieser alten Beziehung der Conjugations- zu den Declinationsformen das Lateinische in den erstern so sehr von den letztern abweicht! Im Lateinischen vertritt die eine A-Conjugation lautlich wie begrifflich die zwei griechischen Conjugationen. Verbalstämme auf *a* gehen ebenso oft aus Nominalstämmen auf *o* wie aus *a* hervor: *numerare, monstrare* neben *coronare, formare*, sind ebenso oft factitiv wie intransitiv: *curvare, foedare* neben *regnare, vigilare*. Das Lateinische, auch sonst der Erhaltung des alterthümlichen geneigt, steht in dieser Beziehung dem Sanskrit um eine Stufe näher als dem Griechischen. Aber es gibt in allen Sprachen neben den durchgreifenden, den Organismus wesentlich bestimmenden Gesetzen und Grundformen andre mehr sporadisch auftretende Neigungen und in blossen Ansätzen vorhandene Gestaltungen, und nicht selten stellt sich gerade bei nahe mit einander verwandten Sprachen die Sache so, dass das in der einen weit verbreitete in der andern wenigstens versucht oder in einzelnen Spuren vorhanden ist. So habe ich anderswo dem Lateinischen Reste eines Aorist zu vindiciren gesucht. Es lohnt sich wohl nachzusehen, ob in der That die O-Conjugation dem Lateinischen völlig fremd, ob nicht auch sie in einzelnen Ansätzen nachweisbar ist. Derartige Untersuchungen führen allerdings in Gebiete, auf denen stringente 'Beweise', wie man sie hie und da neuerdings mit mehr Rigorismus als Vorsicht gefordert hat, ebenso selten möglich sind als z. B. im Gebiete der divinatorischen Texteskritik. Aber so wenig wir den Versuchen entsagen können den gestörten Zusammenhang eines Schriftstückes in Ermangelung sicherer Nachrichten durch eigne Versuche herzustellen, so wenig dürfen wir darauf verzichten, den Ariadnefaden der Analogie in der Hand, auch hier zur Anschauung eines durch die Ueberlieferung getrübten, einst vollkommneren und normaleren Sprachzustandes durchzudringen.

Wirklich lebendige abgeleitete Verbalstämme auf *o* gibt es nun freilich nicht. Bei der Neigung der Römer *o* in *u* zu verdumpfen könnte man aber versucht sein in den vorhandenen Verben auf -*u-ere* Reste eines ursprünglichen *o-ere* zu vermuthen. Aber diese Vermuthung bleibt sehr gewagt. Leo Meyer (vergl. Gr. II S. 42) führt sieben solche Verba auf: *acuere, arguere, delibuere, futuere, minuere, statuere, tribuere*, wobei *metuere* und das vulgäre *batuere* übersehen, *sternuere* wegen der eigenthümlichen Beschaffenheit der Sylbe *nu* (vgl. πταρνύ-ω) vielleicht absichtlich übergangen ist. Von den neun vorhandenen abgeleiteten Verben auf -*uere* sind nun drei offenbar aus Nominibus auf *u* hervorgegangen: *metu-o, statu-o, tribu-o*, und niemand wird anstehen sie mit griechischen Verben wie ἰθύ-ω, μεθύ-ω auf eine Linie zu stellen. Für drei andre ist die Anknüpfung an ein nominales *u* wenigstens möglich, nämlich für *acu-o* wegen *acu-s*, für *futu-o* wegen φιτύ-ω und φῖτυ-ς, für *minu-o* wegen μινύ-θ-ω. *batuo* und *delibuo* sind unklar. Nur für *argu-o* lässt sich der Ursprung aus einem dem griechischen ἀργό-ς entsprechenden lateinischen *argo-s* (*argu-s*) muthmassen, aber mit wenig Zuversicht, da man sogar in ἄργυ-ρο-ς möglicherweise eine Stütze für ein lateinisches *argu-s* mit ursprünglichem *u* finden könnte.

Wenden wir uns demnach von den wirklich lebendigen Verben zu den mit dem Verbum im engsten Zusammenhange stehenden Participien, so bietet sich uns hier eine Form dar, welche allen unsern Wünschen entspricht, nämlich *aegró-tu-s*, das sofort an griechische Verbaladjectiva wie ἰcω-τό-ς, μιcθω-τό-ς anklingt. Man könnte einwenden, dies Adjectiv sei nur dem Scheine nach Particip, in Wirklichkeit aber aus dem Nominalstamm *aegro* abgeleitet und mit jenen zahlreichen Formen auf -*átu-s, -itu-s, -útu-s* zu vergleichen, denen entsprechende Verbalstämme nicht zur Seite stehen, also mit Formen wie *ansá-tu-s, barbá-tu-s, hastá-tu-s, togá-tu-s — auri-tu-s, crini-tu-s, pelli-tu-s, péni-tu-s — astú-tu-s, cornú-tu-s*. Bei genauerer Erwägung springt aber doch ein wesentlicher Unterschied hervor. Jene Formen sind nach dem Muster wirklich vorhandener Participien gebildet, sie setzen, wie Pott etym. Forsch. II² S. 1006 sich ausdrückt, 'ideell und dem Begriffe nach Verba voraus'. Wirkliche Participia wie *armá-tu-s, fini-tu-s, statú-tu-s* gaben das Muster ab, welchem jene Quasiparticipien folgten. Nach Analogie von *armáre, finire, statuere* schwebte dem Sprachsinn ein *ansáre, auríre, astuere* vor. Ja wer weiss, ob es nicht in einzelnen Fällen bloss an der Lückenhaftigkeit unsrer Ueberlieferung liegt, dass uns dergleichen durch das Bedürfniss seltner erforderte Verba nicht auch ausserhalb des Particips vorliegen? Aber nach welcher Analogie sollte *aegró-tu-s* gebildet sein? Auch auf eine andre Classe von Adjectiven auf -*tu-s*, die ebenfalls ohne entsprechende Verbalstämme dazustehen scheinen, darf man sich nicht berufen. *funes-tu-s, hones-tu-s, robus-tu-s, onus-tu-s* nebst dem alten *con-foedus-ti* ('foedere coniuncti' Pauli Epit. 41) haben gewissermassen in Verben wie *honorare, roborare, onerare* ihre Stütze, zu deren Stämmen sie sich ähnlich verhalten wie *lau-tu-s* zu *lavá-re, saep-tu-s* zu *saepi-re*. Die Participien und participartigen Adjectiva gehen hier auf eine primitivere Stammform zurück, während der Präsensstamm in die abgeleitetere Conjugation ausbiegt. Und dass diese in einer früheren Sprachperiode auch ausserhalb des Particips bestand, wird aus dem bei den Griechen ebenfalls vereinzelten ἀηθέc-cω d. i. ἀηθεc-jω wahrscheinlich. Wäre *aegrŏ-tu-s* direct aus dem nominalen *aegro* hervorgegangen, wie unbegreiflich wäre da die Länge des *o* gegenüber von Formen wie *aegri-tŭdo*, *aegri-mŏnia*, womit man noch *Aegrillus, aegrere, aegrescere* vergleichen mag! In den seltenen Fällen, in welchen ein stammhaftes *o* in die abgeleitete Nominalbildung unversehrt übergeht, erscheint es kurz, z. B. in *medio-cri-s* (vgl. *medioxumu-s*). Ist dagegen *aegrŏ-tu-s* Particip von einem vorauszusetzenden *aegro-ere* oder *aegrŏ-re*, so tritt es in die Analogie von *armā-tu-s*, *statŭ-tu-s*. Natürlich kann auch das weiter abgeleitete *aegrŏtāre* nicht den mindesten Grund abgeben diese Herleitung zu bezweifeln.

Leider steht nun diesem *aegrŏ-tu-s* bloss ein einziges Adjectiv gleicher Bildung zur Seite, und bei diesem ist das *ō* durch die Ueberlieferung keineswegs sicher gestellt. Bei Augustinus de civitate dei IV 8 wird ein Getraidegott erwähnt, dessen Name in älteren Ausgaben *Nodōtus* geschrieben ward. Aber die neueren haben die Lesart *Nodŭtus* aufgenommen, welche nach der Pariser Ausgabe von 1838 und nach der von Dombart (Leipzig 1863) an dieser Stelle die der meisten guten Handschriften ist und überdies durch Arnobius adv. nationes IV p. 124 bestätigt wird, wo derselbe Gottesname in der Form *Nodŭtis* wiederkehrt. Freilich hat der Paris. A *Nodŭtus*, B und C von zweiter Hand *Nodŏtus*: [*praefecerunt*] *geniculis nodisque culmorum deum Nodotum*, und IV 11, wo das Wort wiederkehrt, bleibt der Paris. A seinem *Nodŭtus* getreu, während hier alle übrigen Handschriften mit Ausnahme von D die Lesart *Nodŏtus* bieten. Immerhin also ist diese letztere Form nicht unbezeugt und hat das Präjudiz der grösseren Singularität für sich. Allerdings würde man für den Gott der *nodi culmorum* eher ein nomen agentis wie *Nodātor* erwarten, aber auch sonst personificirt der römische Götterglaube unmittelbar die manigfaltigsten Gegenstände und erhebt selbst Eigenschaften und Affectionen der Dinge und Menschen zu Götternamen. Wird aus der *seges matura* die *dea Matura*, aus dem erblindenden sterbenden der *deus Caeculus*, aus der *virgo viro placens* die *Viriplaca*, so konnte auch aus dem *culmus nodōtu-s* oder *nodŭtu-s* der Gott gleiches Namens hervorgehen.

Schauen wir uns nun weiter unter den Participien um, so geben die activen auf *-en(t)-s* für uns keine Ausbeute. Gesetzt es hätte von Verbalstämmen auf *o* active Participia gegeben, so wäre für diese der Ausgang —*o-en(t)-s*, contrahirt *ōn(t)-s* oder in dumpferem Laut *un(t)-s* zu erwarten. Participia dieser Art dürften sich aber schwerlich nachweisen lassen. Die wenigen Spuren alter Participialstämme auf *-unt* gehören der primitiven Verbalbildung an, so das aus *volunt-ariu-s* und *volun(t)-ta(t)-s* erschliessbare *volun(t)-s*, dessen *u* dem *o* von λεγοντ, φεροντ um eine Stufe näher steht als das übliche *volen(t)-s*. Ferner *lucun(t)-s*, nach Paulus Epit. 119 'genus operis pistorii'. Dass das Wort, wie man angenommen hat, aus dem griechischen γλυκοῦς verderbt sei, ist aus zwei Gründen unwahrscheinlich, erstens weil γλυκόεις ein nur bei Nikandros (Alexipharm. 444) ein einzigesmal als Beiwort zu ποτός vorkommendes Wort ist, das seiner Bildung nach sich den nur bei Dichtern üblichen Afterbildungen auf -οεις anschliesst, und zweitens weil volksthümliche Wörter dieser Art, wie *placenta* zeigt, in ganz andrer Weise romanisirt werden. *lucun(t)-s* scheint vielmehr ein Particip vom Stamme *luc*, demselben den wir in *luxu-s*, *luxa-re* und mit hellerem Vocal in *licīnu-s* vor uns haben (Grundzüge I 332). Eben daher stammt ein andrer Name eines Backwerks *lixulae*, in der Bedeutung des verschränkten. Die *lucuntes* scheinen also den norddeutschen Kringeln oder Bretzeln entsprechend ein Gebäck von verschlungener Gestalt zu bezeichnen. Es steht aber nichts im Wege dies Particip direct aus der W. *luc* abzuleiten, so dass das *u* der Endung nicht durch Contraction entstanden ist, sondern dem üblichen *e* ebenso gegenüber steht wie im Gerundium und Gerundivum.

Die lateinische Sprache besass aber, so gut wie die griechische, dereinst ein mediopassives Participium praesentis. Dass ein solches in der 2 Plur. auf *-mini* (*leg-i-mini* = λεγ-ό-μενοι) und dem selteneren Singular des Imperativs auf *-mino* d. i. *mino-s* (*praefamino, arbitramino*) vorliegt, bedarf nach dem was von Bopp vergl. Gr. I² 327, von mir Tempora und Modi S. 276 und von andern darüber zusammen gestellt ist, keiner weitern Begründung. Unter den in dieselbe Kategorie gehörigen Wörtern auf *-minu-s* Fem. *-mina*, *-mnu-s* Fem. *-mna* wie *terminu-s*, *femina*, *Vertumnu-s*, *alumna* finden sich nur einige, die offenbar nicht direct aus einer Wurzel entstanden sind. So weist *autumnu-s* nicht unmittelbar auf *augere* (St. *aug*), sondern eher, was auch Leo Meyer (II 292) vermuthet, auf den Nominalstamm *auctu* und ein davon (vgl. *metuere*) abgeleitetes *auctuere*. Fassen wir *auctu-s* in der Bedeutung Wuchs, Ernte, so hiesse *auctuere* den Wuchs einbringen, ernten. *autumnu-s* (= *auctu-o-meno-s*) würde ursprünglich die geerntete Frucht, dann die Zeit der Ernte bedeuten, zwei Gebrauchsweisen die sich im deutschen *Herbst* vereinigen und im griechischen ἄμητος neben ἀμητός, τρύγητος, ἄροτος nur durch den Accent unterschieden werden. Auf *auctumnus* reimt sich *pilumnus*. *pilumnoe poploe* hiessen nach Festus p. 205 'in carmine Saliari Romani velut pilis uti assueti'. Gewiss werden wir diese Deutung des schon früh dunkeln Wortes der zweiten 'vel quia praecipue pellunt hostes' vorziehen. Vom *pilum* nur in anderm Sinne hat auch der Bäckergott *Pilumnu-s* seinen Namen. *pilumnoe* ist ohne Frage ein alter Nom. pl. zu *pilumno-s* oder *pilumnu-s*. Aber aus welchem Verbalstamme ging dies Particip hervor? *pi-lu-m* aus der W. *pis pinsere* gebildet, wie *té-lu-m* aus einer an τέκ-μαρ, τόξο-ν erinnernden, war das Instrument der in der *pila* das Korn zermalmenden *pistores*, die Mörserkeule oder der Stämpfel. Wie sich zu diesem friedlichen *pilum* die ursprünglich sehr schwere Wurfwaffe verhält, hat Köchly in den Verhandlungen der Augsburger Philologenversammlung S. 139 ff. gezeigt. Das Particip *pilumnu-s* setzt also offenbar einen Nominalstamm *pilo* voraus, es kann nicht zu einem Verbum *pilere* wie *alumnus* zu *alere* gehören. Aber auch ein *piluere* nach Analogie des eben erschlossenen *auctuere* ist nicht wahrscheinlich. Dagegen weist alles auf *pilo-ere* nach Analogie von *aegro-ere*. *pilo-ere* oder *pilóre* hiesse das Pilum führen, davon wäre *pilu-mnu-s* ein Particip wie ὁπλούμενος in medialer Bedeutung (vgl. *Vertumnus*), sich des Pilum bedienend, sein Pilum führend.

Die *porta Ratumena* soll nach den von Becker röm. Alterth. I 134 zusammengestellten Sagen ihren Namen von einem Vejenter erhalten haben, den seine scheu gewordenen Rosse aus dem Wettkampf bis an dies römische Thor trugen. Nach Plinius VIII 42, 65 hiess der Vejenter *Ratumena* oder wie Sillig mit guten Handschriften schreibt *Ratumenna*. An solchen Ursprung des weiblichen und solche Form des männlichen Namens wird niemand glauben. Der Name klingt, von seiner in *Porsenna*, *Vibenna* wiederkehrenden Endung abgesehen, durchaus nicht etruskisch, sondern, mit einem n geschrieben, als Femininum zu *porta* echt römisch. Das dazu gehörige Masculinum wäre *ratumeno-s* oder *ratumenu-s* und würde sich von *pilumnu-s* nur durch die Erhaltung des e unterscheiden. Sollte es nun baarer Zufall sein, dass dies der Sage nach von einem Sieger im Wagenkampfe benannte Thor sofort an skt. *ratha-s*, lit. *rata-s*, Wagen, erinnert? Dass dieser Wortstamm dem Lateinischen nicht fehlte, zeigt *rota* (Grundz. I 308). Nehmen wir ein altlateinisches *rata* oder *ratu-s* an, dessen a sich zu dem o von *rota* wie *avillus* zu *ovis* (Grundz. I 358) verhält, so ginge daraus ein Verbum *rato-ere* in der Bedeutung zu Wagen fahren, und daraus die *porta Ratumena* als eine πύλη τροχήλατος, ein Fahrthor hervor. Der mythische Eponymos wäre die Personification des fahrenden.

Mit dem eben erwähnten *rota* hängt offenbar *rotundu-s* zusammen, es fragt sich nur wie. Die Verbaladjectiva auf *-endu-s* oder *-undu-s* werden bekanntlich nicht bloss als Gerundiva oder Participia necessitatis verwendet, sondern haben auch einen weitern, rein participialen Gebrauch, der neuerdings von mir (Grundzüge II 231) und von Corssen (Beiträge 125) besprochen ist und in *secundu-s*, *oriundu-s*, *labundu* (*unda labunda* Attius bei Ribbeck Tragici V. 570) am deutlichsten vorliegt. Den Ursprung dieses Suffixes, über welchen ich a. a. O. eine Vermuthung aufgestellt habe, könnten wir hier unerörtert lassen, hätte nicht Corssen in der erwähnten Schrift eine Herleitung versucht, welche, wäre sie begründet, dasselbe in eine ganz andre Sphäre versetzen würde. Corssen zerlegt *un-du-s* in das Suffix *on* und die W. *do* geben, hält es demnach für componirt mit demjenigen Suffix, das bald mit langem *o* z. B. in *edō(n)*, *bibō(n)*, bald mit kurzem z. B. in *ordo(n)*, bald mit *e* z. B. in *pecten* freilich zu sehr verschiedenen Zwecken erscheint. Das Suffix *ōn* hat am häufigsten ampliative Kraft und dient dazu Personen zu bezeichnen, die den Hang zu etwas haben. Welche Gemeinschaft *edō* und *edundus* haben, wie letzteres von der Bedeutung einen Fresser gebend zu der üblichen gelangt sein soll, ist nicht abzusehen. Die Bedeutung des nicht eben häufigen Suffixes *ŏn*, *ĕn* ist weniger ausgeprägt; aber zwischen *pecten* und *pectendu-s* oder *ratio pectendi* ist auch eine starke Kluft. Das Verbum geben will sich überdies zu dem Gebrauch der Formen in keiner Weise fügen. Wie wir aber auch über deren Ursprung denken mögen, es ist klar, dass der Vocal *u* nur bei primitiven Verben zu erwarten ist, da ja dem *undu-s* (verdünnt *endu-s*) der so genannten dritten das *endu-s* der zweiten, das *āndu-s*, *iendu-s* der A- und I-Conjugation gegenüber steht. *rot-u-ndu-s* also kann, so scheint es zunächst, nicht aus *rota* hervorgegangen sein. Aus diesem Grunde nahm ich Grundzüge I 308 einen Verbalstamm *rot* an, der im Infinitiv *rot-e-re* lauten würde und hielt *rot-u-ndu-s* für ebenso daraus hervorgegangen wie *secundus* aus W. *sec* (*sequi*). Allein ein primitiver Verbalstamm *rot* ist namentlich in der Bedeutung rollen, die wir für *rotundus* voraussetzen müssen, nicht nachweisbar. Die W. *ar* (gr. ἐρ), aus welcher alle mit diesem Stamme zusammenhängenden Wörter hervorgehen, hat nur die Bedeutung gehen, eilen. Auch für einen aus *ar* oder *ru* durch den erweiternden Zusatz eines *t* entstandenen Stamm *rat* würde sich keine andre Bedeutung ergeben. Aus einem Verbum *rotere*, eilen, laufen, liesse sich wohl wie von τρέχειν zu τροχός so zu *rota*, aber nicht zu dem Begriff rund gelangen. Ein primitives *rot-undu-s* könnte nur laufend, nicht rund heissen. Um den letzteren Begriff hervorzubringen bedurfte es einer nominalen Mittelstufe, der Herleitung von einem laufenden Dinge von runder Gestalt, bedurfte es des Substantivs *rota*, wie für τροχόεις, τροχώδης eines τροχός. So werden wir auf ein denominatives Verbum *rota-e-re* geführt, das rotiren, rollen bedeutet haben muss. *ro-tu-ndu-s* ist demnach wie *rota-ndu-s* contrahirt, und zwar aus *roto-ondu-s*.

Den Formen auf *-undu-s* stehen die Verbaladjectiva auf *-bundu-s* zur Seite, deren Herleitung durch Zusammensetzung mit der entsprechenden Form des Verbum substantivum im Sinne eines medialen Particips auch neuerdings von Corssen Beitr. 132 und Leo Meyer II 96 anerkannt ist. Das hinzugefügte 'seiend' erhöht den Begriff des zuständlichen, der diesen Formen eigen ist. — Schwieriger aber erklären sich die Formen auf *-cundu-s*, wie *fā-cundu-s*, *fē-cundu-s*, *jū-cundu-s*, *irā-cundu-s*.

Ich bezweifle, dass Corssen's Deutung derselben (S. 128) jemand befriedigt. Corssen betrachtet *cun-du-s* als componirt aus *con* und W. *do* (*da*). Von einem Suffixe *con* aber, das wiederum aus *co-on* entstanden sein müsste, gibt es keine Spur ausser in dem Eigennamen *Rubico*(*n*). Diesen aber lässt Corssen selbst sehr richtig aus einem verlorenen Adjectiv *rubi-cu-s*, röthlich, hervorgehn, welches in *Rubico*(*n*) offenbar durch das ampliative Suffix *on* erweitert ist. Man begreift gar nicht, wie aus einem solchen zusammengesetzten Nominalsuffix eine participartige Bildung durch ein aufs neue, man sieht nicht wozu, angefügtes *-do* entwickelt werden kann. Corssen unterscheidet hier, wie an andern Stellen seines so vieles treffliche enthaltenden Buches nicht streng genug zwischen abgeleiteter oder denominativer und primärer oder verbaler Wortbildung. Die verbale Natur der Formen auf *-ndu-s* tritt ja in den eben erwähnten auf *-bundu-s* unverkennbar hervor. Man könnte nach der Analogie dieser Formen sogar in *-cundu-s* ebenfalls ein Hülfsverbum vermuthen, wie man denn in der That eine Zurückführung auf die W. *kar* (*Cer-u-s*, *cre-a-re*), machen, versucht hat. Aber der Ausfall des *r* lässt sich nicht hinlänglich begründen, und die Bedeutung macht Schwierigkeiten. Ebenso wenig befriedigen zwei andre von Leo Meyer (II 97) zur Auswahl hingestellte Deutungsversuche. Nach dem einen soll das *e* eine Erweiterung des Verbalstammes sein von ähnlicher Art, wie wir es in ὀλέ-κ-ω an den Stamm antreten sehen. Vergleicht man aber die von mir Grundzüge I 51 f. aufgeführten Fälle einer solchen Erweiterung, so sieht man, dass diese zunächst an Wurzeln antritt. Die sechs Formen auf *-cundu-s* dagegen, nämlich *fa-cundu-s*, *fē-cundu-s*, *irā-cundu-s*, *jū-cundu-s*, *rubi-cundu-s* und *vere-cundu-s* sind mit Ausnahme der ersten nicht direct aus der Wurzel gebildet. *irā-cundu-s*, *vere-cundu-s* tragen die deutlichsten Spuren abgeleiteter Verbalbildung an sich, *fē-cundu-s* (aus *fovi-cundu-s*), *jū-cundu-s* (aus *juvi-cundu-s*) und namentlich *rubi-cundu-s* haben Zwischenlaute, die eher nominaler Art sein dürften. Noch weniger scheint es zulässig das *c* aus dem *sc* der Inchoativa herzuleiten, da weder ein Anlass zur Ausstossung des *s*, noch eine Spur der inchoativen Bedeutung vorliegt. Die Bedeutung unsrer Adjectiva erinnert vielmehr auf das entschiedenste an die Adjectivstämme auf *-c* oder *-co*, welche so gut wie die entsprechenden griechischen auf -κ oder -κο mit ihrem charakteristischen K-Laut den Hang, die Tendenz zu etwas bezeichnen und, insofern das Streben nach einer Sache negativ gefasst ein minus als der Besitz ist, auch als Deminutiva vorkommen. So *edax*, *audax*, *vorax*, *procax*, *loquax* — *raucu-s*, *modi-cu-s*, *lubri-cu-s*, *taetri-cu-s*. Auch ein *albi-cu-s*, *nigri-cu-s* dürfen wir mit Corssen Beitr. 198 aus *albicare*, *nigricare*, ein *rubicu-s* aus *Rubico* erschliessen. So ist es wohl nicht zu kühn ein *irā-x* wie *vorax*, ein *juvi-cu-s* wie *modi-cu-s* anzunehmen. Aus diesen Adjectivstämmen gingen nun, so scheint es, Verba auf *-oere* hervor: *rubico-ere*, *ira-co-ere* und daraus *rubicúndu-s*, *ira-*

cŭndu-s ebenso hervor, wie wir vorhin *rotŭndu-s* aus *rotoere* entstehen liessen.

Wir reihen hieran einige Formen an, bei denen man, einmal auf die Existenz einer dereinstigen O-Conjugation aufmerksam gemacht, zugeben wird, dass ein ähnlicher Ursprung nicht ausserhalb der Wahrscheinlichkeit liegt. Dahin gehört *custŏ(d)-s* mit seinen Ableitungen *custŏd-ia*, *custŏd-ire*, *custŏd-ela*. Eine Erklärung dieser merkwürdigen, ganz vereinzelt dastehenden Form finde ich nirgends versucht, geschweige denn gegeben. Nur so viel steht fest, dass die Wurzel dieselbe ist, welche uns in κεύθ-ω, im ags. *hyd-an*, ahd. *huot-jan*, unserm *hüten* vorliegt (Grundz. I 225, II 272). Man hat auch das goth. *huzd-s*, Hort, verglichen (Kuhn in seiner Zeitschrift XI 372), mit welchem ohne Zweifel Wurzelgemeinschaft, aber keine Gleichheit der Wortbildung anzunehmen ist, zumal da das eigenthümliche *-ŏd* dabei unerklärt bliebe. Es gibt nur einige wenige Substantiva, die sich in Bezug auf den Ausgang mit *custŏ(d)-s* vergleichen lassen, so namentlich *mercē(d)-s*, *herē(d)-s*, für welche Corssen Beitr. 111 Verbalstämme auf *ē*, das heisst die Verba *mercēre*, *herēre* voraussetzt, beides gewiss richtig und wohl vereinbar mit dem Grundz. I 167. 296 von mir zusammen gestellten. Hiernach empfiehlt es sich für *custŏ(d)-s* ein Verbum *custo-e-re* anzusetzen, in welchem man sofort ein Denominativum aus dem Participialstamme *cus-to* erkennt, das wie πιςτοῦν aus πιςτό-ς, ἀϊςτοῦν aus ἀϊςτό-ς gebildet wäre. *cus-tu-s* wäre natürlich das regelrechte Particip aus der W. *cud*, dem Ebenbild des gr. κυθ, es würde geborgen, *custoere* geborgen machen, *custŏ-(d)-s* geborgen machend heissen.

Schon wiederholt haben wir von dem Rechte Gebrauch gemacht den Vocal der O-Conjugation in der Gestalt eines *u* zu suchen. Es fragt sich daher, ob nicht auch einige participartige Adjectiva auf *-ŭtu-s* in den Bereich unserer Untersuchung zu ziehen sind. Corssen (Beitr. 517) zählt deren acht auf, darunter vier, nämlich *cornū-tu-s*, *verū-tus*, *astūtu-s*, *cinctū-tu-s*, die sich natürlich an U-Stämme anschliessen. Vier aber, nämlich *nāsū-tu-s*, *versū-tu-s*, *cānū-tu-s* und *hirsū-tu-s*, denen sich, falls es den Vorzug vor *Nodōtus* verdiente, das oben erörterte *Nodūtus* anschliessen würde, weisen eher auf stammhaften O-Laut. Denn obwohl es denkbar wäre, dass sich aus *nāsu-s* ein Verbum *nāsu-e-re*, benasen, entwickelt, oder dass sich *nāsūtu-s* nach falscher Analogie im Anschluss an die eben erwähnten Formen gebildet hätte, so liegt es doch jetzt, da wir wenigstens ein unzweifelhaftes Particip auf *ōtu-s* kennen gelernt haben, viel näher an diese anzuknüpfen und zu vermuthen, dass sich das *ō* hier zu *ū* verdumpft hat, wie dies unzweifelhaft in den Participien auf *tūru-s* geschehen ist, z. B. *datūru-s* neben *datōr-is*. Auch *cānū-tu-s* ist participialer Art, es wird eigentlich ergraut, angegraut heissen. *versū-tu-s* deutet sich ohne Schwierigkeit aus einem Verbum *versoere*, gewandt machen, *hirsūtu-s* aus *hirsoere*, das seinerseits aus *hirsu-s*, einer Nebenform von *hirtu-s*, hervorgehen konnte. Die romanischen Sprachen weisen darauf hin, dass die römische Volkssprache einst noch viel zahlreichere Participia auf *ùtu-s* besass. Denn es wäre kaum begreiflich, wie hier die Formen auf *uto* wie italiän. *tenuto, valuto, veduto* u. s. w. (Diez Gramm. II 124) so wuchernd überhand nehmen konnten, hätten sie nicht in der Volkssprache eine reiche Fülle von alten Vorbildern gehabt, welche sie nach sich ziehen konnten. Auch Verba wie *balbutio, caecutio* deuten auf Participia derselben Form. Sie erinnern durch ihren Gebrauch sehr an griechische auf -υccω wie τυφλώccω, ἀμβλυώccω, ὀνειρώccω, λιμώccω, von denen Lobeck zu Phryn. 608, Rhemat. 248 handelt. Die meisten Verba kommen nur im Präsensstamm vor, und die Spuren solcher Formen, in denen ein gutturaler Charakter hervortritt, sind schwach (Buttmann ausf. Spr. I 375). Vielleicht ist also -*ùtio* dem -υccω nicht bloss äusserlich ähnlich, sondern mit diesem zusammen auf -*òtio* zurückzuführen. Der Umstand, dass das *i* im Lateinischen sich breiter geltend macht (*caecutire*), im Griechischen nur dem Präsensstamme anhaftet, kann diese Vergleichung nicht hindern. Denn ebenso stehen sich *salio* und ἅλλομαι, *farcio* und φράccω gegenüber, wie denn überhaupt die Verba der so genannten vierten und diejenigen Verba der dritten Conjugation, welche im Präsensstamme ein *i* anfügen, sich in der manigfaltigsten Weise austauschen.

Endlich mag noch eine ihrem Ursprung nach dunklere Classe von Nominibus erwähnt werden. Die Stämme auf -*gon* (Nom. *go*) zeigen vor diesem Suffix einen dreifachen Vocal: *a i u*. Einzelne auf -*ago* stellen sich ohne Zwang zu Verben der A-Conjugation, so *rorā-go, farrā-go* (vgl. *farrātu-s*), mehrere auf *igo* zur I-Conjugation, so *esuri-go, ori-go, pruri-go, scaturi-go*. Es liegt nahe -*ugo*, das zu U-Stämmen keinerlei Verwandtschaft zeigt, aus O-Stämmen herzuleiten und aus *albù-go, ferrù-go, asperù-go* ebenfalls auf Verba der O-Conjugation zurückzuschliessen. Das für *lānù-go* auf diese Weise vorauszusetzende *lānu-er-e* hätte im griechischen λαχνοῦν Wolle zeugen (λαχνοῦται γένειον Solon Fr. 27, 6 Bergk), *lānùgo* begrifflich in λάχνυcιc sein Ebenbild.

Bisher waren wir bemüht einen Mangel des Lateinischen gegenüber dem Griechischen als einen später entstandenen darzustellen. Aber, könnte man einwenden, hat denn nicht auch das griechische Verbalsystem seine Schwächen? Wo findet die selbst im Lateinischen nicht häufige U-Conjugation, wo die weit verbreitete I-Conjugation ihresgleichen? In Bezug auf die erstere verweist Leo Meyer S. 41 mit Recht auf Verba wie μεθύειν, τηρύειν, δακρύειν, ἰθύειν, in Bezug auf letztere auf μαcτίειν, μητίειν, κονίειν, von denen sich die viel geläufigeren auf -ιζειν bloss lautlich unterscheiden. Wollte man überdies die griechische Wortbildung nach abgeleiteten I-Stämmen durchsuchen, so würde sich noch manche Ausbeute ergeben. So kann μέδ-ι-μνο-c vielleicht ebenso für ein altes μεδ-ι-ω wie *pilumnu-s* für *pilo–o* zeugen. Es scheint wie cτά-μνο-c und wie die Adjectiva ἄc-μενο-c, ἱκ-μενο-c unmittelbar ohne Bindevocal aus dem Verbalstamm μεδι hervorgegangen zu sein. Mit einem Worte, je weiter wir vordringen, desto klarer wird es, dass beide Sprachen ursprünglich sämmtliche fünf Vocale im Auslaut abgeleiteter Stämme kannten, also auch in diesem, das ist gewiss in keinem der ältesten Zweige der Formenbildung einander merkwürdig glichen.

UEBER

STROPHE 76

DER NIBELUNGE NÔT.

VON

AUGUST SCHLEICHER.

Nib. 75. 76 lautet nach A bei Lachmann:

75 *Die goltvarwen zoume*   *fuortens an der hant,*
     sidîniu vürbüege.   *sus kômens in daz lant.*
     daz volc si allenthalben   *kaphen an began:*
     do liefen in enkegene   *vil der Guntheres man.*
76 *Die hôch gemuoten recken,*   *riter unde kneht,*
     die giengen zuo den hèrren   *(daz was michel reht),*
     und emphiengen die geste   *in ir hèrren lant,*
     und nâmen in die mære   *mit den schilden von der hant.*

Als Sigfrid mit den seinen in Worms an gekommen war, gaffte das volk die statlichen fremdlinge an; vile von Günthers mannen liefen inen entgegen. Die hochsinnigen recken aber, sowol die ritter als die jüngeren, giengen um sich um ire landesherren, Günther und seine brüder, zu versammeln, wie disz die sitte des hofes erheischt, wenn es gilt edle ankömlinge zu empfangen (vgl. z. b. 729, 1. 2). Günther mit den im zunächst stehenden helden war in der halle (79); hier sowol, als auch vor der halle, unter den fenstern der selben (85), versammelten sich die recken, um der inen ob ligenden erenpflicht genüge zu leisten. Sie empfiengen die fremden krieger im lande irer herren (der drei könige; wir würden sagen: im namen irer landesherren) in der üblichen weise durch abname der rosse und der schilde.

Dasz 76, 2 *die giengen zuo den hèrren* bedeutet: sie versammelten sich, der sitte gemäsz, bei iren landesherren zum empfange der edelen gäste, leren die zalreichen parallelstellen des mhd. epos, ausz welchen wir disen brauch der höfe kennen; ferner folgt disz ausz dem gegensatze von *hèrren* und *geste* (*die giengen zuo den hèrren und enphiengen die geste*) so wie ausz dem folgenden *daz was michel reht*, d. h. das war durchausz ire pflicht, so forderte es sitte und brauch. *Zuo den hèrren* kann also nichts anderes bedeuten als 'an hof, in die nähe der herren'. Die herren (Günther u. s. f.) waren in der halle (*sal*); zu inen, d. h. sowol in die halle selbst als auch unter die fenster der selben, wol auch vor den eingang zur halle, kamen *die hôch gemuoten recken, riter unde kneht*. Vile von Günthers mannen, der geringere tross, waren den fremden entgegen geeilt; das vornemere gefolge dagegen hatte sich bei hofe versammelt, teils vor der halle, teils in der selben. Zuerst werden die fremdlinge von den rittern vor der halle empfangen, disé nemen inen rosse und schilde ab; Sigfrid tritt sodann näher zu dem könige, den er im kreisze seiner umgebung im sale findet. Die darstellung von A gibt also eine völlig klare anschauung; sie stimt auch durchausz zu dem, was wir auch sonst vom üblichen empfange edeler gäste lesen.

Die worte *die giengen zuo den hérren* — — *und enphiengen die geste* können aber leicht von einem leser misverstanden werden, der im augenblicke des lesens an die erwähnte sitte der höfe, beim empfange der gäste sich zu versammeln, nicht denkt. Faszt man nämlich unsere stelle so, dasz *hérren* (76, 2) und *geste* (76, 3) auf ein und die selben personen, auf die fremden ankömlinge, bezogen wird, dann erscheint freilich die lesart von A 'etwas matt' (von Liliencron, über die Nibelungenhandschrift C, Weimar 1856, s. 16), so dasz ein sorgfältiger corrector, als welchen wir C ausz v. Liliencrons treflicher schrift kennen, sie nicht wol stehen laszen konte. Denn bei solcher auffaszung der stelle wäre zuerst erzält 'vile von Günthers mannen liefen den fremdlingen entgegen' (75, 4) und sodann als weitere auszfürung hinzugefügt 'die hochgesinten recken (die *Guntheres man* der vorher gehenden zeile nämlich) *giengen* zu den an kommenden herren hin und empfiengen die fremden krieger' was allerdings nun unpassend ist. C änderte also die nach seiner auffaszung der stelle anstosz gebenden worte des im vor ligenden älteren textes *die giengen zuo den hérren* in *die sprungen in begegene*, wodurch eine steigerung im auszdrucke zu stande gebracht ward: vile von Günthers mannen liefen inen entgegen; die edelen recken sprangen inen entgegen (D drükt sich noch deutlicher ausz: *die sprungen gen den gesten*). Freilich past nun, wie disz bei correcturen oft zu geschehen pflegt, das folgende nicht mer recht; denn ein entgegenspringen, ein eiliges entgegenrennen, kann man doch kaum als *michel recht*, als sitte, als verpflichtung hin stellen.

C, dem die parallelstellen und der höfische empfangsbrauch nicht gegenwärtig waren, hat demnach an der besprochenen stelle den älteren text misverstanden und dem gemäsz corrigiert.

Wärend also auch hier, wie an so vilen anderen stellen, sich ganz genau auf zeigen läszt, wie C dazu kam die ältere faszung zu ändern, wäre die entstehung der lesart von A unbegreiflich, wenn A den jüngeren text, C aber den älteren böte.

DE
LVCANI
CODICE MONTEPESSVLANO

DISSERVIT

GVILELMVS STEINHART.

Quem maximi in Lucani de bello ciuili libris emendandis momenti futurum esse et Nicolaus Heinsius olim auguratus erat et ego ipse, cum primum hoc carmen diligentius tractare coepi iudicaueram codicem Buherianum siue Montepessulanum H 113 [*M* littera a me insignitum], eum ut tandem ante hos tres annos, cum eorum uirorum qui rebus nostris in hoc regno praesunt beneficio in hanc urbem esset tramissus, percommode excutere possem mihi contigit. Quo de libro a nullo adhuc ita conlato ut hodie conferri par est, quando is qui solus paruam uariae scripturae partem inde desumptam in editione sua exhibuit Franciscus Oudendorpius non ipso codice sed Iacobi Doruillii excerptis tantum hodieque in bibliotheca Leidensi adseruatis usus est, gratissima hac opportunitate oblata ita sum dicturus, ut primum externam libri speciem plenius describam, tum uero quae eius in emendando Lucano sit auctoritas exponam.

Qui liber constat schedis CVIII uetustis formae oblongae, eoque modo scriptus est, ut duodequadrageni fere uersus in singulis paginis numerentur. Quibus uetustis nouae schedae additae sunt tres in initio libri ab ipso Buherio, quarum prima caret scriptura, secunda titulo libri haec habet praemissa: *CODEX MS Bibliothecae Buherianae. C 24. MDCCXXI.* Tertia continet quaedam Buherii ipsius ut uidentur manu scripta, quae cum ad aetatem huius libri et auctoritatem pertineant, infra sunt tractanda. Praeterea Buherius schedam quinquagesimam, quaternionis septimi tertiam, cum casu fortasse perdita esset, recens inseruit et uersibus V 638—751 conscripsit: haud scio an idem duas imagines coloribus pictas codici addiderit, Lucani alteram, quae in initio est, simillimam eam quidem Senecae morientis imagini quam in nescio qua Senecae editione inuenire memini; alteram Pauli Constantinopolitani, quae in fine libri est, cum hac subscriptione *Paulus Constantinopolitanus Grammaticus manu propria emendauit.*

Codicem autem duabus de partibus in unum postea uolumen conligatum esse monendum est. Quarum partium priorem octo quaternionibus siue tribus et sexaginta schedis constantem (nam primi quaternionis una scheda iam ab initio ut uidetur rescissa erat) usque ad finem libri sexti pertinuisse cum diuerso scripturae genere demonstratur (quamquam in utraque parte plures librarii distingui possunt), tum ea re certissime cognoscitur, quod in scheda ultima, quae est sexagesima tertia, extremos

XVII uersus libri sexti et subscriptionem postea rasura deletam non, sicut in aliis inuenitur carminis libris, insequentis libri initium excipit, sed scheda relicuam partem uacua, ita ut ab integra demum scheda LXIIII incipiat liber septimus. Quod spatium uacuum ut expleret is qui scholia quaedam haud magni pretii postea adspersit librarius in inferiore prioris paginae parte indicem XXIIII pontificum Romanorum a Petro apostolo ad Stephanum I electum anno CCLIII pertinentem adiecit, eodem modo confectum quo illi, quorum exempla quaedam repraesentauit Mabillonus de re diplomatica I p. 373. 375, numeris tamen ab eis discrepantem. Qua in re singularem Buherii errorem deprehendi ad omnes qui de hoc codice scripserunt propagatum: is enim in tertia schedarum illarum, quas codici postea praefixas esse supra dixi, haec scripsit: *ad calcem libri VI legere licet indicem Romanorum pontificum, quorum ultimus cum sit Stephanus papa VI, qui obiit anno 891, hinc colligi potest, quo circiter aeuo scriptus sit hic codex*, quo factum est ut nimia liberalitate ad exitum saeculi noni codex sit relatus, qui Martino Hertzio et Ludovico Bethmanno auctoribus, quibus cuiusdam paginae imaginem photographi quem dicimus arte expressam olim examinandam praebui, undecimo saeculo antiquior haberi non potest. In posterioris paginae parte inferiore idem librarius *de septem miraculis mundi ab hominibus factis* exposuit, haec miracula enumerans et fusius describens: *rome capitolium, fanum alexandrinum* (sic legi, non *farus*), *colossis in insula iddo* (LISW postea supra scripto), *simulacrum bellerofontis, in eraclea theatrum, balneum quod apollotanus* (sic! uoluitne *diocletianus? exstruxit* uel simile aliquid excidit), *templum diane*. A quaternione nono posterior pars incipit, sex ea quaternionibus constans, quorum ultimus, cum iam in scheda CVIII carmen Lucani finiatur, quinque tantum est schedarum.

Ne tamen ideo ex duorum codicum inter se diuersorum reliquiis hunc librum compositum esse credas: ex eodem enim libro eodemque consilio utramque partem exscriptam esse et subscriptio docet et par uersuum in singulis paginis numerus, ita ut utraque pars, quo celerius opus perficeretur, eodem tempore scribi coepta esse uideatur, quae simulatque confectae essent, in unum coniungerentur. Ceterum codicem postea iterum, fortasse ab ipso Buherio, religatum esse litterae in paginarum marginibus cultro demptae, quarum exempla infra adposui, demonstrant.

Scriptus autem liber est in Gallia media. In margine enim schedae primae uersae hae singulae litterae uno ordine, eo quidem a summa ad imam paginam, non a sinistra ad dextram directo, eodem scripturae genere atque ipsum Lucani carmen exaratae apparuerunt:

        LIBER S MARTINI HEDVENS . .

i. e. *liber S. Martini Heduensis*, quorum uerborum extremae NS[*is*] litterae margine libri postea resecto aut comminutae sunt aut prorsus deletae; eam scilicet urbem Galliae mediae, cuius nomen ex antiqua *Augustodunum* forma in hanc breuiorem *Autun* hodie transiit, olim etiam *Heduam* siue potius *Haeduam* ab Haeduis cognominatam fuisse constat. Quem in locum postea liber sit trauectus, ex his fortasse cognosci potest, quae in inferiore eiusdem paginae parte, cuius superior pars iuxta litteras illas uita Suetoniana et argumento libri primi expletur, recentiore manu scripta leguntur: *anno ab incarnacõe dñi* c⅃ɔ·c̊·c·xvī· *captum fuit molendinum.* Vnde cum ipse nihil efficere potuissem, Carolus Fridericus Weberus, cui quod eximiae erga me beneuolentiae gratias uiuo referre non iam licet magnopere doleo, me monuit in Friderici II historia diplomatica ed. de Luynes tomi I p. I p. 444 haec legi: *anno 1216* . . . *Fridericus Romanorum rex ecclesiam de Wadegoz* (hodie *Waldgassen*, prope Saraludouicum) *confirmat in possessione cuiusdam molendini in curia Burgalben prope Lutram* (Kaiserslautern) e. q. s.; e quibus tamen testimoniis coniunctis num de loco, quo codex illo tempore fuerit, certa coniectura fieri possit, non magis dicere possum quam quo modo postea in Buherii manus peruenerit diuinare.

Eo certius autem unde liber originem duxerit, dici potest. Qua de re docemur notissima illa subscriptione, quam eodem fere modo etiam in tribus aliis codicibus legi dudum obseruatum est. Quae subscriptio in *M* post finem libri VIIII hoc modo legitur:

    ραulus con ταŋτinopolitanus eɱbαuι ɱαnuɱeα solus
        ɱαnnei lucαni lib uιιι) expłc   ɟncp̄   lib x·
    Leçeɲτi uiτα eτ ρrcǂ fecτura
    Scripτori uiτα eτ forτuna

Cuius subscriptionis reliquiae inueniuntur praeterea in finibus librorum I VIII X, ita ut in primo libro *Paulus — solus* uerbis omissis relicua margini tantum adscripta sint, quae uerba rursus in octauo libro in ordine uersuum exhibentur, relicuis contra margini adscriptis: in fine denique libri X omnia ut in nono exarata sunt, nisi quod post Scripτori uacuum est spatium, uiτα uoce omissa.

In hac autem subscriptione commorandum esse uideo. Qua cum certissime illos tres codices, Vossianum alterum [*B*], Colbertinum, Cassellanum cum Montepessulano ex eodem libro a Paulo scilicet emendato originem duxisse appareat, quaerendum ante omnia est, quae ratio intercedat inter relicuos codices et hanc recensionem Pauliuam, ut quanti haec recensio aestimanda sit intellegatur.

Differt autem, ut iam olim a me monitum est et primo quisque obtutu uidet, maxime multitudine uersuum a primis manibus omissorum, quorum origo ualde est suspecta: nullus aliorum librorum tanto horum uersuum numero caret. Quibus de uersibus ipse olim, cum auctore eo uiro, cuius egregiae disciplinae ut quantulamcunque gratiam referrem has ipsas pagellas conscripsi, de Vossianorum I et II Leidae a me excussorum usu disputabam, quae mihi uiderentur exposui: sed cum ea quae de *M* dicenda erant ex exilibus tantum Doruillii excerptis hausissem, fieri non potuit quin multa minus recte conicerem, quae partim corrigenda partim amplificanda esse uideo. Versus igitur in *M* omissos omnes enumeraui, ita autem, ut, quod in Vossianis non fecisse nunc ualde me paenitet, etiam diuersorum correctorum, a quibus tantum non omnes illi uersus omissi postea additi sunt, manus ubi fieri posset distinguerem. Correctores enim, ut in Vossiano II quoque factum est, sat multi, in priore tamen parte pauciores quam in posteriore, operam suam in hoc libro emendando consumpserunt, argumenta partim et scholia adscribentes, partim rasura aut correctura, quae primis manibus scripta erant, aut prorsus delentes aut saltem obscurantes. In eis uersibus adferendis stellula (*) notaui qui in *B* non essent omissi; quibus hanc notam adposui [*B*], ei in *B* leguntur quidem, sed cum paginas plus tricenum binum uersuum effecerint, aeque suspecti sunt, qua de re dixi de emendatione Lucani p. 5. 7.

Prorsus absunt a Montepessulano neque ab ullo postea correctorum additi inueniuntur tres tantum uersus qui sunt

  IIII 251 Et scelerum turba —
  VIII 124 Accipe, ne Caesar rapiat —
  X 8 Ne populus post te —

Ex eis qui a correctoribus postea additi sunt, primum adfero hos:

 * II 463—64 Iusque sui — paternis
 * 571 Oceanumque uocans —
 * 732—33 Non quia te — arenae
 * III 146 Libertate perit —
 * 608 Semper et amissum —

a primo correctore adscriptos, quem eundem semper esse et scribendi genere euincitur et notarum [DR et SR], quibus uerus locus uersuum in finibus paginarum plerumque adscriptorum designatur, similitudine cognoscitur. Qui uersus cum fere omnes abesse non possint et ex parte [III 146. 608] etiam Seruii testimonio [ad Aen. X 444. 392] defendantur, incuria omissos esse uicinorum uersuum aut exitus aut initia similia certissime demonstrant. In reliquis uersibus prioris partis enumerandis his *b c d* litteris trium correctorum manus discreui, interrogationis nota? adscripta me ipsum de correctoribus incertum fuisse significans.

Versus igitur omissi hi sunt:

 c I 436—40 Pictones — dissoluitur alis
 b III 167—68 Egeritur — Roma
 ? * IIII 78 Quamuis crebra micent —
 b * 171 Et fratres natosque —
 ? 251 Et scelerum turba —
 c 677—78 semperque — equo
 ? V 795—96 neuterque — uale
 b (?) 810 Atque oblita fugae — [*B*]

d	VI	152	O famuli turpes —
?		188	Perdidit ensis opus —
d		207	Par pelagi monstris —
?		816	Quas iubeat ultare — [B]

In uersibus III 167—68. IIII 171 corrector ad eorum locum indicandum ψ nota usus est, quam is quoque adhibuit qui post VI 442 quinque uersus illos *Gens inuisa deis* — *ne quid non posset in orbe* in margine addidit; utramque notam DR SR et ψ coniunctam uidi in uersu V 810 fortasse iam a primo correctore adscripto. Ilis denique addo uersum V 53 *Massiliaeque suae donatur libera Phocis*, quem cum omnes libri praeter schedas Vindobonenses habeant, suspectum tamen fuisse etiam ex M cognoscitur, in quo uersus 53 et 54 nunc diuersis manibus in rasura scripti apparent: eorum loco antea legebantur uersus 54 et 55, quod in priore certis uestigiis cognoscitur, cum posteriorem D litterae reliquiae *Deiotarum* nomine incohatum olim fuisse ostendant.

Multo magis codicis scriptura turbata est in parte posteriore libros VII—X complectente, in quibus quadraginta fere uersus a primis librariis aut omissi aut falso loco scripti sunt. Primum omissos adfero hos:

	*VII	90	Sitque hominum magnae —
	*	209	Siue aliquid magnis —
	*	481	Peliacisque dedit —
	*	607	Successor Domiti —

qui eadem manu in margine additi et signis *hd* et *hp* suis locis restituti sunt, ut in similibus prioris partis uersibus factum est; eos uero simplici librariorum errore omissos esse non eadem qua in priore parte confidentia dixerim. Reliquorum hic est index, in quo litteris *e f g h* adscriptis quattuor correctorum manus discreui; quibus litteris qui carent, ei rursus ab aliis inter se diuersis correctoribus additi sunt:

e	VII	103	Si modo uirtutis stimulis —
e (?)		154	Inque oculis hominum —
	*200		Solis in obscuro —
e		257—58	Haec eadem est — colonos
f		725	Plurimaque in saeuos — [B]
		747	Inpulit amentes —
h		796	Fortunam superosque —
h		820—22	Tu cui dant — utere caelo [B]
	*VIII	375	Nec tota in pugna —
	VIIII	83	Linquere, si qua fides — [in B post 79 scriptus]
g		87	Pompeius nobis —
		99	Insidiae ualuere tuae —
g		100	Ne mihi commissas —
g		*253—54	Actum Romanis — plebes
		*353	Voltus uidit aqua —
g		*485—87	Qui super — haerens

g	VIIII	494	Vlla, nisi aetheriae —
y		*499	Incensusque dies —
y		615	Morsu uirus habent —
g		664	Ab Ioue dilectae —
g		*805	Sed maiora parant —
		924	Psyllorumque ingens —
	*X	312—13	Qua dirimunt — secantem
y		*396—98	Venerique — tribuent
f		419	Mouit, et lu partem —

Quibus addendi sunt

c	VII	462—63	Inde manus — minentur
g	*VIII	549—52	Pellite, si meruit — audes
f	*VIIII	620	Fertilis in mortes —

qui aut inuerso ordine [VII 463. 62] aut falso loco [VIII 549—552 post 525, VIIII 620 post 627] prima manu scripti erant.

Quibus uersibus ea de caussa diuersorum correctorum notas adposui, ut non recte a me olim de eorum origine iudicatum esse ostendatur. Cum enim eis tantum non omnibus (paucos neglegentia omissos nunc non curo) aut carere possimus aut Lucani carmen purgandum esse concessum sit, cuius rei argumenta olim exposui, eos a Paulo ipso confectos marginique exemplaris a se emendati adscriptos esse putaui; qua in re ex parte quidem opinio ualde me fefellit. Posset quidem id credi, si ab eodem correctore aut saltem eodem tempore eodemque consilio librariorum operam ad ipsum Pauli exemplar emendatam esse appareret; quando a diuersis correctoribus diuersis temporibus additi sunt illi uersus, quod certissime cognoscitur ex uersibus VIIII 99 et 100, credi nequit. Primum enim uereor, ut indocti atque imperiti illi librarii qui *BM* exarauerunt, quos quidem in emendato exemplari exscribendo non primam manum sed emendatam scripturam sequi consentaneum esset, tam seuero usi fuerint iudicio, ut neglectis Pauli emendationibus pristinam manum fere ubique restituerent; multo minus autem Pauli uersus emendationesque initio neglectas postea per plurimas ambages a diuersis correctoribus diuersisque temporibus rursus in hos libros ita congestas esse, ut miro quodam casu tandem hi libri ipsam illam Paulinam recensionem repraesentarent, credibile est.

At emendauit Lucanum Paulus! Emendauit certe, uerum non interpolauit. Qua de re non dubitabimus, cum quae antiquitus de memoria carminis Lucaniani tradita sunt recte considerauerimus. Ex uitis enim Lucani Suetoniana et Vaccana, quas nuper diligentissime edidit Weberus, duplici modo carmen editum esse apparet. Cuius cum tres priores libros iam diu ante obitum perfecisset, eos anno aetatis XXIIII [p. Chr. 63] una cum Orpheo Lucanus edidit, 'quales uidemus' ut Vacca ait, qua de re ipse paucis exposui in Fleckeiseni annalibus annt LXI p. 365. 'Reliquos autem VII belli ciuilis libros' immatura morte prohibitus nec perfecit nec edidit, ut 'in eisdem dici posset quod in Ouidii libris praescribitur *Emendaturus, si licuisset, erat*'. Qua fortasse de caussa factum est, ut ante obitum 'codicillos ad patrem de corrigendis quibusdam uersibus exararet', quamquam de bello ciuili Suetonius nihil dicit, nec magis prooemium carminis, de quo Weberus cogitauit, a patre (ex quo *patruum* et *auunculum* postea scholiastae effecerunt) filii iussu mutatum esse narrat. Libros igitur VII posteriores cum non absoluisset, cuius rei luculentissimum testimonium etiam nunc hoc habemus, quod multo magis in his quam in libris III prioribus carminis memoria turbata est, ei iam ab initio 'tamquam mendosi locum calumniantibus dederunt, tametsi sub uero crimine non egent patrocinio'. Nihilo minus tamen siue propter tristem adulescentis exitum siue propter commune Neronis odium carmen iam initio studiose lectitatum esse multaque eius exempla uendita esse Martialis illud documento esse potest [XIIII 194]

Sunt quidam, qui me dicant non esse poetam,
Sed qui me uendit bibliopola, putat —

ut mirum uideri non possit etiam tum exempla inepte confecta in tanto exemplorum numero uendita esse: denique quae in uitae Suetonianae fine in libris circumferuntur 'poemata eius etiam praelegi memini; confici uero ac proponi uenalia, non tantum operose et diligenter, sed inepte quoque', etsi dubitem, num recte cum Heinrichio et Webero sic olim emendauerim 'poemata eius praelegi memini, *etiam exempla confici ueno* ac proponi, non tantum' e. q. s., mendosas tamen carminis Lucaniani editiones his uerbis notari uix quisquam negabit.

Quod si uerum est, altera haec oritur quaestio, cuius modi menda in Lucani editionibus ab illis uiris notata sint. Quod cum diuinando tantum possit conici, hoc tamen certo dicere uideor, illa uerba non spectare ad uniuersi carminis indolem poeticam, quam multis uelut Petronio et Frontoni ualde displicuisse notum est; neque enim ea re ualde differunt 'reliqui VII belli ciuilis libri' a tribus prioribus, neque Lucanum in ea secundis curis multa mutaturum fuisse probabile est; immo de singulis tantum mendis, quibus dictionis aequabilitas et sententiarum numerorumque elegantia laboraret, cogitari potest. Haec autem menda non dubito quin duplicem habuerint originem; et enim Lucano ipsi non minus quam librariorum socordiae uel correctorum prauae industriae sunt tribuenda. Lucano ipsi: quem inperfecta multa in carmine reliquisse manifestum est, quae quatenus in editione principe, siue Mela pater siue alius quidam eam curauit, emendata aut sublata sint, nemo dicere potest: nam quod Oudendorpius nonnullis locis [ad IIII 760. VI 187] posuit, Lucanum 'quosdam diuersos eiusdem sententiae uersus prae diuite ingenii uena conposuisse et adscripsisse, ut dein accuratiore iudicii lima eos perpoliret et superfluos eraderet', id quamquam uerissimum esse potest, in singulis tamen locis certi quicquam adfirmari nullo modo potest: qua opinione qui ad Lucanum emendandum usurus sit, ubi pedem figat uereor ut usquam inueniat.

Librariorum uero et correctorum errores et glossas, quamquam nullus omnino scriptor eis caret, tamen ob singularem carminis condicionem in posteriore parte multo latius patuisse necesse est. Diuersae igitur originis menda in carmen Lucani inrepserunt, pauciora in libros I—III non magis quam omnino fieri solebat deprauatos, multo plura in posteriores, quae temporum decursu minuta esse uix quispiam credat. Satis amplus igitur emendationis campus ei patebat, qui primus hoc opus adgrederetur, cuius operis difficultas cum non nimia esset in prioribus, multo augebatur in posterioribus libris, quibus quando ea forma, qua a Lucano essent editi, restitui non poterat, talis fere esset restituenda, quali a primo editore, eo tamen et poetae ipsius uerba religiose, quantum quidem fieri posset, conseruante et lectorum commodo prudenter consulente uolgati uiderentur.

Simili autem fere consilio a Paulo illo Lucani emendatio uidetur esse instituta: quae temporum decursu uitia in carmen inrepsissent, ea sustulit, uersus aut ab interpolatoribus et glossatoribus additos aut iam a primis temporibus magna cum iactura elegantiae seruatos induxit, denique totum carmen ita emendauit ut saltem commode posset legi. Quem quidem dedita opera in id incubuisse, ut ubique ueram Lucani uel certe Lucano conuenientem scripturam restitueret, uix puto; nec magis uerum inuenisse omnibus locis uidetur: In uniuersum pro temporum illorum ratione sane laudabilis eius opera exstitit, eumque non sine iudicio munere suo perfunctum esse inprimis multis illis ineptis uersibus sublatis cognoscitur; cuius opera eo pluris est aestimanda, quo minus ab alio quoquam hoc munus susceptum esse nouimus.

Iam uero de aliis libris manu scriptis est dicendum. A quibus cum recensionem Paulinam in *MB* seruatam ea re inprimis discrepare dicerem, quod multo plures in eis quam in aliis libris uersus loco moti essent, nolebam tamen id ita intellegi, ut prorsus diuersam ab *MB* carminis memoriam ex eis hauriri posse contenderem. Differunt quidem scriptura magis minusue emendata, glossis hic illic male receptis uel intellectis, maiore uel minore librariorum industria, uersibus illis paucioribus uel pluribus omissis, ut breue dicam gradu emendationis, neque uero differunt genere; in omnibus fere certa quaedam uestigia emendationis illius Paulinae reperiuntur. Neque id mirum: cum enim neque ante Paulum neque post Paulum Lucanus a quoquam sit emendatus, eius emendationem paulatim ad relicuos Lucani libros penetrasse, uel potius libros non emendatos loco mouisse perquam est ueri simile. Qua de re quamquam confidenter dici tum demum poterit, cum sat magnus librorum numerus erit excussus, in eis tamen, quorum discrepantia in editionibus uolgata est, nihil obstat quominus hoc statuamus; Vossianum primum a me olim excussum emendationis Paulinae non esse expertem uel eo demonstratur, quod in earum lectionum, quas in *A* et *B* discrepantes de emendatione Lucani p. 15—23 enumeraui, numero non paruo, praecipue in melioribus, *A* eandem cum *M* a *B* diuersam scripturam praebet. Qua de caussa cum in plurimos librorum nostrorum emendationem Paulinam magis minusue propagatam esse persuasum habeam, et *MB* libri omnes fere reliquos bonitate superent, ab ea emendationis uia, quam olim proposui l. l. p. 28, nullo modo recedendum esse statuo. Etiamsi enim libenter concedam, fieri potuisse ut cum multis falsis, quae, quamuis a Paulo iam emendata et sublata, postea tamen rursus ex libris deterioribus non emendatis primum adscripta tum in ordinem recepta sunt, etiam bona et recta quaedam a Paulo aut ignorata aut iniuria sublata rursus in libros nostros peruenirent, tamen qui propterea fundamenta quodam modo saltem certa, quae Paulus iecit, derelinquenda esse censeat, uereor ut unquam ad certam emendationis normam possit peruenire. Pergendum igitur est in ea uia quam Paulus primus ingressus est; et quod opus ille saepe tantum sensu quodam ueri ductus incohauit, id consilio ac ratione nobis ad eum finem perducendum est, ad quem pro re nata perduci potest.

Ab hac igitur recensione in *MB* seruata — de duobus relicuis huius emendationis testibus Colbertino et Cassellano dicere de illo nondum possum, de hoc nolo — cum proficiscendum sit, paucis denique ea quaestio absoluenda est, ex utro illorum librorum certior huius recensionis notitia hauriatur. Qua de re ex uetustate librorum indicium ferri eo minus potest, quo magis cum uetustate bonitatem non necessario esse coniunctam nunc perspectum est. Etsi enim uirorum huius rei peritissimorum iudicio fretus Montepessulanum Vossiano aetate inferiorem dicere uix dubitem, illum tamen archetypi Paulini memoriam maiore quam *B* fide repraesentare propterea non minus persuasum habeo, quia in *M* maiore librariorum ignorantia multo plura quam in *B* antiquioris scripturae uestigia sunt seruata. Cuius rei testimonia quaedam ex libro I deprompsi. In litteris *e ę ae* ponendis quamquam saepissime etiam in *B* peccatum est, in quo multis locis pro *e* simplex littera scripta est, hoc tamen proprium *M* habet, quod uel *e* correptam haud raro *ae* litteris plene scriptis expressit, ita ut scriberet *praemit, praemunt, praemerent, praemitur* in uersibús 42. 674. 612. 661. *praetio* u. 178. 282. *fraetum* u. 89. *quae* (pro *que*) 124. 542, quod inprimis in ablatiuis factum est: *hostae* 206. 480. 514. 682. *agminae* 245. *murmurae* 260. *uerticae* 371. *gurgitae* 393. *seminae* 589, quae antiquioris scripturae uestigia esse monuit Lachmannus ad Lucretium p. 339; ne a *phoaebe* quidem abhorruit u. 682. Nec minus saepe *o* post *u* consonam pro eadem uocali seruauit, non solum in *uolgi, diuolsus* et quae sunt huius generis, sed etiam in *paruom* II 128: *querella* fere semper duplici *l* scriptum est, nec raro *posterga, posquam* et similia. Quae uetustioris scripturae uestigia quamquam plerumque erasa sunt uel ita correcta, ut nec atramento nec scripturae genere ubique correctorum manus a primorum librariorum manibus possint discerni, tamen primis manibus ea non esse correcta ea ro demonstratur, quod non solum maiore doctrina praediti fuerunt correctores, qui ea omnia ad uolgarem morem conformauerunt et litteras syllabasque miserrime saepe a primis librariis dispestas aut consociatas rectius coniunxerunt, sed etiam quaedam eo modo correxerunt, quo in archetypo certe non erant exarata. Quod ut certius cognoscatur et simul ratio inter *MB* intercedens exemplo quodam perspiciatur, particulam quandam scripturae discrepantis, quae est libri VI u. 1—105, infra posui, in qua integram *MB* codicum scripturam, ubi ab Oudendorpiana editione recedit, enotaui, id tantum mihi permittens, ut non semper adnotarem, ubi non nisi legitimis compendiis *MB* differrent. Minoribus *m b* litteris correctorum manus insigniui; punctis •• numerum litterarum erasarum ubi fieri potuit indicaui.

Lucani VI u. 1—105 conlati cum editione Oudendorpiana.

VI 1) pugne *M* pugnae *Bm* 2) graıorum *M* (y *erasa?*) grayorū *B* graiorum *m* 6) oram *M* horam *Bm* 7) incaſuſ *M* incaſū *mB* ſerat•• *M* (ur *erasum?*) place tali• ſati *M* place taleaſati *m e rasura* 8) omniſ *MB* omnīſ *m* 10) ſede•• *M* ſedecē *m e rasura* 11) uidit *M* uidet *mB* aᴛnulloſ *m totum in rasura scripsit*, τ *postea in* d *mutauit* 12) ſed clauſo *MB* ſ••dere *M* ſi•dere *m* •uallo *B* (u *erasa?*) 14) Dyrrachii *MB* precepſ *M* arciſ *M* arceſ *mB* 15) p̄cipit *M* p̄cepit *mB* limin•• *M* (ae *erasa?*) limite *mB* 16) ta•••antiuſ *M* ta ulauᴛᵘᶠ *m e rasura* 17) •phyreaque *M* (ae *in initio erasa, in* e *mutauit m*) ephireaq• *B* 18) ōrbem *Mm* 19) uēr̄ū *B* molliſ *M* mo•leſ *m* 20) toll& *M* tollat *mB* 21) cędere *B* 23) Naturamque *M*, que *postea eraso* 24) p̄cipiti ſcopuliſ remouentibuſ *B* precipiti •copuliſ remouentibuſ *M* precipitiſ'copuliſ᷄ ᴛ̇ᵐouentibuſ *m* 25) Terribili *M* Terribileſ *mD* ſuſtentaᵃt *Mm* cauteſ *BM*, *sed u in rasura b* 27) •••oniumque *M*, l *in ras. add. m* ſureᵅſ *Mm* rapido *B* 28) domuſq• *B* domoſq• b*M* 29) Hic *M* Huc *B* ītᴇ *M* ītē *m* 31) C••nger& *M* Ci•nger& *m* p•••••••• *M* penl aggere *m in rasura post* ualli *haec nota* ÷ [est] *erasa in M* 32) M&atur *M*, *sed a in* l *corr. m* Metitur nec ᴛ̄rā oculiſ *B*, *sed nec* ſere *eraso* 33) fragiliſ *M*, ſ *erasa* attollere *MB* 34) Ingentiſ *M* Ingenteſ *m* ſaxam *M*, m *postea erasa* 35) dom' *B* domᵒᶠ *b* tranſſert *B ex* tranſert 36) impellere *MB* in ſęuuſ priorem ſ *in ras. scr. b* 37) quaeat *M* 40) magnoſque *M*, ſ *postea erasa* 41) teſta *M* teſquam *e ras. B* 45) illiⁿᶜc *Mm* 46) &ſumma *Mm* 48) attollat *MB* pabula *M* fabula *m* 49) Aſſcribatq• *B* ceſta *M* τeſta *m* 50) babilonia *B* 51) Et quanᴛr̄ū *B* orontiſ *M* 52) Aſſiriiſ *MB* 55) iuḡere *M* ſiſton *M* ſexton *m* abido *MB* 56) phẏxeum *M* phrixeu *B* •••••dere *M*, cli *in lon-*

giore rasura m   57) ephiren B latiiſ M latiſ m   abrūpere M, sed rūpe m in rasura   60) rea M (nulla rasura) area m   61) alit•r M alitur mB omniſ Mm   62) Ilic] Illiſ M Illic m   teſſaliae M teſſalicę m thesalicę B libicęq· B   63) rabiaeſ M rabi•eſ m   harenae M, e postea in fine erasa 64) q••dem M quidem m   ſurgeſ M ſurgenſ m ſtructura M, sed a m in ras.   65) medii•• [fuitne medium?] M medię m   66) ſicaninm M ſicanię mB rapidū B   67) Aτ M Aτ τ m   •ethiſ M tethiſ m thetiſ B   ritupinaq· littora B   68) Vnde cale donatoſ M Vnda cale donioſ m e ras.   69) naſtoſ aeptaſ M naſto• ſaeptaſ m   70) •&ra M p&ra m   72) effuſoſ M, sed postrema ſ erasa   claudente M claudentē m   73) Ac M Aτ m   uindicat M uendicat mB   74) mycaene_ae M micenę B   dyanę B   75) diſtat M diſtet m, quod posterior manus rursus in diſtat mutauit   exelſa B   nemoraliſ MB, † mem supra scr. schol. B   aritia B   76) d•lapſuſ M plapſuſ m thibriſ M   77) diſcend•• M diſcendat m, sed at rursus in it mutauit man. post. deſcendat B et b   ſinuſ quā M ſin' quā B   78) uocantur M uagantur mB   79) ſepe B   temptante MB   80) duceſ M duciſ m   apſtrahit M abſtrahit m   81) exauſtę M   gramina MB pabula m in ras.   82) Quaſ M Quae• m   optriuit M obtriuit mB   granibuſque M gradibuſque m   gra di b•q· B   titatiſ M citatiſ m   84) attonuſ MB   defeſſuſ MB † diffuſo supra scr. schol. B   85) ſer••• M ferant m   87) mediaſ Mm   poplo tegiroſ M popli_tegiroſ m   89) caelum MB   flunidę MB   90) taliſ piramina M tali• ſpiramine m   neſſiſ B   91) nebulo ſiſaera M nebuloſſ•••aera m   92) loetiferi MB (o m addidit?)   tiphoniſ B   93) lauant M labant m caeloque MB   95) deſtentaque M diſtentaque m   100) cadendū M hoc induxit et † pempta supra scr. m   101) cū B † dū supra scr. man. post. 105) perigrina M peregrina m

Quae quamquam particulam tantum carminis totius complectuntur, neque eam nimis turbatam — nam maxime turbati sunt libri septimus et nonus — tamen uel ex his paullo certiorem M quam B archetypi imaginem repraesentare intellegitur, eam tamen a correctoribus obscuratam. Qui enim u. 41 quod prima manu fuit scriptum testa a correctore in tesqua mutatum esse cognouerit, is si eadem prima manu u. 49 pro eo quod est testa hoc ceſta, et u. 82 titatiſ pro eo quod est citatis scriptum reppererit, non tesqua sed tesca in archetypo fuisse intelleget, nec minus u. 32 metatur, non metitur, quod mB habent, in archetypo fuisse persuasum habebit, cum metatur illud in Vaticanis quoque schedis a Detlefseno nuper editis reperiatur.

Haec potissimum habui, quibus Montepessulani libri praestantiam demonstrarem, quae nunc quidem amplius persequi nolo; omnia tum demum melius et facilius cognoscentur, cum totam discrepantiam scripturae edere licuerit. In his autem si quando erraui, memor illius 'dies diem docet' lubenter doctus errorem corrigam; modo ne ei uiro opera mea displiceat, a quo inprimis uia ad ueritatem in his quoque rebus cum arte et ratione inuestigandam mihi olim, dum ad uada caerula Rheni moror, monstrata est: qui ut hoc qualecunque eximiae gratiae documentum benigne accipiat quam maxime opto.

Scribebam Soltquellae.

ZU

ARISTOTELES UND CLEMENS.

VON

JACOB BERNAYS.

Das dritte Buch der Nikomachischen Ethik beginnt mit einer Abhandlung über freiwilliges und unfreiwilliges Thun. Nachdem im ersten Capitel die Gewalt (βία) als erste Ursache des Unfreiwilligen besprochen und ihr Begriff auf den physischen Zwang beschränkt worden, wendet sich das zweite Capitel zu der andern Ursache, dem aus Unwissenheit (ἄγνοια) entspringenden Irrthum. Aristoteles setzt hier auseinander dass nicht durch eine das Allgemeine betreffende Unwissenheit, welche Unrecht mit Recht, Schädliches mit Erspriesslichem verwechselt, die That zu einer unfreiwilligen, also entschuldbaren, werde; eine solche Verdunkelung des Geistes und des sittlichen Bewusstseins sei vielmehr die wahre Quelle aller schlechten Thaten; sondern nur die specielle (καθ' ἕκαστα) Unwissenheit, in welcher sich der Handelnde hinsichtlich der einzelnen seine That bedingenden Umstände befunden hat, giebt ihm ein Anrecht auf milde Beurtheilung; error iuris, wie die römischen Juristen sagen, entschuldigt nicht, sondern nur error facti. Diese factischen Irrthümer zählt Aristoteles sodann in folgender Kategorientafel auf: sie betreffen 1) das handelnde Subject; 2) den Stoff der Handlung; 3) das Gebiet oder Object der Handlung; 4) das Mittel der Handlung, z. B. das Werkzeug; 5) die Absicht, z. B. man thut etwas um Jemanden zu retten; 6) die Modalität, z. B. gelassenes oder heftiges Verfahren (τίς ... καὶ τί καὶ περὶ τί ἢ ἐν τίνι πράττει, ἐνίοτε δὲ καὶ τίνι, οἷον ὀργάνῳ, καὶ ἕνεκα τίνος, οἷον cωτηρίας, καὶ πῶς, οἷον ἠρέμα ἢ σφόδρα p. 1111ᵃ 4—6). Die aufgeführten Kategorien sollen nun durch eine Reihe thatsächlicher Fälle erläutert werden, welche in Bekker's (p. 1111ᵃ 6—18) Text folgende Gestalt hat:

  ἅπαντα μὲν ῥῦν ταῦτα οὐδεὶc ἂν ἀγνοήcειε μὴ μαινόμενος, δῆλον δ' ὡc οὐδὲ τὸν πράττοντα· πῶc γὰρ ἑαυτόν γε; ὃ δὲ πράττει, ἀγνοήcειεν ἄν τις, οἷον λέγοντέc φαcιν ἐκπεcεῖν αὐτούς, ἢ οὐκ εἰδέναι ὅτι ἀπόρρητα ἦν, ὥcπερ Αἰcχύλοc τὰ μυcτικά, ἢ
5 δεῖξαι βουλόμενος ἀφεῖναι, ὡς ὁ τὸν καταπέλτην. οἰηθείη δ' ἄν τις καὶ τὸν υἱὸν πολέμιον εἶναι ὥcπερ ἡ Μερόπη, καὶ ἐcφαιρῶcθαι τὸ λελογχωμένον δόρυ, ἢ τὸν λίθον κίccηριν εἶναι· καὶ ἐπὶ cωτηρίᾳ παίcας ἀποκτείναι ἄν· καὶ δεῖξαι βουλόμενος, ὥcπερ οἱ ἀκροχειριζόμενοι, πατάξειεν ἄν. περὶ πάντα δὴ ταῦτα τῆc
10 ἀγνοίας οὔcης, ἐν οἷς ἡ πρᾶξις, ὁ τούτων τι ἀγνοήcας ἄκων δοκεῖ πεπραχέναι καὶ μάλιcτα ἐν τοῖc κυριωτάτοιc· κυριώτατα δ' εἶναι δοκεῖ ἐν οἷς ἡ πρᾶξις καὶ οὗ ἕνεκα.

Man erkennt alsbald dass die Abfolge der Beispiele genau der Ordnung der Kategorientafel entspricht. An der Spitze steht Z. 1 eine Bemerkung über 1) das handelnde Subject. Jeder seiner Sinne mächtige Mensch weiss ob er oder ein Anderer der Thäter der fraglichen That ist; diese erste Kategorie ward also nur der formalen Vollständigkeit wegen mit aufgezählt; praktisch ist sie[1]) bedeutungslos. — Um so häufiger sind die Irrthümer, welche 2) den Stoff der Handlung betreffen (Z. 2—5). Man spricht in unbewachten Augenblicken, ohne zu bedenken was man spricht, und sagt dann zur Entschuldigung, 'es sei Einem[2]) entfahren'. Oder, man verräth ein Geheimniss, gesteht dann zwar dass man die gesprochenen Worte habe sprechen wollen, behauptet jedoch, nicht gewusst zu haben dass es ein Geheimniss[3]) sei, wie Aeschylos diess von den mystischen Dingen sagte, als man ihn beschuldigte sie verrathen zu haben. Oder, nicht bloss die Tragweite der Handlung ist dem Handelnden verborgen — sei es durch augenblickliche Unbedachtsamkeit, wie in dem ersten, oder durch dauernde Unkenntniss, wie in dem zweiten der erwähnten Fälle — sondern die Handlung selbst geschieht, obzwar materiell durch den Menschen veranlasst, doch gänzlich ohne sein Wissen und Wollen; wie in dem Falle, wo Jemand damit[4]) beschäftigt war, den Bau

---

[1]) Sie fehlt daher auch im fünften Buch, wo in der Abhandlung über Gerechtigkeit die hiesige Auseinandersetzung kurz recapitulirt wird: c. 10 p. 1135ᵃ 23 λέγω δ' ἑκούσιον μέν, ὥσπερ καὶ πρότερον εἴρηται, ὃ ἄν τις τῶν ἐφ' αὐτῷ ὄντων εἰδὼς καὶ μὴ ἀγνοῶν πράττῃ μήτε ὃν μήτε ᾧ μήτε οὗ ἕνεκα, wo nach Andeutung einer der besseren Handschriften wohl μήτε ὃ (der Stoff der Handlung) vor oder nach einzufügen ist; weiterhin 1135ᵇ 12 lautet die einstimmige Ueberlieferung: τὰ μὲν μετ' ἀγνοίας ἁμαρτήματά ἐστιν, ὅταν μήτε ὃν μήτε ὃ μήτε ᾧ μήτε οὗ ἕνεκα ὑπέλαβε πράξῃ. An diesen beiden Stellen ist ferner zur Bezeichnung des Gebiets und Objects der Handlung statt des deutlicheren und begrifflich schärferen Ausdrucks περὶ τί ἢ ἐν τίνι der kürzere einfache Accusativ ὄν gewählt, trotzdem er sich in die Construction von πράττειν nicht recht fügen will.

[2]) Dass Z. 3 ἐκπεσεῖν αὐτοῖς, nicht das von Bekker beibehaltene αὐτούς, das Richtige ist, hat schon Dionysius Lambinus gesehen. Auch Eustratios muss den Dativ vor sich gehabt haben. Seine Umschreibung lautet (p. 40ᵃ): οἷον, λέγοντός μου ἐξέπεσέν μοι τοιοῦτον ῥῆμα.

[3]) Zu dem Infinitiv Z. 4 οὐκ εἰδέναι ὅτι ἀπόρρητα ἦν ist aus dem Vorhergehenden λέγοντές φασι zu wiederholen, und Aristoteles meint also Leute die durch gesprochene Worte ein Geheimniss verrathen. Dennoch lässt sich auf diesem Wege zu keiner Entscheidung über die vielverhandelte Frage gelangen, ob in dem Wortinhalt oder nur in dem Costüme äschyleischer Dramen Entlehnungen aus den Mysterien erkannt worden seien. Denn das Beispiel ὥσπερ Αἰσχύλος [ἔφη] τὰ μυστικά [οὐκ εἰδέναι] braucht nur im Allgemeinen die Nichtkennen der geheimnissvollen Natur eines Gegenstandes erläutern zu sollen. Aber als eine allerdings unabweisliche Folge aus der Satzverbindung dieser aristotelischen Stelle ergiebt es sich dass Aeschylos die mystischen Dinge überhaupt nicht gekannt hat, also gar nicht eingeweiht gewesen ist.

[4]) Zu Z. 5 ὁ τὸν καταπέλτην ist aus dem vorhergehenden φασιν (Z. 3) das hier unentbehrliche ἔφη zu entnehmen. Denn nur wenn die Worte Z. 5 δεῖξαι βουλόμενος ἀφεῖναι die von einem Angeklagten selbst vorgebrachte Entschuldigung enthalten, lässt sich nach dem bekannten griechischen Sprachgebrauch der Nominativ beim Accusativ erklären. Aristoteles spielt also hier auf einen bestimmten Criminalfall an, welcher, als er seine ethische Vorlesung hielt, den Athenern noch frisch im Gedächtniss war. — Trotz der grossen Fortschritte, welche die militärische Mechanik in der Diadochenzeit und bei den Römern gemacht hatte, war man sechshundert Jahre nach Aristoteles noch nicht dahin ge-

eines Katapults einem Andern zu verdeutlichen; er berührte dabei das Triebwerk, und das unversehens fortgeschnellte Geschoss tödtete einen Nebenstehenden. — Zur Erläuterung des Irrthums welcher 3) das Object der Handlung betrifft, genügt dem Aristoteles die Hinweisung auf ein einziges, den griechischen Theaterfreunden und den Lesern von Lessings Dramaturgie (St. 36—50) gleich wohlbekanntes Beispiel Z. 5. 6, nämlich auf die Glanzscene des euripideischen Dramas Kresphontes, in welcher Merope an das Lager des fremden Jünglings tritt, welchen sie für den Mörder ihres als Knabe von ihr getrennten Sohnes hält, während es ihr Sohn selbst ist; sie kommt mit dem Vorsatz ihn zu tödten, hat schon die Axt gegen den Schlafenden erhoben und wird an der Führung des tödtlichen Streiches nur durch die eben noch rechtzeitige Dazwischenkunft eines alten Hausdieners gehindert, welcher während der Trennung den Verkehr zwischen dem Sohne und der Mutter vermittelt hatte und diese über ihren Irrthum aufklärt. — Die folgende Kategorie 4) des Werkzeugs veranschaulichen dann wieder zwei Beispiele Z. 6, 7; in dem ersten betrifft der Irrthum die formale Beschaffenheit des Werkzeugs: bei Fechtübungen meint Jemand ein Rapier[5]) in Händen zu halten und

---

langt, sich gegen ähnliche Unfälle, wie der hier von ihm erwähnte, bei den Katapulten zu sichern. Ammianus Marcellinus zeichnet in seiner Schilderung von Kaiser Julians Belagerung der persischen Stadt Maozamalcha (Königsburg) folgenden Fall auf (24, 4, 28): nostrae partis architectus, cuius nomen non suppetit, post machinam scorpionis forte adsistens reverberato lapide, quem artifex titubanter aptaverat fundae, obliso pectore supinatus profudit animam, disiecta compage membrorum adeo, ut ne signa quidem totius corporis noscerentur.
[5]) Ich gebrauche diesen Ausdruck um so unbedenklicher, als die griechische Weise, Uebungswaffen durch Aufstecken eines Knopfes oder Balles (cφαῖρα) unschädlich zu machen, bei den modernen Stossrapieren fortbesteht. Die eingehendere sachliche Erklärung der aristotelischen Stelle wird man hier gern in Joseph Scaligers Worten lesen; er hat sie in der jetzt so schwer zu findenden Schrift gegeben, die er als Yvo Villiomarus gegen Robertus Titius richtete (5, 11): 'Aristoteles: οἰηθείη δ' ἄν τις τὸν υἱὸν πολέμιον εἶναι ὥσπερ ἡ Μερόπη, καὶ ἐςφαιρῶςθαι τὸ λελογχωμένον δόρυ. Delenda vox δόρυ. Quod autem nihil penitus in his videris [Titius hatte ἐςφαιρωμένον δόρυ für gleichbedeutend mit ςφαιροειδὲς erklärt], ego rem tibi auctorem dabo. Campidoctores et exercitores, qui iuventutem gladiis depugnare docent, pila buxea aut eburnea et plurimum alutacea mucrones gladiorum muniunt ne laedant. Eae pilae tam in Italia quam hic in Gallia Botones [bottone, bouton] vocantur. Graeci ςφαῖραν dicunt. Clemens [in der später vollständig mitzutheilenden Stelle]: τοῦ δόρατος ἀποβαλόντος τὴν ςφαῖραν. Polybio dicitur ἐπιςφαίριον lib. X (20, 3]: μαχαιρομαχεῖν Εὐλίναις ἐςκυτωμέναις μετ' ἐπιςφαιρίων μαχαίραις. Similiter hastarum λόγχας praemuniebant, a quo vocabant ἐςφαιρωμένας. Ibidem Polybius: τοὺς δὲ τοῖς ἐςφαιρωμένοις γρόςφοις ἀκοντίζειν. Livius (26, 51] ad verbum haec vertens dixit: praepilatisque missilibus iaculati sunt. Ergo ἐςφαιρωμένοι γρόςφοι sunt praepilata missilia. ... Ergo verba Aristotelis ita verto: Etiam alius filium hostem existimaverit et cuspidem praepilatam esse. Recto autem τὸ δόρυ expunximus, quia τοῦ δόρατος τὸ λελογχωμένον solet praepilari καὶ ἐςφαιρῶςθαι. Sic etiam apud Xenoph. [de re equestri § 10) ἐςφαιρωμένα ἔχων ἀκόντια καὶ δόρυ ὡσαύτως πεπραγματευμένα, verto: missilia gestans et hastam utraque praepilata.' Dass Scaligers Grund für die Streichung von δόρυ keineswegs zwingend ist, braucht kaum hervorgehoben zu werden. Wie eben die Stellen des Polybios und Xenophon beweisen, kann die gesammte Waffe ἐςφαιρωμένον genannt werden, obgleich der Ball nur auf die Spitze gesteckt ward; und λελογχωμένον musste Aristoteles hinzufügen, weil der Irrthum in der Verwechselung des scharfspitzigen mit dem unschädlich gemachten Speer besteht.

es stellt sich heraus dass es eine scharfe Waffe ist. Oder der Irrthum betrifft die materiale Beschaffenheit: es wirft Jemand mit einem Stein, den er für lockeren Bimstein hielt, aber er erweist sich als ein schwer schädigender Feldstein. — Wie nun in den bisherigen vier Fällen die Reihenfolge der Beispiele genau zu den Nummern der Kategorientafel stimmte, so giebt sich auch das letzte Beispiel Z. 8, 9 — zu welchem wir mit vorläufiger Uebergehung des vorletzten uns wenden — sogleich zu erkennen als eine Verdeutlichung der letzten Kategorie 6) der Modalität, des gelassenen oder heftigen Verfahrens. Bei der Art des Ringens, in welcher die Kampfregel nur den Gebrauch der Fingerspitzen, also nur ein vergleichsweise gelindes[6]) (ἠρέμα) Anfassen verstattet, fährt Jemandem die Hand aus und er versetzt einen heftigen (cφόδρα) Schlag. — Unzweifelhaft muss nun auch das vorletzte Beispiel Z. 8 καὶ ἐπὶ cωτηρίᾳ παίcαc ἀποκτεῖναι ἄν sich auf die vorletzte Kategorie 5) der Absicht beziehen, wie in ihm ja wirklich das Wort cωτηρία wiederkehrt, welches in der Kategorientafel an der entsprechenden Stelle (οὗ ἕνεκα, οἷον cωτηρίαc) gebraucht war. Aber wie soll man es sich denken, dass Jemand, der 'zur Rettung schlägt', wider seine Absicht tödtet? Folgt man dem natürlichen Zug der griechischen Wortverbindung, so müsste es der Geschlagene sein, dessen 'Rettung' beabsichtigt wird. Jedoch, ward je Jemand durch Schläge 'gerettet'? Die plagosi Orbilii würden freilich auf eine solche Frage antworten: verwahrloste Knaben; und Obertus Gifanius, dessen Commentar sonst zu dem Besten gehört, was die hermeneutische Litteratur für Aristoteles aufweist, hat sich wirklich durch die Noth dahin drängen lassen, die fraglichen Worte folgendermaassen zu umschreiben: 'si quem castigandi causa et emendandi percussum interficias.' Heutzutage braucht man schwerlich viel Worte darüber zu machen, dass höchstens im ecclesiastischen, aber nimmermehr im antiken, also auch nicht im aristotelischen Griechisch eine bloss sittliche 'Rettung' durch

---

[6]) Dass Z. 8 δεῖξαι βουλόμενος ὥσπερ in dem hiesigen Zusammenhang keinen Sinn giebt, kann keinem wachen Leser entgehen; und eben so deutlich liegt der Anlass des Verderbnisses zu Tage in dem Abgleiten des Auges auf die früheren Worte Z. 5 δεῖξαι βουλόμενος ἀφεῖναι. Turnebus (bei Lambinus) will in einigen Handschriften θῖξαι gefunden haben, und Bekker verzeichnet allerdings δῖξαι aus einer seiner besseren Handschriften M[b], jedoch nicht für δεῖξαι in Z. 8 sondern in Z. 5. Der Verstoss gegen den strengen Atticismus, welchen θῖξαι statt θιγεῖν ergeben würde, lässt zwar diese Lesart noch nicht als eine für Aristoteles unmögliche erscheinen. Aber da das Verderbniss offenbar durch das zweimalige βουλόμενος herbeigeführt ist, so brauchen die Besserungsversuche hier so wenig wie bei anderen Arten von Homöoteleuton ängstlich an die Buchstabenzüge sich zu heften, und so gut wie θῖξαι könnte man ein anderes dem Zusammenhange gemässeres Wort, etwa πιέcαι, für das ursprüngliche halten. — Wie wenig die Künstler des ἀκροχειριcμός sich zuweilen auf eine blosse 'Berührung' beschränkten, zeigt die Erzählung bei Pausanias 6, 4, 1, wo es von dem Sikyonier Sostratos heisst: ἐπίκληcις δὲ ἦν ἀκροχερcίτης αὐτῷ· λαμβανόμενος γὰρ ἄκρων τοῦ ἀνταγωνιζομένου τῶν χειρῶν ἔκλα καὶ οὐ πρότερον ἀνίει πρὶν ἢ αἴcθοιτο ἀπαγορεύcαντος. Mit der Form des Beinamens ἀκροχερcίτης statt ἀκροχειριcτής war wohl eine witzelnde Anspielung auf das Ethnikon der Stadt Χερcόνηcος beabsichtigt, deren Namen im abkürzenden Volksmunde schon vor der byzantinischen Zeit Χερcών gelautet haben mag.

cωτηρία schlechthin bezeichnet werden kann. Mit der Rettung des Geschlagenen kommt man also nicht zum Ziele. Und eben so wenig würde gefördert, wollte man unter gewaltsamer Verrenkung der Wortverbindung ἐπὶ cωτηρίᾳ für ἐπὶ cωτηρίᾳ αὐτοῦ, wie Aristoteles bei einer verwandten Gelegenheit[7]) schrieb, nehmen und den Schlagenden selbst für den zu Rettenden halten. Denn ein Angegriffener, der sich seines Lebens zu wehren hat und deshalb um sich schlägt, muss, wenn er auch nicht die unmittelbare Absicht den Gegner zu tödten hegt, doch an die Möglichkeit eines solchen Ausganges denken, ohne dass er darum von der Nothwehr abstehen kann. Es würde demnach das Beispiel unbrauchbar werden zur Erläuterung des den Zweck unbewusst verfehlenden Irrthums (ἄγνοια). Und wollte man zu noch gezwungeneren Annahmen greifen und sagen, der etwa von einem nahen Verwandten Angegriffene war entschlossen unter allen Umständen nur leicht zu schlagen, und wider seinen Vorsatz schlug er tödtlich, so würde dieses Beispiel, da es sich jetzt ja bloss um den Unterschied des gelinden und heftigen Schlagens handelt, begrifflich identisch werden mit dem folgenden, vom Ringen entlehnten, welches die Kategorie der Modalität erläutern soll, und die Kategorie der Absicht, welche doch Aristoteles ausdrücklich als eine der wesentlichsten (κυριώτατα Z. 11) hinstellt, wäre mit gar keinem Beispiele versehen.

Wo alle Mittel und Künste der Erklärung so wenig verfangen, ist die Vermuthung eines Textesschadens wohl unabweislich. Und in der That genügt die Streichung éines Buchstaben zur Beseitigung jeglichen Anstosses. Wird nämlich das α aus παίcαc entfernt, so tritt in πίcαc der Aorist von πιπίcκειν, dem Factitivum von πίνειν, zu Tage, welches bei Hippokrates[8]) als gewöhnliches Wort für das Eingeben von Heiltränken vorkommt und durch die hippokratischen Schriften gewiss lange in ärztlichen Kreisen eingebürgert blieb, nachdem es aus der Umgangssprache bereits verdrängt[9]) war. Sonach redet Aristoteles in den Worten καὶ ἐπὶ cωτηρίᾳ πίcαc ἀποκτεῖναι ἄν von einem Arzt, der 'um den Kranken zu

---

[7]) p. 1110ᵃ 9 nachdem von den ἐκβολαὶ ἐν τοῖc χείμωcιν die Rede war: ἁπλῶc μὲν γὰρ οὐδεὶc ἀποβάλλεται ἑκών, ἐπὶ cωτηρίᾳ δ' αὐτοῦ καὶ τῶν λοιπῶν (der übrigen Passagiere auf dem gefährdeten Schiff), ἅπαντεc οἱ νοῦν ἔχοντεc.

[8]) Erotianus p. 304 Fr.: πιπίcκοντα, ποτίζοντα; Hesychius πίcαι, ποτίcαι. Die Belege aus Hippokrates finden sich bei dem flüchtigsten Blättern haufenweise zusammen; ich verzeichne hier aus einer beliebig herausgegriffenen Partie der Schrift περὶ τόπων τῶν κατ' ἄνθρωπον die innerhalb dreier Van der Linden'schen Seiten (Vol. 1 p. 383—386) vorkommenden: c. 33, 11 φάρμακον πιπίcκοντα [χρὴ ἰᾶcθαι]; c. 34, 2 ἔνδοθεν θερμαντήρια φάρμακα πιπίcκοντα διαθερμαίνειν; c. 38, 7 ἣν μὴ παύηται, φάρμακον πῖcαι χοληγόν; 9 μηδ' ἕωc ἂν τὸ cῶμα θάλλῃ, πιπίcκειν φάρμακον .... ἐπὴν δὲ ἰcχυὸc ᾖ πιπίcκειν; c. 39, 8 τοῦτον χρὴ φάρμακον πῖcαι. — Für den Gebrauch des Wortes im älteren Atticismus zeugt die von den griechischen Grammatikern neben der pindarischen (Isth. 5, 74 πίcω cφε Δίρκαc ἁγνὸν ὕδωρ) angeführte Stelle aus Eupolis' Demoi Fr. 24 Mein.

[9]) Zu Lucians Zeit war es bereits so ungebräuchlich, dass er es seinem Lexiphanes in den Mund legen konnte: c. 20 οὐκ οἶδ' ὃ καὶ δράcετέ με, ὦ Cώπολι, cύ τε καὶ Λυκῖνοc πιπίcκοντεc τουτουὶ τοῦ φαρμάκου.

retten ihm eine Arznei eingegeben, ihn jedoch durch dieselbe getödtet hat'; und dieses Beispiel für einen die Absicht aus Unwissenheit verfehlenden Irrthum lässt weder an logischer Richtigkeit noch leider auch an Häufigkeit etwas zu wünschen übrig.[10])

Die Hoffnung ist wohl nicht zu kühn, dass die vorgeschlagene Textesänderung sich schon durch die ihr zur Seite stehenden inneren Gründe allen Verständigen hinlänglich empfohlen hat; aber gerade hier, wo die Logik keiner weiteren Stütze zu bedürfen scheint, tritt der sonst für die aristotelischen Schriften und besonders für die Ethik so seltene Fall ein, dass das im Wege der Argumentation Erkannte auch durch äussere Zeugnisse beglaubigt wird; und vielleicht erhält die an sich geringfügige Verbesserung eines einzelnen Wortes höheren Werth erst durch diese urkundliche Bestätigung, welche der aristotelischen Kritik eine Aussicht auf ähnliche Hilfe auch für andere Schäden eröffnet.

Sehen wir uns zunächst in der Scholiensammlung um, welche unter dem Namen des Eustratios sonst mit Recht verrufen ist, so findet sich zwar in der Aufzählung der aristotelischen Beispiele das verderbte παίcαc als Lemma: p. 40^b καὶ ἐπὶ cωτηρίᾳ παίcαc] τοῦ τίνος ἕνεκεν παράδειγμα. In dem Scholion zur Kategorientafel jedoch, welches neben Beispielen von des Scholiasten eigener Erfindung auch schon Hindeutungen auf die späteren aristotelischen Beispiele enthält, heisst es p. 40^a: «καὶ τίνι, οἷον ὀργάνῳ» εἰ ὁ μὲν ἐcφαιρῶcθαι ᾤετο τὸ πεμπόμενον, τὸ δὲ ἦν λελογχωμένον, ἢ ὡς κιccηρίν τις ἔβαλλε τὸ δὲ ἦν λίθος. τὸ δὲ «τίνος ἕνεκεν» οἷον εἰ ἄλλου μὲν ἕνεκα ποιήσειέ τίς τι, ἄλλο δὲ ἀποβέβηκε· δοίη γὰρ ἄν τις φάρμακον ὡς ἐπὶ cωτηρίᾳ τὸ δὲ ἀπέκτεινε τὸν λαβόντα, ἢ τέμοι τις ἂν ὡς θεραπεύων ὁ δὲ ἀποθάνοι. Wer bisher von der gewöhnlichen Lesart παίcαc ausgehend dieses Scholion einer näheren Aufmerksamkeit würdigte, musste meinen, dass das Beispiel der tödtenden Arznei ebenso wie das der tödtenden chirurgischen Operation aus des Scholiasten Kopf entsprungen sei; nachdem jedoch aus παίcαc das ursprüngliche πίcαc wiedergewonnen worden, ist wohl die Annahme erlaubt, dass noch der Scholiast die richtige Lesart vor sich hatte, das zu seiner Zeit selten gewordene πίcαc durch δοῦναι φάρμακον umschrieb und nun diesem aus Aristoteles selbst, so gut wie das 'Rapier' und der 'Bimstein', entlehnten Beispiel verunglückter Medizin zum Ueberfluss noch ein selbst-

---

[10]) Auch die beiden anderen Bearbeitungen der Ethik nehmen ihre Beispiele für das Verfehlen der Absicht von eingegebenen Tränken her. In der Eudemischen Bearbeitung heisst es p. 1225^b 4: ὅτι μὲν πόμα [οἶδεν], ἀλλ' ὡς φίλτρον καὶ οἶνον [ἔδωκε], τὸ δ' ἦν κώνειον; und in der grossen Ethik wird mit schwerfälliger Breite Folgendes erzählt p. 1188^b 33: φαcί ποτέ τινα γυναῖκα φίλτρῳ τινὶ δοῦναι πιεῖν, εἶτα τὸν ἄνθρωπον ἀποθανεῖν ὑπὸ τοῦ φίλτρου, τὴν δ' ἄνθρωπον ἐν Ἀρείῳ πάγῳ ἀποφυγεῖν [wohl φυγεῖν, ream factam esse; denn die 'Freisprechung' wird erst später erwähnt]. οὐ παροῦcαν [' als sie vor dem dortigen Gericht erschienen war'] δι' οὐθὲν ἄλλο ἀπέλυcαν ἢ διότι οὐκ ἐκ προνοίαc. ἔδωκε μὲν γὰρ φιλίᾳ, διήμαρτε δὲ τούτου.

gemachtes Beispiel verunglückter Chirurgie hinzufügte. In der That blickt auch sonst in dem 'Eustratios' zum dritten Buch ein Stamm guter älterer Scholien aus dem späteren Wust deutlich genug hervor; zu keinem der anderen Bücher bietet die Sammlung so viele auserlesene Citate aus seltenen und für uns verlorenen Werken; und es kann nicht Wunder nehmen dass derjenige Grammatiker, welcher noch Epicharmos' Herakles bei Pholos (p. 43ᵃ = Frag. 56 Ahrens), Euripides' Alkmeon (p. 39ᵇ = Frag. 70 Nauck) und des Pontikers Herakleides Schrift über Homer (p. 40ᵇ vgl. G. Hermann opusc. 2, 164) benutzte, auch über bessere aristotelische Handschriften verfügte als uns jetzt zu Gebot[11]) stehen.

Noch unzweideutiger und von höherem Werth, da es auf die aristotelischen Exemplare der alexandrinischen Bibliotheken zurückleitet, ist das dem Alexandriner Clemens abzugewinnende Zeugniss. Er hatte am Schluss des 13n Capitels des 2n Buchs seiner Stromateis die leidenschaftlichen Handlungen als freiwillige und deshalb strafbare (τὰ ἑκούσια κρίνεται) Widerspenstigkeit gegen die Vernunft definirt, und beginnt dann das 14e Capitel mit folgender Erörterung über das Unfreiwillige, welcher zu bequemerer Uebersicht unsere aristotelische Stelle unter Benutzung der vorgeschlagenen Aenderungen zur Seite treten mag:

---

[11]) Zu der oben Anm. 1 erwähnten Stelle des fünften Buches, wo Aristoteles in der Abhandlung über Gerechtigkeit auf den Begriff des Freiwilligen zurückkommt, recapitulirt der Scholiast die Auseinandersetzung des dritten Buches in Worten, die nach seiner ausdrücklichen Angabe älteren Scholien zum dritten Buch entstammen: p. 72ᵇ ἐπεὶ ἐν τῷ τρίτῳ βιβλίῳ τῆς παρούσης πραγματείας περὶ ἀκουσίου καὶ ἑκουσίου εἴρηκεν, οὐ χρὴ ἡμᾶς, πάλιν ἐνταῦθα μνείαν ποιουμένου τοῦ Ἀριστοτέλους, πονεῖν, ἀλλ' ἐκ τῶν ἐκεῖσε γεγραμμένων τοῖς ἐξηγηταῖς σχολίων ἔτι σωζομένων τὰ εἰς σαφήνειαν τῶν προκειμένων συντείνοντα μετενεγκεῖν. καὶ δὴ τοῦτο ποιῶμεν. Zur Erläuterung von οὗ ἕνεκα findet sich nun dort Folgendes: οὗ δὲ ἕνεκα, τὸ τέλος οὗ χάριν ἔπραξεν, οἷον, ἔδωκέ τις ἐρῶν τῇ ἐρωμένῃ φάρμακον ὡς φίλτρον, συνέβη δὲ μανῆναι τὴν γυναῖκα ἀντὶ τοῦ φιλεῖν· ἢ δέδωκεν ὡς ὑπνωτικόν, ἀπέβη θανεῖν τὸν πιόντα ὡς ὑπνῶσαι ('der zum Einschläfern getrunken hatte')· ἢ καὶ κειμένων ἐν τῷ αὐτῷ κιβωτίῳ καὶ ὑπνωτικῶν φαρμάκων καὶ δηλητηρίων λαθεῖν καὶ δοῦναι τὸ δηλητήριον ὡς ὑπνωτικόν. Also lauter Beispiele, die nur zur Erklärung von πίσαι aber nicht von παίσαι passen. — Die Paraphrase der Ethik, welche ihr erster Herausgeber, Daniel Heinsius, auf Grund eines späteren Vermerks in der ihm vorliegenden Handschrift dem Rhodier Andronikos beilegte, von dem sie gewiss nicht herrührt, und die in einer Pariser Handschrift den Namen eines Heliodoros von Prusa trägt (s. Spengel Abhandl. der Münch. Akad. 3, 455), zeigt wenigstens, dass ihr Verfasser entweder παίσας nicht las oder nichts damit anzufangen wusste. Seine Umschreibung der fraglichen Stelle des dritten Buches lautet: κίσηριν τὸν λίθον ὑπολαβὼν ἐπὶ σωτηρίᾳ πέμψας ἀπέκτεινεν. Er hat also das aristotelische Beispiel, welches sich auf das 'Werkzeug' bezieht, mit dem die 'Absicht' betreffenden vermengt; und zu erforschen, was er sich unter dem 'Werfen eines Bimsteins zur Rettung' gedacht haben mag, verlohnt schwerlich die Mühe. — Eben so unbrauchbar, wenn auch nicht ganz so plump wie dieses πέμψας ist die von Bekker zu παίσας aus seiner Handschrift Mᵇ verzeichnete Variante σπεύσας; sie giebt sich auf den ersten Blick als eine unglückliche Conjectur zu erkennen und gehört zu den nicht wenigen Anzeichen, welche beweisen dass der, welcher in der Weise der Itali gelehrte, Anfertiger dieser Handschrift Mᵇ, obwohl er einer vergleichsweise recht guten Vorlage folgte, sich doch eigenmächtige Aenderungen zur Uebertünchung der für ihn unheilbaren Schäden erlaubt hat.

Aristoteles

τίc ... καὶ τί καὶ περὶ τί ἢ ἐν τίνι
πράττει, ἐνίοτε δὲ καὶ τίνι, οἷον ὀργάνῳ, καὶ ἕνεκα τίνοc, οἷον cωτηρίαc, καὶ πῶc, οἷον ἠρέμα ἢ cφόδρα.
5 ἅπαντα μὲν οὖν ταῦτα οὐδεὶc ἂν
ἀγνοήcειε μὴ μαινόμενοc, δῆλον δ'
ὡc οὐδὲ τὸν πράττοντα· πῶc γὰρ
ἑαυτόν τε; ὃ δὲ πράττει, ἀγνοήcειεν
ἄν τιc, οἷον λέγοντέc φαcιν ἐκπε-
10 cεῖν αὐτοῖc (s. Anm. 2) ἢ οὐκ εἰδέναι ὅτι ἀπόρρητα ἦν, ὥcπερ Αἰcχύλοc τὰ μυcτικά, ἢ δεῖξαι βουλόμενοc
ἀφεῖναι, ὡc ὁ τὸν καταπέλτην. οἰηθείη δ' ἄν τιc καὶ τὸν υἱὸν πολέμιον
15 εἶναι, ὥcπερ ἡ Μερόπη, καὶ ἐcφαιρῶcθαι τὸ λελογχωμένον δόρυ, ἢ
τὸν λίθον κίccηριν εἶναι· καὶ ἐπὶ
cωτηρίᾳ πίcαc ἀποκτείναι ἄν·
καὶ θιξαι (s. Anm. 6) βουλόμενοc,
20 ὥcπερ οἱ ἀκροχειριζόμενοι, πατάξειεν ἄν.

Clemens Strom. 2, 14 p. 461 P.

τὸ γοῦν ἀκούcιον οὐ κρίνεται. διττὸν
δὲ τοῦτο, τὸ μὲν γινόμενον μετ'
ἀγνοίαc τὸ δὲ ἀνάγκῃ (s. oben S. 303)·
ἐπεὶ πῶc ἂν καὶ δικαcείαc περὶ τῶν
κατὰ τοὺc ἀκουcίουc τρόπουc (schrei- 5
be: τοὺc᾽ τοῦ ἀκουcίου τρόπουc)
ἁμαρτάνειν λεγομένων; ἢ γὰρ αὑ-
τόν τιc ἠγνόηcεν, ὡc Κλεομένηc καὶ
Ἀθάμαc οἱ μανέντεc, ἢ τὸ πρᾶγμα ὃ
πράccει, ὡc Αἰcχύλοc τὰ μυcτήρια 10
ἐπὶ cκηνῆc ἐξειπὼν ἐν Ἀρείῳ πάγῳ
κριθεὶc οὕτωc (aus solchem Grunde
der Unwissenheit) ἀφείθη ἐπιδείξαc
αὐτὸν μὴ μεμυημένον, ἢ ὅπερ πράττεται ἀγνοήcαc τιc (schreibe: ἢ ἐν 15
ᾧπερ πράττεται ἀγνοῆcαί τιc), ὥcπερ ὁ τὸν ἀντίπαλον ἀφεὶc καὶ
ἀποκτείναc οἰκεῖον ἀντὶ τοῦ πολε-
μίου· ἢ τὸ ἐν τίνι (schreibe: τὸ τίνι)
πράττεται, καθάπερ ὁ ταῖc ἐcφαιρω- 20
μέναιc λόγχαιc γυμναζόμενοc καὶ
ἀποκτείναc τινά, τοῦ δόρατοc ἀποβαλόντοc τὴν cφαῖραν (vgl. Anm. 5)·
ἢ τὸ παρὰ τὸ πῶc, οἷον ὁ ἐν cταδίῳ
ἀποκτείναc τὸν ἀνταγωνιcτήν· οὐ 25
γὰρ θανάτου ἀλλὰ νίκηc χάριν ἠγω-
νίζετο· ἢ τὸ οὗ ἕνεκα πράττεται, οἷον
ὁ ἰατρὸc δέδωκεν ἀντίδοτον
ὑγιεινὴν καὶ ἀπέκτεινεν, ὁ
δὲ οὐ τούτου χάριν δέδωκεν 30
ἀλλὰ τοῦ cῶcαι.

Oft genug ist diese Stelle des Clemens in ihrem auf Aeschylos bezüglichen Theil von den neueren Litterarhistorikern und Forschern über die Mysterien citirt, aber immer, so weit sich erkennen lässt, als ein dem aristotelischen collaterales und von demselben unabhängiges Zeugniss behandelt worden. Nach der hiesigen Confrontirung beider Stellen in ihrer vollständigen Fassung kann wohl fortan kein Zweifel mehr daran aufkommen dass die clementinische, obgleich in ihr der Name Aristoteles nicht genannt wird, doch nichts Anderes ist als eine bald kürzende bald zum Behuf der Erklärung erweiternde Wiederholung der aristotelischen. Die Zahl der Kategorien und ihre terminologische Benennung sind bei Clemens durchaus dieselben wie bei Aristoteles. — Was ihre Reihenfolge anlangt, so hat nur Clemens, gleichgiltig aus welcher Laune, die

'Modalität' vor die 'Absicht' gestellt; in allem Uebrigen ergiebt sich auch hinsichtlich dieses Punktes völlige Gleichheit zwischen ihm und Aristoteles, nachdem die Verschiebung der Präposition ἐν (Z. 19. 15) berichtigt worden, welche sich durch klare sprachliche Anzeichen als einen blossen Abschreibefehler verräth, da auch ein Clemens nimmermehr ἐν τίνι schreibt, wenn er, wie doch das Beispiel der 'Rapiere' (Z. 20—23) beweist, das 'Werkzeug' bezeichnen will. — Von den acht Beispielen des Aristoteles hat Clemens nur fünf sich angeeignet, wohl weil ihm zu seinem Zwecke eines für jede der fünf Kategorien ausreichend schien. Von diesen fünfen stimmen zwei — die Verwechselung des Angehörigen mit dem Feinde und die unabsichtliche Tödtung beim Wettkampf (Clemens Z. 18 und 25) — zwar in ihrem sachlichen Gehalt mit den aristotelischen (Z. 14 und 20) überein; aber die anschauliche Färbung, welche ihnen Aristoteles durch die Erwähnung der Merope und des ἀκροχειρισμός verleiht, hat Clemens geopfert, wahrscheinlich weil ihm die für seine Leser unentbehrlichen Angaben über den Gang des euripideischen Dramas und die Regeln des Fingerringens zu weitläufig wurden. In den drei übrigen Beispielen hingegen ist die Uebereinstimmung eine allseitige, sowohl auf den sachlichen Kern wie auf die ausmalenden Einzelheiten sich erstreckende, nur dass bei Clemens die Ausmalung voller erscheint, weil die scharfen und feinen Striche des Aristoteles mit dem etwas dickeren Pinsel eines, allerdings kundigen, Auslegers überzogen werden. Wo Aristoteles kurzweg, ohne den Arzt und die Arznei ausdrücklich zu nennen, ἐπὶ cωτηρίᾳ πίcαc ἀποκτεῖναι ἄν (Z. 18) schrieb, hat Clemens — denn dass Clemens in seinem aristotelischen Exemplar πίcαc, nicht παίcαc, vorfand, braucht nach allem Vorangegangenen nur noch als Thatsache constatirt und nicht erst besonders erwiesen zu werden — alle Factoren und Umstände des fraglichen Vorgangs hergezählt Z. 28: ὁ ἰατρὸc δέδωκεν ἀντίδοτον ὑγιεινὴν καὶ ἀπέκτεινεν, ὁ δὲ οὐ τούτου χάριν δέδωκεν ἀλλὰ τοῦ cῶcαι. Wo ferner Aristoteles mit knapper, die modernen Leser bis auf Joseph Scaliger (s. Anm. 5) verwirrender Kürze ἐcφαιρῶcθαι τὸ λελογχωμένον δόρυ (Z. 16) schrieb, sagt Clemens es klar heraus dass von Fechtübungen (γυμναζόμενοc Z. 21) die Rede ist und giebt mit dankenswerther [12]) Deutlichkeit den Anlass des Missgeschicks dahin an dass 'der aufgesteckte Ball von der Uebungswaffe abgesprungen sei (τοῦ δόρατοc ἀποβαλόντοc τὴν cφαῖραν Z. 22)'. Endlich kann man aus den wenigen Worten des Aristoteles über Aeschylos bei genauer Analyse (s. Anm. 3) es zwar erkennen, dass der

---

[12]) In der That scheinen Scaliger, obwohl er auf das Gesammtverhältniss der clementinischen Stelle zur aristotelischen nicht aufmerksam ward, doch hauptsächlich Clemens' Worte zum richtigen Verständniss des aristotelischen ἐcφαιρῶcθαι geführt zu haben. Wie unklare Vorstellungen über die antiken Rapiere auch bei denjenigen Zeitgenossen Scaligers herschten, welche die militärischen Antiquitäten zu ihrer Specialität gewählt hatten, zeigt Justus Lipsius, der Saturnal. 2, 18 in einer Stelle des Cassius Dio 71, 29 ἐcφαιρωμένα cιδήρια durch orbiculati gladii wiedergiebt, statt des richtigen praepilati.

angeklagte Dichter 'sich als einen Nichteingeweihten nachwies', aber schwerlich würden selbst antike Leser eine unnöthige Weitschweifigkeit darin gefunden haben, wenn Aristoteles diesen Umstand eben so bestimmt hervorgehoben hätte, wie es Clemens thut in den Worten Z. 13 ἐπιδεί-ξας αὐτὸν μὴ μεμυημένον. Ausserdem hat Clemens die Anschaulichkeit der Erzählung noch durch die Erwähnung des Areopags (Z. 11) erhöht; wie er auch bei der Kategorie des handelnden Subjects die aristotelische (Z. 6) Bemerkung, dass nur ein Wahnsinniger nicht wisse ob er selbst oder ein Anderer die That thue, mit zwei wohlgewählten Beispielen des durch Wahnsinn verlorenen Selbstbewusstseins versieht (Z. 8, 9), einem aus der mythischen Geschichte — Athamas, der in der Raserei seinen eigenen Sohn an der Mauer zerschmettert (Ovid Metam. 4, 516) — und einem aus der wirklichen Geschichte — der Spartanerkönig Kleomenes, der ebenfalls in der Raserei sich selbst zerhackte (Herodot 6, 75 καταχορ-δεύων).

Dass nun Clemens alle diese erläuternden Zusätze zum aristotelischen Text aus eigenem Nachdenken und eigener Gelehrsamkeit geschöpft habe, wird zwar Niemand für unbedingt unmöglich erklären wollen. Für wahrscheinlich kann man jedoch eine solche Annahme nicht halten, wenn man erwägt, wie wenig den zusammenraffenden und zusammenstückenden Mosaikschriftstellern, in deren Klasse Clemens doch gehört, ein selbständig verarbeitendes Eindringen in die von ihnen vernutzten Autoren eigen zu sein pflegt. Besser dem sonstigen Wesen eines Clemens und seinesgleichen entspricht sicherlich die Vermuthung, dass er in den alexandrinischen Bibliotheken ein Exemplar der Ethik vorfand, in welchem der Commentar eines guten älteren Erklärers mit dem aristotelischen Text vereinigt war. Auch lässt sich der Name eines solchen Erklärers angeben, dessen Benutzung durch Clemens wenigstens mit den chronologischen Verhältnissen vereinbar ist. Athenäus (15 p. 673ᵉ) erwähnt eines Ἀδράντος Arbeit Περὶ τῶν ἐν τοῖς Ἠθικοῖς Νικομαχείοις Ἀριστοτέλους καθ' ἱστορίαν καὶ λέξιν ζητουμένων; bereits Casaubonus (animadvers. in Ath. p. 951) hat in der sonst nicht nachweisbaren Namensform Ἀδράντος den wohlberufenen Aristoteliker Adrastos erkannt; und wenn Adrastos 'die historischen und sprachlichen Schwierigkeiten' der Ethik erörtert hat, so wird wohl Clemens es bequemer gefunden haben einem so zuverlässigen Führer zu folgen als selbst viel zu grübeln.

Wie dem jedoch sei, mag Clemens bei seinen über den aristotelischen Text hinausgehenden Zusätzen auf eigenen Füssen stehen oder an fremde Stütze sich lehnen, jedenfalls hat die hier angestellte Vergleichung ein gewichtiges, auf die aristotelischen Handschriften spätestens des zweiten Jahrhunderts n. Ch. zurückgehendes Zeugniss für die Richtigkeit der Lesart πίσας an das Licht gebracht und die Hoffnung erweckt, dass auch in anderen Fällen denjenigen aristotelischen Werken, bei welchen uns wie bei der Ethik die Hilfe eines Alexander oder Simplicius fehlt, einige Förderung sowohl für Kritik wie für Erklärung des Textes erwachsen könne aus sorgfältiger Beachtung nicht bloss der namentlichen Citate sondern auch der stillschweigenden Benutzung aristotelischer Sätze bei den späteren Schriftstellern.

CONIECTANEA

IN

POETAS LATINOS

SCRIPSIT

HERMANNVS ADOLPHVS KOCH.

I. In Catullum.

11, 29: *Nunc ipsum id doleo, quod esurire*
Meme puer et sitire discet.

Corruptum *meme*, quod male temptaverunt variis coniecturis viri docti, mutandum est in *pessime*, quo quin pariter uti potuerit poeta atque usus est locutionibus *male insulsa*, *male perdere*, dubitari nequit. Eandem vocem *me* obtruserunt librarii poetae 20, 1 *puella nam me quae meo sinu fugit*, ubi de veritate coniecturae Avantii *namque* non debebat dubitare Rossbachius. Ceterum verba *nunc ipsum id doleo* revocant in mentem locum, qui legitur apud Lachmannum 68, 7 *sed nunc id doleo quod purae pura puellae Savia comminxit spurca saliva tua*, et docere potest ipsa sententiarum similitudo neque Lachmannum, qui versus illos et duo proximos cum carmine septuagesimo septimo coniunxit, neque Bergkium, qui mus. rhen. 15 p. 508 eosdem cum carmine octogesimo copulavit, verum assecutum esse, cum neutro carmine vox *nunc* habeat quo referatur.

15, 30: *Hunc Galliae timet et Britanniae.*

Quod Hauptius quaestt. Catull. p. 19 hunc versum aut cum Lachmanno ita scribendum censet: *time Britannia, hunc timete Galliae* aut ita: *timete Galliae, hunc time Britannia*, nescio an spondeus primi pedis non satis excuset mutandi violentiam. Ab eius modi neglegentia non prorsus abhorrere Catullum probat ultima syllaba brevis vocis *omnibus* in versu qui legitur 36, 17 *noscitetur ab omnibus*, cuius probabiliter mutandi rationem ne Hauptius quidem excogitare potuit. Qui quod ab hac ipsa quam Catullo vindicat glyconeorum severitate argumentum coniecturae *anxiis* 30, 26 commendandae repetiit, mihi quidem quotiens ad verba illa redii, Scaligeri emendatio *quis deus magis ah magis Est petendus amantibus* vera visa est, qua non vel doloris vel miserationis indignationis admirationis sed ipsorum amantium anxietatis significatio infertur (cf. 33, 23 *miser ah miser;* 41, 5 *miser ah miser;* 60, 5 *ah nimis fero corde;* 59, 17 *illius ah mala dona*). Sed ut ad versum, a quo exorsi sumus, redeamus, nec spondei illius removendi necessitatem video, et displicet in coniecturis et Lachmanniana et Hauptiana cum subita allocutionis mutatio, qua a Britannia et Gallia proximo versu ad Pompeium et Caesarem se convertit poeta, tum vox *hunc* incommode iterata. Sed huius ipsius vocis aliud vitium est, quod, postquam superiores Mamurrae rapinae enumeratae sunt (*paterna prima lancinata sunt bona*, *Secunda praeda Pontica*, *inde tertia Hibera*), eius temporis quo in Galliam et Britanniam invasit accuratior significatio exspectatur. Itaque primum cum Ribbeckio (annal. philol. 1862 p. 377) *hunc* in *nunc* mutabimus, deinde, quod in editione Vossiana a. 1684 occupatum video, scribemus: *Galliae timent, timent Britanniae*. Vocum *timent timent* iteratio elegantissima commendatur his duobus locis Catullianis 16, 13 *si tu oblitus es, at di meminerunt, meminit Fides*; 24, 8 *nunc ab auspicio bono profecti Mutuis animis amant amantur*. *nunc* etiam 12, 16 in *hunc* corruptum est.

16, 29: *Gaudete vosque o Lydiae lacus undae.*

Nec *Lydiae lacus undae* nec quod Lachmannus coniecit *Libuae* verum esse inde certissime colligitur, quod poeta a longinquis itineribus feliciter redux et lacus dilectissimi adspectu elatus fieri nequit ut eius modi vocabulo laetitiam declaraverit. Num quod Libuae vel Lydiae undae erant iis nobilitas quaedam accessit? num ideo praeter ceteras praedicandae erant? Immo ipsa virtus qua lacus praestabat quaque poetae redeuntis animum permulcebat commemoranda erat. Itaque verissime Guarinum coniecisse censebimus *lucidae*, quod commendant cum verba quae in ipsius huius carminis versu altero leguntur *in liquentibus stagnis*, tum 3, 9 *cum veniret a marei Novissime hunc ad usque limpidum lacum*; 47, 19 *candida permulcens liquidis vestigia lymphis*; 42, 9 *dicuntur liquidas Neptuni nasse per undas*. Cf. etiam Ovidii met. 2, 365 *lucidus amnis*; 4, 297 *videt hic stagnum lucentis ad imum Vsque solum lymphae*; artis am. 3, 204 *lucide Cydne*; Hor. carm. 3, 13, 1 *o fons Bandusiae splendidior vitro*; Claudiani 49, 32 *sed vitreis idem* (lacus) *lucidus usque vadis*.

19, 28: namque totius vobis
Frontem tabernae scorpionibus scribam.

Redeundum esse a variis vel librariorum vel virorum doctorum commentis: *scorpionibus, sopionibus, scipionibus*, quibus nihil proficitur, ad Marcilii coniecturam *scriptionibus scribam*, in quam ego quoque incideram, docet usus Catulli ab eius modi lusibus, quibus Plautum inprimis indulsisse constat, minime alieni; cf. 4, 21 *tam te basia multa basiare*; 6, 17 *qui veteris pedem grabati In collo sibi collocare posset*; 8, 27 *odissem te odio Vatiniano*; 12, 16 *idem infaceto est infacetior rure*; 13, 11 *hanc ad munditiem adde mundiorem*; 52, 27 *haec tum clarisona vellentes vellera voce*, ut verissime Bergkius scripsit. Eadem coniectura sanandum esse arbitror locum Petronii quem editores contulerunt: 24, 1 (Buech.) *ancilla totam faciem eius fuligine longa perfricuit et non sentientis labra humerosque sopitionibus pinxit*, ubi scribendum est *scriptio-*

nibus pinxit. Carbonum mentio, quam Buechelerus infert, propterea ferri nequit, quod iam antea commemoratum erat fuligine ancillam usam esse.

28, 12: *Morbosi pariter, gemelli utrique*
Vno in lectulo, erudituli ambo.

Cum difficultatem vocabulorum *gemelli utrique* singulis similibus non apte interpositorum, quam Hauptius observv. crit. p. 40 aperuit, prorsus agnoscam, eius coniecturam *tenelli* probarem, si proximi versus sententia constaret. Sed vocis *erudituli* significationem participialem, quam verba *uno in lectulo* postulant, cum forma deminutiva aegerrime consociari nec ipse Hauptius diffitetur nec quemquam alium fugiet. Itaque Hçysii interpretatio: 'gleiche Brüderchen, gleicherlei Gebrechen', qua commate deleto verba *morbosi pariter gemelli utrique* artius coniunguntur, amplectenda, alter autem versus ita scribendus est: *Ambo molliculi, erudituli ambo;* cf. Verg. ecl. 7, 4 *ambo florentes aetatibus, Arcades ambo;* georg. 4, 342 *ambae auro, pictis incinctae pellibus ambae;* Ov. met. 1, 327 *innocuos ambos, cultores numinis ambos;* 8, 373 *ambo conspicui, nive candidioribus ambo Vectabantur equis;* Statii Theb. 10, 348 *dilecti regibus ambo, Regum ambo comites.*

42, 22: *Emersere feri candenti e gurgite vultus*
Aequoreae monstrum Nereides admirantes.

Quamvis in Schraderi coniectura *emersere freti candenti e gurgite vultus* loco Dirarum ab Hauptio (observv. crit. p. 34) allato vocis emergendi structura satis defendi videatur, usitatiorem tamen notionem intransitivam esse negari nequit, cf. Ov. met. 3, 684 de mutatis Tyrrhenis: *emerguntque iterum redeuntque sub aequora rursus;* Statii silv. 1, 5, 17 *ite deae virides ... quales emergitis altis Fontibus;* 2, 2, 119 *emergunt pelago ... delphines.* Cum hanc notionem vocis emergendi tum adiectivi ad voces *aequor, mare*, similes accommodatissimi usum ab ipso poeta agnitum (cf. 40, 14 *lustravit aethera album sola dura mare ferum*, etiam Ov. epp. ex Ponto 2, 3, 27 *ut fera nimboso tumuerunt aequora vento*) ei reddemus scribendo: *emersere feri candenti e gurgite ponti.*

48, 11: *Praeterea nullo litus, sola insula, tecto,*
Nec patet egressus pelagi cingentibus undis.

Hic cum ablativus *nullo tecto*, cuius simile exemplum frustra quaeras, offendit, tum verborum *sola insula* vocibus *litus* et *tecto* arte coniungendis interpositorum mira collocatio, tum denique quod litus insulae, cuius est pars, nisi notio eius adiecta aliqua definitione accuratius circumscribitur, opponi nequit. Et manet difficultas ablativi *tecto*, si cum Vossio scripseris: *praeterea nullo (litus solum) insula tecto*, infertur autem absurda totius insulae cum litore comparatio, quam quo modo vir eximius excusare potuerit Ciceronis loco (epp. ad Att. 1, 18, 1): *non homo sed*

litus atque aër et solitudo mera, non intellego. Itaque scribamus: *Praeterea solum litus, sola insula tota;* cf. 44, 4 *desertam in sola miseram
se cernat harena;* 46, 20 *deserto liquisti in litore.* Eandem anaphorae
figuram paulo post 48, 12 habemus: *nulla fugae ratio, nulla spes, omnia muta, Omnia sunt deserta, ostentant omnia letum.*

49, 1: *Adnuit invicto caelestum numine rector,
Quo tunc et tellus atque horrida contremuerunt
Aequora concussitque micantia sidera mundus.*

Hic *tunc* absurdum est, quasi alio tempore Iovis numine tellus et
aequora non contremuerint. Itaque non inepte Heysius scripsit *quo motu*,
praesertim accedentibus codicibus, quorum Parisinus *et* omittit, L habet
Quomodo tunc tellus. Sed elegantius etiam scribemus *Quo nutu*, ut verbi
originatio servetur, cf. Verg. Aen. 9, 106 *adnuit et totum nutu tremefecit
Olympum;* 8, 239 *inde repente Impulit, impulsu quo maximus intonat aether.*

50, 2: *Candidaque intorti sustollant vela rudentes,
Quam primum cernens ut laeta gaudia mente
Agnoscam, cum te reducem aetas prospera sistet.*

In scriptura quam D habet: *aera prospera* latere videtur *aura
prospera*, quod ad navigationem describendam multo accommodatius esse
quam *aetas* non negabitur, praeterquam quod vocem *aetas*, qua certis finibus circumscripta notio continetur, cum eius modi adiectivo quale est
prosper numquam coniunctam me legere memini. Cf. 63, 15 *lenius aspi-
rans aura secunda venit,* et Ov. epp. ex Ponto 4, 12, 42 *effice . . . ne
sperata meum deserat aura ratem;* epistt. 15, 214 *aura dabit cursum, tu
modo solve ratem;* trist. 5, 12, 10 *dum tulit antennas aura secunda
meas;* artis am. 3, 693 *aura salubri.* De brevi syllaba producta cf. Lucianus Mueller de re metr. p. L. p. 320.

55, 17: *Ignaro mater substernens se impia nato
Impia non verita est divos scelerare parentes.*

Parentes deos quo modo cum Scaligero intellegere liceat deos patrios
cum non magis perspiciam quam quosnam Heysius interpretatione perquam mira 'die sittlichen Hüter der Zeugung' iudicaverit, cum Silligio
ad multarum editionum lectionem *penates* redeundum esse persuasissimum
habeo. Penates nefaria matris libidine contaminari eodem iure dicuntur
atque 60, 20 legimus: *sed pater illius gnati violasse cubile Dicitur et miseram conscelerasse domum.* Dei penates, quorum vocabulorum copula-
tionem a Cicerone saepissime adhibitam poetae fere prae simplici *penates*
vitant, inveniuntur Hor. sat. 2, 3, 176 *per divos oratus uterque penates;* epp. 1, 97, 4 *per genium dextramque deosque penates;* Verg. Aen.
3, 11 *cum socio natoque penatibus et magnis dis.* Ceterum *penates* eo
facilius in *parentes* mutari potuit, quod versus 14 eodem vocabulo finitur.

64, 8: *Nam tum Helenae raptu primores Argivorum*
   Coeperat ad sese Troia ciere viros,
  Troia (nefas) commune sepulcrum Asiae Europaeque,
  Troia virum et virtutum omnium acerba cinis,
  Quae vetet id nostro letum miserabile fratri
   Attulit. hei misero frater adempte mihi.

Recte Hauptius commenta superiorum editorum ad verba *quae vetet id* emaculanda prolata reiecit omnia (observv. crit. p. 12). Sed ne ipsius quidem coniectura *quare etiam nostro* probari potest, quod poeta non dicit Troiam, quod cinis omnium virtutum esset, cum Graecis heroibus illis tum fratri Catulli letum attulisse, sed talia nomina, qualia sunt sepulcrum et cinis, propter ipsam funerum in eius litore deductorum multitudinem iure accepisse. Itaque scribendum est: *Haec etiam nostro letum miserabile fratri Attulit.* Simili emendatione sanabimus locum qui legitur 75, 3: *quare hoc est gratum nobis quoque carius auro,* ubi scribendum est: *quare hoc est gratum nobis, hoc carius auro;* cf. 70, 19 *una salus haec est, hoc est tibi pervincendum: Hoc facias, sive id non pote sive pote,* et 71 22 *non ideo, Gelli, sperabam te mihi fidum In misero hoc nostro, hoc perdito amore fore.* Ceterum ne Ribbeckius quidem locum, unde exorsi sumus, satis feliciter tractasse videtur (annal. philol. 1862 p. 378) coniciendo *quae vitai nostrae,* cum *etiam,* ut Hauptius recte intellexit, requiratur, lusus autem notionum vitae et leti hic non magis placeat quam 64, 6 *quod scibant Parcae non longo tempore abisse,* ubi *abisse* prae Ribbeckiano *vixe* tuentur hi loci: Ov. epp. ex Ponto 3, 4, 60 *annus abisse potest;* artis am. 3, 60 *sic nullum vobis tempus abibit iners;* Statii Theb. 12, 231 *nescit abisse diem.*

66, 3: *Nec tamen illa mihi dextra deducta paterna*
  Fragrantem Assyrio venit odore domum,
  Sed furtiva dedit mira munuscula nocte,
  Ipsius ex ipso dempta viri gremio.

Quod Vossius *miram noctem* exemplis Catullianis, qualia sunt *mira ars, mira pietas,* defendit, neglexit haec unius cuiusque aetatis usu dirimi. Nostratium cum nemo offendat in Heiniano illo versu 'Der Kuss von ihrem Mund, den sie mir einst gegeben in wunderbar süsser Stund', antiquum poetam numquam eo descensurum fuisse certissimum est, neque fecit Propertius, cum summo voluptatis sensu perfusus cecinit 3, 15, 1: *o me felicem! o nox mihi candida! et o tu Lectule deliciis facte beate meis.* Itaque iure suo Heinsius, Schraderus, alii vocem illam non tulerunt, quamquam coniecturis verum assecuti non sunt. Scribendum est: *Sed furtiva dedit misero munuscula nocte,* quo significatur misera adulteri condicio dona ex ipso viri gremio dempta accipientis; cf. Prop. 2, 9, 41 *sidera sunt testes et matutina pruina Et furtim misero ianua aperta mihi.*

72, 5: *Mentula moechatur; moechatur mentula. certe*
Hoc est quod dicunt, ipsa olera olla legit.

Ita haec interpungenda esse docent hi loci: 68, 19 *nescio quid certe est;* 21 *sic certe est;* 37, 7 ubi Hauptius restituit: *sic certe est;* Verg. ecl. 8, 106 *nescio quid certe est.*

72, 17: *Si quicquam mutis gratum acceptumve sepulcris*
Accidere a nostro, Calve, dolore potest,
Quo desiderio veteres renovamus amores
Atque olim missas flemus amicitias,
Certe non tanto mors immatura dolori est
Quintiliae, quantum gaudet amore tuo.

Hic verba *quo desiderio* intellegi nequeunt. Si enim arte coniunguntur, ut desiderii voce proximum *dolore* explicetur, ineptissima sunt; si disparantur, ut solum *quo* ad *dolore* referatur, ne dicam de insolentia duorum ablativorum iuxta positorum, verum non est, quovis dolore veteres amores desiderio renovari, cum sit etiam dolor, qui in praesentis temporis miseria defixus omnem praeteritorum amorum memoriam abiciat. Itaque cum Guarino scribendum est *quom desiderio*, ut sit eadem orationis forma atque quae invenitur 70, 5 *si qua recordanti benefacta priora voluptas Est homini, cum se cogitat esse pium.*

74, 1: *Cui faveam potius? Caeli, tibi: nam tua nobis*
Perfecta exigitur unica amicitia.

Ita D. L habet *est igitur est.* Scribendum esse videtur: *Perspecta eximie est unica amicitia*, cf. 43, 1 *teque adeo eximie taedis felicibus aucte.*

76, 3: *Multus homo est Naso nec tecum multus homo sed*
Descendit: Naso, multus es et pathicus.

Vt quaestionem de voce *multus*, quam num defendere liceat admodum dubito, in praesentia mittam, cetera ita scribenda esse videntur: *nec solum multus homo sed Se vendit*, cf. 74, 30 *cum puero bello praeconem qui videt esse Quid credat nisi se vendere discupere?*

76, 17: *Cur non divitiis Croesum superare potis sit,*
Vno qui in saltu totmoda possideat.

Vocabulum *totmoda* a Lachmanno ad Lucretium p. 187 iure improbatum ita corrigendum est, ut scribatur: *tot bona*, cf. de eodem Mentulae saltu 76, 10 *qui tot res in se habet egregias.*

II. In Propertium.

1, 3, 15: *Subiecto leviter positam temptare lacerto*
Osculaque admota sumere et arma manu.

Qui verba *et arma* de bello Venerio interpretati sunt, foeda illa telorum obscenorum interpretatione reiecta ad Ζεύγματος quod dicunt genus confugerunt, quo verbum *sumere* primum propria, deinde metaphorica notione intelligeretur. Quod Ζεύγματος genus cum aliquo modo defendi posse videatur, nova difficultas inde exoritur, quod, cum verba *oscula sumere* rem certam et unam, verba *arma sumere* ludos amatorios in universum significent, duo enuntiata altera hac discrepantia, quae ad Ζεῦγμα accedit, ita distorquentur, ut de interpretatione illa abicienda dubitare nequeamus. Latere vitium in verbis *et arma* cum aliis vidit Gronovius, cuius coniectura *sumere ad ora manu* Hauptio placuit. Sed cum non satis apta videatur haec tam accurata manus admotae significatio, redeundum est ad Scaligeri et Heinsii sententiam epitheton vocis *oscula* quaerentium. Atque quae illi excogitaverunt *tarda*, *certa*, *carpta*, *rapta*, probabilitate destituuntur; scripsisse videtur Propertius: *Osculaque admota sumere cara manu;* cf. Tibulli 1, 4, 53 *tum tibi mitis erit, rapias tum cara licebit Oscula;* Ovidii epp. ex Ponto 1, 4, 50 *caraque mutatis oscula ferre genis;* Culicis 292 *Orpheu, Oscula cara petens rupisti iussa deorum.* Quam facile *cara* inter *sumere* et *manu* in *et arma* corrumpi potuerit, cuivis patebit.

1, 13, 13: *Haec ego non rumore malo, non augure doctus:*
Vidi ego: me quaeso teste negare potes?

Hauptius in prooemio ind. lectt. Berol. aest. 1856 vocem *malo* ferri non posse demonstravit; sed quod ipse excogitavit *haec ego non rumore aio* propterea reiciemus, quod *aio* nullo vel Propertii vel cuiusquam similis poetae exemplo quantum scio defenditur; Horatium enim in satiris et epistulis hinc removendum esse apparet. Itaque scribendum est: *Haec ego non rumore loquor, non augure doctus.* Syllaba *cor* voce *non* absorpta corruptela secuta est. Cf. Statii Theb. 10, 205 *non vanae monstra quietis Nec somno comperta loquor.*

1, 14, 1: *Tu licet abiectus Tiberina molliter unda*
Lesbia Mentoreo vina bibas opere,
Et modo tam celeres mireris currere lintres
Et modo tam tardas funibus ire rates,
Et nemus omne satas intendat vertice silvas,
Vrgetur quantis Caucasus arboribus.

Iure suo cum Lachmannus offendisset in vocibus *omne satas*, Hertzbergius *nemus omne* explicans 'totum quod circumspicis nemus' ea addidit, quae quia addita non sunt ipsa difficultas exoritur, quamvis, etiamsi addita essent, ne sic quidem rerum veritatem exprimerent. Accedit altera difficultas vocis *satas*, quae ita solvi nequit, ut *silvas* arbores esse dicas, de quo nemo dubitat; posita est enim in eo, quod, utrum arbores illae satae sint an sua sponte ortae, nihil refert ad imaginem molliter reclinati amici a poeta vividis coloribus expressam. Ipsius huius imaginis venustas, ad quam efficiendam mire omnia horum versuum enuntiata conspirant, ostendit legendum esse: *Et nemus umbriferas intendat vertice silvas;* cf. Verg. Aen. 6, 473 *refugit In nemus umbriferum.* Loco ita restituto intellegemus similitudinem horum versuum et Horatianorum carm. 2, 3, 8 *quo pinus ingens albaque populus umbram hospitalem consociare amant Ramis? quid obliquo laborat Lympha fugax trepidare rivo?*

1, 16, 9: *Nec possum infamis dominae defendere noctes,*
Nobilis obscenis tradita carminibus
(Nec tamen illa suae revocatur parcere famae,
Turpior et saecli vivere luxuria):
Has inter gravibus cogor deflere querellis,
Supplicis a longis tristior excubiis.

Vitium latere in voce *inter* non tantum dura structura vocis *deflere*, sed quod *inter* non idem esse potest quod *per* demonstratur. Itaque Lachmannus proposuit *igitur*, quod post parenthesim pedestri magis orationi quam vinctae convenit; Hermannus *lites*, quod ad *rixas* v. 5 relatum tam multis interiectis non magis placet; de Hertzbergiano commento *mihi ter tacere satius est.* Verum est: *Has semper gravibus cogor deflere querellis*, cf. v. 8 *semper et exclusi signa iacere faces*, et v. 47 *sic ego nunc dominae vitiis et semper amantis Fletibus aeterna differor invidia.*

1, 16, 37: *Te non ulla meae laesit petulantia linguae,*
Quae solet irato dicere tota loco.

In emendandis his versibus primum tenebimus, quod Hertzbergius vidit, *loco* sive *irato* sive *ingrato* ianuam significari non posse, quippe quae nimis communis appellatio poetae propria quaerenti cum omnino non conveniat, tum hic ineptior etiam sit, quod proximo versu ipsa ianua commemorata est. Restat altera dubitatio, utrum *quae* genere feminino ad *linguae* an genere neutro ad *petulantia linguae* κατὰ cύνεcιν referendum sit. Atque haec relatio propterea praeferenda est, quod non in universum quaedam de linguae consuetudine narranda erant, sed ea addenda, quibus ipsa irati amatoris petulantia, qua poeta se ianuam non laesisse affirmat, accuratius significaretur. Itaque scribendum esse videtur: *Quae solet irata dicere mente dolor;* cf. 2, 8, 36 *tantus in erepto suevit amore dolor;* Ovidii am. 2, 5, 33 *hoc ego, quaeque dolor linguae dictavit.*

2, 5, 27: *Scribam igitur, quod non umquam tua deleat aetas:*
Cynthia forma potens, Cynthia verba levis.

De integritate versus 27 ut dubitem (et dubitavit iam Heinsius) facit primum, quod G et pr. N habent *quod nunquam*, deinde *scribam* non ad ipsum versum, quem scripsit poeta, relatum sed ad verba *quod non umquam tua deleat aetas* non satis aptum est, tum verba *tua aetas* non intellego, quae qui ita interpretabitur, ut poetam negare dicat, Cynthiam modestia et sanctitate per totam vitam probanda maculam perfidia conceptam delere posse, ei cogitandum erit, vocem *aetas* non ad mores sed ad temporis spatium pertinere, ut 1, 6, 21 *nam tua non aetas umquam cessavit amori*, si de ipso spatio, quod vitae tempore continetur, intellegemus, mirum est, quod poeta infamiam Cynthiae sola vita eius circumscribit. Quid requiratur, ostendunt hi loci Catulliani: 49, 29 *memori tibi condita corde Haec vigeant mandata nec ulla oblitteret aetas*, et 52, 29 *carmine perfidiae quod post nulla arguet aetas*. Quos locos si sequemur, posteriorem versus partem facile ita reciperabimus: *quod numquam ulla eluat aetas*. Iam desunt duo dimidii pedes, quos ita efficiemus, ut inter *igitur* et *quod* voce *carmen* inserenda ipsum alterum vitium, quod significavimus, tollamus. Scripsisse igitur poeta videtur: *Scribam igitur carmen, quod numquam ulla eluat aetas;* cf. 5, 7, 83 *hic carmen media dignum me scribe columna, Sed breve quod currens vector ab urbe legat: 'Hic Tiburtina iacet aurea Cynthia terra. Accessit ripae laus, Aniene, tuae'* et praeterea 3, 28, 43; 3, 14, 26.

2, 9, 17: *Tunc igitur veris gaudebat Graecia natis:*
Tunc etiam felix inter et arma pudor.

Quo modo altero *etiam* sententia necti, altero *et* vis in voce *arma* posita augeri possit, id quod Hertzbergius docet, non intellego, requiro potius ad exemplum loci qui legitur 4, 11, 46 *foedaque Tarpeio conopia tendere saxo, Iura dare et statuas inter et arma Mari*, quod voce *et* cum *armis* coniungatur. Itaque scribendum est: *Tunc etiam in bellis inter et arma pudor.*

3, 20, 41: *Sic ego tam sancti custode recludor amoris,*
Ex illo felix nox mihi nulla fuit.

Ita G. *custode reludor* N, in quibus codicum apicibus arte pressis latet: *Sic ego tam sancti excludor speculator amoris.* Speculator amoris hic est qui v. 31 vocatur *speculator amicae*. Excludebatur autem re vera poeta, quem amica toro non exciperet.

3, 24, 45: *Iam tibi Iasonia nota est Medea carina,*
Et modo servato sola relicta viro.

Infelicissimam horum versuum, quibus Lachmannus ineptiores se apud Propertium non legisse fatetur, interpretationem excogitavit Hertzbergius:

'notum tibi est Medeam iam fuisse in nave Iasonis et tamen mox perfide desertam.' Primum enim vox inepta *tibi* non removetur, deinde negandum est in ambiguitate intolerabili vocis *nota* verbum substantivum *fuisse* praetermitti potuisse, tum *iam* repugnat verbis *modo servato*, quibus magis particula *vix* quam *iam* conveniat. Itaque scribemus: *Phasis Iasonia vecta est Medea carina*, cf. 1, 2, 20 *avecta externis Hippodamia rotis;* 4, 3, 8 *regiaque Aemilia vecta tropaea rate;* 5, 1, 40 *o quali vecta est Dardana puppis ave*. Ov. artis am. 2, 8 *vecta peregrinis Hippodamia rotis*. Ceterum alterum versum Ovidius respexisse videtur artis 3, 36 *volucres Ariadna marinas Pavit in ignoto sola relicta loco*.

3, 32, 23: *Nuper enim de te nostras me laedit ad aures*
Rumor et in tota non bonus urbe fuit.

Ita N. *nostras pervenit ad aures* G. Haud scio an nihil arti criticae recte exercendae magis offuerit quam decantatum illud: quo quae difficiliora eo veriora. Ita hic scripturam codicis Groningani *pervenit ad aures*, de cuius integritate dubitari nequit, omnes recentiores editores spreverunt. Atque Lachmannus quidem cum dubitari posse an *me laedit ad aures* latine dictum esset, alteram autem scripturam fortasse veriorem esse sed mirabilem dissensionem dubitationem movere incerto iudicio disputavisset, secutus est Iacobus, qui quo erat veri sensu incorrupto, *me laedit ad aures* ferri non posse intellexit, alterum propter ipsam facilitatem adsciscere ausus non est. Iam vero Hertzbergius, ne fortius auxilium deesset, de tempore praesenti securus ad defendendam Neapolitani scripturam contulit Lucr. 5, 1001 *aequora laedebant naves ad saxa*, quem locum restituit Lachmannus; Kindscherus autem, qui nuper (mus. rhen. 17 p. 216 sqq.) Propertium tractandum sibi sumpsit, scripturae *pervenit ad aures* languorem quendam odoratus esse sibi videtur. Quanto sanius Schraderus, qui emendatt. p. 137 scripturam *pervenit ad aures* exemplis Ovidianis met. 5, 256 et fast. 3, 661 illustratam unice veram esse pronuntiavit. Atque ad exempla ab Schradero allata iam Burmannus addidit Octaviae auctorem v. 273, poterat addere etiam Ovidii artis 2, 449; epp. ex Ponto 1, 9, 5; 2, 5, 33; 2, 9, 3; 2, 4, 13; Hor. artis poet. 255; Verg. Aen. 9, 395; 6, 561; Statii Achill. 2, 54; Val. Flacci 8, 134; Claudiani 31, 25. Quibus exemplis quin res dirimatur, is non dubitabit, qui Marklandi praecepti meminerit saepe verissime monentis, usum in his poetis dominari summamque artis criticae iis adhibendae regulam et normam esse. Mirabilis dissensionis causam quaerenti ipsam vocem *pervenit* sola librariorum incuria in *me laedit* corruptam esse respondeo.

3, 32, 33: *Ipsa Venus, quamvis corrupta libidine Martis,*
Non minus in caelo semper honesta fuit,
Quamvis Ida Parim pastorem dicat amasse
Atque inter pecudes accubuisse deam.

Admodum doleo, Hauptium in egregia disputatione, quam de versu 35 in prooemio indicis lectt. Berol. hib. 1854 instituit, noluisse Schraderi emendationem *Quamvis Ida Phrygem pastorem dicat amasse* assensu suo comprobare, quippe quo effectum sit, ut nuper denuo pravissimae opinationes de hoc versiculo proferrentur. Quod enim dicit, inutile esse Phrygis vocabulum, postquam Ida commemorata sit, multa per se inutilia sunt, quae a poetis ornandi causa adsciscuntur.; hic Phrygis vocabulum non magis inutile est quam loco Ovidiano a Santenio allato ep. 16, 201 *Phryx erat Anchises, volucrum cui mater Amorum Gaudet in Idaeis concubuisse iugis.* Apparet autem, cum poeta Phrygem pastorem Anchisen intellexisset, librarium Parim maluisse eumque substituisse.

4, 11, 50: *Hannibalis spolia et victi monimenta Syphacis*
Et Pyrrhi ad nostros gloria fracta pedes,
Curtius expletis statuit monimenta lacunis,
At Decius misso proelia rupit equo.

Duo incommoda, quibus v. 59 laborat, verissime notavit Lachmannus, primum monimenta inepte paulo post iterari, deinde in hac rerum a Romanis gestarum enumeratione per aliquot versus continuata non posse *haec*, quod Vulpio opinanti ceteri crediderunt, vocandi casu accipi. Itaque versum corruptum esse certissimum est; quod ipse Lachmannus coniecit: *Hannibalis spolia et victi sunt parta Syphacis*, cum propterea non placet, quod hic quidem *nobis* necessario addendum erat, tum quod voce *spolia* ad Hannibalem et Syphacem relata minus apte alter tantum victus vocatur. Itaque scribemus: *Hannibalis spolia et nacti sumus arma Syphacis.*

4, 16, 19: *Sanguine tam parvo quis enim spargatur amantis*
Improbus? exclusis fit comes ipsa Venus.

Qui adhuc vocem *exclusis* emendare conati sunt commentis, qualia sunt *exulis his*, *exilii* vel quod nuperrime prolatum est *exulibus*, non cogitaverunt, de exulibus hic non magis agi quam de exclusis, sed de amatoribus, qui, dum puellarum mandata exsequuntur, extrema pericula itineribus et laboribus subire non dubitant. Itaque certa ut opinor emendatione scribemus: *Sanguine tam parvo quis enim spargatur amantis Improbus? haec ausis fit comes ipsa Venus;* cf. v. 12 *Scironis media sic licet ire via*, ubi voce *sic* mandatorum puellae exsequendorum studium pariter atque hic vocibus *haec ausis* significatur. Valent praeterea ad vocem *haec* commendandam v. 7 *at si distulero haec nostro mandata timore*, et v. 18 *huic generi quovis tempore tuta via est.* Ad sententiam cf. Ovidii met. 10, 640 *Cythereaque comprecor ausis Assit ait nostris;* artis 1, 608 *audentem Forsque Venusque iuvat;* Statii Theb. 10, 384 *invida fata piis et fors ingentibus ausis Rara comes.*

4, 18, 1: *Clausus ab umbroso qua ludit pontus Averno,*
Fumida Baiarum stagna tepentis aquae,
Qua iacet et Troiae tubicen Misenus arena,
Et sonat Herculeo structa labore via,
Hic ubi, mortalis dextra cum quaereret urbes, 5
Cymbala Thebano concrepuere deo
(At nunc, invisae magno cum crimine Baiae,
Quis deus in vestra constitit hostis aqua?),
His pressus Stygias vultum demisit in undas,
Errat et in vestro spiritus ille lacu. 10

Verissimam horum versuum distinguendorum rationem a Iacobo, Lachmanno, Hauptio indicatam iniuria parenthesis signis sublatis reliquerunt Hertzbergius et Keilius. Primum enim apodosis voce *at* concepta, praesertim enuntiato in interrogationis formam converso, ab usu Propertiano prorsus aliena indignationis cuiusdam fervore eo minus excusari debebat, quod sedatus quidam et sollemnis maiestatis plenus sermonis tenor carmini lugubri accommodatissimus his primis versibus conspicuus est. Sed gravius etiam accedit vitium, quod tribus prioris enuntiati membris particulis *qua*, *qua*, *hic* significatis inepte responderet, quod cum primo tantum congrueret. Contra si apodosis versibus 9 et 10 continetur, apparet aptissime accuratam locorum descriptionem ad ipsam Marcelli mortem referri. Neque sane est cur parenthesim illam, ad quam superiorum et novissimae calamitatis discrimine cogitando sua sponte poeta delabitur, miremur. Quae si vera sunt, quaestio exoritur de voce *his*, quam ad Baias strictim in parenthesi commemoratas referri licere confidenter negamus. Sed etiamsi liceret, propterea ferri non posset, quod particulis illis *qua, qua, hic ubi* praecedentibus iterata loci significatio inepta est. Itaque vocem corruptam, pro qua Gr *Bis* habent, ut emendemus, scribemus: *Suppressus Stygias vultum demisit in undas.* Paulo post v. 21 *Sed tamen huc omnes, huc primus et ultimus ordo* verissime Heinsium collato loco Ovidiano met. 10, 34 *tendimus huc omnes, haec est domus ultima,* coniecisse, quam emendationem recentiores editores ne commemoraverunt quidem, probat cum particula *sed tamen* post proxima *ignibus ista dabis* non ferenda, tum verbum immerito praetermissum.

4, 22, 3: *Dindymus et sacrae fabricata iuvenca Cybebae.*

Ita coniecit Vossius; GNr habent *sacra;* GNR *inventa;* N *cibele,* G *cybelae,* R *cybelle.* Vossii coniecturam cum propter vocum *sacrae* et *fabricata* pravitatem tum propter iuvencam a Cybele alienam improbandam esse vidit Hauptius (progr. Berol. 1854 p. 13), qui praeterea rectissime docuit, cum quid in Puccii codice scriptum fuerit, incertum sit, in restituendo versu a sola Groningani et Neapolitani fide proficiscendum esse. Sed coniectura quam protulit: *Dindymus et sacra fabricata e vite Cybebe,* narratione Apollonii Rhodii 1, 1112 adscita, commendatur illa quidem eo, quod vox *sacra* ad ipsam deam refertur et cum fabricandi vocabulo coniungitur materies, unde fabricatio facta est, sed primum parum probabilitatis habere verba *e vite*, quae quo modo in *inventa* transierint ratio idonea excogitari nequit, ne ipsum quidem Hauptium fugit, deinde vitem illam sacram fuisse priusquam in statuae usum adhiberetur nemo tradit, tum nihil refert notissimam Apollonii narrationem fuisse Propertio, nisi ipsius aetate eius modi simulacrum exstitisse credemus, quod admodum improbabile est. Quae cum ita sint, scribemus: *Dindymus et sacro celebrata in vertice mater.* De Cybebe una matris voce significata plura dicere non attinet; afferam tantum Verg. georg. 4, 64 *tinnitusque cie et matris quate cymbala circum;* quam facile *matri* substitui potuerit *Cybele*, apparet. *celebrata* autem in *fabricata* corruptum est, postquam syllaba *ce* locum mutavit. Cf. praeterea Statii silv. 1, 1, 16 *cui vertice sacro Dindymon et caesis decrevit frondibus Ide.*

5, 3, 11: *Haecne marita fides et pactae sunt mihi noctes,*
Cum rudis urgenti bracchia victa dedi?

In constituenda versus 11 scriptura Hauptius in progr. Berol. 1856 p. 7 demonstravit proficiscendum esse a sola Neapolitani fide, qui habet: *hae parce avia noctes.* Sed quod ipse proposuit: *et pactae ad savia noctes*, propter ipsam vocem *savia*, quam doctissime illustravit, non placet. Quamvis enim Romani voce *savium* non numquam affectum pudicum significaverint, non licet, opinor, vocem, qua Horatius semel, Vergilius in catalectis item semel, nec Tibullus nec Ovidius umquam usi sunt, Propertio, apud quem item semel 3, 29, 39 invenitur, coniciendo obtrudere. Sed gravius est quod tribus locis, quibus haec vox apud Augusteae aetatis poetas legitur, non pudico sed impudico affectui significando adhibetur, loco autem, de quo agimus, non tantum de eius modi affectu cogitari nequit, sed desideratur, quo fides marita villa et face confirmata, quam a Lycota laedi queritur Arethusa, gravius etiam indicetur. Itaque scribemus: *Haecne marita fides et pactae a coniuge noctes;* cf. v. 49 *omnis amor magnus, sed aperto in coniuge maior.* In eodem carmine v. 47:

Nec me tardarent Scythiae iuga, cum pater altas
Africus in glaciem frigore nectit aquas.

cum multa improbabilia ad emendandam corruptam vocem *Africus* prolata essent, Lachmannus ad Lucr. p. 161, quem Hauptius secutus est, acquievit in Schneidewini invento: *cum pater altas Tetricus in glaciem frigore nectit aquas.* Sed *pater*, quem Iovem esse Vergilii usus evincit (georg. 1, 122; 283; 327; 353), cum eius modi adiectivo coniungi licere nisi exemplis demonstratum erit, non credam. Propertius scripsisse videtur: *cum pater altas Verticis in glaciem frigore nectit aquas*, cf. Ov. met. 8, 555 *multa quoque hic torrens nivibus de monte solutis Corpora turbineo iuvenilia vertice mersit*, et Verg. georg. 4, 135 *et cum tristis hiems etiamnum frigore saxa Rumperet et glacie cursus frenaret aquarum*. Similiter 5, 11, 30 *Afra*, ubi GR *Aera*, P *Vera* habet, corruptum est; apud Catullum 35, 30 quod Parisinus habet *ericei* Heinsius recte in *Africi* mutavit.

5, 4, 83: *Mons erat ascensu dubius festoque remissus:*
Nec mora, vocales occupat ense canes.
Omnia praebebant somnos, sed Iuppiter unus
Decrevit poenis invigilare tuis.

Lachmanni iudicium post veteres editores in enuntiato *omnia praebebant somnos* haerentis non recte neglexerunt Iacobus et Hertzbergius. Nec enim *omnia* vel ad montem festo remissum vel ad canes ense occupatos, quae proxima sunt, nisi ineptissime referentur, nec cui somni praebiti sint indicatur. Sed ne Marklandi quidem coniectura *omnia praebebant somni* satis placet, in qua vel similis atque superior vocis *omnia* relatio efficiatur vel ineptior etiam oppositio. Apparet potius *omnia* et *Iovem unum* inter se referri, nec potest aliud poeta dixisse quam ceteros omnes somno oppressos fuisse, Iovem uuum vigilasse. Itaque scribemus: *Omnia torpebant somno;* cf. Statii silv. 3, 2, 73 *ante rates pigro torpebant aequora somno.*

5, 8, 77: *Colla cave inflectas ad summum obliqua theatrum*
Aut lectica tuae sidat aperta morae.

Ita Palmerius coniecit; *sidet* N, *sudet* GR. Scribendum est: *Aut lectica tuae nudet operta morae.* Cavendum erat puellae, ne poetae commoranti lectica aperiretur, ut introspicere posset. Operta ea sunt quae intra conduntur, ut apud Verg. Aen. 6, 140 *sed non ante datur telluris operta subire.* Paulo post legitur v. 87:

Atque ita mutato per singula pallia lecto
Respondi, et toto solvimus arma toro.

Respondi ferri non posse propter ea quae praecedunt v. 81 *indixit leges, respondi ego 'legibus utar'*, dudum intellectum est. Scripsit poeta: *Ascendi, et toto solvimus arma toro,* cf. de Fauno Omphalen temptanti Ovidii fast. 2, 345 *ascendit spondaque sibi propiore recumbit*, Prop. 5, 4, 90 *nube, ait, et regni scande cubile mei*, Statii Theb. 1, 232 *scandere quin etiam thalamos hic impius heres Patris . . . Appetiit.*

5, 9, 35: *Fontis egens erro circaque sonantia lymphis.*

De integritate verborum *sonantia lymphis* cum dubitari nequeat, frustra defenditur *circaque*. Quod enim Hertzbergius dicit, accuratius definiri, quo modo Hercules erraverit, erravit ille quidem siti oppressus ideoque fontis nanciscendi avidus, circa fontes non erravit. Immo ipsa in sitim et sollicitum aquarum studium ut verbis *fontis egens erro* ita his quoque exprimi necesse est, quod recte intellexit Scaliger scribendo *circoque*, modo ne verbum obsoletum, ut solet, intulisset. Itaque scribemus: *servoque sonantia lymphis*. Paulo post v. 40:

Et numquam ad natas irrita tela feras,

ubi N *aduatas* habet, iterum ut 3, 32, 23 in vocibus *pervenit ad aures* maluerunt editores recentiores in alia omnia abire quam facillimam verissimamque Italorum emendationem *vastam* a Schradero emendatt. p. 91 commendatam sequi.

5, 11, 23: *Sisyphe, mole vaces, taceant Ixionis orbes,*
Fallax Tantaleo corripiare liquor.

De inaudita nominis proprii forma *Tantaleus* a viris doctissimis infelicissimo acumine defensa eo minus cogitare licet, quod adiectivo *Tantaleus* idem Propertius in re simili usus est 2, 1, 65 *hoc si quis vitium poterit mihi demere, solus Tantalea poterit carpere poma manu*. Ita enim haec, non *tradere poma manu* scribenda esse praeter sententiam docere potest locus Ovidianus artis am. 3, 61, ubi codex habet *Dum licet et veros etiam num reciditis annos* a Luciano Muellero ita emendatus: *Dum licet et veros etiam nunc carpitis annos*. Itaque assentirer Aurato scribenti: *Fallax Tantaleo corripere ore liquor*, nisi et aequalitas orationis turbata (*iudicet, assideant, vaces, taceant, petat*) et ingratissimus numerorum sonus aliud latere suaderet. Scripsisse poeta videtur: *Gutture Tantaleo corripiare liquor;* cf. Ov. fast. 6, 131 *sunt avidae volucres non quae Phineia mensis Guttura fraudabant, sed genus inde trahunt;* Ov. rem. 536 *gutture fac pleno sumpta redundet aqua;* Culicis 239 *vix ultimus amni Extat nectareas divum qui prodidit escas Gutture ab arenti revolutis fluminis undis*. (Haec enim recte ita emendasse Heynium fugere non debebat Ribbeckium mus. rhen. 18 p. 107.)

III. In Ovidium.

Am. 1, 8, 57: *Ecce, quid iste tuus praeter nova carmina vates*
Donat? amatoris milia multa leges.

In hac lenae oratione, qua puellam monet, ne poetam sola carmina largientem diviti adulescenti praeferat, admodum offendit *amatoris*. Amator non solum dives ille adulescens, sed etiam poeta erat et quicumque amorem puellae profitebatur, ut statim de nobili iuvene non minus a puella repudiando v. 66 legimus: *tolle tuos tecum pauper amator avos*. Hic cum accuratior eius, qui poetae aemulus exstitit, significatio necessaria sit, scribemus: *at alterius milia multa leges*. De particula *at* in eius modi sententiarum nexu usitata cf. am. 1, 9, 8 *ille fores dominae servat, at ille ducis.* Vox *alter* ad aemulum significandum adhibetur hoc eodem carmine v. 99 *munera praecipue videat quae miserit alter.*

Am. 1, 9, 5: *Quos petiere duces annos in milite forti,*
Hos petit in socio bella puella toro.

Recte hic Bersmannum pro codicum scriptura *uiro* ad amatorem significandum parum idonea proposuisse *tori* demonstrat membrorum aequabilitas, qua postulatur, ut militi forti socius tori respondeat, et refutatur Heinsianum *toro* ab editoribus vulgo receptum; cf. met. 1, 620 *sociae generisque torique;* 10, 268 *appellatque tori sociam;* 14, 678 *Vertumnumque tori socium tibi selige.*

Am. 2, 2, 13: *Sed gerat ille suo morem furiosus amori,*
Et castum multis quod placet esse putet.

Agitur de viro uxorem anxia cura servanti, cuius insipientia derisa poeta se ad eunuchum dominae custodem convertit monens, ut stulti illius hominis exemplo neglecto furtivam libertatem puellae concedat. Hic quo modo hominis illius cura verbis *et castum multis quod placet esse putet* significari possit nescio. Quamquam re vera nihil refert ad feminae castitatem, utrum uni an pluribus placeat, modo ipsa unius amorem amplectatur, is tamen, qui vinculis et custodia eam continendam esse putat, non ut multis sed ut quam paucissimis placeat optat, quo magis eam sibi suoque amori servet. Neque multo aliter ipse poeta, ubi mores Romanos ad deterius labentes describit, am. 1, 8, 43 ex formosis puellis eam castam esse, quam nemo roget praedicat. Itaque hic scribendum est: *Et castum nulli quod patet esse putet.*

Am. 2, 3, 17: *Aptius ut fuerit precibus temptasse, rogamus,*
Dum bene ponendi munera tempus habes.

Postquam enumeravit poeta causas, quibus Bagoam eunuchum adduci posse arbitratur, ut sibi obsequatur et puellae custodiam resolvat, eum ne proficere quidem quicquam addit, quippe qui unus duobus amanti et puellae frustra adversari studeat. Iam quaeritur, quo modo quae sequuntur intellegenda sint. Particulam *ut* cum nec ex *rogamus* pendere nec concessivam notionem habere posse appareat, restat ut cum Micyllo ei significationem *quod, quoniam* tribuamus, cuius exemplum, si Lachmannus recte coniecit, apud Catullum habemus 49, 23: *nostros ut luctus ... Carbasus obscurata decet ferrugine Hibera.* Sed primum huius usus ut Catullianum exemplum mihi suspectum est propter vocem *obscurata*, quippe cui participio hi poetae adiectivum eiusdem originationis praeferant (cf. Ov. met. 11, 48 *obscuraque carbasa pullo;* 5, 404 *obscura tinctas ferrugine habenas;* fast. 6, 425 *lucoque obscurus opaco*), ita Ovidium eo prorsus abstinuisse persuasum habeo; deinde sententia non constat, cum non iis, qui quod volunt sine precibus assequi possunt (dixerat enim poeta non carere effectu quod duo velint), aptius sit precibus temptare, sed is, cui etiamnum licet munera bene ponere, precibus obsequi debeat, ne postea cum eventu etiam mercedem amittat. Quae difficultas cum non minus in Heinsianam coniecturam *aptius at fuerit* cadat, in qua praeterea duae sententiae non copulatae offendunt, scribendum est: *Aptius hoc fuerit precibus tribuisse rogantum.* Dicit poeta, id quod ipsa viri et feminae voluntate ratum futurum sit, etiamsi nolis, aptius esse, dum tempus sit, precibus eorum dedisse. Cf. artis 1, 689 *nisi hoc matris precibus tribuisset;* Statii Theb. 10, 130 *da precibus tantis.*

Am. 2, 6, 39: *Optima prima fere manibus rapiuntur avaris:*
Implentur numeris deteriora suis.

Hic nec *manus avarae* non nominata persona elegantiae specie commendantur et mortis mentionem necessariam esse cum sententiarum nexus docet tum locus Vergilianus, qui poetae obversatus est, georg. 2, 65 *optima quaeque dies miseris mortalibus aevi Prima fugit; subeunt morbi tristisque senectus Et labor et durae rapit inclementia mortis.* Scribendum est: *Optima prima fere tenebris rapiuntur avaris;* cf. Catulli 2, 12 *at vobis male sit, malae tenebrae Orci, quae omnia bella devoratis,* et praeterea Verg. georg. 2, 492 *strepitumque Acherontis avari.*

Am. 2, 9, 1: *O numquam pro me satis indignate Cupido,*
O in corde meo desidiose puer.

Cum poeta nihil aliud dicere possit nisi Cupidinem, quamvis saepe multi in eum invecti sint, nondum tamen ut mereat vituperatum esse, Burmannus rectissime verba *pro me*, quae nemo explicavit, in *pro re* mutasse censendus est. Nec vocem *res* saepissime speciei, verbis, spei, similibus notionibus opponi quisquam ignorat (cf. Ov. epp. ex Ponto 1, 7, 45 *quaque ego permisi quaque est res passa peperci),* et ut hic habemus *pro re,* ita met. 3, 234 legimus: *nec pro materia fertur doluisse.* Paulo post v. 4 *et in castris vulneror ipse meis* melius scribemus *ipse tuis.* Non nego amoris militem castra amoris ut sua cum veris castris apte conferre posse; hic quidem in Cupidine appellando, ubi crudelitas dei suosmet milites vulnerantis vituperatur, necessario ipsius amoris castra commemoranda erant.

Am. 2, 15, 19: *Si dabor, ut condar loculis, exire negabo,*
Adstringens digitos orbe minore tuos.

Ne commemorem ad verba *si dabor* desiderari mentionem eius, cui anulus detur, neque probabile esse ad anulum loculis condendum ancillae ope usam esse puellam, pravitas verborum illorum inde evincitur, quod notio voci *exire* contraria requiritur. Itaque scribemus: *Detrahar, ut condar loculis.*

Am. 3, 1, 23: *Tempus erat thyrso pulsum graviore moveri.*
Cessatum satis est, incipe maius opus.

Cum causa idonea cur duo vocabula *pulsum* et *moveri* poeta hic cumulaverit excogitari nequeat, vide ne ad exemplum versus Vergiliani ecl. 4, 1 *Sicelides Musae paulo maiora canamus*, scribendum sit: *Tempus erat thyrso paulo graviore moveri.*

Am. 3, 4, 29: *Non proba fit, quam vir servat, sed adultera cara:*
Ipse timor pretium corpore maius habet.

Hic saltem novissimi editores ineptam codicum scripturam *sit* in *fit* mutaverunt, quam eandem mutationem 3, 1, 43 *rustica fit sine me lascivi mater Amoris* frustra monstravit Heinsius. Iidem editores acquieverunt in codicum scriptura *adultera cara*, quam Iahnius et Mitscherlichius, cum intellexissent, probae non adulteram caram sed adulteram respondere, mutaverant in *adultera; cara est*. Sed apparet quam languide illud *cara est* versui attexatur, cum praesertim sententia illis verbis expressa versu proximo *ipse timor pretium corpore maius habet* multo aptius significetur. Itaque scribemus: *Non proba fit, quam vir servat, sed adultera, coniux.*

Am. 3, 8, 27: *Proque bono versu primum deducite pilum:*
Hoc tibi, si velles, posset, Homere, dari.

Versus, quibus poeta adulescentes admonet, ut stipendiis potius merendis quam versibus pangendis operam dent, si puellis placere velint, qui sequitur *hoc tibi si velles posset Homere dari* sententia prorsus destituitur. Facultas enim pilorum deducendorum, quae una pronomine *hoc* significari potest, nec a quo nec quo modo dari possit Homero, discimus, nec cur dubitetur utrum eam summus poeta sibi dari velit an nolit, nec quo modo Ovidio adulescentes a versibus pangendis deterrenti Homero, si modo velit, fore ut militaris quoque laus contingat, contendere liceat. Scribendum est: *Hoc mihi si bene quis possit Homerus erit*. Dicit: qui pilum deducet, Homeri laudes apud puellas et aequabit et superabit; cf. am. 1, 8, 61 *qui dabit, ille tibi magno sit maior Homero*, et ad sententiam etiam artis 2, 279 *ipse licet venias Musis comitatus, Homere, Si nihil attuleris, ibis, Homere, foras.*

Am. 3, 9, 19: *Scilicet omne sacrum mors importuna profanat,*
Omnibus obscuras inicit illa manus.

Nollem Heinsius coniecturam *obscenas*, quam Iahnius ne commemorat quidem, reiecisset. Hic non agi de obscuris mortis manibus, quae vereor ne exemplis, qualia sunt *obscura armenta, vellus obscurum*, excusari omnino nequeant, demonstrat proximus versus, quo sacra morte polluta et profanata significantur. Voce *obscenus* autem omnia tristia et funesta indicari satis constat; cf. praeter ceteros locos Catulli 64, 20 sed Troia obscena, Troia infelice sepultum Detinet extremo terra aliena solo.

Am. 3, 11, 49: *Quidquid eris, mea semper eris; tu selige tantum,*
Me quoque velle velis anne coactus amem.
Lintea dem potius ventisque ferentibus utar,
Vt quamvis nolim cogar, amare velim.

Videntur duo versus postremi eam sententiam continere, ut poeta, cum antea puellae arbitrium fecerit, utrum sua sponte an coactum se amare velit, iam lintea se daturum amori profiteatur, ut, quamvis nolit, amare cogatur. Sed primum qui, quamvis nolit, cogitur, non lintea dat, id quod lubentis neque inviti est; unde sequitur, particulam *ut* ferri non posse, qua tamquam consequens sententia inferatur quae superiori contraria sit. Deinde omnino poeta, cum duas illas condiciones puellae facit, sui arbitrii rem esse negat; quid ipsius potestatis sit, verbis *quidquid eris, mea semper eris* indicat; puella, si amori poetae indulgebit, efficiet, ut secundis ventis feratur, si perfidiae et nequitiae se dabit, ut coactus amet. Quodsi dicemus optare tantum poetam, ut per puellam sibi lintea dare liceat, cum satis obscurum dicendi genus amplectemur, tum postremi versus difficultas etiam magis elucebit. Itaque ut sententiae altero distichio expressae, quam eandem atque superioris esse apparet, membra duo apte coniungantur, *ut* in *an* mutandum est. Restat ut addatur, non ab Ovidio sed ab interpolatore hos duos versus profectos videri.

Artis 1, 503: *Cum surgit, surges. donec sedet illa, sedebis.*
Arbitrio dominae tempora perde tuae.

Verba *tempora perde* vitiosa esse inde apparet, quod amator cum puella versans numquam tempus se perdidisse iudicabit. Itaque scribemus: *tempora pende*. Dicit poeta, tempora sedendi et surgendi dominae arbitrio aestimanda et metienda esse.

Artis 1, 619: *Blanditiis animum furtim deprendere nunc sit,*
Vt pendens liquida ripa subitur aqua.

Quamquam Heinsio vocem *esse* idem significare atque *licere* facile concedemus, non tamen quisquam evincet, *nunc* ferri posse, cum quovis tempore animus blanditiis deprehendatur. Itaque Regium, qui habet *non sit*, sequemur scribendo: *Blanditias animum furtim deprendere constat*. De voce *constat* ab Ovidio saepius usurpata cf. met. 7, 535 *constat et in fontes vitium venisse lacusque*; fast. 3, 329 *constat Aventinae tremuisse cacumina silvae*; trist. 2, 276 *carmen ... Constabit nulli posse nocere meum*.

Artis 1, 729: *Pallidus omnis amans, hic est color aptus amanti.*
Hoc decet. hoc multi non valuisse putent.

Pallidus in linces silvis errabat Arion,
Pallidus in lenta Naide Daphnis erat.

In versu 730 sive codicum scripturam *multi — putent* retinuerimus sive cum Heinsio *hoc vultu* scripserimus, languidissima efficitur sententia, amantis colore pallido malam eius valetudinem agnosci et quidem, quod etiam ineptius est, non ab omnibus sed a multis. Quod dicendum erat et verbis *hoc decet* significatur, tali eius colore amorem puellarum conciliari, assequemur scribendo: *hoc nullum non valuisse putem;* cf. artis 1, 614 *nulli non sua forma placet;* 2, 632 *et nulli non se concubuisse ferunt.* In proximo versu in diversissimas coniecturas viri docti abire maluerunt, quarum altera improbabilior altera est, quam Heinsio obsequi verissime corrigenti *Pallidus in Dirces silvis errabat Orion. horrida Dirces pascua* dixit Statius Theb. 2, 432.

Artis 1, 705: *Scilicet ut pudor est quaedam coepisse priorem,*
Sic alio gratum est incipiente pati.

Hic cum Naugerio scribendum esse *ut pudor est quidam*, probat artis 3, 755 *carpe cibos digitis. est quidam gestus edendi*, ubi ad *quiddam* defendendum frustra Heinsius attulit epp. ex Ponto 1, 2, 55 *sunt quiddam oracula vatum.* Altero enim loco poeta dicit, vatum oracula suum pondus habere neque contemnenda esse; altero, esse singularem quendam gestum edendi puellis, quibus curae sit viris placere, observandum.

Artis 2, 195: *Pectora nec missis iubeo praebere sagittis;*
Artis erunt cauto mollia iussa meae.

Ita Heinsius scripsit pro codicum lectione *cautae.* Sed non intellegitur, cur cauto tantum mollia artis, quam profitetur poeta, iussa esse dicantur, quasi vel omnino ad incautum pertineant vel incauto alia canat quam cauto. Hic, ubi asperae heroum arti mollem suam poeta opponit, scribemus: *Artis erunt cultae mollia iussa meae;* cf. 3, 341 *nostri lege culta magistri Carmina*, et am. 1, 15, 28 *discentur numeri, culte Tibulle, tui.*

Artis 2, 307: *Ipsos concubitus, ipsum venerere licebit,*
Quod iuvat, et quaedam gaudia noctis habe.

Ad Heinsianam loci corrupti emendationem *et querula gaudia voce nota*, quam Mitscherlichius secutus est, confugere desperantis esset. Quam Merkelius excogitavit et Luciano Muellero probavit *et praedam gaudia noctis habe* fateor me non intellegere. Puella amatoris gaudia praedam vel pretium potius faciens haberet quo defenderetur, amator quo modo sua ipse gaudia praedam facere possit, non capio. Scribendum est: *et quae dat gaudia nocte Venus;* cf. 2, 459 *oscula da flenti, Veneris da gaudia flenti;* 3, 805 *gaudia post Veneris quae poscet munus amantem, Illa suas nolet pondus habere preces;* 2, 419 *sed dea non patitur sic ad sua gaudia cogi;* rem. 728 *hic mihi lasciva gaudia nocte dedit;* Tibulli 2, 1, 12 *discedat ab aris Cui tulit hesterna gaudia nocte Venus;* 2, 3, 72 *tum quibus aspirabat amor, praebebat aperte Mitis in umbrosa gaudia valle Venus.*

Artis 2, 381: *Coniugis admissum violataque iura maritae*
Barbara per natos Phasias ulta suos.

Dubitaverunt editores utrum *maritae*, quod Regius habet, an *mariti* scribendum esset; sed verum est *iura marita;* cf. Prop. 5, 3, 11 *haecne marita fides;* Prop. 4, 20, 26 *sacra marita*, et quae Marklandus collegit ad Statii silv. 1, 2, 218.

Artis 2, 496 (de Apolline): *vates ille videndus agit.*

Ab Apolline poetas agitari verum quidem est, hic autem id non agitur, sed manifestum neque ullis involucris tectum deum poetis aspicere licere. Itaque unice probandum est, quod editio prima habet, *adit*, cf. met. 10, 651 *nullique videnda nisi ipsi Hippomenen adii*. Paulo post v. 524 recte Heinsium pro vulgata *Perfer et immundo ponere corpus humo* proposuisse *perfer in immundo* inde patet, quod inepte amans, ut non tantum in mundo sed etiam in immundo humo corpus poneret, moneretur. *et* et *in* non semel mutantur; cf. Prop. 3, 31, 11; 4, 15, 32, ubi quod GR habent *Eurus in* Keilius recte mutavit in *Eurus et;* 5, 8, 80.

Artis 2, 693: *Haec bona non primae tribuit natura iuventae,*
Quae cito post septem lustra venire solent.

Et inepte sententia conformata est, qua non primae iuventae natura bona post septem demum lustra venientia tribuisse significatur, nec vox *cito* quo modo locum habeat in septem lustrorum spatio intellegitur. Vidit hanc difficultatem Burmannus, qui correxit *quae nisi post;* sed quod *nisi* idem esse posse atque *nonnisi* opinatur, egregie fallitur. Scribendum est: *Nec nisi post septem lustra venire solent.* nec nisi ita in versus initio habes artis 3, 234; fast. 5, 62, hic quidem et sententia similiter conformata: *nec nisi post annos patuit tunc curia seros.*

Artis 3, 39: *Et famam pietatis habet, tamen hospes et ensem*
Praebuit et causam mortis, Elissa, tuae.

Nec *et*, quod codices habent, nec *at*, quod cum Heinsio Mitscherlichius scripsit, in hac virorum perfidorum enumeratione defendi licet, cumque praeterea, quinam famam pietatis habere dicatur, utique aliquo modo significandum sit, scribemus: *Qui famam pietatis habet.*

Artis 3, 53: *Dixit, et e myrto — myrto nam vincta capillos*
Constiterat — folium granaque pauca dedit.
Sensimus acceptis numen quoque. purior aether
Fulsit, et e toto pectore cessit onus.

Vox *quoque*, qua nescio an significari voluerint interpretes: simulatque accepimus grana, continuo numen sensimus, contra Latini sermonis usum verbis *sensimus acceptis numen*, quibus sententia omnibus numeris absoluta continetur, adhaeret. Scribendum est: *Sensimus acceptis numen. nive purior aether Fulsit*, cf. met. 8, 373 *nive candidioribus ambo Vectabantur equis.*

Artis 3, 241: *Devovet, ut tangit dominae caput, illa simulque*
  Plorat et invisas sanguinolenta comas.

et cum mutaverunt in *ad* vel *in* editores, vocis plorandi structuram prorsus inusitatam poetae obtruserunt, nec tamen languidissimae vocis *simulque* in hac duorum verborum *devovet* et *plorat* coniunctione difficultatem sustulerunt. Scribendum est: *Devovet, ut tangit dominae caput, illa capillos Plorat et invisas sanguinolenta comas.* Capilli et comae similiter coniunguntur epp. ex Ponto 3, 3, 15 *nec torquem collo nec habens crinale capillis Nec bene dispositas comptus ut ante comas.*

Artis 3, 341: *Atque aliquis dicet: nostri lege culta magistri*
  Carmina, quis partes instruit ille duas.
  Deve tribus libris titulus quos signat Amorum
  Elige quod docili molliter ore legas.

Infelicissimam dixi coniecturam, qua L. Muellerus v. 343 scripturam codicis *deiecerem libris* mutavit in *Deve tener libris*, in censura editionis carminum Ovidii amatoriorum annalibus Muetzellianis 1862 p. 401 sqq. inserta, quod adiectivum *tener* cum voce *titulus* coniungi sana ratio non patitur. Neque nunc, postquam in vindiciis Ovidianis mus. rhen. 17 p. 522 sqq. auctor inventum suum defendere conatus est, sententiam muto. Sed quod ibidem dixi videri in vulgata *Deve tribus libris* acquiescendum esse, iam certam loci emendationem invenisse videor hanc: *Vel de carminibus, titulus quae signat Amorum, Elige quod docili molliter ore legas.*

Artis 3, 375: *Crimina dicuntur, resonat clamoribus aether,*
  Invocat iratos et sibi quisque deos:
  Nulla fides tabulae, quae non per vota petuntur!

Merito Merkelius versum 377 nota signavit, cum dici nequeat, quam languida sint verba *quae non per vota petuntur* post singula mentis commotae indicia versibus proximis commemorata. Veri inveniendi via repetenda est ex loco qui legitur ep. 15, 104: *nec potui debere mihi spem longius istam Caerulea peterem quin mea vota via*, unde verborum *vota petuntur* significatione eruta cetera ita scribemus: *Nulla fides tabulae, quo tempore vota petuntur.*

Artis 3, 501: *Dum cadit in laqueos captus quoque nuper amator,*
  Solum se thalamos speret habere tuos.

Haec quemadmodum vulgantur integra esse nequeunt, cum propter vocem *quoque* prorsus perversam tum ideo, quod amator nuper captus ita tantum in laqueos cadere dici posset, si iterum caperetur, a qua sententia longe poetam abesse et per se apparet, nec si id voluisset, vox *iterum* deesse poterat. Quae cum ita sint, quod Heinsius scripsit *Dum cadit in laqueos captatus nuper amator* ita amplecterer, ut vocem *quoque* ex versu 589 *exclusum te quoque tanget amor* irrepsisse dicerem, nisi alia loci emendandi ratio eaque multo facilior praesto esset. Commate enim post *laqueos* posito hanc efficiemus sententiam, ut amator qui nunc cum maxime in laqueos cadit coniungatur cum eo qui nuper captus est.

Rem. am. 209: *Vel quae piscis edax avido male devoret ore,*
Abdere supremis aera recurva cibis.

Rectissime Heinsius in voce *supremis* offendit, quae ita tantum ferri posset, si poeta scripsisset *suprema aera cibis circumdare*, quamquam vel sic exspectaremus *summa* non *suprema*. Scribendum est: *Abdere sub parvis aera recurva cibis;* cf. met. 8, 856 *o qui pendentia parvo Aera cibo celas;* fast. 6, 240 *quique tegunt parvis aera recurva cibis;* epp. ex Ponto 2, 7, 10 *qui semel est laesus fallaci piscis ab humo, Omnibus unca cibis aera subesse putat.*

Rem. am. 375: *Grande sonant tragici, tragicos decet ira cothurnos.*
Vsibus e mediis soccus habendus erit.

usibus mutandum esse in *lusibus*, quae vox unice socco accommodata est, iam Heinsius intellexit. Restat alterum vitium *e mediis*, in quibus vocibus nec praepositio nec adiectivi notio explicationem habet. Atque enuntiatum *soccus habendus erit* si per se spectamus, intellegimus dativum requiri, quo indicetur, ut tragicis sonis cothurni aptentur, ita soccum comoediae et ludibundis carminibus, qualia Ovidius scripsit, induendum esse. Quem dativum si voce *lusibus* contineri tenebimus, adiectivum deesse apparet, quod ad vocem *grande* contrarium referatur. Itaque scribemus: *Lusibus exiguis soccus habendus erit;* cf. v. 715 *exiguum est quod deinde canam;* trist. 5, 2, 11 *scilicet exiguis prodest annosa vetustas, Grandibus accedunt tempore damna malis;* fast. 2, 4 *nunc primum velis, elegi, maioribus itis, Exiguum memini nuper eratis opus;* fast. 6, 22 *ause per exiguos magna referre modos;* epp. ex Ponto 3, 4, 5 *est opus exiguum vestrisque conatibus impar,* et praeterea trist. 2, 223 *lusibus ut possis advertere numen ineptis.*

Epp. 2, 31: *Iura, fides ubi nunc commissaque dextera dextrae,*
Quique erat in falso plurimus ore deus?

Vitium vocis *iura* ex parte intellexit Heinsius, cum scripsit *iura fidesque*. Sed iura hic omnino non apte commemorantur, ubi vota obsecrationesque, quas amator ad puellam fallendam iactaverat, proponuntur.

Scribendum est: *Pura fides*, cf. am. 1, 3, 6 *accipe qui pura norit amare fide;* epp. ex Ponto 4, 10, 82 *quis labor est puram non temerasse fidem.* Quod purae fidei contrarium est habemus epp. 10, 116 *et data poscenti nomen inane fides.*

Epp. 6, 99: *Adde quod adscribi factis procerumque tuisque*
 Se favet et titulo coniugis uxor obest.

Ne ad interpretandum poetam Ovidianum vocem Ennianam adhibeamus e versu, quem Heinsius attulit, ann. 376 Vahl. *matronae moeros complent spectare faventes,* lenissima mutatione scribemus: *Se iubet.*

Epp. 6, 105: *Non probat Alcimede mater tua — consule matrem —*
 Non pater, a gelido cui venit axe nurus.

In hac sententiae conformatione cum quod nec mater nec pater probet illud ipsum esse, quod nurus advehatur, per se appareat, patri a gelido axe nurum venire cur expressis verbis commemoretur, causa erui potest nulla. Itaque scribemus: *a gelido quae venit axe nurus.*

Epp. 7, 83: *Si quaeras ubi sit formosi mater Iuli,*
 Occidit a duro sola relicta viro.
 Haec mihi narraras. at me novere merentem.
 Vre minor culpa poena futura mea est.

Ita P. *narraras at me novere merentem Inde minor* G. *Illa* P m. s. *futura tua est* G. De primo versu bene meruit Loersius, qui quamvis dubitanter proposuit scribendum esse: *Haec mihi narraras. at me movere merentem?* qua certissima emendatione recepta, nisi quod voci *at* fortasse Heusingerianum *an* praeferendum est, dicit poeta: quamquam mihi Creusam a te relictam esse narraras, non me culpae obnoxiam haec tua narratio, qua perfidia demonstrabatur, movit. Restat alter versus ita emendandus: *Vna minor culpa poena futura mea est;* cf. Prop. 5, 4, 17 *et satis una malae potuit mors esse puellae, Quae voluit flammas fallere, Vesta, tuas?*

Met. 2, 733: *chlamydemque ut pendeat apte*
 Collocat, ut limbus totumque appareat aurum.

Nimium et subridiculum dei in chlamyde componenda studium voce *totum* indicatur; qui divitias ostentare, non qui puellae placere cuperet, eius modi arte uteretur. Itaque scribemus: *latumque;* cf. 6, 567 *velamina Procne Diripit ex umeris auro fulgentia lato;* epp. 9, 127 *ingreditur late lato spectabilis auro;* Verg. Aen. 5, 312 *lato quam circum amplectitur auro Balteus.*

Met. 2, 774: *Ingemuit vultumque ima ad suspiria duxit.*

Cum nec *ima suspiria* vel Ovidii vel aequalium poetarum usu confirmentur, et admodum invenustum sit dicendi genus, quo *duxit* diversa notione ad suspiria et ad vultum refertur, non possum non cum Burmanno et Fabro hunc versum pro corrupto habere. Iam cum Ovidium versum Vergilianum Aen. 2. 288 *sed graviter gemitus imo de pectore ducens* imitatum esse alii recte vidisse videantur, scribemus: *Ingemuit pulmone imo suspiria ducens.* (Cf. met. 10, 403 *Myrrha patre audito suspiria duxit ab imo Pectore.*)

Met. 4, 234: *Invidit Clytie, neque enim moderatus in illa*
Solis amor fuerat.

Ne comparationis significatio ad sententiam necessaria desit, scribemus: *neque enim minus acer in illa Solis amor fuerat.* Paulo post v. 237 cum Heinsio scribendum est: *Vulgat adulterium, diffamatamque parenti Indicat.* Non adulterium magis etiam diffamatum, sed adulterio ab ipsa vulgato diffamatam sororem patri indicavit Clytie.

Met. 5, 481: *Fertilitas terrae latum vulgata per orbem*
Falsa iacet.

Praestantiorum codicum scripturam *falsa*, cuius pravitas dudum intellecta est, immerito retinuit Merkelius; sed ne Heinsii quidem inventum *cassa*, in quo acquievit cum Mitscherlichio Hauptius, probari potest, cum Ovidiani sermonis usus aliud suadeat. Scripsit enim poeta *Lassa iacet;* cf. met. 15, 188 *lassa quiete Cuncta iacent;* trist. 3, 3, 13 *lassus in extremis iaceo populisque locisque;* remed. 414 *lassaque cum tota corpora mente iacent;* 596 *nunc in harenosa lassa iacebat humo;* am. 1, 14, 22 *in viridi gramine lassa iacet,* quibus locis accedit qui simillima sententia memorabilis est: epp. ex Ponto 1, 4, 13 *quae numquam vacuo solita est cessare novali Fructibus assiduis lassa senescit humus.*

Met. 7, 7: *Dumque adeunt regem Phrixeaque vellera poscunt*
Voxque datur numeris magnorum horrenda laborum,
Concipit interea validos Aeetias ignes.

Hic primum monendum est superiorum editorum lectionem *lex*, cui cum Iahnio Merkelius et Hauptius praetulerunt *vox*, commendari similitudine loci, qui legitur epp. 12, 39: *dicitur interea tibi lex, ut dura ferorum Insolito premeres vomere colla boum* (cf. etiam met. 10, 50 *hunc simul et legem Rhodopeius accipit heros, Ne flectat retro sua lumina*); sed gravior quaestio est de voce *numeris*, quam ferri posse nego. Neque enim ad numerum pluralem defendendum exempla praesto sunt, neque tres labores Iasoni imperatos numero potissimum eum cum sociis terruisse credibile est. Quae difficultas cum Hauptium non fefellisset, poeticam licentiam excusavit, quam equidem in re tam certa et manifesta quo modo admittere liceat non video. Itaque scribendum est: *Lexque datur miseris.*

Met. 7, 186: *nullo cum murmure saepes*
Immotaeque silent frondes, silet humidus aer.

Interpolatoris manu remota nondum hi versus persanati sunt. Verba enim *nullo cum murmure saepes* a sequenti enuntiato separata per se intellegi, id quod editores ante Hauptium voluerunt, verbi defectus vetat. Ne ad verbum *silent* referamus, prohibet cum admodum invenusta coniunctio *nullo cum murmure silent*, tum quae ita tolleretur membrorum duorum *immotaeque silent frondes* et *silet humidus aer* manifesta aequalitas. Itaque scribendum est: *nullo stant murmure saepes*, cf. locum simillimum Val. Flacci 3, 402 *stant tacitae frondes, immotaque silva comanti Horret verna iugo;* Verg. ecl. 2, 26 *cum placidum ventis staret mare.*

Met. 8, 719: · *ostendit adhuc Thineïus illic*
Incola de gemino vicinos corpore truncos.

Accederem sententiae eorum qui *Tyaneïus* voci corruptae substituerunt, quamquam in poetam in rebus geographicis et eruditum et ambitiosum eius modi vitium vix conferre licet. Sed praesto est satis facilis mutatio: *Pelopeïus*, cf. 622 *nam me Pelopeïa Pittheus misit in arva.*

Met. 8, 145: *nam iam pendebat in auras.*

in auras pendere Hertzbergius quidem ad Prop. p. 117 immane quantum discrepare ab *in auris* ait, nos, ne foedum librarii vitium poetae obtrudatur, scribemus *in aura*, ut 8, 202 *molaque pependit in aura.*

Met. 9, 178: *vel si miserandus et hosti*
(Hostis enim tibi sum), diris cruciatibus aegram
Invisamque animam natamque laboribus aufer.

Iure non acquievit Merkelius in vulgata, improbanda illa cum propter inanem Herculis et Iunonis inimicitiarum commemorationem tum propter copulam *sum* neglectam in enuntiato primario, positam in parenthesi. Itaque ipse coniecit *vel si miserandus et hosti Hoc aestu tibi sum;* facilius etiam scribemus *vel si miserandus et hosti Hostis ego tibi sum. ego* corruperunt librarii etiam 9, 20 *sed popularis ero et rerum pars una tuarum*, ubi non qui futurus sit Achelous, sed qui sit quaeritur.

Met. 9, 413: *Tum demum magno petet hos Acheloia supplex*
Ab Iove Callirhoe natis infantibus annos,
Neve necem sinat esse diu victoris inultam.

Tertium versum eiecit Heinsius, necessarium eum esse intellexit Iahnius, quod ad ipsum Alcmaeonis mortem ulciscendam Callirhoe annos viresque iuveniles filiis a Iove petierat. Sed quae ipse posuit: *Tum de-*

mum magno petet hoc Acheloia supplex Ab Iove Callirhoe, natis infantibus annos Addat neve necem sinat esse ultoris inultam, nec optimorum librorum fide nituntur et mentionem *horum* annorum, quibus primi anni versus 399 continentur, sine ulla probabilitate removet. Itaque e Florentini codicis lectione supra scripta, pro qua alii codices habent *sui ultoris* eliciemus: *Neve necem sinat esse sui cultoris inultam;* cf. trist. 2, 14 *numina cultori perniciosa suo;* Statii Theb. 9, 653 *en ipse mei, pudet, irritus arma Cultoris ... vidi.*

Met. 9, 572: *apta minister*
Tempora nactus adit traditque latentia verba.

latentia verba quid sibi velint, non intellegitur. Indicantur verba in tabella a Byblide consignata, a ministro clam fratri tradita, sed ipsa ita tantum latere dici possent, si, ut est in arte 3, 627, *lacte recenti* vel *umiduli alumine nitri* conscripta fuissent; loci enim qui similis videri possit fast. 2, 705 *illic Tarquinius mandata latentia nati Accipit* aliam rationem esse apparet. Scribendum est: *fatentia verba*, cf. v. 514 *poterisne fateri? Coget amor, potero*; v. 516 *littera celatos arcana fatebitur ignes*; v. 519 *insanos, inquit, fateamur amores;* v. 545 *superata fateri Cogar opemque tuam timidis exposcere votis*; v. 561 *miserere fatentis amorem Et non fassurae nisi cogeret ultimus ardor.* Quantopere talia qualia sunt verba excusantia, solantia, precantia, minantia Ovidio in deliciis sint, non est quod moneam.

Met. 10, 114: *Bulla super frontem parvis argentea loris*
Vincta movebatur, parilique aetate nitebant
Auribus in geminis circum cava tempora bacae.

Ex hac praestantiorum codicum scriptura quae sententia elicienda esset, intellexerunt qui scripserunt parum illi quidem eleganter: *parilique nitore nitebant;* verum enim est: *parilique colore nitebant*, quo ducit etiam unius Medicei scriptura *incore.* (Cf. 11, 234 *myrrhea silva subest bicoloribus obsita bacis.*) Quòd ceteri editores praeter Merkelium sententia nulla post *aetate* maiorem interpunctionem inferentem Heinsium ex parte secuti *parilesque ex aere* scripserunt, incredibiles bacas sibi finxerunt; Heinsius ipse invento suo *parilique ex aere* nescio an illud 8, 679 *post haec caelatus eodem Sistitur argento crater* exprimere voluerit, quod illo loco loco quodam aptissimo commendatur, hic prorsus insuetum esset.

Met. 10, 143: *Tale nemus vates attraxerat, inque ferarum*
Concilio medius turba volucrumque sedebat.

Suo iure Glareanus in duplici ablativo *concilio* et *turba* eandem rem significanti offendisse iudicandus est, nisi forte erit qui elegantiam quandam in discrimine horum vocabulorum cum vocibus *ferarum* et *volucrum* coniunctorum sibi invenire videatur. Scribendum esse puto: *inque ferarum Cum cithara medius turba volucrumque sedebat.*

Met. 10, 183: *Tollere Taenarides orbem properabat, at illum*
Dura repercussum subiecit in aëra tellus
In vultus, Hyacinthe, tuos.

Cum voces *in aëra*, sive cum *repercussum* sive cum *subiecit* coniungimus, magnopere offendant, omnino autem aëris mentione facile supersedeamus, scribendum est: *Dura repercussum subiecit pondere tellus In vultus, Hyacinthe, tuos.*

Met. 10, 224: *Ante fores horum stabat Iovis Hospitis ara,*
Inlugubris sceleris.

In hac quam posui Medicei scriptura latet *Indicium sceleris*. Ara illa ante fores Cerastarum exstructa sanguine, quo tincta erat, indicavit hospites mactatos; cf. 6, 578 de Philomela: *purpureasque notas filis intexuit albis Indicium sceleris;* 1, 650 *littera pro verbis quam pes in pulvere duxit, Corporis indicium mutati triste peregit.*

Met. 11, 71: *Quippe pedum digitos in quantum quaeque secuta est*
Traxit.

Pro voce *traxit* necessariam esse eam, quae ligandi notionem exprimeret, intellexit Glareanus; quam efficiemus scribendo *Strinxit*. Eadem voce Ovidius etiam fast. 2, 324 *stringebant magnos vincula parva pedes* usus esse videtur.

Met. 11, 134: *Mite deum numen. Bacchus peccasse fatentem*
Restituit, factique fide data munera solvit.

Bothium recte post *numen* interpunxisse, probat simillimus locus 10, 488 *numen confessis aliquod patet. ultima certe Vota suos habuere deos.* Quae post *restituit* sequuntur, fortasse illa non ab ipso poeta addita, ita scribenda esse videntur: *factaque fide data munera solvit*, quibus ipsa Planudis interpretatio exprimitur: καὶ πίcτιν δοὺc τὴν προβᾶcαν ἔλυcε χάριν.

Met. 11, 144: *Nunc quoque iam veteris percepto semine venae*
Arva rigent auro madidis pallentia glaebis.

Verba *nunc quoque* et *veteris* quo modo inter se referantur accuratius examinanti dubium esse nequit, quin poeta in tanta miraculi illius vetustate tamen vestigia eius etiamnum deprehendi significare voluerit, cum per se iam verba *nunc quoque* similem sententiam postulent atque est 6, 374 *sed nunc quoque turpes Litibus exercent linguas*. Quod si verum est, frustra quaeremus quid sibi velit enuntiatum *iam veteris percepto semine venae*, quo cum semen illud aureae venae per tota arva paulatim perfusum esse indicetur, miraculum extenuatur potius quam augetur. Intellexit difficultatem Burmannus, qui coniecit *tam veteris*, sed non sustulit, quoniam quo vetustior est vena, eo facilius paulatim arva eam percipere possunt. Itaque scribendum est: *Nunc quoque iam vetere intercepto semine venae.* Ipsum semen quidem vetustate interceptum erat, sed tanta eius vis fuit, ut nihilo minus aurum post tot annos sufficeret.

Met. 12, 487: *Plaga facit gemitus ceu corpore marmoris icti.*

Hic primum corporis notionem cum marmore coniunctam et per se exempli similitudine defendi nego et qualecumque eius modi additamentum usu Ovidiano respui indices docere possunt; deinde vel sic dicendum erat aut *icto*, ut quidam scripserunt, aut *in corpore*. Apparet eam notionem necessariam esse, quae plagae respondeat, quam efficiemus scribendo: *ceu verbera marmoris icti*. *verbera* non tantum de funibus vel flagellis usurpari sed etiam de rebus solidis, ostendit met. 3, 662 *remorum in verbere perstant.*

Met. 13, 135: *Huic modo ne prosit quod ut est hebes esse videtur.*

Haec ad ipsa Aiacis verba v. 10 *sed nec mihi dicere promptum Nec facere est isti, quantumque ego Marte feroci Inque acie valeo, tantum valet iste loquendo* referri cum per se patet tum probant quae sequuntur: *meaque haec facundia ... invidia careat*. Itaque unice vera est non nullorum codicum scriptura *quod ut est hebes esse fatetur*, quam non minore neglegentia dicam an superstitione spreverunt editores quam v. 254 *cuius equos pretium pro nocte poposcerat hostis, Arma negate mihi, fueritque benignior Aiax* egregiam Koeppeni emendationem *fueritque benignior Hector*. Ibi Vlixes dicit: Hector qui Doloni equos Achillis pactus est benignior fuerit quam vos qui mihi arma eius negatis.

Met. 13, 406: *Externasque novo latratu terruit auras.*

aurae quomodo terreri possint nescio. Veram esse codicis Moreti lectionem *Externosque novo latratu terruit agros* probant hi duo loci, quorum alterum iam Burmannus attulit: 7, 362 *et quos Maera novo latratu terruit agros*, et de eadem Hecuba 13, 571 *tum quoque Sithonios ululavit maesta per agros*.

Met. 13, 910: *Ante fretum est ingens apicem collectus in unum
Longa sub arboribus convexus in aequora vertex.*

Hic primum recte Heinsius vidit, non arboribus densum sed vacuum intellegi verticem, id quod cum ipsa res demonstrat tum locus ab Heinsio neglectus epp. 10, 25 *mons fuit. apparent frutices in vertice rari: Nunc scopulus raucis pendet adesus aquis*. Itaque coniecit Heinsius: *Longa sine arboribus*, in qua coniectura cum ceteri editores acquievissent, primum Merkelium advertit, nisi fallor, quam misere sententia distorqueatur vocibus *sine arboribus*, quibus peculiare quoddam montis describendi momentum continetur, alteri sententiae parti *longa convexus in aequora* interpositis. Sed scribendo *Longus ab aequoribus* et arborum notionem prorsus necessariam immerito sustulit et poetae obtrusit quae intellegi nequeunt. Itaque restat ut scribamus: *Liber ab arboribus*, quemadmodum legitur fast. 5, 707 *liber ab arboribus locus est, apta area pugnae*; cf. etiam met. 3, 709 *monte fere medio est cingentibus ultima silvis Purus ab arboribus spectabilis undique campus*. Ceterum recte Heinsius *convexus* in *conversus* mutasse videtur, cum alterum vocibus *in aequora* adaptari nequeat.

Met. 13, 922: *Nam modo ducebam ducentia retia pisces.*

Scribendum esse *Nam modo tendebam* demonstratur his locis: epp. 5, 20; 20, 46; 21, 206; am. 1, 8, 69; artis 1, 45; rem. 202; met. 8, 331; 4, 513.

Met. 13, 932: *Vtque recenserem captivos ordine pisces,*
Insuper exposui, quos aut in retia casus
Aut sua credulitas in aduncos egerat hamos.

Hic primum vox *exposui* non satis quadrat, cum pisces nec ad spectandum nec quasi siccandi ad solem explicentur, sed tantum modo in terra ponantur; deinde de voce *insuper* quaestio exoritur. Quam si explicaveris *praeterea*, non habet quo referatur, solis piscibus commemoratis; si de loco acceperis, item deest res piscibus subiecta. Ad quas difficultates cum accedat, quod res postulat, ut separatim collocati pisces aut retibus aut hamis capti significentur, scribemus: *Diversos posui.*

Met. 14, 172: *Quod loquor et spiro caelumque et sidera solis*
Respicio.

Vsu horum poetarum non sidera solis sed lumina solis (Ov. met. 1, 135; 767; 4, 238; 14, 238; trist. 2, 325; Verg. Aen. 8, 69) confirmari cum quidam intellexissent, proposuerunt *et lumina solis;* sed multo elegantius scribemus: *caelumque et sidera caeli;* cf. Verg. Aen. 1, 259 *sidera caeli;* 11, 878; georg. 1, 335 *caeli menses et sidera;* 2, 1; 477 *caelique vias et sidera;* 4, 58; Tibulli 1, 9, 35; Ov. met. 13, 292 *cumque alto sidera caelo;* met. 2, 487 *manus ad caelum et sidera tollit;* met. 7, 580; met. 8, 372 *caelestia sidera;* trist. 2, 57.

Met. 14, 669: *Helene non pluribus esset*
Sollicitata procis, nec quae Lapitheia movit
Proelia, nec coniunx timidi aut audacis Vlixei.

Quod Heinsius pro corrupta *timidi aut* posuit *timidis*, recte Merkelius reiecit, quoniam nec umquam vox *audax* eius modi additamento oneratur et saltem dicendum erat *in timidos*. Desideratur adiectivum ad *con-*

iunx relatum, quod efficiemus scribendo: *nec coniunx animosa audacis Vlixei.*

Met. 14, 820: *Inpavidus conscendit equos Gradivus et ictu Verberis increpuit.*

Offendit *ictu*, cum increpandi verbum percutiendi notione ad eas tantum res referatur, quae re vera sonum edunt; quare manus, nubes, latera navium increpari consentaneum est, equos non item. Scripsit poeta: *et ictus Verberis increpuit*, quibus expressit locum Vergilianum Aen. 7, 450 *verbera insonuit*. Satis late patere apud Ovidium hanc aliorum poetarum imitationem cum iam alii monuerint, tamen cum aliquo fructu non nulla eius exempla minus nota afferre posse videor. Vt ab Ennio incipiam, versus qui leguntur met. 15, 30 *candidus Oceano nitidum caput abdiderat sol Et caput extulerat densissima sidereum nox*, apparet conformatos esse ad ann. 92 (Vahl.) *interea sol albu' recessit in infera noctis: Exin candida se radiis dedit icta foras lux*, a qua similitudine non parvum argumentum contra dubitationes a Vahleno et Bergkio (mus. rhen. 16 p. 571) in hos versus allatas repetere licet. Catullianae imitationis exempla haec sunt: met. 9, 745 *quin animum firmas teque ipsa recolligis, Iphi*, cf. Catulli 70, 15 *quin tu animo affirmas itaque istinc teque reducis;* met. 12, 154 *sacra tulere suam, pars est data cetera mensis*, cui loco si adiecerimus hos: met. 12, 579 *nox est data cetera somno* et 12, 535 *quam data pars leto, partem fuga noxque removit*, non inepte colligemus, obversatum esse poetae Catulli locum 39, 1 hac specie: *tertia pars patris est, pars est data cetera matri.* Vergilii versum georg. 1, 63 *quo tempore primum Deucalion vacuum lapides iactavit in orbem* exprimit am. 2, 14, 12 *quique iterum iaceret generis primordia nostri In vacuo lapides orbe, parandus erat.* Itaque nescio an Ovidius cum met. 13, 682 scripsit: *quam quondam miserat illi Hospes ab Aoniis Therses Ismenius oris. Miserat hanc illi Therses, fabricaverat Alcon*, ante oculos habuerit versus Vergilianos ecl. 2, 39 *Damoetas dono mihi quam dedit olim Et dixit moriens: te nunc habet iste secundum, Dixit Damoetas, invidit stultus Amyntas*, quorum versuum alterum delendum censet Ribbeckius. Restat met. 10, 519 *labitur occulte fallitque volatilis aetas*, quo versu nemo non videt iucundissime significari Horatianum illum epp. 1, 2, 42 *at ille Labitur et labetur in omne volubilis aevum.*

Met. 15, 364: *I quoque, delectos mactatos obrue tauros.*

In hoc versu cum ex sola divinatione auxilium quaerendum sit, tenendum est, mactatorum taurorum integram esse notionem neque ullo additamento egentem, id quod apparet ex fastorum loco ab editoribus allato 1, 377 *obrue mactati corpus tellure iuvenci*; deinde prorsus esse necessariam telluris mentionem, sine qua *obrue* stare nequit. Itaque non sine probabilitate scribemus: *I quoque humoque levi mactatos obrue tauros. humoque* cum proximo *quoque* exstinctum esset, *levi* versui adaptatum est.

Trist. 1, 1, 47: *Da mihi Maeoniden et tot circumspice casus,*
Ingenium tantis excidet omne malis.

Posterior horum versuum docet Ovidium dicere summum quemque poetam tantis malis affectum, qualia ipse perpessus sit, ingenium amissurum fuisse. Quae sententia cum satis aperta sit, editores propter vocem *omne* neglectam non viderunt, in altero versu unius Homeri mentionem non sufficere et in enuntiato *et tot circumspice casus*, quo poetae labores significari arbitrabantur, voci *circumspice* coniecturis satis infelicibus notionem obiciendi inferre conati sunt. Immo vitium latet in voce *casus*, quam si in *vates* mutaverimus, habemus enuntiatum alteri *da mihi Maeoniden* simile (*da — circumspice, Maeoniden — tot vates*) et necessitati sententiae accommodatum.

Trist. 1, 2, 101: *Quamlibet e minimis, domui si favimus illi,*
Si satis Augusti publica iussa mihi.

Qui ex editoribus Merkelius Gronovium secutus et Loersius alterum versum explicare conati sunt, in contrarias partes abierunt. Alter *satis publica* pro praedicato habet, alter *satis*, et uterque explicat: decreta Augusti legitima habeo, quae significatio quo modo in alterutrum vocabulum cadat, equidem non video, ne commemorem utrumque neglexisse, ut cum reliquis haec congruerent, non praesens tempus sed perfectum ponendum fuisse. Vnum certum videtur, poetam dicere, Augusti salute sibi semper publicam quoque contineri visam esse, quam sententiam leni mutatione efficiemus scribendo: *Si sors Augusti publica visa mihi*; cf. trist. 1, 5, 1 *o cui praecipue sors mea visa sua est.*

Trist. 1, 9, 33: *Euryali Nisique fide tibi, Turne, relata*
Credibile est lacrimis immaduisse genas.
Est etiam miseris pietas, et in hoste probatur:
Ei mihi, quam paucos haec mea dicta morent.

Defendi posse *est etiam miseris pietas*, unus Loersius sibi persuasit, qui, cur miseri potissimum hic pietatem exercere dicantur, non explicavit. Coniectura a Merkelio in superiore editione prolata *perstet iam miseris pietas* et propterea displicet, quod perstans pietas cur non perstanti hic opponatur causa est nulla, et eo nomine vitiosa est, quod unum enuntiatum ita in duas partes male cohaerentes dilaceratur. Atque totius versus unam esse sententiam rectissime intellexit Heinsius, qui scripsit: *Ista etiam in miseris pietas vel ab hoste probatur*, sed nec *pietas in miseris* cuiquam probabitur nec defendere licet *etiam* cum proximo *vel* coniunctum. Itaque restat ut scribatur: *Praestita enim miseris pietas et in hoste probatur*; cf. trist. 2, 235 *gentibus otia praestas*; 3, 4, 61 *praestat amorem;* 3, 5, 9 *idque recens praestas;* 5, 4, 41 *quam sibi praestiteris, qua consolatus amicum Sis ope;* 5, 13, 12 *remque piam praestas;* epp. ex Ponto 4, 10, 81 *sed praestandus amor.*

>Trist. 2, 89: *At memini, vitamque meam moresque probabas
Illo quem dederas praetereuntis equo.
Quod si non prodest et honesti gratia nulla
Redditur, at nullum crimen adeptus eram.*

Loersium hic quoque de sententia securum non moror; Merkelium suo iure versus 91 et 92 cum Heinsiis et Schradero obelo notasse intellegemus, si cogitabimus nec prosit an non dignitas equestris hic quaeri, nec *honestum* pro substantivo esse posse, nec locutionem *crimen adipisci* vel Ovidianam vel omnino Latinam esse. Scribendum est: *Quo si non meritis et honestis gratia factis Redditur, at nullo crimine adeptus eram.* Significat poeta, etiamsi equum ab Augusto ei concessum merito quodam singulari assecutus non sit, probare tamen eam gratiam, se crimini obnoxium non fuisse; cf. 159 *sic tibi, quem semper factis animoque mereris, Reddatur gratae debitus urbis amor.*

>Trist. 2, 110: *Parva quidem periit, sed sine labe domus.
Sic quoque parva tamen, patrio dicatur ut aevo
Clara nec ullius nobilitate minor:
Et neque divitiis nec paupertate notanda
Vnde sit in neutrum conspiciendus eques.*

Vt aliqua saltem sententia ex his eliceretur, scripserunt non nulli *Vnde fit;* sed vel sic manet vitium verborum *in neutrum,* quae significare nequeunt *in neutram partem;* manet maiori etiam vitio obnoxium *eques,* quod ad ipsum poetam relatum dici nequit quam ineptum sit, si in universum acceperis, non tam eques quam quivis ex domo nec divitiis nec paupertate notanda in neutram partem conspicuus est. Atque cum ne *fit* quidem probari possit, quod ita vox *notanda* copulae fulcro caret, scribendum est: *Atque sit in neutrum conspicienda genus.*

>Trist. 2, 191: *Iazyges et Colchi Metereaque turba Getaeque
Danuvii mediis vix prohibentur aquis.*

In nomine corrupto *Metereaque* latere videtur *Basternaque,* cf. v. 198 *proxima Basternae Sauromataeque tenent.*

>Trist. 2, 211: *Altera pars superest, qua turpi carmine factus
Arguor obsceni doctor adulterii.*

Duorum criminum, quibus se periisse poeta dicit, cum alterum, errorem, in proximis commemoraverit, hic carmen significandum est. Sed cum non factus esse doctor adulterii carmine, sed fuisse argueretur, librorum optimorum scripturam ita emendabimus ut scribamus: *qua turpi carmine facto. carmina facta* ita inveniuntur epp. ex Ponto 1, 8, 10; 2, 4, 13; 3, 5, 39; 4, 9, 132. Praeterea similem orationis formam observare licet his duobus locis, epp. ex Ponto 2, 6, 11 *nunc mihi naufragio quid prodest discere facto Qua mea debuerit currere cumba via, et 4, 8, 43 nec tamen officio ratum per carmina facto Principibus res est gratior ulla viris.*

Trist. 2, 473: *Quid valeant tali, quo possis plurima iactu
Fingere, damnosos effugiasque canes.*

Hic contortae Micylli interpretationi praeferendam esse Merulae coniecturam *quo possis plurima iactu Vincere*, luculentissimo argumento probat Suetonius Oct. 71 *nam si quas manus remisi cuique exegissem, aut retinuissem quod cuique donavi, vicissem vel quinquaginta milia*, quo loco intellegitur *vincere* in ludis idem fuisse quod apud nostrates est *gewinnen.*

Trist. 2, 479: *Vt mage velle sequi sciat et revocare priorem.*

Quamvis pauca de ludo latrunculorum sciamus, non sine aliqua probabilitate de verbis corruptis *mage velle* disputare licet. Cum constet momentum ludi in eo fuisse, ne quis sine compare deprehenderetur, verba autem *revocare priorem* referenda esse ad circumdatum ab hostibus calculum artificiis quibusdam solvendum et revocandum, sequitur altera versus parte eum calculum significari, qui non ut prior revocandus sed ut comes sequendus esset. Itaque scribemus: *Vt comitemque sequi sciat et revocare priorem.*

Trist. 3, 1, 47: *Causa superpositae scripto testante coronae
Servatos cives indicat huius ope.*

In hac tituli domus Augustalis descriptione nescio quaenam *causa coronae* intellegenda sit quidve ea indicare dicatur. Aut dicendum erat: causa coronae est, quod cives huius ope servati sunt, aut: corona servatos indicat. Deinde *superpositae* offendit, cum in proximis versibus non de foribus, quarum notionem supplent interpretes, sed de lauro sermo sit. Quodsi quis cum Heinsio *testata* legere et maiore interpunctione post *coronae* posita haec ad interrogationem de lauro v. 39 *cur tamen apposita relatur ianua lauro* referre velit, is et contortissimam efficiat sententiam et redarguatur usu Romanorum qui lauro cives servatos indicare non solent. Proficiscendum est in loco emendando a *superpositae*, quod cum satis appareat scriptum illud de Augusti meritis superpositum fuisse coronae, mutandum est in *superposito*. Cetera huic mutationi ita adaptanda sunt: *Querna, superposito scripto testante, corona Servatos cives indicat huius ope;* cf. fast. 1, 614 *protegat et vestras querna corona fores.*

Trist. 3, 1, 63: *Quaeque viri docto veteres cepere novique
Pectore, lecturis inspicienda patent.*

Hic cum codice Dresdensi scribendum esse *cecinere*, docet Catulli 54, 26 *carmina divino cecinerunt pectore Parcae;* cf. etiam epp. ex Ponto 1, 2, 134 *et cecini fausto carmina digna toro.*

Trist. 3, 4, 11: *Aspicis ut summa cortex levis innatet unda,*
Cum grave nexa simul retia mergat onus.

Hic nec liquet,' cur retia, quae numquam non nexa sint, singulariter hoc additamento insigniantur, et sententia postulatur, qua oneris illius vis magis etiam indicetur. Itaque scribemus: *Cum grave tota simul retia mergat onus.*

Trist. 3, 12, 1: *Frigora iam zephyri minuunt, annoque peracto*
Longior antiquis visa Maeotis hiems.

Hic primum duo enuntiata *frigora zephyri minuunt* et *longior visa hiems* tam diversi generis esse fatendum est, ut nullo modo particula copulativa aequiperari possint; apparet *visa* participium esse et verbum desiderari, quo alterius enuntiati similis sententia efficiatur. Sed etiam verba *anno peracto* vitiosa sunt, cum non, quo tempore ver ingruit hiemsque finitur, annus peragatur, et omnino quid anni peracti mentio, ubi de vere et hieme agitur, sibi velit intellegi nequeat. Itaque qui post alios hos versus temptavit Lachmannus ad Lucr. p. 38 hanc proposuit coniecturam: *Frigora iam zephyri minuunt, annoque peracto Longior intepuit visa Tomitis hiems*, in qua de altera mutatione *Tomitis* unius cuiusque iudicium erit, altera *intepuit* eo commendatur, quod verbum finitum aeque desideratum infert, refellitur eo, quod vitium verborum *anno peracto* relinquitur. Atqui ab his ipsis verbis emendandis proficiscendum est, ut altera quoque difficultas tollatur. Scripsit enim poeta: *Frigora iam zephyri minuunt, tandemque peracta Longior antiquis visa Maeotis hiems.*

Trist. 3, 7, 13: *Nam tibi cum fatis mores natura pudicos*
Et raras dotes ingeniumque dedit.

Miror Heinsium superstitiosa codicum veneratione adductum hic naturam cum fatis coniunctam sustinuisse. Eius modi inanis tumor quemadmodum Ovidianae elegantiae repugnet, loci probare possunt quales sunt trist. 2, 531 *invida me spatio natura coercuit arto Ingenio vires exiguasque dedit*, et epp. ex Ponto 4, 6, 27 *lenem de miseris genuit natura nec ulli Mitius ingenium quam tibi, Brute, dedit.* Itaque non dubitabimus Schraderum sequi, quem Merkelius narrat probavisse *cum facie.* Quod enim Heinsius dicit de facie post agi v. 33, cur poetae in Perilla sua celebranda non licuerit iam hic cum animi et ingenii dotibus etiam corporis virtutes coniungere, non intellego. Ceterum cf. fast. 6, 806 de Marcia: *in illa Et genus et facies ingeniumque simul.* Paulo post v. 29 unice vera editionis Bononiensis scriptura est: *Pone, Perilla, metum, tantum modo femina nulla Nec iuvenis scriptis discat amare tuis.*

Trist. 3, 10, 9: *At cum tristis hiems squalentia protulit ora*
Terraque marmoreo candida facta gelu est,
Tum statimur boream et nix habitare sub arcto,
Tum liquet, has gentes axe tremente premi.

Ad versum corruptum 11 emendandum cum alii alia protulerunt tum Hertzbergius ad Propertium p. 353 hanc proposuit coniecturam: *Dum flat iners boreas et nix agitatur ab arcto*, in qua primum inertem boream miror, deinde inertia eum flare non prohiberi, tum nivem ab arcto agitari, quam statim iacentem borea indurari poeta commemorat. Scribendum esse videtur: *Cum gelidus boreas sicca bacchatur ab Arcto,* cf. 1, 2, 29 *nunc gelidus sicca boreas bacchatur ab arcto;* am. 1, 16, 10 *et gelidum borean egelidumque notum.*

Trist. 3, 14, 1: *Cultor et antistes doctorum sancte virorum,*
Qui facis ingenio semper, amice, meo.

Futilem operam navarunt poetae, qui sine ulla veritatis specie *facis* idem esse quod *fares* opinati neglexerunt verissimam non nullorum codicum lectionem *Quid facis, ingenio semper amice meo?* Praemittit poeta, priusquam de singulis rebus amicum interroget, hanc de universa eius condicione interrogationem ad epistulae initium satis accommodatam similiter atque fecit Horatius epp. 1, 4, 1: *Albi, nostrorum sermonum candide iudex, Quid nunc te dicam facere in regione Pedana?* cf. etiam Ov. epp. ex Ponto 4, 4, 48 *heu, dicas, quid miser ille facit?*

Trist. 4, 3, 13: *Crede quod est, quod vis, ac desine tuta vereri,*
Deque fide certa sit tibi certa fides.

Poeta, qui carmini ut uxoris domum visceret et utrum memor sui esset necne sibi referret mandaverat, se ipse corrigit et de rebus certis dubitare vetat. Iam qui id quod volet tantum credet neque aliis argumentis nitetur, levissimae credulitatis crimen non effugiet, neque vel per se Ovidius, cui de uxoris fide certissime persuasum esset, misero eius modi solamine uti poterat, vel verba *quod vis* consociare licet cum proximis *quod est* et *desine tuta vereri*. Itaque scribendum est: *quod scis;* cf. epp. ex Ponto 4, 9, 127 *tu certe scis hoc superis adscite videsque.*

Trist. 4, 3, 33: *Tristis es? indignor quod sum tibi causa doloris,*
Non es? ut amisso coniuge digna fores.

Merito exagitaverunt ineptam hanc codicum scripturam ab Heinsio relictam Loersius et Merkelius, quorum quod alter cum editoribus ante Heinsium scribit: *non es: ut amisso coniuge digna fleas*, cum durissimum est, nec ullius exempli Ovidiani similitudine defenditur artificium, quo vox *cupio* ex *indignor* ad alterum enuntiatum adsciscitur, tum *coniuge digna flere* magis etiam ab usu Ovidiano alienum est; quod alter proponit *at amisso coniuge digna fores*, *at* libenter accipio, reliqua intolerabili ambiguitate laborarent, etiamsi Latini sermonis consuetudo vocem *digna* significare *si digna esses* pateretur. Itaque scribendum est: *Non es? at amisso coniuge iure fores.*

Trist. 4, 7, 7: *Cur toliens alicui chartae sua vincula dempsi,
Illam plorari nomen habere tuum?*

Merkelius, qui *toties sperari* idem esse vult quod *frustra speravi*, de versuum duorum nexu securus, non magis quidquam profecit quam ii qui *quotiens* scripserunt, eo facilitatis progressi, ut uni voci *sperare* significationem *frustra sperare* tribuerent. Nec si quis facillima emendandi opera defungi posse sibi videbitur voce *illam* in *frustra* mutata, sententiae satisfaciet, quod iam demptis chartae vinculis non amplius speramus, sed ante vincula dempta cum litteras accipimus. Itaque scribendum est: *Cur quotiens alicui chartae sua vincula dempsi, Nullam plorari nomen habere tuum?*

Trist. 5, 1, 15: *Delicias si quis lascivaque carmina quaerit,
Praemoneo numquam scripta quod iste legat.
Aptior huic Gallus blandique Propertius oris
Et plures quorum nomina magna vigent.*

Alter horum versuum dudum pro desperato habitus est, cum nec *praemoneo* cur loco simplicis *moneo* positum sit intellegatur, nec *quod* ullam defensionem habeat. Accedit quod, ut Binsfeldius (mus. rhen. 14 p. 30) recte monet, poeta, qui iam affirmavisset in toto suo carmine nihil dulce inventum iri, insulsissime hic iterum asseveraret delicias in libro suo non esse quaerendas. Sane toto versu optime carere posse videmur, quippe quo remoto sententia aptissime cohaereat; sed cum removeri nequeat sine proximo, qui est elegantissimus, Binsfeldio, priusquam tam violentam medellam arriperet, ante omnia de emendandi ratione cogitandum erat. Restituenda est enim poetae manus in hunc modum: *Delicias si quis lascivaque carmina quaerit — Vae misero, quisquam scripta quod ista legat — Aptior huic Gallus blandique Propertius oris.* Referenda esse haec ad invidiam arte in poetam collatam non est quod moneam. Confer quae sequuntur v. 20 *ei mihi cur umquam Musa iocata mea est.*

Trist. 5, 1, 23: *Quod superest, animos ad publica carmina flexi,
Et memores iussi nominis esse mei.*

publica carmina de quibus multa commenti sunt viri docti, recte a Loersio ex parte cum Ciofanio ea dici, quae ab omnibus sine noxa legi possint, praeter locum ab ipso allatum epp. ex Ponto 4, 13, 5 docent hi loci: artis 1, 144 *et moveant primos publica verba sonos,* et am. 3, 7, 12 *et quae praeterea publica verba iuvant.* Quod si ita est, cur poeta animos neminis sui memores esse iubeat, velim explicetur; cavendum potius erat, ne animi ad saniora flexi in pristinum vitium reciderent. Itaque scribendum est: *Et memores iussi criminis esse mei.*

Trist. 5, 1, 05: *Da veniam potius, vel totos tolle libellos,*
  Si mihi quod prodest, hoc tibi, lector, obest.

Dicendum erat, cuius rei veniam peteret poeta, quod in proximis nihil est quo venia illa pertineat, eiusque rei notionem probabile est voce *potius* oblitteratam esse, quoniam, cum duae sententiae particulis *aut vel* similibus positis ita inter se referuntur, ut enuntiati condicionalis vice fungantur, eius modi additamentum prorsus inusitatum est. Itaque scribemus: *Da veniam questus vel totos tolle libellos.*

Trist. 5, 7, 61: *Ne tamen Ausoniae perdam commercia linguae*
  Et fiat patrio vox mea muta sono.

vocem mutam quivis intellegit; *vox sono muta* a quo dicta sit vel quam omnino defensionem admittat nescio. Scribendum est: *Et fiat patrio vox mea nuda sono,* cf. Ov. met. 12, 512 *parvoque in tempore nudus Arboris Othrys erat,* et nucis 101 *foliis ut nuda cacumina vidit;* Sil. Ital. 4, 606 *mortem famae nudam;* 14, 342 *nudus opum.*

Trist. 5, 8, 10: *Nos quoque floruimus, sed flos erat ille caducus,*
  Flammaque de stipula nostra brevisque fuit.

nostra inepte ad flammam refertur, quasi de stipula floris, quo poeta se increvisse dicit, alius atque poetae ipsius flamma surgere potuerit; ineptius etiam cum *brevis* coniungitur, quae voces quam similitudinem habeant dici nequit. Scribendum est: *flammaque de stipula nigra brevisque fuit;* cf. Prop. 5, 3, 14 *quae mihi deductae fax omen praetulit, illa Traxit ab everso lumina nigra rogo;* Statii Theb. 5, 175 *niger omnibus aris Ignis.* Coniectura enim *parva brevisque,* quam 5, 12, 62 *exitus est studii parva favilla mei* suadere possit, et a codicibus longius recedere censenda est, nisi quis afferat am. 2, 8, 20, ubi *animi periuria nostri* in *a. p. puri* corruptum est, et propter notiones parvitatis et brevitatis nimis similes displicet.

Trist. 5, 8, 20: *Exemploque deum, quibus accessurus et ipse est,*
  Cum poenae venia plura roganda petam.

Postquam poeta dixit Augustum, ut per vim superari nequiret, ita animum mollem ad preces habere, non video, quid hi versus aliud significare possint, quam deorum exemplo cum non veniam tantum petitam sed alia quae non petita sint daturum esse. Quae cum in carmine ad insultantem poetae inimicum perterrendum composito aptissima sunt, tum Augustum ne offenderent verendum non erat. Sed eandem sententiam efficiamus oportet, si verba ipsa accuratius examinaverimus. *Cum poenae venia plura* quin integra sint, dubitari nequit; ad haec Augustum ut subiectum referendum esse pro necessitate, qua hoc et proximum enuntiatum continetur, confidenter affirmare licet. Iam Augustum poenae veniam, nisi recusaret, dare tantum potuisse apparet, ut in fine versus scribendum sit *dabit*. Restat ut inveniatur, quid inter *plura* et *dabit* ponendum sit. Quod Merkelius posuit *rogare* ineptissimam sententiam infert, ut Augustus poetae dicatur permissurus fuisse plura etiam quam veniam rogare; immo non rogare tantum permissurus erat, sed daturus veniam quidem rogatam alia non rogata. Itaque certissima coniectura scribendum est: *Cum poenae venia plura ferenda dabit.*

Fast. 2, 23: *Quaeque capit lictor domibus purgamina certis*
Torrida cum mica farra, vocantur idem.

certis, quod ab Heinsio reiectum revocaverunt Mitscherlichius et Gierigius, probari nequit, quod, ut verissime Heinsius monuit, de domo Flaminia agitur, non de quibusdam domibus non accuratius significatis. Quod Heinsius scripsit *tersis* reiciendum est, quod non tersae domus purgantur, sed tergendae. Bergkiana coniectura *curtis* nullius exempli, quo curtas domos esse pollutas vel impias doceamur, similitudine nititur, Merkelianam *ternus* non intellego. Scripsisse poeta videatur *purgamina certa*, cf. fast. 3, 333 *da certa piamina dixit*, et 3, 676 *nam coeunt certaque probra canunt*, nisi quae sequuntur *Torrida cum mica farra* suadeant ut legamus: *purgamina casta*, cf. 4, 726 *saepe tuli plena februa casta manu*.

Fast. 2, 823: *Ter conata loqui ter destitit, ausaque quarto*
Non oculos ideo sustulit illa suos.

ideo, quod Merkelius praetulit, ineptum est, sive interpretaberis, Lucretiam, quod tandem loqui ausa sit, oculos non sustulisse, sive quamquam exspectandum fuerit eam sublaturam esse, non tamen fecisse; sed ne *adeo* quidem, quod cum Burmanno Mitscherlichius probavit, ferri potest, cum gradatio hac voce significata nec enuntiato proximo nec vocibus *ausaque quarto* admittatur. Itaque cum codice Ilfeldensi et aliquot aliis a Merkelio indicatis scribendum est: *Non oculos ad eos sustulit illa suos.* Confirmat hanc scripturam Hamburgensis, cuius collationem a Longolio factam in bibliotheca Bonnensi indagavit Binsfeldius (vide progr. gymn. Frid. Guil. Colon. 1855). Ceterum cf. Prop. 1, 15, 37 *et contra magnum potes hos* (oculos) *attollere solem.*

Fast. 2, 853: *Fallimur, an veris praenuntia venit hirundo,*
Et metuit ne qua versa recurrat hiems?
Saepe tamen, Procne, nimium properasse quereris,
Virque tuo Tereus frigore laetus erit.

Verba *et metuit* vitiosa sunt cum propterea, quod quivis videt hirundinem eam ipsam reditus causam habere, quod hiems ne recurrat non metuat, tum quod particula *tamen* cum toto proximo enuntiato vocibus illis retentis omni ratione destituitur. Itaque scribemus: *Nec metuit.*

Fast. 3, 229: *Inde diem quae prima meas celebrare Calendas*
Oebaliae matres non leve munus habent.

In hac oratione Martis rationem sacrorum Calendis Martiis a matronis sibi factorum reddentis verba *quae prima meas celebrare Calendas* vulgo recepta multis nominibus vitiosa sunt. Displicet primum quod dies primus mensis significatione non addita commemoratur, deinde mira structura *diem quae prima*, tum genus femininum vocis diei, postremo quasi ipse poeta vitiosam diei illius significationem corrigere voluerit, appositionis loco adiecta verba *meas Calendas*. Itaque ex eo quod plurimi codices habent: *diem primasque meas* eliciendum videtur ; *Inde diem celebrare meum primasque Calendas*. Primas Calendas dixit Martias poeta, qui iam ante 3, 135 scripsisset: *heu dubites primae fuerint quin ante Calendae*. *diem meum* legimus 3, 234 *rite colunt matres sacra diemque meum.*

Fast. 3, 503: *Vincitur ars vento: nec iam moderator habenis*
Vtitur: aut votis is quoque poscit opem.

Ex hac codicis Petaviani et plurimorum aliorum lectione eruendum est: *a votis is quoque poscit opem*. Dicit poeta, moderatorem quoque non ab arte sua sed ut ceteros qui nave vehantur a votis opem poscere; cf. trist. 1, 11, 22 *ipse gubernator . . . Exposcit votis immemor artis opem.*

Fast. 3, 633: *Omnia promittit falsumque Lavinia vulnus*
Mente premit tacita dissimulatque fremens.

Nihil proficiunt qui vocis *falsumque* interpretationem inde repetunt, quod temere et sine causa angatur Lavinia. Profecto mira brevitate usus esset poeta, si in describenda Laviniae dissimulatione inanem eius dolorem fuisse una ista voce addita significasset. Ac ne erat quidem inanis dolor feminae, quae et Didonis memoria et donis palam ab Aenea Annae missis angeretur. Itaque scribendum est: *clausumque Lavinia vulnus Mente premit tacita*, cf. 4, 846 *et clausum pectore vulnus habet.*

Fast. 3, 715: *Nec referam Semelen, ad quam nisi fulmina secum*
Iuppiter afferret, parvus inermis eras.

Nec *parvus inermis* nec, quod Heinsius voluit, *partus inermis* intellegi posse recte iudicavit Gierigius. Scribendum est: *ad quam cum fulmina secum* (ita T et E var. scr.) *Iuppiter afferret, partus acerbus eras.* Sententiae ita reciperatae optime accommodantur versus proximi: *Nec, puer ut posses maturo tempore nasci, Expletum patrio corpore matris opus;* cf. fast. 4, 647 *et pecus ante diem partus edebat acerbos.*

Fast. 4, 135: *Aurea marmoreo redimicula solvite collo,*
Demite divitias: tota lavanda dea est.

Quae hic deae demi iubentur redimicula et flores *divitiarum* nomine

significari nequeunt. Scribendum est: *Demite delicias*, cf. Catulli 66,
24 *non si illam rarae labefactes munere vestis Aut perluciduli deliciis lapidis*. Mutatorum horum vocabulorum exemplum apud Ciceronem nuper
notavi mus. rhen. 17 p. 316; alterum exstat apud Propertium 5, 4, 76
cum pagana madent fercula deliciis, ubi GNR habent *diuitiis*.

Fast. 4, 519: *Sospes eas semperque parens. mihi filia rapta est.*
Heu, melior quanto sors tua sorte mea est.

sospitem ire pro *sospitem esse* quis dixerit, nescio. Ovidio certe hic
eo minus ita dicere licuit, quod paucis versibus post legitur v. 525 *sic
tibi — sit filia sospes*. Sed coniunctivus *eas* ne proximo quidem enuntiato, quo ad felicitatem senis illius significatam respicitur, accommodari
potest. Itaque scribendum est *Sospes eris*, cf. etiam fast. 6, 220 *qua
felix sospite semper ero*. Contrarium vitium novissimus editor intulit fast.
3, 76 *primus de patrio nomine mensis erit*, ubi recte Mitscherlichius cum
Heinsio *eat* scripsit. Eundem Heinsium recte monentem 2, 2 *alter ut it
mensis*, sic liber *alter eat* legendum esse miror quod ne Mitscherlichius
quidem secutus est. Ad *it* defendendum attulit Heinsius 3, 145; poterat
etiam 2, 150; 268; 3, 76.

Fast. 5, 21: *Nec latus Oceano quisquam deus advena iunxit,*
Tethys extremo saepe recepta loco.

Hos versus, quibus ante maiestatem natam deorum dignitates et gradus
turbatos poeta describit, tales supra scripsi, quales codex Petavianus et
plurimi alii habent. Mitscherlichius vulgatam, in qua iam Heinsius offendit,
retinuit: *Et latus Oceano quisquam deus advena iunxit*, Merkelius in priore editione scripsit: *Et latus Oceano quivis deus advena iunxit*, in altera
quivis in *quamvis* mutavit. Ac primum apparet voce *quisquam* retenta *et*
stare non posse, quod post Heinsium Mitscherlichium non vidisse miror;
Merkelius vidit quidem sed iudicio pravo *quisquam* quoque contra codices
mutandum esse censuit, cum qui via et ratione utetur intellegere debeat,
voces *nec* et *quisquam*, quae, praeterquam quod in codice leguntur, mutua necessitate contineantur, integritatis speciem prae se ferre luculentissimam primamque versus partem non posse non ita conformari: *Nec latus
Oceano quisquam*. Quod si verum est, necessario sequitur in posteriore
versus parte, qua sententia cum superioribus verbis nullo modo consocianda continetur, vitium latere huiusque emendatione manum poetae reciperandam esse. Iam feliciter accidit, quod codex m manu pr. versum
ita exhibet: *Nec latus Oceano quisquam quando leve tegebat*, unde nulla
fere mutatione verum ita eliciendum est: *Nec latus Oceano quisquam de
plebe tegebat*.

Fast. 5, 129: *Praestitibus Maiae Laribus videre Calendae*
Aram constitui parvaque signa deum.

Ineptum est quod Laribus signa deum constituta esse dicuntur, quasi non fuerint dei, vel omnino de signis deorum et hominum distinguendis hic quaeratur. Iam cum et fast. 2, 615 *fitque gravis* (Lara) *geminosque parit qui compita servant* Lares compitales duos fuisse doceamur et 5, 143 de ipsis Laribus Praestitibus Ovidius canat: *bina gemellorum quaerebam signa deorum Viribus annosae facta caduca morae*, sequitur hic legendum esse: *parvaque signa duo*.

Fast. 5, 325: *Nec volui fieri nec sum crudelis in ira,*
Cura repellendi sed mihi nulla fuit.

Florae narrantis eo se Romanorum incuriam ultam esse, quod non quidem ipsa flores perdiderit, sed damna ventis et aqua illata non arcuerit, verba, quae supra scripsi, vitiosa esse inde probatur, quod cum vocum *fieri* et *sum* admodum inelegans est relatio, tum proximum enuntiatum *cura repellendi sed mihi nulla fuit*, quod ad sola verba *nec volui fieri crudelis* pertinet, inepte verba *nec sum crudelis in ira* ea sententiae conformatione addi, ut cum superioribus prorsus exaequentur, satis docet. Scribendum est: *Nec volui fieri nimium crudelis in ira*. *nimium* cum adiectivis coniunctum amat Ovidius, cf. fast. 3, 277; 1, 477; am. 2, 19, 25; artis 3, 544; 602.

Fast. 5, 525: *Cara fuit coniunx primae mihi cura iuventae*
Cognita, nunc ubi sit, quaeritis? urna tegit.

Si *cognita* deesset et tantum legeretur *primae mihi cura iuventae*, aliquo modo Gierigii interpretatio 'quam ut ducerem, prima mihi iuventa curandum putabam' ferri posset, quamvis vel sic, quis ex poetis Latinis coniugem *curam primae iuventae* dixerit, frustra quaeras. Nunc voce *cognita* addita cum vel eius modi interpretandi artificium deleatur, redeundum est ad Petri Burmanni emendationem, quam nollem tam dubitanter proposuisset: *primae mihi flore iuventae*; cf. Val. Flacci 1, 101 *primae seu quos in flore iuventae Temptamenta tenent*; Statii Theb. 7, 301; Sil. Ital. 1, 376; 16, 405; Cic. de divin. 1, 22.

Fast. 6, 55: *Dicta fides sequitur. centum celebramur in aris,*
Nec levior quovis est mihi mensis honor.

Iuno quamvis honorem nominis mensi Iunio dati ambiat, qua est superbia, non potest affirmare non quovis sibi mensis honorem leviorem esse, immo quod iam centum aris celebratur, mensis honorem ad alios tantum accessurum nec sibi quamquam debitum magni faciendum esse pronuntiat. Itaque hic idem vitium atque fast. 2, 854 agnoscemus et scribemus: *Et levior quovis est mihi mensis honor*. Ita demum apparet, quid verba uxoris Herculis sibi velint v. 75, cum nullis aliis officiis colatur, hunc unum honorem esse, de quo sollicitetur, respondentis.

Fast. 6, 363: *Vidimus ornatos aerata per atria picta*
         Veste triumphales occubuisse senes.

Recte Heinsius monuit non posse propter statuas aheneas atria aerata dici, sed ne *reserata* quidem ab ipso proposituin placet, cum requiratur adiectivum, quo dignitas atriorum augeatur. Verum esse videtur: *Vidimus ornatos* generosa *per atria*, cf. fast. 1, 591 *perlege dispositas generosa per atria ceras.*

Fast. 6, 571: *Servius est, hoc constat enim; sed causa latendi*
         Discrepat, et dubium me quoque mentis habet.

De integritate verborum *hoc constat enim* scrupulum inicit cum nimius orationis pedestris color, cuius haud facile vestigia apud Ovidium invenias, tum quod codices plurimi miro consensu habent: *et constat.* Itaque scribendum est: *Servius est — et constat homo — sed causa latendi Discrepat;* cf. de hac parenthesis forma Ovidianae artis 3, 673 *efficite — et facile est — ut nos credamus amori;* am. 2, 5, 45 *sicut erant — et erant culti — laniare capillos;* fast. 6, 158 *spargit aquis aditus — et aquae medicamen habebant — Extaque de porca cruda bimestre tenet;* epp. ex P. 3, 5, 46; 1, 4, 11; trist. 2, 231; met. 1, 591; 9, 782.

Fast. 6, 687: *Admiscetque alios, et ut hunc tibicina coetum*
         Augeat, in longis vestibus esse iubet.

Narratur Plautius tibicines reduces, ut senatum falleret, personis capitibus impositis cum longis vestibus esse iussisse. Hic enuntiatum, quo consilium eius indicatur: *ut hunc tibicina coetum augeat*, primum voce *hunc* prorsus perversa dehonestatur, quasi alius tibicinum coetus commemoratus sit, a quo hic distinguatur; deinde apparet vestes longas non ad augendam tibicinum dignitatem valuisse sed idem spectasse quod personas, ne a collega et senatu reduces notarentur. Itaque scribendum est: *Admiscetque alios, et ut hoc tibicina* cultu Occulat, *in longis vestibus esse iubet.*

Fast. 6, 695: *Martius, inquit, agit tali mea nomine festa,*
         Estque sub inventis haec quoque turba meis.

Recte Krebsius et Gierigius in voce *turba* offenderunt, quam qui turbam tibicinum interpretantur, videant quo modo turbam tibicinum, quod Minervae artem exercent, sub inventis huius deae esse dici defendant. Scripsit poeta: *haec quoque* cura, cf. fast. 3, 155 *sed tamen errabant etiam tum tempore, donec Caesaris in multis haec quoque cura fuit;* rem. 78 *utraque tutelae subdita cura tua est.*

Epp. ex Ponto 1, 8, 21: *At tibi rex aevo detur fortissime nostro*
         Semper honorata sceptra tenere manu.
         Teque, quod et praestat — quid enim tibi plenius
                           optem? —
         Martia cum magno Caesare Roma probet.

Pugnant verba *quod et praestat* cum proximis *quid enim tibi plenius optem*, quibus votum, non voti exitum illis contineri efficitur. Itaque scribemus: *Teque, quod o praestet*, cf. trist. 5, 9, 37 *dumque quod o breve sit lumen solare videbo Serviet officio spiritus ille tuo;* Verg. Aen. 10, 631 *quod ut o potius formidine falsa Ludar.*

Epp. ex Ponto 2, 3, 19: *Illud amicitiae quondam venerabile nomen
Prostat et in quaestu pro meretrice sedet.*

Non recte Heinsium *nomen* in *numen* mutasse probant hi loci: epp. ex Ponto 3, 2, 100 *nomen amicitiae barbara corda movet;* 3, 2, 43 *nos quoque amicitiae nomen bone novimus hospes;* 4, 13, 44 *per non vile tibi nomen amicitiae;* trist. 1, 8, 15 *illud amicitiae sanctum ac venerabile nomen.*

Epp. ex Ponto 3, 7, 21: *Spem iuvat amplecti, quae non iuvet irrita semper,
Et fieri cupias si qua futura putes.*

Aperta duorum enuntiatorum duobus versiculis expressorum aequalitas docet priore versu non de spe amplectenda in universum dici, deinde addi irritae spei praeferendam esse ratam, sed de ea tantum, quam ratam fore exspectare possis. Ad quod sententiae vitium cum accedat vocis *iuvat* iteratio ingrata, scribemus: *Spem iuvat amplecti, quae non iacet irrita semper.*

Epp. ex Ponto 4, 7, 29: *At tibi, progenies alti fortissima Domni,
Venit in adversos impetus ire viros.*

Nihili est *Dauni*, quod voluit Heinsius. Scribendum esse videtur: *progenies alti fortissima dorsi*, quod accommodatum est iuveni Alpinis regibus orto (v. 6); cf. Statii silv. 1, 4, 57 *Alpini . . iuxta culmina dorsi.*

Epp. ex Ponto 4, 16, 31: *Cum Varus Gracchusque darent fera dicta tyrannis,
Callimachi Proculus molle teneret iter:
Tityrus antiquas et erat qui pasceret herbas
Aptaque venanti Gratius arma daret.*

Ut intellegamus, quid lateat versu 33, inde proficiscendum est, quod admodum probabile fit, vocem *pasceret* pariter usurpatam esse atque in proximis *daret fera dicta tyrannis* et *arma daret*, ut quae cecinit poeta ipse fecisse dicatur. Itaque scribemus: *Tityrus agricolas armentaque pasceret herbis.* Verbum pascendi ad armenta relatum habes fast. 4, 67 *hospes Aventinis armentum pavit in herbis*, ad hominem fast. 2, 566 *nunc posito pascitur umbra cibo;* armenta et agricolas coniunctos fast. 3, 61 *omnibus agricolis armentorumque magistris;* herbis vescentes homines fast. 4, 369 *lacte mero veteres usi memorantur et herbis.*

POLYPHEMOS UND GALATEIA.

VON

WOLFGANG HELBIG.

Die Nereide Galateia[1]) scheint in der Gegend des Aetna als Segen spendende Wassernymphe einen Kultus gehabt zu haben und hier scheint die Geschichte der Liebe des Polyphemos zu derselben im Munde des Volks gewesen zu sein, bevor sie Philoxenos in seinem Dithyrambos in die Litteratur einführte.[2]) Das Verhältniss des Kyklopen zu der Nereide wurde in den manigfachen Dichtungen, namentlich der alexandrinischen Epoche, die dasselbe behandelten, in verschiedener Weise geschildert. Nach der älteren Version, die schon von Philoxenos durchgeführt wurde[3]) und die in der älteren uns vorliegenden Litteratur die häufigere ist, war Polyphemos in seiner Liebe unglücklich und suchte seinen Kummer durch Lieder zu verscheuchen, welche er am Meeresstrande sitzend ertönen liess. In diesem Sinne ist das elfte Idyll des Theokritos abgefasst. Diesem ähnlich muss ein Gedicht des Bion gewesen sein[4]), auf welches Moschos anspielt.[5]) Eine Hindeutung auf dieselbe Version findet sich auch bei Kallimachos.[6]) Auch Ovid[7]) und in einer beiläufigen Erwähnung Silius Italicus[8]) schildern den Kyklopen als von der Nymphe verschmäht, verweben aber mit dieser Erzählung die Liebesgeschichte des Akis. Bei Lucian[9]) rühmt Galateia zwar gewisse Vorzüge des Polyphemos, wie sein kräftiges, männliches Aeussere, seine vornehme Abkunft von Poseidon, seinen Gesang und sein Spiel, thut dies aber in der Absicht die Doris zu ärgern, welche ihre Reize herabzusetzen sucht, und verwahrt sich ausdrücklich dagegen,

---

[1]) Obwohl dieser Gegenstand schon von meinem verehrten Lehrer O. Jahn in den *archäologischen Beiträgen* S. 411 behandelt worden ist, scheint mir doch eine neue Bearbeitung am Platze, da ich während meines Aufenthalts in Neapel angesichts der kampanischen Wandgemälde zu Resultaten gelangte, welche die bisherige Ansicht modificieren.
[2]) Vgl. O. Jahn *arch. Beitr.* S. 411 Anm. 2. Ein ἱερόν der Galateia erwähnt auch Lucian *ver. hist.* II 3.
[3]) Jedenfalls spielte Polyphemos, da unter dessen Person König Dionysios verspottet wurde, eine lächerliche Rolle (Schol. Aristoph. Plut. 290). Wie im elften Idyll des Theokrit suchte er sich auch bei Philoxenos durch Lieder in seinem Liebesleide zu trösten (s. Bergk *poetae lyrici* p. 994, 7 ff.).
[4]) Pierson weist diesem Gedichte mit Recht Fr. XII, XVII (XIV) und XIV (X) zu.
[5]) III 58 ff.
[6]) Epigr. 49.
[7]) Metam. XIII 750 ff.
[8]) XIV 221 ff. vgl. Servius zu Verg. ecl. IX 39. Myth. Vatic. I 5. II 174 (Mai *class. auct.* III p. 2. 147).
[9]) *Dial. mar.* 1.

dass sie den Kyklopen liebe. In welcher Weise Kallimachos in einem besonderen von Athenäos erwähnten Gedichte Γαλάτεια[10]) und der milesische Arzt Nikias in seiner Dichtung Κύκλωψ ἢ Γαλάτεια, womit er das ihm gewidmete elfte Idyll des Theokrit erwiderte[11]), die Geschichte behandelten, wissen wir nicht. Einer von der bisher besprochenen verschiedenen Behandlung begegnen wir in dem Wechselgesange zwischen Damoitas und Daphnis im sechsten Idyll des Theokritos. Hier erzählt der Kyklop, dessen Rolle Damoitas übernommen hat, dass Galateia ihn früher, als er sie mit Liebesanträgen bestürmte, verschmäht habe. Jetzt hat sich das Verhältniss geändert. Galateia liebt ihn und gibt ihm davon deutliche Zeichen. Doch stellt sich Polyphemos, als ob er dies nicht bemerke, um durch scheinbare Gleichgültigkeit die Nymphe noch mehr zu entflammen und zu dem entschiedenen Versprechen zu bringen, sich ihm zu ergeben. Wiewohl uns Theokrit nichts über die Folgen dieses Anschlags berichtet, wird man doch annehmen müssen, dass er sich dieselben für den Kyklopen günstig dachte. Sicher gab es nämlich eine Version der Erzählung, der zufolge Polyphemos der glückliche und begünstigte Liebhaber der Galateia war. Die älteste bestimmte Spur hiervon findet sich bei Propertius.[12]) Sehr oft werden der Kyklop und die Nereide als durch wechselseitige Liebe verbunden von Nonnos erwähnt.[13]) Auch bei Nicetas Eugenianus schenkt die Nereide schliesslich den Anträgen ihres Liebhabers Gehör, verlässt das Meer und wohnt als seine Gattin auf dem Festlande.[14]) Eine eigenthümliche Sage lässt ihn sogar mit ihr drei Söhne zeugen, den Keltos, Illyrios und Galas.[15])

Indem wir nunmehr untersuchen, welche Formen der Erzählung in den einzelnen Darstellungen der bildenden Kunst durchgeführt sind, beginnen wir mit dem 1833 zu Pompei in der casa dei capitelli colorati ausgegrabenen Wandgemälde.[16]) Am Meeresstrande unter einer Felsengruppe steht der Kyklop, einen grünen Mantel um den Hals gebunden, welcher den linken etwas erhobenen Arm bedeckt. Die Rechte stützt er auf einen knorrigen Stab.[17]) Er hat Satyrohren und drei Augen, von denen das Stirnauge mit röthlicher Farbe auf die braune Fleischfarbe aufgetragen ist. Sein Haupt ist mit einem Laubkranze geschmückt. Während vor ihm seine Herde von Schafen und Ziegen weidet, sind seine Blicke nach Galateia

---

[10]) VII p. 284 C (Fragm. 37).
[11]) Hypoth. II zu Idyll. XI.
[12]) IV (III) 2, 5: *Quin etiam, Polypheme, fera Galatea sub Aetna
   Ad tua rorantes carmina flexit equos* usw.
[13]) VI 300 ff. XIV 61 ff. XXXIX 257 ff. XL 555. XLIII 266. 390 ff.
[14]) VI 500 ff. (Erotici scriptores ed. Hercher II p. 516).
[15]) Appian Illyr. p. 757 (1194).
[16]) Zahn *die schönsten Ornamente* II 30. Doch ist diese Publication in den Einzelheiten sehr ungenau.
[17]) Vgl. Verg. Aen. III 659: *Trunca manu pinus regit et vestigia firmat*.
   Ovid Metam. XIII 782: *Cui postquam pinus, baculi quae praebuit usum,
   Ante pedes posita est, antemnis apta ferendis* usw.

gerichtet, die auf einem Delphin durch das Meer reitet, die Linke auf
den Delphin stützend und in der Rechten einen blattförmigen Fächer über
dem Haupte emporhaltend. Ihr Oberkörper ist nackt. Von den Hüften
an ist sie mit einem Gewande bedeckt. Ihr Gesicht ist seitwärts gewen-
det nach der Richtung zu, wo Polyphemos steht. Während vor ihr ein
Triton schwimmt, der die Muscheltrompete bläst, schwebt über ihr Eros
mit einem Sonnenschirme. Im Hintergrunde sieht man Berge mit statt-
lichen Gebäuden, die sich im Meere spiegeln.

Die Situation ist zu allgemein gehalten und zu wenig bestimmt charakterisirt, um mit Jahn[18]) darin den Moment erkennen zu können, wo
der Kyklop die Nereide zum ersten Male sieht, und um entscheiden zu
können, was für einer Version der Erzählung der Künstler folgte. Vermuthlich wollte er einen Vorwurf allgemeinerer Art zum Ausdruck bringen:
Polyphemos in den Anblick seiner Geliebten versunken.

Ein ganz ähnliches Gemälde befindet sich in Pompei in der casa
della caccia antica[19]), ist jedoch zu zerstört, um über gewisse Einzelheiten, wie über die Gesichtsbildung des Polyphemos, ein entschiedenes Urtheil zu gestatten. Hier sitzt der Kyklop am Ufer und hält einen Widder, welchen er der Galateia zum Geschenk darzubieten scheint. Neben
ihm ist sein Keulenstab und eine grosse Schale zu sehen, welche ohne
Zweifel die Erzeugnisse seiner Herden, Milch und Butter, andeutet, die
er auch bei Theokrit und Ovid der Nereide anpreist. Galateia reitet
auf einem Delphin durch das Meer und stützt den linken Ellenbogen auf
einen anderen nebenher schwimmenden. Mit der Rechten erhebt sie einen
Zipfel ihres Gewandes, ein Motiv, welches in ähnlicher, jedoch noch mehr
malerischer Weise auf einem von Philostratos (II 18) beschriebenen Bilde
durchgeführt war. Die Figuren des Triton und des Eros, welche wir auf
dem vorhin beschriebenen Bilde wahrnahmen, fehlen. Dagegen ist der
Hintergrund und die rechte Seite des Vordergrundes noch phantastischer
als auf jenem mit allerlei Gebäuden geschmückt.

Mit Bestimmtheit glaube ich auf die Version des Mythos, nach welcher Polyphemos der glückliche Liebhaber der Nereide war, das bekannte
herculanische Gemälde[20]) beziehen zu müssen, welches den Polyphemos
darstellt, wie er, eine roh gearbeitete Leier in der Linken, am Ufer sitzt
und einem Eros die Rechte entgegenstreckt, der auf einem Delphin heran-
reitet und ihm ein Brieftäfelchen entgegenhält. Ueber die Schenkel des
Kyklopen liegt ein Pantherfell gebreitet, neben ihm ist ein keulenähnlicher
Stab angelehnt. Sein Haupt ist mit einem Schilfkranze geschmückt. Es

---

[18]) *Arch. Beitr.* S. 416.
[19]) Zahn *die schönsten Ornamente* III 48. Was aus dem 1828 in Herculanum
ausgegrabenen Gemälde geworden ist, welches Polifemo e Galatea darstellen
soll (Bull. dell' Inst. 1829 p. 68), weiss ich nicht. Im Museo nazionale befindet
es sich nicht und auch in Herculanum habe ich es vergeblich gesucht.
[20]) Pitt. d'Erc. I 10 p. 53 = Mus. Borb. I 2 = Millin *gal. myth.* 162, 632.

versteht sich, dass der Brief, den Eros bringt, von Galateia kommt. Hieraus können wir mit Sicherheit schliessen, dass sie seine Liebe erwidert. Um dies Bild mit der Version der Erzählung in Einklang zu bringen, der zufolge sie seine Liebe verschmäht, würde man annehmen müssen, dass der Brief dem Liebesantrage des Polyphemos eine abschlägige Antwort ertheilt, oder dass der Brief vom Kyklopen an die Nereide geschickt worden ist und ungelesen an ihn zurückgeht, letzteres ein Motiv, welches, wie jedermann einsieht, der antiken Anschauungsweise vollständig fremd ist. Jedenfalls müsste dann irgendwie in dem Bilde ausgedrückt sein, dass der Brief möglicherweise Ungünstiges bringen könnte. Dagegen ist der Ausdruck des Eros derartig, dass man deutlich sieht, der Bote meldet Gutes, und der Kyklop greift mit freudiger Hast nach dem Briefe, der ihn vermuthlich in gewohnter Weise zu einem Rendezvous in irgendwelcher Meeresgrotte bescheidet.

Auf einem sehr schönen herculanischen Gemälde, welches im Museo Borbonico[21]) leider in sehr unzureichender Weise publiciert ist, sehen wir einen braunen Mann von kräftigem Gliederbau mit schönem, bärtigem Gesichte, welches nur durch Satyrohren etwas von thierischer Natur verräth, auf einem Steine sitzen, wobei er den rechten Ellenbogen auf ein etwas höher gelegenes Felsstück stützt. In seiner Linken nehmen wir ein Pedum, auf seinem Haupte einen Schilfkranz wahr.[22]) Ein Pantherfell, welches er zur Unterlage seines rechten Arms benutzt, fällt an seiner rechten Seite herab über den rechten Oberschenkel. Seine Blicke sind auf eine jugendliche weibliche Figur gerichtet, welche neben ihm steht im sogenannten Doppelchiton mit darumgeschlagenem Mantel, einen blattförmigen Fächer in der Linken haltend und zu ihm hinüberblickend. Eine andere ähnlich gekleidete weibliche Figur ist, wie es scheint, mit ihr im Gespräche begriffen und weist mit beiden Händen auf den sitzenden Mann hin. Der Gesammteindruck der Gruppe ist von der Art, dass man annehmen muss, sie setze ihrer Begleiterin irgend etwas jenen Mann Betreffendes aus einander, was sich dieser möglicherweise nicht selbst zu sagen getraut. Er spricht nämlich nicht, sondern hängt mit seinen Blicken an dem Antlitze des ihm zugewendeten Mädchens, wie es scheint, voll von Spannung, was dieses auf jene Auseinandersetzung erwidern wird. Die sitzende männliche Figur, in welcher der Herausgeber des Bildes, Bechi, Faunus vermuthet, erkläre ich für Polyphemos. Einmal sind die Attribute, Pantherfell und Schilfkranz, dieselben, welche wir bei dem Kyklopen auf dem Gemälde mit der Briefabgabe wahrgenommen haben. Auch das Pedum, welches wir auf unserem Gemälde in seiner Hand erblicken, und der knorrige keulenähnliche Stab auf den bisher besprochenen Bildern haben genau betrachtet dieselbe Bedeutung, nur dass das

---

[21]) VIII 21.
[22]) Dies Attribut ist im Museo Borbonico nicht ausgedrückt.

Pedum den Kyklopen mehr den gewöhnlichen Hirten nähert, während ihn der Keulenstab ungeheuerlicher erscheinen lässt. Körperbau und Gesichtsbildung sind ähnlich behandelt wie auf dem Gemälde mit der Briefabgabe, von vollendeter Schönheit und beinahe grossartig, und nur die Satyrohren lassen etwas von der dem Kyklopen innewohnenden thierischen Natur durchblicken. Ausser allen Zweifel gesetzt wird die Richtigkeit meiner Erklärung dadurch, dass man bei genauer Prüfung des Originals bei unserem Kyklopen deutlich das Stirnauge wahrnimmt. Es ist unmittelbar über den Brauen der beiden anderen Augen angebracht mit röthlichem Augenstern und gelbweissgemalten Augenrändern und scheint vom Künstler absichtlich in etwas verschwommener Weise angedeutet zu sein, um das Unnatürliche der Bildung möglichst wenig hervortreten zu lassen und den schönen Kopf nicht zu entstellen, ein sehr feiner Zug, welchen wir auf dem die Briefabgabe darstellenden Gemälde vermissen, wo das Stirnauge mit gleicher Schärfe behandelt ist wie die übrigen Partien des Gesichts. Ueberhaupt wird letzteres Gemälde von jenem in Feinheit der Ausführung weit übertroffen. Auf beiden Bildern ist die Darstellung des Polyphemos von grossem Interesse und höchst lehrreich für die Weise, in welcher die griechischen Künstler ursprünglich hässliche und ungeheuerliche Bildungen zu idealisieren und für die Kunst darstellbar zu machen wussten. Es scheint hierfür die Bildung des Poseidon zu Grunde gelegt worden zu sein, welcher Haare, Nacken, Brust und Schultern entsprechen. Die Gesichtszüge namentlich in den Partien der Nase sind weniger grossartig und milder gehalten, letzteres besonders bei dem Kyklopen der von Eros den Brief empfängt, wo es zum Theil wohl von der dargestellten Situation herrührt. Die auf unserem Gemälde vor Polyphemos stehende weibliche Figur ist demnach Galateia. Den blattförmigen Fächer, ihr stehendes Attribut, sahen wir in ihrer Hand bereits auf dem oben besprochenen pompejanischen Gemälde und werden ihn noch auf anderen Darstellungen bei ihr wahrnehmen. Wenn sie auf jenen beiden Bildern mit nacktem Oberkörper, hier vollständig bekleidet auftritt, so lässt sich dies aus dem Local erklären, wo sie sich jedesmal befindet. Dort durchschwimmt sie das Meer, das eigentliche Element der Nereiden, und ist demgemäss dargestellt, wie gewöhnlich die Nereiden. Auf unserem Gemälde dagegen befindet sie sich auf dem Festlande, wiewohl möglicherweise der Grund, dass sie hier bekleidet auftritt, tiefer liegt und auf einer dem Charakter der Scene entsprechenden feinen Motivierung des Künstlers beruht.

Bei der Betrachtung des Originals war mir sowohl bei Galateia als bei ihrer Begleiterin die Schattierung der Fleischpartien auffällig, welche in eigenthümlicher Weise durch dunkelviolette Tinten ausgeführt ist. Sollte der Künstler hierdurch vielleicht die Mädchen als Wesen des Meeres charakterisiert haben, des Elementes, dem die Farbe des κυάνεον (caeruleum) eigenthümlich ist, und sich mit unseren Figuren eine Stelle des Philostratos vergleichen lassen, wo dieser die neben dem Jüngling Oropos befindlichen Θάλατται als γλαυκά γύναια bezeichnet?[23]) Um diese Frage bestimmt zu entscheiden, müssten die Schattierungen der sämmtlichen kampanischen Wandbilder genau verglichen werden, eine Untersuchung, welche ich während meines neapolitanischen Aufenthalts vorzunehmen unterliess, da ich erst nach meiner Rückkehr nach Rom auf die Analogie der philostratischen Stelle mit der von mir in Neapel angesichts des Originals notierten Eigenthümlichkeit verfiel. Denn es lässt sich nicht leugnen, dass auch heut zu Tage raffinierte Coloristen bei gewissen Lichteffecten eine derartige violette Färbung in den Schatten der Carnation anwenden, ohne hierbei eine Charakteristik wie die oben bezeichnete zu beabsichtigen.

Gehen wir nunmehr zur Betrachtung der Bedeutung der ganzen Scene über, so ist es wahrscheinlich, dass wir es hier nicht mit der Version des Mythos zu thun haben, nach welcher Galateia den Polyphemos verschmäht und meidet. Wenn in ihrer Figur auch nicht ausgedrückt ist, dass sie Liebe zu Polyphemos empfindet, so weist doch der Umstand, dass sie ihm gegenüber steht, seine Gegenwart verträgt, durch ihre Begleiterin mit ihm verhandelt, genügend darauf hin, dass wir es mit einer Episode der anderen Version zu thun haben. Habe ich oben nach Analyse des Ausdrucks der einzelnen Figuren die Situation richtig beurtheilt, so liegt die Vermuthung nahe, dass hier ein Liebesantrag dargestellt ist. Polyphemos getraut sich nicht ihn selbst zu machen, weshalb die Begleiterin Galateias, vermuthlich ebenfalls eine Nereide, dies für ihn übernimmt. Galateia hört ihre Rede an, der Kyklop betrachtet gespannt das Antlitz der Geliebten, um wahrzunehmen, was er zu hoffen hat. Möglich ist, dass der Künstler die Nereide, um ihr ein dem Charakter der Scene entsprechendes, würdiges und vornehmes Aussehen zu geben, gegen den sonstigen Gebrauch vollständig bekleidet einführte. Die Alten, welche die Erzählung kannten, in welcher eine derartige Episode vorkam — sie war vermuthlich ebenfalls namentlich durch bukolische Gedichte der alexandrinischen Epoche bekannt — verstanden die Bedeutung der dargestellten Scene ohne Zweifel auf den ersten Blick.[24])

---

[23]) I 27: γράφει δὲ καὶ τὸν Ὠρωπὸν νεανίαν ἐν γλαυκοῖς γυναίοις. τὰ δέ ἐστι Θάλατται. Vgl. Brunn *die philostratischen Gemälde* S. 205. Die Θάλατται, die von Philostratos noch II 16 erwähnt werden, sind bis jetzt auf künstlerischen Darstellungen noch nicht nachgewiesen. Ich glaube eine solche Figur erkennen zu müssen auf dem vortrefflichen kleinen Landschaftsbilde, welches als Staffage die Rettung der Andromeda enthält (Pitt. d'Erc. IV 61 p. 309). Andromeda ist an den Felsen angeschmiedet. Von rechts kommt das Meerwunder angeschwommen, auf welches Perseus mit erhobener Waffe losgeht. Hinter dem Ungeheuer, ebenfalls im Wasser, ist eine weibliche Figur sichtbar, mit nackter Brust und nackten Schultern und bis an die Mitte der Schenkel aufgeschürztem violettem Gewande, welche entsetzt mit emporgehobenen Händen nach der entgegengesetzten Richtung entflieht. Ich möchte sie Θάλαττα nennen und annehmen, dass der Künstler sie beifügte, um auszudrücken, wie gewissermassen selbst die den Vorgang umgebende Natur vor dem Ungeheuer erschrickt.

[24]) Bei unserem Gemälde an die erste Begegnung von Polyphemos und Galateia

Ein ähnliches Gemälde, leider sehr zerstört, befindet sich in einem Zimmer der casa di Marco Lucrezio in Pompei. Galateia mit dem Fächer in der Hand steht vor Polyphemos, welcher neben ihr auf dem Steine sitzt. Die weibliche Figur, welche ihr zuspricht, ist weggelassen — eine in der kampanischen Wandmalerei häufige Erscheinung, Compositionen unvollständig wiederzugeben, selbst auf Kosten des Verständnisses derselben. Auf dem entsprechenden Gemälde der gegenüberliegenden Wand sieht man Galateia auf dem Delphine, den Fächer in der Hand, durch das Meer reiten, eine Figur, welche mit unbedeutenden Modificationen aus der im Anfang meines Aufsatzes besprochenen Composition herausgelöst ist und in ihrer Gegenüberstellung zu jenem Gemälde eine neue Begründung beibringt für die Richtigkeit der von mir gegebenen Erklärung.

Nach meiner Ansicht geht ebenfalls auf den Galateiamythos zurück ein anderes, bisher noch unerklärtes herculanisches Gemälde.[25]) Wir sehen rechts gewaltige Felspartien vor uns, darunter eine Wiese, worauf sich Basen mit verschiedenen Götterbildern und allerlei Kultusapparaten befinden, welche, sowie noch manche andere Einzelheiten des Bildes, hier zu beschreiben überflüssig ist. Auf der Wiese sitzt auf einem Felsblock eine jugendliche weibliche Gestalt mit nacktem Oberkörper, von den Hüften an mit einem Gewande bedeckt, einen blattförmigen Fächer in der Rechten. Sie blickt sich, die Hände behaglich auf den Schoss legend, nach einem Jüngling um, welcher sich hinter ihr in halb knieender, halb liegender Stellung neben dem Felsblocke befindet. Mit dem linken Ellenbogen stützt er sich auf den Felsen, während er die Rechte wie betheuernd zu dem Mädchen emporhebt. Die Satyrohren, welche wir an ihm wahrnehmen, der Schilfkranz auf seinem Haupte, das Pantherfell, welches sich um seinen linken Arm schlingt und über seine Schenkel herabfällt, das Pedum in seiner Linken, alles Attribute, welche wir bereits als dem Polyphemos eigenthümlich kennen gelernt haben, lassen mich auch in dieser Figur den verliebten Kyklopen, in dem Mädchen, welchem er seine Liebe betheuert, Galateia erkennen. In der Figur der Galateia stösst meine Erklärung durchaus auf keine Schwierigkeit. Abweichend dagegen von allen bisher bekannten künstlerischen Darstellungen ist in der Figur des Polyphemos das Motiv, dass er hier bartlos und als Jüngling gebildet ist. Hier kommt mir die Litteratur zu Hülfe. Theokrit nämlich sagt in seinem elften Idyll ausdrücklich, dass Polyphemos Jüngling war, als er die Galateia liebte:

---

zu denken, wie sie von Theokrit XI 26 ff. geschildert wird, ist unmöglich. Galateia kam mit der Mutter des Polyphemos, um in den Bergen Hyakinthen zu pflücken, und der Kyklop diente ihnen als Führer. Jedermann sieht, dass eine hierauf bezügliche Darstellung ganz anders hätte charakterisiert werden müssen als die unseres Gemäldes und dass die jugendliche Begleiterin der Nereide unmöglich die Mutter des Kyklopen sein kann.

[25]) Pitt. d'Erc. IV 52 p. 255.

7 ff. οὕτω γοῦν ῥᾷστα διάγ᾽ ὁ Κύκλωψ ὁ παρ᾽ ἁμῖν,
ὠρχαῖος Πολύφαμος, ὃκ᾽ ἤρατο τᾶς Γαλατείας,
ἄρτι γενειάςδων περὶ τὸ ςτόμα τὼς κροτάφως τε.

Da demnach jener Jüngling in allem übrigen mit den bisher nachgewiesenen Polyphemdarstellungen übereinstimmt und die einzige Abweichung einen Beleg in der Litteratur findet, so wird, denke ich, niemand gegen meine Erklärung etwas einzuwenden haben. Das Stirnauge deutlich auszudrücken war unmöglich, da der Kopf im Profil und entsprechend den Dimensionen des Bildes verhältnissmässig klein gezeichnet ist, wiewohl möglicherweise ein röthlicher Schatten, welchen man auf dem Original über der Braue wahrnimmt, das Stirnauge andeuten kann. Der Inhalt der Darstellung ist: Polyphemos der Galateia seine Liebe betheuernd. Da wir nicht wissen, ob sich der Künstler diese Betheurungen erfolgreich dachte oder nicht, können wir nicht bestimmt entscheiden, welcher Version des Mythos er folgte. Da jedoch Galateia auch hier dem Kyklopen ihre Gegenwart schenkt und seine Liebesbetheurungen anhört, scheint es wahrscheinlicher, dass auch dies Gemälde eine Episode der Erzählung darstellt, in welcher sie die Liebe des Kyklopen schliesslich erwidert. Von den bis jetzt bekannten kampanischen Wandgemälden lässt es sich demnach bei zweien nicht bestimmt entscheiden, auf welche Version des Galateiamythos sie zurückgehen; eines bezieht sich entschieden auf die aus der älteren uns erhaltenen Litteratur nur wenig bekannte und erst bei Nonnos entschieden hervorgehobene Version des Mythos; bei zweien ist diese Annahme wahrscheinlich. Da der Galateiamythos zu den Hauptstoffen der alexandrinischen Dichtung gehörte und aus vielen Indicien hervorgeht, dass die kampanische Wandmalerei vorwiegend auf der in dieser Periode herschenden Geistesrichtung beruht, so liefert uns die Betrachtung dieser Darstellungen zugleich einen schlagenden Beweis von der Wichtigkeit der kampanischen Wandgemälde für die Litteraturgeschichte. Wie die älteren Vasenbilder vielfach unsere Lücken in der Kenntniss des Epos, die jüngeren die in der Kenntniss der Tragödie ausfüllen, so bieten die kampanischen Wandgemälde uns öfters die Mittel, auf Motive der Dichtungen der alexandrinischen Periode zu schliessen.[26]

Um nunmehr in der Kürze die einschlagenden Sculpturen zu besprechen, so ist der Kyklop auf dem Relief der Villa Albani[27] nicht, wie Winckelmann[28], Zoega[29], Jahn[30] annehmen, zur Leier singend dargestellt, eine Annahme, welche der geschlossene Mund verbietet. Vielmehr hält er im Spiel inne und betrachtet von seinem Felsensitze aus die Ga-

---

[26] Vgl. meine Auseinandersetzung über den Daphnemythos Bull. doll' Inst. 1863 p. 131 ff.
[27] Winckelmann *mon. ined.* 36. Zoega *bassiril.* II 57.
[28] *Mon. ined.* p. 43.
[29] *Bassiril.* II p. 12.
[30] *Arch. Beitr.* S. 416.

latein, welche man sich in der Ferne im Meere befindlich zu denken hat und auf die ihn der hinter seiner Schulter hervorschauende Eros hinweist. Der Kopf des Kyklopen zeigt uns nur wenig modificierte Silenszüge. Die beiden Augen sind verliebt zugekniffen; das Stirnauge ist nur sehr schwach angedeutet.³¹) Der Widder, welcher aus der in den Felsen eingesprengten Grotte hervorkommt, blickt zu seinem Herrn empor und scheint über die ungewöhnlichen Regungen erstaunt, die er bei ihm wahrnimmt.

Ganz ohne Grund scheint man mir aus dem Kreise dieser Darstellungen ausgeschlossen zu haben das Relief einer in der Flur des Palazzo Mattei eingemauerten Sarkophagplatte. Die Publicationen derselben, sowohl die in den Monumenta Matthaeiana³²) wie die in Raoul Rochette's monuments inédits³³), sind beide ungenau und unbrauchbar. Ich habe das Relief einer genauen Revision unterworfen, deren Resultat ich hier mittheile. Auf einem Felsen, am Meeresufer, sitzt eine gewaltige männliche Figur, nur mit einem Thierfell bekleidet. Der bärtige Kopf zeigt, wenn auch in den Partien um die Nase etwas bestossen, deutlich die Erhöhungen des Stirnauges und charakterisiert somit die Figur als Polyphemos. Die Linke hält weder, wie die Rochette'sche Publication angibt, eine Schale, noch ist sie, wie auf dem Venutischen Stiche, müssig auf die Brust gelegt, vielmehr stützt sie den darüber reichenden Fellmantel, in dessen Bausche rundliche Gegenstände, vermuthlich Früchte, liegen. Die Rechte streckt ein Schaf gegen eine Nereide aus, welche unterhalb des Felsens auf einem Delphin im Meere reitet. Ein ähnliches Thier, sei es ein Widder, sei es ein Lamm, ist neben dem Felsen angebracht. Der Elephant, welcher auf der Rochette'schen Publication in der Rechten der sitzenden Figur, und das Schwein, welches neben dem Felsen zu sehen ist, sind Ungenauigkeiten des Zeichners. Zwischen den Beinen des Polyphemos ist ein

---

[31]) Die oben citierten Abbildungen sind hierin nicht ganz genau.
[32]) Venuti mon. Matth. III 11, 1.
[33]) VII 1. Die Gattung von Sarkophagen, zu welcher der matthäische gehört, ist nur durch wenige Exemplare vertreten. Bei allen diesen ist die Arbeit eleganter und freier und verräth verhältnissmässig nicht so sehr das gedankenlose Benutzen der Modellbücher, wie bei den meisten übrigen Sarkophagen. Die technische Behandlung des Marmors scheint auf die Zeit der Antonine hinzuweisen. Auf der Vorderseite sind jedesmal zwei Scenen dargestellt, jede durch eine Guirlande eingeschlossen, welche auf beiden Seiten von einer weiblichen Figur, einem Amor oder Putto gehalten wird. Die Darstellungen treten im allgemeinen aus dem Kreise der sonst gewöhnlich auf den Sarkophagen behandelten Vorwürfe heraus. Mir sind folgende Exemplare bekannt:
1. Der Aktäonsarkophag im Louvre. Visconti mon. scell. Borghes. II 2, 3. Clarac pl. 113—115.
2. Der Marsyassarkophag. Gerhard antike Bildw. 85, 2.
3. Sarkophag mit bakchischen Darstellungen im Vatican (sehr schöne Motive, leider sehr zerstört). Beschr. Roms II 2 S. 132, 22.
4. Sarkophag mit Darstellungen aus dem Odysseusmythos bei Gori inscr. etr. III 39.
5. Sarkophag in Pisa, darstellend Nereiden welche auf Tritonen reiten. Lasinio raccolta di sarcofagi del campo santo tav. V 37. VI 37.
6. Sarkophag in Pisa: bakchische Scene und Tropäon mit Gefangenen. Lasinio a. a. O. tav. XXVI 14. Vgl. Gori inscr. etr. III 13.

Pedum an den Felsen angelegt. Die auf dem Delphine reitende Nereide, in welcher nunmehr niemand Galatea verkennen wird, blickt zu dem Kyklopen empor, indem sie sich mit der Linken auf das Haupt des Delphins stützt und die Rechte bequem über den Kopf legt. Wie gewöhnlich die Nereiden ist sie nackt dargestellt; nur eine Art von Mantel fällt über ihren linken Schenkel. Ueber ihr sitzt auf einem Felsen eine Figur, nackt mit Ausnahme eines Mantels, welcher über den linken Unterarm, den sie aufstützt, und über den linken Schenkel herabfällt. Ob sie männlich oder weiblich ist, kann man bei der heutigen Beschaffenheit des Originals nicht mit Bestimmtheit entscheiden. Nach allen Analogien jedoch haben wir hier eine männliche Figur, nämlich einen Berggott zu gewärtigen. Vermuthlich stellt jene Figur den Berggott des Aetna dar, den beständigen Zeugen des Liebesleids des Kyklopen. Der laublose Baum neben ihr drückt in passender Weise den Charakter des gewaltigen, von Stürmen umwetterten Berges aus. Es ist demnach auf dem Relief dargestellt, wie Polyphemos durch Hinweisung auf seine Reichthümer die Liebe der Galatea zu gewinnen sucht. Die Fülle seiner Fruchtbäume und seiner Herden rühmt er auch bei den Dichtern.[34]) Sollte das, was der Dichter den Kyklopen sprechen lässt, künstlerisch zum Ausdruck gebracht werden, so konnte es nicht deutlicher geschehen als hier, wo der Kyklop der Geliebten ein Exemplar seines Herdenreichthums und im Bausche seines Felles Früchte darbietet, um sie durch diese Lockungen für sich zu gewinnen. Welche Version des Mythos dem Künstler die geläufige war, lässt sich nicht mit Bestimmtheit entscheiden. Doch zeigt die bequeme Haltung der Galatea, dass sie vor der Hand in keiner Weise durch die Anerbietungen ihres Liebhabers gerührt ist. Die phantastische Erklärung, welche Raoul Rochette von dem Relief gibt, lassen wir, zumal da sie sich auf eine incorrecte Zeichnung gründet, auf sich beruhen.[35])

Ueber ein anderes Relief der matthaeischen Monumente [36]), welches Polyphemos am Ufer sitzend und Galatea auf einem Seekentauren vorüberreitend darzustellen scheint, enthalte ich mich des Urtheils, da die Untersuchung, auf einen unzuverlässigen Stich beschränkt, der sicheren Basis entbehren würde. Das Original habe ich trotz aller Bemühungen nicht ausfindig machen können.

Der Vollständigkeit wegen sei hier noch einer Berliner Gemme gedacht, welche Tölken [37]) folgendermassen beschreibt: 'Karneol. Die Nereide Galatea von einem Delphine getragen; Polyphem spielt auf einem Felsen sitzend die Lyra.' Ueber das von Philostratos (II 18) beschriebene

---

[34]) Theokrit XI 34 ff. Ovid met. XIII 812 ff. Nicetas Eugen. VI 515.
[35]) *Mon. inéd.* p. 45 ff. vgl. p. 412. In K. O. Müllers *Handbuch* § 416, 1 S. 717 und bei Jahn *arch. Beitr.* S. 417 ist keine bestimmte Deutung gegeben, doch das Relief aus der Reihe der Galateiadarstellungen ausgeschieden.
[36]) III 10, 2.
[37]) *Verzeichniss der antiken geschnittenen Steine* Kl. III Abth. 2 Nr. 191. Vgl. Kl. IV Abth. 4 Nr. 385.

Bild kann hier kein abschliessendes Urtheil gegeben werden, da diese
Untersuchung auf die gesammte Streitfrage über die Authenticität jener
Bilder eingehen müsste. Ich stimme mit Brunn [38]) darin überein, dass
der erste Theil des betreffenden Kapitels lediglich eine aus poetischen
Reminiscenzen zusammengesetzte Einleitung ist und dass die Beschreibung
des Bildes erst dann beginnt, wo bestimmt von dem Liebesverhältniss
des Kyklopen zur Galateia die Rede ist. Hiermit ist das gewichtigste Bedenken beseitigt, welches gegen die Existenz des Bildes erhoben wird,
nämlich die Ungeheuerlichkeit, dass Polyphemos darauf dargestellt gewesen
sein soll μίαν μὲν ὑπερτείνων ὀφρὺν τοῦ ὀφθαλμοῦ ἑνὸς ὄντος. [39])
Diese Worte finden sich in der Einleitung, wo sich Philostratos seinen
poetischen Reminiscenzen überlässt, nicht in der Beschreibung des Bildes. Prüfen wir diese, so sehen wir deutlich, dass Philostratos, als er
diese schrieb, eine ganz andere Vorstellung von dem Kyklopen hatte.
Er schreibt, der die Galateia betrachtende Polyphemos bilde sich ein sanft
auszusehen, doch sei sein Blick wild und tückisch, gleichwie der einer
gebändigten wilden Bestie. Jedermann sieht, dass dieser Affect unmöglich lediglich durch das ungeheuerliche Stirnauge zum Ausdruck gebracht
werden konnte, dass sich also Philostratos an dieser Stelle den Kyklopen
nicht einäugig, sondern anders, vermuthlich nach gewöhnlicher Weise mit
den zwei menschlichen Augen und dem darüber angedeuteten Stirnauge
vorstellte.

Ein anderes Bedenken betrifft die Stellung der Galateia. Friederichs
schreibt [40]): 'zunächst weiss ich nicht, wie die Galateia auf ihrem Wagen
steht.' Zugegeben, dass es sich um eine stehende Figur handelt, dann
ergibt allerdings die Beschreibung, nach der die Nereide mit der Linken
ihr Gewand über das Haupt emporhält, die Finger der erhobenen rechten
Hand wie spielend nach der Schulter herabfallen und die eine Sohle vom
Wasser benetzen lässt, eine höchst halsbrechende Stellung, welche eher
nach einem Bravourstück einer modernen Kunstreiterin als nach einem
antiken Vorwurf aussieht. Doch sagt die Beschreibung durchaus nicht,
dass die Nereide stehe. Wir werden sie uns vielmehr auf dem Wagen,
der vielleicht Muschelform hatte, liegend oder in halb liegender, halb
sitzender Stellung denken müssen, eine Stellung, in welcher sich die in
der Beschreibung gegebenen Motive ungekünstelt zu einer höchst grazi-
ösen Komposition vereinigen.

In den kampanischen Wandgemälden lassen sich einzelne der philostratischen Beschreibung ähnliche Motive nachweisen, wenn auch keine
vollständig analoge Komposition. Das Gewand der das Meer durchziehen-
den Aphroditegestalten und Nereiden ist öfter als Segel drapiert, und oft

---

[38]) *Die philostratischen Bilder* S. 207 ff. 241 ff.
[39]) Vgl. O. Jahn *arch. Beitr.* S. 414. Friederichs *die philostratischen Bilder*
S. 29.
[40]) A. a. O. S. 32.

wird der eine Fuss dieser Figuren vom Wasser benetzt, wie bei der Galateia des Philostratos.⁴¹) Am verwandtesten mag derselben ein Bild der Aphrodite sein, welche auf einer Muschel hingestreckt liegt, indem sie den rechten Arm, womit sie den Fächer hält, aufstützt und mit der Linken ihr Gewand segelförmig über das Haupt erhebt.⁴²) Ohne die Stellung dieser Figur im wesentlichen zu verändern, könnten an ihr die ihr noch fehlenden Motive der philostratischen Galateia angebracht werden, die oben erwähnte Stellung der rechten Hand und der vom Wasser benetzte Fuss, und so dient dies Gemälde als concreter Beleg dafür, dass die philostratische Beschreibung der Stellung der Galateia an und für sich keine künstlerische Unmöglichkeit enthält.

---

⁴¹) Zahn *die schönsten Ornamente* III 4 = Mus. Borb. XII 32. Zahn III 45. Mus. Borb. X 7, 19.
⁴²) Mus. Borb. I 33 = Pitt. d'Erc. IV 3.

DE
M. CAELI RVFI
EPISTVLARVM LIBRO

DISSERVIT

BRVNO NAKE.

M. Tulli Ciceronis epistulae quot qualesque primis post Christum natum saeculis fuissent quoque modo in ea quae nunc efficiunt corpora uenissent, nuper conscripta dissertatione inuestigare conatus sum (historia critica M. Tulli Ciceronis epistularum, Bonnae 1861). cuius priore parte sedecim epistularum ad familiares quas dicunt libros demonstrare studui quo tempore primum dinulgarentur non eo quo nunc modo inter se coniunctos fuisse, sed libros XIII XIIII XV XVI singula per se corpora effecisse. quorum primum libros I—XII complexum esse non tam pro certo adfirmaui, quam quasi de hac re non satis mihi constaret proposui (p. 19). item illos epistularum libros, siue suum quisque per se corpus efficeret, siue complures inter se essent coniuncti, non omnes eam quam nunc habent speciem quo tempore e librariorum officina prodirent prae se tulisse disserui; immo erant qui longe maiorem epistularum numerum comprendisse mihi uiderentur, ut nihil nisi excerpta ad nos peruenissent. quod manifestum est cadere in libros II IIII V VII X XII XIII XV (cf. l. s. p. 15). iam uero argumentis non amplius ab antiquorum scriptorum testimoniis, sed a sola ratiocinatione petitis num duodecim primi Tullianarum epistularum libri omnes eadem ratione eodemque modo orti essent cognoscere studui. quod quamuis pro certo adseuerari non posset, tamen prorsus ueri simile esse mihi est uisum (l. s.): sed est in quo ne errauerim uerear. neque enim quod de illis sex libris persuasum mihi erat ad ceteros pertinere omnes (I III VI VIII VIIII XI) iusto iure statui. immo per se quemque accuratius opus est perscrutemur, ut qui excerpendo ortus sit, qui inde ab initio eandem quam hodie formam atque speciem habuerit, perspiciamus. quod si facimus, utrum duodecim illi libri re uera unum corpus efficiant semperque effecerint, an casu tantum quorum alius ab alio librario compositus sit nunc legantur in unum coniuncti, intellegemus. itaque iam octauum librum eo quo dixi consilio contemplemur.

Continet is M. Caeli Rufi epistulas septendecim datas ad Ciceronem excepta una, quae est anni 705, omnes a. uel 703 uel 704. M. Tulli autem ad eundem Caelium eodem tempore missas habemus octo II 8—16. quorum epistulas si ea ratione eoque consilio in ordinem redigimus, ut singulis Tullianis quas illo tempore Cicero a M. Caelio acceperit praemittamus, quaeque ratio inter singulas Tullianas Caelianasque intercedat con-

sideramus, trinas tantum alterius libri litteras inuenimus, quibus Cicero
singillatim accurateque Caelianis respondeat. in Fleckeiseni enim annalibus philologiae (a. 1864 p. 61) alterius libri epistulam octauam spectare
ad octaui libri primam, tertiam decimam Ciceronis ad Rufi sextam, pos-
tremam Tullianam ad sextam decimam Caelianam demonstraui. quarum
epistularum ea est ratio, ut Cicero singulis fere paragraphis singulis Caelianarum epistularum locis respondeat. neque uero idem in ceteras cadit.
nam paucis tantum locis in II 10 ad VIII 5 respicitur, bis in II 15 ad
VIII 11, nec nisi semel in eisdem litteris ad eiusdem libri epp. 7 et 13,
item semel in II 9 ad VIII 3, in II 10 ad VIII 4. quibus num II 11
addenda eiusque paragraphus 2 ad nonam octaui libri epistulam scripta
esse putanda sit licet sane dubitare (l. s. p. 62 sq.). quibus in rationibus inuestigandis ualde nobis profuit, quod Cicero quae erat eius consuetudo multis locis Caeli uerba repetiit uel facete submutauit. quid uero
sibi uolunt quas praetermisimus, duodecimam dico epistulam et quartam
decimam? haec sane eiusdem generis est, cuius omnes tertii decimi libri,
commendaticia; alterius autem ne uno quidem uerbo ad octaui libri epistulas respicitur. itaque si diligenter M. Tulli ad Caelium datas epistulas
perlegimus atque perscrutamur, saepius Ciceronem offendimus de Caelianis uerba facientem, nusquam eum a M. Rufo litteras accepisse audimus,
quin eas in nostro octauo libro habeamus. quid quod Cicero Attico Caelium sibi litteras misisse accurate scriptas narrat (ad Att. VI 1, 21)? ne
has quidem frustra quaereremus. est enim nona octaui libri epistula, ubi
quae Cicero Caelium sibi de pantheris scripsisse refert (cf. § 21 extr.
'Cibyratas . . . uenari'), legimus in § tertia, quam ille totam in re saepissime tractata iterum atque iterum tractanda consumpsit. quae autem
in illis ad Atticum missis litteris dicuntur de ciuitatibus scripta esse, haec
pertinent ad insequentem § 4, ubi M. Rufus 'agros' inquit 'quos fruc-
tuarios habent ciuitates, uult (M. Feridium dicit) tuo beneficio . . . im-
munes esse.' at tamen, ne quid dolo malo praeteriisse uidear, quo tandem spectant prima quae ad nos peruenerunt Ciceronis ad Caelium scripta
uerba (II 8, 1) haec: 'quid? tu me hoc tibi mandasse existimas, ut mihi
gladiatorum compositiones, ut uadimonia dilata et Chresti compilationem
mitteres et ea, quae nobis cum Romae sumus narrare nemo audeat?'
ubi haec in Caelianis epistulis? sane neque nunc in eis leguntur neque
umquam legebantur. misit ille Ciceroni commentarium rerum urbanarum,
quem ipse dicit (VIII 2 extr.), in quo omnes illae nugae erant, omnia
(ut cum excusatione fatetur potius quam gloriatur VIII 1, 1) senatus consulta, edicta, fabulae, rumores. neque hunc solum commentarium pro-
consuli misit, sed alterum cum altera octaui libri epistula (VIII 2, 2 extr.);
quem plures etiam secutos esse ex undecima eiusdem libri epistula intellegitur, ubi Caelius (in § 4) 'quam quisque' inquit 'sententiam dixerit,
in commentario est rerum urbanarum.' nonne hinc aliquot Caeli epistulas
temporum iniquitate nobis ademptas esse luce clarius est? at quis tandem

putet inter Caelianas epistulas talia unquam fuisse? quis posteris tradita esse, quae Ciceroni cum Romae esset narrare nemo auderet? quis una cum illis epistularum συναγωγαῖς editos esse commentarios, de quibus Caelius (VIII 1, 1) 'sed ipsum uolumen' inquit 'quod tibi misi, facile ut ego arbitror me excusat'? num recepta est in illa corpora, quam Cicero de consulatu suo Pompeio misit epistulam, quam scholiasta Bobiensis 'non mediocrem ad instar uoluminis scriptam' fuisse testatur? denique quid sibi uoluissent inter Caeli epistulas commentarii ab aliis compositi? Rufus enim, qui 'nescio' inquit 'cuius otii esset non modo perscribere haec, sed omnino animaduertere', operariis hunc laborem delegauit (ut legimus VIII 1, 1; cf. ib. § 2 'isti operarii'). quae cum ita sint hos commentarios inter Caeli epistulas nunquam fuisse non erit qui neget, ut nostro iure Ciceronem nusquam litteras a Caelio sibi missas commemorare, quae ad nos non peruenerint, dicamus.

Sed etiam si Cicero diserte nullam epistulam a M. Rufo ad se datam hodie amissam commemorat — num quo loco uel ipsa repetit uel ut ita dicam significat Caeli uerba, quae in octaui libri epistulis nunc frustra quaerantur? ad quas quotiens scribendo respiceret, quotiens illius uerbis consulto ipse uteretur, quotiens facete ea partim mutaret partim in sua oratione adhiberet, in Fleckeiseni annalibus l. s. explicaui. duae tantum Ciceronis epistulae non habent, quo ad Caeli aliquas litteras spectent, quarum alteri, cum commendaticia esset, ne occasio quidem idem faciendi erat. unde, cum ad quem Caelianarum epistularum locum quodque Tulli uerbum respiceret reppererimus, Rufi. uel unas litteras intercidisse uix licet putemus. at quid statuamus de libri II ep. 15 § 2, ubi haec legimus: 'Dolabellam a te gaudeo primum laudari, deinde etiam amari. nam ea quae speras Tulliae meae prudentia temperari posse, scio, cui tuae epistulae respondeant. quid si meam legas, quam ego tum ex tuis litteris misi ad Appium?' quo loco quid Cicero in Dolabella reprendat, recte mihi Manutius perspexisse uidetur, qui de Appio Claudio ab illo in ius uocato cogitat atque epistulam, quam Cicero commemorat (his uerbis 'cui tuae epistulae respondeant') octaui libri sextam esse putat (p. 133 extr. ed. Graeu. a. 1677). ibi enim Caelius in prima paragrapho de eadem accusatione agit. cum Manutio autem consentiunt et Conradus et Mezgerus (in uertenda epistula II 15, Stuttg. 1862). quo magis miror, quod idem Manutius in ea quae illam sequitur adnotatione (p. 134), item in enarranda epistula III 10 § 5 (p. 169), eas Caeli litteras, ad quas Tullius his uerbis (II 15, 2) 'quam ego tum ex tuis litteris misi ad Appium' respicit, hodie' non exstare contendit. cumque eo facit Cortius. quid enim? nonne Cicero uerbis supra exscriptis his 'cui tuae epistulae' et illis 'ex tuis litteris' prorsus eandem Caeli epistulam commemorat? quid tandem sibi uoluut Ciceronis illa: 'nam ea quae speras Tulliae meae prudentia temperari posse, scio, cui tuae epistulae respondeant' nisi haec: nam ubi Dolabellam inprudenter aliquid fecisse mihi scripseris, memini? quidue

significant ea quae secuntur 'quid si meam legas, quam ego tum ex tuis
litteris misi ad Appium' nisi hoc: mihi et ipsi inprudenter illud fecisse
uisus est Dolabella, unde seuerius etiam quam tu de eo iudicaui in epistula, quam statim postquam tuam accepi de eadem de qua tu scripseras
re 'misi ad Appium? itaque cum et illud 'epistulae tuae' et hoc 'ex
tuis litteris' ad Caeli epistulam prorsus eandem spectet, Manutium in alterutra adnotatiuncula errasse opus est sumamus. iam uero utro loco
errauerit uir doctissimus, et utrum Cicero in II 15 § 2 bis ad Caeli
sextam epistulam respexerit an bis ad litteras nobis non traditas, quaerendum est nobis.

 Quod ut perspiciamus et quae Cicero ad Appium scripserit et quae
omnino caussa illa fuerit contemplemur. Tullius autem postquam Dolabellam, qui Appium reum fecerat, satis uehementer uituperauit: 'cuius
sermo' inquit (III 10, 5) 'stultus et puerilis erat iam ante ad me a M.
Caelio familiari nostro perscriptus.' num igitur in Caeli epistula VIII 6
huius sermonis ulla fit mentio? qui quis fuerit Ciceronis scripta ad Appium uerba quae secuntur docent. cui a Dolabella in ius uocato Cicero,
cum post eum Ciliciae prouinciae praefuisset certoque sciret, qua ratione
munere ille functus esset, uario modo potuit uel prodesse uel nocere (cf.
II 10 § 6). iam Dolabellae aliquis incidit sermo, quem Appius satis aegre
tulit; in quo Ciceronis mentionem fecisse Dolabellam eique aliquas partes
adsignasse inde apparet, quod Appius multa de hoc sermone ad Ciceronem scripsit (III 10 § 5) eumque obiurgauit. quae crimina ut dissoluat
atque Dolabellam frustra et temere se appellauisse doceat, haec addit Cicero: 'ego autem citius cum eo, qui tuas inimicitias suscepisset, ueterem
coniunctionem diremissem quam nouam conciliassem.' unde sermonem
illum de noua necessitudine Dolabellae cum Cicerone coniungenda fuisse
apparet. iam uero si Caeli sextam illam epistulam consideramus, nonne
altera eius paragraphus tota de noua coniunctione inter illos concilianda
agit? quae quam opportuna Dolabellae spei fuisset, Caelius eodem loco
fassus est. adde quod hic 'cum praesertim' inquit 'is sit (Dolabella), qui
si perniciosum sciret esse loqui de hac re, uix tamen se continere.'
inde sermones illos exstitisse, quos Caelius in prima epistulae paragrapho
commemorat, opus est putemus. iam si Appium ipsum memoria tenemus
multa de illo sermone ad Ciceronem scripsisse, ut is qualis fuisset sciret,
M. Tullium suo iure uidemus dixisse, a Caelio iam antea sermonem ad
se perscriptum esse. quin etiam si prorsus nihil in illis litteris de Dolabellae sermone scriptum legeremus, tamen Ciceronem quae scripsit scribere potuisse putarem. nam quae tandem fuit caussa, cur in illis ad Appium missis litteris Caeli mentionem omnino faceret? hanc sexta illa
octaui libri epistula nobis ipsa indicat, cuius paragraphus quinta haec
habet: 'amabo te, si quid, quod opus fuerit, Appio facies, ponito me in
gratia.' hinc Caeli nomen apud Ciceronem (III 10, 5), hinc quod addit
'familiari nostro'. accedit quod, si quis nihilo minus putaret Caeli aliquas

intercidisse litteras, quibus de illo sermone disertis uerbis scripsisset, is opus esset has litteras eodem fere tempore quo VIII 6 compositas esse fingeret. quod factum non esse Caeli epistulae 6 et 7 docent, quarum haec altero die post priorem scripta nihil de Dolabellae sermone habet, illius prima uerba haec sunt: 'non dubito quin perlatum ad te sit Appium a Dolabella reum factum.' unde hanc sextam epistulam proximam (VIII 10) satis longo temporis spatio intermisso secutam esse apparet. quae cum ita sint, et illud 'cui epistulae' et uerba 'ex tuis litteris' et 'sermo ... perscriptus' ad eandem spectant epistulam VIII 6 — neque uero ut de litteris amissis cogitandum sit ullo modo faciunt.

Iam cum intellexerimus, quotienscunque Cicero aperte operteue ad Caeli uerba respiciat, ea in epistulis libri octaui reperiri, has ipsas perlustremus. quod si facimus, Caelium plus semel uel ad res in superiore aliqua epistula a se narratas respicere uel litteras aliquas antea missas in uniuersum commemorare uidemus. nam quae in VIII 9, 2 legimus: 'de prouinciis quod tibi scripseram Idibus Sextil. actum iri' et q. s., haec eiusdem libri ep. quartam in memoriam nobis reuocant, in cuius § 4 ille 'puto' inquit 'Idib. Sextil. de ea re (successionem prouinciarum dicit) actum iri.' item extrema septimae epistulae § 1 uerbis his: 'tuo liberto pluribus uerbis scriptas (litteras) pridie dederam' ad eam quae antecedit VIII 6 respicit. sed paullo accuratius opus est tractemus octauae epistulae clausulam hanc: 'nunc quoniam dare necesse est, uelim tibi curae sit, quod a te semper petii, ut aliquid istinc bestiarum habeamus; Sittianamque syngrapham tibi commendo. libertum Philonem istuc misi et Diogenem Graecum, quibus mandata et litteras ad te dedi. eos tibi et rem, de qua misi, uelim curae habeas. nam quam uehementer ad me pertineat in eis, quas tibi illi reddent, litteris descripsi.' quae enim sunt litterae illae, quas Caelius Philonem et Diogenem Ciceroni reddere iussit? num octauus Tullianarum epistularum liber eas continet? an ad nos omnino non peruenerunt? denique quanam de re scriptae erant? Hofmannus et Mezgerus illos ad Sittianae syngraphae pecuniam exigendam missos esse coniciunt. quod eos optimo iure statuisse puto, ita tamen, ut in litteris illis, de quibus agitur, simul de pantheris scriptum fuisse existimem. Caelius enim aedilis curulis ludos circenses editurus pantheras quoque spectandas praebere uoluit; quas summae ei curae fuisse inde apparet, quod cuius fere epistulae suae, ut Cicero bestias sibi mitteret, quasi 'ceterum censeo' Catonianum addidit (cf. VIII 9, 3, ib. 8 extr.). quid quod ne syngraphae quidem illi Sittianae tantum tribuisse uidetur, quantum pantheris Graecis? Inde in illa quam tractamus epistula octaua primo 'uelim' inquit 'tibi curae sit ... ut aliquid istinc bestiarum habeamus'; tum demum tanquam rem minorem addit illud: 'Sittianamque syngrapham tibi commendo.' inde VIII 6 extr. de solis pantheris scripsit, item VIII 9, 3, quo loco syngraphae illius mentionem quidem fortuito inicit, neque uero curandam eam Ciceroni diserte commendat. praeterea

nonne se in litteris illis quam uehementer res, de qua agitur, ad se
pertineret dicit scripsisse (VIII 8 extr.)? de syngrapha uero Sittiana ubi
tandem accurate scribit? adeo nusquam, ut ne sciamus quidem, quae
fuerit illa caussa. quam ualde ad se pertinere VIII 4, 5 adfirmat, sed
ibidem item de pantheris. at de his multo diligentius multoque copiosius uerba facit in tertia paragrapho epistulae nonae, quae mense fere
ante octauam scripta est. unde litteras illas, quas Philo et Diogenes Ciceroni reddere iussi erant, non solum de syngrapha Sittiana, sed etiam
de pantheris scriptas fuisse puto; quae epistula, nisi me omnia fallunt,
eadem est ac libri octaui nona. optime enim in nostram sententiam
quadrant cum haec uerba (§ 3) 'hoc uehementius laboro' (de pantheris
mittendis loquitur), tum quod Caelius ipse eisdem, quibus ut syngraphae
illius pecuniam exigerent mandauerit, pantheras curandas esse l. s. narrat, ubi 'nam simul atque' inquit 'erunt captae (pantherae), qui alant eas
et deportent, habes eos quos ad Sittianam syngrapham misi.' adde quod
M. Tullius ad Atticum scripsit haec (VI 1 § 21): 'nam Caelius libertum
ad me misit et litteras accurate scriptas'; quam epistulam nonam octaui
libri esse supra uidimus. quis uero Caelium putet per libertum Ciceroni
misisse epistulam nonam, rursus per libertum (Philonem dico) alteram,
deinde epistulam octauam, easque intra unum mensem? itaque libertum,
qui nonam octaui libri epistulam ad Tullium pertulit, eundem Philonem
illum fuisse, uel, ut idem aliis uerbis dicam, quas litteras Caelius in extrema epistula octaua commemorat, nonam illam esse, neque uero ullam
M. Rufi epistulam intercidisse conligamus oportet.

At tamen est locus in Caelianis epistulis, qui quo spectet quantum scio
non habet. sunt ep. 6 § 2 uerba haec: 'illud mihi occurrit, quod . . .
uxor a Dolabella discessit. quid mihi discedens mandaris, memini; quid
ego tibi scripserim, te non arbitror oblitum.' atque iam de Tullia Ciceronis filia Dolabellae despondenda uerba facit. unde quid Cicero Caelio
mandauerit nemo dubitabit; quid uero Rufus M. Tullio scripserit plane
nescio. In epistulis enim ante hanc sextam scriptis (sunt 1—5 et 8—10)
quod ad hanc rem spectare uel posset nihil repperi. quid igitur? nonne
iam ex nostro Caelianarum epistularum libro aliquam temporum iniquitate
sublatam esse apparet? potest sane factum esse; sed item plus unam
caussam fingere nobis possumus, cur ne edita quidem sit unquam epistula. quid enim si Cicero litteras, quarum argumentum erat adeo anceps
tractatuque difficile, postquam accepit statim conscidit, ne si per prouinciam secum eas ferret, in manus deuenirent hominum maleuolorum? quid
si ad Ciceronem illae ne perlatae quidem sunt? quod cum alias epistulis uel Tullianis uel ad Tullium missis plus semel accidisset, quis mirare-
tur, si Caelianae quoque contigisset? praesertim si quam longe a Roma
afuerit proconsul in animo consideramus. sed ut edita sit epistula una
cum ceteris Caelianis, postea demum interciderit — quid inde conficitur?
ab hac parte unam habemus epistulam, quae ad nos non peruenerit, ab

illa multas Caelianas, quae continent quaecunque Rufi uerba nouimus,
quaecunque ipse adfert, quaecunque Cicero uel consulto repetiit uel facete submutauit. neque ullam (una excepta illa) se narrat uel Caelius
scripsisse uel accepisse Cicero, quin nos et ipsi habeamus. nonne hic
omnia optime inter se cohaerent? nonne epistulae illae, si suo eas ordine legimus, tanquam speculum integrum nobis ostendunt, quale fuerit
utriusque ingenium, quae utriusque animum commouerint caussae, quo
tenderit uterque? quae cum ita sint, una — uel largiamur alteram —
epistula intercidisse potest, multae non possunt. quid si librariorum tantum neglegentia eam praeteriit? quod et ipsum alias factum esse pro
certo scimus. sed quid hoc ad nos? ut una interciderit, ut duae —
Caelianae epistulae, si in uniuersum rem spectamus, ad nos peruenerunt
quotquot olim e librariorum officinis prodiere, neque uero ullo modo
hunc octauum epistularum librum excerpendo ortum esse sumere licet,
nisi eum dicas excerpere epistularum libros, qui e duodeuiginti epistulis
unam omittit — si quidem omisit. quod quam recte iudicauerimus alia
docent.

Nam si Caelianarum epistularum numerum contemplamur, satis magnum esse uidemus non illum quidem per se spectatum, sed si eum cum
numero ceterarum ad Ciceronem missarum epistularum contulerimus. uel
Tullianas ipsas consideremus. cui hunc saepius litteras putes misisse
quam T. Pomponio Attico? quos epistularum libros integros ad nos peruenisse non erit qui neget; accuratius rem in dissertatione supra commemorata tractaui. itaque ut habeamus, unde rectum de M. Caeli epistulis raris aut crebris faciamus iudicium, quot ille ad Ciceronem quotque
eodem temporis spatio Cicero ad Atticum miserit computemus. quod ut
recte fiat, postremas Caelianas epistulas tres missas faciamus, quippe quae
non ad M. Tullium proconsulem datae sint, sed quo tempore in Italia
iam uersaretur compositae. eodem igitur temporis spatio, quo Caelius
Ciceroni epistulas misit quattuordecim (VIII 1—14), quot putas hunc ipsum
ad Atticum dedisse? dedit uiginti unam (ad Att. V 8 — VI 7). numerum dimidio sane maiorem. sed quae erat Ciceroni cum Attico consuetudo et amicitia; quot cum eo res domesticas atque priuatas communica-
uit; quotiens egerunt de litterarum studiis deque libris Ciceroni componendis; quot eis erant de re publica sermones, quorum alios neuter ausus esset participes facere! num tale quid Caelio contigit? quem quae
in senatu, urbe, re publica gererentur sibi scribere Cicero uoluit, hominem et otiosum et πολιτικώτατον (II 8, 1), cuique cum Caesare aliquam-
diu saltem usus esset — amore eum nequaquam amplexus est. quod ita
fuisse cum aliunde scimus, tum illae de quibus agimus epistulae ipsae satis
docent. itaque Caelianarum epistularum numerum satis magnum existi-
memus oportet, eoque maiorem, si quae Caeli fuerit indoles quodque ingenium consideramus. de quo ipse (VIII 9, 3) 'curare' inquit 'soles libenter, ut ego maiorem partem nihil curare.' quod ad epistulas scri-

bendas uel maxime pertinuisse e prima primae epistulae cognoscimus paragrapho, in qua haec legimus: 'mihi ... et occupato et ad litteras scribendas, ut tu nosti, pigerrimo'. unde suo iure Cicero Roma discedens illum sibi saepe epistulas missurum esse negarat (VIII 3, 1). quid quod homo ad litteras scribendas pigerrimus saepe ne habuit quidem, quod etiam si uoluisset Ciceroni scriberet? hic enim neque nugas illas urbanas ab eo sibi uoluit narrari, neque 'quae maximis in rebus rei publicae gererentur cotidie, nisi quid ad se ipsum pertineret' (II 8, 1), quam ob caussam (l. s.) 'quare ego' inquit 'nec praeterita nec praesentia abs te, sed ut ab homine longe in posterum prospiciente futura exspecto.' quae utrum difficilius fuerit scribere an illo tempore periculosius uix dicas. hinc Caelius saepe se non habere quod scribat fatetur: VIII 2, 2 'de re publica quod tibi scribam nihil habeo'; ibid. 5, 3 'si quid noui de re publica, quod tibi scriberem, haberem ... perscriberem'; 6, 4 'sed dici non potest, quo modo hic omnia iaceant ... nos hic frigore rigescimus' (cf. ib. § 3); 7, 2 'res autem nouae nullae sane acciderunt'; 8, 4 'quod ad rem publicam pertinet, omnino multis diebus ... actum nihil est'; 10, 3 'plane nihil uideo ante Kal. Ianuar. agi posse'; 12, 4 'quid tibi scribam nescio.' iam non id mirabimur, Caelianas epistulas tam raras esse, sed hoc potius, tantum numerum misisse M. Rufum; quod enim, nisi ut apud Ciceronem in gratia se poneret, non fecisse epistulae ipsae satis docent. adde quod uel Caelius, si quando maiore interuallo misit epistulam, ipse profitetur (VIII 4, 3), uel Ciceronis eius rei habemus testimonium et querellam: II 10, 1 'tu uide, quam ad me litterae non perferantur. non enim possum adduci, ut abs te postea quam aedilis es factus nullas putem datas ... atqui sic habeto, nullam me epistulam accepisse tuam post comitia ista praeclara' et q. s. (quo de loco recte Graeuius in argumento 'queri uidetur' inquit 'de tabellariis litteras non perferentibus, re uera Caelium neglegentiae leuiter accusat'); II 12, 1 'illud moleste fero, nihil me adhuc his de rebus habere tuarum litterarum'; ib. 13 init. 'raras tuas quidem — fortasse enim non perferuntur — sed suaues accipio litteras'; ib. 14 extr. 'iam diu propter hiemis magnitudinem nihil noui ad nos adferebatur.'

Quae cum ita sint, utique confirmatur iudicium quod supra proposui hoc: Caeli epistulae omnes ad nos peruenerunt uel quotquot illo tempore Cicero accepit, uel quotquot librariorum industria (si forte festinationem dicas industriam) sunt editae. quarum etiam si uel una uel duae fortasse temporum iniquitate interciderunt — certe non multae interciderunt, ut copiosiora Caelianarum epistularum corpora unquam exstitisse nullo modo liceat putare. itaque hic octauus epistularum liber non excerpendo compositus est, sed si in uniuersum rem spectamus, qualis quo primum editus est tempore erat, talis est hodie.

Prorsus aliter in Ciceronis ad Caelium datis epistulis res se habet, quarum complures intercidisse omni adseueratione adfirmare licet. neque enim eam habemus epistulam, ad quam Cicero Ipse II 16, 1 respicit uerbis his: 'sed tamen, qua re acciderit, ut ex meis superioribus litteris id suspicarere (relinquendam Italiam petendaque Pompei castra dicit), quod scribis, nescio.' quas litteras in Caeli manus peruenisse e sexta decima octaui libri epistula apparet: 'exanimatus tuis litteris' et q. s. eiusdem rei testimonium est ille quem supra tractauimus locus ad Att. VI 1, 21, ubi Cicero et suam aliquam epistulam commemorat et Caelianam. cum uero hanc nullam esse nisi nouam octaui libri intellexerimus, quae Cicero se Caelio scripsisse narrat ('rescripsi alterum' et q. s.) nusquam reperimus. praeter has duas plures etiam epistulas Tullianas ad nos non peruenisse prorsus ueri simile saltem est. Cicero enim unumquid ad VIII 3, 3 unquam rescripserit, dubitare sane licet — sed quod Caelius in extrema epistula quarta ab eo petiit uerbis his: 'quid mihi suadeas, quo modo regnum illud (Aegyptum dicit) se habeat, quis procuret, diligenter mihi perscribas' — hoc ne uerbo quidem tangere uix potuit. item litteras aliquas Ciceronis, quibus eandem rem quam Caelius VIII 3, 2 tractauerit, intercidisse cum Manutio puto. nam ut complures a M. Tullio ad Rufum datas epistulas in nostrum corpus receptas non esse sumamus, quae II 10, 1 scripsit faciunt, ubi 'equidem' inquit 'numquam domum misi unam epistulam, quin esset ad te altera', etsi Ciceronis haec esse memoria tenemus. at quid de amissis Ciceronis epistulis ego, qui alterum Tullianarum epistularum librum excerpendo ortum esse in dissertatiuncula illius p. 14 demonstrare studuerim.*)

Sed ad M. Rufum redeamus. cum enim alter epistularum Tullianarum liber ἐκλογή sit ex copiosiore epistularum corpore facta, octauus eandem fere quam nunc habet formam atque speciem inde a principio habuerit, restat ut quaeramus, num is, qui alterum librum excerpendo composuit, octauum ad manum habuerit elegeritque epistulas eo consilio, ut libri II — VIII unum corpus efficerent. nec multum differret, si quis et alterum et octauum librum, quorum uterque idem ac nunc esset, cum ceteris (III — VII nunc dico) in unum corpus coniunxisset, non ita ut quotquot posset Ciceronis epistulas cogeret nec quicquam spectaret nisi numerum, sed certa ratione certoque consilio, ut alias reciperet epistulas, alias missas faceret. quod cum accuratius alio loco mihi sit disserendum, nunc quatenus ad nostrum octauum librum spectet persequar. nec quicquam illius quam dixi rationis in componendis his libris adhibitum esse mihi uidetur. primum enim quis tandem, qui certo consilio Tullianas epistu-

---

*) Quod nunc eo rectius l. s. disseruisse mihi uideor, cum alterum epistulae II 14 exemplum in codice Mediceo post ep. XIII 49 insertum esse compererim. neque enim eum, qui hunc XIII librum excerpendo composuit, Ciceronis ad Caelium missas litteras e nostro libro II ipso sumpsisse putare licet, cum sexta eius epistula et ipsa commendaticia tantaque arte conscripta sit, ut hanc nullo modo in suum corpus non recipere potuerit. immo ex eodem copiosiore epistularum corpore, unde alterius libri epistulae 8—16 electae sunt, suam petiit. qua de re alias agam accuratius.

las conligeret, Ciceronis ad Caelium missis epistulis primum fere locum attribuisset, Caeli ipsius prope in extremo corpore conlocasset Interiectis quinque epistularum libris? deinde quod eius consilium fuisset? nam qui libros II—VII composuit, epistulas potissimum a M. Tullio ipso scriptas eligere in animo habuit, ut de sex librorum epistulis centum uiginti quattuor duodecim tantum essent ab aliis ad Ciceronem missae, ceterae Tullianae. cur tandem subito septendecim Caelianas recepit? quid? M. Rufi quascunque habuit epistulas corpori suo inseruit — M. Tulli non nullas omisit atque excerpendo minus uolumen confecit? hoc uix erit qui credat. sed accedunt alia. nona enim alterius libri epistula in codice Dresdensi CXI inter epistulas VIII 5 et 6 iterum scripta est; unde cum ad exemplar libri Medicei transcriptus sit ille, Mediceum et ipsum litteras illas bis habere puto. quod, si quis ea qua supra dixi ratione libros II—VIII composuisset, nullo modo poterat fieri. nam etiam si hic primo Ciceronis tantum ad Caelium missas epistulas suo corpori inserere in animo habuisset, postea addidisset quas Rufus scripserat — in adiungendis his Caelianis se antea Ciceronis ad eundem Caelium datas epistulas recepisse memoria profecto tenuisset neque omisisset quaerere, num haec Tulliana inter illas iam legeretur. quod eo magis fecisset, cum repetitae illae litterae (II 9) inter septendecim Caelianas solae Ciceronis essent. de librariorum autem errore non erit qui cogitet. denique hic octauus epistularum liber a ceteris eo differt, quod in eo transcribendo multo saepius librarii peccauerunt; unde Victorius (VIII 17, 1; edit. Graeu. p. 504) 'alius' inquit 'mihi uisus est in hoc libro quam in ceteris Mediceus codex; uos ab eo destituti' et q. s.; et in eis quae de libro VIII praefatus est: 'cum autem non eiusdem integritatis in his (Caeli dicit epistulas) uetustum codicem inuenerimus, quam in Ciceronis epistulis illum retinere uidimus' et q. s. postremo nostrum iudicium inde confirmatur, quod in codice Mediceo singulis libris index epistularum praemissus est, solis primo et octauo nullus. quae cum ita sint, hic octauus liber neque illi qui alterum librum excerpendo composuit ad manum fuit, nec certa ratione certoque consilio adhibito cum libris II — VII in unum corpus coniunctus est, sed casu potius et temere illis adglutinatus.

BEMERKUNGEN ZU THUKYDIDES.

VON

JOHANN MATTHIAS STAHL.

V 8, 3 εἰ γὰρ δείξειεν τοῖc ἐναντίοιc τό τε πλῆθοc καὶ τὴν ὅπλιcιν ἀναγκαίαν οὖcαν τῶν μεθ' ἑαυτοῦ, οὐκ ἂν ἡγεῖτο μᾶλλον περιγενέcθαι ἢ ἄνευ προόψεώc τε αὐτῶν καὶ μὴ ἀπὸ τοῦ ὄντοc καταφρονήcεωc. L. Herbst im Philologus XVI S. 306 glaubt, dass die Schwierigkeit dieser Stelle, an der man sich in der verschiedensten Weise mit Erklärungen und Emendationen versucht hat, durch Ullrich gehoben sei, welcher in seiner Abhandlung über die religiöse und sittliche Bedeutung der Antigone S. 58 ff. dargethan habe, dass μή nach ἄνευ redundierend stehe. Allein abgesehen von dem bekannten Gebrauche des nach griechischer Anschauungsweise keineswegs redundierenden μή nach verbalen Ausdrücken der Verneinung, ist weder das Eintreten eines solchen μή nach verneinenden Präpositionen noch umgekehrt nach Negationen das Eintreten einer verneinenden Präposition in affirmativer Bedeutung von Ullrich erwiesen worden. Das einzige wirklich zutreffende Beispiel für das erste wäre I 77, 3 παρὰ τὸ μὴ οἴεcθαι χρῆναι, wenn hier nicht anders zu erklären wäre (vgl. Classen z. d. St.). Für das zweite beweist Soph. Ant. 4 natürlich nichts; bei andern Stellen, die in Betracht kommen könnten, ist der Ausdruck mit der Präposition causal (so IV 95, 2) oder hypothetisch zu fassen. Zuletzt hat die Stelle, so viel ich weiss, G. Schimmelpfeng in Mützells Zeitschrift für das Gymnasialwesen XVI S. 745 besprochen. Ihm scheint es dass 'Th. zwei verschiedene Redewendungen, die eine mit der Präposition ἄνευ und die andere mit dem Gen. abs. und μή mit einander vermischt habe; denn alles würde deutlich sein, wenn wir läsen entweder ἄνευ προόψεώc τε αὐτῶν καὶ ἄνευ τῆc ἀπὸ τοῦ ὄντοc καταφρονήcεωc oder μὴ προόψεώc τε αὐτῶν καὶ μὴ ἀπὸ τοῦ ὄντοc καταφρονήcεωc scil. οὔcηc.' Diese Erklärung kann als ein Beispiel dafür dienen, was man nicht alles einem Schriftsteller wie Th. glaubt zumuthen zu dürfen. Und wozu die Annahme dieser seltsamen Mischconstruction, die gar nicht nothwendig ist, wenn μὴ καταφρονήcεωc für sich allein mit zu ergänzendem οὔcηc einen Gen. abs. bilden kann? Die Stelle ist sehr einfach zu erklären. Bekannt ist es, dass Negationen häufig bloss zu einer Präposition affirmativen oder negativen Begriffs gehören. Diese Ausdrucksweise ist auch dem Th. nicht fremd; so ist III 40, 6 μὴ ξὺν προφάcει = ἄνευ προφάcεωc, μὴ ξὺν ἀνάγκῃ = ἄνευ ἀνάγκηc, VI 86, 3 μὴ μεθ' ὑμῶν = ἄνευ ὑμῶν, VII 70, 8 μὴ κατ' ἀνάγκην = ἄνευ ἀνάγκηc. Nun ist an unserer Stelle μὴ ἀπὸ τοῦ ὄντος καταφρονήϲεωϲ dem Sinne nach so viel als μὴ μετὰ τοῦ ὄντος καταφρονήϲεωϲ (vgl. Krüger Spr. § 68, 16, 7). Daher heisst es nach dem oben angeführten Sprachgebrauche nichts anderes als ἄνευ τοῦ ὄντοϲ καταφρονήϲεωϲ: 'ohne Verachtung des wirklichen Zustandes' (nicht von Verachtung aus = ohne Verachtung). Die Negierung einer Präposition durch μή ist von besonderer Wirksamkeit da, wo die hypothetische Bedeutung eines präpositionalen Ausdrucks hervorgehoben werden soll, wie VI 86, 3 ἡμεῖϲ μέν τε οὔτε ἐμμεῖναι δυνατοὶ μὴ μεθ' ὑμῶν. Vgl. die übrigen oben angeführten Beispiele. Eben dies ist an unserer Stelle der Fall; denn μὴ ἀπὸ τοῦ ὄντοϲ καταφρονήϲεωϲ ist so viel als εἰ μὴ τοῦ ὄντοϲ καταφρόνηϲιϲ εἴη. In gleicher Weise lässt sich auch I 91, 7 οὐ γὰρ οἷόν τε εἶναι μὴ ἀπὸ ἀντιπάλου παραϲκευῆϲ ὁμοῖόν τι ἢ ἴϲον ἐϲ τὸ κοινὸν βουλεύεϲθαι erklären, wenngleich hier noch eine andere Auffassung möglich ist (vgl. Classen z. d. St.).

VII 21, 3 ξυνανέπειθε δὲ καὶ ὁ Ἑρμοκράτης οὐχ ἥκιϲτα (τοὺϲ Ϲυρακοϲίουϲ) τοῦ ταῖϲ ναυϲὶ μὴ ἀθυμεῖν ἐπιχειρήϲειν πρὸϲ τοὺϲ Ἀθηναίουϲ. Die Construction des ξυνανέπειθε mit dem Genetiv τοῦ μὴ ἀθυμεῖν ist unstatthaft. Arnold versteht denselben von der Absicht, wie I 4 τὸ ληϲτικὸν καθῄρει ἐκ τῆϲ θαλάϲϲηϲ, τοῦ τὰϲ προϲόδουϲ μᾶλλον ἰέναι αὐτῷ. Allein das μὴ ἀθυμεῖν (sie sollten sich nicht fürchten) wird im Folgenden nicht als Absicht, sondern als Inhalt der Ueberredung des Hermokrates dargestellt. Vgl. 21, 4 ἰέναι οὖν ἐκέλευεν ἐϲ τὴν πεῖραν τοῦ ναυτικοῦ καὶ μὴ ἀποκνεῖν. Böhme erklärt den Genetiv aus dem Begriffe des Antheils, wie bei ξυναίρεϲθαι IV 10, 1 οἱ ξυναράμενοι τοῦδε τοῦ κινδύνου. Allein wer ξυναίρεται τοῦ κινδύνου hat Antheil an der Gefahr, während man von Hermokrates nicht in demselben Sinne sagen kann, dass er Theil daran habe, dass die Syrakusaner nicht muthlos sein sollen. Krüger will τὸ — μὴ ἀθυμεῖν lesen. Dann müsste der Inhalt der Rede des Hermokrates im Vorigen erwähnt und also bekannt sein. Vorher ist aber von der Rede des Gylippos die Sprache, welche nicht wie die des Hermokrates die Syrakusaner zum Seekriege ermuthigte, sondern ihnen die Nothwendigkeit desselben vorführte: ἔφη χρῆναι πληροῦν ναῦϲ ὡϲ δύνανται πλείϲταϲ καὶ ναυμαχίαϲ ἀπόπειραν λαμβάνειν. Ich lese mit Hinzufügung zweier Buchstaben statt ἥκιϲτα τοῦ — ἥκιϲτ' αὐτούϲ: ξυνανέπειθε δὲ [καὶ ὁ Ἑρμοκράτης οὐχ ἥκιϲτ' αὐτοὺϲ ταῖϲ ναυϲὶ μὴ ἀθυμεῖν ἐπιχειρήϲειν πρὸϲ τοὺϲ Ἀθηναίουϲ.

VII 28, 3 καὶ ἐϲ φιλονεικίαν καθέϲταϲαν τοιαύτην, ἣν πρὶν γενέϲθαι ἠπίϲτηϲεν ἄν τιϲ ἀκούϲαϲ. τὸ γὰρ αὐτοὺϲ πολιορκουμένουϲ ἐπιτειχιϲμῷ ὑπὸ Πελοποννηϲίων μηδ' ὣϲ ἀποϲτῆναι ἐκ Ϲικελίαϲ, ἀλλὰ ἐκεῖ Ϲυρακούϲαϲ τῷ αὐτῷ τρόπῳ ἀντιπολιορκεῖν. πόλιν οὐδὲν ἐλάϲϲω αὐτήν τε καθ' αὑτὴν τῆϲ Ἀθηναίων, καὶ τὸν παράλογον τοϲοῦτον ποιῆϲαι τοῖϲ Ἕλληϲι τῆϲ δυνάμεωϲ καὶ τόλμης, ὅϲον κατ' ἀρχὰϲ τοῦ πολέμου οἱ μὲν ἐνιαυτόν, οἱ δὲ δύο, οἱ δὲ τριῶν γε ἐτῶν, οὐδεὶϲ πλείω χρόνον ἐνόμιζον περιοίϲειν αὐτούϲ, εἰ οἱ Πελοποννήϲιοι ἐϲβάλοιεν ἐϲ τὴν χώραν, ὥϲτε ἔτει ἑπτακαιδεκάτῳ μετὰ τὴν πρώτην ἐcβολὴν ἦλθον ἐc Cικελίαν, ἤδη τῷ πολέμῳ κατὰ πάντα τετρυχωμένοι, καὶ πόλεμον οὐδὲν ἐλάccω προcανείλοντο τοῦ πρότερον ὑπάρχοντοc ἐκ Πελοποννήcου. Die Worte von τὸ γὰρ αὐτοὺc an lässt Böhme noch von ἠπίcτηcεν ἄν τιc ἀκούcαc abhängen. Dagegen hat sich schon mit Recht Krüger ausgesprochen. Wenn Böhme sich auf I 25, 4 beruft, so ist auch dort, wie Krüger und neuerdings Classen z. d. St. bemerken, die von ihm angenommene Erklärung unzulässig; die daselbst angeführten Belegstellen IV 68, 5. II 17, 2. III 65, 1. VIII 68, 4. II 72, 1 sind wesentlich verschiedener Art. Krüger nimmt an, dass der Schriftsteller das ihm beim Anfange des Satzes vorschwebende verbum finitum vergessen habe. Dagegen muss ich bemerken, dass kein anderes Beispiel einer solchen Nachlässigkeit bei Th. vorkommt, und dass man ihm damit etwas zumuthet, was unter allen Umständen kaum zu entschuldigen ist. Denn I 25, 4 lasse ich nicht als Belegstelle gelten. Hier liegt nämlich eine einfache Anakoluthie vor. Nach dem was ich in den Jahrbüchern für classische Philologie 1863 S. 465 f. über diese Stelle gesagt habe, ist ὁμοίᾳ statt ὁμοῖα zu lesen und dann so zu interpungieren: οὔτε γὰρ ἐν πανηγύρεcι ταῖc κοιναῖc διδόντεc γέρα τὰ νομιζόμενα οὔτε Κορινθίῳ ἀνδρὶ προκαταρχόμενοι τῶν ἱερῶν ὥcπερ αἱ ἄλλαι ἀποικίαι, περιφρονοῦντεc δὲ αὐτοὺc καὶ χρημάτων δυνάμει ὄντεc κατ' ἐκεῖνον τὸν χρόνον ὁμοίᾳ τοῖc Ἑλλήνων πλουcιωτάτοιc καὶ τῇ ἐc πόλεμον παραcκευῇ δυνατώτεροι, ναυτικῷ δὲ καὶ πολὺ προέχειν ἔcτιν ὅτε ἐπαιρόμενοι καὶ κατὰ τὴν τῶν Φαιάκων προενοίκηcιν τῆc Κερκύραc κλέοc ἐχόντων τὰ περὶ τὰc ναῦc (ᾗ καὶ μᾶλλον ἐξηρτύοντο τὸ ναυτικόν, καὶ ἦcαν οὐκ ἀδύνατοι· τριήρειc γὰρ εἴκοcι καὶ ἑκατὸν ὑπῆρχον αὐτοῖc, ὅτε ἤρχοντο πολεμεῖν), πάντων οὖν τούτων ἐγκλήματα ἔχοντεc οἱ Κορίνθιοι ἔπεμπον ἐc τὴν Ἐπίδαμνον ἄcμενοι τὴν ὠφελίαν. Es findet dann die durch die Participien eingeleitete Periode durch πάντων οὖν τούτων κτλ. in anakoluthischer Form ihren Abschluss, eine Unregelmässigkeit, welche durch den vorhergehenden Zwischensatz veranlasst ist. Vgl. IV 73, 4. Regelmässig wäre gewesen: οὔτε γὰρ — διδόντεc γέρα — οὔτε — προκαταρχόμενοι τῶν ἱερῶν — περιφρονοῦντεc δὲ αὐτοὺc — ἐγκλήματα παρεῖχον τοῖc Κορινθίοιc, ὥcτε ἄcμενοι τὴν ὠφελίαν ἐc τὴν Ἐπίδαμνον ἔπεμπον. Vergleichen wir die Stelle des 7n Buches, so wird niemand, welcher die daselbst folgenden Worte δι' ἃ καὶ τότε ὑπό τε τῆc Δεκελείαc πολλὰ βλαπτούcηc καὶ τῶν ἄλλων ἀναλωμάτων μεγάλων προcπιπτόντων ἀδύνατοι ἐγένοντο τοῖc χρήμαcιν näher betrachtet, für dieselbe ein gleiches Verhältniss annehmen wollen. Die Sprache des Th. ist reich an Unregelmässigkeiten der Construction, aber dieselben bewegen sich in einem bestimmt begrenzten Gebiete, und man muss sich hüten darüber hinaus ihm das Beispiellose zuzutrauen. Aus diesem Grunde halte ich mich für berechtigt die Richtigkeit des überlieferten τὸ γὰρ αὐτοὺc zu bestreiten. Durch die ganz geringe Aenderung παρ' αὐτοῖc 'in ihrem eigenen Lande' für γὰρ αὐτοὺc verschwindet jeder Anstoss: καὶ ἐc φιλονεικίαν καθέcταcαν τοιαύτην, ἣν πρὶν γενέσθαι ἠπίστησεν ἄν τις ἀκούσας, τὸ παρ' αὑτοῖς πολιορκουμένους ἐπιτειχισμῷ ὑπὸ Πελοποννησίων μηδ' ὣς ἀποστῆναι ἐκ Σικελίας, ἀλλὰ ἐκεῖ Συρακούσας τῷ αὐτῷ τρόπῳ ἀντιπολιορκεῖν — καὶ τὸν παράλογον τοσοῦτον ποιῆσαι τοῖς Ἕλλησι τῆς δυνάμεως καὶ τόλμης, — ὥστε ἔτει ἑπτακαιδεκάτῳ μετὰ τὴν πρώτην ἐσβολὴν ἦλθον ἐς Σικελίαν — καὶ πόλεμον οὐδὲν ἐλάσσω προσανείλοντο τοῦ πρότερον ὑπάρχοντος ἐκ Πελοποννήσου. Die Infinitive τὸ μηδ' ὣς ἀποστῆναι, ἀντιπολιορκεῖν, ποιῆσαι bilden die erklärende Apposition zu dem vorhergehenden auf φιλονεικίαν bezüglichen ἥν. Zu παρ' αὑτοῖς vgl. V 49, 3 τὴν παρ' αὑτοῖς ἐκεχειρίαν.

VII 49, 1 ὁ μὲν Νικίας τοσαῦτα λέγων ἰσχυρίζετο, αἰσθόμενος τὰ ἐν ταῖς Συρακούσαις ἀκριβῶς, καὶ τὴν τῶν χρημάτων ἀπορίαν καὶ ὅτι ἦν αὐτόθι τὸ βουλόμενον τοῖς Ἀθηναίοις γίγνεσθαι τὰ πράγματα καὶ ἐπικηρυκευόμενον πρὸς αὐτὸν ὥστε μὴ ἀπανίστασθαι, καὶ ἅμα ταῖς γοῦν ναυσὶν ἢ πρότερον θαρσήσει κρατηθείς. Varianten nach Bekker: θαρσήσας corr. A, θαρρῶν ἢ πρότερον ἐθάρσησε B. Von den neuern Herausgebern hat sich Krüger für keine der Verbesserungen des offenbar verdorbenen ἢ πρότερον θαρσήσει, welche bis jetzt in Vorschlag gebracht worden sind, bestimmt ausgesprochen. Böhme billigt Reiskes Aenderung: ταῖς γοῦν ναυσὶ τῇ πρότερον θαρσήσει κρατηθείς: 'durch die Flotte wenigstens noch von dem frühern zu grossen Vertrauen beseelt'. Allein abgesehen von allem andern, war es eher ein Fehler des Nikias, dass er zu wenig Vertrauen besass; auch ist nirgends bei der Erzählung der frühern Ereignisse von einem zu grossen Vertrauen desselben die Rede. Betrachten wir die Ueberlieferung der Hss., so rühren θαρσήσας und θαρρῶν offenbar von Abschreibern her, welche die Bildung des letzten Satzgliedes dem vorhergehenden αἰσθόμενος τὰ ἐν ταῖς Συρακούσαις ἀκριβῶς conform machen wollten. Sie hatten ἐθάρσησε vor sich, welches uns in B, der besten Hs., neben der Correctur θαρρῶν noch erhalten ist. Und diese Lesart ist wirklich die einzig brauchbare, da θαρσήσει als Verbalform sinnlos, und ein Substantivum θάρσησις nicht nachzuweisen ist. Es ist nur noch nothwendig ἢ in ᾗ zu ändern, um den passendsten Sinn herzustellen und zugleich dem πρότερον eine bestimmte Beziehung auf ein vorher Erzähltes zu geben: καὶ ἅμα ταῖς γοῦν ναυσίν, ᾗ πρότερον, ἐθάρσησε κρατηθείς: 'Nikias vertraute, nachdem er besiegt war, wie früher, auf die Schiffe.' Als Gylippos gleich nach seiner Ankunft die ersten Erfolge zu Lande errungen hatte, da erkannte Nikias, dass auf dem Seekriege die grössere Hoffnung der Athener beruhe: προσεῖχέ τε ἤδη μᾶλλον τῷ κατὰ θάλασσαν πολέμῳ, ὁρῶν τὰ ἐκ τῆς γῆς σφίσιν, ἐπειδὴ Γύλιππος ἥκεν, ἀνελπιστότερα ὄντα (VII 4, 4). Darauf bezieht sich an unserer Stelle ᾗ πρότερον. Uebrigens ist zu verbinden αἰσθόμενος — καὶ ἅμα ἐθάρσησε, so dass vom Participium zu einem verbum finitum übergegangen wird (Krüger Spr. § 59, 2, 9).

VII 55, 2 πόλεσι γὰρ ταύταις μόναις ἤδη ὁμοιοτρόποις ἐπελθόντες, δημοκρατουμέναις τε, ὥσπερ καὶ αὐτοί, καὶ ναῦς καὶ ἵππους καὶ μεγέθη ἐχούσαις, οὐ δυνάμενοι ἐπενεγκεῖν οὔτ' ἐκ πολιτείας τι μεταβολῆς τὸ διάφορον αὐτοῖς, ᾧ προσήγοντο ἄν, οὔτ' ἐκ παρασκευῆς πολλῷ κρείσσους, σφαλλόμενοι δὲ τὰ πλείω, τά τε πρὸ αὐτῶν ἠπόρουν καὶ ἐπειδή γε καὶ ταῖς ναυσὶν ἐκρατήθησαν, ὃ οὐκ ἂν ᾤοντο, πολλῷ δὴ μᾶλλον ἔτι. Die Worte οὐ δυνάμενοι ἐπενεγκεῖν οὔτ' ἐκ πολιτείας τι μεταβολῆς τὸ διάφορον αὐτοῖς erklärt Krüger: τὸ διάφορον, ὃ αὐτοῖς ἐδύναντο ἐπενεγκεῖν, οὐδὲν ἦν, indem er vergleicht I 140, 5 τὸ γὰρ βραχύ τι τοῦτο πᾶσαν ὑμῶν ἔχει τὴν βεβαίωσιν καὶ πεῖραν τῆς γνώμης und IV 27, 4 ὡρμημένους τι τὸ πλέον. Allein an der letzten Stelle steht τι τὸ πλέον wie sonst τι μᾶλλον. Auch die erste wäre analog nur für τὸ διάφορόν τι τοῦτο, und selbst wenn τοῦτο fehlen könnte, würde es nur τὸ διάφορόν τι, nicht aber τι τὸ διάφορον heissen können; ferner ist das abschwächende τι bei διάφορον dem Zusammenhange nach nicht an seinem Platze wie bei βραχύ τι (vgl. Classen zu I 140, 5), und endlich wäre noch immerhin der Artikel vor διάφορον unerklärlich, da er hier nicht ein an sich Bestimmtes oder, wie bei τὸ βραχύ τι τοῦτο, ein vorher Erwähntes einführt. Ausserdem entspricht Krügers Auffassung nicht dem thatsächlichen Verhältnisse; denn der politische Zwiespalt wird durch die Aenderung der Staatsverfassung nicht erst geschaffen, sondern er ist vorhanden, ehe diese eintreten kann. Da nun τι nicht zu τὸ διάφορον gehören kann, so ist es allein als Object zu ἐπενεγκεῖν zu ziehen und τὸ διάφορον mit dem Folgenden zu verbinden: οὐ δυνάμενοι ἐπενεγκεῖν οὔτ' ἐκ πολιτείας τι μεταβολῆς, τὸ διάφορον αὐτοῖς ᾧ προσήγοντο ἄν. Zu τὸ διάφορον αὐτοῖς 'die ihnen entgegenstehende Partei' vgl. VII 63, 3 τὸ φοβερὸν τοῖς ὑπηκόοις. In gleicher Weise hat die Stelle schon der Scholiast verstanden, wenn er τὸ διάφορον αὐτοῖς durch οἱ διάφοροι αὐτοῖς wiedergibt: ᾧτινι τῷ πράγματι, τῷ μεταβαλεῖν δηλονότι τὴν πολιτείαν, προσήγοντο ἄν (pass.) οἱ διάφοροι αὐτοῖς τοῖς Ἀθηναίοις. Was das Folgende anbelangt, so stimme ich Krüger vollständig bei, wenn er statt des κρείσσους der Hss. κρείσσονος für richtig hält, welches durch Vallas Uebersetzung und das Scholion οὐ δυνάμενοι δὲ οὔτ' ἐκ μεταβολῆς, ἐπειδὴ ἡ αὐτὴ ἦν ἑκατέρων πολιτεία, οὔτ' ἐκ παρασκευῆς πολλῷ μείζονος, ὅτι καὶ ἵππους καὶ ναῦς εἶχον ἐκεῖνοι ὁμοίως τοῖς Ἀθηναίοις bezeugt ist. Satzform und Gedanke gewinnen dadurch an durchsichtiger Klarheit. Das κρείσσους der Hss. kann nur als Nominativ verstanden werden, was B durch ein hinzugefügtes ὄντες angedeutet hat. Mit Unrecht hat Bekker ὄντας in den Text gesetzt, das kaum erklärt werden kann. Jedenfalls müsste κρείσσους ὄντας sich auf die Syrakusaner und ihre Bundesgenossen beziehen, was schwer zu vereinigen ist mit den Worten des Gylippos VII 67, 3 ἐπεὶ καὶ τῷ πλήθει τῶν νεῶν οὐκ ὠφελήσονται, εἴ τις καὶ τόδε ὑμῶν, ὅτι οὐκ ἴσαις ναυμαχήσει, πεφόβηται. Die Stelle lautet demnach: οὐ δυνάμενοι ἐπενεγκεῖν οὔτ' ἐκ πολιτείας τι μεταβολῆς, τὸ διάφορον αὐτοῖς ᾧ προσήγοντο ἄν, οὔτ' ἐκ παρασκευῆς πολλῷ κρείσσονος: 'indem sie ihnen weder durch Aenderung der Staatsverfassung etwas zufügen (anhaben) konnten, wodurch sie die Gegenpartei bei ihnen gewonnen hätten, noch durch eine weit überlegene Kriegsmacht.'

VII 61, 1 ἄνδρες στρατιῶται Ἀθηναίων τε καὶ τῶν ἄλλων ξυμμάχων, ὁ μὲν ἀγὼν ὁ μέλλων ὁμοίως κοινὸς ἅπασιν ἔσται περί τε σωτηρίας καὶ πατρίδος ἑκάστοις οὐχ ἧσσον ἢ τοῖς πολεμίοις. Classen sagt über diesen Anfang der letzten Rede des Nikias symb. crit. S. 8: '*num quis, qui rei discrimen et dicentis consilium perspectum habet, credat, hoc eum ad suos in extremo periculo exhortandos dicere potuisse: singulis Graecorum de salute et patria non minus certamen instare quam hostibus? Longe diversa tum utrorumque erat condicio. Syracusani enim in navali proelio victores de patria et salute non amplius dubitabant: Graecis, victoriae spe iam pridem abiecta, id tanquam summum erat enitendum, ut perruptis portus claustris quam minimo damno domum se reciperent.*' Sehr schlagend ist hier der Widerspruch des ἑκάστοις οὐχ ἧσσον ἢ τοῖς πολεμίοις mit der Lage der beiden kriegführenden Parteien dargethan, so dass ein Verderbniss der Ueberlieferung ausser allem Zweifel ist. Classens Vermuthung aber: ἑκάστοις οὐχ ἧσσον ἢ τοῖς πολιτικοῖς '*tam singulis hominibus quam universis civitatibus*' ist durchaus zu verwerfen. Allerdings bezeichnet τὸ πολιτικόν '*publicarum rerum statum et condicionem*', aber τὰ πολιτικά heisst nie etwas anderes als 'die Staatsangelegenheiten'. Als Gegensatz zu ἑκάστοις wäre ταῖς πόλεσιν nothwendig, welches zu vermuthen Classen mit Recht Bedenken trägt. Ich halte ἑκάστοις οὐχ ἧσσον ἢ τοῖς πολεμίοις für nichts anderes als eine Erklärung von ὁμοίως ἅπασιν, wie man sie einem einsichtslosen Abschreiber wohl zutrauen kann. Das bestätigt der folgende begründende Satz, der nur auf das Bezug nimmt, was nach Tilgung jener sinnlosen Worte übrig bleibt: ὁ μὲν ἀγὼν ὁ μέλλων ὁμοίως κοινὸς ἅπασιν ἔσται περί τε σωτηρίας καὶ πατρίδος· ἢν γὰρ κρατήσωμεν νῦν ταῖς ναυσίν, ἔστι τῳ τὴν ὑπάρχουσάν που οἰκείαν πόλιν ἐπιδεῖν.

VII 63, 4 ὥστε κοινωνοὶ μόνοι ἐλευθέρως ἡμῖν τῆς ἀρχῆς ὄντες δικαίως αὐτὴν νῦν μὴ καταπροδίδοτε. Alle guten Hss. bieten δικαίως ἂν. Die neueren Herausgeber streichen das ἂν sämmtlich und erklären: 'gerechter Weise dürft ihr sie nicht verrathen.' Wie hat man sich doch bei dieser Erklärung beruhigen können? Denn das heissen die griechischen Worte ja gar nicht. 'Verrathet sie nicht gerechter Weise' wäre zu übersetzen; der Zusammenhang aber erfordert das gerade Gegentheil: 'verrathet sie nicht ungerechter Weise.' Statt δικαίως ἂν wird δικαιοῦσαν zu lesen sein, wozu aus μὴ καταπροδίδοτε — αὐτὴν μὴ καταπροδιδόναι zu ergänzen ist: ὥστε κοινωνοὶ μόνοι ἐλευθέρως ἡμῖν τῆς ἀρχῆς ὄντες δικαιοῦσαν αὐτὴν νῦν μὴ καταπροδίδοτε: 'da ihr also allein uns auf freie Weise Theilnehmer der Herschaft waret, so verrathet sie jetzt nicht, da sie es als ein Recht von euch fordert.' So bildet δικαιοῦσαν einen treffenden Gegensatz zu ἐλευθέρως. Von denjenigen, welche bis jetzt ohne irgend eine Nöthigung an der athenischen Herschaft und ihren Vortheilen (vgl. vorher καὶ τῆc ἀρχῆc τῆc ἡμετέραc οὐκ ἔλαccον κατὰ τὸ ὠφελεῖcθαι — μετείχετε) theilnahmen, verlangt sie jetzt in der Stunde der Gefahr als ein Recht, dass sie von ihnen nicht verrathen werde. Zu δικαιόω vgl. I 140, 1. IV 64, 2.

VII 75, 4 εἴ τῳ δὲ προλίποι ἡ ῥώμη καὶ τὸ cῶμα, οὐκ ἄνευ ὀλίγων ἐπιθειαcμῶν καὶ οἰμωγῆξ ὑπολειπόμενοι. Statt des sinnwidrigen ὀλίγων hat Poppo sehr unwahrscheinlich cυχνῶν vermuthet. Göller hatte ὀλολυγῶν vorgeschlagen. Allerdings ist ὀλίγων aus ὀλολυγῶν entstanden; das ist aber nicht in den Text zu setzen, sondern als Randerklärung zu ἐπιθειαcμῶν zu betrachten. Daher ist ὀλίγων nach Krügers Vorschlag ohne Bedenken zu streichen.

VII 75, 6 καὶ μὴν ἡ ἄλλη αἰκία καὶ ἡ ἰcομοιρία τῶν κακῶν, ἔχουcά τινα ὅμωc τὸ μετὰ πολλῶν κούφιcιν, οὐδ' ὡc ῥᾳδία ἐν τῷ παρόντι ἐδοξάζετο. Ich finde in den Worten ἡ ἰcομοιρία τῶν κακῶν, ἔχουcά τινα ὅμωc τὸ μετὰ πολλῶν κούφιcιν einen unerträglichen Pleonasmus, der auch durch Dobrees Vermuthung καὶ μὴν ἡ ἄλλη αἰκία, ἰcομοιρίᾳ τῶν κακῶν ἔχουcά τινα ὅμωc τὸ μετὰ πολλῶν κούφιcιν, welche nur das Anstössige in der Verbindung ἡ ἄλλη αἰκία καὶ ἡ ἰcομοιρία τῶν κακῶν beseitigt, keineswegs gehoben wird. Denn τὸ μετὰ πολλῶν ist hier eben die ἰcομοιρία τῶν κακῶν. Nichts liegt näher als ἡ ἰcομοιρία τῶν κακῶν als eine in den Text eingedrungene Randerklärung zu τὸ μετὰ πολλῶν zu betrachten, zumal wenn man erwägt, dass ἰcομοιρία sonst nur von späteren Schriftstellern gebraucht wird. Der Ausdruck gewinnt ungemein an Kürze und Klarheit, während der Gedanke in keiner Weise beeinträchtigt wird, sondern nur schärfer hervortritt: καὶ μὴν ἡ ἄλλη αἰκία, καὶ ἔχουcά τινα ὅμωc τὸ μετὰ πολλῶν κούφιcιν, οὐδ' ὡc ῥᾳδία ἐν τῷ παρόντι ἐδοξάζετο. Mit Krüger ist τινὰ κούφιcιν als prädicatives Object zu fassen. Bei καὶ ἔχουcα ὅμωc ist καί in der Bedeutung 'sogar' zu verstehen. Vgl. Krüger Spr. § 56, 13, 3.

VIII 34, 1 ἐν τούτῳ δὲ καὶ ἡ τῶν Ἀθηναίων cτρατιὰ ταῖc ναυcὶν ἐκ τοῦ Κωρύκου περιπλέουcα κατ' Ἀργῖνον ἐπιτυγχάνει τριcὶ ναυcὶ τῶν Χίων μακραῖc, καὶ ὡc εἶδον, ἐδίωκον. B ὡc εἶδον, A E F G ὥcπερ ἰδόντεc. Mit Unrecht haben die neueren Herausgeber ὡc εἶδον aufgenommen, ohne die Entstehung der andern Lesart ὥcπερ ἰδόντεc zu erklären. Noch eine dritte Lesart ergibt sich aus den Scholien. Denn wenn ein Scholiast ὥcπερ durch ἐπειδή erklärt, so kann er wohl nur ὥcπερ εἶδον gelesen haben. Die drei Lesarten nun ὡc εἶδον, ὥcπερ εἶδον, ὥcπερ ἰδόντεc führen auf ὥcπερ εἶδον ἰδόντεc als gemeinschaftliche Quelle zurück. Da εἶδον neben ἰδόντεc offenbar unmöglich war, so suchten die Abschreiber diesem Uebelstande auf verschiedene Weise abzuhelfen. Am entschiedensten verfuhr dabei B, indem er nicht nur ἰδόντεc entfernte, sondern auch περ tilgte, um die erforderliche Zeitpartikel zu gewinnen; während die beiden andern sich begnügten entweder εἶδον oder ἰδόντεc wegzulassen, unbekümmert darum, ob das Uebrigbleibende nun auch wirklich sinngemäss sei. In der ursprünglichen Lesart aber war εἶδον aus εἶχον verdorben, welches mit ganz leichter Aenderung wiederherzustellen ist: ἡ τῶν Ἀ. στρατιὰ — κατ' Ἀργῖνον ἐπιτυγχάνει τρισὶ ναυσὶ τῶν Χίων μακραῖς, καὶ ὥσπερ εἶχον ἰδόντες ἐδίωκον. Zu ὥσπερ εἶχον 'wie sie da waren, ungesäumt, sofort' vgl. VIII 41, 3 ὥσπερ εἶχε πλεῖν ἐπὶ τὰς τῶν Ἀθηναίων ναῦς. VIII 42, 1 ἐπέπλει οὖν ὥσπερ εἶχε πρὸς τὴν Σύμην. Krüger zu III 30, 1. Herbst im Philol. XVI S. 306.

VIII 45, 2 καὶ διδάσκαλος πάντων γιγνόμενος τήν τε μισθοφορὰν ξυνέτεμεν, ἀντὶ δραχμῆς Ἀττικῆς ὥστε τριώβολον, καὶ τοῦτο μὴ ξυνεχῶς δίδοσθαι, λέγειν κελεύων τὸν Τισσαφέρνην πρὸς αὐτούς, ὡς Ἀθηναῖοι ἐκ πλείονος χρόνου ἐπιστήμονες ὄντες τοῦ ναυτικοῦ τριώβολον τοῖς ἑαυτῶν διδόασιν, οὐ τοσοῦτον πενίᾳ ὅσον ἵνα αὐτῶν μὴ οἱ ναῦται ἐκ περιουσίας ὑβρίζοντες οἱ μὲν τὰ σώματα χείρω ἔχωσι δαπανῶντες ἐς τοιαῦτα, ἀφ' ὧν ἡ ἀσθένεια ξυμβαίνει, οἱ δὲ τὰς ναῦς ἀπολείπωσιν οὐχ ὑπολιπόντες ἐς ὁμηρείαν τὸν προσοφειλόμενον μισθόν. Tissaphernes soll nach Alkibiades Rath 1) den Peloponnesiern nur drei Obolen Sold für den Mann und 2) diesen nicht regelmässig zahlen, und sein Verfahren durch das Beispiel der Athener rechtfertigen. Das Verfahren der Athener aber beruht auf zwei Gründen: 1) wollen sie den Matrosen die Mittel versagen, sich entnervenden Genüssen hinzugeben, 2) sollen Desertionen verhindert werden, dadurch dass den Matrosen ein Theil ihres Soldes als Unterpfand ihrer Treue zurückbehalten wird. Offenbar geht der erste Grund darauf, dass die Athener nur drei Obolen, der zweite darauf, dass sie den Sold nicht regelmässig zahlen. Nun steht aber nur das erste da: ὡς τριώβολον διδόασιν; mithin muss das zweite ausgefallen sein oder sich ergänzen lassen. Das wird dadurch bestätigt, dass Tissaphernes, wenn er sich vollständig und in beiden Beziehungen rechtfertigen soll, sich darauf berufen muss, dass die Athener ebenfalls 1) den geringern Sold geben und 2) diesen nicht regelmässig auszahlen. Wollte er sich nur auf das erste berufen, so wäre auch seine Rechtfertigung nur eine halbe. Nun ist es aber auf das entschiedenste zu leugnen, dass zu ὡς Ἀθηναῖοι τριώβολον τοῖς ἑαυτῶν διδόασιν aus dem Vorhergehenden καὶ τοῦτ' οὐ ξυνεχῶς ergänzt werden könne; folglich muss es ausgefallen sein: ὡς Ἀθηναῖοι — τριώβολον τοῖς ἑαυτῶν, καὶ τοῦτ' οὐ ξυνεχῶς διδόασιν. Durch diese Verbesserung der Stelle, welche sich bei einer genauen und unbefangenen Betrachtung derselben von selbst ergibt, wird alles klar und einfach. Tissaphernes soll nur drei Obolen Sold und zwar nicht regelmässig auszahlen und sich dafür auf die Athener berufen, welche ebenfalls nur drei Obolen und zwar nicht regelmässig bezahlen, und dies aus dem Grunde, damit sie durch das eine Schwäche und Untüchtigkeit der Matrosen, durch das andere Desertionen verhindern. Dass die Lücke durch die Aehnlichkeit des vorhergehenden τριώβολον, καὶ τοῦτο μὴ ξυνεχῶς δίδοσθαι veranlasst wurde, braucht kaum bemerkt zu werden.

VIII 68, 2 καὶ αὐτὸς δέ, ἐπειδὴ τὰ τῶν τετρακοcίων ἐν ὑcτέρῳ μεταπεcόντα ὑπὸ τοῦ δήμου ἐκακοῦτο. ἄριcτα φαίνεται τῶν μεχρὶ ἐμοῦ ὑπὲρ αὐτῶν τούτων αἰτιαθείc, ὡc ξυγκατέcτηcε, θανάτου δίκην ἀπολογηcάμενοc. A B E F ἐπειδὴ μετέcτη ἡ δημοκρατία καὶ ἐc ἀγῶναc κατέcτη μετὰ τῶν τετρακοcίων ἐν ὑcτέρῳ μεταπεcόντα ὑπὸ τοῦ δήμου ἐκακοῦτο. Vorher ist von Antiphon und seiner Theilnahme an der oligarchischen Umwälzung die Rede. Die Herausgeber haben die Worte, welche ihnen in der Ueberlieferung der besten Hss. sinnlos schienen, ausgestossen, ohne sich die Mühe zu geben ihre Entstehung zu erklären. Sehen wir zu, ob dieses möglich ist. Zunächst kann μετὰ τῶν τετρακοcίων weder mit dem Vorhergehenden noch mit dem Folgenden sinngemäss verbunden werden. Das ist aber durchaus kein Grund μετά als unecht zu betrachten; denn wie wäre es in den Text gekommen? Gerade weil sein Eindringen unerklärlich wäre, muss es als echt angesehen werden. Leicht lässt sich nun eine Verbindung mit dem Folgenden herstellen, wenn wir die andere Ueberlieferung τὰ τῶν τετρακοcίων zu Hülfe nehmen. Diese weist darauf hin, dass Th. μετὰ τὰ τῶν τετρακοcίων ἐν ὑcτέρῳ μεταπεcόντα geschrieben hat: 'nach der Herschaft der Vierhundert, als sie später gestürzt worden war'. Wie leicht τά ausfallen konnte, liegt auf der Hand. Ganz unverträglich mit dem Zusammenhange ist ferner μετέcτη ἡ δημοκρατία, da nicht von dem Sturze, sondern nur von der Wiedereinführung der Demokratie die Rede sein kann. Es ist aber μετέcτη durch Veranlassung des folgenden κατέcτη aus μετέcτηcεν entstanden. Die Worte sind aus der Randbemerkung ἐπειδὴ μετέcτηcεν ἡ δημοκρατία τὰ τῶν τετρακοcίων, welche zu μετὰ τὰ τῶν τετρακοcίων μεταπεcόντα ὑπὸ τοῦ δήμου beigeschrieben war, in den Text eingedrungen, um so leichter, da auch in diesem ἐπειδή stand. Nach einem bekannten Sprachgebrauch gehört ὑπὸ τοῦ δήμου zu μεταπεcόντα. Von dem nach ἡ δημοκρατία μετέcτη folgenden καὶ ἐc ἀγῶναc κατέcτη hat schon Krüger mit gutem Grunde vermuthet, dass es von Th. herrühre; denn einer Randerklärung sieht es gar nicht ähnlich. Sonst heisst ἐc ἀγῶνα καθιcτάναι bei attischen Schriftstellern 'anklagen' (Dem. XXIV 7. Plat. Apol. 24 c. Rep. VI 494 e. Isäos I 5). Auch an unserer Stelle heisst es nichts anders, und Antiphon ist als Subject zu denken. Der Plural ἀγῶναc ist wohl von einer mehrfachen Anklage zu verstehen. Nun ist in den Worten ἐπειδὴ καὶ ἐc ἀγῶναc κατέcτη μετὰ τὰ τῶν τετρακοcίων ἐν ὑcτέρῳ μεταπεcόντα ὑπὸ τοῦ δήμου ἐκακοῦτο das ἐκακοῦτο unbrauchbar. Es ist nicht schwer zu erkennen, dass dasselbe eine Erklärung zu ἐc ἀγῶναc κατέcτη ist, welches mit ὑπὸ τοῦ δήμου verbunden wurde in dem Sinne: 'er wurde in Kämpfe, Gefahren verwickelt.' Die Randbemerkung, durch deren Eindringen die Stelle verdorben worden ist, lautete also vollständig: ἐπειδὴ μετέcτηcεν ἡ δημοκρατία τὰ τῶν τετρακοcίων, ὑπὸ τοῦ δήμου ἐκακοῦτο. Zur Uebersicht gebe ich die Stelle nach der Ueberlieferung der Hss. mit Bezeichnung der Emendation: ἐπειδὴ [μετέcτη(cεν) ἡ δημοκρατία] καὶ ἐc ἀγῶναc κατέcτη μετὰ τὰ τῶν τετρακοcίων ἐν ὑςτέρῳ μεταπεςόντα ὑπὸ τοῦ δήμου [ἐκακοῦτο]: 'da er sogar angeklagt wurde nach der Herschaft der Vierhundert, als sie später durch das Volk gestürzt worden war.' Die Lesart der schlechten Hss. ist einfach dadurch entstanden, dass der Abschreiber μετέςτη — μετά übersah.

VIII 98, 2 ἐπολιόρκουν δ' αὐτὸ διὰ ξυμφορὰν cφίcιν ἐκ τῆς Οἰνόης γενομένην ἀνδρῶν ἐκ Δεκελείας ἀναχωρούντων διαφθορᾶς οἱ Κορίνθιοι, ἐθελοντηδὸν προσπαρακαλέςαντες τοὺς Βοιωτούς. Die neueren Herausgeber verstehen ἐθελοντηδὸν προσπαρακαλέςαντες: παρακαλέςαντες ὥcτε ἐθελοντηδὸν προσελθεῖν. Das ist ebenso unbegreiflich wie beispiellos. Denn wie kann 'einen aus freien Stücken noch dazu herbeirufen' so viel heissen als 'einen herbeirufen, dass er aus freien Stücken hinzukomme'? Wie kann ἐθελοντηδόν sich auf einen Verbalbegriff beziehen, der gar nicht da steht? Ohne allen Zweifel ist es mit dem Vorhergehenden zu verbinden: ἐπολιόρκουν δ' αὐτὸ — οἱ Κορίνθιοι ἐθελοντηδόν, προσπαρακαλέςαντες τοὺς Βοιωτούς. 'Die Korinthier belagerten Oinoë aus freiem Antriebe', d. h. ohne von Seiten des Bundes dazu veranlasst und beauftragt zu sein: auf eigene Faust. So hat die Stelle schon der Scholiast aufgefasst, wenn er ἐθελοντηδόν durch ἄνευ τῶν ἄλλων ςυμμάχων wiedergibt: ἐπολιόρκουν οἱ Κορίνθιοι τὴν Οἰνόην, παραλαβόντες τοὺς Βοιωτούς, ἄνευ τῶν ἄλλων ςυμμάχων δι' ἰδίαν τινὰ ςυμφοράν. Aber man hat diese Erklärung nicht verstanden, indem man nach ςυμμάχων statt nach Βοιωτούς interpungierte.

EMENDATIONES SILIANAE.

SCRIPSIT

GEORGIVS THILO.

Siliani carminis emendatio inde habet difficultatis plurimum et dubitationis, quod libri antiqui quibus memoria illius ad renascentium litterarum tempus propagata est hodie perierunt. duo autem codices decimo fere saeculo scripti quinto decimo super fuerunt. ac de Sangallensi quidem eiusque apographis, quae haud pauca sunt, per Italicas potissimum bybliothecas dispersa, dixi in quaestionibus Silianis criticis Halis anno 1858 editis: Coloniensem codicem cuius nullum quantum ego scio extat apographum duo homines docti tractaverunt, Ludovicus Carrio, qui in libris emendationum et observationum Antverpiae anno 1576 editis et in Gruteri lampade (tomi III p. 2 p. 90 sqq.) repetitis aliquot Sili versus ex illo codice emendatiores dedit, et Franciscus Modius, qui in lectionibus novantiquis, quas Francofurti anno 1584 publici iuris fecit et Gruterus in eiusdem libri tomo quinto p. 1 sqq. repetiit, libri Agrippinatis praestantia adiutus permultos Sili versus restituit. scripturis quas hi viri e Coloniensi protulerunt quantum sit fidei habendum ut recte intellegatur, non potest non esse exoptatissimum, quod iidem Censorini codice Coloniensi, qui hodie est Darmstadiensis n. 166, usi sunt. atque a Francisco Modio quidem Otto Iahnius (praef. p. XVI) Censorini librum diligenter excussum esse docuit, minus accurate a Ludovico Carrione: neque neglegenda esse puto in hac re iudicanda quae de moribus et eruditione Carrionis aequales ipsius narraverunt (cf. Burmanni praef. ad Val. Flaccum p. 26 et eiusdem Burmanni syll. epist. I p. 14, 15, 108, 111, 152, 179 et in primis p. 238, quo loco Iosephus Scaliger postquam Lipsio narravit, Carrionem quaternionem Gelli cum antiquis libris conlati Cuiacio furto subduxisse, 'caeterum' inquit 'eruditio perexigua, fastus ingens, livor et obtrectatio supra modum'). praeter Carrionem et Modium Nicolaus Heinsius permultas scripturas e Coloniensi protulit. ipse librum non vidit. ad I 1 enim 'quam' inquit 'operis huius inscriptionem membranae Colonienses prae se tulerint haud scio' et ad I 177 'Modius ad Liv. lib. XXI reposuit e Coloniensi *fervida*, τῷ *nervis* relicto, ut in Agrippinis membranis quoque sic videatur fuisse'. utebatur potius praeter Modii novantiquas lectiones *) exemplari aliquo a Carrione cum Coloniensi conlato;

---

*) probabile quidem est a Modio quoque Coloniensem totum excussum esse; ea tamen excerpta Heinsio non praesto fuisse inde conicio quod ipsius de Coloniensis scripturis testimonia a Modianis saepius discrepant. cf. quaest. Sil. crit. p. 16

ad IX 145 enim haec adnotavit: '*attonitoque timens* scripti et vetustae editiones, excepto Coloniensi, ex quo nihil hic loci erat annotatum, sive incuria Carrionis, sive quod is codex cum vulgatis libris faciebat.' cum quibus testimoniis dixerit aliquis non congruere quae Heinsius XIII Cal. April. MDCXLV ad l. F. Gronovium scripsit (Burm. syll. III p. 147) 'dies iam aliquot totus fui in excutiendo Silio Coloniensi. non putassem, Modium et Carrionem tam lautum spicilegium nobis reliquisse. sed de his fortassis alias.' at ambiguam certe esse horum verborum interpretationem nemo negabit. simplicius quidem in eam illa partem accipiuntur, ut Heinsius dixisse existimetur, ipso Coloniensi accurate tractato se intellexisse, quam neglegenter codex a Modio et Carrione excussus esset. probabilius tamen Heinsium statuitur verbis illis significare voluisse, conlatione Carrionis et Modii lectionibus diligenter perlustratis invenisse se, multos Silii versus e libro Agrippinati melius ab illis emendari potuisse. quam interpretationem eo magnopere commendari puto, quod Drakenborchius, qui adnotationes et emendationes ab Heinsio ad Silianum carmen conscriptas primus edidit, excerpta Coloniensis quo Modius et Carrio usi essent diligentius quam ceteros Punicorum emendationi cum adhibuisse dixit. iam vero cum Carrionis conlationem Heinsium habuisse constet, eius testimoniis quam caute utendum sit apparet. huc accedit quod Heinsianas adnotationes, quae duorum exemplarium marginibus ascriptae erant, non satis accurate digestas fuisse proclivis suspitio est. sed audiamus quid Drakenborchius ea de re tradiderit (praef. p. 6): 'Nicolai Heinsii primo adnotationes, quas margini editionis Dausqueianae variis temporibus ut quaeque in mentem venerant, allevit, quanta fide potui, descripsi, et cum alio exemplari editionis Colinaei, cuius orae praeter quamplurimas coniecturas, manuscriptorum varias lectiones commiserat, diligenter contuli.' videbis quam facile fieri potuerit, ut quod Heinsius coniectura assecutus esset e libro manu scripto depromptum esse suspicaretur Drakenborchius confunderetque inter se scripturas e codicibus quos alii tractaverant ab Heinsio enotatas. quae cum ita sint, quae Heinsius e Coloniensi protulit nisi sua ipsorum virtute commendentur, propter auctoritatem solam codicis e quo deprompta ferantur non esse recipienda iudico. duo sunt quae huic disputationi addenda esse videantur. primum enim Drakenborchius (praef. p. 5) Dausqueium canonicum Tornacensem qui Parisiis 1618 apud Davidem Douceur Silium edidit ab Heriberto Rosweydio Coloniensis excerpta accepisse sibi videri dixit. quod nescio unde Drakenborchius petiverit. breve quidem tempus est ex quo Dausqueianae editionis exemplar nactus sim neque totam eam perlustravi, sed satis magnam commentariorum partem perscrutatus cum

---

et Drakenborchii adnot. ad XII 222 et XIII 369. verum quidem, semel a Carrione quoque, qui (emend. et observ. II 11) I 561 *pueri* in Coloniensi legi affirmavit, Heinsium dissentire, cum librum illum concinnius quam vulgatas editiones *puer* exhibere dixerit; ea tamen dissensio non magni facienda est et e festinatione Heinsii fortasse repetenda.

tantum absit ut Dausqueium propria Coloniensis libri conlatione usum
esse animadverterim, ut nihil e codice illo laudaverit quod non a Carrione
et Modio prolatum esset, Drakenborchium errasse iudico: id quod eo plus
habet probabilitatis quod admodum dubitanter quid sentiret pronuntiavit.
deinde a Drakenborchio ipso aliquot sed perpaucae scripturae e Coloniensi laudatae sunt, omissae a Modio Carrione Heinsio. quod quo modo
fieri potuerit ut intellegatur animum puto attendendum esse ad ea quae
ad XII 517 adnotavit 'ex Coloniensi codice nihil diversitatis notatum inveni, quamvis discrepantes scripturae appictae erant margini editionis, in
qua *denigrantem* legitur' et ad XIII 5 '*Turia* vero primum habuit editio
Basileensis, et nonnullae postea: neque aliter fuisse videtur in codice Coloniensi; certe ex eo nulla lectionis differentia notatur, licet discrepantes
scripturae ascriptae sint ad marginem editionis Colinaei, quae *Turia* legit.' sic enim rem mihi fingo. utebatur Drakenborchius exemplari cuius
margini nescio quis scripturas e Coloniensi a Modio et Carrione prolatas
ascripserat; ubi nihil adnotatum invenit, Coloniensem cum editione fecisse
sibi persuasit. qua in re quantopere falsus sit non est cur multis exponatur. quod ne temere cuiquam suspicari videar, liceat narrare quid
mihi cum primum de Silio edendo cogitare coepissem acciderit. perlus-
trabam Eberti catalogum bybliothecae Guelferbytanae, ut viderem numquid
in ea esset quo ad poetam emendandum uterer. p. 155 s. n. 817 Sili
exemplar Basileense anni 1543 nominatum invenio, cui manus docta saec.
XVII ineuntis variantes lectiones membranarum quae sint Coloniae in aede
summa ascripserit. cum Ludovicum Bethmannum precibus per litteras
appellassem ut usum libri illius mihi permitteret, vir humanissimus volun-
tati meae obsecutus exemplar Halas misit. sed multo aliter res evenit ac
speraveram; e Coloniensi enim nihil in margine ascriptum erat sed scripturae e Modii lectionibus novantiquis excerptae. simile exemplar Drakenborchio fraudi fuisse conicio. haec praemisi, ut quae olim de codicis
Coloniensis scripturis minus recte exposui emendarem et supplerem. iam
coniecturas non nullas proferam, quibus futurum esse spero ut librariorum erroribus Siliana carmina liberentur.

In libro octavo a versu 298 Silius narravit, quo sermone Fabius
Aemilium Paulum consulem hortatus esset, ut Varronis collegae temeritati
non minus fortiter resisteret quam virtuti et prudentiae Hannibalis: quae
omnia fere a Livio (XXII 39) poeta mutuatus est, ut quam anxie vestigia
illius presserit paucis locis clarius appareat. versum 300 Lucianus Muellerus qui in libro secundo de re metrica poetarum Latinorum non nullos
Sili versus tractavit non male restituit scribendo (p. 173) *si tibi cum Ty-
rio credis fore maxima bella ductore — invitus vocem hanc e pectore
rumpam — frustraris Paule. Ausonium te proelia dira teque hostis castris gravior manet*, ut *Ausonium* genetivus esset. sed ea quoque quae
paucis versibus post leguntur nondum persanata sunt. haec enim Rupertius edidit

iam latis obvia credo
stat campis acies expectaturque sub ictu
alter Flaminius. quantos, insane, ciebis
Varro viros! tu (pro superi!) tu protinus arma?
tu campum noscas ante exploresque trahendo
qui ritus hostis. tu non quae copia rerum,
quae natura loci, quod sit rimabere sollers
armorum genus? et stantem super omnia tela
Fortunam aspicies?

a quibus libri manu scripti non dissentiunt nisi quod v. 313 in Coloniensi He insio teste legebatur *quam ritus hostis*, et Vaticanus 1652 quod optimum esse docui codicis Sangallensis apographum exhibet *quantum rictus hostis*. eo testimonio usus Heinsius scripsit *quantum hosti victus*, quod Drakenborchius probavit; Rupertius Coloniensem ducem secutus *qui ritus hostis* dedit. quarum coniecturarum utra praeferenda sit priusquam iudicatur ea quae antecedunt emendanda sunt. namque in versu 311 quae leguntur *tu (pro superi!) tu protinus arma?* Sili non sunt. primum enim ad ea verba cum *ciebis* vel *movebis* subaudiri interpretes voluerunt durissima usi sunt ratione: id quod Heinsium sensisse existimo qui *tu (pro superi!) tam pronus in arma?* coniecit. deinde autem cum verba illa non possint non ad Varronem referri, quod in iis quae secuntur eodem *tu* pronomine Aemilium Paulum Fabius compellat, eo totus locus ambiguus redditur et difficilis ad intellegendum. quam ob rem Lefeburium prudenter egisse iudico, qui omnia ad Aemilium Paulum pertinere statuit; quamquam multum abest ut Siliana habeam quae ille suspicatus est *tu, pro superi, tum protinus arva, tum campum noscas ante, exploresque trahendo ritus hostis; tum vero* e. q. s. conicio enim Silium scripsisse *tu (pro superi!) tu providus arma, tu campum noscas ante exploresque trahendo* e. q. s. non fugit me qua re huius coniecturae probabilitas infringi videatur. exclamatio enim illa quae est *pro superi!* quippe quae querentis sit in adhortatione proprie locum non habet. sed conqueritur Fabius, quod Aemilium admoneri necesse est, ut ipse collegam a temeritate pugnandi retineat. quodsi *tu (pro superi!) tu providus arma* poetam scripsisse recte conieci, in versu 313 Rupertii coniecturam *qui ritus hostis* reiectaneam esse patet; inter *ritum* enim *hostis*, quem morem et rationem belli gerendi Rupertius ipse explicuit, et *arma* nihil intercedit. sed aliud praeter illud est quo Heinsiana emendatio commendetur. postquam enim adhortatus est Fabius Aemilium, quaerit ex eo, num illa quae suaserit facturus sit: *tu non quae copia rerum, quae natura loci, quod sit rimabere sollers armorum genus?* in quibus inverso ordine utitur. nam quod primum Aemilium admonuerat, ut quonam armorum genere Poeni uterentur exploraret, id num facere velit tertio loco interrogat et deinceps. eam ipsam igitur ob causam qua Rupertius Heinsii coniecturam reiecit, quod *quae copia rerum* vocibus quae statim insequerentur victus mentio fieret, ea recipienda est.

In eodem libro a versu 356 copiae recensentur Terentium Varronem et Aemilium Paulum consules ad pugnam Cannensem secutae ducesque earum nominantur. 383—389 de Mucio Scaevola Volscorum duce in editione Rupertiana haec leguntur:

> *ducit avis pollens nec dextra indignus avorum* 383
> *Scaevola, cui dirae caelatur laudis honora*
> *effigie clipeus. flagrant altaribus ignes,*
> *Tyrrhenum valli medio stat Mucius ira*
> *in semet versa, saevitque in imagine virtus*
> *tunc ictus specie pavitare hoc bella magistro*
> *cernitur, effugiens ardentem Porsena dextram.*

versus 388 in Vaticano 1652 et in Oxoniensi hic est *tunc icte species nuere ac bella magistro*, in Coloniensi Heinsio teste hic fuit *tunc ictae species iniere ac bella magistro*. innumeris hi versus coniecturis ab interpretibus Sili temptati sunt: quas enumerare et refutare cum longum sit ea quae ipse inveni explicasse et defendisse satis habebo. conicio autem Silium scripsisse *tanta ictus specie renuens hoc bella magistro cernitur et fugiens a. P. d.* ac *tanta* quidem accepi a viro quodam docto, quem Rupertius in appendice *tanta ictus specie finire hoc bella magistro cernitur* suspicatum esse adnotavit. — *icte* quam facile fieri potuerit ex *ictus*, cum vox quae sequitur ab *s* littera incipiat, non est cur multis explicetur; neque id Rupertium fugit qui ad Porsenam haec verba pertinere intellegens olim *ictus* reposuit. — *renuens* cum ad litteras codicum multo propius accedat quam ea quae ante me prolata sunt, tum renuendi vocabulum ad hunc locum aptissimum est. Porsena enim *renuens* i. e. vultu averso manuque obtenta significans, metuere se bella qualia Mucius inferret, in effigie optime exprimi poterat. neque participium cernendi verbo aptius iungi quam infinitivum negabitur. cf. II 412. — *hoc* Lefeburio nisi fallor debetur. — *bella* autem non intellego bellum inter Romanos et Etruscos de Tarquinio in regnum restituendo exortum, sed bella quae cum uno quoque coniuratorum Porsenae adeunda esse Mucius nuntiavit. cf. Liv. II 12 *hoc tibi iuventus Romana indicimus bellum. nullam aciem, nullum proelium timueris, uni tibi et cum singulis res erit.* inde consequitur *magistrum* non esse militum magistrum, quae interpretum quorundam sententia est, sed eum qui sorte iubente primus Porsenam tam fortiter invaserit, ut reliquis virtutis exemplum esset. cf. XV 360.

X 415 sqq. narravit poeta post pugnam Cannensem nobiles quosdam iuvenes Metello auctore et duce constituisse deserta Italia in remotiores regiones fugere, Scipionem vero stricto super capita consultantium gladio omnes coegisse iurare, se numquam patriam relicturos esse. quod his versibus (440—442) expressit

> *ocius en testare deos, si moenia taedis*
> *flagrabunt Libycis, nullas te ferre, Metelle,*
> *ausurum in terras gressus.*

Drakenborchius Iosephum Scaligerum in margine Sili sui emendasse dixit *nullos — gressus.* neque tamen ea coniectura quae sunt in his versibus offensiones omnes remotae esse videntur. *terrae* enim num simpliciter pro *terris exteris* recte dicantur vehementer dubito. neque poetam probabile est ad versum 423 respexisse qui hic est *atque alio positus spectabat in orbe quis sese occulerent terras.* itaque recipienda quidem Scaligeri coniectura, sed pro *in terras* scribendum *e terra huc.*

In eodem libro a versu 455 laudatur equus Cloeli qui a Dageso captus cum excusserit domino procul inter semianimes conspecto, cui rapido cursu advolaverit et inflexis pedibus dorsum ascendendum praebuerit.

> *hinc rapidum glomerans cursum per lubrica pingui*　　461
> *stante cruore soli et multata cadavera caedi*
> *evolat ac domini consistit in ora iacentis.*

in versu 462 libri consentiunt cum Rupertiana editione, Vrbinas 358 solus *caede* habet. interpretes Silium Vergili illa (XI 839) *prospexit tristi multatam morte Camillam* imitatum esse putabant; Philippus Wagnerus quoque ad versum Aeneidos adnotavit 'ad hunc versum respiciens dixit Silius *multata cadavera caede.*' neque tamen Vergili verbis comparatis id quod Siliani libri exhibent defenditur. ut enim ubique ita in Vergiliano quoque versu multandi verbo puniendi notionem inesse ea quae proxime insecuntur verba docent *nimis crudele luisti supplicium*, ad quae Heynius adnotavit 'gravius pro poena temeritatis'. Romanos vero qui patriam fortissime defenderant caede multatos i. e. damnatos esse Silius non potuit dicere. quae cum ita sint et cum Heinsii coniectura *mactata cadavera caedi* probari nequeat, fortasse *mutilata* reponendum est pro *multata* et *caede* recipiendum ex Vrbinati. cf. X 505 *lacerata cadavera* et Curtius IX 9.

XI 28 sqq. ut explicetur quo factum sit ut Capua a Romanis deficeret, Silius depravatos Campanorum mores describit: luxuria, ignavia, diuturna peccandi consuetudine mores corruptos esse, praeterea plebem a patribus dissentire.

> *tum populo saevi patres plebesque senatus*　　44
> *invidia laeta et confidens dissona corda*
> *seditio. sed enim interea temeraria pubis*
> *delicta augebat, pollutior ipsa, senectus.*

In versu 46 *pubes* exhibet Vaticanus 1652, *pubis* Barthii coniectura est, olim recepta ab editoribus. *interea* voce primus offensus est Nicolaus Heinsius; neque id iniuria. *interea* enim neque idem esse potest hoc loco quod *interim* neque idem quod *interdum*, quam vim habet apud Silium VII 395; nam semper senes iuventute scelestiores erant. deinde ad *pubis* vocem adiectivum aliquod debet esse adpositum, cui *pollutior* comparativus qui est in versu insequenti respondeat. scripsit autem Heinsius *sed enim teneris temeraria ephebis* vel *in teneris temeraria ephebis*, quas coniecturas iam Drakenborchius vidit a traditis litteris nimium abire. Rupertius *tenerae* librorum scripturae substituendum esse suspicatus est. sed *tenera pubes* inepte dicitur. mihi Silius scripsisse videtur *sed enim incestae temeraria pubes. incestam* autem *pubem* intellego sceleratam et impiam. cf. Hor. carm. III 2, 30. usus est eo adiectivo Silius XV 448.

In eodem libro a versu 385 poeta narravit Venerem Cupidines iussisse telis suis clam Poenis inexpletam libidinum deliciarumque cupiditatem inmittere, ut quos nec arma nec ignes nec mala vicissent voluptates inmodicae perderent. Cupidines imperata faciunt et Poeni a temperantia et virtute bellica degenerantes neque vino neque epulis neque scaenis convivalibus exatiari possunt.

> *nec luxus ullus mersaeque libidine vitae*   427
> *Campanis modus; accumulant variasque per artes*
> *scaenarum certant epulas distinguere ludo;*
> *ut strepit assidue Phrygiam ad Nilotica loton*
> *Memphis Amyclaeo passim lasciva Canopo.*

in versu 431 *passim* vox et Burmanno suspecta fuit et Drakenborchio, quamquam neuter is versus qua ratione emendari posset dixit. Rupertius Memphin pro tota Aegypto positam esse ratus coniecit aut *Amyclaei in fossa* vel *ad fossam Canopi* aut *Amyclaeo fossa* vel *fossam insultante Canopo*, usus ille Strabonis verbis quae sunt XVII p. 801 C. ἀντὶ πάντων δ' ἐστὶν ὁ τῶν πανηγυριστῶν ὄχλος τῶν ἐκ τῆς Ἀλεξανδρείας κατιόντων τῇ διώρυγι· πᾶσα γὰρ ἡμέρα καὶ πᾶσα νὺξ πληθύει τῶν ἐν τοῖς πλοιαρίοις καταυλουμένων καὶ κατορχουμένων ἀνέδην μετὰ τῆς ἐσχάτης ἀκολασίας, καὶ ἀνδρῶν καὶ γυναικῶν e. q. s. ut Memphin pro tota Aegypto non inepte dictam esse concedatur, coniecturae illae artificiosiores sunt, quam quae recipi possint. F. H. Bothius qui Silianum carmen in nostratem sermonem conversum Stutgardiae 1856 edidit *adsidue* et *passim* voces iunxit easque eandem vim habere statuit quam apud Tibullum II 3, 41 haberent *glans aluit veteres et passim semper amarunt; Amyclaeo* autem *Canopo* dativo casu dicta esse putabat et pendere a strependi verbo; simplex enim verbum poetam posuisse pro composito. itaque versus illos hoc modo vertit: gleichwie zu der phrygischen Flöte wollustathmendem Laut, nie satt, die nilotische Memphis Dir, Canopus, entgegenrauscht,

amyklaeische Pflanzstadt! sed Tibulli versu Bothius quam inepte usus sit
Broukhusii adnotatione docemur, qui *passim* ad *amare* pertinere intellexit
et dictum esse pro 'promiscua Venere uti'. neque *strependi* verbo tertius
casus additur. equidem *Amyclaeo pariter lasciva Canopo* poetae esse conicio. *pariter* adverbio simpliciter posito dativum addiderunt Livius XXXVIII
16, Claudianus de raptu Pros. I 165, Statius Theb. V 121. at dubium
esse concedo, num idem casus recte ponatur, si adverbium illud cum adiectivo aliquo iunctum sit. sed cum *pariter lasciva* voces eandem sententiam habeant quam *par lasciviā*, eius modi libertatem Silium sibi indulsisse non prorsus inprobabile videtur. volebat autem poeta significare,
Memphin ad Phrygiam tibiam non minus lascive strepere quam Canopum,
quam urbem luxuriae Aegyptiorum quasi sedem et domicilium ab antiquis
scriptoribus habitam esse Heinsius ad Ovidi amor. II 13, 7 docuit.

Paulo post v. 440 sqq. Teuthras citharoedus miracula ab Amphione
Orpheo aliis vi lyrae edita cecinisse narratur.

> *Argolicis quondam populis (mirabile dictu!)*
> *exaudita chelys, lapidem testudine felix*
> *ducere et in muros posuisse volentia saxa.*

miror quod nemo ante Rupertium vidit, versum 441 gravissimo mendo
inquinatum esse. *chelys* enim nullo modo dici potest *felix testudine
saxa ducere*. Rupertius *vel pectine* fortasse legendum esse dixit, ut *vel*
esset pro *adeo*. id tamen reiectaneum quod *pectine* voce in versu 443
poeta usus est. probabilius conicere mihi videor *lapidem dulcedine felix
ducere*.

In libro duodecimo a versu 420 Silius narravit, Hannibalem a Marcello victum Acerris Nuceriaque captis Casilinum petisse, inde Petiliam
se vertisse.

> *iamque in Dauniacos transfundens agmina campos*   420
> *flectebat rabiem, quo praeda vel ira vocasset.*

Vaticanus 1652 *dapniuagos* exhibet, quamquam praeter *da* litteras omnes
a manu secunda in lacuna scriptae sunt. in Vrbinati 358 legitur *dauniuagos*, quod in editiones antiquas transiit. inde Iosephus Scaliger Ni-
colao Heinsio adsentiente *Dauniacos* elicuit: quae nominis forma, etsi ea
neque Silius neque alius quantum scio scriptor usus est, *Hiberiacus* tamen adiectivi similitudine (XIII 510) satis defenditur. putabat autem
Heinsius e *Dauniacos* factum esse *Dauniagos*, inde a librario quodam
Dauniuagos. quam summi viri coniecturam nolo quidem omnino reicere,
neque tamen reticere quod mihi in mentem venit, verbis transpositis
scribendum esse *iamque vaga in Dauni transfundens agmina campos*, quae

suspitio versu 430 magnopere commendatur. *Dauni arva* Silius dixit IV 554 et XV 344.

In libro tertio decimo a versu 137 Q. Fulvius consul Capuam corona cinxisse narratur, tum Taurea Campanus Claudium Romanum ad certamen singulare provocasse, quo victus ille fugerit.

> *et iam ferrata rapiebat calce volantem*   160
> *Taurea cornipedem fugiens minitantia fata.*
> *nec Rutulus levior cedentis perdere terga.*
> *nam profugo rapidus fusis instabat habenis.*

in versu 171 dissentiunt inter se libri manu scripti, cum Vaticanus 1652 exhibeat *perdere*, Coloniensis Modio teste *prendere*. Vaticani scripturam Barthius (advers. VIII 7) et Lefeburius defenderunt. illius rationes quippe quae ineptissimae sint sciens praetermitto, Lefeburius autem, quem Ernestius secutus est, hoc modo versum distinxit: *nec Rutulus, levior, cedentis perdere terga*, ut *levior* esset velocior et *perdere* pro perdebat. at displicet hoc loco infinitivus quem vocant historicum. quam ob rem Coloniensem sequi praestat, in quo *prendere* sanum est, sed *nec* a qua voce versus incipit mutanda in *at*. praeterea Burmannum recte et huic versui insequentem iunxisse et *iam* reposuisse existimo pro *nam*. itaque versus 171 et 172 sic scribo *at Rutulus levior cedentis prendere terga iam profugo rapidus fusis instabat habenis*. Taurea equum ad celerrimam fugam proripuit, sed Claudius levior i. e. velocior tergum cedentis insequi (cf. X 604 *muros haud fregerit umquam exultare levis nudato corpore Maurus*) iam instabat fugienti.

In extrema eiusdem libri parte umbrae enumerantur quas Scipio apud inferos viderit. versus 800 sic legitur in editione Rupertiana

> *inde viro stupet Aeacide, stupet Hectore magno.*

pro *inde viro* in libris est *ire viro*. Heinsius coniecit *in torvo* vel *in primo*, Burmannus *in Phthio* vel *in diro* vel *inde fero*, Rupertius *inmiti*, Peerlkampus denique Acu. II p. 263 b *in saevo*. ad litteras traditas quam proxime accedit *invicto*, quod miror nemini in mentem venisse; in priore enim versus parte stupendi verbo poetam praepositionem addidisse, quam in altera omiserit, vix est probabile. cf. Ovidi met. XII 613 *Aeacides, caput insuperabile bello.*

In libro quarto decimo in descriptione pugnae navalis apud Syracusas commissae narratur, Persea navem a Tiberino Romano actam cum Io nave Punica concurrisse: navibus inter se conexis exarsisse proelium terrestri simile et Italos in ratem hostium irrupisse.

> *perrumpunt Itali qua caedes prima reclusit* 522
> *monstravitque viam; vastas et mole catenas*
> *hortatur socios et vincla abrumpere ferri,*
> *ac parat hostili resoluta puppe receptos*
> *avehere et paribus pelago diducere ab armis.*

in versu 523 voces quae sunt *vastas et mole catenas* num sanae essent a plerisque interpretibus dubitatum est. Domitius Marsus edidit *vastas et Maela* (*Mela* Cellarius) *catenas*. nomen proprium in hoc versu latere Rupertius quoque putabat, cui durissima videbatur Heinsii ratio, qui versus 523—526 ad Crantorem referens scripsit *vasta sub mole*. at Poenorum ducem suos hortatum esse, ut catenis quibus naves cohaererent disruptis Romanos in suam navem receptos aveherent certum est, neque tamen minus certum, subiectum verbi quod est *hortatur* deesse non posse. itaque Silio restituendum esse suspicor *vasta dux mole catenas*. *dux* vocem in codice aliquo qui et Sangallensi et Coloniensi vetustior erat intercidisse conicio et in locum eius *et* ab inperito librario insertum esse.

Versibus 641 sqq. continentur laudes Syracusarum, in quibus cum alia sunt quae aut emendationis indigeant aut explicatum habeant difficillimum, tum corruptissimi sunt versus 655 sqq.

> *non aera iuvabat*
> *quem adcire ex Ephyre: fulvo certaverit auro*
> *vestis, spirantes referens subtegmine vultus,*
> *quae radio caelat Babylon vel murice picto*
> *laeta Tyros, quaeque Attalicis variata per artem*
> *aulaeis scribuntur acu aut Memphitide tela.*

iuvabat Heinsio teste Coloniensis scriptura est, Vaticanus 1652 et Oxoniensis exhibent *iuvabant*. 656 *quem adcire ex Ephyre* Rupertius scripsit infelicissime, in libris enim legitur *quem scire Ephyren*. quibus coniecturis haec verba emendasse sibi visi sint interpretes longum est hoc loco exponere. ipse Silium scripsisse conicio *non aera iuvabant quae misces Ephyre* i. e. vasa aerea Corinthi facta, quae alibi plurimi aestimabantur et auro cariora erant, Syracusis spernebantur, quia ea in urbe multo pretiosiora in usu erant. verba quae proxime insecuntur *fulvo certaverit auro* a Caspare Barthio (advers. IX 3) emendata sunt, in Vaticano enim est *certaret ut*. displicet autem Ernestii et Rupertii ratio, qui *fulvo auro* voces ablativo casu dictas esse putarunt easque cum *vestis* iunxerunt, versum 656 et 657 ad ea quae secuntur referentes, ut haec evaderet sententia: 'vestis fulvo auro i. e. auro intertexto elaborata, in qua figurae tela textae ea arte erant, ut spirare et vivere viderentur, certaverit illis *quae radio caelat Babylon*.' neque enim licuisse poetae opinor pronomen demonstrativum omittere. quod cum ita sit, *fulvo auro* tertio casu dictum esse statuo et pendere a *certaverit*, vocibus autem quae sunt inter *fulvo* et *rullus* plenam contineri sententiam. quacum cum ea quae secuntur non cohaereant, post 657 unum versum intercidisse suspicor, in quo aulaea Syracusana commemorata fuerint, illis splendidiora quae Babylon Tyros aliae urbes propter aulaea artificiose contexta celebratae confecerint.

XV 463 sqq. Laeli virtus celebratur enumeranturque qui ab eo occisi sunt.

tunc Alabim, Murrum atque Dracen demisit ad umbras, 467
femineo clamore Dracen extrema rogantem.

voces quae sunt *extrema rogantem* Rupertius voluit esse extremum, postremo vel potius vehementissime rogantem. at prior explicatio languet quam maxime, alteri refragatur latinitas. id quod Bothium non fugit qui *extrema negantem* coniecit et vertit: Drakes wiewohl er mit Weibergeheul dem Tod sich verweigert. quae coniectura quam inepta sit non est cur multis verbis exponam. puto Silium scripsisse *extrema morantem* i. e. ignavis et muliebribus precibus mortem deprecantem et avertere studentem.

XV 601 sqq. Silius Hasdrubalem e variis indiciis collegisse narravit, Claudium Neronem cum Livio collega castra iunxisse.

pulveris in clipeis vestigia visa movebant, 603
et properi signum adcursus, sonipesque virique
substricti corpus, bis clarum bucina signum.
praeterea gemino prodebant iuncta magistro
castra regi.

in versu 604 *properi* olim a Modio e Coloniensi poetae restitutum est; in Vaticano 1652 *propere* legitur, quod editiones in Italia curatas occupavit. in versu qui sequitur idem Vaticanus cum Rupertii scriptura quam supra dedi consentit, in Coloniensi Heinsius fuisse testatus est *stricti corpus bis clarum quoque buccina signum*, e quo ipse elicuit *substricti corpus clarum quoque buccina signum*. sed *bis* deesse nequit. praeterea *quoque* Coloniensem librum exhibuisse cum parum probabile sit, in versu corruptissimo emendando sola Vaticani memoria uti debemus. Rupertio autem qui Drakenborchium secutus est adsentiri non possum, quia neque *bucina* vocem verbis quae sunt *bis clarum signum* per adpositionem poetam addidisse puto, et sententia quae sequitur subiecto caret. Silium scripsisse conicio *substricti corpus: bis cantans bucina signum praeterea gemino prodebat iuncta magistro castra regi.* cf. Prop. V 4, 63 *et iam quarta canit venturam bucina lucem* et V 10, 29 *nunc intra muros pastoris bucina lenti cantat*. ceterum lubet adponere Livi verba ad Sili versus illustran-

dos olim ab interpretibus adhibita: quae haec sunt (XXVII 47, 1 et 5)
*iam hostes ante castra instructi stabant. moram pugnae attulit, quod Hasdrubal provectus ante signa cum paucis equitibus scuta vetera hostium
notavit, quae ante non viderat, et strigosiores equos, multitudo quoque
maior solita visa est. et illud veterem ducem adsuetumque Romano hosti
movit, quod semel in praetoris castris signum, bis in consularibus referebant cecinisse. duos profecto consules esse, et quonam modo alter ab Hannibale abscessisset, cura angebat.*

  XV 612 sqq. discessus Hasdrubalis describitur.

> *inlunem nacti per rura tacentia noctem*   616
> *accelerant vitantque sonos: sed percita falli*
> *sub tanto motu tellus nequit, inplicat actos*
> *caeco errore vias umbrisque ferentibus arto*
> *circumagit spatio sua per vestigia ductos.*

In versu 618 nescio an *Tellus* dea intellegenda sit; in versu 619 *umbrisque farentibus* quin Silius scripserit non dubito.

ZUR KRITIK DES ARISTOPHANES.

VON

FRIEDRICH ADOLPH VON VELSEN.

Pluton 422 XPE. cù δ' εἰ τίc; ὠχρὰ μὲν γὰρ εἶναί μοι δοκεῖc.

Chremylos hat den blinden Gott des Reichthums in seiner Gewalt. Schnell hat sich das Gerücht, dass er ein reicher Mann geworden sei, in den Barbierstuben (338) — wir würden statt dessen sagen: in den Wirthshäusern — verbreitet, und auf diese Kunde ist sein alter Freund Blepsidemos herangekommen, um über die ihm höchst verdächtige Sache nähere Erkundigung einzuziehen. Nach mehreren durch sein Misstrauen veranlassten Missverständnissen erfährt er den wahren Sachverhalt (391). Auch für ihn steht das herrlichste Leben durch die Gunst des Plutos in Aussicht, wenn es nur gelingt den armen blinden Gott wieder sehend zu machen. Die beiden Alten einigen sich nach einiger Ueberlegung dahin, den Versuch zu machen, ob nicht durch eine Incubation in dem Tempel des Gottes der Heilkunst, des Asklepios, dem Plutos das Augenlicht wiedergegeben werden könne. Gerade wie sie Abschied von einander nehmen, kommt voll Wuth, in der Gestalt eines hässlichen alten Weibes, die Göttin der Armuth heran und schilt heftig auf ihr' Vorhaben (415 f. ὢ θερμὸν ἔργον κἀνόcιον καὶ παράνομον | τολμῶντε δρᾶν ἀνθρωπαρίω κακοδαίμονε). Entsetzt weichen die beiden Greise zurück (417 ποῖ ποῖ; τί φεύγετ'; οὐ μενεῖτον; ΒΛΕ. Ἡράκλεις). Sie aber folgt ihnen und droht ihnen wegen ihres frechen Vorhabens wiederholt mit dem sichern Verderben (421 ὥcτ' ἀπολώλατον). Darauf ermannt sich Chremylos einigermassen und spricht zur Penia die oben angeführten Worte: cù δ' εἰ τίc; ὠχρὰ μὲν γὰρ εἶναί μοι δοκεῖc. In den folgenden Versen spricht Blepsidemos eine Vermuthung darüber aus, wer das alte Weib sei (423 f. Ἴcωc Ἐρινύc ἐcτιν ἐκ τραγῳδίαc· | βλέπει γέ τοι μανικόν τι καὶ τραγῳδικόν). Dass die Erinyen zu den Gestalten der griechischen Götterwelt gehören, welche am meisten Schrecken und Schauder erregendes an sich tragen, ist bekannt, und dass der Zusatz ἐκ τραγῳδίαc eine Verstärkung nach der Seite des furchtbaren Eindrucks sein soll, davon zeugen die Eumeniden des Aeschylos hinlänglich. Das ganze Aeussere der Penia wird also hierdurch als etwas Entsetzen erregendes dargestellt. Dazu stimmt denn auch der Eindruck, welchen ihr Erscheinen auf die beiden Alten macht, die Flucht derselben und der Ausruf des Blepsidemos: Ἡράκλεις (417). Unser matter Vers passt aber durchaus nicht dazu: 'denn du scheinst mir bleich zu sein.' Wenn wir uns auch die Bemerkung Fischer's aneignen wollten: 'per urbanitatem et modestiam Atticam δοκεῖς εἶναι dictum est pro εἶ', obwohl eine solche Urbanität in diesem Zusammenhange ziemlich unpassend sein würde, so sind wir darum doch noch nicht weiter: denn auch der Gedanke 'denn du bist blass' ist sowohl nach dem vorhergehenden Entsetzen wie auch nach dem folgenden Vergleiche mit den Erinyen höchst matt und unpassend. Obwohl nun keiner der Herausgeber an der Stelle Anstoss genommen hat, wage ich doch zu behaupten dass der Vers corrupt und so zu emendieren ist:

cὺ δ' εἰ τίς; ὠχρὰ μαινὰς εἶναί μοι δοκεῖς.

Chremylos sieht eine Mänade in dem Weibe, Blepsidemos eine Erinys. Die Mänaden gehören wie die Erinyen bei den Griechen zu den Schreckgestalten der Sage und der Tragödie. Sie sind in ihrem Wesen einander so ähnlich, dass an der bezeichneten (ἐκ τραγῳδίας, τραγῳδικόν) Stelle, in den Eumeniden des Aeschylos, sich die Erinyen selbst sogar Mänaden nennen: 493 οὐδὲ γὰρ βροτοσκόπων | μαινάδων τῶν δ' ἐφέρψει κότος τις ἐρυμάτων. Ueber das Beiwort ὠχρά findet sich schon in den Scholien die richtige Bemerkung: ὠχροί γάρ εἰσιν οἱ πένητες διὰ τὸ μὴ ἔχειν αὐτοὺς ἴσως φαγεῖν. Nun gewinnt auch das Wort μανικόν in der Antwort des Blepsidemos 424 seinen rechten Sinn. Es bezieht sich auf die Vermuthung des Chremylos, sie möchten eine Mänade vor sich haben. Doch zum Glück hat die Aenderung auch eine Autorität für sich und wird dadurch einigermassen dem Bereiche einer blossen Conjectur entrückt. Gerade zu V. 424, und zwar unter dem Lemma βλέπει, findet sich in den Scholien die Bemerkung: ὀρθῶς ἔφης δηλ. So wie die Worte jetzt lauten, ist die Bemerkung ohne Sinn: denn in den Worten des Chremylos ὠχρὰ μὲν γὰρ εἶναί μοι δοκεῖς ist nichts, was zu der Erklärung ὀρθῶς ἔφης Veranlassung geben könnte. Der Scholiast las eben auch 422 ὠχρὰ μαινὰς εἶναί μοι δοκεῖς, und seine Bemerkung bezieht sich auf die Worte μαινάς in unserem Verse und μανικόν in V. 424.

Plutos 704 ΓΥ. αὐτὸς δ' ἐκεῖνος; ΚΑΡ. οὐ μὰ Δί' οὐδ' ἐφρόντισεν.

Glücklich hat Plutos in dem Tempel des Asklepios durch die Hülfe des Gottes sein Augenlicht wieder erhalten. Der Sklave Karion, welcher bei der Heilung zugegen war, ist dem Chremylos, seinem Herrn, und dem Plutos vorausgeeilt, um seiner Herrin und dem Chore die frohe Botschaft zu bringen, damit alles zum Empfange des Gottes vorbereitet werde. Er giebt einen genauen Bericht über den ganzen Hergang der Heilung, der uns von der frommen Scheu, welche Aristophanes, und natürlich mit ihm ein grosser Theil seines Publicums, vor diesen Wundercuren und den dabei thätigen Priestern des Gottes hatte, keine besonders hohe Meinung fassen lässt. Karion selbst hat sich seinem Charakter gemäss auch bei dieser Gelegenheit frech und unverschämt betragen: so hat er (682 f. 694) einen dem Asklepios geweihten Topf mit Brei nach dem Beispiele des

Priesters selbst (vgl. 681. 687, wo statt αὐτοῦ zu schreiben ist αὐτός: ὁ γὰρ ἱερεὺς αὐτός με προὐδιδάξατο) leer gegessen, worüber die fromme Alte sich sehr entsetzt: 684 ταλάντατ' ἀνδρῶν, οὐκ ἐδεδοίκεις τὸν θεόν; Ein ähnliches Stückchen will er auch gemacht haben, als der Gott in seine Nähe gekommen wäre. Er erzählt 697 — 699: μετὰ τοῦτο δ' ἤδη καὶ γέλοιον δῆτά τι | ἐποίηςα. προςιόντος γὰρ αὐτοῦ μέγα πάνυ | ἀπέπαρδον· ἡ γαςτὴρ γὰρ ἐπεφύςητό μου. Das ist der Alten doch zu toll; sie meint, dafür würde ihm doch wohl der Gott sogleich kräftig seinen Abscheu zu erkennen gegeben haben. Karion jedoch verneint das, fügt aber hinzu 701: ἀλλ' Ἰαςὼ μέν γ' ἐπακολουθοῦς' ἅμα | ὑπηρυθρίαςε χἡ Πανάκει' ἀπεςτράφη | τὴν ῥῖν' ἐπιλαβοῦς'· οὐ λιβανωτὸν γὰρ βδέω. Darauf fragt in unserem Verse das Weib: αὐτὸς δ' ἐκεῖνος; Diese Frage kann nur heissen: 'was aber that jener selbst?' Aber unmöglich kann Karion darauf antworten: οὐ μὰ Δί' οὐδ' ἐφρόντιςεν. Die Frage muss nach der Antwort offenbar so gestellt sein, dass darauf mit ja oder mit nein geantwortet werden kann. Was aber der Inhalt der Frage sein müsse, zeigt der Zusammenhang und die Antwort des Karion ganz deutlich: 'hat sich nicht auch der Gott selbst wie seine Begleiterin, die Panakeia, die Nase zugehalten?' Einen Anstoss scheint auch Person in der Stelle gefunden zu haben, der das Fragezeichen tilgen wollte. Aber der Charakter von Frage und Antwort liegt zu klar vor. Unterbrochen ist die Rede auch nicht: denn das, worauf die Antwort geht, bildet ja eben den Inhalt des unmittelbar vorhergehenden: ἀπεςτράφη τὴν ῥῖν' ἐπιλαβοῦςα. Man könnte vermuthen, es wäre statt αὐτός zu schreiben καὐτός, und dadurch würde man einen ganz passenden Sinn erhalten: καὐτὸς δ' ἐκεῖνος; nemlich ἀπεςτράφη τὴν ῥῖν' ἐπιλαβών. Indessen die Sache ist noch einfacher, und es bedarf gar keiner Aenderung; das οὐ ist noch zu der Frage des Weibes zu ziehen:

ΓΥ. αὐτὸς δ' ἐκεῖνος οὔ; ΚΑΡ. μὰ Δί' οὐδ' ἐφρόντιςεν.

Mit μὰ Δί' beginnt die Antwort des Sklaven wie 712 ΓΥ. λίθινον; ΚΑΡ. μὰ Δί' οὐ δῆτ', οὐχὶ τό γε κιβώτιον. Weil Karion nur von den beiden Weibern gesprochen hat, bricht die Alte in die Frage der Verwunderung aus: 'jener selbst aber nicht?' nemlich ἀπεςτράφη τὴν ῥῖν' ἐπιλαβών? Darauf legt dann Karion in der Antwort den widerwärtigen Cynismus, durch den sich schon damals viele Jünger des Heilgottes auszeichneten, dem Gott selbst bei. — Eine Bestätigung gewinnt die leichte Aenderung noch durch ein Scholion, in welchem unter dem Lemma αὐτὸς δ' ἐκεῖνος sich die Worte finden: τῆς ῥινὸς οὐκ ἐπελάβετο δηλ., eine Bemerkung welche nur dann möglich ist, wenn die Frage eben lautete: αὐτὸς δ' ἐκεῖνος οὔ;

Plutos 806 f. ΔΙΚ. κακόδαιμον, ὀςφραίνει τι; ΚΑΡ. τοῦ ψύχους γ' ἴςως,
ἐπεὶ τοιοῦτόν γ' ἀμπέχεται τριβώνιον.

Wunderbar sind die Veränderungen, welche sich nach des Sklaven

Karion Bericht in dem Hause des Chremylos zugetragen haben, seitdem
Plutos eingezogen ist. Er meidet nach seiner Gewohnheit bei der Darstellung die starken Farben nicht, und einige contradictiones in adiectis
passen ebenso gut zu dem Zwecke des Komikers, wie sie dem Charakter
des Erzählers angemessen sind. So ist aus dem Wasserbrunnen ein Oelbrunnen geworden (810), das Essignäpfchen ist ehern (812), die Laterne
elfenbeinern (815) geworden, Chremylos bringt ein Rinderopfer (βουθυτεῖ
819) dar, welches aus einem Schweine, einem Bocke und einem Widder
besteht, ja der Sklave selbst ist so empfindlich geworden, dass er den
Rauch nicht mehr vertragen kann (821 f.). Jetzt aber beginnen auch
schon die Wirkungen der Genesung des Plutos sich an den übrigen Leuten zu zeigen. Der Dichter führt dieselben in zwei Gegensätzen vor,
deren ersterer der des gerechten Mannes und des ungerechten, d. h. des
Sykophanten ist. Voll Freude tritt der Δίκαιος auf. Durch seine Treue
gegen seine Freunde war er um seine Habe gekommen und hatte lange
von Hunger und Frost leiden müssen. Jetzt aber, seitdem Plutos das
Augenlicht wiedererlangt hat, ist seiner Noth ein Ende und er zum glücklichen Manne gemacht. Als Zeichen seiner Dankbarkeit will er den schäbigen Rock, in dem er dreizehn Jahre gefroren hat, und den ihm jetzt
ein Knabe nachträgt, dem Plutos weihen. Während er aber noch darüber mit Karion, dem der alte Rock und ein Paar ebenso erbärmlicher
Schuhe nicht als besonders passende Geschenke für den Gott erscheinen
(849), verhandelt, kommt der Repräsentant des Gegentheils, der ruinierte
Sykophant, heran. Ihm ist durch Plutos das Einkommen genommen, und
wüthend flucht er auf den ihm so verderblichen Gott und seine Freunde.
Ja es muss ihm sehr schlecht gehen, denn er leidet schon am Heisshunger,
nur sein schönes Kleid verräth noch frühere bessere Tage. Um seine
Wuth zu steigern, muss er jetzt auch den Δίκαιος, den er noch
gestern in seinem schäbigen Rocke gesehen hat, in einem neuen hübschen
Gewande erblicken. Dann dringt auch gar noch der Bratenduft aus dem
Hause des Chremylos in seine Nase: 893 ἀρνεῖσθον; ἔνδον ἐστίν, ὦ μιαρωτάτω, | πολὺ χρῆμα τεμαχῶν καὶ κρεῶν ὠπτημένων. | ὖ ὖ ὖ ὖ ὖ ὖ ὖ
ὖ ὖ ὖ ὖ. Es folgen unsere Verse. In denselben fehlt an beiden Stellen
in cod. V das γ'. Ferner herscht in der ganzen Scene in den Handschriften rücksichtlich der Personenvertheilung grosse Verwirrung, da in
denselben auch Chremylos als einer der Theilnehmer am Gespräche erscheint. Es ist aber gar keine Frage, dass Chremylos während dieser
Zeit im Hause mit dem Opfer beschäftigt ist und erst mit V. 965 wieder herauskommt. Daher ist denn auch schon bei Bergk und bei Meineke
die Person des Chremylos vollständig aus dieser Scene verschwunden.
Doch entsteht dabei natürlich in den Ausgaben ein grosses Schwanken in
der Zutheilung der einzelnen Aussprüche. Was nun unsere Verse betrifft, so stimme ich ganz Bergk bei, der die Worte so vertheilt, wie sie
oben citiert sind. Nach Brunks Angabe sind auch in cod. A die Worte

τοῦ ψύχους γ' ἴcωc | ἐπεὶ τοιοῦτόν γ' ἀμπέχεται τριβώνιον dem Karion
beigelegt. Meineke theilt diese Worte dem Δίκαιος und die vorhergehenden dem Karion zu. Aber der Witz in ψύχους ὀcφραίνεcθαι passt mehr
zu dem dreisten, frechen Charakter des Sklaven (vgl. 287. 706. 684 u. a.)
als zu dem würdigen Wesen des Δίκαιος. So hat Meineke selbst mit
Emendierung von μ' in c' V. 839 αὐχμὸς γὰρ ὢν τῶν cκευαρίων c' ἀπώλεcεν ganz richtig dem Karion gegeben, während er früher dem Δίκαιος
zugetheilt war. Was aber heisst ὀcφραίνεcθαι ψύχους 'Kälte riechen'?
Offenbar 'sie von fern wittern, d. h. ahnen'. Es soll also das τριβώνιον
so beschaffen sein, dass er darin frieren wird; es muss also recht schlecht
sein. Das passt unmöglich auf das Gewand, welches er anhat. In V. 926
hat er ein ἱμάτιον an: ΔΙΚ. κατάθου ταχέως θοἰμάτιον. Es wird ihm das
τριβώνιον des Δίκαιος angezogen 935: ΚΑΡ. δὸς cύ μοι τὸ τριβώνιον, |
ἵν' ἀμφιέcω τὸν cυκοφάντην τουτονί. Dieses war schlecht und seine Unzulänglichkeit gegen die Kälte wird ausdrücklich hervorgehoben 846 ΔΙΚ.
οὔκ, ἀλλ' ἐνερρίγωc' ἔτη τριακαίδεκα. Ferner hat der ganze Tausch, den
im Folgenden Karion vornimmt, doch nur dann einen Sinn, wenn der
Sykophant ein schönes Gewand anhatte, welches dem Plutos geweiht wird
938: ΚΑΡ. ἔπειτα ποῦ κάλλιον ἀνατεθήcεται | ἢ περὶ πονηρὸν ἄνδρα καὶ
τοιχωρύχον; | Πλοῦτον δὲ κοcμεῖν ἱματίοιc cεμνοῖc πρέπει, während er
selbst in dem elenden Rocke des Δίκαιος abziehen muss. So heisst denn
auch der alte Rock des Δίκαιος stets τριβώνιον, der Rock des Sykophanten stets ἱμάτιον. Den Unterschied zwischen beiden Wörtern bezeichnet
der Sykophant selbst ganz deutlich 881 f. ἐπεὶ πόθεν θοἰμάτιον εἴληφας
τοδί; | ἐχθὲς δ' ἔχοντ' εἶδόν c' ἐγὼ τριβώνιον. Die Scholien enthalten zu
τριβώνιον die richtige Bemerkung: ἱμάτιον διερρηγμένον, τριβακὸν ἱμάτιον. Unter dem τριβώνιον in unserm Verse kann also unmöglich das
Gewand des Sykophanten, sondern nur das abgelegte Gewand des Δίκαιος
verstanden werden. Dadurch aber wird bei der Verbindung mit dem
Präsens ἀμπέχεται der Vers sinnlos; der Sykophant hat eben nicht das
τριβώνιον des Δίκαιος, sondern sein eigenes ἱμάτιον an. Uebrigens ist
der Fehler alt, denn er findet sich schon in den Scholien: ἀμπέχεται·
ἐνδύεται ἱμάτιον. Aber einestheils liegen sehr viele Corruptelen Aristophanischer Verse schon in den Scholien vor, worauf ich bei einer andern
Gelegenheit noch etwas näher eingehen werde, anderntheils zeigt die Verwechselung der Wörter ἱμάτιον und τριβώνιον in dem Scholion, dass die
Bemerkung keinem alten Grammatiker angehören kann.

Wenn man davon ausgeht, dass wir unter dem τριβώνιον den alten
Rock zu verstehen haben, der erst später (935 f.) dem Sykophanten angezogen wird, so wird man, meine ich, auf die Emendation gebracht:

ΔΙΚ. κακόδαιμον, ὀcφραίνει τι; ΚΑΡ. τοῦ ψύχους γ' ἴcως
ἐπεὶ τοιοῦτ' ἀμφέεcται τριβώνιον.

Der Sykophant wittert, meint Karion, mit seiner Spürnase gewissermassen schon die Kälte, die er später, wenn er das elende τριβώνιον des Δίκαιος angezogen hat, auszustehen haben wird.

In den folgenden Versen versucht der Δίκαιος seinem Charakter gemäss den Sykophanten von seiner schlechten Lebensweise abzubringen. Der aber zeigt sich hartnäckig, und als durch seine Erklärung 924 f. οὐδ' ἂν εἰδοίης τέ μοι | τὸν Πλοῦτον αὐτὸν καὶ τὸ Βάττου σίλφιον sich herausstellt, dass er ein unverbesserlicher Schurke ist, schreitet Karion zur Ausführung seines Planes: 926 f. ΚΑΡ. κατάθου ταχέως θοἰμάτιον. ΔΙΚ. οὗτος, σοὶ λέγει. ΚΑΡ. ἔπειθ' ὑπόλυσαι. ΔΙΚ. ταῦτα πάντα σοὶ λέγει. Denn so sind die Verse mit cod. R zwischen den Redenden zu vertheilen. Indessen bleibt bei der Conjectur, wie ich wohl weiss, ein Bedenken in dem Worte τοιοῦτ'. Freilich hat Aristophanes von den Pronominen dieser Art die Form auf -o neben der häufigeren auf -ov. So τοσοῦτο Ri. 1234, ταὐτό Plutos 153. Wo. 234. 663, Thesm. 745 neben einander τυννοῦτον und τυννοῦτο u. a., aber ich habe kein Beispiel der Elision des o in diesen Wörtern bei ihm gefunden. Daher bin ich mit Rücksicht auf das Lemma eines Scholions zu 897 τοῦτο: φαῦλον und auf das Schwanken der Handschriften in dem Wörtchen γ' auf den Gedanken gekommen, ob nicht der Vers zu schreiben wäre:

  ΔΙΚ. κακόδαιμον, ὀσφραίνει τι; ΚΑΡ. τοῦ ψύχους γ' ἴσως,
  ἐπεί γε τοῦτ' ἀμφιέσεται τριβώνιον.

τοῦτο τριβώνιον (ohne Artikel) 'den Rock hier', welchen das παιδάριον des Δίκαιος trägt. Uebrigens spricht Karion die Worte halblaut für sich, damit der Sykophant von seinem Plane nichts merke. Daher kommt die Ausführung auch dem Δίκαιος V. 937 unerwartet.

Plutos 1172 ff. ΧΡΕ. τί δ' ἔστιν, ὦ βέλτιστε; ΙΕΡ. τί γὰρ ἀλλ' ἢ κακῶς;
  ἀφ' οὗ γὰρ ὁ Πλοῦτος οὗτος ἤρξατο βλέπειν,
  ἀπόλωλ' ὑπὸ λιμοῦ. καταφαγεῖν γὰρ οὐκ ἔχω.

Nicht nur bei dem Menschengeschlechte übt die Genesung des Plutos, wie Aristophanes eben an zwei Gegenbildern vorgeführt hat, sofort ihre Wirkung aus, auch bei den Göttern ändert sich die Lage bedeutend. Es bewahrheitet sich die frühere Behauptung des Chremylos 133 f., dass die Menschen nur deshalb den Göttern ihre Opfer darbringen, damit sie von ihnen den vielersehnten Reichthum erlangen. Jetzt aber, da Plutos seine Macht wieder selbständig gebrauchen kann, ist derartiges bei den Göttern nicht mehr zu bekommen. Daher unterbleiben die Opfer, und die Götter leiden Hunger. Der Götterbote Hermes versucht bei dem Karion, der als spitzbübischer Sklave von Alters her ein besonderer Günstling des Gottes der Diebe und der Kaufleute ist, durch Drohungen wieder die alte Opferwilligkeit herzustellen, aber vergebens. Da legt er sich aufs Bitten und fleht zunächst um eine Gabe, um seinen Hunger zu stillen: 1136 ff. εἴ μοι πορίσαις ἄρτον τιν' εὖ πεπεμμένον | δοίης τε καταφαγεῖν τι κρέας νεανικόν. | ὦν θύεθ' ὑμεῖς ἔνδον (denn so muss nach meiner Meinung emendiert werden, statt πορίcαc. δοίης καταφαγεῖν und καὶ κρέας). Darauf wünscht er dringend selbst den Dienst bei Zeus mit dem bei Chremylos zu vertauschen, wird endlich auch angenommen und beginnt nun seine neue Stellung damit, dass er zum Brunnen zieht, um die Gedärme der geschlachteten Opferthiere zu waschen. Ebenso übel wie den Göttern im Olymp geht es auch ihren Dienern auf Erden. Da kommt eben ein armer Priester des Zeus und erkundigt sich, wo er den Chremylos finden könne. Dieser tritt ihm aus dem Hause entgegen, und die oben citierten Verse bilden den Anfang ihrer Unterredung. Dieselben bieten für eine unbefangene Kritik in mehrfacher Hinsicht Schwierigkeiten dar. Was zuerst V. 1172 betrifft ΧΡΕ. τί δ' ἔcτιν, ὦ βέλτιcτε; ΙΕΡ. τί γὰρ ἀλλ' ἢ κακῶc; so stimmt die Frage und die Antwort durchaus nicht. Es müsste entweder heissen: πῶc δ' ἔcτιν, ὦ βέλτιcτε; worauf geantwortet wird κακῶc, oder τί δ' ἔcτιν, ὦ βέλτιcτε mit der Antwort τί γὰρ ἀλλ' ἢ κακόν; Ferner stimmen die einzelnen Worte der Antwort des Priesters unter sich nicht zusammen. Es müsste entweder heissen: πῶc γὰρ ἢ κακῶc; oder τί ἀλλ' ἢ κακόν; was schon Girard nicht entgieng.

In V. 1173 finden sich in den drei Handschriften, die allein bei der Kritik des Aristophanes ernstlich in Betracht kommen, die verschiedensten Lesarten; cod. R müsste, nach Invernizzis Schweigen zu schliessen, den Vers so haben, wie er oben citiert ist, nach Dindorf fehlt in demselben οὗτος, cod. V hat nach Dindorf βλέπειν vor ὁ gestellt, und cod. A hat, nach Bruncks und Dindorfs Stillschweigen zu schliessen, den Vers so, wie ich ihn oben citiert habe. So haben ihn auch Dindorf und Bergk im Texte beibehalten. Aber ausser dem Wagniss, in solchen Fällen der entschieden schlechtern Handschrift zu folgen, hätte schon die dem Klange nach unangemessene Verbindung von Πλοῦτος οὗτος Dindorf bedenklich machen müssen, ein Umstand auf den Hemsterhuys, der feine Kenner griechischer Poesie, an mehreren Stellen seines Commentars aufmerksam gemacht hat. Bergk conjiciert: 'fort. ἀφ' οὗ γὰρ ἀναβλέπειν ὁ Πλοῦτος ἤρξατο', und Meineke: ἀφ' οὗ γὰρ αὖ βλέπειν ὁ Πλοῦτος ἤρξατο. Dass ich beiden Aenderungen nicht zustimmen kann, folgt schon aus dem oben Gesagten; es bleiben dabei die Bedenken in V. 1172 unerledigt.

Wenn man nun V. 968 betrachtet: ἀφ' οὗ γὰρ ὁ θεὸς οὗτος ἤρξατο βλέπειν, auf welchen schon Elmsley zu Ach. 127 hinwies, freilich ohne bei den spätern Herausgebern Beachtung zu finden, so schliesst sich das richtige bald auf. Unser Vers ἀφ' οὗ γὰρ ὁ Πλοῦτος οὗτος ἤρξατο βλέπειν unterscheidet sich von V. 968 ἀφ' οὗ γὰρ ὁ θεὸς οὗτος ἤρξατο βλέπειν nur dadurch, dass die Erklärung zu ὁ θεὸς οὗτος, nemlich Πλοῦτος, zum Nachtheile des Klanges in den Text gewandert ist. Der ganze Vers aber ist interpoliert und ist daher die Stelle zu schreiben:

ΧΡΕ. τί δ' έςτιν, ὦ βέλτιςτε; ΙΕΡ. τί γὰρ ἀλλ' ἢ κακῶς
ἀπόλωλ' ὑπὸ λιμοῦ. καταφαγεῖν γὰρ οὐκ ἔχω.

Es scheint mir einleuchtend wie dadurch die oben angeführten Bedenken beseitigt werden. Auf die Frage τί δ' ἔςτιν; ist die Antwort durchaus passend: τί γὰρ ἀλλ' ἢ κακῶς ἀπόλωλα;

Derartige aus Wiederholungen früherer Verse gebildete Interpolationen finden sich gerade im Plutos häufiger. So stammt aus V. 138 οὐ βοῦν ἄν, οὐχὶ ψαιςτόν, οὐκ ἄλλ' οὐδὲ ἕν V. 1116 οὐ ψαιςτόν, οὐχ ἱερεῖον, οὐκ ἄλλ' οὐδὲ ἕν, welchen letztern Vers Dobree mit Recht als interpoliert getilgt hat, freilich ohne bei Dindorf Beachtung zu finden. Ebenso haben Hamaker und Meineke mit Recht V. 957 ὅτι ἔcτ' ἐκείνου τοῦ πονηροῦ κόμματος ausgeworfen, als interpoliert aus 862 ἔοικε δ' εἶναι τοῦ πονηροῦ κόμματος.

Uebrigens lag in den Scholien schon die Interpolation unseres Verses vor, denn es heisst in denselben: ἀφ' οὗ· καιροῦ LB. δι' οὕτινος Dv. Doch ist dieses bei sehr vielen Verderbnissen, namentlich bei den Interpolationen, im Aristophanes der Fall. Ebenso steht es z. B. mit dem eben angeführten V. 1116 (1115) und auch mit dem andern Verse 957. Vgl. auch Vö. 192, wo nach Becks Beweisführung die Interpolation aus V. 1218 wohl für jedermann unzweifelhaft ist, während doch die Bemerkungen in den Scholien zeigen, dass die Interpolation schon vor der Zeit der Scholien eingetreten war.

Plutos 207 εἶτ' ὠνόμαcέ μου τὴν πρόνοιαν δειλίαν.

Nachdem Chremylos und sein Sklave Karion den Plutos in der Gestalt eines armseligen blinden Greises angetroffen und ihn nach einigem Sträuben dazu gebracht haben sich zu erkennen zu geben, suchen sie ihn dem Orakelspruche gemäss dazu zu bewegen, mit in das Haus des Chremylos zu gehen, wobei ihm dann der letztere Heilung von seiner Blindheit in Aussicht stellt. Aber davon will Plutos aus Misstrauen gegen die Menschen und aus Furcht vor Zeus nichts wissen; auch gegen die Wiedererlangung des Gesichts sträubt er sich eifrigst V. 116 μηδαμῶς τοῦτ' ἐργάcῃ. | οὐ βούλομαι γὰρ πάλιν ἀναβλέψαι. An einer Reihe von Beispielen suchen ihm nun Chremylos und Karion auseinanderzusetzen, wie er gar keinen Grund habe, sich vor Zeus zu fürchten, da er ja weit mächtiger sei. Zeus habe eben seine Macht nur von ihm, alles, grosses und kleines, sei dem Plutos unterthänig; ihm folgten alle Menschen, vom Grosskönige in Persien bis zur korinthischen Hetäre; er sei die Veranlassung zu allem, gutem wie bösem, entscheide über den Ausgang der Kriege, und während bei allem anderen sich Ueberdruss einzustellen pflege, gebe es doch in dem Trachten nach Reichthum keine Sättigung. Das fängt an dem Plutos einzuleuchten; er äussert nur das Bedenken, wie er die Macht, welche ihm rechtlich gehöre, auch in seine Hand bekommen könne, V. 200 f. Dadurch wird bei Chremylos ein anderer Zweifel wach gerufen. Es hiess schon damals wie heute: Besitz macht ängstlich, und deshalb sollte Plutos nach aller Meinung das feigste Geschöpf sein, wofür auch dieses Bedenken zeuge. Aber der Gott weist diesen Vorwurf entschieden zurück; denn habe ihn ein Dieb gemacht, der in ein Haus eingebrochen wäre. Weil derselbe alles wohl verschlossen gefunden, hätte er seine Vorsicht Feigheit genannt. Darauf antwortet Chremylos 208 ff. μή νυν μελέτω coι μηδέν· ὡς, ἐὰν γένῃ | ἀνὴρ πρόθυμος αὐτὸς εἰς τὰ πράγματα, | βλέποντ' ἀποδείξω c' δεύτερον τοῦ Λυγκέως. Diese Antwort scheint mir nicht zu demjenigen zu passen, was Plutos eben gesagt hat. Da der Gott sich früher so dagegen gesträubt hat sich von seiner Blindheit heilen zu lassen, so hat das Versprechen seiner Heilung erst dann eine tröstende Kraft für ihn, wenn er vorher den Wunsch der Genesung ausgesprochen hat, was doch nur sehr indirect aus V. 200 f. gefolgert werden kann: ὅπως ἐγὼ τὴν δύναμιν ἣν ὑμεῖς φατε | ἔχειν με, ταύτης δεcπότης γενήcομαι. Gegen eine solche Auffassung spricht schon das Wort δειλότατον in den folgenden Worten des Chremylos, welches, wie καί zeigt, eben aus diesem Bedenken des Plutos gefolgert wird. Noch verstärkt wird dieses Bedenken durch die Worte des Chremylos δεύτερον τοῦ Λυγκέως, welche doch wohl nur dann passend sind, wenn Plutos unmittelbar vorher ausdrücklich seinen Kummer über seine Blindheit ausgesprochen hat. Demnach muss in den Worten des Plutos etwa folgender Gedankengang gelegen haben: Der Dieb hat mich mit Unrecht feige gescholten — aber wie kann ich meinen Muth beweisen, ich bin ja blind und also ohnmächtig. Darauf antwortet Chremylos: was deine Blindheit und Ohnmacht betrifft, darüber mache du dir keine Sorge. Wenn du nur selbst guten Willen und Muth hast (πρόθυμος), so sollst du nicht allein wieder sehen können, sondern sogar noch besser als Lynkeus, dessen Gesicht bekanntlich wunderbar scharf war. Ich vermuthe nun, dass der Mittelgedanke, in welchem Plutos seine Klage über seine Blindheit aussprach, ausgefallen ist, also nach 207 ein Vers etwa folgenden Inhalts, den ich natürlich nur des Beispiels halber vorbringe: ἀλλ' οὐ βλέπω γάρ, ὥςτε τῶν ἐμῶν κρατεῖν, durch Nachlässigkeit verloren gegangen ist. Auf einen solchen Vers scheinen mir auch die Schlussworte in einem Scholion zu 199 hinzuführen: τυφλὸς γὰρ ὢν οὐ δύναμαι ἐπελθεῖν, εἰ καί μοι τοcαύτη δύναμίς ἐcτι. δέον οὖν ἐcτιν ἀναβλέψαι με.

Vögel 719 ὄρνιν τε νομίζετε πάνθ' ὅςαπερ περὶ μαντείας διακρίνει.

Der Beschluss zur Erbauung der grossen Vogelstadt ist gefasst. Dem Chore der Vögel ist der Muth gewaltig geschwollen. Voll Verachtung sieht er in der Parabase auf das Geschlecht der ungeflügelten Eintags-Menschen herab; da sind die Vögel doch ganz andere Wesen. Weit älter sind sie an Abkunft als die seligen Götter, sie die Kinder des Eros.

Das ist die wahre Kosmogonie; was Sophisten wie Prodikos darüber sagen ist Unsinn. Aber auch an Macht steht der Vögel Geschlecht in der ersten Stelle. Durch das Geschenk einer Wachtel, eines Wasserhuhns oder anderer Vögel gewinnt der Liebende die ersehnte Gunst des geliebten Knaben. Von den Vögeln hängt das ganze Treiben der Menschen ab, denn durch die Ankunft derselben wird den Menschen der Wechsel der Jahreszeiten angezeigt, so dass sie bei Zeiten die nöthigen Vorkehrungen treffen können. Was wollen ferner die alten Orakel der Götter besagen den Prophezeiungen der Vögel gegenüber? Die Vögel ersetzen den Menschen reichlich den Zeus Ammon, Phöbos Apollon, Dodona und Delphi. Zuerst wenden sich bei allen wichtigen Anlässen die Menschen um Rath an die Vögel. In dem folgenden Verse 718 πρός τ' ἐμπορίαν καὶ πρὸς βιότου κτῆcιν καὶ πρὸς γάμον ἀνδρός ist das Wort ἀνδρός entschieden corrupt, und kaum besser ist die Conjectur Bruncks ἄνδρες. Ich habe daran gedacht, es wäre zu schreiben γάμου ἄνθος, mit der so häufigen Parodierung des Ausdruckes eines Lyrikers. Indessen habe ich auch nichts erhebliches dagegen einzuwenden, wenn jemand der Emendation Meinekes καὶ πρὸς γάμον ἄλλος den Vorzug gibt. Auf diesen Vers folgt unmittelbar der oben citierte. Was nun aber unter dem Worte ὄρνιν zu verstehen ist, zeigen die folgenden Verse: φήμη τ' ὑμῖν ὄρνις ἐστί, πταρμόν τ' ὄρνιθα καλεῖτε, | ξύμβολον ὄρνιν. φωνὴν ὄρνιν, θεράποντ' ὄρνιν, ὄνον ὄρνιν. Also πταρμός, ξύμβολος, φωνή. θεράπων, ὄνος, d. h. die verschiedenen Arten von Prophezeiungen, von Vorbedeutungen, die der Grieche (wie der Scholiast richtig bemerkt: πάντα γὰρ οἰωνοὺς καλοῦcι καὶ τὰ μὴ ὄρνεα) mit dem Namen οἰωνοί zu bezeichnen pflegte, d. h. alles was in den Bereich des μαντεῖος θεός, des μαντεῖος Ἀπόλλων fällt: 722 ἆρ' οὐ φανερῶc ἡμεῖc ὑμῖν ἐcμεν μαντεῖος Ἀπόλλων; Was sollen aber nun in unserem Verse die Worte ὅcαπερ περὶ μαντείαc διακρίνει heissen? μαντεία heisst die Seherkunst. Dass es nun Unsinn ist zu sagen, die Vorbedeutungen gäben eine Bestimmung, eine Entscheidung über die Seherkunst, liegt, wie ich meine, klar zu Tage. Aber auch wenn man μαντεία in dem Sinne der einzelnen Aeusserung der Seherkunst, dem der Prophezeiung fasst, sind die Worte sinnlos. Die Vorzeichen machen eben die Prophezeiung aus, sie entscheiden nicht über dieselbe. Die Bemerkung in dem Beckschen Commentar: 'μαντεία h. l. non vaticinium, sed divinatio et consultatio eorum qui oraculum petunt; et διακρίνειν περὶ μαντείαc decernere de eo, quod quaeritur, oraculum edere' hilft zu nichts: denn ausserdem dass μαντεία nicht das Befragen des Orakels bedeuten kann, ist ja sonnenklar an unserer Stelle (πταρμός. θεράπων, ὄνος usw.) nicht von einem Befragen der Orakel, sondern von zufälligen Vorbedeutungen die Rede. Den nothwendigen Gedanken erkannte der Scharfblick Dobrees ganz richtig, dessen Bemerkung lautet: 'malim ὅcαπερ πέρι μαντεία διακρίνει.' Freilich ist diese Conjectur hier unmöglich, da das πέρι an unserer Stelle nicht allein überflüssig, sondern für den Gedanken störend sein würde. Wenn man aber seine Aufmerksamkeit auf die blosse Form der Worte richtet, so wird man den Sitz der Corruptel bald in περί entdecken, welches durch nachlässige Wiederholung des περ entstanden ist. Zum Ueberfluss fehlt auch noch, nach Bruncks Note zu schliessen, in cod. A περί, und bei Suidas wird an der einen Stelle unter ὄνον der Vers geschrieben: ὄρνιν νόμιζε πάνθ' ὅcα περὶ μαντείας διακρίνει, und an der andern unter ὄρνις: ὄρνιν νομίζετε πάνθ' ὅcα μαντείας διακρίνει, was die Entstehung der Corruptel sehr veranschaulicht. Unser Vers ist nemlich zu schreiben:

ὄρνιν τε νομίζετε πάνθ' ὅcαπερ τῆc μαντείαc διακρίνειν.

Durch Wiederholung von περ kam περί in den Text und verdrängte τῆc; dadurch wurde die Correctur von διακρίνειν in διακρίνει fast nothwendig. 'Alles dasjenige haltet ihr für einen ὄρνιc, worüber zu entscheiden Sache der Seherkunst ist.' Ueber die Bedeutung der Vorbedeutungen zu entscheiden fiel ja stets der μαντεία und, wie so zahlreiche Beispiele zeigen (vgl. statt vieler nur Xenophon Anab. VI 1, 22—24), in erster Linie dem μάντιc, dann aber auch jedem der eben von der μαντεία etwas verstand anheim.

Vögel 586 f. ΠΕΙ. ἢν δ᾿ ἡγῶνται cὲ θεόν, cὲ βίον, cὲ δὲ Γῆν, cὲ Κρόνον, cὲ Ποcειδῶ,
ἀγάθ᾿ αὐτοῖcιν πάντα παρέcται.

Was zunächst den Namen des Sprechenden Πειcθέταιροc angeht, so steht es wohl fest dass diese Form corrupt ist. Die Herausgeber schwanken zwischen Πιcθέταιροc, Πειθέταιροc und Πειcέταιροc. Der letzte derselben, mein trefflicher Lehrer Meineke, hat nach einer Notiz von Cobet (novae lectt. p. 333) die Form Πιcθέταιροc in den Text gesetzt. Das einzige Argument Cobets, dass sich in einer alten Inschrift bei Rangabé der Name Πιcθέταιροc finde, ist, wie schon der erdichtete Name des sanguinischen, leichtfertigen Genossen des Εὐελπίδηc (Hoffegut) zeigt, von sehr zweifelhafter Natur. Ebenso wie bei Εὐελπίδηc ist auch bei Πειθέταιροc der Name nach dem Charakter des Mannes gebildet. Es scheint mir nun bei unbefangener Lectüre dieser reizendsten unter den Aristophanischen Komödien einfach auf der Hand zu liegen, dass das Wesen unseres Mannes in der Stärke sophistischer Ueberredung liegt. Durch diese Kunst τοῦ πείθειν hat er (340) den Hoffegut überredet mit ihm zu den Vögeln zu ziehen, durch sie (195 ff.) bringt er den Ἔποψ dazu die Vögel zusammenzurufen, verwandelt die aufgeregte Feindschaft des Chors in die grösste Freundschaft und Ergebenheit (462—627), ja durch sie bringt er den verkommenen πατραλοίαc zum Entschlusse der Besserung (1353—1371), durch dieselbe endlich schlägt er bei der Göttergesandtschaft (1590—1690) die Bedenken des Herakles nieder. Wer eine weitere Aus-

führung des Charakters unseres Mannes sucht, findet dieselbe in der mit
dem herlichsten Scharfsinn, der freilich zu einem grundfalschen Resultate
führt, geschriebenen bekannten Abhandlung Süverns. Da das dort ge-
sagte besser ist als ich es ausführen könnte, gehe ich nicht näher auf
die Sache ein. Für meinen Zweck genügt der Nachweis, dass das Wesen
des Mannes in der πειθώ liegt, und sein Name also Πειθέταιρος (vgl.
die Namen Πείθανδρος, Πειθόξενος u. a.) zu schreiben ist, wie schon
Dindorf behauptet hat. Ich ziehe diese Form der Form Πεισέταιρος entschieden vor, weil in derselben gerade die Ableitung von πείθω unmittelbarer hervortritt, die in der Zusammensetzung mit πεις- namentlich durch
die Häufigkeit des Namens Πείσανδρος schon mehr verwischt war. Von
einer hervortretenden πίστις gegen seine Genossen finde ich in dem
Stücke bei ihm nichts.

Peithetáros also hat den Vögeln ausgeführt, wie von nun an sie
selbst den Menschen gegenüber die Stellung der Götter einzunehmen haben würden. Den Zweifel des Chors wegen seiner beflügelten Natur
weist er durch Hinweis auf die Flügel des Hermes, der Nike, des Eros,
des Homerischen Ausdrucks von der Hera (denn so ist mit Bentley statt
Iris zu schreiben) siegreich zurück. Dann geht er auf das Bedenken
ein, welches der Chor der Vögel aus dem Gefühle seiner Ohnmacht ab-
leitet: wenn die Menschen den neuen Göttern nicht gehorchen, wird ihnen ein Schwarm von Sperlingen den Samen auf den Feldern aufpicken,
und die Raben werden ihren Zugthieren und ihren Schafen die Augen
aushacken. Dagegen wird ihnen weder Demeter noch der heilende Apollon helfen können. Mit unserem Verse nun wendet sich Peithetáros von
den Drohungen gegen die ungehorsamen Menschen zu dem Lohne, der
den gehorsamen in Aussicht steht. Der Vers aber enthält zwei gewich-
tige kritische Bedenken: 1) was soll hier das Wort βίον, und gar noch
an dieser Stelle, zwischen θεόν und die Namen der einzelnen Gottheiten
gestellt? 2) das δέ in den Worten cὲ δὲ Γῆν ist hier völlig unpassend.
Das letztere sah schon, ohne dass die meisten Herausgeber dadurch wären aufmerksam gemacht worden, Reiske, dessen Bemerkung lautet: 'cὲ
δὲ Γῆν f. cὲ Κόρην *Cererem*. non enim video, quid sibi velit inscite insertum δέ. aut cὲ Τύχην, aut 'Ρέην. conf. 747.' Die gegen dieses Bedenken im Beckschen Commentar vorgebrachte Bemerkung: 'at δέ habet au-
gendi vim: *immo te Terram* etc., aut, ut in familiari sermone, redundare
putari potest' besagt nichts: denn 1) ist bei den Worten cὲ θεόν und cὲ
Γῆν keine Hervorhebung des letzteren passend und möglich; was 2) den
andern Theil der Bemerkung betrifft, kann ich dagegen nur die Ueberzeugung setzen, welche ich bei dem hochverehrten Manne gelernt habe, zu dessen Feste dieser freilich den Verdiensten des trefflichen Lehrers gegenüber
nur höchst geringe Beitrag bestimmt ist: bei einem guten Schriftsteller ist
dasjenige, was überflüssig, d. h. ohne Einwirkung auf den Gedanken ist,
einfach falsch. Bergk vermuthet cεμνόν. Meineke legt diese Conjectur Co-

bet bei, in dessen mir zugänglichen Schriften ich sie nicht finde. Uebrigens bemerkt Meineke mit vollem Rechte dazu: 'cεμνόν cε θεόν Cobetus [Bergk wollte cὲ θεὸν cεμνόν, vielleicht liegt darin der Unterschied], quo locus non persanatur.' Denn erstens bleibt der oben angeführte Anstoss in δέ, ja er wird noch verstärkt, da durch das Hinzutreten des Beiwortes cεμνόν zu θεόν das Wörtchen δέ erst recht keinen Sinn mehr hat. Zweitens werden im Folgenden die Gaben, mit welchen die neuen Götter die Menschen beglücken werden, angeführt, und da finden wir nur Beziehungen auf diese drei Gottheiten: Γῆ: der ungeschmälerte Ertrag der Feldfrüchte (588—591), das Auffinden der Metalle in den Bergwerken (593), das Finden verborgener Schätze (599); Κρόνος und Ποςειδῶν: die Angabe der besten Zeit zur Schiffahrt und die glückliche Fahrt (594—597). Dadurch werden auch die Vermuthungen Reiskes in der oben angeführten Bemerkung, dass noch der Name einer andern Gottheit, z. B. Κόρην oder Ῥέην einzufügen wäre, unmöglich.

Wenn man auf das Wörtchen δέ achtet, sieht man bald, dass dasselbe einen Gegensatz zu dem vorher gesagten einführen muss. Wozu aber steht cέ hier in einem Gegensatze? Offenbar zu den Göttern, d. h. die neuen Götter zu den alten. Unser Vers ist daher wohl zu schreiben, wobei ich durchaus nicht die Möglichkeit einer bessern Emendation verkenne:

ἢν δ' ἡγῶνται τὸ θεῶν λῆρον, cὲ δὲ Γῆν, cὲ Κρόνον, cὲ Ποςειδῶ,
ἀγάθ' αὐτοῖςιν πάντα παρέςται.

Wenn die Menschen den alten Göttern absagen, alles was sie angeht für dummes Zeug halten, euch Vögel dagegen an die Stelle der Γῆ, des Κρόνος, des Ποςειδῶν setzen, dann soll ihnen alles gute zu Theil werden. — Aus den Gaben nun, welche im Folgenden die neuen Götter den Menschen verleihen sollen, sieht man auch, wie mir scheint, woher das Wort βίον in den Text kam. In diesem Zusammenhange, d. h. bis zu V. 603 werden nur solche Gaben genannt, welche sich auf den Reichthum, den Lebensunterhalt (βίος) der Menschen beziehen. Deshalb schrieb jemand zu den Namen der drei Götter etwa folgende Erklärung an den Rand: βίον τοῖς ἀνθρώποις διδόντας θεούς. Das Wort βίον verdrängte λῆρον aus dem Texte und zog dadurch die andern Aenderungen als Correcturen in den Vers.

Vögel 565 ἢν Ἀφροδίτῃ θύῃ, πυροὺς ὄρνιθι φαληρίδι θύειν.

Der Zusammenhang ist derselbe wie bei dem eben behandelten Verse 586, und zwar steht unser Vers in demjenigen Theile der Rede des Peithetâros, in welchem er den Vögeln ausführt, welche Rechte sie als die neuen Götter von nun an von den Menschen in Anspruch zu nehmen hätten. Die Vögel sollen den Menschen einen Herold zusenden (561) mit dem Befehle, in erster Reihe den Vögeln ihre Opfer darzubringen. Darnach können sie auch noch den alten Göttern opfern, aber auch hierbei muss jedes Mal einer von den Vögeln, der zu dem Gotte, welchem das Opfer gilt, passt, auch noch seinen Antheil an dem Opfer erhalten. Es folgt unser Vers. Die Zusammenstellung der einzelnen Vögel mit den einzelnen Gottheiten ist, um dieses vorauszuschicken, natürlich durch Rücksichten des Witzes bestimmt: der Ἀφροδίτη entspricht φαληρίc (das Wasserhuhn), worüber gleich noch zu reden sein wird, dem Wassergotte Ποcειδῶν die Ente (νήττη), dem Fresser Ἡρακλῆc die gefrässige Möwe (λάροc), dem Vater einer so stattlichen Götter- und Menschenfamilie der ὀρχίλοc ὄρνιc, vgl. zu letzterem die Namen Ἀλκμήνη, Cεμέλη 556—560. In unserem Verse nun liegt der erste Anstoss in dem Worte πυρούc. Dasselbe kehrt unmittelbar in dem folgenden Verse wieder: ἢν δὲ Ποcειδῶνί τιc οἶν θύῃ, νήττῃ πυρούc καθαγίζειν. Es ist ganz unmöglich, dass an einer so witzigen Stelle ein Dichter wie Aristophanes in zwei auf einander folgenden Versen bei zwei verschiedenen Thieren dasselbe Opfer genannt haben sollte. Zwar hat schon der Scholiast in unserm Verse das Wort πυρούc gelesen: πυρούc λέγει τῇ Ἀφροδίτῃ θύειν, ἐπεὶ οἱ ἑφθοὶ πυροὶ πρὸc cυνουcίαν ἐγερτικοί. Aber die Scholien zu Aristophanes haben, wie ich schon bei andern Stellen bemerkt habe, sehr vieles, was vor dem Urtheile einer gesunden Kritik nicht bestehen kann. Ich stimme ganz Brunck bei, dessen treffende Bemerkung ich lieber selbst reden lassen will: 'vocem πυρούc *in duobus continuis versibus repeti, longe est ineptissimum, ubi singulis diis singulae contribuuntur aves, quarum uni cuique diversum quid offerendum est. in alterutro versu vocem illam* πυρούc *ab oscitante librario pro sincera alia ex altero versu repetitam fuisse, statim quivis deprehendere potest. aio in priorem versum male eam intrusam fuisse.* φαληρίδι *avi, quam Boeotus in Ach. 875 e sua dialecto* φαλαρίδα *appellat, quid apud nos Gallos sit nominis, haud ego dixero. adeat naturae peritos, qui id scire volet. sed quia Veneri consociatur, lascivam esse oportet, cui proinde nihil magis offerri convenit quam* κριθάc *hordea, quia id nomen ambiguae significationis est, unde more suo iocum captat comicus, gratam Veneri mentulam innuens. praeterea in alimentis avibus praebendis sic iunguntur* κριθαί *et* πυροί *cum alibi tum mox v. 621. vapulent ergo librarii, et, quamvis ringatur, si quis illorum patronus exorietur: tu vero, candide lector, meo periculo repone:* ἢν Ἀφροδίτῃ θύῃ, κριθὰc ὄρνιθι φαληρίδι θύειν. *est aliud quid in hoc versu facetum, quod interpretibus ne suboluit quidem. Neptuno sacrum fit ove, Herculi bove, Iovi ariete. quid ita? nullane victima Veneris aram imbuet? si quis Veneri immolet. quid? id ipsum, quo secreta celebrantur orgia, cuiusque significatio latet in sequenti* κριθάc. *ne credas alius cuiusvis hostiae poetam hic meminisse*' u. s. w. Das richtige Wort ist eben κριθαί, vgl. Fri. 962—967 καὶ τοῖc θεαταῖc ῥίπτε τῶν κριθῶν. ΟΙΚ. ἰδού. | ΤΡΥ. ἔδωκαc ἤδη; ΟΙΚ. νὴ τὸν Ἑρμῆν, ὥcτε γε | τούτων ὅcοιπέρ εἰcι τῶν θεωμένων | οὐκ ἔcτιν οὐδεὶc ὅcτιc οὐ κριθὴν ἔχει. | ΤΡΥ. οὐχ αἱ γυναῖκές τ' ἔλαβον. ΟΙΚ. ἀλλ' εἰς ἑςπέραν | δώςουςιν αὐτοῖς ἄνδρες. Meineke nun screibt γύρους statt πυρούς. Die einzige hier einigermassen mögliche Bedeutung dieses Wortes habe ich in dem Sprachschatz von Stephanus aus einer Stelle des Athenäus gefunden, nemlich die eines Kuchens: πλακοῦς μαςτοειδής. Aber für dieses Thier, das Wasserhuhn, sind doch wohl ganze Kuchen nicht angemessen. Es entspricht ungefähr der Ente, welcher im folgenden Verse πυροί geopfert werden. Dass in V. 567 ἦν δ' Ἡρακλέει θύῃςι, λάρῳ ναςτοὺς θύειν μελιτοῦντας (so ist der Vers mit Meineke zu schreiben) der Möwe Honigkuchen geopfert werden, spricht, wenn ich mich nicht täusche, nur gegen Meineke: denn dort bei der Zusammenstellung mit dem berüchtigten Fresser Ἡρακλῆς sollen der gefrässigen Möwe (vgl. Ri. 956; das Wappen des Kleon ist λάρος κεχηνὼς ἐπὶ πέτρας δημηγορῶν) eben auch verhältnissmässig ungeheure, massenhafte Opfer dargebracht werden. Dasselbe sagt schon eine Stelle des Athenäus, welche ich von Porson aufgezeichnet finde (X 411ᵉ) τοιοῦτον οὖν αὐτὸν ὑποςτηςάμενοι ταῖς ἀδηφαγίαις καὶ τῶν ὀρνέων ἀποδεδώκαςιν αὐτῷ τὸν λάρον τὸν προςαγορευόμενον βουφάγον.

Aber es steckt noch ein anderer Fehler in unserem Verse: das Verbum θύῃ hat hier kein Subject, was ganz unerträglich ist, zumal da es im folgenden Verse heisst: τις θύῃ. Dieses empfand schon Bentley, unter dessen adnotationes sich zu unserm Verse die Worte finden: 'fo. Ἄρν' (vel οἴν) Ἀφροδίτῃ θύων — θύςει vel θύου.' Leider hat meines Wissens keiner der Herausgeber die schlichte Bemerkung des grossen Philologen beachtet, vermuthlich weil ihnen der Grund derselben entgieng. Achtet man nun, abgesehen von dem conjicierten κριθαί, 1) auf das Wort φαληρίδι, welches, wie schon ein Scholiast sah: ἡ δὲ φαληρὶς ὄρνεόν ἐςτι λιμναῖον (εὐπρεπές. ἐςχημάτιςε δὲ παρὰ τὸν φαλλόν), seine Beziehung auf den Phallos hat, und 2) darauf dass namentlich Weiber die Aphrodite anzurufen und ihr zu opfern pflegten, wie sie allein bei ihr schworen, vgl. Ekkl. 189—191 ΓΥ. Α. νὴ τὴν Ἀφροδίτην, εὖτε ταυταγὶ λέγεις. | ΠΡΑ. τάλαιν', Ἀφροδίτην ὠνόμαςας. χαρίεντά γ' ἂν | ἔδραςας, εἰ ταῦτ' εἶπας ἐν τἠκκληςίᾳ, so wird man sich vielleicht mit meiner Emendation befreunden:

ἢν Ἀφροδίτῃ θύῃ τι γυνή, κριθῶν τι φαληρίδι θύειν.

Dass das zweite τι in κριθῶν τι eine gute Portion Gerste bedeutet, brauche ich wohl kaum zu bemerken.

Uebrigens kam ὄρνιθι dadurch in den Text, dass jemand nach dem Beispiele von ὀρχίλος ὄρνις in V. 569, um die allerdings hier adjectivische Natur des Wortes φαληρίς (von φαλλός) zu bezeichnen, anmerkte: ὄρνιθι φαληρίδι.

Vögel 1053 ΕΠΙ. ἀπολῶ ςε, καὶ γράφω ςε μυρίας δραχμάς.

Der Ruf von der grossen Stadt der Vögel ist zu den Menschen gedrungen. Da strömen die Schmarotzer, die durch allerhand elende Künste ihren Unterhalt zu erwerben pflegten, herbei. Peithetäros aber weiss als geborener Athener schon mit ihnen fertig zu werden. Eine Tracht Prügel jagt sie von dannen, und nur der Gelegenheitsdichter, ein arg zerlumpter Litterat, bekommt ein Kleid, um sich vor dem Froste zu schützen. Der Orakelsammler, der Astronom Meton dagegen kommen übel weg. Mit V. 1021 kommt stolz mit echtem Büreaukraten-Schritte ein ausgemachter Schurke, ein Episkopos, heran. Er behauptet als Vogt nach Wolkenkukuksburg von Staats wegen geschickt zu sein, doch ist er gern erbötig, wenn er seinen Lohn erhält, sogleich wieder abzuziehen, da er auch in Athen noch einige saubere Geschäfte zu Gunsten des Pharnakes zu betreiben habe. Der Lohn wird ihm denn in einer Portion Schläge ausgezahlt, und er verschwindet. Aber gleich hinter ihm erscheint schon ein zweiter Speculant, ein ψηφιcματοπώληc, ein Mensch der den Bewohnern der neuen Stadt Gesetze zum Kauf anbietet. Aber Peithetäros heisst ihn schleunigst seine neuen Gesetze aufpacken und droht ihm sonst an dem Tage noch unangenehme Gesetze zeigen zu wollen, vgl. die Verse 1044 und 1045, welche, wie ich vermuthe, da das wiederholte νόμουc unerträglich ist, zu schreiben sind: ΨΗΦ. οὖτοc, τί πάcχειc; ΠΕΙ. οὐκ ἀποίcειc τοὺc νέουc; (vgl. 1038) | πικροὺc ἐγώ cοι τήμερον δείξω νόμουc. Da schleicht auch der geprügelte Episkopos, der sich in der Nähe gehalten hat, heran und kündigt dem Peithetäros eine Vorladung wegen der empfangenen Prügel an: denn jetzt findet er in der Person des gleichfalls beleidigten Gesetzverkäufers den nothwendigen Zeugen der Vorladung, den κλητήρ (1046 καλοῦμαι Πειθέταιρον ὕβρεωc ἐc τὸν μουνυχιῶνα μῆνα). Während sich Peithetäros verwundert zu ihm hinwendet, meldet sich auch der Gesetzhändler wieder und gibt aus seinem Vorrathe ein Gesetz zum Besten V. 1050 ΨΗΦ. ἐὰν δέ τιc ἐξελαύνῃ τοὺc ἄρχονταc καὶ μὴ δέχηται κατὰ τὴν cτήλην, Peithetäros unterbricht ihn mit einem Ausrufe der Verwunderung darüber, dass auch er noch anwesend sei. Da ruft auch schon wieder der Episkopos den im Eingange citierten Vers. Ueber den Zusammenhang desselben mit den zuletzt angeführten Worten des ψηφιcματοπώληc werde ich noch sprechen.

Was nun unsern Vers betrifft, so ist derselbe nicht nur einfach corrupt, sondern in den wenigen Worten liegt, wenn ich mich nicht sehr irre, ein ganzes Nest von Fehlern. Ich will alle diese Bedenken hinter einander anführen; ich brauche dann bei den vorhandenen Emendationsversuchen nicht länger zu verweilen, weil dieselben sich sämmtlich stets nur gegen das eine oder das andere Bedenken richten, ohne die andern zu berücksichtigen, also ungenügend sind. 1) Wie aus dem Zusammenhange und den Worten μυρίαc δραχμάc mit ἀπολῶ hervorgeht, ist von einer Klage die Rede. 'Verklagen' heisst aber niemals das Activum γράφειν, sondern nur das Medium γράφεcθαι. 2) Anstössig ist die Verbindung der beiden Accusative cέ und μυρίαc δραχμάc. Mir wenigstens sind wohl solche Beispiele mit γραφήν bekannt wie οὐδένα πώποτε γραφὴν ἐγραψάμην, aber keines von jener Art. 3) Das Präsens γράφω ist neben dem Futurum ἀπολῶ ganz unerträglich. 4) Da doch in den folgenden Worten eben das angegeben sein muss, was den eigentlichen Inhalt oder auch die Art und Weise des ἀπολῶ ausmacht, so ist die Anknüpfung derselben durch καί unstatthaft. 5) In dem ἀπο-λῶ ϲε und γρά-φω ϲε liegt ein unangenehmer Gleichklang. 6) Die Wiederholung des ϲε hat, da von derselben Sache in beiden Theilen des Verses die Rede ist, keinen Sinn. Wenn nun Brunck γράφομαι schreiben wollte, so bleiben dabei offenbar die Bedenken unter 2, 3, 4, 6 stehen; bei dem γράψω, welches ohne Anführung irgend welcher Gründe Mehler vorschlägt, werden die Bedenken unter 2, 4, 5, 6 (denn was 1 betrifft, so soll γράψω wohl heissen: 'ich werde aufschreiben') nicht beseitigt. Kaum einen Vortheil gewinnt diese Aenderung durch die Zuthat von Meineke, der freilich zweifelnd vermuthet, ob nicht statt des zweiten ϲε zu schreiben wäre γε: denn γε hat hier gar keine Stelle, da ἀπολῶ das allgemeinere und stärkere, das folgende nur die Ausführung ist. Endlich schreibt Bergk: 'aperte vitiosum est, conicio κἀγγράψω, ut de ἐγγραφῇ sit cogitandum. haud dubie in eius modi titulis extremis scriptum fuit, quanta pecunia multandus esset qui tabulam laesisset.' Er denkt dabei wohl an 1054 μέμνηϲ' ὅτε τῆϲ ϲτήληϲ κατετίλαϲ ἑϲπέραϲ: Aber schon die Form μέμνηϲ' ὅτε zeigt deutlich, dass hier eine neue Klage kommt, an die bei unserm Verse kein Mensch denken konnte. Ob aber auf Beschädigung einer Gesetzestafel hin unter dem Gesetze eine derartige Strafe, wie zehntausend Drachmen sein würden, bestimmt war, ist mir mehr als zweifelhaft. Ausserdem bleiben die Bedenken unter 2, 4, 6.

Wenn wir nun ganz unbefangen unsere Aufmerksamkeit auf den Zusammenhang richten, so droht in V. 1046 der Episkopos mit einer Klage wegen ὕβριϲ, d. h. wegen thätlicher Injurien. Dieses war zunächst, wenn nicht andere Umstände, wie bei der Midiana des Demosthenes, dazu kamen, eine Privatklage, eine δίκη. Gleich darauf trägt der ebenfalls von Peithetäros beleidigte ψηφιϲματοπώληϲ ein Gesetz vor, welches doch offenbar in Zusammenhang mit dem vorliegenden Falle stehen muss. Es war in demselben die Strafe für denjenigen festgestellt, der die ausgesandten (δέχηται) Beamten des Staates (vgl. V. 1123, in welchem auch Peithetäros ἄρχων genannt wird) thätlich an der Verrichtung ihrer Pflicht hindere. Das Gesetz ist nicht vollständig, weil Peithetäros die Rede unterbricht. Auf den Gesetzhändler kann sich das Gesetz nicht beziehen, denn er ist kein Beamter, sondern eben ein Handelsmann. Es geht auf den Episkopos, und der versteht auch den Wink vortrefflich: auch in seiner Eigenschaft als Beamter ist er beleidigt worden, ja hat thätlichen Widerstand erfahren. Das gibt zu der δίκη wegen ὕβριϲ noch eine wunderschöne γραφή, die man wohl auf zehntausend Drachmen taxieren kann. Demnach möchte ich unsern Vers emendieren:

ἀπολῶ ϲε καὶ γραφῇ 'πὶ μυρίαϲ δραχμάϲ,

wobei die Worte (ἐ)πὶ μυρίας δραχμάς zu γραφῇ gehören würden, oder, und das halte ich für das richtigere:

ἀπολῶ ϲε καὶ γραφῇ παρὰ μυρίας δραχμάς,

'ich werde dich auch noch durch eine Staatsklage zu Grunde richten, so dass du dabei zehntausend Drachmen wirst bezahlen müssen.' Die Präposition παρά bei ἀπολῶ wäre hier nach Analogie des bekannten Gebrauchs bei Verben der Schätzung gesetzt. Uebrigens fiel ΠΑΡΑ durch ein Versehen, welches durch das nahe Wort ΔΡΑ-ΧΜΑϹ veranlasst wurde, aus, und dieser Ausfall zog dann die andern Aenderungen als Correcturen nach sich.

Vögel 396 ΠΕΙ. ὁ Κεραμεικὸϲ δέξεται νώ.
δημόϲια γὰρ ἵνα ταφῶμεν,
φήϲομεν πρὸϲ τοὺϲ ϲτρατηγοὺϲ
μαχομένω τοῖϲ πολεμίοιϲιν
ἀποθανεῖν ἐν Ὀρνεαῖϲ.

Gegen den Angriff des ergrimmt auf sie eindringenden Chors hatten sich Euelpides und Peithetâros auf Anrathen des letztern dadurch zu schützen gesucht, dass sie als Schild den Kochtopf, als eine Art von Helm die Näpfchen, als Vertheidigungswaffe den Bratspiess gebrauchten, Geschirre welche sie nach der damaligen Sitte der Wanderer auf ihrer weiten Reise in das Land der Vögel mit sich führten. Aber ehe es bis zu dem äussersten kommt, gelingt es dem Epops noch glücklich durch Hinweisung auf den Gewinn, den die verständigen gerade von den Feinden erlangen können, den Chor der Vögel wenigstens so weit zu beruhigen, dass er sich entschliesst die beiden Fremden anzuhören. Da tritt nun eine Waffenruhe ein. Nach Weise der Hopliten (402) werden die Waffen gesenkt, aber beide Theile bleiben in solcher Stellung, dass sie die Waffen zur Hand jeden Augenblick die Feindseligkeiten erneuern können, 386—392. Dem armen Euelpides ist der Schrecken freilich arg in die Glieder gefahren; er weiss auf die Aufforderung des Peithetâros ὡϲ οὐ φευκτέον νῷν nichts anderes als seine Besorgniss wegen ihrer Bestattung — denn dem Tode sind sie doch jedenfalls verfallen — auszusprechen 393 f. ἐτεόν, ἦν δ' ἄρ' ἀποθάνωμεν, | κατορυχηϲόμεϲθα ποῦ γῆϲ; Wegen dieser Sorge beruhigt ihn dann sein Gefährte Peithetâros in den oben angeführten Versen. Die Anspielung, welche in dem Namen der bekannten Stadt Ὀρνεαί in Argolis auf den Namen der Gegner (τὰ ὄρνεα) liegt, versteht jeder, wohl ebenso die Beziehung in dem Namen Kerameikos auf τὰ κεράμεια, die irdenen Geschirre, mit denen sie sich ja eben zum Entscheidungskampfe ausgerüstet hatten. In V. 396 nun schrieb man früher δημοϲίᾳ. Da dieses offenbar gegen das Metrum ist, änderte Brunck δημόϲια: 'δημόϲια neutrum est plurale adverbii vicem sustinens. perperam vulgo δημοϲίᾳ. contra metri rationem.' Ihm folgen ohne weiteres Dindorf und Bergk, so dass die Stelle kritisch festgestellt

schien. Indessen ist nichts weniger der Fall, und dieses nachzuweisen
ist eben der Zweck dieser Zeilen. Wenn dieselben dabei auf den richtigen Weg der Emendation geleitet haben, dann haben sie ihren Zweck
erreicht. Dass Männer mit grösserer Divinationsgabe als ich leicht eine
bessere Emendation finden werden, weiss niemand besser als eben ich
selbst. Es ist nämlich nach meiner Ueberzeugung ganz unmöglich, dass
das Adverbium von dem Adjectivum δημόcιοc hier δημόcια heisse, da
man kein einziges Beispiel für diesen Gebrauch hat, zumal da das Wort
δημοcίᾳ gerade in dieser Bedeutung 'von Staatswegen, auf Kosten des
Staates' so sehr häufig vorkommt. Die Beispiele, welche Porson beibringt, beweisen das nur noch mehr. Von δημόcια kann er eben gar
kein Beispiel aufweisen und versucht es nun mit dem Gegentheile, mit
ἰδίᾳ, wofür es auch heissen könne ἴδια. Aber Frö. 102 steht richtig
ἰδίᾳ, nicht ἴδια, und bei Euripides Iph. Aul. 1363 ἴδια πράccων, ἢ cτρατοῦ ταχθεὶc ὕπο; ist ἴδια gar nicht Adverbium, sondern Adjectivum. Beispiele für das letztere anzuführen wird man mir bei der Häufigkeit dieser
Verbindung wohl erlassen. Daher sagt Meineke, der im Texte δημοcίᾳ
hat, mit Recht in der adnotatio zu dem δημόcια von Brunck: 'latet aliud
quid.'

Wenn wir das Bedenken wegen der Form des Adverbiums ganz fallen
lassen und einmal zugeben, ein solches Adverbium wäre möglich, was
freilich nicht der Fall ist, so sind wir doch noch um keinen Schritt weiter: denn der Vers δημόcια γάρ ἵνα ταφῶμεν würde so überflüssig und
albern sein, dass ihn Aristophanes unmöglich geschrieben haben kann.
Jeder Athener verstand auf der Stelle die Worte ὁ Κεραμεικὸc δέξεται
νώ so, dass darin nur von dem Begräbniss auf Staatskosten die Rede
sein konnte, und der Zusatz, der dieses noch erklärte, würde nicht nur
überflüssig, sondern ganz albern gewesen sein. Ja es könnte jemand auf
den Gedanken kommen, und ich wäre weit entfernt ihn deshalb zu tadeln,
der Vers wäre, wie so viele im Aristophanes, interpoliert, wo dann im
folgenden Verse zu schreiben wäre: φήcομεν γάρ τοῖc cτρατηγοῖc. Dabei frage ich, welche Aenderung des Gedankens in den Worten ὁ Κεραμεικὸc δέξεται νώ · | φήcομεν γάρ τοῖc cτρατηγοῖc | μαχομένῳ τοῖc πολεμίοιcιν | ἀποθανεῖν ἐν 'Ορνεαῖc gegenüber den Versen, wie sie oben citiert sind, vorliegen würde. Soviel ich sehe, gar keine, und dies ist für
mich ein ganz ausreichender Beweis, dass der Vers in dieser Fassung
jedenfalls nicht von Aristophanes herrührt. Es muss etwas witziges in
dem Zusatze verborgen sein. Dass dasselbe dem in der jetzigen Lesart
mit dem Worte δημοcίᾳ ausgedrückten freilich nahe stehen muss, zeigt
deutlich gerade die Erwähnung des Κεραμεικόc. Meine Emendation geht
dahin, statt δημοcίᾳ zu schreiben ἀξίωc:

ὁ Κεραμεικὸc δέξεται νώ.
ἀξίωc γάρ ἵνα ταφῶμεν
φήcομεν πρὸc τοὺc cτρατηγούc

μαχομένῳ τοῖc πολεμίοιcιν
ἀποθανεῖν ἐν Ὀρνεαῖc.

Es ist bekannt genug, dass ἄξιοc bei den Attikern auch 'wohlfeil' heisst, und dass es gerade bei Aristophanes in dieser Bedeutung häufiger verwandt wird, vgl. Ri. 643. 670 u. a. In der Zweideutigkeit nun der Bedeutungen 'würdig' und 'wohlfeil' liegt gerade das witzige der Stelle, und dadurch wird der sonst lästige Zusatz der Weise des komischen Dichters durchaus angemessen. Die Wohlfeilheit bestand aber natürlich bei dem Begräbnisse im Kerameikos eben darin, dass es auf Kosten des Staates geschah. Daher schrieb jemand, um auf diese den Attikern eigene Bedeutung des ἀξίωc an unserer Stelle aufmerksam zu machen, ganz richtig auf den Rand: δημοcίᾳ. Wie so häufig fiel durch Nachlässigkeit der Abschreiber das ursprüngliche Wort des Dichters aus, das Glossem trat an seine Stelle und verdarb das Metrum und den Gedanken.

Vögel 993 τί δ' αὖ cὺ δράcων; τίc ἰδέα βουλήματοc;

In den letzten Jahren ist namentlich durch die vortrefflichen Leistungen Cobets und Hamakers die Kritik des Aristophanes in eine ganz neue Bahn gekommen, und es ist ein grosses Verdienst Meinekes, in seiner Ausgabe diese Leistungen richtig gewürdigt und auf demselben Wege weiter gegangen zu sein. Natürlich will ich mich durch diese Worte nicht zum Patron der grossen Zahl von Conjecturen Cobets und noch viel weniger der unwürdigen Polemik, mit welcher er bisweilen diese Conjecturen vertheidigt, aufwerfen. Wenn Cobet so weit geht, in den novae lectiones S. XXIII den deutschen Gelehrtenstand, zu dessen schönsten Zierden ein Mann wie Meineke gehört, ohne Veranlassung so zu beschimpfen, dass er, auf Anlass der politischen Verhältnisse Deutschlands, dem ganzen Stande nicht undeutlich 'foedam adulationem et importunam petulantiam' vorwirft, so wird das niemand mehr bedauern als gerade die aufrichtigen Verehrer der grossen wissenschaftlichen Verdienste Cobets, und zu diesen gehöre ich mit voller Ueberzeugung. Doch darf dies niemand von einer richtigen Würdigung seiner Leistungen abhalten, und diese sind gerade im Aristophanes sehr bedeutend. So hat er mit bewunderungswürdigem Scharfsinne die Unechtheit einzelner Verse erkannt, z. B. um bei unserer Komödie zu bleiben, V. 16. 181 und 182; ebenso Hamaker V. 724—726 u. a. Für eine Interpolation nun halte ich auch den oben angeführten Vers, zu dessen Behandlung ich jetzt übergehe.

Unter den Tagedieben Athens, die in der neuen Stadt der Vögel Verdienst suchen, ist der erste ein Orakelsammler. Nachdem Peithetäros eine gute Weile das Geschwätz des heiligen Mannes angehört und ihn dann auf das witzigste mit gleicher Münze gedient hat, jagt er ihn endlich unter Schlägen von dannen. Hierbei ist, um dieses beiläufig zu bemerken, in V. 977 θέcπια statt θέcπιε zu schreiben: denn θέcπιοc findet sich nicht als Beiwort eines Menschen (vgl. Buttmanns Lexil. I S. 165 ff.). Nicht anders steht es mit θέсκελε, wie Meineke conjiciert. θέсπια ist mit ταῦτα zu verbinden und steht hier in seiner eigentlichen Bedeutung wie in Fragment 210 des Hesiodos (Göttling). Ein Adjectivum bei dem Vocativ ist nicht nothwendig, vgl. die Orakel Ri. 1015. 1030. 1039. 1067; übrigens ist schon κοῦρε allein eine ehrende Anrede. Doch ich kehre zu unserm Verse zurück. Eben hat sich der Orakelsammler davongemacht, da kommt mit stolzem Schritte in dem vollen Selbstgefühl des eignen hohen Werthes (vgl. das Wort κόθορνος in V. 994, die Worte Μέτων ὃν οἶδεν Ἑλλὰς χὠ Κολωνός 997 f.) der Astronom Meton heran. Er setzt feierlich an mit den Worten ἥκω παρ' ὑμᾶς. Peithetäros unterbricht ihn, indem er an den Chor die Worte richtet: ἕτερον αὖ τουτὶ κακόν, dann sagt er zu Meton selbst: τί δ' αὖ cὺ δράcων· τίc ἰδέα βουλήματοс· | τίc ἡ 'πίνοια, τίс ὁ κόθορνος, τῆс ὁδοῦ; 993 f. In V. 993 nun würde, nach Invernizzis Schweigen zu schliessen, cod. R haben müssen τίc δ' ἰδέα, nach Dindorfs Angabe dagegen hat R τίc ἰδέα, was Dindorf in der adnot. billigt, während er im Texte τίc δ' ἰδέα beibehält. V und A haben, nach dem Schweigen bei Dindorf zu schliessen, τίc δ' ἰδέα. Unser Vers aber enthält, wenn ich nicht irre, mehrfache Bedenken. 1) Nach dem wiederholten τί, τίс, τίс, τίс, der abgerissenen Form der Fragen, die doch alle eigentlich nur denselben Inhalt haben, müsste Peithetäros vor Aerger und Wuth ganz ausser sich sein; man sollte erwarten, dass er sogleich zu Thätlichkeiten gegen den armen gelehrten Herrn übergehe. Nichts ist weniger der Fall; Peithetäros hört mit der grössten Behaglichkeit in den folgenden Versen den gelehrten Unsinn an, mit welchem ihm Meton sein Anerbieten auseinandersetzt, den Vögeln die Luft anzumessen; er nennt ihn einen zweiten Thales (1009), erlaubt sich noch den Scherz mit ihm, ihn zu warnen, weil für Fremde der Aufenthalt in Wolkenkukuksburg nicht sicher wäre; dann freilich (1020) jagt er auch ihn mit Schlägen von dannen. 2) So passend das Wort αὖ mit Rücksicht auf den Orakelsammler in den an den Chor gerichteten Worten in V. 992 war, so unpassend ist es hier dem Meton gegenüber, da, wie aus 1014 ff. klar hervorgeht, der Orakelsammler schon von der Bühne verschwunden war, als Meton auftrat. 3) Das δέ in den Worten τί δ' αὖ cὺ δράcων hat hier, da Peithetäros nicht unmittelbar den Meton anredet, sondern sich erst an den Chor wendet, keine passende Stelle. Aus den beiden letzten Gründen wohl conjicirte Bentley, welchem Elmsley (Ach. 105) zustimmt: τί δαὶ cύ. 4) Was soll nach der Frage τίc ἰδέα βουλήματοс; noch die Frage τίс ἡ 'πίνοια? Nicht nur dass der Gedanke derselbe ist, nein, τίс ἰδέα β. ist schon eine viel bestimmtere Form der Frage, so dass Peithetäros ganz ausser sich vor Wuth sein müsste, um sich so unsinnig zu gebährden. Dass nun aber diesen Bedenken nicht durch eine einfache Emendation abzuhelfen ist, liegt, wie ich meine, in der Natur derselben klar vor, so dass, wenn irgendwo, hier eine Interpolation deutlich indiciert ist. Indessen hat zum Glück der späte Interpolator uns noch ein Zeichen seiner Thätigkeit hinterlassen. Das Wort βούλημα (von βούλομαι) ist kein dichterisches Wort, es findet sich einige Male bei Rednern und namentlich bei Philosophen, bei Aristophanes nie (denn Plutos 493 ist schon von Dindorf nach einem cod. Paris. 2827 verbessert worden); desto häufiger ist es, wie man aus Stephanus Sprachschatz sehen kann, bei den Schriftstellern der spätern Zeit. Deshalb wollte es auch Bergk, dem Meineke folgt, in βούλευμα ändern. Hier also haben wir glücklich den Interpolator ertappt, der ungeschickt genug ein zu seiner Zeit sehr gebräuchliches Wort in den Aristophanes einschwärzte. In den Versen:

> ΜΕΤ. ἥκω παρ' ὑμᾶς. ΠΕΙ. ἕτερον αὖ τουτὶ κακόν.
> τίς ἡ 'πίνοια, τίς ὁ κόθορνος, τῆς ὁδοῦ;

sind die obigen Bedenken beseitigt; ruhig und fest und seinem weitern Verhalten entsprechend tritt Peithetäros dem aufgeblasenen Gelehrten entgegen.

Ich kann die Stelle nicht verlassen, ohne auf eine Eigenthümlichkeit des folgenden Verses wenigstens kurz aufmerksam zu machen, obgleich ich zu einer festen Ueberzeugung rücksichtlich derselben selbst noch nicht gelangt bin. Nach der Schreibweise, wie ich den Vers citiert habe, gehört der Genetiv τῆς ὁδοῦ nach der Figur des Hyperbaton zu ἡ 'πίνοια. Es ist aber doch eine eigne Sache damit, da das zwischengeschobene κόθορνος nun ohne jeden Zusammenhang hineingeworfen ist. Daher tilgte Meineke das Komma und zog also den Genetiv zu κόθορνος und zu ἐπίνοια, aber κόθορνος τῆς ὁδοῦ ist auch wenigstens seltsam: denn der Kothurn, ein Schuh mit hohen Absätzen, ist nichts weniger als ein Reiseschuh. Dadurch wurde ich auf das eigenthümliche Scholion zu dem Verse aufmerksam gemacht: τίς ὁ κόθορνος· οἷον, τί ὑποδησάμενος πάρει; οὕτω Cύμμαχος πρὸς τὸ τί ὑποδέδεται τῷ δεξιῷ, und, nach den letzten Worten des vorhergehenden Scholion emendiert: 994 Δίδυμος οὕτω, πρὸς τί ὑποδέδεται τῷ (statt τὸ) δεξιῷ (statt δεξιόν); τίς ἐcτιν ἡ ἐπίνοια τῆς ὁδοῦ; R. V. (Aus den letzten Worten sähe man auch, woher τῆς ὁδοῦ in den Text gekommen wäre.) Didymos und Symmachos scheinen also κόθορνος δεξιοῦ gelesen zu haben. Ob nun ein solcher Aufzug in einem hohen und einem niedrigen Schuhe für den Erfinder der Verwandlung des Kreises in ein Viereck (1005) und für die Weise des Aristophanes angemessen ist, darüber zu urtheilen überlasse ich andern Freunden des Dichters.

CICERONIANVM NON ENNIANVM

QVAESTIVNCVLA CRITICA

SCRIPSIT

HVGO ILBERG.

Diu hominibus doctis fraudi fuerunt quae libris non multum discrepantibus apud Nonium Marcellum p. 312, 26 s. *fundere* sic scripta exhibentur:

> *Fundere, prosternere, iacere. Virg. Aen. lib. I: quam septem ingentia victor Corpora fundat humo. et Aen. lib. II: fusis (fusissi* Genev.) *sine mente ac sine ullo sed subiacerent* (sic Bern. a et Genev. *fusissi sine mente ac sine ullo subiacerent* ceteri). *M. Tullius in Filippicarum lib. XIIII: sceleratissimorum hostium exercitum fusum* e. q. s.

Cum enim, e quibus *fusis* e. q. s. verba corrupta videri possent, in Vergilianis carminibus non comparerent, iam qui Antverpiae anno 1565 Nonii 'compendiosam doctrinam' edidit Hadrianus Iunius difficultati ita medendum esse censuit, ut in locum Aeneidis libri II *Ennius lib. II* substitueretur. Idem postea amplexus est Iosias Mercerus, amplexi sunt quicumque Ennianae poesis reliquiis colligendis operam dederunt omnes: qui quantum in illis quae sunt *fusis* e. q. s. ad heroorum versuum numeros revocandis sese torserint atque cruciaverint, et longum est enarrare et supervacaneum esse statim intellegetur. Vt etiam nostra memoria in Ioannis mei Vahleni editionem, cui in hac laetissima exacti temporis felicitatem gratulantium futurique precantium certatione maculam me abstergere posse gaudeo vehementerque laetor, haec irrepserint [annal. lib. II fragm. X]:

> *fusi sine mente*
> *Ac sine sensu ullo iaceant:*

relata ea quidem ad inlustre Horatiorum cum Curiatiis certamen, quod in altero annalium libro Q. Ennium luculenter descripsisse certissimis testimoniis docemur.

Verum longe alia ratio praesto est eaque mea opinione evidentissima: non quod aut apud Vergilium illa quae disceptamus verba indagaverim, qualium in Mantuani carminibus nec volam nec vestigium extare quovis pignore spondere possum, aut librariorum levitate Aeneidis librum alterum versuum aliquot detrimentum cepisse vilissima argumentatione suspicer, aut denique alii illa poetae vindicanda esse arbitrer: sed pro Ennio M. Tullium, pro Curiatiis Horatiisque impurissimum illum Siciliae praetorem, C. Verrem dico, eiusque compotores substituendos esse, denique non ad proelium, sed ad convivium, non ad carmen heroicum, sed ad actionem repetundarum illa pertinere, ilico tam perspicuum fiet 'ut contra si quis sentiat, nil sentiat'.

Repperisse enim mihi videor, quae rem satis expediant, apud ipsum Ciceronem actionis II in Verrem libro V cap. 11 § 28:

> *itaque erant exitus* (illarum comissationum) *eius modi, ut alius inter manus e convivio tanquam e proelio auferretur, alius tanquam occisus relinqueretur, plerique ut fusi sine mente ac sine ullo sensu iacerent.*

E quibus quae ultima posui, si librariorum ineptias quasdam sustuleris, quae per quos gradus depravationis in Nonii libros inlapsae sint, non ita difficile est ad intellegendum, a verbis *fusis sine mente ac sine ullo sed subiacerent* nihil sane distant. Quare si quis Ciceronianum illud testimonium a grammatico afferri negare animum induxerit, vereor ne non magis prudenter agat quam si haec verba cuivis numerorum generi parum convenientia e nescio cuius poetae imitatione nata esse nulla iam ratione argutari potius velit quam argumentari.

Neque tamen, ut aliquis suspicetur, quae Nonius habet *et Aen. lib. II* ullo modo sollicitanda sunt. Quid enim? excidisse post ea Vergilianum aliquod testimonium quis sibi persuaderi non patiatur? Quod ut iure postliminii, uti aiunt, suam in sedem reducamus, sexcentiens Vergilius in aliis quidem scriptis, undeciens in altero Aeneidis libro (vv. 64. 221. 252. 271. 329. 383. 421. 532. 651. 683. 736) vel fundendi vel compositorum formis usus est: nullam tamen secundi libri particulam huius loci esse dico nisi qui ex omni parte conveniunt aptissimeque sedent versus 252 et 253:

> *fusi per moenia Teucri*
> *Conticuere: sopor fessos complectitur artus.*

Cui testimonio num, qua est in hoc genere liberalitate, novam aliquam fundendi verbi explicationem Nonius subiecerit, ut non constat, ita non probabile est eum subiecisse: hoc constat, secuta fuisse: *M. Tullius de suppliciis: fusi* (vel *ut fusi*) e. q. s. (vel *de suppliciis in Verrem* vel *i. V. d. s.* vel *d. s. lib. VII* vel quae sunt aliae huius orationis non minus duodetriciens in partes vocatae notationes). Vt totus locus in hunc modum redintegrandus esse videatur:

> *Fundere, prosternere, iacere. Virg. Aen. lib. I: cum septem ingentia victor Corpora fundat humo. et Aen. lib. II: [fusi per moenia Teucri Conticuere. M. Tullius de suppliciis:] fusi sine mente ac sine ullo sensu iacerent.*

Quae quemadmodum oscitatione librariorum a priore *fusi* participio ad alterum deerrantium turbata ac confusa sint, sua sponte quivis facile assequitur. Quid enim? eandem labem nonne et aliis quibusdam locis eiusdem Nonii exemplaria per saeculorum decursum traxerunt et inprimis notabili ac comparabili exemplo p. 296 s. *expedire*? Vbi cum haec sint: *Terentius Hecyra: teque hoc crimine expedire vult induat*, quoniam neque *expedire* infinitivus (cf. Hec. 755 [V 1. 29]: *teque hoc crimine expedi*) neque quae secuntur in Terentium ullo modo conveniunt, felicissime Alfredus noster Fleckeisenus (in ann. philol. a. 1856 p. 682) eiusdem Ciceronis in eundem Verrem act. II lib. II c. 43 § 106 meminit: *videte porro aliam amentiam, videte ut, dum expedire sese vult, induat*. Quibus ille adhibitis quod speciem universam hanc commendat, quam infra scripsi, Nonii manum rectissime assecutus est:

> *Terentius Hecyra: teque hoc crimine [expedi. M. Tullius in Verrem de praetura Siciliensi: videte porro aliam amentiam: videte ut, dum] expedire se vult, induat.*

Verum enim vero etiam si quae disputavimus probabilitate carere nequaquam videantur, tamen scrupuli aliquid apud nonnullos relictum esse praevideo, quod nisi radicitus evellerimus, quaestionem incohatam absolvisse non iudicabimur. Quod enim supra haec Nonio continuavimus: *M. Tullius de suppliciis: fusi* e. q. s. *M. Tullius in Filippicarum lib. XIIII: sceleratissimorum* e. q. s., ut quod proxime memoratum est nomen M. Tullii ad alterum testimonium iteretur, refragrante constanti illius consuetudine fieri obiecerint. Atque habent haec profecto, quo offendere iisque quae statuimus officere videantur. Certe enim grammaticus quotienscunque aut in eodem lemmate aut in eadem lemmatis particula eadem vocis alicuius interpretatione circumscriptis bina plurave eiusdem scriptoris testimonia iuxta se posita commemorat, quae esse solet hominis ceterum imbecilli externis in rebus diligentia, nisi sicubi aliqua de suo verba interposuit, nominis repetitionem anxie devitat. Vt in tanta exemplorum copia paucissima, quae in contrariam partem valeant, per totum vastum illud volumen investigare potuerim. Quapropter intra eos quos constitui fines saepissime ille quidem, ut exemplo rem explanem: *Virg. Aen. lib. I . . . . et Aen. lib. II* (vel *idem Aen. lib. II, item, et post, et rursum, ita et*, aliquotiens etiam *idem Virgilius, apud eundem Virg., item Virg. Aen. lib. II*): — *Virg. Aen. lib. I . . . . Virg. Aen. lib. II* non dicit nisi rarissimis exemplis. A qua societate statim seiungendum est, quod p. 159 s. *priva* libri suppeditant: *Lucilius satyrarum lib. I . . . . Lucilius lib. III: quod si forte animas extrinsecus invadi Vermibus et privas in eorum posse venire Credis*. Quis enim non credat, id quod veteres iam editores intellexerunt, ab ipso Nonio Lucretio, non Lucilio attributa fuisse, quae sunt Lucretii [III 722 e. q. s.]: *Quod si forte animas extrinsecus insinuari Vermibus et privas in corpora posse venire Credis*. Qua in re non potest non permirum videri, quod eodem modo *invadendi* verbum *insinuandi* sedem occupavit atque Lucilio apud eundem Nonium p. 125 s. *innubere: suam enim invadere atque innubere censent* a Lachmanno (ad Lucretii l. l.) *suam enim insinuare innubere censent* restituendum fuit. Praeterea haec tantum notavi: p. 253 s. *capi: Varro Meleagris . . . recepit* [cf. p. 384, 4]. *Varro Eumenidibus*. — p. 356 s. *occupatus: M. Tullius Filippicarum lib. XIII ... occupavit. M. Tullius in Hortensio.* — p. 373 s. *proiectum: Virg. lib. VI ... Virg. in Bucolicis.* — p. 488 s. *humu: Varro Pranso Parato ... vident. Varro Tafe Minippu.* — p. 551 s. *murruna: Varro Antropopuli ... defritum. Varro de vita P. R. lib. I.* Huc accedunt aliquanto diversi generis p. 416 s. *ranum: M. Tullius de officiis lib. I ... vanitate. Cicero Tusculanarum lib. III*, quibus finituma sunt p. 419 s. *vindicare: Cicero Academicorum lib. III ... libertatem. M. Tullius de senectute*, et p. 426 s. *anticus: M. Tullius de amicitia ... idem de re publica lib. I*, quibus post maioris ambitus testimonium subiciuntur: *M. Tullius ad Caesarem iuniorem lib. III*, denique exemplum plus uno nomine suspectum p. 511 s. *aliquantisper*, quod significasse satis habeo.

Certe haec exempla sive librariorum erroribus inputanda sunt, sive ipse Nonius in his quoque rebus interdum dormitavit, utut denique de iis iudicabitur — et quanti quaeso est tandem in pluribus eorum *idem* vel *item* vel *et* voculas e proximis eruere! — adeo sunt pauca numero, ut si p. 312 s. *fundere* eo quod supra proposuimus supplemento recepto novum iis accedere iusserimus, non potuisse quidem hoc loco nomen Ciceronis iterari demonstrari nequeat, at a ratione parum commendationis habiturum sit. Itaque aliam viam ingrediamur oportet, quae duplex esse potest: etenim aut *idem* vel *item* vel *et* post *iacerent* inseramus, quod superiore nominis Ciceroniani nota sublata ipsum quoque tollendum fuisse in propatulo est, tametsi ne hoc quidem dicendi genus Nonio frequentatur: aut denique, quod longe probabilissimum esse dico, scripsit Nonius:

M. Tullius de suppliciis ... idem (vel *item* vel *et*) *in Filippicarum lib. XIIII.*

In quibus cum post damnum illud, quod resarsisse nobis videmur, acceptum non esset, quo *idem* vel si quid aliud pro eo positum erat referretur, aliquanto prudentioris librarii *M. Tullius in Filippicis orationibus* saepissime sibi et lectum et scriptum recordantis sedulitate *M. Tullius i. F.* substitutum esse, aut fallor aut omnes numeros probabilitatis habet.

His igitur sic constitutis et ad Nonii concinnitatem nihil quemquam desideraturum et heroorum illas versuum particulas, quae ferebantur, ex Ennii poesis reliquiis in perpetuum exulaturas esse, iure confidere mihi videor.

Atque haec quidem hactenus. Quae quamvis sint exigua ac parva, ut amoris ac pietatis officio scripta sunt, ita TV, vir summe idemque animo meo carissime, quique de scholis non minus bene quam de litteris merueris mereasque, FRIDERICE RITSCHELI, cum neque TV parva fastidire consueveris, neque ego meae TIBI memoriae et voluntatis significationem festo hoc tempore deesse voluerim, amice ac benevole aequi bonique facias. Vale mihique fave.

ZUR

TEXTESKRITIK

DER PHILOSTRATISCHEN GEMAELDE.

VON

HEINRICH BRUNN.

'Sine philologiae lumine caecutire archaeologiam.'
F. Ritschl.

Philostratos der ältere I 5; p. 10, 10 ed. Jacobs. Die den Nil umspielenden Knaben sollen Kränze flechten oder auf den Blüten schlafen: ἱεροὶ καὶ εὐώδεις. 'Vt Iamus floribus tectus apud Pindarum Ol. VI 91 colorem inde, ita Nili pusiones suaveolentiam a floribus, quibus incubant, traxisse videntur' meint Jacobs, gewiss nicht für jedermann überzeugend, namentlich wegen der Zusammenstellung mit ἱεροί. Wie viel bedeutsamer ist z. B. vom Ausdrucke des Amphiaraos die Zusammenstellung βλέπων ἱερὸν καὶ χρησμῶδες p. 43, 7. Das Richtige lehrt uns der vom φροντιστήριον des Amphiaraos p. 43, 11 gebrauchte Ausdruck: ῥῆγμα ἱερὸν καὶ θειῶδες. Auf die Knaben des Nil angewendet bezeichnen diese Worte ungefähr den zauber- und märchenartigen Charakter, den die neuere Kunst in Elfen- und ähnlichen Darstellungen erstrebt hat.

I 7; p. 14, 18. Memnon ist gefallen; aber sein Leichnam wird vom Schlachtfeld entrückt: καὶ ἰδοὺ ἐκκέκλεπται, καὶ ἔστιν ἐπὶ τέρμασι τῆς γραφῆς σπουδή, καὶ κατά τι τῆς γῆς τάφος οὐδαμοῦ Μέμνονος. ὁ δὲ Μέμνων ἐν Αἰθιοπίᾳ μεταβεβληκὼς ἐς λίθον μέλανα. In der Hauptsache gewiss richtig ist der Vorschlag von Jacobs, nach γραφῆς zu schreiben: ποῦ δὴ καὶ κατὰ τί τῆς γῆς τάφος; τάφος οὐδαμοῦ Μέμνονος. Nur wird der ganze Fragesatz erst einen rechten Sinn bekommen, wenn wir das ausgefallene τάφος nicht am Ende des Fragesatzes, sondern vor demselben wieder in den Text setzen: καὶ ἔστιν ἐπὶ τέρμασι τῆς γραφῆς τάφος. ποῦ δὴ καὶ κατὰ τί τῆς γῆς; τάφος οὐδαμοῦ Μέμνονος. 'Dort am Ende des Bildes ist sein Grab. Wo denn? Nicht ein Grab im gewöhnlichen Sinne, sondern der in Stein verwandelte Memnon, die Memnonssäule.'

I 9; p. 16, 5. Die Fichten an den Bergen stehen in leichtem Boden, die Cypressen in thonigem; die Tannen aber, wo anders als in rauhem und winterlichem Gebirge? Sie lieben nicht fetten Boden und Wärme: ταῦτά τοι καὶ ἀποικοῦσι τῶν πεδίων, ὡς ἐν τοῖς ὄρεσι ῥᾷον αὐξανόμεναι τοῦ ἄνω. Es wird keines Beweises bedürfen, dass zu schreiben ist: τοῖς ἄνω, in den obern Regionen der Berge.

I 11; p. 20, 25. Die Heliaden werden in Bäume verwandelt: καὶ ἡ γραφὴ ταῦτα οἶδε. ῥίζας γὰρ βαλλομένη ταῖς κορυφαῖς, τὰ μὲν ἐς ὀμφαλὸν δένδρα αὗται. Dass κορυφαῖς widersinnig ist, hat schon Jacobs bemerkt; und indem er das von ihm einmal vorgeschlagene und später von Kayser in den Text aufgenommene παρυφαῖс selbst wieder aufgibt, fügt er hinzu: 'magis tamen probabile, rhetorem partem corporis diserte nominasse, unde transformatio initium ceperit.' Ich denke, dass das Verderbniss entstand, indem eine Glosse das ursprüngliche Wort aus dem Texte verdrängte. κορυφαῖс ist die gedankenlose Erklärung von ἀκρωνυχίαιc, das allerdings Bergspitze, Gipfel bedeuten kann, aber ebensowohl die Spitzen der Zehen; und mit den Zehen muss bei einer Verwandlung der Körper zuerst im Boden wurzeln, wie an der Borghesischen Daphne zu sehen ist.

I 14; p. 25, 4. Donner, Blitz, Feuer (bei dem Tode der Semele) λόγου τοιοῦδε, εἰ μὴ ἀγνοεῖс, ἅπτεται. Man erwartet vielmehr: 'wenn du es nicht weisst', oder noch lieber: 'damit du nicht in Unkenntniss darüber bleibst': ὡс μὴ ἀγνοεῖν. So vit. soph. 518 (p. 220, 25 K.) ταυτὶ μέν, ὡс μὴ ἀγνοεῖν, cυνιέναι δὲ κἀκ τούτων . . . .

I 19; p. 32, 22. Von dem Schiffe, auf welchem Dionysos den Tyrrhenern begegnet, heisst es: ἡ δὲ τοῦ Διονύcου ναῦс τὰ μὲν ἄλλα πέτρᾳ μοι διείκαcται, φωλιδωτὸс δὲ ὁρᾶται τὰ ἐс πρώραν. Abgesehen von den auch nach Welckers Bemerkungen noch übrig bleibenden Bedenken gegen die Vergleichung eines Schiffes mit einem Felsen muss sowohl μοι als das nur an dieser Stelle vorkommende διείκαcται Anstoss erregen, weshalb Jacobs mit Recht bemerkt: 'quare si reperiri possit nomen ferae cuiusdam marinae aut terrestris cum Bacchicis sacris coniunctae, quod syllabis πετραμοιδι commode possit substitui, rupi illi Bacchicae facile renuntiaverim.' Sehen wir von der Beziehung des Thieres zu Dionysos ab, die nicht nothwendig geboten scheint, so lässt sich leicht ein solches finden, dessen Gestalt nach Analogie anderer Kunstdarstellungen von Schiffen in Fischform hier passend erscheint: πηλαμύδι εἴκαcται.

I 21; p. 34, 19. 'Wem flötest du, Olympos? und weshalb blickst du in das Wasser?' τί μετέχων αὐτοῦ; καὶ γὰρ οὔτε κελαρύζει cοι καὶ πρὸс τὸν αὐλὸν ὑπoέcται, οὔτε διαμετροῦμέν cοι τὴν ἡμέραν. Ein bestimmter Vorschlag das unverständliche ὑπoέcται zu ersetzen ist nicht gemacht worden, und Kayser hat sogar vorgezogen es nebst καὶ vor πρὸс als Glosse zu streichen. Indessen wird es genügen auf Kallistratos 7 (p. 154, 29) hinzuweisen, wo es bei Gelegenheit des Orpheus heisst: εἶδεc ἄν . . . καὶ κῦμα θαλάccηс ἔρωτι τῆс ᾠδῆс ὑψούμενον, um die Veränderung von ὑπoέcται in ὑψοῦται zu rechtfertigen.

I 28; p. 45, 2 heisst es von einer Chlamys: τὸ μὲν χρῶμα ἐκ φοινίκηс ἀλουργίαс. ἣν ἐπαινοῦcι Φοίνικεс. ἀγαπάcθω δὲ τῶν ἀλουργῶν μάλιcτα. Schwerlich ist diese Stelle in Ordnung, was auch Lindau gefühlt zu haben scheint, indem er übersetzt: 'Seine Farbe ist Purpur, wie sie die Phönicier lieben. Es verdient diese Farbe unter den rothen den meisten Beifall.' Denn ἐκ φοινίκηс ἀλουργίαс ist ein offenbarer Pleonasmus. Auch ἐπαινοῦcι hat keine rechte Beziehung und nimmt zum Theil schon den Gedanken vorweg, der in dem Satz mit ἀγαπάcθω ausgesprochen wird. Ich vermuthe daher, dass ἣν ἐπαινοῦcι Φοίνικες eine fälschlich in den Text aufgenommene Randbemerkung und vorher ἐκ Φοινικίης oder Φοινικηΐης ἁλουργίας zu schreiben ist.

II 3; p. 57, 1. Du meinst wohl, die Kentauren seien aus Stock und Stein entsprungen, ἢ νὴ Δία, ἵππων μόνων, αἷς τὸν τοῦ Ἰξίονος ἐπιθόρνυcθαί φαcιν; ὑφ' οὗ οἱ Κένταυροι οἰνωθέντες ἦλθον ἐς κρᾶcιν. Die Beziehung auf den Weinrausch der Kentauren liegt der Beschreibung dieses Bildes ganz fern, weshalb man an die Stelle von οἰνωθέντες etwa ἑνωθέντες, οἰωθέντες setzen wollte, während Kayser das Wort als Glossem einklammert. Ich setze die Worte des Scholiasten zu Pind. Pyth. II 78 her: Κένταυρον .... ἵπποις μιγνύμενον τοὺς διφυεῖς γεννῆcαι Κενταύρους, ὥςτε καὶ ἐκείνους κατὰ τὸ γενικὸν ὄνομα ὀνομαςθῆναι Κενταύρους ἀπὸ τῆς τοῦ πατρὸς ὀνομαςίας. Der ganze Gedanke, der in den Worten von ὥςτε an ausgesprochen wird, findet sich bei Philostratos wieder, sofern wir für οἰνωθέντες ὀνομαςθέντες schreiben; und wie leicht dieses Wort, abgekürzt geschrieben, in οἰνωθέντες corrumpiert werden konnte, wird keines Beweises bedürfen.

II 20; p. 87, 30. Von der Himmelskugel des Atlas: τά τε ἐν τῷ οὐρανῷ, ὃν φέρει, γέγραπται μὲν ἐν αἰθέρι, ὁποῖος περὶ αὐτὰς ἕςτηκεν. Was Olearius und Kayser an die Stelle des handschriftlichen αὐτάς setzen: αὐτά, lässt sich allerdings grammatisch auf das vorhergehende τά τε beziehen; dem Sinne nach wird aber dadurch der ganze Zusatz ὁποῖος περὶ αὐτὰ ἕςτηκεν überflüssig, da er in keiner Weise einen neuen Gedanken enthält: denn es ist selbstverständlich, dass, wenn die Dinge ἐν αἰθέρι sind, der Aether περὶ αὐτὰ sein muss. Die Erkenntniss des richtigen Sinnes wird auch das richtige Wort an die Hand geben: die (gemalten) Sternbilder sind gemalt auf der den Aether darstellenden Grundfarbe: ἐν αἰθέρι, wie dieser (in der Wirklichkeit) περὶ ἀcτέρας ἕςτηκεν.

II 23; p. 91, 29. Der rasende Herakles hat bereits seine Kinder gemordet: καὶ ὁ μὲν ταῦρος ἕςτηκεν, ἱερεῖα δὲ προcέρριπται τῷ βωμῷ, βρέφη ἀγεννῆ, καὶ τῇ λεοντῇ. Ich will die verschiedenen Verbesserungs- und Erklärungsversuche nicht im einzelnen durchgehen. Ueberzeugend scheint mir nur εὐγενῆ für ἀγεννῆ. Wenn man im übrigen nichts passendes fand, so hat das wohl seinen Grund darin, dass man in einem Heraklesbilde an der Löwenhaut selbst an dieser Stelle keinen Anstoss nahm, wo ich für ihr Erscheinen keinen irgend denkbaren Grund aufzuführen wüsste. In der ganzen Stelle herscht eine pathetisch-poetische Stimmung, die in den letzten Worten noch ausklingen muss. Dies geschieht, wenn wir schreiben: βρέφη εὐγενῆ καὶ τηλεθάοντα.

II 28; p. 97, 14. Da du ein Bild der Penelope am Webstuhl so sehr lobst, so ὅρα καὶ τὴν ἀράχνην ὑφαίνουσαν ἐκ γειτόνων, εἰ μὴ παρυφαίνει καὶ τὴν Πηνελόπην, καὶ τοὺς Cῆρας ἔτι .... Das falsche γειτόνων, mit dessen Erklärung man sich vergeblich abgemüht, hat die ganze Pointe der Einleitung zu dem Gemälde der Spinnengewebe verwischt. Es handelt sich um einen Vergleich der Penelope und der Spinne, und zwar: 'sieh her, ob die Spinne nicht die Penelope und die Serer noch dazu übertrifft.' Aber durch welche Mittel? Bei der Penelope δοκεῖ coι πάντα ἱcτοῦ ἔχειν· cτήμοcί τε ἱκανῶc ἐντέταται, καὶ ἄνθεα κεῖται ὑπὸ τῶν μίτων, καὶ μόνον οὐχ ὑποφθέγγεται ἡ κερκίc. Hier haben wir den ganzen Apparat der Weberei. Was aber setzt die Spinne dagegen, um ihre Rivalin zu besiegen? Sie arbeitet, wie es Z. 23 heisst: ἀναπτύουcα τὸ νῆμα. Sie hat keinen künstlich zurechtgelegten Apparat: sie siegt, indem sie einzig und allein mit ihrem Mundwerk arbeitet: ὑφαίνουcα ἐκ γενύων.

p. 97, 30 καὶ οἰκίας δὲ προcυφαίνουcι ταῖc γωνίαιc, τὰc μὲν εὐρείαc, τὰc δὲ κοίλαc. τούτων αἱ μὲν εὐρεῖαι χρηcταὶ θερίζειν, τὰc δὲ κοίλαc ὑφαίνουcιν· ἀγαθὸν τοῦτο χειμῶνοc. Die klare Entwickelung des Satzes verlangt: ἃc δὲ κοίλαc ὑφαίνουcιν, ἀγαθὸν τοῦτο χειμῶνοc. — In ähnlicher Weise scheint auch am Schlusse dieses Kapitels (p. 98, 18) eine Aenderung nöthig. Die Fliegen werden gefangen und gefressen: ἀcπαίρουcι δὲ πειρώμεναι διαφυγεῖν, ὅμωc οὐ ταράττουcιν οὐδὲ διαλύουcι τὸν ἱcτόν. ὅμωc ohne δέ scheint zu verlangen, dass die vorhergehenden Worte mit den folgenden zu einem Satze verbunden werden, wozu freilich eine doppelte Aenderung erheischt wird: ἀcπαίρουcαι δὲ καὶ πειρώμεναι διαφυγεῖν ὅμωc ....

Philostratos der jüngere 4; p. 116, 17. Von Acheloos heisst es: Ζητεῖc ἴcωc τίc ἡ κοινωνία δράκοντόc τε ... γαύρου τε ἵππου, ὃc ὑπὸ τοcαύτῃ κεραίᾳ γυρώcαc τὸν αὐχένα καὶ διαcκάπτων τὴν ἐν ποcὶ γῆν ὡc ἐc ἐμβολὴν ἵεται. Gegen die Verwandelung des Acheloos in ein Ross sprechen nicht nur die handschriftliche Ueberlieferung und die erhaltenen Kunstdarstellungen, sondern auch die Worte des Philostratos selbst: κεραία und ἐμβολή erklären sich nur bei der bekannten Verwandlung in einen Stier, der durch die längst gemachte Emendation ταύρου für γαύρου auch im Text leicht Aufnahme findet. Nur fragt es sich, ob in Folge dessen ἵππου mit Kayser völlig zu streichen, oder ob nicht in dem Worte ein Epitheton des Stiers zu suchen ist. Jacobs schlug deshalb πυρίπνου vor. Der Lesart der Handschriften näher und dem Sinne des kühnen und verwegenen Drauflosgehens in bester Weise entsprechend ist ἰταμοῦ.

Ebd. 14; p. 135, 23. Hyakinthos: ἀκοντίῳ δὲ τὴν δεξιὰν ἐπερείδει, ἐκκειμένῳ τῷ γλουτῷ, καὶ τῇ πλευρᾷ διορωμένῃ. 'Puer venabulo nititur, ita ut clunes emineant, latus autem inter bracchium et venabulum appareat.' Abgesehen davon, ob diese Uebersetzung oder Umschreibung von Jacobs nach dem Wortlaut des Textes gerechtfertigt werden kann, würde doch auch sachlich die ganze Ausdrucksweise starken Anstoss erregen müssen. Wir erwarten, dass die Lage oder Beschaffenheit der πλευρά irgendwie, wenn auch nur allgemein, charakterisiert werde, und werden um den Ausdruck nicht verlegen sein, wenn wir vergleichen: cτέρνα τὸ μέτριον προεκκείμενα καὶ βραχίων διηρθρωμένοc (p. 137, 11), und: τὸ εἴδωλον ... εἰc μόνην τῶν μελῶν cυμβολὴν διήρθρωτο (Kallistr. 3; p. 149, 5). Also: τῇ πλευρᾷ διηρθρωμένῃ.

CONLECTAE

CRITICAE ET EXEGETICAE.

SCRIPSIT

CAR. CHR. CONR. VOELKER.

Cum redeo in memoriam temporum praeteritorum, candidiore ut ait poeta lapide illum diem notare succurrit, quo ante hos quinque et viginti annos C. F. Heinrichio et A. F. Naekio nimis matura morte abreptis Fridericus Ritschelius ut seminarii philologici Bonnensis curam susciperet in coetum nostrum ingressus est. Eramus tunc una octo sodales ordinarii, e quibus unus et alter iam pridem medio in cursu interceptus superstitibus nobis piam sui memoriam reliquit. Atque equidem curriculo academico paene confecto cum iam ad metam properarem, ut salutari illa Ritschelii disciplina diutius fruerer, studiis meis colendis insuper sex menses addidi; quam ob rem cum litteris per Germaniam dimissis, qui olim seminarii Bonnensis Ritschelio studia regente sodales fuissent, publice evocarentur, ut doctrinae specimen aliquod darent, ipse quoque quo praeceptori dilectissimo pro tot in me meritis et singulari benevolentia gratiam referrem officio deesse nolui atque hanc symbolam, qualiscumque est, pro virili parte contribuo, plura sine dubio allaturus et haud scio an meliora, nisi tempus meum aliis negotiis distraheretur et distineretur.

Schedulis igitur meis excussis quaedam inveni haud indigna visa, quae publici iuris fierent. Atque cum per decursum huius anni aliquid operae et studii in carmine illo nitidissimo et longe iucundissimo Ausonii poetae, quod inscribitur Mosella, collocavissem, nunc quidem de ingressione eius pauca disputare lubet. Sunt autem verba haec:

> *Transieram celerem nebuloso flumine Navam,*
> *Addita miratus veteri nova moenia Vinco,*
> *Aequavit Latias ubi quondam Gallia Cannas,*
> *Infletaeque iacent inopes super arva catervae.*
> *Inde iter ingrediens* et q. s.

quo in loco quaeri video, feceritne pedibus iter illud, an quod probabilius videatur vehiculo quodam usus. Statuunt vulgo viri docti, atque in iis Eduardus Boeckingius et in editione carminis quae prodiit Berolini a. 1828 et in annalibus Rhenanis[1]) VII p. 69, Ausonium, qui imperatorem Valentinianum in expeditione contra Alamannos facta (a. 368 p. Chr. n.) comitatus sit, inde reducem evectione, quae dicitur, sive diplomate orna-

---

[1]) Sic lubet significare annales qui Bonnae apud A. Marcum prodeunt: 'Jahrbücher des Vereins von Alterthumsfreunden im Rheinlande.'

tum curru publico sive imperiali vectum esse. Ex versu tamen carminis 425 *haec profligati venit modo laurea belli*, quo versu Boeckingius videtur uti velle ad sententiam suam stabiliendam, tantum abest ut id quod vult effici possit, ut inde illud colligas, poetam procul a castris domi sedentem famam tantum rerum prospere gestarum percepisse. Accedit alia ratio qua adducar ut negem Ausonium illo tempore vel brevi antea in castris fuisse. Q. enim Aurelius Symmachus in epistula quadam ad poetam data (1, 14 ed. Parei) cum carmen nostrum summis laudibus efferat, praedicat se flumen Mosellam novisse, cum aeternorum principum signa iam pridem comitaretur; quod si idem Ausonio contigisset, Symmachum id hoc loco opportunissimo commemorare haud omissurum fuisse censeo. Levior forsitan alicui videatur tota haec mea disputatio; et ego quidem eam institui ob nullam aliam caussam, nisi ut quodam modo praepararem quae iam dicturus sum. Ego ut statim aperte fatear quod sentio, totam hanc quaestionem supervacaneam esse censeo neque omnino opus esse arbitror ut statuamus poetam illo maxime tempore iter fecisse sive pedibus sive vehiculo; etenim cum animum induxisset Mosellam flumen, cuius naturam optime nosset, quippe qui complures annos Treveris disciplinae Gratiani regendae praeesset (v. Mos. 452. idyll. 4, 82), carmine celebrare, formam quandam circumspexit, qua id secundum leges artis poeticae fieri posset. Itaque ne imagines rerum, si iuxta se ponerentur, legentium animos potius perturbarent quam caperent et devincirent, quod Lessingius quoque in libello qui Laocoon inscribitur cavendum esse monuit, rem ita instituit, ut per speciem itineris altera post alteram tabula quasi evolveretur et in conspectum legentis veniret. Simul ut inter se opponeret regiones desertas et horridas Germaniae et mitiorem Belgarum terram (v. 10), *Navam nebuloso flumine, avia nemorosa, Dumnissum arentem sitientibus terris* commemorat, ac deinde statim subiungit Noiomagum, primis Belgarum oris[2]), ubi purior aer campis, *Phoebusque sereno lumine purpureum reserat iam sudus Olympum*. Itaque mea quidem sententia de itinere tunc maxime facto cogitandum non est, sed poeta, qui saepius regiones illas perlustrasset, iter simulans hac ratione argumentum suum optime vestire posse sibi visus est. Summa igitur disputationis meae eo redit, ut negem poetam iter aliquod sive tunc sive alio tempore factum describere voluisse, et demonstrari non posse contendam, eum reducem ex expeditione Alamannica per Bingium Treveros profectum esse.

Sed monet me occasio, ut aliquid de situ oppidi Bingii sive Vinci disputem; neque enim dubitandum est, quin e scriptura codicum manifesto depravata *uico* (habent id codd. Sangallensis, Rhenaugiensis, Bruxel-

---

[2]) Quo in loco valde dubito num, quod Boeckingius censet, de nomine *Belgica prima* cogitandum sit; mihi quidem *primis oris* videtur significare *initio finium Belgarum*. Quodsi retineas scripturam *Noviomagum*, quae forma usitatior est, vocabulum pronuntiandum erit ita ut *i* littera consonantis vim habeat. *Noiomagum* est in codd. Sangallensi, Rhenaugiensi, Bruxellensi, praeterea in Cornelii Gualtheri Mosella et libro Gemblacensi.

lensis) inde a Minola, cum idem iam antea Freherus et Browerus (hist. Trever. 1, 245) suspicati essent, recte restituerint *Vinco*³) (cf. Minolae librum qui inscribitur 'Uebersicht dessen was sich unter den Römern am Rhein merkwürdiges ereignete', Coloniae 1816, p. 155). Monui iam in libello, qui nuper prodiit: 'der Freiheitskampf der Bataver' cett. fasc. I p. 35 sq., Bingium illud, quod apud Tacitum hist. 4, 70 commemoratur, si sanam loci illius interpretationem sequare, a sinistra parte fluminis Navae fuisse, quo loco nunc est Bingerbrück et mons Ruppertsberg; certe illo in monte Tutorem ad Romanos defendendos consedisse. Atque Romanos quondam in illa parte praesidia militaria habuisse, cum magnus sepulcrorum numerus testimonio est, quae nuper in via ferrata sternenda detecta sunt, tum propter opportunitatem loci admodum probabile est, quippe qui aptissimus videatur ad vias et ab inferiore Rheni parte et e Germania superiore ferentes obsidendas et defendendas; qua de re legas quae homo rei militaris peritissimus Eduardus Schmidt in annalibus Rhenanis XXXI p. 149 sqq. disputat. Verum tamen cum recte ab aliis annotatum sit, ad vicum vel oppidum extruendum non loca illa saxosa et scrupea, sed planitiem potius a dextra parte Navae fluminis sitam opportunam videri, inveniri praeterea satis multas reliquias, quibus confirmetur temporibus illis ibi habitatum esse, mihi quidem, ne copiosior sim, res hunc in modum expedienda videtur esse. Nava flumen cum sit tam angustis ripis tamque vadoso per magnam partem anni alveo, ut ad hostes arcendos id vix videatur idoneum esse, Romani, quo firmior esset locus, sine dubio utramque ripam praesidiis circumdederant, ut collis ille in quo arx Klopp sita est praesidio recipiendo opportunissimus est; quin extat in ea puteus qui manifesto est originis Romanae. Dextra igitur ripa cum Germanis vel Gallis indigenis ad habitandum concessa esset, et hanc partem Romani munimentis firmaverant et in altera ripa castellum addiderant, in quo Tutor, ut Tacitus narrat, se defensurus et Romanos transitu prohibiturus consedit. Neque enim me movet illud quod obiciunt, omnia castella ad Rhenum sita a seditiosis Gallis et Germanis praeter Vindonissam et Moguntiacum deleta esse (hist. 4, 61); vallo enim et fossa tantum manentibus facile locus ad impetum hostium propulsandum ornari et instrui poterat, quod idem factum videmus a Romanis (hist. 5, 19 et 20), qui oppida Batavorum, quamquam omnia a Batavis paullo ante vel rapta vel incensa erant, occupaverint. Hanc igitur expositionem meam si sequare, totus ille locus Taciti explanatus et expeditus videtur, neque opus est vel coniecturis vel interpretationibus contortis et nimia arte corruptis.

Quae adhuc disputavi, praemittenda mihi videbantur ad locum Auso-

---

³) Boeckingio quidem scrupulus aliqui de veritate scripturae residet; quid si legas *Bingo*, quod habet geographus Ravennas 4, 24? Nomen *Vincum* praebent etiam Parthey et Pinder in itinerario Antonini p. 176 (n. 371) pro scripturis *uingo* et *uineo*, quas codd. habent. Ammianus Marcellinus 18, 2 habet casu nominativo *Bingio*; aliis dicitur *Binga* et *Pinguia*.

nii expediendum. Recte enim iam monuit Franciscus Ritterus ann. Rhen. XVI p. 5, participium perfecti *miratus* (v. 2) aperte significare, poetam admiratione illa moenium novorum affectum esse, antequam Navam transgrederetur[4]), unde efficeretur Bingium sive Vincum Ausonii tempore a dextra parte fluminis situm fuisse. Idem vir doctus tamen errat, cum censeat apud Tacitum quoque hoc latus intellegendum esse. Tantum enim abest ut uterque locus et Ausonii et Taciti e nostra explicatione inter se pugnent, ut pulcherrime inter se conciliari possint. Nam castellum illud, quod a Tutore tenebatur, non minus recte Bingium poterat dici, quippe quod e munimentis oppidi esset, quam urbs ipsa ab altera parte fluminis tantulae latitudinis sita; ea autem posteriore tempore aucta et a Iuliano a. 359 novis praesidiis et munimentis firmata[5]) Ausonii tempore principem locum obtinebat, ut poetae animum vel maxime in se converteret, cum castellum illud vel neglectum vel haud scio an prorsus desertum iaceret, ut commemoratione vix dignum videretur. Quae deinde sequuntur *aequavit Latias ubi quondam Gallia Cannas*, quo versu pugnam illam bello Batavico commissam significat, cave ne ita interpretere, ut inde colligas Ausonium eam alteri ripae, dextrae scilicet, assignare. Quis enim est quin videat, ea ad orationem exaggerandam et amplificandam rhetorice adiecta esse, cum poeta de loco proelii non ita sollicitus in universum significare vellet, insignem esse regionem illam gravi proelio inter Romanos et Gallos quondam commisso; etenim si haec omnia ad normam prosae orationis exigere velis, censendum erit etiam tum per campos corpora caesorum strata iacuisse, cum v. 4 dicat: *infletaeque iacent inopes super arva catervae*, quibus verbis nihil aliud vult designare nisi corpora neque tunc neque postea iustis in sepulcris condita fuisse, ex imitatione Vergilii apud quem est Aen. 6, 325 *haec omnis — inops inhumataque turba est*, et Aen. 11, 372 *nos, animae viles, inhumata infletaque turba*. Plura fortasse adderem de aliis Mosellae locis[6]); sed cum P. Chr. Sternbergius mecum communicaverit, se in scriniis suis editionem Mosellae brevi proditurum reclusam servare, nunc quidem hac cura supersedeo; lubet tamen quaedam monere de locis duobus, quos idem Sternbergius in libello quem inscripsit 'Beiträge zur ältesten Rheinischen Geschichte' (Trev. 1853) pertractat, quorum prior est v. 367 sq.:

> *Naviger undisona dudum me mole Sararus*
> *Tota veste vocat*,

ubi verba ultima collatis locis Aen. 8, 712, Ov. amor. 3, 2 (*et date iac-*

---

[4]) Extant quidem loci, quibus participium perfecti praesentis locum tenere videntur, sed ea exempla ad pauca verba recidunt, ut *ratus, fisus, confisus, veritus* cett.

[5]) Ammianus Marc. 18, 2: *et civitates occupatae sunt septem, castra Herculis, Quadriburgium, Tricesimae, Novesium, Bonna, Antunacum et Bingio*.

[6]) In versu 216 *per Averna sonantia cymbae* miror viros doctos in adiectivo *sonantia* haerere et ad varias interpretationes confugere; aperte enim hic versus fluxit ex imitatione Vergilii Aen. 3, 442 *et Averna sonantia silvis*.

latis undique signa togis et statim post *toga mota*), Ov. epist. 10, 37—42, Vegetii de re mil. 3, 5 (*praeterea manu aliquid, vel flagello, vel certe mota veste significat*) rectissime ita interpretatus esse videtur, ut poeta morem veterum designet, quo vel discedentes salutis dicendae caussa vel amicum quendam advocaturi vestem vel togam iactabant, qua in re nostri homines vel pilleis vel sudariis utuntur. Quem enim locum Ladevicus ad Aen. 8, 712 ex Ovidio affert, met. 6, 298 *quam toto corpore mater, tota veste tegens*, eum minime huc pertinere censeo. At non item ad Sternbergii sententiam accedo in altero loco explicando, v. 437 *cumque unus de fonte fluas, dicere bicornis*, ubi *bicornis* non adiectivum, sed substantivi loco littera initiali maiuscula scribendum esse censet, miram caussam addens, id fuisse illo tempore alterum Rheni nomen. Quos enim locos affert, Eumenii paneg. Const.: *et toto nostri greges flumine bicorni mersantur*; Symmachi laud. Valent. sen. 3: *scit bicornis iste* et q. s., eiusdem laud. Grat. 9: *en noster bicornis cave aequalem te arbitrere Tiberino*, manifestum est eos apud rhetores illos natos esse ex imitatione Vergilii Aen. 8, 727 *extremique hominum Morini Rhenusque bicornis*, ubi poeta ad duo ostia, Rhenum et Vacalum, alludit memor simul, fluminibus cornua taurina ut signum roboris et fertilitatis attribui, unde Horatius carm. 4, 14, 25 dicit: *sic tauriformis volvitur Aufidus*. Ex eodem fonte fluxisse videtur adiectivum *bicornius*, quo Aethicum geographum Rhenum flumen significare Sternbergius affirmat.

Verum haec hactenus; priusquam tamen huius dissertatiunculae finem facio, quaedam addere mihi liceat de locis aliquot ex historiis Taciti petitis, simul ut me ipse corrigam, quippe qui in libello nuper edito: 'der Freiheitskampf der Bataver' cett., quem supra iam commemoravi, hic illic errasse mihi videar.

Hist. 1, 20 editiones quas inspexi omnes habent: *exactioni triginta equites Romani praepositi;* cum tamen liber Mediceus praebeat *exactionis*, ego suadeo ut legatur *exactionibus*, quod et propius accedat ad vestigia codicis et hoc loco aptius esse videatur; sine dubio enim non de una exactione, sed de pluribus sermo est, quippe quibus triginta equites sint praepositi. Ita est ann. 13, 51 *et quae alia exactionibus illicitis nomina publicani invenerant*.

Hist. 4, 68 frustra vulgatam *legiones victrices sexta ac decima* defendere conatus sum neque animadverti, *sextam*, quae hist. 5, 14 et 15 commemoratur, statim eodem capite occurrere: *sexta ac decima ex Hispania accitae*. Legendum est *undecima*, quamquam usque haereo in voce *uim*, quae in Mediceo est post vocabulum *victrices*.

Hist. 4, 77 legitur in Mediceo: *pars montibus alii alii viam inter Mosellamque*. Orellius quidem cum Puteolano alterum *alii* censet e dittographia ortum esse; Iacobus ex priore *alii* facit *abditi*, quod tamen ab hoc loco alienum esse in libro quem supra dixi p. 132 monui. Mihi quidem nunc valde arridet quod Ritterus ann. Rhen. XXXIII et XXXIV p. 123

proponit, pro priore *alii* restituens *altis;* id enim et proxime ad vestigia codicis accedit et prorsus cum natura regionis illius congruit, quae a sinistra parte Mosellae altiores colles habeat. Quod tamen idem vir doctus de loco pugnae addit, id falsum esse p. 160 libri mei ostendi. Atque sententiam meam veram esse et ei probabitur, qui accuratius in totum locum inquisiverit, et confirmatur testimoniis virorum doctorum, qui regionem illam noverunt, inter quos nomino Antonium Reinium, scholae Crefeldensis directorem, qui in litteris ad me datis scribit se nunquam dubitasse quin pugna a sinistra parte Mosellae commissa sit, et Sternbergium Treverum, qui item in epistula ad me perscripta copiosius de tota re disputat, unde haec pauca quae summam rei tangunt transcripsi: 'man muss die Oertlichkeit nicht gesehen oder Tacitus Bericht nicht gelesen oder nicht verstanden haben, um den Kampf anderswohin (sc. atque in ripam sinistram) zu verlegen'; et alio loco: 'die Mosel lässt eine grosse Ebene auf der linken Moselseite südlich von Trier frei, wo allein der Kampf stattgefunden haben kann.'

Verba eiusdem capitis *medius Mosellae pars* Reinius ita interpretari vult, ut sit: 'die Brücke bis zur Mitte', in mea interpretatione: 'die Brücke die zwischen beiden lag' vocem *medius* supervacaneam esse censens. Atqui tantum abest ut ea vox si meam explicationem sequare redundet, ut ita demum condicio rei et situs regionis clare et distincte designata esse videantur; voce *medius* enim opus erat, ut legentes intellegerent pontem fuisse inter castra Romanorum et eum locum quo Cerealis noctem egisset. Ad eandem hanc sententiam accedit Sternbergius in libello quem nuper cognovi: 'Trier und seine Alterthümer' p. 11, tres simul explicationes afferens; aut enim censet pontem medium esse posse mediam partem pontis (at non video, quidni totum potius pontem aut certe aditum eius occupaverint), aut, quod et ego amplector et ipsi probabile videtur, qui medius sit inter Cerealem et castra Romanorum, aut, quod tamen ipse reicit, medium pontem inter tres pontes, qui ad Treveros fuerint.

Postremo cum fines praescriptos iam excessisse videar, pauca addam de loco hist. 5, 19 *non tamen ausus oppidum Batavorum* et q. s., quo loco *oppida* restituens in libro meo p. 144 acriter contra auctoritatem Medicei pugnavi. Qui nuperrime de hac re scripserunt, Schneiderus et Ritterus in novissimo fasciculo annalium Rhen., cum *oppidum* retineant, Batavodurum intellegi volunt. Quod tamen me prohibebat, ne ad hanc sententiam accederem, erat id, quod ea urbs statim hoc ipso nomine subsequitur, neque sanam rationem esse putabam, qua ductus Tacitus priore loco alio nomine uteretur. Quod si igitur auctoritas Medicei, in quo aperte est *oppidum* (de quo nunquam dubitavi), tantum apud te valeat, ut meam expositionem rei prorsus reicias, Ritteri emendatio forsitan tibi arrideat, qui pro *Batavorum* legendum esse conicit *Batavodurum.*

Haec disserere mihi in promptu erat, quibus tu qualiacunque sunt benevola mente faveas.